うかる！行政書士

2023年度版
総合問題集

伊藤塾 編

日本経済新聞出版

目　　　　次

■ガイダンス

Chapter 1　本書の使い方……………………………………… 8
Chapter 2　行政書士試験……………………………………… 16

■法令等科目

憲　法

Chapter 1　憲法総論…………………………………………… 34
　1 憲法の概念　2 国事行為
Chapter 2　人権総論…………………………………………… 38
　3 外国人の人権　4 人権の享有主体性　5 基本的人権の限界　6 公共の福祉
　7 私法上の法律関係における憲法の効力
Chapter 3　包括的基本権と法の下の平等…………………… 48
　8 プライバシー　9 法の下の平等　10 家族・婚姻
Chapter 4　精神的自由①……………………………………… 54
　11 精神的自由権　12 信教の自由・政教分離　13 学問の自由
Chapter 5　精神的自由②（表現の自由）…………………… 60
　14 表現の自由の保障根拠　15 レペタ事件
Chapter 6　経済的自由・人身の自由………………………… 64
　16 職業選択の自由　17 人身の自由
Chapter 7　受益権・社会権・参政権………………………… 68
　18 参政権　19 社会権　20 労働組合の活動
Chapter 8　国　会……………………………………………… 74
　21 唯一の立法機関　22 国会の組織とその活動　23 議院自律権　24 議員の地位
Chapter 9　内　閣……………………………………………… 82
　25 内閣に関する憲法の規定　26 内閣　総合
Chapter 10　裁判所…………………………………………… 86
　27 司法権　総合　28 司法権の限界　29・30 裁判官の身分保障等
Chapter 11　財　政…………………………………………… 94
　31 財政一般　32 租税法律主義
Chapter 12　地方自治………………………………………… 98
　33 地方自治の意義
Chapter 13　憲法改正………………………………………… 100
　34 憲法改正の手続
Chapter 14　憲法総合………………………………………… 102
　35 国家機関の権限

Chapter 15　多肢選択式……………………………………………………………… 104
36 税関検査事件　37 公務員の政治的自由　38 裁判員制度　39 内閣総理大臣の権限

民　法

Chapter 1　権利の主体………………………………………………………………… 112
1 制限行為能力者制度　2 制限行為能力者

Chapter 2　意思表示…………………………………………………………………… 116
3 意思表示　4 錯誤　5 虚偽表示　6 意思表示

Chapter 3　代　理……………………………………………………………………… 124
7 代理　8 無権代理　9 代理

Chapter 4　時　効……………………………………………………………………… 130
10 時効　11 消滅時効

Chapter 5　物権変動…………………………………………………………………… 134
12 不動産物権変動　13 物権変動　14 動産物権変動

Chapter 6　占有権……………………………………………………………………… 140
15 即時取得　16 占有権

Chapter 7　所有権……………………………………………………………………… 144
17 原始取得　18 共有

Chapter 8　留置権……………………………………………………………………… 148
19 留置権

Chapter 9　質　権……………………………………………………………………… 150
20 質権

Chapter 10　先取特権………………………………………………………………… 152
21 不動産先取特権

Chapter 11　抵当権…………………………………………………………………… 154
22 抵当権の効力　23 物上代位　24 法定地上権

Chapter 12　債権の効力……………………………………………………………… 160
25 契約の不履行　26 債務不履行に基づく損害賠償

Chapter 13　責任財産の保全………………………………………………………… 164
27 債権者代位権　28 詐害行為取消権

Chapter 14　多数当事者の債権・債務……………………………………………… 168
29 多数当事者の債権・債務　30 保証

Chapter 15　債権譲渡………………………………………………………………… 172
31 債務引受　32 債権譲渡

Chapter 16　債権の消滅……………………………………………………………… 176
33 弁済の提供・受領遅滞　34 相殺

Chapter 17　契約の意義・成立……………………………………………………… 180
35 契約の成立

3

Chapter 18　契約の効力 ………………………………………………… 182
36 総合

Chapter 19　財産移転型契約 …………………………………………… 184
37 贈与契約　38 他人の権利の売買　39 危険負担・契約不適合責任

Chapter 20　貸借型契約 ………………………………………………… 190
40 借地上の建物の譲渡・転貸　41 転貸借　42 賃貸借契約

Chapter 21　労務提供型契約　その他 ………………………………… 196
43 請負　44 事務管理及び委任契約

Chapter 22　不法行為 …………………………………………………… 200
45 不法行為の成立　46・47 不法行為

Chapter 23　夫婦関係 …………………………………………………… 206
48 婚姻　49 婚約・婚姻・離婚

Chapter 24　親子関係 …………………………………………………… 210
50 親子関係　51 利益相反行為　52 養子縁組

Chapter 25　相続法総説 ………………………………………………… 216
53 失踪宣告・相続　54 相続　55 相続欠格・廃除

Chapter 26　遺留分 ……………………………………………………… 222
56 遺留分侵害額請求権

Chapter 27　総　合 ……………………………………………………… 224
57 無償契約　58・59 総合　60 催告

商　法

Chapter 1　商法総則・商行為 …………………………………………… 232
1 商業使用人　2 名板貸し　3 商人又は商行為　4 運送営業及び場屋営業

Chapter 2　持分会社 ……………………………………………………… 240
5 合名会社・合資会社

Chapter 3　株式会社・株式 ……………………………………………… 242
6 株式の取得　7 株式　8 株主名簿　9 単元株式

Chapter 4　機　関 ………………………………………………………… 250
10 株主総会　11 株主の監査権限　12 取締役の選任・解任　13 取締役
14 株主総会と取締役会　15 取締役会を設置していない株式会社

Chapter 5　設　立 ………………………………………………………… 262
16 株式会社の設立

Chapter 6　資金調達その他 ……………………………………………… 264
17 資金調達　18 株式会社の定款　19 吸収合併　20 剰余金の配当

行政法

Chapter 1　行政法の一般的法理論 ……………………………………… 272
1 行政上の法律関係　2 行政法における信頼保護　3 国の行政機関　4 行政機関
5 行政行為　6 取消しと撤回　7 行政行為の附款　8 行政裁量

⑨ 行政上の義務の履行確保　⑩ 行政代執行法　⑪ 行政上の義務の履行確保　⑫ 通達
⑬ 行政計画　⑭ 行政調査

Chapter 2　行政手続法 ··· 300
⑮ 行政手続法の用語　⑯ 申請に対する処分　⑰ 申請拒否処分　⑱ 審査基準
⑲ 処分理由の提示　⑳ 聴聞　㉑ 不利益処分　㉒ 聴聞と弁明の機会の付与　㉓ 届出
㉔・㉕ 行政指導　㉖ 意見公募手続　㉗ 適用除外

Chapter 3　行政不服審査法 ·· 326
㉘ 総合　㉙ 審査請求の対象　㉚ 審査請求　㉛ 不作為についての審査請求
㉜ 審査請求人　㉝ 審理員　㉞ 審査請求に対する裁決　㉟ 手続の終了
㊱ 執行停止　㊲ 教示制度　㊳ 再審査請求　㊴ 行政不服審査法と行政事件訴訟法

Chapter 4　行政事件訴訟法 ·· 350
㊵ 処分取消訴訟　㊶ 許認可の申請拒否処分の取消訴訟　㊷・㊸ 処分性
㊹ 取消訴訟の原告適格　㊺ 狭義の訴えの利益　㊻ 法律上の利益　㊼ 取消訴訟の判決の効力
㊽ 執行停止　㊾ 仮の救済制度　㊿ 訴訟類型　51 抗告訴訟　52 当事者訴訟

Chapter 5　国家賠償・損失補償 ··· 376
53 国家賠償法　総合　54 国家賠償法　55 国家賠償法　1条に関する判例
56 国家賠償法　2条に関する判例　57 収用裁決

Chapter 6　地方公共団体の組織 ··· 386
58 地方公共団体の種類　59 大都市制度

Chapter 7　住民の直接参政制度 ··· 390
60 直接請求

Chapter 8　地方公共団体の機関 ··· 392
61 地方自治法　総合　62 普通地方公共団体の議会
63 普通地方公共団体の長と議会との関係　64 監査制度　65 住民訴訟
66 住民訴訟・事務監査請求・被選挙権

Chapter 9　地方公共団体の権能 ··· 404
67 自治事務と法定受託事務　68 条例及び規則　69 条例の制定改廃請求権
70 普通地方公共団体の財務　71 公の施設

Chapter 10　国と地方公共団体及び地方公共団体相互の関係 ························· 414
72 国の関与

Chapter 11　多肢選択式 ·· 416
73 行政上の義務履行確保・行政罰　74 通達の処分性　75 行政指導　76 取消訴訟
77 行政事件訴訟法　総合　78 国と地方公共団体の関係

基礎法学

Chapter 1　法学概論 ·· 428
① 法律　② 法令の効力　③ 法律の形式　④ 法令用語　⑤ 三段論法　⑥ 反対解釈
⑦ ADR　⑧ 司法制度改革　⑨ 裁判の審級制度等　⑩ 判例

■記述式問題

Chapter 1　民　法……450
① 無権代理行為の相手方の保護　② 不確定期限付債務の履行遅滞　③ 177条の「第三者」
④ 占有回収の訴え　⑤ 占有移転・即時取得　⑥ 留置権と同時履行の抗弁権　⑦ 抵当権
⑧ 履行遅滞による解除　⑨ 保証債務　⑩ 債権譲渡　⑪ 消滅時効の援用・債権者代位権
⑫・⑬ 詐害行為取消権　⑭ 取消し・第三者弁済　⑮ 売買の効力　⑯ 代金減額請求・相殺
⑰ 履行不能・危険の移転等　⑱ 賃貸借契約　⑲ 表見代理・使用者責任
⑳ 債務不履行と不法行為　㉑ 利益相反行為　㉒ 遺留分侵害額の請求権

Chapter 2　行政法……494
① 一般的法理論　行政行為の効力　② 一般的法理論　秩序罰
③ 一般的法理論　直接強制・代執行　④ 行政手続法　処分等の求め
⑤ 行政不服審査法　裁決の内容　⑥ 行政事件訴訟法　原処分主義
⑦ 行政事件訴訟法　処分性　⑧ 行政事件訴訟法　主張制限
⑨ 行政事件訴訟法　取消訴訟・執行停止　⑩ 行政事件訴訟法　判決の効力
⑪ 申請型義務付け訴訟　⑫ 行政事件訴訟法　形式的当事者訴訟
⑬ 国家賠償法　2条責任　⑭ 地方自治法　公の施設

■一般知識等科目

Chapter 1　政　治……524
① 近代の政治思想　② 政治体制　③ 国際連合と国際連盟　④ 国の行政改革の取組み
⑤ 中央政府の行政改革　⑥ 日本の政治資金　⑦ 選挙制度　⑧ 地方自治
⑨ 政治とマスメディア　⑩ 利益集団　⑪ 戦後日本の外交
⑫ 核軍縮・核兵器問題への国際社会の対応

Chapter 2　経　済……548
① 第二次世界大戦後の国際経済　② 日本の公債発行　③ 租税構造　④ 日本銀行
⑤ 近現代の日本の不況　⑥ 日本のバブル経済とその崩壊　⑦ 日本経済
⑧ 企業の独占・寡占　⑨ ビットコイン

Chapter 3　社　会……566
① 日本の社会保障制度　② 地方自治体の住民等　③ 日本の雇用・労働
④ エネルギー需要動向・エネルギー政策　⑤ 循環型社会の形成にかかわる法制度
⑥ 難民　⑦ 空き家問題　⑧ 防災政策　⑨ 風適法による許可又は届出の対象
⑩ ジェンダー・セクシュアリティ

Chapter 4　情報通信・個人情報保護……586
① 個人情報保護法　② 個人情報保護法・定義等　③ 個人情報保護法
④ 個人情報保護法　第4章及び第5章の比較　⑤ 情報公開法及び個人情報保護法
⑥ 情報公開法及び公文書管理法　⑦ 公文書管理法　⑧ 青少年インターネット環境整備法等
⑨ 情報法　総合　⑩ IT用語

Chapter 5　文章理解……606
①・② 短文挿入　③～⑤ 空欄補充　⑥～⑨ 並び替え　⑩ 趣旨　⑪ 内容一致　⑫ 内容・趣旨

■あとがき……630

■令和4年度　行政書士試験　本試験問題　解答・解説

ガイダンス

Chapter 1 本書の使い方

1 本書の特長

　本書はあらゆる行政書士試験受験者を対象にしています。発売中のテキスト『うかる！ 行政書士 総合テキスト』（日本経済新聞出版）で学習した内容を十分に理解しているかどうかの確認をしたり、試験直前の実力診断や弱点チェック等、実践的な使い方ができます。

　収録したのは、過去に実際に出題された問題に加えて、伊藤塾の行政書士試験専門の講師陣が作ったオリジナル問題で、出題傾向をジャンル別に整理して並べています。合格に必要と考えられる重要問題ばかりです。テキストの該当箇所へのリンク情報を付けてありますので、誤りが多かったり、不得意な項目については、テキストを参照して復習する等、組み合わせて使ってください。

1 問題ページの見方

　初めて本書を使う場合は、以下のポイントを理解してから、問題を解き始めると効果的です。

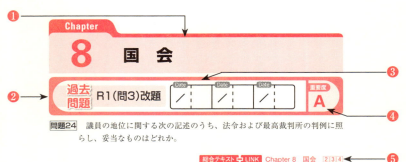

　❶法令等科目については、学習分野ごとにChapterで分け、項目名を記しました。『総合テキスト』と同じ名称です。テキストで学習した後、同じ項目の問題を解く際に役立ててください。❷過去に出た本試験問題は「過去問題」と表

し、「R1（問3）」なら、令和元（2019）年度の問題3という意味です。なお、法改正等に対応させて内容を改変した場合には、出題年番号の後に「改題」と付しています。「伊藤塾オリジナル問題」は、行政書士試験専門の講師が伊藤塾の講座で使ってきた実践的な問題です。❸問題を3回は解いてみるように、日付欄と、その右に空欄を作りました。記憶すべきポイントなどを記入して使いましょう。❹重要度のレベルを、高いほうからA、B、Cで表しています。まずはレベル「A」の問題が全問正解できるように学習を進めましょう。❺『うかる！行政書士 総合テキスト』の該当 Chapter を示しています。問題や解説の内容を理解したり、誤った場合に復習するなど、テキストとあわせて学習をすれば、さらに効果が上がります。

2 解説ページの見方

各選択肢や正誤の理由などの解説を、どう理解するかで学習の効果が違ってきます。それぞれ意味を理解してから本書を使ってください。

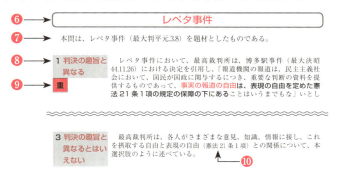

❻この問題で問われている中心となる項目名を記しています。❼この問題では、何が問われているのか、その基本を簡潔に説明しています。❽各選択肢又は記述ごとに、解答と説明があります。問題を解く際に、正解や選択肢ごとの正誤等が見えないように、付属の赤シートで、解説ページを隠し利用すると効果的です。❾問題のランクとは別に各選択肢等に勉強の指針となるマーク（次頁の表参照）が付いています。復習時には、特にこの部分を利用して効率よく学習してください。❿この問題で問われている条文を記しています。初出の条文は、法律名まで記していますが、後記掲載の選択肢又は記述で同一の法律が問われている場合には、条文番号のみとしています。なお、各選択肢又は記述に複数の法律が登場する場合、初出の条文があるときであっても法律名も記しています。

超	超重要	特に正確に記憶しておくべきもの
重	重要	試験対策上、重要なもの
捨	捨て問	合格者でも正答が困難なもの
予	予想問題	2023年度の試験に出題される可能性が高いもの
	空欄	基本知識を問うもの。正しく理解できている必要がある

3 Festina lente とは？

Festina lente（フェスティナ レンテ）とは、ラテン語で**ゆっくり、急げ**という意味です。主に発売中の『**うかる！ 行政書士 総合テキスト**』で使用しています。

　行政書士試験のための勉強は、じっくりと腰を据えて取り組む必要がありますが、いくらでも時間があるというわけではないのです。つまり Festina lente とは、**時間を有効に使って、効率的に学習する**、その取り組み方を表したものです。

2 有効な活用法

1 本書の効果的活用法

1　鉄　則

　問題集の使用方法の鉄則として、**復習をしっかりと行う**ことを忘れないようにしてください。えてして問題を解くと、その問題が正解であったか、不正解であったかということに注意がいきがちですが、問題を解けたか解けなかったかということ自体に、実はそれほど意味がありません。

　学習の目標は、「行政書士試験の合格」ということにあるのですから、実際の本試験で問題が解けるのであれば、それでよいのです。

　むしろ、学習段階で問題を解くという行為がなぜ大切なのかというと、問題を解いた時点での**自分の弱点等を把握**するというところにあります。

　したがって、問題を解いた後は、しっかりと復習をして自分がなぜその問題が解けなかったのかということを分析するようにしてください。

2　復習の仕方──情報の一元化

　具体的な復習方法として必ず行ってほしいことは、**テキストに返る**ということです。しばしば、受験生の中に、問題集の解説にもすき間なくマーカーを引いている方を見受けます。解説にマーカーを引くこと自体を否定するつもりはありませんが、それで終わってはいけません。そもそも、知識はテキストから学んだものなのですから、知識が足りなかった点については、テキストに返ってその部分

をしっかりと復習しなければなりません。

つまり、復習をするのであれば、①解説を読み、②テキストに返り、テキストの該当箇所をもう一度学習し、覚えるべきことは覚えるようにしましょう。

なお、テキストに返った際に、出題された知識の該当箇所が掲載されていないということもあるかもしれません。そのときは、テキストの最もふさわしいと思われる箇所に自分でその知識を書き込むようにしてください。

また、テキストに返った際にマーカーを引くのであれば、普段使っているマーカーと違う色のマーカーを使用するとよいでしょう。そうすることによって、後でテキストを見返したときに、自分がどの部分について知識が足りなかったかということを判断することができ、効果的です。

Festina lente

本試験の当日、最終チェックをするためのテキストを普段の学習で作っているのだというイメージをもって学習をするようにしてね。

このように問題等で得た新しい知識を自分の使用している1冊のテキストに集約していくことを情報の一元化といいます。

なお、本書の巻末には、2022（令和4）年度行政書士試験の問題を、実際に出題されたものと全く同じ形式で掲載しています。なるべく早い段階で、本試験と同じ3時間で解いてみてください。その時点における自分の足りないものが確認できますから、足りない部分を克服できるように本書を活用してください。

2 本書の構成

1 本書の内容

本書は、以下のような問題数で構成されています。

科目		総問題数	過去問題			伊藤塾オリジナル問題	
			択一式	記述式	多肢選択式	択一式	記述式
法令等科目 （全243問）	憲法	39	28		4	7	
	民法	82	52	7		8	15
	商法	20	18			2	
	行政法	92	72	6	6		8
	基礎法学	10	8			2	
一般知識等科目 （全53問）	政治	12	12				
	経済	9	9				
	社会	10	10				
	情報通信・ 個人情報保護	10	10				
	文章理解	12	12				

2 出題分野一覧

過去の本試験出題分野の一覧は、以下のとおりです。なお、数字は本試験の年度を表しています。

		08	09	10	11	12	13	14	15	16	17	18	19	20	21	22
		憲　　　　　　　法														
憲法総論	憲　　　　　　法										●					
	法　の　支　配															
	日本国憲法の基本原理											●				
人権総論	人　権　の　分　類															
	人　権　享　有　主　体　性								●		●					
	基本的人権の限界	●		●			●		●					●		
包括的基本権と法の下の平等	生命・自由・幸福追求権				●		●		●	●					●	
	法　の　下　の　平　等	●		●		●	●	●	●							
精神的自由①	思想・良心の自由		●				●									
	信　教　の　自　由	●	●								●				●	
	学　問　の　自　由				●							●				
精神的自由② 表現の自由	表現の自由の意味				●											
	表現の自由の内容					●			●		●			●		●
	表現の自由の限界					●				●	●	●		●		
経済的自由	経　済　的　自　由			●					●			●			●	●
人身の自由	人　身　の　自　由													●		
参政権・受益権・社会権	受　益　権															
	社　　会　　権	●				●			●			●				
	参　　政　　権	●			●							●	●			
国会	国　会　の　地　位				●									●		
	国会の組織と活動		●							●						
	国会議員の特権											●				
	国会の権能と議院の権能	●	●	●			●	●						●		
内閣	行政権と内閣				●	●	●									
	内　閣　の　組　織				●			●		●	●	●				
	内閣の権能と内閣総理大臣の権能															●
裁判所	司　　法　　権							●	●							●
	裁判所の組織と権能	●						●								●
	司　法　権　の　独　立									●						
	違　憲　審　査　権								●				●			
天皇	天皇の地位と性格															
	天　皇　の　権　能											●				
	皇　室　経　費															

		08	09	10	11	12	13	14	15	16	17	18	19	20	21	22
財政	財政の基本原則			●		●			●							
	財政監督の方式						●		●		●					
地 方 自 治																
憲法改正	憲法改正の手続														●	
	憲法改正の限界															
						民		法								
全 体 構 造																
私 権 の 行 使																
権 利 の 主 体		●	●	●		●		●	●		●	●			●	●
権 利 の 客 体（物）									●							
法 律 行 為												●				
意 思 表 示		●		●		●	●	●			●	●			●	●
無 効 と 取 消 し		●				●			●							
代 理		●	●			●	●				●		●	●		●
条 件 ・ 期 限 ・ 期 間											●					
時 効		●	●	●			●				●	●		●		
物 権 法 総 論		●													●	●
物 権 変 動								●				●	●			
占 有 権		●	●											●		
所 有 権		●				●	●		●	●						
用 益 物 権							●		●				●			
担 保 物 権 総 説																
留 置 権			●				●			●		●			●	
先 取 特 権							●	●		●						
質 権													●			
抵 当 権		●	●	●	●									●		
債 権 法 総 説													●			
債 権 の 目 的																
債 権 の 効 力		●	●						●	●					●	●
責 任 財 産 の 保 全		●					●	●		●					●	
多数当事者の債権・債務		●	●	●	●			●			●					
債 権 譲 渡		●										●		●		
債 権 の 消 滅		●		●			●	●				●				
契 約 の 意 義 ・ 成 立																
契約の効力・契約上の地位の移転							●						●	●		
契 約 の 解 除					●		●									●
典 型 契 約 の 類 型																
財 産 移 転 型 契 約		●	●		●	●		●	●			●			●	
貸 借 型 契 約		●	●			●	●			●	●	●				●
労務提供型契約その他			●	●	●	●					●	●	●			

	08	09	10	11	12	13	14	15	16	17	18	19	20	21	22
事　務　管　理			●	●						●		●			
不　当　利　得			●							●					
不　法　行　為	●	●				●		●	●	●	●	●		●	●
親　族　法　総　説															
夫　婦　関　係						●		●	●		●				
親　子　関　係	●		●					●	●				●		
相　続　法　総　説		●	●		●										●
遺　　　　　言		●			●					●					
配　偶　者　居　住　権														●	
遺　　留　　分															
商　　　　　　　　法
商法総則・商行為	●	●	●	●	●	●	●	●	●	●	●	●	●	●	●
会　社　法　総　論															
持　分　会　社				●					●						
株　式　会　社　総　論	●												●		
株　　　　　式	●	●		●	●		●	●	●	●	●	●	●	●	●
機　　　　　関	●	●	●	●	●	●	●	●	●	●	●	●	●	●	●
設　　　　　立				●	●		●		●	●	●	●	●	●	●
資　金　調　達	●				●										
組　織　再　編			●		●										
計　算　そ　の　他	●				●				●		●		●		
行　　　政　　　法
行政法の一般的な法理論	行　政　法　総　論	●	●	●				●		●		●		●	●	●
	行　政　組　織　法　等	●	●	●					●	●		●		●		●
	行　政　作　用　法	●	●		●	●	●	●	●	●	●	●	●	●	●	●
行　政　手　続　法	●	●	●	●	●	●	●	●	●	●	●	●	●	●	●
行政救済法	行　政　不　服　審　査　法	●	●	●	●	●	●	●	●	●	●	●	●	●	●	●
	行　政　事　件　訴　訟　法	●	●	●	●	●	●	●	●	●	●	●	●	●	●	●
	国　家　賠　償　法	●	●	●	●	●	●	●	●	●	●	●	●	●	●	●
	損　失　補　償　制　度	●	●		●			●	●		●			●		
地方自治法	地　方　自　治　総　論	●	●	●								●		●	●	
	住民の直接参政制度	●	●	●				●			●		●			
	地方公共団体の機関				●	●					●		●			
	地方公共団体の権能	●							●			●				●
	国と地方公共団体及び地方公共団体相互の関係	●					●									●
基　　礎　　法　　学
法学概論	法　の　効　力	●				●								●		
	法　の　分　類	●	●	●								●				
	法　の　解　釈						●	●								
	基　本　原　理	●	●	●				●	●	●	●		●	●	●	●

14　ガイダンス

		08	09	10	11	12	13	14	15	16	17	18	19	20	21	22
					一	般	知	識	等							
政	治		●	●	●	●	●	●	●	●	●	●	●	●	●	●
経	済	●	●		●	●	●	●	●	●	●		●	●	●	●
社	会			●	●	●	●	●		●		●	●	●	●	●
情報通信・個人情報保護		●	●	●	●	●	●	●	●	●	●	●	●	●	●	●
文 章 理 解		●	●	●	●	●	●	●	●	●	●	●	●	●	●	●

最新の試験対策は、伊藤塾のホームページやメルマガにて配信中

Festina lente

　本書と『うかる！ 行政書士 総合テキスト』は、復習をしやすいように項目をリンクさせてあるよ。時間の制約がある受験生には、テキストの該当箇所を探す時間も惜しいよね。2冊を利用して、効率よく学習してね。

　思うように正解できないときは、『うかる！ 行政書士 民法・行政法 解法スキル完全マスター』と『うかる！ 行政書士 憲法・商法・一般知識等 解法スキル完全マスター』（日本経済新聞出版）を活用して、問題の解き方を学ぶといいよ。そして、試験直前期には『うかる！ 行政書士 新・必修項目115』（日本経済新聞出版）を利用して、知識の総整理を図るのがお勧めだよ。もちろん試験が近づいたら、本試験同様の試験時間で予想演習問題を解く、『うかる！ 行政書士 直前模試』（日本経済新聞出版）を活用して、本試験のシミュレーションをしておくことが大切だ。

　最後に、法律の勉強方法について、不安がある、どのようにすればよいかわからないという場合は、『伊藤塾式　人生を変える勉強法』（日本経済新聞出版）を読んでみるといいよ。この本は、長年の受験指導を通して培ってきた伊藤塾の勉強法の集大成なんだ。受験経験、環境を問わず、自分のゴール（試験の合格や合格後の姿）と現時点の自分とを結ぶ「勉強法の王道」がきっと見つかるはずだよ。

　もし、いきなり『うかる！ 行政書士 総合テキスト』で勉強するのは少し自信がない場合は、『うかる！ 行政書士 入門ゼミ』（日本経済新聞出版）もあるから、ここから始めてごらん。法律の核となる部分がわかるから、その後の学習がスムーズに進むよ。

　それから、本書は、2023年度の受験生に向けて、問題の出題意図に反しない範囲で、最新の法改正や新情報に沿った修正を加えてあるから、安心して利用できるよ。

本書の法令は、2022年12月10日までに公布され、かつ2023年4月1日までに施行が見込まれるものに準じて掲載しています。
刊行後の試験に関わる法改正・判例変更などの新情報は、伊藤塾ホームページ上に掲載いたします。
https://www.itojuku.co.jp/shiken/gyosei/index.html

Chapter 2 行政書士試験

1 行政書士試験概要

1 受験者数・合格者数・合格率の推移

試験実施年度	受験者数	合格者数	合格率
2006（平成18）年度	70,713人	3,385人	4.79%
2007（平成19）年度	65,157人	5,631人	8.64%
2008（平成20）年度	63,907人	4,133人	6.47%
2009（平成21）年度	67,348人	6,095人	9.05%
2010（平成22）年度	70,586人	4,662人	6.60%
2011（平成23）年度	66,297人	5,337人	8.05%
2012（平成24）年度	59,948人	5,508人	9.19%
2013（平成25）年度	55,436人	5,597人	10.10%
2014（平成26）年度	48,869人	4,043人	8.27%
2015（平成27）年度	44,366人	5,820人	13.12%
2016（平成28）年度	41,053人	4,084人	9.95%
2017（平成29）年度	40,449人	6,360人	15.72%
2018（平成30）年度	39,105人	4,968人	12.70%
2019（令和元）年度	39,821人	4,571人	11.48%
2020（令和2）年度	41,681人	4,470人	10.72%
2021（令和3）年度	47,870人	5,353人	11.18%
2022（令和4）年度	発表後、伊藤塾ホームページに掲載		

2 試験概要（令和4年度）

1　受験資格
　年齢、学歴、国籍等に関係なく、誰でも受験することができます。
2　受験手数料
　10,400円

3　試験日・試験時間
11月の第2日曜日　　午後1時～午後4時（3時間）

4　試験科目

試　験　科　目	内　容　等
行政書士の業務に関し必要な法令等（出題数46題）	憲法、行政法（行政法の一般的な法理論、行政手続法、行政不服審査法、行政事件訴訟法、国家賠償法及び地方自治法を中心とする）、民法、商法（※）及び基礎法学の中からそれぞれ出題し、法令については、令和4年4月1日現在施行されている法令に関して出題します。 ※商法については、会社法を含みます。
行政書士の業務に関連する一般知識等（出題数14題）	政治・経済・社会、情報通信・個人情報保護、文章理解

なお、令和4年度については令和4年4月1日現在施行されている法令に関して出題されました。

5　出題形式及び配点
試験は、筆記試験によって行います。

出題の形式は、「行政書士の業務に関し必要な法令等（出題数46題）」は、択一式及び記述式で、「行政書士の業務に関連する一般知識等（出題数14題）」は、択一式です。

なお、記述式は、40字程度で記述するものを出題します。

6　合格基準点
次の要件のいずれをも満たした者を合格とします。

ア　行政書士の業務に関し必要な法令等科目の得点が、満点の50％以上である者
イ　行政書士の業務に関連する一般知識等科目の得点が、満点の40％以上である者
ウ　試験全体の得点が、満点の60％以上である者
　（注）合格基準については、問題の難易度を評価し、補正的措置を加えることもあります。

Festina lente

「インターネットによる受験申込み」方式や、全盲等重度の視覚障害の受験者にも対応できるよう点字試験も導入されているよ。

3 合格発表

　試験を実施する日の属する年度の1月の第4又は5週に属する日に、一般財団法人行政書士試験研究センターの掲示板とホームページに、合格者の受験番号が掲示されます。また、掲示後、受験者全員に合否通知書が、その後合格者には合格証書が郵送されます。

4 試験委員情報

　行政書士試験の問題作成は、試験委員によって行われます。その結果、試験委員が研究している分野について問題が作成されることが多いようです。
　伊藤塾では、各試験委員がどのような分野を研究対象としているのかについて情報を収集、分析し、その結果に基づいてテキストや問題集を制作しています。

■ 2022（令和4）年度試験委員（担当科目は伊藤塾分析）

氏　名	職　業	担当科目
只野　雅人	一橋大学教授	憲　法
林　知更	東京大学教授	
山田　洋	獨協大学教授	行政法
神橋　一彦	立教大学教授	
野口貴公美	一橋大学教授	
下井　康史	千葉大学教授	
髙橋　信行	國學院大學教授	
府川　繭子	青山学院大学准教授	
鎌野　邦樹	早稲田大学教授	民　法
武川　幸嗣	慶應義塾大学教授	
大木　満	明治学院大学教授	
大木　満	明治学院大学教授	
山部　俊文	明治大学教授	商　法
中曽根玲子	國學院大學教授	
沼尾　波子	東洋大学教授	政治・経済・社会 基礎法学 情報通信・個人情報保護
金井　利之	東京大学教授	
寺田　麻佑	国際基督教大学准教授	
指宿　信	成城大学教授	
山本　薫子	東京都立大学准教授	
石塚　修	筑波大学教授	文章理解

2 現行試験制度下における試験分析

現行試験制度は、2006（平成18）年度から実施されています。ここでは、これまでの試験の特徴を分析していきます。

1 特徴その① 行政法

過去17回の法令等科目の出題数は、次のとおりです。

〈法令等科目の出題問題数〉

(形式) (内容)	択一式問題	多肢選択式問題	記述式問題	計
基礎法学	2	0	0	2
憲　法	5	1	0	6
行政法	19	2	1	22
民　法	9	0	2	11
商　法	5	0	0	5
合　計	40	3	3	46

これを見てわかると思いますが、まず、最も大切な出題科目は行政法です。

法令等科目全46問中、その22問が行政法からの出題ですから、法令等科目の約半分が行政法からの出題ということになります。

ただし、行政法と一言でいっても、この科目は複数の法律等から構成されています。もう少し具体的に見ると、次頁のようになります。

ここでわかる大きな特徴は、まず、第1に択一式問題では、2022（令和4）年度は行政手続法が3題、行政不服審査法が3題、行政事件訴訟法は3題出題となっている点です。過去の本試験では、行政手続法が最も重視される傾向にあったのですが、これらがほぼ均等な配分での出題となりました。

第2の特徴としては、例年、地方自治法の択一式問題が3題出題されている点です。2000（平成12）年度の試験制度改正以来、地方自治法は重視される傾向にありました。これが現行の試験制度でも引き継がれたといえます。地方自治法は、行政法の内容のひとつとして考えられているため、独立した出題科目である憲法や商法と比べて、その重要性が見えにくいのですが、実質的には、同じくらい重要な内容として学習したほうがよいでしょう。

〈令和4年度の行政法出題問題数〉

（内容）＼（形式）	択一式問題	多肢選択式問題	記述式問題	計
行政法の一般的な法理論	3	0	0	3
行政手続法	3	0	0	3
行政不服審査法	3	0	0	3
行政事件訴訟法	3	0	1	4
国家賠償法・損失補償	2	1	0	3
地方自治法	3	0	0	3
総合問題	2	1	0	3
合計	19	2	1	22

2 特徴その② 多肢選択式

　内容面では択一式の出題のときと実質的な違いはなく、従来の記述式をより簡単にした（以前は、穴埋め部分を自分で言葉を考えて埋めなければならなかったのに対して、選択式の場合は、語句群から適当な言葉を選択して埋めればよい）形式となっています。

3 特徴その③ 記述式

　40字程度で解答を記述させる問題が、現行試験制度から出題されるようになりました。過去17回とも、民法から2題、行政法から1題が出されています。

　行政法は、行政事件訴訟法や行政手続法の具体的な手続の流れや訴訟要件を問う問題が多く出題されていますので、手続の流れや訴訟要件を意識した学習をされている方にとっては、比較的やさしい問題といえます。

　一方、民法は、要件・効果の「要件」や民法の大原則の例外を問う問題が出題されています。また、判例について問う問題も出題されています。2022（令和4）年度に出題された民法の2問は、いずれも事例を挙げてその法律関係を問う問題でした。法的思考力等を意識した学習をしてきているかが問われているのかもしれません。

　いずれにせよ記述式については、問題と解答を暗記するだけの学習ではなく、択一式の学習と同様に、日頃から、**定義、要件・効果、原則・例外を意識した学習**が要求されているといえます。

4 特徴その④　情報通信・個人情報保護

　一般知識等科目では、情報通信・個人情報保護の内容の問題が大幅に増えました。
　実は、2005（平成17）年度までの一般知識等科目は、法令等科目のように試験内容が明らかにされていなかったのが、現行試験制度から、「政治・経済・社会、情報通信・個人情報保護、文章理解」と、出題範囲を明記するようになりました。
　この理由は、**情報通信・個人情報保護**を試験範囲として明示したかったためです。しかしながら、情報通信・個人情報保護だけを表示したのでは他の出題内容との整合性が保てません。そこで、その他の分野についても、必要性はなかったものの、試験範囲としてあえて明示するようになったのです。こうした経緯から、情報通信・個人情報保護は当初から重視されていたといえます。

5 特徴その⑤　政治・経済・社会

　一般知識等科目14問のうち、政治・経済・社会については、2022（令和4）年度では5肢択一式で8問出題されました。「政治」では各国の政治制度や地方自治、また、「経済」では日本銀行や貿易、「社会」では社会保障制度や環境問題等を素材とした出題がなされています。配分は年度によって異なりますので、3つのどの分野から出題されても解答できるようにバランスよく学習してください。

3　学習上のポイント

　行政書士試験は、現行の試験制度によって、**高次の法律専門家登用試験**となりました。一見すると、法律初学者にとっては、合格しづらくなったように思われがちですが、決してそうではありません。**きちんとしたカリキュラムで学習を進めていけば**、必ず合格を勝ち取れる試験です。そして、現行試験制度の下で合格できる能力があるということは、**法律的素養**が身についているということであり、他の法律系資格試験を受験する際の有利な武器となり、また、晴れて行政書士として実務に携わることになったときの財産となります。
　では、試験に向けてどのような点がポイントとなるのでしょうか。

1 法的思考力

　現行試験制度において出題される問題やその配分を分析すると、法令などの理解力・思考力が重視されていることがわかります。今日、社会の要請として、**真の法律的素養を身につけた行政書士**が必要となっています。そこで、単なる知識を問うのではなく、法律専門家として必要な**真の理解力・思考力**を問うため、試験制度の改正が2005（平成17）年になされ、現在の試験問題となりました。もっとも、いかに法的思考力等が問われるからといって、考える勉強だけをやればよいかといえばそうではありません。知識が不足している状態では、いくら考えて問題を解こうと思っても、考えるための素材がないので正解を導くことはなかなか難しいでしょう。

　したがって、まず法的知識を確実に身につけていく学習から始め、本試験のときには**法的知識＋法的思考力**が身についている状態になるよう、学習計画を立ててください。

　次から各試験科目を学習する上でのポイントをお話しします。配点が高い行政法と民法は、行政書士の実務においても特に身につけておく必要がある科目です。

2 行政法

　行政法の問題は、**行政法の一般的な法理論、行政手続法、行政不服審査法、行政事件訴訟法、国家賠償法、地方自治法**に分かれています。

　行政法の学習のポイントは、「行政法の一般的な法理論」に関しては、抽象的な用語の定義や基本原理が出てきますから、それらを具体例とあわせて覚えていくとよいでしょう。他の行政法の分野に関しては、条文・判例中心の学習を心掛けてください。そして、**手続の流れや訴訟要件**を意識した学習は、記述対策にも効果的です。

3 民　法

　民法の学習を本格的に始めると、ある**一定の法律効果**を生じさせるためにはどのような**要件**が必要か、ということを学ぶことになります。ですから、民法を学ぶときには、**要件・効果**をしっかり意識して学習してください。このような学習の進め方は、択一式の問題を解く知識となるとともに、そのまま記述式問題の対策ともなり、効率のよいレベルアップにつながります。

4 その他の法令

　試験制度の改正により、**行政書士法**、戸籍法、住民基本台帳法、労働法、税法については法令等科目から削除されましたが、これらが出題される可能性が100%なくなったわけではなく、今後も一般知識等科目で出題される可能性があります。特に**行政書士法**は、実務においても重要な役割を担っているため、試験問題として復活する可能性があり、一度は条文に目を通しておく必要があると考えられます。

5 一般知識等

　一般知識等科目では、政治・経済・社会の分野、情報通信・個人情報保護の分野、文章理解の分野の3分野から出題されます。合格するためにはこの科目で4割以上を得点しなければなりません。これらの科目の中で、個人情報保護は**法令からの出題**であることから、対策の立てやすい分野です。

　政治・経済・社会の分野への対策としては、日々ニュースや新聞等に目を通し、最近の**時事問題**について押さえておいてください。

　文章理解においては、**すべての答えの根拠は、問題文中に必ずある**ということを意識した学習を心掛けてください。

6 合理的学習

　行政書士試験で合格点を取るためには、**バランスよく**得点することが必要です。**得点計画を立てる**ことで、どの科目にどの程度の時間をかけるべきかが明確になり、バランスよく効率的に学習を進めることができます。得点計画を立てる際は、まず、一般知識等科目は合否判定基準をギリギリ満たした（最低6題得点）と仮定した上で、法令等科目のことを考えるとよいでしょう。次に、全体の合否判定基準は180点以上ですから、法令等科目の得点目標としては、180 − 24 = 156点以上となります。最後に、この156点をどのような内訳で得点すればよいかを考えてみましょう。姉妹編の『うかる！ 行政書士 総合テキスト』に、**得点計画表**や**学習モデルプラン**を掲載しています。学習の計画がなかなか立てられない場合は、参考にしてみてください。

7 試験出題科目及び分野

平成29年度から令和4年度までの出題項目は次のようになっています。

1 憲法

		平成29年度	平成30年度	令和元年度	令和2年度	令和3年度	令和4年度
択一式	1	人権の享有主体性	百里基地訴訟	議員の地位	被拘禁者の閲読の自由	国家賠償・損失補償	表現の自由
	2	財産権	学問の自由	家族・婚姻	表現の自由の規制	捜査とプライバシー	職業選択の自由
	3	内閣	生存権	選挙権・選挙制度	議院自律権	政教分離	適正手続
	4	予算	選挙の性質	教科書検定制度の合憲性	衆議院の解散	唯一の立法機関	内閣の権限
	5	憲法の概念	恩赦	裁判官の身分保障等	違憲性の主張適格	国民投票制	裁判の公開
多肢選択式		北方ジャーナル事件	公務員の政治的自由	放送と表現の自由	労働組合の統制権	裁判員制度	法律上の争訟

2 行政法

		平成29年度	平成30年度	令和元年度	令和2年度	令和3年度	令和4年度
択一式	1	一般的法理論 取消しと撤回	一般的法理論 行政代執行法	一般的法理論 行政上の義務の履行確保	一般的法理論 公表の処分性	一般的法理論 法の一般原則	一般的法理論 公法上の権利の一身専属性
	2	一般的法理論 無効の行政行為	一般的法理論 行政上の法律関係	一般的法理論 内閣法及び国家行政組織法	一般的法理論 行政行為（処分）	一般的法理論 行政裁量	一般的法理論 行政契約
	3	一般的法理論 執行罰	一般的法理論 行政処分の無効と取消し	一般的法理論 公有水面埋立訴訟	一般的法理論 普通地方公共団体の契約の締結	一般的法理論 行政立法	一般的法理論 行政調査
	4	行手法 1条1項	行手法 申請に対する処分及び不利益処分	行手法 行政指導	行手法 用語	行手法 意見公募手続	行手法 申請に対する処分
	5	行手法 処分理由の提示	行手法 行政指導	行手法 聴聞	行手法 聴聞と弁明の機会の付与	行手法 理由の提示	行手法 不利益処分
	6	行手法 聴聞	行手法 意見公募手続	行手法 総合	行手法 申請の取扱い	行手法 行政指導	行手法 届出
	7	行審法 審査請求の対象	行審法 不作為についての審査請求	行審法 裁決及び決定	行審法 審査請求	行審法 執行停止	行審法 総合
	8	行審法 審査請求人	行審法 審査請求	行審法 審査請求の手続等	行審法 再審査請求	行審法 再調査の請求	行審法 審理員
	9	行審法 執行停止	行審法 総合	行審法 総合	行審法 不作為についての審査請求	行審法 審査請求	行審法 教示
	10	行訴法 許認可の申請拒否処分の取消訴訟	行訴法 取消訴訟の判決の効力	行訴法 執行停止	行訴法 狭義の訴えの利益	行訴法 条文	行訴法 総合
	11	行訴法 裁決の取消しの訴え	行訴法 民衆訴訟と機関訴訟	行訴法 行政庁の訴訟上の地位	行訴法 出訴期間	行訴法 処分取消訴訟	行訴法 抗告訴訟の対象
	12	行訴法 仮の差止め	行訴法 差止訴訟	行訴法 抗告訴訟	行訴法 義務付け訴訟	行訴法 取消訴訟の原告適格	行訴法 処分無効確認訴訟

		平成29年度	平成30年度	令和元年度	令和2年度	令和3年度	令和4年度
	13	国賠法 1条	国賠法 1条	損失補償 都市計画法上の建築制限	国賠法 1条	国賠法 公務員の失火	国賠法 1条1項
	14	国家賠償法と失火責任法	道路用地の収用に係る損失補償	国賠法 2条1項	国賠法 1条	国賠法 規制権限の不行使	国賠法 2条1項
	15	公の施設	特別区	普通地方公共団体の議会	住民	公の施設	条例
	16	地方自治法 総合	条例と規則	公の施設	自治事務と法定受託事務	普通地方公共団体に適用される法令等	住民監査請求及び住民訴訟
	17	住民監査請求と住民訴訟	都道府県の事務	監査委員	住民訴訟	長と議会の関係	都道府県の事務
	18	林試の森事件判決	道路等	上水道	情報公開をめぐる判例	通達	国家行政組織法
	19	教示	行政法 総合	行政法 総合	自動車の運転免許	公立学校に関する判例	国籍と住民
多肢選択式	1	一般的法理論 行政立法	行訴法 取消しの理由の制限	行訴法 狭義の訴えの利益	行手法 行政指導	一般的法理論 行政上の義務履行確保・行政罰	情報公開法
	2	冷凍倉庫事件判決 宮川裁判官補足意見	一般的法理論 地方公共団体の施策の変更	行訴法 訴訟類型	普通地方公共団体の議会の議員に対する懲罰等と国家賠償	行手法 不利益処分の理由の提示	国家補償制度の谷間
記述式		宝塚市パチンコ条例事件判決	行訴法 申請型義務付け訴訟	行手法 処分等の求め	行訴法 無効等確認の訴え	行手法 行政指導の中止等の求め	行訴法 義務付けの訴え

※ 行政法の一般的な法理論は一般的法理論と、行政手続法は行手法と、行政不服審査法は行審法と、行政事件訴訟法は行訴法と、国家賠償法は国賠法と表記する。

3 民 法

		平成29年度	平成30年度	令和元年度	令和2年度	令和3年度	令和4年度
択一式	1	法人その他の団体	公序良俗及び強行法規等の違反	時効の援用	制限行為能力者	意思表示	虚偽表示の無効を対抗できない善意の第三者
	2	錯誤等	条件・期限	代理	占有改定等	不在者財産管理人・失踪宣告	占有権
	3	物権の成立	民法 総合	動産物権変動	根抵当権	物権的請求権	根抵当権
	4	占有の承継	抵当権の効力	用益物権等	選択債権	留置権	債務不履行
	5	物権的請求権等	弁済	質権	債務引受	債務不履行に基づく損害賠償	債務不履行を理由とする契約の解除
	6	連帯債務	使用貸借契約及び賃貸借契約	転貸借	同時履行の抗弁権	債権者代位権	賃貸人たる地位の移転
	7	民法 総合	使用者責任及び共同不法行為責任	事務管理及び委任契約	賃貸借契約	危険負担・契約不適合責任	法定利率
	8	不法行為	離婚	不法行為	医療契約に基づく医師の患者に対する義務	不法行為	不法行為
	9	遺言	後見	氏	特別養子制度	配偶者居住権等	相続
記述式	1	債権譲渡	制限行為能力者	共有物に関する法律行為	意思表示	債権譲渡	無権代理の本人相続
	2	不法行為	贈与契約	第三者のためにする契約	不動産物権変動	土地工作物責任	債権者代位・賃貸借

4 商法

	平成29年度	平成30年度	令和元年度	令和2年度	令和3年度	令和4年度
1	商人及び商行為	商人又は商行為	商行為の代理	運送契約における高価品の特則	絶対的商行為	営業譲渡
2	株式会社の設立	設立における発起人等の責任等	設立における出資の履行等	株式会社の設立等	株式会社の設立に係る責任等	発行可能株式総数
3	発行済株式の総数の増減	譲渡制限株式	公開会社の株主の権利	自己株式	株式の買入れ	特別支配株主の売渡請求
4	取締役の報酬等	社外取締役	取締役会	株主総会	社外取締役及び社外監査役の設置	公開会社における株主総会
5	全ての株式会社に共通する内容	剰余金の配当	取締役会を設置していない株式会社	公開会社・大会社	剰余金の配当	会計参与

5 基礎法学

	平成29年度	平成30年度	令和元年度	令和2年度	令和3年度	令和4年度
1	犯罪理論	<法>の歴史	法律史	紛争解決手段	刑罰論	裁判（少数意見制）
2	法思想等	「法」に関する用語	裁判の審級制度等	簡易裁判所	法令の効力	法律用語

6 一般知識等科目

(1) 政治

	平成29年度	平成30年度	令和元年度	令和2年度	令和3年度	令和4年度
1	各国の政治指導者	専門資格に関する事務をつかさどる省庁	日中関係	普通選挙	近代オリンピック大会と政治	ロシア・旧ソ連の外交・軍事
2			女性の政治参加	フランス人権宣言	新型コロナウイルス感染症対策と政治	ヨーロッパの国際組織
3			国の行政改革の取組み		公的役職の任命	軍備縮小（軍縮）
4						

(2) 経済

	平成29年度	平成30年度	令和元年度	令和2年度	令和3年度	令和4年度
1	ビットコイン	近年の日本の貿易及び対外直接投資	経済用語	日本のバブル経済とその崩壊	ふるさと納税	GDP
2	度量衡			日本の国債制度とその運用	国際収支	

(3) 社会

	平成29年度	平成30年度	令和元年度	令和2年度	令和3年度	令和4年度
1	日本の公的年金制度	外国人技能実習制度	日本の雇用・労働	日本の子ども・子育て政策	エネルギー需給動向・エネルギー政策	郵便局
2	日本の農業政策	戦後日本の消費生活協同組合	元号制定の手続	新しい消費の形態	先住民族	日本の森林・林業
3	消費者問題・消費者保護	日本の墓地・埋葬等に関する法律	日本の廃棄物処理	地域再生・地域活性化等の政策や事業	ジェンダー・セクシュアリティ	アメリカ合衆国における平等と差別
4	山崎豊子の著作	地方自治体の住民等		日本の人口動態		地球環境問題に関する国際的協力体制
5		風適法による許可又は届出の対象				

(4) 情報通信・個人情報保護

	平成29年度	平成30年度	令和元年度	令和2年度	令和3年度	令和4年度
1	クラウド	防犯カメラ	情報や通信に関する用語	インターネット通信で用いられる略称	顔認識・顔認証システム	人工知能（AI）
2	日本の著作権	欧州データ保護規則	通信の秘密	行政機関個人情報保護法	車両の自動運転化の水準	情報通信に関する用語
3	情報技術	個人情報保護法総合	放送又は通信の手法	個人情報保護法	国の行政機関の個人情報保護制度	個人情報保護制度
4	情報公開法制と個人情報保護法制	個人情報保護法2条2項	個人情報保護委員会			

(5) 文章理解

	平成29年度	平成30年度	令和元年度	令和2年度	令和3年度	令和4年度
1	短文挿入	短文挿入	短文挿入	短文挿入	短文挿入	文書整序
2	空欄補充	短文挿入	空欄補充	文章整序	空欄補充	短文挿入
3	文章整序	空欄補充	短文挿入	空欄補充	短文挿入	空欄補充

4 合格後を考える

1 行政書士とは

　行政書士は、「行政書士法」という法律でその存在が定められている国家資格です。この法律では、行政書士は、他人の依頼を受け報酬を得て、
　①官公署に提出する書類その他権利義務又は事実証明に関する書類の作成
　②官公署提出書類の提出手続の代理、聴聞手続・弁明手続の代理
　③行政書士が作成した官公署に提出する書類にかかる許認可等に関する不服申立ての手続について代理等
　④契約書等の書類作成
　⑤書類の作成に関する相談業務
を行うと定められています。
　また、行政書士の業務は、弁護士の業務と重なり合っている部分がかなり多いのが特徴です。それは、行政書士法の中で、行政書士が「権利義務又は事実証明に関する」書類作成（の代理）及びその相談業務ができると規定されているからです。
　現行の「行政書士法」は、これまで何度か改正が行われました。中でも1980年の改正によって、「提出代行権」とともに「相談業務」を行うことができるようになったこと、また、2002年の改正により「代理権」が与えられたことが有名です。そして、2003年の改正における行政書士法人制度、使用人行政書士制度の創設、2006年の行政書士法施行規則の改正によって行政書士が労働者派遣業を行えるようになったことは、行政書士の業務等に大きな影響を与えることになりました。
　さらに、2014年に行政書士法が改正され、新たに行政書士の業務として、行政書士が作成した官公署に提出する書類にかかる許認可等に関する不服申立ての手続について代理、及びその手続について官公署に提出する書類を作成することが追加されました。従来は、行政に対して不服を申し立てる方法を依頼者に代わって行うことができるのは弁護士だけでしたが、特定行政書士法定研修を受講し、研修の最後に実施される考査試験に合格した行政書士（特定行政書士）も、一定の行政に対する不服申立てについては、依頼者に代わって行うことができるようになりました。

2 行政書士の魅力

　行政書士の仕事は、皆さんの生活にも密接に関係するものです。
　福祉行政が重視され、国民と行政が多くの面で関連を持つことになった現代で

は、国民が官公署に書類を提出する機会も多くなっています。加えて、行政の複雑化・高度化に伴い、その作成に高度な知識を要する書類も増加しています。

このように、行政書士は、依頼者の相談に応じ、膨大な種類の書類作成をすることができるため、業務の範囲がとても広く、「法廷に立たない弁護士」とさえいわれています。

また、行政書士は、法律で相談業務を行うことが認められており、「代理権」も与えられたことから、新しい時代の行政書士業務として「法務コンサルタント」としての可能性が広がっています。法務コンサルタントとしての行政書士の仕事は、紛争を未然に防ぐことや、仮に紛争となった場合でも訴訟の前に早期解決に導くことが中心となります。

これは予防法務と呼ばれ、非常に重要です。なぜなら、裁判になれば勝てるというようなトラブルであっても、多くの人にとっては、裁判をすること自体が大変なエネルギーを必要とするからです。無意味な紛争を防ぎ、企業経営や市民生活が円滑に営めるようにすることが、行政書士の仕事となります。

3 未来の行政書士へ

現在、行政書士は、社会のニーズに対応し、その活躍の範囲を大きく広げています。従来からの官公庁に提出する書類の作成に加えて、新しい分野として注目を集めている「著作権業務」や、悪徳商法などから市民の権利を守る「市民法務」があります。また、国際化に伴い近年取扱い件数の増加している「国際業務」は、外国人の帰化申請や在留資格の取得を通じて外国人の人権擁護に寄与しています。

このように、現在の行政書士は、相談したいときに相談できる、まさに**「市民に一番身近な法律家」**といえます。

行政書士という仕事は、あなたにとって一生ものの資格となることでしょう。

合格のための5つの法則

1. 最後まで諦めない気持ち
2. 繰り返しの復習
3. 問題演習の重視
4. 手を広げない
5. 謙虚・感謝の気持ち

もっと合格力をつけたい人のための 学習ガイド

1 合格に役立つ講義を聴いてみよう!

▶ YouTube 伊藤塾チャンネル

　科目別の学習テクニックや重要な論点の解説、本試験の出題ポイントなど、定期的に伊藤塾講師陣が合格に役立つ講義を配信しています。また、伊藤塾出身の合格者や行政書士実務家のインタビューを多数掲載し、受験期間中のモチベーションアップやその維持にもお役立ていただけます。知識補充、理解力の向上、モチベーションコントロールのために、どうぞ有効活用してください。

行政書士試験 5分チェック！民法重要論点「抵当権」編

【無料で体験！】これから行政書士試験の合格を目指すあなたに～ 2022年行政書士合格講座 速修生 憲法～

2022年行政書士試験「うかる！行政書士24」超短期活用法

【行政法の重要論点は押さえられていますか？】Vol4 ～藤田講師と学ぶ「処分性」編～

配信コンテンツの例

- 行政書士試験 5分チェック！民法重要論点「抵当権」編
- 【無料で体験！】これから行政書士試験の合格を目指すあなたに～ 2022年行政書士合格講座 速修生 憲法～
- 2022年行政書士試験「うかる！行政書士24」超短期活用法
- 【行政法の重要論点は押さえられていますか？】Vol4 ～藤田講師と学ぶ「処分性」編～　etc.

今すぐチェック ▶▶▶

2 合格に役立つテクニックを手に入れよう！

▶ 伊藤塾 行政書士試験科公式メールマガジン「かなえ～る」

　全国の行政書士試験受験生の夢を"かなえる"ために"エール"を贈る。それが、メールマガジン「かなえ～る」です。

　毎回、伊藤塾講師陣が、合格に役立つ学習テクニックや弱点克服法、問題の解き方から科目別対策、勉強のやり方まで持てるノウハウを出し惜しみなくお届けしています。

　合格者や受験生から大変好評をいただいているメールマガジンです。登録は無料です。どうぞ、この機会にご登録ください。

日々配信

内容の一例
- 平林講師の「思考と体系の館」セレクト ver
- 藤田講師の苦手克服研究所 NIGALABO
- 行政書士試験ココが出るかも?! 一般知識等クイズ
- パーソナルトレーナー講師遠山利行の「合格者の習慣」etc.

今すぐチェック ▶▶▶

▶ 伊藤塾 行政書士試験科 Twitter

　Twitterでも学習に役立つ内容から、試験情報、イベント情報など、役立つ情報を随時発信していますので、本書で学習を開始したら、ぜひフォローしてください！

▶ 伊藤塾 行政書士試験科 Facebook

今すぐチェック ▶▶▶

　Facebookにも行政書士試験の有益な情報をアップしています。随時新しい情報を更新しているので、活用しよう！

3 伊藤塾講師陣の講義を体験してみよう！

▶ **無料公開講座等**

その時期に応じたガイダンスや公開講座を、YouTube Live等を活用して随時開催し、行政書士受験生の学習をサポートしています。最新情報を手に入れて、学習に弾みをつけましょう！

2022年実施の無料公開イベントの一例	
2月	伊藤塾長特別講義
9月	秋桜会・受験生応援イベント
11月	行政書士本試験速報会、分析会
随時	明日の行政書士講座 （活躍中の実務家による"行政書士の今"を伝える講演会）

今すぐチェック ▶▶▶

4 あなたに合った合格プランを相談しよう！

▶ **講師・実務家カウンセリング**

伊藤塾は、良質な講義に加えて、一人ひとりの学習進度に合わせて行う**個別指導**を大切にしています。

その1つとして、講師によるカウンセリング制度があります。あなたの学習環境や可処分時間に合わせて具体的で明確な解決方法を提案しています。

受講生以外でもご利用いただけますので、勉強方法などお悩みのときはお気軽にご活用ください。

今すぐチェック ▶▶▶

伊藤塾Webサイトをチェック
https://www.itojuku.co.jp/

伊藤塾 行政書士 🔍 検索

法令等科目

憲法

Chapter 1 憲法総論

過去問 H29（問7）  重要度 B

問題1 憲法の概念に関する次の記述のうち、妥当なものはどれか。

1 通常の法律より改正手続が困難な憲法を硬性憲法、法律と同等の手続で改正できる憲法を軟性憲法という。ドイツやフランスの場合のように頻繁に改正される憲法は、法律より改正が困難であっても軟性憲法に分類される。

2 憲法の定義をめぐっては、成文の憲法典という法形式だけでなく、国家統治の基本形態など規定内容に着目する場合があり、後者は実質的意味の憲法と呼ばれる。実質的意味の憲法は、成文の憲法典以外の形式をとって存在することもある。

3 憲法は、公権力担当者を拘束する規範であると同時に、主権者が自らを拘束する規範でもある。日本国憲法においても、公務員のみならず国民もまた、憲法を尊重し擁護する義務を負うと明文で規定されている。

4 憲法には最高法規として、国内の法秩序において最上位の強い効力が認められることも多い。日本国憲法も最高法規としての性格を備えるが、判例によれば、国際協調主義がとられているため、条約は国内法として憲法より強い効力を有する。

5 憲法には通常前文が付されるが、その内容・性格は憲法によって様々に異なっている。日本国憲法の前文の場合は、政治的宣言にすぎず、法規範性を有しないと一般に解されている。

総合テキスト LINK Chapter 1 憲法総論

憲法の概念

1 妥当でない 憲法改正に法律の制定よりも困難な手続を定める憲法を「**硬性憲法**」といい、通常の立法手続で改正することができる憲法を「**軟性憲法**」という。この分類は、**憲法改正の手続が通常の立法手続と同じであるか、それよりも困難な手続であるか**という点を基準とするものであり、頻繁に改正される憲法が軟性憲法に分類されるというわけではない。

2 妥当である 「**実質的意味の憲法**」の意義については、本記述のとおりである。これに対して、「**形式的意味の憲法**」とは、憲法の存在「形式」に着目したものであり、**憲法典という「法形式」**をとって存在している憲法を指す。

3 妥当でない 〔重〕 99条は、「**天皇又は摂政及び国務大臣、国会議員、裁判官**その他の**公務員**は、この憲法を尊重し擁護する義務を負ふ。」と規定しており、「**国民」が憲法尊重擁護義務を負うことは規定していない**。

4 妥当でない 〔重〕 98条1項は、「この憲法は、国の最高法規であつて、その条規に反する法律、命令、詔勅及び国務に関するその他の行為の全部又は一部は、その効力を有しない。」と規定しているところ、条約については、国際的な法規範であることから、憲法と条約との優劣関係が問題となる。

この点について、条約優位説に立つ場合、条約は違憲審査（81条）の対象とはならないという結論が導かれるところ、旧日米安全保障条約の違憲性が争われた砂川事件において、最高裁判所は、**当該条約が高度の政治性を有すること**を理由として、憲法判断を差し控えている（最大判昭34.12.16）。この判決は、条約であることを理由として憲法判断を差し控えたわけではないため、**条約一般については、違憲審査の対象になり得るもの**と解されている。したがって、最高裁判所の判例によれば、「条約は国内法として憲法より強い効力を有する」とされているわけではない。

5 妥当でない 通説的見解によれば、憲法において「前文」は、本文とともに憲法典の一部を構成し、本文と同様に、憲法上の各国家機関やそれらの作用に対して一定の拘束力を持ち、**法規範的性格を有する**ものとされている。

正解 2

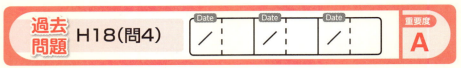

問題2　次のア～オの記述のうち、憲法上、天皇の国事行為として認められていないものはいくつあるか。

ア　内閣総理大臣の指名

イ　憲法改正、法律、政令及び条約の裁可

ウ　国務大臣の任免

エ　大赦、特赦、減刑、刑の執行の免除及び復権の決定

オ　衆議院の解散

1　一つ
2　二つ
3　三つ
4　四つ
5　五つ

国事行為

ア 認められていない 超　天皇の国事行為として認められているのは、**内閣総理大臣の任命**であって（憲法6条1項）、指名ではない。指名は**国会**の権能である（67条1項）。

イ 認められていない　天皇の国事行為として認められているのは、憲法改正、法律、政令及び条約の**公布**であって（7条1号）、裁可ではない。

ウ 認められていない　天皇の国事行為として認められているのは、国務大臣の任免を**認証**することである（7条5号）。**国務大臣の任免は内閣総理大臣の権能**である（68条）。

エ 認められていない　天皇の国事行為として認められているのは、大赦、特赦、減刑、刑の執行の免除及び復権を**認証**することであり（7条6号）、決定ではない。
　これらの**決定は、内閣**の権能である（73条7号）。

オ 認められている 超　天皇の国事行為として、衆議院の解散が認められている（7条3号）。

正解　4　以上より、認められていないものは、ア・イ・ウ・エの4つである。

Chapter 2 人権総論

過去問題 H27(問3) 重要度 A

問題3 外国人の人権に関する次の文章のうち、最高裁判所の判例の趣旨に照らし、妥当でないものはどれか。

1 国家機関が国民に対して正当な理由なく指紋の押捺を強制することは、憲法13条の趣旨に反するが、この自由の保障はわが国に在留する外国人にまで及ぶものではない。

2 わが国に在留する外国人は、憲法上、外国に一時旅行する自由を保障されているものではない。

3 政治活動の自由は、わが国の政治的意思決定またはその実施に影響を及ぼす活動等、外国人の地位にかんがみこれを認めることが相当でないと解されるものを除き、その保障が及ぶ。

4 国の統治のあり方については国民が最終的な責任を負うべきものである以上、外国人が公権力の行使等を行う地方公務員に就任することはわが国の法体系の想定するところではない。

5 社会保障上の施策において在留外国人をどのように処遇するかについては、国は、特別の条約の存しない限り、その政治的判断によってこれを決定することができる。

外国人の人権

1 妥当でない 　個人の私生活上の自由の１つとして、**何人もみだりに指紋の押なつを強制されない自由を有する**ものというべきであり、国家機関が正当な理由もなく指紋の押なつを強制することは、憲法13条の趣旨に反して許されず、また、この自由の保障は我が国に在留する外国人にも等しく及ぶ（最判平7.12.15）。

2 妥当である 　我が国に在留する外国人は、憲法上、外国へ一時旅行する自由を保障されているものではない（最判平4.11.16）。

3 妥当である 　憲法第３章の諸規定による基本的人権の保障は、**権利の性質上日本国民のみをその対象としていると解されるものを除き、我が国に在留する外国人に対しても等しく及ぶ**ものと解すべきであり、政治活動の自由についても、**我が国の政治的意思決定又はその実施に影響を及ぼす活動等外国人の地位に鑑みこれを認めることが相当でないと解されるものを除き**、その保障が及ぶ（最大判昭53.10.4）。

4 妥当である 　公権力行使等地方公務員（地方公務員のうち、住民の権利義務を直接形成し、その範囲を確定するなどの公権力の行使に当たる行為を行い、若しくは普通地方公共団体の重要な施策に関する決定を行い、又はこれらに参画することを職務とするもの）の職務の遂行は、住民の権利義務や法的地位の内容を定め、あるいはこれらに事実上大きな影響を及ぼすなど、住民の生活に直接間接に重大なかかわりを有するものである。それゆえ、国民主権の原理に基づき、国及び普通地方公共団体による統治の在り方については日本国の統治者としての国民が最終的な責任を負うべきものであること（１条、15条１項参照）に照らし、原則として**日本の国籍を有する者**が公権力行使等地方公務員に就任することが想定されているとみるべきであり、我が国以外の国家に帰属し、その国家との間でその国民としての権利義務を有する**外国人が公権力行使等地方公務員に就任することは、本来我が国の法体系の想定するところではない**（最大判平17.1.26）。

5 妥当である 　社会保障上の施策において在留外国人をどのように処遇するかについては、国は、特別の条約の存しない限り、当該外国人の属する国との外交関係、変動する国際情勢、国内の政治・経済・社会的諸事情等に照らしながら、**その政治的判断によりこれを決定することができる**（最判平元.3.2）。

正解　1

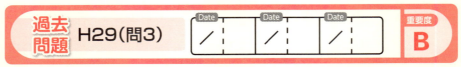

問題4 人権の享有主体性をめぐる最高裁判所の判例に関する次の記述のうち、妥当でないものはどれか。

1　わが国の政治的意思決定またはその実施に影響を及ぼすなど、外国人の地位に照らして認めるのが相当でないと解されるものを除き、外国人にも政治活動の自由の保障が及ぶ。

2　会社は、自然人と同様、国や政党の特定の政策を支持、推進し、または反対するなどの政治的行為をなす自由を有する。

3　公務員は政治的行為を制約されているが、処罰対象となり得る政治的行為は、公務員としての職務遂行の政治的中立性を害するおそれが、実質的に認められるものに限られる。

4　憲法上の象徴としての天皇には民事裁判権は及ばないが、私人としての天皇については当然に民事裁判権が及ぶ。

5　憲法が保障する教育を受ける権利の背後には、子どもは、その学習要求を充足するための教育を施すことを、大人一般に対して要求する権利を有する、との観念がある。

人権の享有主体性

1 妥当である 【重】
　判例は、「憲法第3章の諸規定による基本的人権の保障は、権利の性質上日本国民のみをその対象としていると解されるものを除き、**わが国に在留する外国人に対しても等しく及ぶ**ものと解すべきであり、**政治活動の自由**についても、わが国の政治的意思決定又はその実施に影響を及ぼす活動等外国人の地位にかんがみこれを認めることが相当でないと解されるものを除き、その**保障が及ぶ**ものと解するのが、相当である」としている（マクリーン事件　最大判昭53.10.4）。

2 妥当である 【重】
　判例は、「憲法第3章に定める国民の権利および義務の各条項は、性質上可能なかぎり、内国の法人にも適用されるものと解すべきであるから、**会社**は、自然人たる国民と同様、国や政党の特定の政策を支持、推進または反対するなどの**政治的行為をなす自由を有する**」としている（八幡製鉄事件　最大判昭45.6.24）。

3 妥当である
　国家公務員法102条1項は、「職員は、政党又は政治的目的のために、寄附金その他の利益を求め、若しくは受領し、又は何らの方法を以てするを問わず、これらの行為に関与し、あるいは選挙権の行使を除く外、人事院規則で定める**政治的行為をしてはならない。**」と規定している。同項にいう「政治的行為」について、判例は、「本法〔国家公務員法〕102条1項の文言、趣旨、目的や規制される政治活動の自由の重要性に加え、同項の規定が刑罰法規の構成要件となることを考慮すると、同項にいう『政治的行為』とは、公務員の職務の遂行の**政治的中立性を損なうおそれが、観念的なものにとどまらず、現実的に起こり得るものとして実質的に認められるもの**を指」すとしている（最判平24.12.7）。

4 妥当でない
　判例は、「天皇は日本国の象徴であり日本国民統合の象徴であることにかんがみ、**天皇には民事裁判権が及ばない**ものと解するのが相当である」としており（最判平元.11.20）、本記述のように、「私人としての天皇については当然に民事裁判権が及ぶ」とはしていない。

5 妥当である
　判例は、教育を受ける権利、教育の義務を定めた憲法26条について、「この規定の背後には、国民各自が、一個の人間として、また、一市民として、成長、発達し、自己の人格を完成、実現するために必要な学習をする固有の権利を有すること、特に、みずから学習することのできない子どもは、**その学習要求を充足するための教育を自己に施すことを大人一般に対して要求する権利**を有するとの観念が存在している」と考えられる」としている（旭川学テ事件　最大判昭51.5.21）。

正解　4

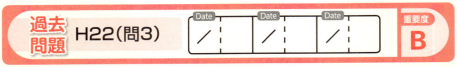

問題5　基本的人権の限界に関して、次の文章のような見解が主張されることがある。この見解と個別の人権との関係に関わる次のア～オの記述のうち、正しいものはいくつあるか。

　日本国憲法は、基本的人権に関する総則的規定である13条で、国民の権利については「公共の福祉に反しない限り」国政の上で最大の尊重を必要とすると定めている。これは、それぞれの人権規定において個別的に人権の制約根拠や許される制約の程度を規定するのではなく、「公共の福祉」による制約が存する旨を一般的に定める方式をとったものと理解される。したがって、個別の人権規定が特に制約について規定していない場合でも、「公共の福祉」を理由とした制約が許容される。

ア　憲法36条は、「公務員による拷問及び残虐な刑罰は、絶対にこれを禁ずる」と定めるが、最高裁判例は「公共の福祉」を理由とした例外を許容する立場を明らかにしている。

イ　憲法15条1項は、「公務員を選定し、及びこれを罷免することは、国民固有の権利である」と定めるが、最高裁判例はこれを一切の制限を許さない絶対的権利とする立場を明らかにしている。

ウ　憲法21条1項は、「集会、結社及び言論、出版その他一切の表現の自由は、これを保障する」と定めるが、最高裁判例は「公共の福祉」を理由とした制限を許容する立場を明らかにしている。

エ　憲法21条2項前段は、「検閲は、これをしてはならない」と定めるが、最高裁判例はこれを一切の例外を許さない絶対的禁止とする立場を明らかにしている。

オ　憲法18条は、「何人も、いかなる奴隷的拘束も受けない」と定めるが、最高裁判例は「公共の福祉」を理由とした例外を許容する立場を明らかにしている。

1　一つ
2　二つ
3　三つ
4　四つ
5　五つ

基本的人権の限界

ア 誤り　公務員による拷問及び残虐な刑罰は、絶対的に禁止される。**公務員による拷問及び残虐な刑罰の禁止**（憲法36条）について、**公共の福祉**を理由とした例外を許容する立場を明らかにした最高裁判所の判例は存しない。

イ 誤り　**公務員の選定・罷免権**（15条1項）について、これを一切の制限を許さない絶対的権利とする立場を明らかにした最高裁判所の判例は存しない。なお、例えば、公職選挙法は選挙犯罪の処罰者に対する選挙権・被選挙権の停止を規定するが、この点について最高裁判所は、**公職の選挙権**は国民の最も重要な基本的権利の1つであるが、それだけに選挙の公正はあくまでも厳粛に保持されなければならず、いったんこの公正を阻害し、選挙に関与させることが不適当と認められる者は、しばらく、**被選挙権、選挙権の行使から遠ざけて選挙の公正**を確保するとともに、本人の反省を促すことは相当であるから、これをもって不当に国民の参政権を奪うものとはいえないと判示し、**公職選挙法の当該規定を合憲**としている（最大判昭30.2.9）。

ウ 正しい　重　最高裁判所は、憲法21条1項にいう**表現の自由**といえども**無制限**に保障されるものではなく、**公共の福祉による合理的で必要やむを得ない限度の制限**を受けることがあるとしている（最判平5.3.16）。

エ 正しい　超　最高裁判所は、**検閲の禁止**を定める21条2項前段の規定について、検閲がその性質上表現の自由に対する最も厳しい制約となるものであることに鑑み、これについては、**公共の福祉を理由とする例外の許容をも認めない趣旨**を明らかにしたものであるとしている（最大判昭59.12.12）。

オ 誤り　人を奴隷的拘束に置くことは**絶対的**に禁止される。**奴隷的拘束からの自由**（18条）について、公共の福祉を理由とした例外を許容する立場を明らかにした最高裁判所の判例は存しない。

正解　2　以上より、正しいものはウ・エの2つである。

Chapter 2　人権総論

問題6 次の文章は、日本国憲法における「公共の福祉」の意義に関する文章である。そこにいう「公共の福祉」の定義にあきらかにあてはまらない事例はどれか。

　基本的人権は、永久不可侵性をその本質とするが、そのことは人権保障が絶対的で、一切の制約が認められないということを意味しない。それは、人権観念も社会生活を前提に成立している以上、当然のことで、人権が絶対的であるとは、他人に害を与えない限りにおいてのみ妥当し、ある個人の人権と別の個人の人権がぶつかりあったときに、その衝突の限りにおいて、人権の制約は許されるのである。このような観念が、「公共の福祉」である。つまり、「公共の福祉」は、各個人の基本的人権の保障を確保するための、基本的人権相互の矛盾・衝突を調整する公平の原理である。

1　他人の名誉を毀損する表現行為を、犯罪として罰すること。

2　薬局開設の条件として、既存の薬局から100メートルの距離制限を設けること。

3　満20年に至らない者の喫煙を禁止すること。

4　道路その他公共の場所で集会もしくは集団行進を行おうとするとき、公安委員会の許可を受けなければならないと規定すること。

5　古物商になろうとする者は、公安委員会の許可を受けなければならないと規定すること。

公共の福祉

　設問見解は、「公共の福祉」による人権制約は、**他者を害するがゆえ**の制約であると解している。ところで、人権の制約には、他者を害するがゆえの制約でない制約も考えられる。それは、**パターナリズムによる制約**である。パターナリズムによる制約は、他者を害するがゆえの制約ではなく、未成年者の飲酒や喫煙の禁止のように、**本人にとって好ましくないがゆえの制約**である。

1 当てはまる　他人の名誉を毀損する表現行為は、他人の名誉を害するために罰せられる。これは、他者を害するがゆえの制約であるといえる。

2 当てはまる　最大判昭50.4.30によると、薬局の適正配置規制は、国民の生命及び健康に対する危険を防止するための規制である。これは、他者を害するがゆえの制約であるといえる。

3 当てはまらない　未成年者は、心身の発達過程にあってそれぞれの性格及び生活様式が未確立であり、判断力も十分でないので、喫煙が禁止される。これは、他者を害するがゆえの制約ではなく、**本人にとって好ましくないがゆえの制約**であるといえる。

4 当てはまる　デモ行進のような表現活動は、一定の行動を伴うものであるから、例えば、公衆の道路・公園等の利用という社会生活に不可欠な要請と衝突する可能性があるために、その調整が必要で、一定の制約を受ける。これは、他者を害するがゆえの制約であるといえる。

5 当てはまる　古物営業の許可制は、盗品その他の財産に対する罪に当たる行為によって領得された財物の相当数が古物商に流される現実の事態に鑑み、その流れを阻止し、又はその発見に努め、被害者の保護を図るとともに犯罪の予防、鎮圧ないし検挙を容易にする（最大判昭28.3.18）ための規制である。これは、他者を害するがゆえの制約であるといえる。

正解　3

Chapter 2　人権総論

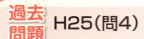

問題7　私法上の法律関係における憲法の効力に関する次の記述のうち、最高裁判所の判例に照らし、正しいものはどれか。

1　私人間においては、一方が他方より優越的地位にある場合には私法の一般規定を通じ憲法の効力を直接及ぼすことができるが、それ以外の場合は、私的自治の原則によって問題の解決が図られるべきである。

2　私立学校は、建学の精神に基づく独自の教育方針を立て、学則を制定することができるが、学生の政治活動を理由に退学処分を行うことは憲法19条に反し許されない。

3　性別による差別を禁止する憲法14条1項の効力は労働関係に直接及ぶことになるので、男女間で定年に差異を設けることについて経営上の合理性が認められるとしても、女性を不利益に扱うことは許されない。

4　自衛隊基地建設に関連して、国が私人と対等な立場で締結する私法上の契約は、実質的に公権力の発動と同視できるような特段の事情がない限り、憲法9条の直接適用を受けない。

5　企業者が、労働者の思想信条を理由に雇い入れを拒むことは、思想信条の自由の重要性に鑑み許されないが、いったん雇い入れた後は、思想信条を理由に不利益な取り扱いがなされてもこれを当然に違法とすることはできない。

私法上の法律関係における憲法の効力

1 誤り 超
最高裁判所は、私法上の法律関係における憲法の効力について、本記述のような判断を示していない。なお、憲法の人権規定が私人間においても直接に適用されるとした場合、私的自治の原則及び契約自由の原則の否定になりかねないなどの問題があることから、通説的見解は間接適用説をとっている。この**間接適用説**は、人権の対国家権力性という伝統的な観念を維持し、**私的自治の原則**を尊重しながら、人権規定の効力の拡張を図るという観点から、**民法90条等の私法の一般条項を、憲法の趣旨を取り込んで解釈、適用することによって、間接的に私人間の行為を規律しようとする見解**である。そして、最高裁判所の判例も、この間接適用説の立場に立っていると解されている（三菱樹脂事件　最大判昭48.12.12 参照）。

2 誤り
最高裁判所の判例によれば、私立学校が伝統ないし校風と教育方針を学則等において具体化し、これを実践することは当然に認められる。そして、実社会の政治的社会的活動に当たる行為を理由として私立学校が退学処分を行うことは、直ちに学生の学問の自由及び教育を受ける権利を侵害し公序良俗に違反するものでなく、また、当該退学処分は学生らの思想、信条を理由とする差別的取扱いではない（昭和女子大事件　最判昭49.7.19）。

3 誤り
性別による差別を禁止する憲法14条1項の効力は労働関係に直接及ぶことになるとした最高裁判所の判例はない。なお、最高裁判所の判例によれば、株式会社の就業規則中、女子の定年年齢を男子より低く定めた部分は、専ら女子であることのみを理由として差別したことに帰着するものであり、性別のみによる不合理な差別を定めたものとして**民法90条の規定により無効**であるとされる（日産自動車事件　最判昭56.3.24）。

4 正しい
最高裁判所の判例によれば、国が行政の主体としてではなく私人と対等の立場に立って、私人との間で個々的に締結する私法上の契約は、当該契約がその成立の経緯及び内容において実質的にみて公権力の発動たる行為と何ら変わりがないといえるような特段の事情のない限り、憲法9条の直接適用を受けない（百里基地訴訟　最判平元.6.20）。

5 誤り 重
最高裁判所の判例によれば、企業者は契約締結の自由を有し、自己の営業のために労働者を雇傭するに当たり、いかなる者を雇い入れるか、いかなる条件でこれを雇うかについて、法律その他による特別の制限がない限り、原則として自由にこれを決定することができるのであって、**企業者が特定の思想、信条を有する者をその故をもって雇い入れることを拒んでも、それを当然に違法とすることはできない**（三菱樹脂事件　最大判昭48.12.12）。

正解　4

Chapter 3 包括的基本権と法の下の平等

過去問題 H23（問3） 重要度 B

問題8 プライバシーに関する次の記述のうち、最高裁判所の判例に照らし、妥当なものはどれか。

1 何人も、その承諾なしにみだりに容貌等を撮影されない自由を有するので、犯罪捜査のための警察官による写真撮影は、犯人以外の第三者の容貌が含まれない限度で許される。

2 前科は、個人の名誉や信用に直接関わる事項であるから、事件それ自体を公表することに歴史的または社会的な意義が認められるような場合であっても、事件当事者の実名を明らかにすることは許されない。

3 指紋は、性質上万人不同、終生不変とはいえ、指先の紋様にすぎず、それ自体では個人の私生活や人格、思想等個人の内心に関する情報ではないから、プライバシーとして保護されるものではない。

4 犯罪を犯した少年に関する犯人情報、履歴情報はプライバシーとして保護されるべき情報であるから、当該少年を特定することが可能な記事を掲載した場合には、特段の事情がない限り、不法行為が成立する。

5 いわゆる住基ネットによって管理、利用等される氏名・生年月日・性別・住所からなる本人確認情報は、社会生活上は一定の範囲の他者には当然開示されることが想定され、個人の内面に関わるような秘匿性の高い情報とはいえない。

総合テキスト LINK　Chapter 3　包括的基本権と法の下の平等　①
　　　　　　　　　　Chapter 5　精神的自由②（表現の自由）　②

プライバシー

1 妥当でない 超
最高裁判所の判例によれば、個人の私生活上の自由の1つとして、**何人も、その承諾なしに、みだりにその容ぼう等を撮影されない自由を有する**が、この自由も、公共の福祉のため必要のある場合には相当の制限を受ける。そして、犯罪を捜査することは、公共の福祉のため警察に与えられた国家作用の1つであり、警察にはこれを遂行すべき責務があるのであるから、警察官が犯罪捜査の必要上写真を撮影する際、その対象の中に犯人のみならず第三者である個人の容ぼう等が含まれても、これが許容される場合があり得る（最大判昭 44.12.24）。

2 妥当でない
最高裁判所の判例によれば、ある者の**前科等にかかわる事実は、名誉あるいは信用に直接にかかわる事項である**から、その者は、みだりにこれを公表されないことにつき、法的保護に値する利益を有する。しかし、ある者の前科等にかかわる事実は、他面、それが刑事事件ないし刑事裁判という社会一般の関心あるいは批判の対象となるべき事項にかかわるものであるから、事件それ自体を公表することに歴史的又は社会的な意義が認められるような場合には、事件の当事者についても、その実名を明らかにすることが許されないとはいえない（最判平 6.2.8）。

3 妥当でない
最高裁判所の判例によれば、指紋は、指先の紋様であり、それ自体では個人の私生活や人格等、個人の内心に関する情報となるものではないが、性質上万人不同性、終生不変性を持つので、採取された指紋の利用方法次第では個人の私生活あるいはプライバシーが侵害される危険性がある。そして、個人の私生活上の自由の1つとして、**何人もみだりに指紋の押なつを強制されない自由を有する**（最判平 7.12.15）。

4 妥当でない
最高裁判所の判例によれば、犯行時少年であった者の犯行態様、経歴等を記載した記事がその者の名誉を毀損し、プライバシーを侵害する内容を含むものとしても、当該記事の掲載によって不法行為が成立するか否かは、被侵害利益ごとに違法性阻却事由の有無等を審理し、個別具体的に判断すべきものである（最判平 15.3.14）。

5 妥当である 重
最高裁判所の判例によれば、住基ネットによって管理、利用等される氏名、生年月日、性別及び住所からなる**本人確認情報は、人が社会生活を営む上で一定の範囲の他者には当然開示されることが予定されている個人識別情報であり、個人の内面にかかわるような秘匿性の高い情報とはいえない**（最判平 20.3.6）。

正解 5

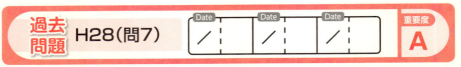

問題9 法の下の平等に関する次の記述のうち、最高裁判所の判例に照らし、妥当でないものはどれか。

1 憲法が条例制定権を認める以上、条例の内容をめぐり地域間で差異が生じることは当然に予期されることであるから、一定の行為の規制につき、ある地域でのみ罰則規定が置かれている場合でも、地域差のゆえに違憲ということはできない。

2 選挙制度を政党本位のものにすることも国会の裁量に含まれるので、衆議院選挙において小選挙区選挙と比例代表選挙に重複立候補できる者を、一定要件を満たした政党等に所属するものに限ることは、憲法に違反しない。

3 法定相続分について嫡出性の有無により差異を設ける規定は、相続時の補充的な規定であることを考慮しても、もはや合理性を有するとはいえず、憲法に違反する。

4 尊属に対する殺人を、高度の社会的非難に当たるものとして一般殺人とは区別して類型化し、法律上刑の加重要件とする規定を設けることは、それ自体が不合理な差別として憲法に違反する。

5 父性の推定の重複を回避し父子関係をめぐる紛争を未然に防止するために、女性にのみ100日を超える再婚禁止期間を設けることは、立法目的との関係で合理性を欠き、憲法に違反する。

法の下の平等

1 妥当である　判例は、「憲法が各地方公共団体の条例制定権を認める以上、地域によって差別を生ずることは当然に予期されることであるから、かかる差別は憲法みずから容認するところである……それ故、地方公共団体が売春の取締について各別に条例を制定する結果、その取扱に差別を生ずることがあつても、……地域差の故をもつて違憲ということはできない」としている（最大判昭33.10.15）。

2 妥当である　判例は、「政策本位、政党本位の選挙制度というべき比例代表選挙と小選挙区選挙とに重複して立候補することができる者が候補者届出政党の要件と衆議院名簿届出政党等の要件の両方を充足する政党等に所属する者に限定されていることには、相応の合理性が認められるのであって、不当に立候補の自由や選挙権の行使を制限するとはいえず、これが国会の裁量権の限界を超えるものとは解されない」としている（最大判平11.11.10）。

3 妥当である　超　判例は、「民法900条4号ただし書の規定のうち嫡出でない子の相続分を嫡出子の相続分の2分の1とする部分（以下、この部分を『本件規定』という。）は……平成7年大法廷決定においては、本件規定を含む法定相続分の定めが遺言による相続分の指定等がない場合などにおいて補充的に機能する規定であることをも考慮事情としている。しかし、……本件規定が上記のように補充的に機能する規定であることは、その合理性判断において重要性を有しないというべきである。……遅くともAの相続が開始した平成13年7月当時においては、立法府の裁量権を考慮しても、嫡出子と嫡出でない子の法定相続分を区別する合理的な根拠は失われていたというべきである。したがって、本件規定は、遅くとも平成13年7月当時において、憲法14条1項に違反していたもの」としている（最大決平25.9.4）。

4 妥当でない　重　判例は、普通殺に比して尊属殺に重罰を科する旧刑法200条の規定の合憲性が争われた事案において、尊属に対する殺人を、高度の社会的非難に当たるものとして一般殺人とは区別して類型化し、法律上刑の加重要件とする規定を設けること自体については、憲法14条1項に違反するということはできないとしている（最大判昭48.4.4）。なお、同判例は、同規定について、尊属に対する尊重報恩という道義を保護するという立法目的は合理的であるが、尊属殺の法定刑を死刑又は無期懲役刑のみに限っている点において、その立法目的達成のための必要な限度を遥かに超え、普通殺の法定刑に比して著しく不合理な差別的取扱いをするものと認められ、憲法14条1項に違反するとしている。

5 妥当である　超　判例は、「女性について6箇月の再婚禁止期間を定める民法733条1項の規定……のうち100日超過部分は、……婚姻及び家族に関する事項について国会に認められる合理的な立法裁量の範囲を超えるものとして、その立法目的との関連において合理性を欠くものになっていた……、同部分は、憲法14条1項に違反する」としている（最大判平27.12.16）。

正解　4

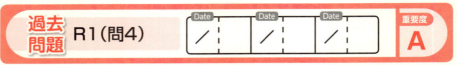

問題10　家族・婚姻に関する次の記述のうち、最高裁判所の判例に照らし、妥当なものはどれか。

1　嫡出でない子の法定相続分を嫡出子の2分の1とする民法の規定は、当該規定が補充的に機能する規定であることから本来は立法裁量が広く認められる事柄であるが、法律婚の保護という立法目的に照らすと著しく不合理であり、憲法に違反する。

2　国籍法が血統主義を採用することには合理性があるが、日本国民との法律上の親子関係の存否に加え、日本との密接な結びつきの指標として一定の要件を設け、これを満たす場合に限り出生後の国籍取得を認めるとする立法目的には、合理的な根拠がないため不合理な差別に当たる。

3　出生届に嫡出子または嫡出でない子の別を記載すべきものとする戸籍法の規定は、嫡出でない子について嫡出子との関係で不合理な差別的取扱いを定めたものであり、憲法に違反する。

4　厳密に父性の推定が重複することを回避するための期間（100日）を超えて女性の再婚を禁止する民法の規定は、婚姻および家族に関する事項について国会に認められる合理的な立法裁量の範囲を超え、憲法に違反するに至った。

5　夫婦となろうとする者の間の個々の協議の結果として夫の氏を選択する夫婦が圧倒的多数を占める状況は実質的に法の下の平等に違反する状態といいうるが、婚姻前の氏の通称使用が広く定着していることからすると、直ちに違憲とまではいえない。

家族・婚姻

1 妥当でない 【重】
判例は、「法律婚という制度自体は我が国に定着しているとしても、……認識の変化に伴い、上記制度の下で父母が婚姻関係になかったという、子にとっては**自ら選択ないし修正する余地のない事柄**を理由としてその子に不利益を及ぼすことは許されず、子を個人として尊重し、その権利を保障すべきであるという考えが確立されてきているものということができる。……立法府の裁量権を考慮しても、**嫡出子と嫡出でない子の法定相続分を区別する合理的な根拠は失われていた**というべきである。したがって、本件規定は、……**憲法14条1項に違反**していたものというべきである」としている（非嫡出子相続分規定違憲決定　最大決平25.9.4）。よって、法律婚の保護という立法目的に照らすと著しく不合理とは述べていない。

2 妥当でない 【重】
判例は、「国籍法3条1項は、……血統主義を基調としつつ、日本国民との法律上の親子関係の存在に加え我が国との密接な結び付きの指標となる一定の要件を設けて、これらを満たす場合に限り出生後における日本国籍の取得を認めることとしたものと解される。……上記の立法目的自体には、**合理的な根拠がある**というべきである」としている（国籍法違憲訴訟判決　最大判平20.6.4）。

3 妥当でない
判例は、戸籍法49条2項1号について、「民法及び戸籍法において法律上の父子関係等や子に係る戸籍上の取扱いについて定められている規律が父母の婚姻関係の有無によって異なるのは、法律婚主義の制度の下における身分関係上の差異及びこれを前提とする戸籍処理上の差異であって、本件規定は、上記のような身分関係上及び戸籍処理上の差異を踏まえ、戸籍事務を管掌する市町村長の**事務処理の便宜**に資するものとして、出生の届出に係る届書に嫡出子又は嫡出でない子の別を記載すべきことを定めているにとどまる。……本件規定それ自体によって、嫡出でない子について嫡出子との間で子又はその父母の法的地位に差異がもたらされるものとはいえない。……本件規定は、嫡出でない子について嫡出子との関係で不合理な差別的取扱いを定めたものとはいえず、憲法14条1項に**違反するものではない**」としている（最判平25.9.26）。

4 妥当である 【重】
判例は、民法〔平成28年法律第71号による改正前〕733条1項のうち、**100日を超える再婚禁止期間を設ける部分**について、「本件規定のうち100日超過部分は、遅くとも上告人が前婚を解消した日から100日を経過した時点までには、……国会に認められる合理的な立法裁量の範囲を超えるものとして、その立法目的との関連において合理性を欠くものになっていたと解される。……同部分は、**憲法14条1項に違反**するとともに、**憲法24条2項にも違反する**に至っていたというべきである」としている（女子再婚禁止期間事件　最大判平27.12.16）。

5 妥当でない
判例は、民法750条について、「本件規定は、夫婦が夫又は妻の氏を称するものとしており、……その文言上性別に基づく法的な差別的取扱いを定めているわけではなく、本件規定の定める夫婦同氏制それ自体に男女間の形式的な不平等が存在するわけではない。我が国において、夫婦となろうとする者の間の個々の協議の結果として夫の氏を選択する夫婦が圧倒的多数を占めることが認められるとしても、それが、**本件規定の在り方自体から生じた結果であるということはできない**。したがって、本件規定は、**憲法14条1項**に違反するものではない」としている（夫婦別姓訴訟判決　最大判平27.12.16）。

正解　4

Chapter 3　包括的基本権と法の下の平等

Chapter 4 精神的自由①

過去問 H21（問5）

重要度 A

問題11 精神的自由権に関する次の記述のうち、判例の趣旨に照らし、正しいものはどれか。

1　憲法19条の「思想及び良心の自由」は、「信教の自由」（20条1項）の保障対象を宗教以外の世俗的な世界観・人生観等にまで拡大したものであるため、信教の自由の場合と同様に、固有の組織と教義体系を持つ思想・世界観のみが保護される。

2　憲法19条の「思想及び良心の自由」は、国民がいかなる思想を抱いているかについて国家権力が開示を強制することを禁止するものであるため、謝罪広告の強制は、それが事態の真相を告白し陳謝の意を表するに止まる程度であっても許されない。

3　憲法20条1項の「信教の自由」は、公認された宗教に属さない宗教的少数派であった人たちにも、多数派と同等の法的保護を与えるために導入されたものであるため、すべての宗教に平等に適用される法律は違憲となることはない。

4　憲法20条3項は、国が宗教教育のように自ら特定宗教を宣伝する活動を行うことを禁止する趣旨であるため、宗教団体の行う宗教上の祭祀に際して国が公金を支出することが同項に違反することはない。

5　憲法20条3項は、国と宗教とのかかわり合いが、その目的と効果に照らして相当な限度を超えた場合にこれを禁止する趣旨であるため、国公立学校で真摯な宗教的理由から体育実技を履修できない学生に対して代替措置を認めることを一切禁じるものではない。

総合テキスト LINK　Chapter 4　精神的自由①　1 2

精神的自由権

1 誤り　思想・良心の自由（憲法19条）の保護の対象については、人の内心活動一般であるとする見解（広義説）や、一定の内心活動に限定されるとする見解（狭義説）があるが、いずれの見解においても、固有の組織と教義体系を持つ思想・価値観のみを保護の対象と解するわけではない。

2 誤り 超　判例は、謝罪広告の強制は、それが**単に事態の真相を告白し陳謝の意を表明するに止まる程度のものであれば、加害者の良心の自由を侵害せず、許される**としている（最大判昭31.7.4）。

3 誤り　憲法20条1項は、前段において**信教の自由**を保障すると同時に、後段において**政教分離原則**を定めている。政教分離原則の規定は、**国家と宗教との分離を制度として保障**することにより、**間接的**に信教の自由の保障を確保するものである（最大判昭52.7.13）。したがって、国が特定の宗教に特権を付与することのほか、宗教団体すべてに対して特権を付与することも禁止される。

4 誤り 重　20条3項は、国の宗教的活動を禁止している（政教分離原則）。そして、宗教団体への補助金の支出等、宗教とのかかわり合いをもたらす行為の**目的及び効果**に鑑み、**そのかかわり合いが相当とされる限度を超える場合**には、当該行為は同条項により禁止される宗教的活動に当たるとされる（最大判昭52.7.13）。

5 正しい 重　判例は、**剣道実技拒否事件**において、本記述のような内容の判示をしている（最判平8.3.8）。

正解　5

Chapter 4　精神的自由①　55

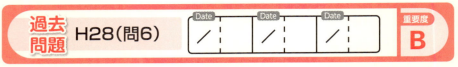

問題12 信教の自由・政教分離に関する次の記述のうち、最高裁判所の判例に照らし、最も妥当なものはどれか。

1 憲法が国およびその機関に対し禁ずる宗教的活動とは、その目的・効果が宗教に対する援助、助長、圧迫、干渉に当たるような行為、あるいは宗教と過度のかかわり合いをもつ行為のいずれかをいう。

2 憲法は、宗教と何らかのかかわり合いのある行為を行っている組織ないし団体であれば、これに対する公金の支出を禁じていると解されるが、宗教活動を本来の目的としない組織はこれに該当しない。

3 神社が主催する行事に際し、県が公費から比較的低額の玉串料等を奉納することは、慣習化した社会的儀礼であると見ることができるので、当然に憲法に違反するとはいえない。

4 信仰の自由の保障は私人間にも間接的に及ぶので、自己の信仰上の静謐を他者の宗教上の行為によって害された場合、原則として、かかる宗教上の感情を被侵害利益として損害賠償や差止めを請求するなど、法的救済を求めることができる。

5 解散命令などの宗教法人に関する法的規制が、信者の宗教上の行為を法的に制約する効果を伴わないとしてもそこに何らかの支障を生じさせるならば、信教の自由の重要性に配慮し、規制が憲法上許容されるか慎重に吟味しなければならない。

信教の自由・政教分離

1 妥当でない 超

判例は、「憲法20条3項……にいう宗教的活動とは、……およそ国及びその機関の活動で宗教とのかかわり合いをもつすべての行為を指すものではなく、そのかかわり合いが右にいう相当とされる限度を超えるものに限られるというべきであつて、当該行為の目的が宗教的意義をもち、その効果が宗教に対する援助、助長、促進又は圧迫、干渉等になるような行為をいうもの」としており（最大判昭52.7.13）、問題文のように宗教と過度のかかわり合いを持つ行為という表現は用いておらず、また問題文のいずれかに該当すれば憲法20条3項の「宗教的活動」に当たるとしているわけではない。

2 妥当でない

判例は、「憲法89条にいう『宗教上の組織若しくは団体』とは、宗教と何らかのかかわり合いのある行為を行っている組織ないし団体のすべてを意味するものではなく、国家が当該組織ないし団体に対し特権を付与したり、また、当該組織ないし団体の使用、便益若しくは維持のため、公金その他の公の財産を支出し又はその利用に供したりすることが、特定の宗教に対する援助、助長、促進又は圧迫、干渉等になり、憲法上の政教分離原則に反すると解されるものをいう」としている（最判平5.2.16）。

3 妥当でない 重

判例は、「原審は、その支出の程度は、少額で社会的な儀礼の程度にとどまっており、……本件支出は、神道に対する援助、助長、促進又は他の宗教に対する圧迫、干渉等になるようなものではないから、憲法20条3項、89条に違反しないと判断した。……原審の右判断は是認することができない。……県が本件玉串料等……神社に前記のとおり奉納したことは、……憲法20条3項の禁止する宗教的活動に当たる」としている（最大判平9.4.2）。

4 妥当でない

判例は、「信教の自由の保障は、何人も自己の信仰と相容れない信仰をもつ者の信仰に基づく行為に対して、それが強制や不利益の付与を伴うことにより自己の信教の自由を妨害するものでない限り寛容であることを要請しているものというべきである。……何人かをその信仰の対象とし、あるいは自己の信仰する宗教により何人かを追慕し、その魂の安らぎを求めるなどの宗教的行為をする自由は、誰にでも保障されているからである。原審が宗教上の人格権であるとする静謐な宗教的環境の下で信仰生活を送るべき利益なるものは、これを直ちに法的利益として認めることができない」としている（最大判昭63.6.1）。

5 最も妥当である

判例は、「宗教法人に関する法的規制が、信者の宗教上の行為を法的に制約する効果を伴わないとしても、これに何らかの支障を生じさせることがあるとするならば、憲法の保障する精神的自由の一つとしての信教の自由の重要性に思いを致し、憲法がそのような規制を許容するものであるかどうかを慎重に吟味しなければならない」としている（最決平8.1.30）。

正解　5

Chapter 4　精神的自由① 57

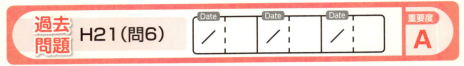

問題13 次の文章は、ある最高裁判所判決の一節である。この文章の趣旨と適合しないものはどれか。

〔憲法23〕条の学問の自由は、学問的研究の自由とその研究結果の発表の自由とを含むものであって、同条が学問の自由はこれを保障すると規定したのは、一面において、広くすべての国民に対してそれらの自由を保障するとともに、他面において、大学が学術の中心として深く真理を探究することを本質とすることにかんがみて、特に大学におけるそれらの自由を保障することを趣旨としたものである。教育ないし教授の自由は、学問の自由と密接な関係を有するけれども、必ずしもこれに含まれるものではない。しかし、大学については、憲法の右の趣旨と、これに沿って学校教育法52条＊が「大学は、学術の中心として、広く知識を授けるとともに、深く専門の学芸を教授研究」することを目的とするとしていることとに基づいて、大学において教授その他の研究者がその専門の研究の結果を教授する自由は、これを保障されると解するのを相当とする。すなわち、教授その他の研究者は、その研究の結果を大学の講義または演習において教授する自由を保障されるのである。そして、以上の自由は、すべて公共の福祉による制限を免れるものではないが、大学における自由は、右のような大学の本質に基づいて、一般の場合よりもある程度で広く認められると解される。

（最大判昭和38年5月22日刑集17巻4号370頁以下）

1 大学における学生の集会は、大学の公認した学内団体であるとか、大学の許可した学内集会であるとかいうことのみによって、特別な自由と自治を享有するものではない。

2 大学の自治は、とくに大学の教授その他の研究者の人事に関して認められ、大学の自主的判断に基づいて教授その他の研究者が選任される。

3 遺伝子技術や医療技術など最新の科学技術に関わる研究の法的規制は、それが大学で行われる研究に関わるものであっても、一定の要件の下で許されうる。

4 学問の自由は、広くすべての国民に対して保障されるものであるため、研究費の配分に当たって大学の研究者を優遇することは許されない。

5 大学の自治は、その施設と学生の管理についてもある程度で保障され、大学に自主的な秩序維持の権能が認められている。

（注）＊ 当時。現在の同法83条。

学問の自由

　本問の文章は、ポポロ事件における最高裁判所判決（最大判昭 38.5.22）の一節である。同判決は、学問の自由の保障や大学の自治等について判示している。

1 適合しないとはいえない	最高裁判所は、ポポロ事件判決において、本記述の内容について述べている。
2 適合しないとはいえない	最高裁判所は、ポポロ事件判決において、本記述の内容について述べている。
3 適合しないとはいえない	本問の文章は、学問の自由は、「公共の福祉による制限を免れるものではない」と述べており、本記述のような最新の科学技術にかかわる研究については、大学における研究であっても法的規制を受け得ると解される。
4 適合しない	本問の文章は、「大学における自由は、……大学の本質に基づいて、一般の場合よりもある程度広く認められる」と述べていることから、研究費の配分に当たって大学の研究者を優遇することも許容されると解される。
5 適合しないとはいえない	最高裁判所は、ポポロ事件判決において、本記述の内容について述べている。

正解　4

Chapter 5 精神的自由②（表現の自由）

過去問題 H22（問5） 重要度 B

問題14　表現の自由の保障根拠に関する次の記述のうち、他と異なる考え方に立脚しているものはどれか。

1　広告のような営利的な表現活動もまた、国民一般が消費者として様々な情報を受け取ることの重要性に鑑み、表現の自由の保護が及ぶものの、その場合でも保障の程度は民主主義に不可欠な政治的言論の自由よりも低い、とする説がある。

2　知る権利は、「国家からの自由」という伝統的な自由権であるが、それにとどまらず、参政権（「国家への自由」）的な役割を演ずる。個人は様々な事実や意見を知ることによって、はじめて政治に有効に参加することができるからである。

3　表現の自由を規制する立法の合憲性は、経済的自由を規制する立法の合憲性と同等の基準によって審査されなければならない、とする説が存在するが、その根拠は個人の自律にとっては経済活動も表現活動も同等な重要性を有するためである。

4　名誉毀損的表現であっても、それが公共の利害に関する事実について公益を図る目的でなされた場合には、それが真実であるか、真実であると信じたことに相当の理由があるときは処罰されないが、これは政治的な言論を特に強く保護する趣旨と解される。

5　報道機関の報道の自由は、民主主義社会において、国民が国政に関与するために重要な判断の資料を提供し、国民の知る権利に奉仕するものであり、表現の自由の保障内容に含まれる。

総合テキスト LINK　Chapter 5　精神的自由②（表現の自由）　1

表現の自由の保障根拠

表現の自由を支える価値として、①個人が言論活動を通じて自己の人格を発展させるという個人的な価値(**自己実現の価値**)と、②言論活動によって国民が政治的意思決定に関与するという民主政に資する社会的な価値(**自己統治の価値**)という2つがあるとされる。本問では、記述3のみが「自己実現の価値」を重視する考え方に立脚しており、それ以外の記述は「自己統治の価値」を重視する考え方に立脚している。

1 他と異なる考え方に立脚しているとはいえない　本記述は、広告のような**営利的な表現活動の保障の程度は、民主主義に不可欠な政治的言論の自由よりも低い**としていることから、**自己統治の価値**を重視する考え方に立脚しているといえる。

2 他と異なる考え方に立脚しているとはいえない　本記述は、**知る権利が参政権的な役割を担う**と述べていることから、**自己統治の価値**を重視する考え方に立脚しているといえる。

3 他と異なる考え方に立脚している　本記述は、**個人の自律にとっては経済活動も表現活動も同等な重要性を有する**としていることから、**自己実現の価値**を重視する考え方に立脚しているといえる。

4 他と異なる考え方に立脚しているとはいえない　本記述は、公益を図る目的でなされた公共の利害に関する事実についての**名誉毀損的表現**が一定の場合には処罰されないのは、**政治的な言論**を特に強く保護する趣旨であるとしていることから、**自己統治の価値**を重視する考え方に立脚しているといえる。

5 他と異なる考え方に立脚しているとはいえない　本記述は、**報道機関の報道**が表現の自由の保障内容に含まれるのは、それが、**国民が国政に関与するために重要な判断の資料を提供する**ものであるからとしている。したがって、本記述は**自己統治の価値**を重視する考え方に立脚しているといえる。

正解　3

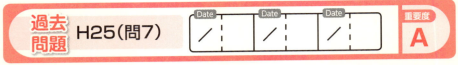

問題15 次の1〜5は、法廷内における傍聴人のメモ採取を禁止することが憲法に違反しないかが争われた事件の最高裁判所判決に関する文章である。判決の趣旨と異なるものはどれか。

1 報道機関の取材の自由は憲法21条1項の規定の保障の下にあることはいうまでもないが、この自由は他の国民一般にも平等に保障されるものであり、司法記者クラブ所属の報道機関の記者に対してのみ法廷内でのメモ採取を許可することが許されるかは、それが表現の自由に関わることに鑑みても、法の下の平等との関係で慎重な審査を必要とする。

2 憲法82条1項は、裁判の対審及び判決が公開の法廷で行われるべきことを定めているが、その趣旨は、裁判を一般に公開して裁判が公正に行われることを制度として保障し、ひいては裁判に対する国民の信頼を確保しようとすることにある。

3 憲法21条1項は表現の自由を保障しており、各人が自由にさまざまな意見、知識、情報に接し、これを摂取する機会をもつことは、個人の人格発展にも民主主義社会にとっても必要不可欠であるから、情報を摂取する自由は、右規定の趣旨、目的から、いわばその派生原理として当然に導かれる。

4 さまざまな意見、知識、情報に接し、これを摂取することを補助するものとしてなされる限り、筆記行為の自由は、憲法21条1項の規定の精神に照らして尊重されるべきであるが、これは憲法21条1項の規定によって直接保障される表現の自由そのものとは異なるから、その制限又は禁止には、表現の自由に制約を加える場合に一般に必要とされる厳格な基準が要求されるものではない。

5 傍聴人のメモを取る行為が公正かつ円滑な訴訟の運営を妨げるに至ることは通常はあり得ないのであって、特段の事情のない限り、これを傍聴人の自由に任せるべきであり、それが憲法21条1項の規定の精神に合致する。

レペタ事件

本問は、レペタ事件（最大判平元.3.8）を題材としたものである。

1 判決の趣旨と異なる 重	レペタ事件において、最高裁判所は、博多駅事件（最大決昭44.11.26）における決定を引用し、「報道機関の報道は、民主主義社会において、国民が国政に関与するにつき、重要な判断の資料を提供するものであって、事実の報道の自由は、表現の自由を定めた憲法21条1項の規定の保障の下にあることはいうまでもな」いとした上で、「このような報道機関の報道が正しい内容をもつためには、報道のための取材の自由も、憲法21条の規定の精神に照らし、十分尊重に値するものである」としている。したがって、報道機関の取材の自由が「憲法21条1項の規定の保障の下にある」とする本選択肢前段は、最高裁判所の判決の趣旨とは異なっている。 また、最高裁判所は、「報道の公共性、ひいては報道のための取材の自由に対する配慮に基づき、司法記者クラブ所属の報道機関の記者に対してのみ法廷においてメモを取ることを許可することも、合理性を欠く措置ということはできない」としており、司法記者クラブ所属の報道機関の記者に対してのみ法廷においてメモを取ることを許可することと14条1項との関係について、本選択肢後段のような内容は述べていない。
2 判決の趣旨と異なるとはいえない	最高裁判所は、「裁判の対審及び判決は、公開法廷でこれを行う。」とする82条1項の趣旨について、本選択肢のように述べている。
3 判決の趣旨と異なるとはいえない	最高裁判所は、各人がさまざまな意見、知識、情報に接し、これを摂取する自由と表現の自由（憲法21条1項）との関係について、本選択肢のように述べている。
4 判決の趣旨と異なるとはいえない	最高裁判所は、筆記行為の自由、及びそれを制約する場合における審査基準について、本選択肢のように述べている。
5 判決の趣旨と異なるとはいえない	最高裁判所は、法廷内における傍聴人のメモ採取について、「公正かつ円滑な訴訟の運営が妨げられるおそれが生ずる場合のあり得ることは否定できない」とする一方で、本選択肢のように述べている。

正解　1

Chapter 6 経済的自由・人身の自由

過去問 H21（問4）

問題16　次の手紙の文中に示された疑問をうけて、これまで類似の規制について最高裁判所が示した判断を説明するア～オの記述のうち、妥当なものの組合せはどれか。

　　前略　大変ご無沙汰しております。
　お取り込み中申し訳ありませんが、私の進路選択について、折り入って貴兄にご相談したいことができました。演劇三昧だった学生生活を切り上げて、行政書士をめざして勉強を始めたのですが、最近、自らの職業選択が抱える不条理に、少々悩んでおります。
　行政書士になりたい私が、試験に合格しなければ行政書士になれない、というのは、職業選択の自由という、私のかけがえのない人権の侵害にはあたらないのでしょうか。他方で、もし行政書士になれたとしても、行政書士法1条の2で行政書士の独占業務とされている書類の作成に関する限り、他者の営業の自由を排除しているわけですから、私は、かけがえのない人権であるはずの、他人の職業選択の自由を侵害して生きることになるのでしょうか……。

　　拝復　お悩みのご様子ですね。行政書士業を一定の資格要件を具備する者に限定する以上、それ以外の者の開業は禁止されるのですから、あなたのご疑問にはあたっているところもあります。問題はそうした制限を正当化できるかどうかで、この点は意見が分かれます。ご参考までに、最高裁判所がこれまでに示した判断についてだけ申しますと、

ア　医薬品の供給を資格制にすることについては、重要な公共の福祉のために必要かつ合理的な措置ではないとして、違憲判決が出ていますよ。

イ　小売市場の開設経営を都道府県知事の許可にかからしめる法律については、中小企業保護を理由として、合憲判決が出ていましたよね。

ウ　司法書士の業務独占については、登記制度が社会生活上の利益に重大な影響を及ぼすものであることなどを指摘して、合憲判決が出ています。

エ　公衆浴場を開業する場合の適正配置規制については、健全で安定した浴場経営による国民の保健福祉の維持を理由として、合憲とされていますね。

オ　酒販免許制については、職業活動の内容や態様を規制する点で、許可制よりも厳しい規制であるため、適用違憲の判決が下された例があります。

1　ア・イ・ウ
2　ア・イ・エ
3　イ・ウ・エ
4　イ・ウ・オ
5　ウ・エ・オ

職業選択の自由

ア 妥当でない　薬事法距離制限違憲判決において、最高裁判所は、供給業者を一定の資格要件を具備する者に限定し、それ以外の者による開業を禁止する許可制を採用したことは、それ自体としては**公共の福祉に適合する目的**のための必要かつ合理的措置として肯認することができると判示した（最大判昭 50.4.30）。なお、同判例は、薬局の開設に適正配置を要求する薬事法の規定については、不良医薬品の供給の防止等の目的のために必要かつ合理的な規制を定めたものということができず、憲法 22 条 1 項に違反し、無効であるとした。

イ 妥当である　小売市場事件において、最高裁判所は、小売市場の許可規制は、国が社会経済の調和的発展を企図するという観点から中小企業保護政策の一方策としてとった措置ということができ、その目的において、一応の合理性を認めることができないわけではなく、また、その規制の手段・態様においても、それが**著しく不合理であることが明白であるとは認められない**と判示して、小売市場の許可規制を定めた法律の規定は合憲であるとした（最大判昭 47.11.22）。

ウ 妥当である　司法書士の独占業務に関する司法書士法の規定について、最高裁判所は、当該規定は、登記制度が国民の権利義務等、社会生活上の利益に重大な影響を及ぼすものであることなどに鑑み、法律に別段の定めがある場合を除き、司法書士及び公共嘱託登記司法書士協会以外の者が、他人の嘱託を受けて、登記に関する手続について代理する業務及び登記申請書類を作成する業務を行うことを禁止し、これに違反した者を処罰することにしたものであって、当該規制は、公共の福祉に合致した合理的なものであり、憲法 22 条 1 項に違反するものでないと判示して、当該規定は合憲であるとした（最判平 12.2.8）。

エ 妥当である　公衆浴場法による適正配置規制について、最高裁判所は、公衆浴場業者が経営の困難から廃業や転業をすることを防止し、健全で安定した経営を行えるように種々の立法上の手段をとり、国民の保健福祉を維持することは、まさに公共の福祉に適合するところであり、当該適正配置規制及び距離制限も、その手段として十分の**必要性**と**合理性**を有していると認められると判示して、公衆浴場の開設に適正配置を要求する公衆浴場法の規定は合憲であるとした（最判平元.1.20）。

オ 妥当でない　酒類販売業の免許制を定めた酒税法の規定について、最高裁判所は、酒税の適正かつ確実な賦課徴収を理由に当該規定を存置するとした立法府の判断が、立法府の政策的・技術的な裁量の範囲を逸脱するもので、著しく不合理であるということはできないと判示して、当該規定は合憲であるとした（最判平 4.12.15）。

正解　3

問題17 次の憲法の条文について一般に行われている説明として、妥当なものはどれか。

第31条 何人も、法律の定める手続によらなければ、その生命若しくは自由を奪はれ、又はその他の刑罰を科せられない。

1 「法律の定める手続」とあるので、条例によって刑罰その他についての手続を定めることは、許されていない。

2 日本国憲法は別に罪刑法定主義の条文をもっているので、本条においては、戦前にないがしろにされた刑事手続について、これを法律で定めることが要請されている。

3 この条文は刑事手続を念頭においており、行政手続などの非刑事手続については、その趣旨が適用されることはない。

4 刑事手続については、ただ単にこれを法律で定めればよいと規定しているのではなく、その手続が適正なものであることを要求している。

5 この条文は、ニューディール期のアメリカ連邦最高裁判所で猛威を振るった、手続的デュープロセス論を否定したものである。

人身の自由

1 妥当でない
判例・通説は、条例は、公選の議員をもって組織する地方公共団体の議会の議決を経て制定される自治立法であって、国民の公選した議員をもって組織する国会の議決を経て制定される法律に類するものであることを理由に、**条例にその違反に対する制裁として罰則を定めることを認めている**（最大判昭 37.5.30）。

2 妥当でない 捨
憲法 31 条の文言上は、①**手続の法定**ということだけを規定しているようにも解される。しかし、判例・通説は、②法律で定められた**手続が適正**でなければならない、③実体規定も法律で定められなければならない（**罪刑法定主義**）、④法律で定められた**実体規定も適正**でなければならない、ということも意味すると解している。

3 妥当でない
31 条は、「その他刑罰を科せられない」と規定しているが、その趣旨は、**行政手続にも準用（ないし適用）される**と一般に解されており、判例もこれを認めている（最大判平 4.7.1）。

4 妥当である 重
2 の解説のとおり、31 条は、手続が法律で定められることを要求するのみにも読めるが、それだけではなく、法律で定められた手続が適正でなければならないことをも意味すると解される。

5 妥当でない 捨
手続的デュープロセスとは、手続保障を意味するが、31 条は、法文上、手続が法律で定められることを要求しており、**手続的デュープロセス論を否定するものではない**。

正解　4

Chapter 7 受益権・社会権・参政権

過去問題 H23（問4）

重要度 A

問題18　Aは、日本国籍を有しない外国人であるが、出生以来日本に居住しており、永住資格を取得している。Aは、その居住する地域に密着して暮らす住民であれば、外国人であっても地方自治体の参政権を与えるべきであり、国が立法による参政権付与を怠ってきたのは違憲ではないか、と考えている。Aは、訴訟を起こして裁判所にあらためて憲法判断を求めることができないか、かつて行政書士試験を受けたことのある友人Bに相談したところ、Bは昔の受験勉強の記憶を頼りに、次の1〜5の見解を述べた。このうち、最高裁判所の判例に照らし、妥当でないものはどれか。

1　国民の選挙権の制限は、そのような制限なしには選挙の公正を確保しつつ選挙権の行使を認めることが著しく困難であると認められる場合でない限り、憲法上許されず、これは立法の不作為による場合であっても同様であると解されている。

2　国が立法を怠ってきたことの違憲性を裁判所に認定してもらうために、国家賠償法による国への損害賠償請求が行われることがあるが、最高裁はこれまで立法不作為を理由とした国家賠償請求は認容されないという立場をとっている。

3　憲法の基本的人権の保障は、権利の性質上日本国民のみを対象とすると解されるものを除き、外国人にも等しく及ぶものと考えられており、政治活動の自由についても、外国人の地位にかんがみて相当でないものを除き外国人にも保障される。

4　憲法93条2項で地方公共団体の長や議会議員などを選挙することとされた「住民」とは、その地方公共団体に住所を有する日本国民のみを指している。

5　仮に立法によって外国人に対して地方参政権を認めることができるとしても、その実現は基本的に立法裁量の問題である。

参政権

1 妥当である　最高裁判所の判例によれば、国民の選挙権又はその行使を制限するためには、そのような制限をすることがやむを得ないと認められる事由がなければならない。そして、そのような制限をすることなしには選挙の公正を確保しつつ選挙権の行使を認めることが**事実上不能**ないし**著しく困難**であると認められる場合でない限り、上記のやむを得ない事由があるとはいえず、このような事由なしに国民の選挙権の行使を制限することは、憲法に違反する。また、このことは、国が国民の選挙権の行使を可能にするための所要の措置を執らないという不作為によって国民が選挙権を行使することができない場合についても、同様であるとされる（最大判平17.9.14）。

2 妥当でない　最高裁判所の判例によれば、立法の内容又は立法不作為が国民に憲法上保障されている権利を違法に侵害するものであることが明白な場合や、国民に憲法上保障されている権利行使の機会を確保するために所要の立法措置を執ることが必要不可欠であり、それが明白であるにもかかわらず、国会が正当な理由なく長期にわたってこれを怠る場合などには、国会議員の立法行為又は立法不作為は、国家賠償法1条1項の規定の適用上、違法の評価を受ける。したがって、**違法な立法不作為**を理由とする**国家賠償請求が認められる場合がある**（最大判平17.9.14）。

3 妥当である　最高裁判所の判例によれば、憲法第3章の諸規定による基本的人権の保障は、権利の性質上日本国民のみをその対象としていると解されるものを除き、我が国に在留する外国人に対しても等しく及ぶものと解すべきであり、政治活動の自由についても、我が国の政治的意思決定又はその実施に影響を及ぼす活動等外国人の地位に鑑みこれを認めることが相当でないと解されるものを除き、その保障が及ぶ（最大判昭53.10.4）。

4 妥当である　最高裁判所の判例によれば、憲法93条2項にいう「住民」とは、地方公共団体の区域内に住所を有する日本国民を意味する（最判平7.2.28）。

5 妥当である　最高裁判所の判例によれば、我が国に在留する外国人のうちでも永住者等であってその居住する区域の地方公共団体と特段に緊密な関係を持つに至ったと認められるものについて、法律をもって、地方公共団体の長、その議会の議員等に対する選挙権を付与する措置を講ずることは、憲法上禁止されているものではないが、このような措置を講ずるか否かは、専ら国の立法政策にかかわる事柄である（最判平7.2.28）。

正解　2

問題19　次の記述のうち、最高裁判所の判例に照らし、誤っているものはどれか。

1　憲法25条の規定の趣旨にこたえて具体的にどのような立法措置を講じるかの選択決定は、立法府の広い裁量にゆだねられている。

2　国は、子ども自身の利益のため、あるいは子どもの成長に対する社会公共の利益と関心にこたえるために、必要かつ相当な範囲で教育の内容について決定する権能を有する。

3　労働基本権に関する憲法上の規定は、国の責務を宣言するもので、個々の国民に直接に具体的権利を付与したものではなく、国の立法措置によってはじめて具体的権利が生じる。

4　労働基本権は、勤労者の経済的地位の向上のための手段として認められたものであって、それ自体が自己目的ではなく、国民全体の共同利益の見地からの制約を受ける。

5　憲法が義務教育を定めるのは、親が本来有している子女を教育する責務をまっとうさせる趣旨によるものであるから、義務教育に要する一切の費用を当然に国が負担しなければならないとは言えない。

社会権

1 正しい 最高裁判所は、憲法25条の規定の趣旨にこたえて具体的にどのような立法措置を講ずるかの選択決定は、<u>立法府の広い裁量</u>に委ねられていると判示している（堀木訴訟　最大判昭57.7.7）。

2 正しい 最高裁判所は、国は、国政の一部として教育政策を樹立、実施し、教育内容についても決定する権能を有すると判示している（旭川学テ事件　最大判昭51.5.21）。

3 誤り　重 最高裁判所は28条は、いわゆる労働基本権、すなわち、勤労者の<u>団結</u>する権利および<u>団体交渉</u>その他の<u>団体行動</u>をする権利を保障していると判示している（全逓東京中郵事件　最大判昭41.10.26）。

4 正しい 最高裁判所は、労働基本権は、勤労者の経済的地位の向上のための手段として認められたものであって、それ自体が目的とされる絶対的なものではないから、おのずから勤労者を含めた国民全体の共同利益の見地からする制約を免れないと判示している（全農林警職法事件　最大判昭48.4.25）。

5 正しい 最高裁判所は、26条2項後段の意味は、授業料を徴収しないことにあり、教科書、学用品その他教育に必要な一切の費用までを無償としなければならないことを定めたものではないと判示している（教科書費国庫負担請求事件　最大判昭39.2.26）。

正解　3

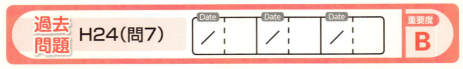

問題20　労働組合の活動に関する次の記述のうち、最高裁判所の判例に照らし、妥当なものはどれか。

1　組合員の生活向上のために、統一候補を決定し、組合を挙げてその選挙運動を推進することなども労働組合の活動として許されるので、組合の方針に反し対立候補として立候補した組合員を統制違反者として処分することも許される。

2　労働者の権利利益に直接関係する立法や行政措置を促進し、またはこれに反対する活動は、政治活動としての一面をもち、組合員の政治的思想・見解等とも無関係ではないが、労働組合の目的の範囲内の活動とみることができるので、組合員に費用負担などを求めることも許される。

3　国民全体の奉仕者である公務員の争議行為を禁止すること自体は憲法に違反しないが、争議行為をあおる行為の処罰が憲法上許されるのは、違法性が強い争議行為に対し、争議行為に通常随伴しない態様で行われる場合に限られる。

4　公務員の争議行為は禁止されているが、政治的目的のために行われる争議行為は、表現の自由としての側面も有するので、これを規制することは許されない。

5　人事院勧告は公務員の争議行為禁止の代償措置であるから、勧告にしたがった給与改定が行われないような場合には、それに抗議して争議行為を行った公務員に対し懲戒処分を行うことは許されない。

労働組合の活動

1 妥当でない　最高裁判所の判例によれば、労働組合が、地方議会議員の選挙に当たり、いわゆる統一候補を決定し、組合を挙げて選挙運動を推進している場合において、統一候補の選にもれた組合員が、組合の方針に反して立候補しようとするときは、これを断念するよう勧告又は説得することは許されるが、その域を超えて、立候補を取りやめることを要求し、これに従わないことを理由に統制違反者として処分することは、組合の統制権の限界を超えるものとして許されない（最大判昭43.12.4）。

2 妥当である　最高裁判所の判例によれば、労働者の権利利益に直接関係する立法や行政措置の促進又は反対のためにする活動については、組合員の政治的思想、見解、判断等と全く無関係ではありえないが、それとの関連性は稀薄であり、むしろ組合員個人の政治的立場の相違を超えて労働組合本来の目的を達成するための広い意味における経済的活動であるとみられるものであって、このような活動について組合員の協力を要求しても、その政治的自由に対する制約の程度は極めて軽微なものということができるから、このような活動については、労働組合の自主的な政策決定が優先され、組合員の費用負担を含む協力義務が認められる（最判昭50.11.28）。

3 妥当でない　最高裁判所の判例によれば、公務員の行う争議行為のうち、法律によって違法とされるものとそうでないものとの区別を認め、さらに、違法とされる争議行為にも違法性の強いものと弱いものとの区別を立て、あおり行為等の罪として刑事制裁を科されるのはそのうち違法性の強い争議行為に対するものに限ると解することは、刑事制裁を科し得る場合と科し得ない場合との限界が明確性を欠くことなどから、許されない（最大判昭48.4.25）。

4 妥当でない　最高裁判所の判例によれば、使用者に対する経済的地位の向上の要請とは直接関係があるとはいえない政治的目的のために争議行為を行うことは、憲法28条の保障とは無関係なものであり、また、公務員は争議行為をすること自体が禁止されているのであるから、公務員が政治的目的のために争議行為をすることは、二重の意味で許されない（最大判昭48.4.25）。

5 妥当でない　最高裁判所の判例の中には、人事院勧告の不実施を契機として、その完全実施等の要求を掲げて行われた争議行為に関与したことを理由としてされた公務員に対する懲戒処分について、著しく妥当性を欠き懲戒権者の裁量権の範囲を逸脱したものとはいえないとしたものがある（最判平12.3.17）。

正解　2

Chapter 8 国会

過去問題 R3(問6)

問題21 次の文章の空欄 ア ・ イ に当てはまる語句の組合せとして、妥当なものはどれか。

憲法で、国会が国の「唯一の」立法機関であるとされるのは、憲法自身が定める例外を除き、 ア 、かつ、 イ を意味すると解されている。

	ア	イ
1	内閣の法案提出権を否定し （国会中心立法の原則）	議員立法の活性化を求めること （国会単独立法の原則）
2	国権の最高機関は国会であり （国会中心立法の原則）	内閣の独立命令は禁止されること （国会単独立法の原則）
3	法律は国会の議決のみで成立し （国会単独立法の原則）	天皇による公布を要しないこと （国会中心立法の原則）
4	国会が立法権を独占し （国会中心立法の原則）	法律は国会の議決のみで成立すること （国会単独立法の原則）
5	国権の最高機関は国会であり （国会中心立法の原則）	立法権の委任は禁止されること （国会単独立法の原則）

総合テキスト LINK Chapter 8 国会

唯一の立法機関

　憲法41条は、「国会は、**国権の最高機関**であって、国の**唯一の立法機関**である。」と定めているところ、本問は**「唯一の」**についての解釈を問うものである。同条にいう「唯一」とは、(1) **国会中心立法の原則**と、(2) **国会単独立法の原則**を意味している。

　(1) **国会中心立法の原則**とは、憲法で定める例外（各議院規則、裁判所規則）を除いては、**国会以外による立法を認めない**原則である。行政による命令の形での立法を許さない趣旨と考えられるが、個別的・具体的な委任がある委任立法の場合は、国会による民主的コントロールが及ぶため許容されると解されている。

　(2) **国会単独立法の原則**とは、憲法で定める例外（95条の住民投票）を除いては、**国会以外の機関が関与することなく、国会の議決だけで法律が成立する**という原則である。**内閣の法案提出権**は立法に対する内閣の関与にみえるが、国会が自由に修正・否決できるため許容されると解されている。

1 妥当でない　　上記の解説より、1は妥当でない。

2 妥当でない　　上記の解説より、2は妥当でない。

3 妥当でない　　上記の解説より、3は妥当でない。

4 妥当である　　上記の解説より、4は妥当である。

5 妥当でない　　上記の解説より、5は妥当でない。

正解　4

問題22 衆議院と参議院に関する記述のうち、正しいものの組合せとして正しいものはどれか。

ア　皇室財産の授受について、参議院で衆議院と異なった議決をした場合に、両院協議会を開いても意見が一致しないときは、衆議院の議決が国会の議決となる。

イ　日本国憲法における衆議院の優越として、権能については予算先議権のみが認められている。

ウ　衆議院と参議院は、独立して議事を行い、議決することが原則である。この原則の例外として、両院協議会を開くことが認められている。

エ　日本国憲法では、同一人が同時に衆議院及び参議院の議員を兼職することは、禁止されていない。

オ　衆議院と参議院は、同時に召集され、開会・閉会するのが原則である。この原則の例外として、参議院の緊急集会が認められている。

1　ア・ウ
2　ア・オ
3　イ・ウ
4　イ・エ
5　ウ・オ

国会の組織とその活動

ア 誤り 超 　日本国憲法は、議決の効力については、**法律・予算**の議決、**条約の承認**及び**内閣総理大臣の指名**について、衆議院の優越を認めている（59条、60条、61条、67条）。しかしながら、**その他の事項**については、日本国憲法は、議決の効力に**優劣の差異を認めておらず**、例えば、皇室の財産授受（8条）については両議院の議決の効力は対等である。したがって、「皇室財産の授受について」も衆議院の優越を認めている点で、記述アは誤っている。

イ 誤り 重 　日本国憲法は、両議院の**権能**については、**内閣不信任決議**（69条）、**予算先議権**（60条1項）について、**衆議院の優越**を認めている。したがって、「予算先議権のみ」としている点で、記述イは誤っている。

ウ 正しい 　両議院が、**独立して議事**を行い、**議決**することは、二院制の趣旨から当然に導き出される原則である（**独立活動の原則**）。ただ、この原則の例外として、**両院協議会**が認められている（59条～61条）。

エ 誤り 超 　日本国憲法は、「何人も、同時に両議院の議員たることはできない」と規定し（48条）、両議院の議員の**兼職**を禁じている。したがって、「同一人が同時に衆議院及び参議院の議員を兼職することは、禁止されていない」としている点で、記述エは誤っている。

オ 正しい 　両議院は、同時に**召集**され、**開会・閉会**するのが原則である（**同時活動の原則**）。この原則については、憲法54条2項以外に明文の根拠はないが、二院制の趣旨から当然に導き出される原則である。ただ、この原則の例外として、**参議院の緊急集会**が認められている（54条2項但書）。

正解　5

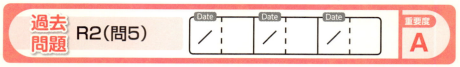

問題23 次の文章の下線部の趣旨に、最も適合しないものはどれか。

　議院が独立的機関であるなら、みずからの権能について、行使・不行使をみずから決定しえなければならない。議院の権能行使は、議院の自律に任せられるを要する。けれども、憲法典は、通常、議院が、このような自律権を有することを明文で規定しない。独立の地位をもつことの、当然の帰結だからである。これに比べれば制度上の意味の限定的な議員の不逮捕特権や免責特権がかえって憲法典に規定されるのは、それが、独立的機関の構成員とされることからする当然の帰結とは考ええないことによる。憲法典に規定されなくても、議院の自律権は、議院の存在理由を確保するために不可欠で、議員特権などより重い意味をもっている。

　しかし、日本国憲法典をじっくり味読するなら、議院に自律権あることを前提とし、これあることを指示する規定がある。

（出典　小嶋和司「憲法学講和」1982年から）

1　両議院は、各々その会議その他の手続及び内部の規律に関する規則を定めることができる。
2　両議院は、各々国政に関する調査を行い、これに関して、証人の出頭及び証言並びに記録の提出を要求することができる。
3　両議院は、各々その議長その他の役員を選任する。
4　両議院は、各々その議員の資格に関する争訟を裁判する。
5　両議院は、各々院内の秩序をみだした議員を懲罰することができる。

議院自律権

問題文記載の文章は、**議院自律権**についての記載である。

議院自律権は、(1) 内部組織に関する自律権、(2) 運営に関する自律権から成る。

(1) 内部組織に関する自律権は、①会期前に逮捕された議員の釈放要求権（憲法50条後段）、②議員の資格争訟の裁判権（55条）、③役員選任権（58条1項）などがこれに属する。

(2) 運営に関する自律権については、④議院規則制定権（58条2項本文前段）、⑤議員懲罰権（同項本文後段）などがこれに属する。

1 適合する　憲法58条2項本文は、「両議院は、各々その会議その他の手続及び内部の規律に関する規則を定め……ることができる。」と規定している。そして、この規定は、(2) ④**議院規則制定権**について定めた規定であるため、本選択肢は議院自律権についての記載である。

2 適合しない　62条は、「両議院は、各々国政に関する調査を行ひ、これに関して、証人の出頭及び証言並びに記録の提出を要求することができる。」と規定している。そして、この規定は、議院の権能の一つである**国政調査権**について定めた規定であるため、本選択肢は議院自律権についての記載ではない。

3 適合する　58条1項は、「両議院は、各々その議長その他の役員を選任する。」と規定している。そして、この規定は、(1) ③**役員選任権**について定めた規定であるため、本選択肢は議院自律権についての記載である。

4 適合する　55条本文は、「両議院は、各々その議員の資格に関する争訟を裁判する。」と規定している。そして、この規定は、(1) ②**議員の資格争訟の裁判権**について定めた規定であるため、本選択肢は議院自律権についての記載である。

5 適合する　58条2項本文は、「両議院は、……院内の秩序をみだした議員を懲罰することができる。」と規定している。そして、この規定は、(2) ⑤の**議員懲罰権**について定めた規定であるため、本選択肢は議院自律権についての記載である。

正解　2

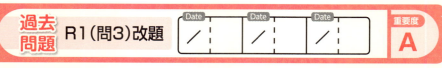

問題24 議員の地位に関する次の記述のうち、法令および最高裁判所の判例に照らし、妥当なものはどれか。

1 衆参両議院の比例代表選出議員に欠員が出た場合、当選順位に従い繰上補充が行われるが、名簿登載者のうち、除名、離党その他の事由により名簿届出政党等に所属する者でなくなった旨の届出がなされているものは、繰上補充の対象とならない。

2 両議院の議員は、国会の会期中逮捕されないとの不逮捕特権が認められ、憲法が定めるところにより、院外における現行犯の場合でも逮捕されない。

3 両議院には憲法上自律権が認められており、所属議員への懲罰については司法審査が及ばないが、除名処分については、一般市民法秩序と関連するため、裁判所は審査を行うことができる。

4 地方議会の自律権は、議院の自律権とは異なり法律上認められたものにすぎないが、地方議会議員に対する出席停止の懲罰については、議会の自律的な権能に基づいてされたものとして、議会に一定の裁量が認められるべきであるから、裁判所は、その適否を判断することができない。

5 地方議会の議員は、住民から直接選挙されるので、国会議員と同様に免責特権が認められ、議会で行った演説、討論又は表決について議会外で責任を問われない。

議員の地位

1 妥当である　衆参両議院の比例代表選出議員に欠員が出た場合について、公職選挙法112条2項、4項で、当選順位に従い繰上補充が行われることが規定されている。そして、同条7項が準用する98条3項前段において、本記述後段の内容が規定されている。

2 妥当でない【重】　憲法50条は、「両議院の議員は、法律の定める場合を除いては、国会の**会期中逮捕されず**、会期前に逮捕された議員は、その議院の要求があれば、**会期中**これを**釈放**しなければならない。」と規定しており、これを受けて、国会法33条は、「各議院の議員は、**院外における現行犯罪**の場合を除いては、会期中その**院の許諾がなければ**逮捕されない。」と規定している。

3 妥当でない【重】　憲法58条2項の懲罰権は、各議院が組織体としての秩序を維持し、その機能の運営を円滑ならしめるために、議院の自律権の一内容として憲法上明文をもって保障されたものであるから、懲罰の種類を問わず、裁判所の**司法審査は及ばない**と解されている。

4 妥当でない【予】　判例は、普通地方公共団体の議会の議員に対する出席停止の懲罰について、「これが科されると、当該議員はその期間、会議及び委員会への出席が停止され、議事に参与して議決に加わるなどの議員としての中核的な活動をすることができず、住民の負託を受けた議員としての責務を十分に果たすことができなくなる。このような出席停止の懲罰の性質や議員活動に対する制約の程度に照らすと、これが議員の権利行使の一時的制限にすぎないものとして、その適否が専ら議会の自主的、自律的な解決に委ねられるべきであるということはできない。そうすると、**出席停止の懲罰は、議会の自律的な権能に基づいてされたものとして、議会に一定の裁量が認められるべきであるものの、裁判所は、常にその適否を判断することができる**というべきである」とし、「普通地方公共団体の議会の議員に対する出席停止の懲罰の適否は、**司法審査の対象となる**というべきである」とした（最大判令2.11.25）。なお、従来の判例は、出席停止の懲罰については、裁判所の審査が及ばないとしていた（最大判昭35.10.19）が、上記判例は、これを変更するものである。

5 妥当でない　判例は、「憲法上、国権の最高機関たる国会について、広範な議院自律権を認め、ことに、議員の発言について、憲法51条に、いわゆる**免責特権**を与えているからといつて、その理をそのまま直ちに地方議会にあてはめ、地方議会についても、国会と同様の議会自治・議会自律の原則を認め、さらに、**地方議会議員の発言**についても、いわゆる免責特権を**憲法上保障しているものと解すべき根拠はない**」としている（最大判昭42.5.24）。

正解　1

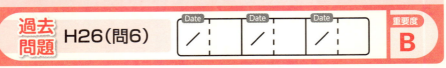

Chapter 9 内閣

問題25 内閣に関する憲法の規定の説明として正しいものはどれか。

1 内閣総理大臣は、衆議院議員の中から、国会の議決で指名する。

2 国務大臣は、内閣総理大臣の指名に基づき、天皇が任命する。

3 内閣は、衆議院で不信任の決議案が可決されたとき、直ちに総辞職しなければならない。

4 内閣は、総選挙の結果が確定すると同時に、直ちに総辞職しなければならない。

5 内閣は、総辞職の後、新たに内閣総理大臣が任命されるまで引き続き職務を行う。

総合テキスト LINK　Chapter 8　国会　4
　　　　　　　　　　Chapter 9　内閣　2 3

内閣に関する憲法の規定

1 誤り　　内閣総理大臣は、**国会議員**の中から国会の議決で、これを指名する（憲法67条1項前段）。

2 誤り 超　　**内閣総理大臣**は、国務大臣を**任命**する（68条1項本文）。

3 誤り 重　　内閣は、衆議院で不信任の決議案を可決し、又は信任の決議案を否決したときは、**10日以内に衆議院が解散**されない限り、総辞職をしなければならない（69条）。

4 誤り　　内閣総理大臣が欠けたとき、又は**衆議院議員総選挙の後に初めて国会の召集**があったときは、内閣は、総辞職をしなければならない（70条）。

5 正しい　　内閣が総辞職した後も、内閣は、**新たに内閣総理大臣が任命**されるまで引き続きその職務を行う（71条）。

正解　5

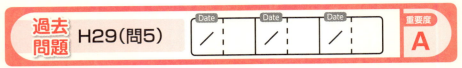

問題26 内閣に関する次の記述のうち、憲法の規定に照らし、妥当なものはどれか。

1 内閣総理大臣は、国会の同意を得て国務大臣を任命するが、その過半数は国会議員でなければならない。

2 憲法は明文で、閣議により内閣が職務を行うべきことを定めているが、閣議の意思決定方法については規定しておらず、慣例により全員一致で閣議決定が行われてきた。

3 内閣の円滑な職務遂行を保障するために、憲法は明文で、国務大臣はその在任中逮捕されず、また在任中は内閣総理大臣の同意がなければ訴追されない、と規定した。

4 法律および政令には、その執行責任を明確にするため、全て主任の国務大臣が署名し、内閣総理大臣が連署することを必要とする。

5 内閣の存立は衆議院の信任に依存するので、内閣は行政権の行使について、参議院に対しては連帯責任を負わない。

内閣　総合

1　妥当でない　**超**
憲法68条1項は、「**内閣総理大臣**は、**国務大臣**を**任命**する。但し、その**過半数**は、**国会議員**の中から選ばれなければならない。」と規定しており、**国務大臣の任命について国会の同意を得ることは必要とされていない。**

2　妥当でない
憲法上、「閣議により内閣が職務を行うべきこと」は定められておらず、**内閣法**4条1項において、「内閣がその職権を行うのは、**閣議**によるものとする。」と規定されている。なお、閣議の議事に関する原則については、憲法及び法令に規定はなく、慣例に従って運用されており、閣議決定は、**全会一致**をもって行うものとされている。

3　妥当でない
憲法75条本文は、「国務大臣は、その在任中、**内閣総理大臣の同意**がなければ、訴追されない。」と規定しているが、憲法上、「国務大臣はその在任中逮捕されない」旨の規定はない。

4　妥当である
74条は、「法律及び政令には、すべて主任の**国務大臣**が**署名**し、**内閣総理大臣**が**連署**することを必要とする。」と規定している。これは、法律の執行や政令の制定・執行について、その責任の所在を明らかにする趣旨であるとされる。

5　妥当でない
66条3項は、「内閣は、行政権の行使について、**国会**に対し**連帯して責任を負ふ。**」と規定している。ここでいう「国会」とは、衆議院及び参議院の両議院を指し、**内閣は各議院に対して責任を負うものとされる。**

正解　4

Chapter 10 裁判所

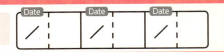

問題27 日本国憲法における司法に関する次の記述のうち、正しいものはどれか。

1 日本国憲法は、最高裁判所は、一切の法律、命令、規則又は処分が憲法に適合するかしないかを決定する権限を有する終審裁判所であると規定しているので、下級裁判所は、違憲審査権を行使することはできない。

2 日本国憲法は、特別裁判所の設置を禁止している。しかしながら、特別裁判所である家庭裁判所は、憲法が認めた例外であるので、設置が禁止されていない。

3 行政機関による終審裁判は禁止される。しかしながら、裁判所の裁判の前審として、裁判をすることは禁止されず、そこにおいてなされた事実認定が裁判所を絶対的に拘束したとしても、違憲とはならない。

4 すべての司法権は、最高裁判所及び法律の定めるところにより設置する下級裁判所に属する。そして、裁判所法によって、高等裁判所、地方裁判所、家庭裁判所、労働裁判所、簡易裁判所の5種類の下級裁判所が設置されている。

5 日本国憲法においては、民事事件の裁判権と刑事事件の裁判権のみならず、行政事件の裁判権も含めて、すべての裁判作用が司法権に含まれる。

司法権　総合

1 誤り　超
憲法81条の規定から、下級裁判所も違憲審査権を有するかが問題となる。この点に関して、**下級裁判所も違憲審査権の主体である**ということで判例・通説は一致している（最大判昭25.2.1）。したがって、「下級裁判所は、違憲審査権を行使することはできない」としている点で、本記述は誤っている。

2 誤り　予
特別裁判所とは、**特定の人間又は事件**について裁判するために、**通常の裁判所の系列**から**独立**して、裁判権を行使する裁判所のことである。家庭裁判所は、特定の人間又は事件について裁判する裁判所ではあるが、**通常の裁判所の系列に属する**ので、特別裁判所ではない。したがって、「特別裁判所である家庭裁判所」としている点で、本記述は誤っている。

3 誤り
76条2項後段によって、**行政機関**による**終審**裁判は禁止される。もっとも、行政機関が、**前審**として裁判をすることは禁止されない。ここで、行政機関の認定した事実が、裁判所を拘束する場合には、憲法に反するのかが問題となる。例えば、旧独占禁止法において、公正取引委員会の認定した事実は、裁判所を拘束することとされていた（旧独占禁止法80条）。ここで、その判断が、裁判所を絶対的に拘束するならば、憲法76条の趣旨に反することになろうが、公正取引委員会の認定した事実にはそれを立証する実質的な証拠が要求され、しかも、実質的証拠の有無は裁判所が判断することとされているので、違憲とはいえないものと解されていた。したがって、「裁判所を絶対的に拘束したとしても」としている点で、本記述は誤っている。

4 誤り
下級裁判所には、高等裁判所、地方裁判所、家庭裁判所、簡易裁判所の4種類がある（裁判所法2条）。したがって、「労働裁判所」を含め「5種類」としている点で、本記述は誤っている。

5 正しい　重
憲法76条1項により、そのとおりである。なお、大日本帝国憲法は、行政事件の裁判権は、司法権に含まれないとしていた（大日本帝国憲法61条）。

正解　5

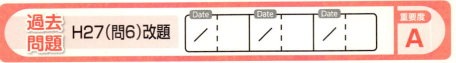

問題28 司法権の限界に関する次のア～オの記述のうち、最高裁判所の判例の趣旨に照らし、妥当でないものの組合せはどれか。

ア　具体的な権利義務ないしは法律関係に関する紛争であっても、信仰対象の価値又は教義に関する判断が前提問題となる場合には、法令の適用による解決には適さず、裁判所の審査は及ばない。

イ　大学による単位授与行為（認定）は、純然たる大学内部の問題として大学の自律的判断にゆだねられるべきものであり、一般市民法秩序と直接の関係を有すると認めるにたる特段の事情がない限り、裁判所の審査は及ばない。

ウ　衆議院の解散は高度の政治性を伴う国家行為であって、その有効無効の判断は法的に不可能であるから、そもそも法律上の争訟の解決という司法権の埒外にあり、裁判所の審査は及ばない。

エ　政党の結社としての自律性からすると、政党の党員に対する処分は原則として自律的運営にゆだねるべきであり、一般市民法秩序と直接の関係を有しない内部的問題にとどまる限りは、裁判所の審査は及ばない。

オ　地方議会議員の出席停止処分は、除名とは異なり議員の権利行使の一時的制約にすぎず、議会の内部規律の問題として自治的措置にゆだねるべきであるから、裁判所の審査は及ばない。

1　ア・イ
2　ア・エ
3　イ・オ
4　ウ・エ
5　ウ・オ

司法権の限界

ア 妥当である
超

訴訟が<u>具体的な権利義務</u>ないし<u>法律関係</u>に関する紛争の形式をとっており、**信仰の対象の価値ないし宗教上の教義に関する判断**は請求の当否を決するについての前提問題にとどまるものとされていても、それが訴訟の帰すうを左右する必要不可欠のものであり、紛争の核心となっている場合には、その訴訟は、「<u>法律上の争訟</u>」に当たらず、裁判所の審判の対象となり得ない（最判昭 56.4.7）。

イ 妥当である

大学による単位授与（認定）行為は、他にそれが一般市民法秩序と直接の関係を有するものであることを肯認するに足りる特段の事情のない限り、純然たる大学内部の問題として**大学の自主的、自律的な判断**に委ねられるべきものであって、裁判所の司法審査の対象にはならない（最判昭 52.3.15）。

ウ 妥当でない
重

いわゆる衆議院の抜き打ち解散の有効性が問題となった事案において、最高裁判所は、**衆議院の解散**のような「<u>直接**国家統治の基本**に関する**高度に政治性**のある国家行為</u>のごときはたとえそれが法律上の争訟となり、これに対する有効無効の判断が法律上可能である場合であっても、かかる国家行為は裁判所の審査権の外にあ」ると判示しており（最大判昭 35.6.8）、本記述のように、「衆議院の解散……の有効無効の判断は法的に不可能であるから、そもそも法律上の争訟の解決という司法権の埒外にあ」るとはしていない。

エ 妥当である
重

政党が党員に対してした処分は、一般市民法秩序と直接の関係を有しない内部的な問題にとどまる限り、裁判所の審判権は及ばない（最判昭 63.12.20）。

オ 妥当でない
予

判例は、普通地方公共団体の議会の議員に対する出席停止の懲罰について、「出席停止の懲罰の性質や議員活動に対する制約の程度に照らすと、これが議員の権利行使の一時的制限にすぎないものとして、その適否が専ら議会の自主的、自律的な解決に委ねられるべきであるということはできない。そうすると、**出席停止の懲罰は、議会の自律的な権能に基づいてされたものとして、議会に一定の裁量が認められるべきであるものの、<u>裁判所は、常にその適否を判断することができる</u>**というべきである」とし、「**普通地方公共団体の議会の議員に対する出席停止の懲罰の適否は、<u>司法審査の対象となる</u>**というべきである」とした（最大判令 2.11.25）。なお、従来の判例は、地方議会議員に対する「除名処分」については裁判所の審査が及び得るとする一方で、地方議会議員に対する「出席停止の懲罰」については裁判所の審査が及ばないとしていた（最大判昭 35.10.19）が、上記判例は、これを変更するものである。

正解　5

過去問題 H17(問6)

問題29 日本国憲法が定める身分保障に関する次の記述のうち、誤っているものはどれか。

1 いわゆる議員特権の一つとして、両議院の議員は、法律の定めるところにより、国庫から相当額の歳費を受けるものとされている。

2 皇室財産については、憲法上、すべて国に属するものと定められ、皇室の費用も、すべて予算に計上して国会の議決を経なければならないとされている。

3 裁判官の身分保障に関連して、下級裁判所の裁判官の任期は10年であり、仮に再任されたとしても、法律の定める年齢に達したときには退官するものとされている。

4 裁判官の身分保障に関連して、下級裁判所の裁判官は、憲法上、すべて定期に相当額の報酬を受け、在任中、これを減額することができないと定められている。

5 公務員の身分保障の一環として、官吏は、憲法上、すべて定期に相当額の報酬を受けるものと定められている。

裁判官の身分保障等

1 正しい 重

議員の勤務に対する報酬として、両議院の議員は、本記述の通り歳費を受ける（憲法49条）。

2 正しい

憲法88条が、「すべて皇室財産は、国に属する。すべて皇室の費用は、予算に計上して国会の議決を経なければならない。」と規定している。よって、皇室財産については、憲法上、すべて国に属するものと定められ、皇室の費用も、すべて**予算**に計上して**国会の議決**を経なければならないとされている。

3 正しい 超

80条1項が、「下級裁判所の裁判官は、最高裁判所の指名した者の名簿によつて、内閣でこれを任命する。その裁判官は、任期を10年とし、再任されることができる。但し、法律の定める年齢に達した時には退官する。」と規定している。よって、下級裁判所の裁判官の任期は10年であり、仮に再任されたとしても、法律の定める年齢に達したときには退官するものとされている。

4 正しい

裁判官の職権の独立（76条3項）を図るため、裁判官には厚い身分保障がなされている。その1つとして、本記述のように、下級裁判所の裁判官に対して**相当額の報酬**が保障され、在任中の**減額**が禁止されている（80条2項）。

5 誤り

憲法上、本記述のような規定は設けられていない。

裁判官の身分保障

罷免が限定されること	78条に掲げられた事由（心身の故障、公の弾劾）以外では、裁判官を罷免できない。なお、最高裁判所の裁判官は、国民審査（79条2項～4項）で罷免される場合もある。
行政による懲戒処分の禁止	懲戒権限は、最高裁と高裁に与えられており、行政機関による懲戒は禁止される（78条後段）。また、立法機関による懲戒も許されないと解されている。
相当額の報酬の保障	裁判官は、定期・相当額の報酬の保障ならびにその減額の禁止が憲法上要請されている（79条6項、80条2項）。

正解　5

問題30 動物愛護や自然保護に強い関心を持つ裁判官A氏は、毛皮の採取を目的とした野生動物の乱獲を批判するため、休日に仲間と語らって派手なボディペインティングをした風体でデモ行進を行い、その写真をソーシャルメディアに掲載したところ、賛否両論の社会的反響を呼ぶことになった。事態を重く見た裁判所は、A氏に対する懲戒手続を開始した。

このニュースに関心を持ったBさんは、事件の今後の成り行きを予測するため情報収集を試みたところ、裁判官の懲戒手続一般についてインターネット上で次の1〜5の出所不明の情報を発見した。このうち、法令や最高裁判所の判例に照らし、妥当なものはどれか。

1 裁判官の身分保障を手続的に確保するため、罷免については国会に設置された弾劾裁判所が、懲戒については独立の懲戒委員会が決定を行う。

2 裁判官の懲戒の内容は、職務停止、減給、戒告または過料とされる。

3 司法権を行使する裁判官に対する政治運動禁止の要請は、一般職の国家公務員に対する政治的行為禁止の要請よりも強い。

4 政治運動を理由とした懲戒が憲法21条に違反するか否かは、当該政治運動の目的や効果、裁判官の関わり合いの程度の3点から判断されなければならない。

5 表現の自由の重要性に鑑みれば、裁判官の品位を辱める行状があったと認定される事例は、著しく品位に反する場合のみに限定されなければならない。

裁判官の身分保障等

1 妥当でない　憲法78条は、「裁判官は……**公の弾劾**によらなければ**罷免**されない。裁判官の懲戒処分は、**行政機関がこれを行ふことはできない。**」と規定している。そして、64条1項は、「国会は、罷免の訴追を受けた裁判官を裁判するため、両議院の議員で組織する弾劾裁判所を設ける。」と規定しているから、**罷免**については国会に設置された**弾劾裁判所**が決定を行う。また、裁判所法49条は、「裁判官は、職務上の義務に違反し、若しくは職務を怠り、又は品位を辱める行状があつたときは、別に法律で定めるところにより裁判によつて懲戒される。」と規定している。そして、懲戒を行う実際の裁判手続は裁判官分限法に定められており、**懲戒**については**独立の懲戒委員会**が決定を行うとはされていない。

2 妥当でない　裁判官分限法2条は、「裁判官の懲戒は、**戒告**又は1万円以下の**過料**とする。」と規定している。

3 妥当である　判例は、「裁判所法52条1号が裁判官の積極的な政治運動を禁止しているのは、……裁判官の独立及び中立・公正を確保し、裁判に対する国民の信頼を維持するとともに、三権分立主義の下における司法と立法、行政とのあるべき関係を規律することにその目的があると解されるのであり、右目的の重要性及び裁判官は単独で又は合議体の一員として司法権を行使する主体であることにかんがみれば、**裁判官に対する政治運動禁止の要請**は、一般職の国家公務員に対する**政治的行為禁止の要請より強い**ものというべきである」としている（寺西判事補事件　最大決平10.12.1）。

4 妥当でない　判例は、「裁判官に対し『**積極的に政治運動をすること**』を**禁止**することは、必然的に裁判官の表現の自由を一定範囲で制約することにはなるが、右制約が合理的で必要やむを得ない限度にとどまるものである限り、憲法の許容するところであるといわなければならず、右の禁止の**目的が正当**であって、その目的と禁止との間に**合理的関連性**があり、**禁止により得られる利益と失われる利益との均衡を失するものでないなら、憲法21条1項に違反しない**というべきである」としている（寺西判事補事件　最大決平10.12.1）。

5 妥当でない　判例は、「裁判所法49条……にいう『品位を辱める行状』とは、職務上の行為であると、純然たる私的行為であるとを問わず、およそ裁判官に対する国民の信頼を損ね、又は裁判の公正を疑わせるような言動をいうものと解するのが相当である」としている（最大決平30.10.17）。したがって、裁判官の品位を辱める行状があったと認定される事例は、著しく品位に反する場合のみに限定されなければならないとはされていない。

正解　3

Chapter 11 財政

問題31　日本国憲法における財政に関する次の記述のうち、正しいものはどれか。

1　予算の提出権は内閣にのみ属するので、国会議員は、予算を伴う法律案を提出することはできない。

2　すべての皇室の費用は、予算に計上して国会の議決を経なければならないわけではない。

3　公金その他の公の財産は、公の支配に属しない慈善、教育若しくは博愛の事業に対し、これを支出してはならない。

4　予見し難い予算の不足に充てるため、国会の議決に基づいて、予備費を設けなくてはならない。

5　国の収入支出の決算は、すべて毎年会計検査院がこれを検査し、会計検査院は、次の年度に、その検査報告とともに、これを国会に提出しなければならない。

総合テキスト LINK　Chapter 9　内閣　③
　　　　　　　　　　Chapter 11　天皇　③
　　　　　　　　　　Chapter 12　財政　①②

財政一般

1 誤り 予算の作成・提出権は、**内閣**にのみ属する（憲法73条5号、86条）。だからといって、国会議員が、**予算を伴う法律案**を提出することができないわけではない（国会法56条1項参照）。

2 誤り 天皇及び皇族の活動に要する費用は、すべて、**予算**に計上して**国会の議決**を経なければならない（憲法88条後段）。皇室の費用に対する国会のコントロールを強化するために、皇室の費用をすべて国の負担としつつ、国会の議決を経ることとしたのである。

3 正しい そのとおりである（89条後段）。国又は地方公共団体の所有する公金その他の公の財産は、国民の負担と密接にかかわるので、それが適正に管理され、民主的にコントロールされることが必要である。憲法89条は、その趣旨をあらわすものである。

4 誤り 予見し難い予算の不足に充てるため、国会の議決に基づいて、予備費を設け、内閣の責任でこれを支出することができる（87条1項）。

大日本帝国憲法下では、予備費の設定は義務であった（大日本帝国憲法69条）が、日本国憲法では、予備費の設定は**義務ではない**。

5 誤り 国の収入支出の決算は、すべて毎年**会計検査院**がこれを検査し、**内閣**は、次の年度に、その検査報告とともに、これを国会に提出しなければならない（憲法90条1項）。

会計検査院による検査が終わった後、その検査報告書とともに国会に提出するのは、会計検査院ではなく内閣である。

正解 3

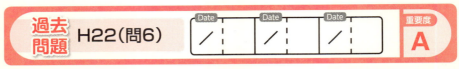

問題32 次のア～エの記述のうち、租税法律主義を定める憲法84条についての最高裁判所の判例の考え方を示すものとして、正しいものの組合せはどれか。

ア 国または地方公共団体が、特別の給付に対する反対給付として徴収する金銭は、その形式を問わず、憲法84条に規定する租税に当たる。

イ 市町村が行う国民健康保険の保険料は、被保険者において保険給付を受け得ることに対する反対給付として徴収されるから、憲法84条は直接適用される。

ウ 国民健康保険税は、目的税であって、反対給付として徴収されるものではあるが形式が税である以上は、憲法84条の規定が適用される。

エ 市町村が行う国民健康保険の保険料は、租税以外の公課ではあるが、賦課徴収の強制の度合いにおいては租税に類似する性質を有するので、憲法84条の趣旨が及ぶ。

1 ア・イ
2 ア・ウ
3 イ・ウ
4 イ・エ
5 ウ・エ

租税法律主義

本問は、**租税法律主義**に関する憲法84条の規定が国民健康保険料にも適用されるかが問題となった事案における、**旭川市国民健康保険条例事件判決**（最大判平18.3.1）が素材となっている。

ア 誤り 　同判例は、国又は地方公共団体が、課税権に基づき、その経費に充てるための資金を調達する目的をもって、「特別の給付に対する**反対給付としてでなく**」、一定の要件に該当するすべての者に対して課する金銭給付は、その形式のいかんにかかわらず、84条に規定する租税に該当するとした。

イ 誤り 　同判例は、**市町村が行う国民健康保険の保険料は、被保険者において保険給付を受け得ることに対する反対給付として徴収されるもの**であり、また、国民健康保険が強制加入とされ、保険料が強制徴収されるのは、保険給付を受ける被保険者をなるべく保険事故を生ずべき者の全部とし、保険事故により生ずる個人の経済的損害を加入者相互において分担すべきであるとする**社会保険としての国民健康保険の目的及び性質に由来するもの**であるとして、保険料に84条の規定が**直接**に適用されることはないというべきであるとした。

ウ 正しい 　同判例は、本記述のように判示している。

エ 正しい 【重】　同判例は、租税以外の公課であっても、賦課徴収の強制の度合い等の点において**租税に類似する性質**を有するものについては、**84条の趣旨が及ぶと解すべきである**が、その場合であっても、租税以外の公課は、租税とその性質が共通する点や異なる点があり、また、賦課徴収の目的に応じて多種多様であるから、**賦課要件が法律又は条例にどの程度明確に定められるべきかなどその規律のあり方については、当該公課の性質、賦課徴収の目的、その強制の度合い等を総合考慮して判断すべきもの**であるとした。その上で同判例は、**市町村が行う国民健康保険**は、保険料を徴収する方式のものであっても、強制加入とされ、保険料が強制徴収され、賦課徴収の強制の度合いにおいては**租税に類似する性質を有する**ものであるから、これについても**84条の趣旨が及ぶ**と解すべきであるとした。

正解　5

Chapter 12 地方自治

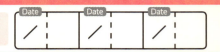

問題33 次の規定のうち、地方自治の本旨のうちの住民自治の具体化であるといえる憲法の規定は、いくつあるか。

ア　地方公共団体の長、その議会の議員及び法律の定めるその他の吏員は、その地方公共団体の住民が、直接これを選挙する。

イ　選挙権を有する者は、政令の定めるところにより、所属の選挙区におけるその総数の3分の1以上の者の連署をもって、その代表者から、普通地方公共団体の選挙管理委員会に対し、当該選挙区に属する普通地方公共団体の議会の議員の解職の請求をすることができる。

ウ　地方公共団体は、その財産を管理し、事務を処理し、及び行政を執行する権能を有し、法律の範囲内で条例を制定することができる。

エ　選挙権を有する者は、政令の定めるところにより、その総数の3分の1以上の者の連署をもって、その代表者から、普通地方公共団体の選挙管理委員会に対し、当該普通地方公共団体の長の解職の請求をすることができる。

オ　一の地方公共団体のみに適用される特別法は、法律の定めるところにより、その地方公共団体の住民の投票においてその過半数の同意を得なければ、国会は、これを制定することはできない。

1　一つ
2　二つ
3　三つ
4　四つ
5　五つ

地方自治の意義

　地方自治の一般原則である「地方自治の本旨」には、「**住民自治**」と「**団体自治**」の2つの要素がある。住民自治とは、地方自治が**住民の意思**に基づいて行われるという民主主義的要素であり、団体自治とは、地方自治が**国から独立した団体**に委ねられ、**団体自らの意思と責任のもとでなされる**という自由主義的要素である。

　憲法は、住民自治を具体化するために、地方公共団体の長、議会の議員の直接選挙（93条2項）、地方自治特別法制定のための住民投票（95条）を定めるが、地方自治法は、さらに、①**条例の制定・改廃請求**（74条～74条の4）、②**監査請求**（75条）、③議会の**解散請求**（76条～79条）、④議員、長、役員の**解職請求**（80条～88条）を設けている。また、団体自治は、憲法94条において具体化されている。すなわち、①**財産の管理**、②**事務の処理**、③**行政の執行**、④**条例の制定**である。

ア 規定である　　地方公共団体の長、議会の議員の直接選挙（憲法93条2項）は、住民自治を具体化した憲法の規定である。

イ 規定ではない　議員の解職請求（地方自治法80条以下）は、地方自治法上の規定であり、憲法の規定ではない。

ウ 規定ではない　憲法94条は、団体自治を具体化した規定である。

エ 規定ではない　議員、長、役員の解職請求（地方自治法80条以下）は、地方自治法上の規定であり、憲法の規定ではない。

オ 規定である　　地方自治特別法制定のための住民投票（憲法95条）は、住民自治を具体化した憲法の規定である。

正解　2　　以上より、住民自治の具体化であるといえる憲法の規定はア・オの2つである。

Chapter 12　地方自治

Chapter 13 憲法改正

問題34 日本国憲法が定める憲法改正手続についての次の記述のうち、正しいものはどれか。

1 憲法の改正は国会が発議するが、そのためには、各議院の総議員の3分の2以上の賛成が必要とされる。

2 憲法の改正は国会が発議するが、両議院の意見が一致しない場合には、衆議院の議決が国会の発議となる。

3 各議院の総議員の3分の2以上の賛成により、特別の憲法制定議会が召集され、そこにおける議決をもって憲法改正草案を策定する。

4 憲法の改正について国民の承認を得るには、特別の国民投票においてその3分の2以上の賛成を得ることが必要である。

5 憲法の改正について国民の承認が得られた場合、内閣総理大臣は、直ちにこれを公布しなくてはならない。

憲法改正の手続

1 正しい 　憲法96条1項前段は、「この憲法の改正は、**各議院**の**総議員**の**3分の2**以上の賛成で、国会が、これを発議し、国民に提案してその承認を経なければならない。」と規定している。
[超]

2 誤り 　憲法改正の発議について、衆議院の優越は**認められていない**。
[重]

3 誤り 　憲法改正手続において、憲法制定議会の召集などは規定されていない。

4 誤り 　憲法改正について国民の承認を経るには、特別の国民投票又は国会の定める選挙の際に行われる投票において、その**過半数**の賛成を得ればよい（96条1項後段）。

5 誤り 　憲法改正について国民の承認を得たときは、**天皇**は、**国民の名**で、この憲法と一体を成すものとして、直ちにこれを**公布**する（7条1号、96条2項）。天皇が公布するのであって、内閣総理大臣が公布するのではない。

憲法改正手続の流れ

① 国会の発議（96条1項）	国会の発議とは、国民に提案される憲法改正案を国会が決定することであり、議院における原案の提出のことではない。
② 国民の承認（96条1項）	「特別の国民投票又は国会の定める選挙の際行はれる投票」による（96条1項後段）。
③ 天皇の公布（96条2項）	改正権者である国民の意思による改正であるため、「国民の名で」行われる。

正解　1

Chapter 13　憲法改正

Chapter 14 憲法総合

過去問題 H20（問5）

問題35　国家機関の権限についての次のア〜エの記述のうち、妥当なものをすべて挙げた組合せはどれか。

ア　内閣は、実質的にみて、立法権を行使することがある。

イ　最高裁判所は、実質的にみて、行政権を行使することがある。

ウ　衆議院は、実質的にみて、司法権を行使することがある。

エ　国会は、実質的にみて、司法権を行使することがある。

1　ア・ウ
2　ア・イ・エ
3　ア・ウ・エ
4　イ・ウ・エ
5　ア・イ・ウ・エ

国家機関の権限

ア 妥当である　内閣は、憲法及び法律の規定を実施するために、政令を制定する（憲法73条6号本文）。これは、実質的にみて、立法権の行使に当たる。

イ 妥当である　最高裁判所は、司法行政権を有する。例えば、最高裁判所による司法府の人事行政権の行使として、下級裁判所の裁判官は、最高裁判所の指名した者の名簿によって、内閣でこれを任命する（80条1項本文前段）。

ウ 妥当である　【重】　両議院は、各々その議員の資格に関する争訟を裁判する（55条本文）。すべて司法権は、裁判所に属するとする憲法76条1項の例外である。

エ 妥当である　【重】　国会は、罷免の訴追を受けた裁判官を裁判するため、両議院の議員で組織する弾劾裁判所を設ける（64条1項）。すべて司法権は、裁判所に属するとする76条1項の例外である。

正解　5

Chapter 15 多肢選択式

過去問題 H28(問41)

問題36 次の文章は、最高裁判所判決の一節である。空欄 ア ～ エ に当てはまる語句を、枠内の選択肢（1〜20）から選びなさい。

　憲法二一条二項前段は、「検閲は、これをしてはならない。」と規定する。憲法が、表現の自由につき、広くこれを保障する旨の一般的規定を同条一項に置きながら、別に検閲の禁止についてかような特別の規定を設けたのは、検閲がその性質上表現の自由に対する最も厳しい制約となるものであることにかんがみ、これについては、公共の福祉を理由とする例外の許容（憲法一二条、一三条参照）をも認めない趣旨を明らかにしたものと解すべきである。けだし、諸外国においても、表現を事前に規制する検閲の制度により思想表現の自由が著しく制限されたという歴史的経験があり、また、わが国においても、旧憲法下における出版法（明治二六年法律第一五号）、新聞紙法（明治四二年法律第四一号）により、文書、図画ないし新聞、雑誌等を出版直前ないし発行時に提出させた上、その発売、頒布を禁止する権限が内務大臣に与えられ、その運用を通じて ア な検閲が行われたほか、映画法（昭和一四年法律第六六号）により映画フィルムにつき内務大臣による典型的な検閲が行われる等、思想の自由な発表、交流が妨げられるに至つた経験を有するのであつて、憲法二一条二項前段の規定は、これらの経験に基づいて、検閲の イ を宣言した趣旨と解されるのである。
　そして、前記のような沿革に基づき、右の解釈を前提として考究すると、憲法二一条二項にいう「検閲」とは、 ウ が主体となつて、思想内容等の表現物を対象とし、その全部又は一部の発表の禁止を目的として、対象とされる一定の表現物につき エ に、発表前にその内容を審査した上、不適当と認めるものの発表を禁止することを、その特質として備えるものを指すと解すべきである。

（最大判昭和59年12月12日民集38巻12号1308頁）

1	行政権	2	絶対的禁止	3	例外的	4	否定的体験
5	外形的	6	原則的禁止	7	形式的	8	制限的適用
9	抜き打ち的	10	積極的廃止	11	実質的	12	個別的具体的
13	警察権	14	法律的留保的	15	国家	16	網羅的一般的
17	司法権	18	裁量的	19	公権力	20	排他的

税関検査事件

| ア | 11 | 実質的 | イ | 2 | 絶対的禁止 |
| ウ | 1 | 行政権 | エ | 16 | 網羅的一般的 |

　本問は、税関検査の合憲性が争われた「札幌税関検査事件判決」（最大判昭59.12.12）に題材を求めたものである。同判決は、以下のように述べ、憲法21条2項の「検閲」について、検閲の**絶対的禁止**を説いた上で、「検閲」の概念を明らかにした。

　判例は、「憲法21条2項前段は、『**検閲**は、これをしてはならない。』と規定する。憲法が、表現の自由につき、広くこれを保障する旨の一般的規定を同条1項に置きながら、別に検閲の禁止についてかような特別の規定を設けたのは、検閲がその性質上表現の自由に対する最も厳しい制約となるものであることにかんがみ、これについては、**公共の福祉**を理由とする例外の許容（憲法12条、13条参照）**をも認めない趣旨を明らかにしたもの**と解すべきである。けだし、諸外国においても、表現を事前に規制する検閲の制度により思想表現の自由が著しく制限されたという歴史的経験があり、また、わが国においても、旧憲法下における出版法（明治26年法律第15号）、新聞紙法（明治42年法律第41号）により、文書、図画ないし新聞、雑誌等を出版直前ないし発行時に提出させた上、その発売、頒布を禁止する権限が内務大臣に与えられ、その運用を通じて実質的な検閲が行われたほか、映画法（昭和14年法律第66号）により映画フイルムにつき内務大臣による典型的な検閲が行われる等、思想の自由な発表、交流が妨げられるに至つた経験を有するのであつて、憲法21条2項前段の規定は、これらの経験に基づいて、検閲の絶対的禁止を宣言した趣旨と解されるのである。そして、前記のような沿革に基づき、右の解釈を前提として考究すると、憲法21条2項にいう『検閲』とは、**行政権**が主体となつて、**思想内容等の表現物**を対象とし、その全部又は一部の**発表の禁止**を目的として、対象とされる一定の表現物につき**網羅的一般的**に、**発表前**にその内容を審査した上、不適当と認めるものの発表を禁止することを、その特質として備えるものを指すと解すべきである。」としている。

過去問 H30（問41）

問題37 公務員の政治的自由に関する次の文章の空欄 ア ～ エ に当てはまる語句を、枠内の選択肢（1～20）から選びなさい。

〔国家公務員法〕102条1項は、公務員の職務の遂行の政治的 ア 性を保持することによって行政の ア 的運営を確保し、これに対する国民の信頼を維持することを目的とするものと解される。

他方、国民は、憲法上、表現の自由（21条1項）としての政治活動の自由を保障されており、この精神的自由は立憲民主政の政治過程にとって不可欠の基本的人権であって、民主主義社会を基礎付ける重要な権利であることに鑑みると、上記の目的に基づく法令による公務員に対する政治的行為の禁止は、国民としての政治活動の自由に対する必要やむを得ない限度にその範囲が画されるべきものである。

このような〔国家公務員法〕102条1項の文言、趣旨、目的や規制される政治活動の自由の重要性に加え、同項の規定が刑罰法規の構成要件となることを考慮すると、同項にいう「政治的行為」とは、公務員の職務の遂行の政治的 ア 性を損なうおそれが、観念的なものにとどまらず、現実的に起こり得るものとして イ 的に認められるものを指し、同項はそのような行為の類型の具体的な定めを人事院規則に委任したものと解するのが相当である。……（中略）……。

……本件配布行為は、 ウ 的地位になく、その職務の内容や権限に エ の余地のない公務員によって、職務と全く無関係に、公務員により組織される団体の活動としての性格もなく行われたものであり、公務員による行為と認識し得る態様で行われたものでもないから、公務員の職務の遂行の政治的 ア 性を損なうおそれが イ 的に認められるものとはいえない。そうすると、本件配布行為は本件罰則規定の構成要件に該当しないというべきである。

（最二小判平成24年12月7日刑集66巻12号1337頁）

1	従属	2	平等	3	合法	4	穏健
5	裁量	6	実質	7	潜在	8	顕在
9	抽象	10	一般	11	権力	12	現業
13	経営者	14	指導者	15	管理職	16	違法理
17	濫用	18	逸脱	19	中立	20	強制

公務員の政治的自由

ア	19	中立	イ	6	実質
ウ	15	管理職	エ	5	裁量

　本問は、国家公務員法違反被告事件（最判平 24.12.7）を題材としたものである。

　同判決においては、以下のように述べられている。

　「本法〔国家公務員法〕102 条 1 項は、**公務員の職務の遂行の政治的中立性**を保持することによって**行政の中立的運営を確保**し、これに対する**国民の信頼**を維持することを目的とするものと解される。他方、国民は、憲法上、表現の自由（〔憲法〕21 条 1 項）としての**政治活動の自由**を保障されており、この精神的自由は**立憲民主政の政治過程にとって不可欠の基本的人権**であって、民主主義社会を基礎付ける重要な権利であることに鑑みると、上記の目的に基づく法令による公務員に対する政治的行為の禁止は、国民としての政治活動の自由に対する必要やむを得ない限度にその範囲が画されるべきものである。このような本法〔国家公務員法〕102 条 1 項の文言、趣旨、目的や規制される政治活動の自由の重要性に加え、同項の規定が刑罰法規の構成要件となることを考慮すると、同項にいう『**政治的行為**』とは、公務員の職務の遂行の**政治的中立性**を損なうおそれが、観念的なものにとどまらず、現実的に起こり得るものとして**実質的**に認められるものを指し、同項はそのような行為の類型の具体的な定めを人事院規則に委任したものと解するのが相当である。……本件配布行為は、**管理職的地位になく、その職務の内容や権限に裁量の余地のない**公務員によって、職務と全く無関係に、公務員により組織される団体の活動としての性格もなく行われたものであり、公務員による行為と認識し得る態様で行われたものでもないから、**公務員の職務の遂行の政治的中立性を損なうおそれが実質的に認められるものとはいえない**。そうすると、本件配布行為は本件罰則規定の構成要件に該当しないというべきである。」

過去問 R3（問41）

問題38　次の文章の空欄 ア ～ エ に当てはまる語句を、枠内の選択肢（1〜20）から選びなさい。

　問題は、裁判員制度の下で裁判官と国民とにより構成される裁判体が、ア に関する様々な憲法上の要請に適合した「イ」といい得るものであるか否かにある。……（中略）……。

　以上によれば、裁判員裁判対象事件を取り扱う裁判体は、身分保障の下、独立して職権を行使することが保障された裁判官と、公平性、中立性を確保できるよう配慮された手続の下に選任された裁判員とによって構成されるものとされている。また、裁判員の権限は、裁判官と共に公判廷で審理に臨み、評議において事実認定、ウ 及び有罪の場合の刑の量定について意見を述べ、エ を行うことにある。これら裁判員の関与する判断は、いずれも司法作用の内容をなすものであるが、必ずしもあらかじめ法律的な知識、経験を有することが不可欠な事項であるとはいえない。さらに、裁判長は、裁判員がその職責を十分に果たすことができるように配慮しなければならないとされていることも考慮すると、上記のような権限を付与された裁判員が、様々な視点や感覚を反映させつつ、裁判官との協議を通じて良識ある結論に達することは、十分期待することができる。他方、憲法が定める ア の諸原則の保障は、裁判官の判断に委ねられている。

　このような裁判員制度の仕組みを考慮すれば、公平な「イ」における法と証拠に基づく適正な裁判が行われること（憲法31条、32条、37条1項）は制度的に十分保障されている上、裁判官は ア の基本的な担い手とされているものと認められ、憲法が定める ア の諸原則を確保する上での支障はないということができる。

（最大判平成23年11月16日刑集65巻8号1285頁）

1	憲法訴訟	2	民事裁判	3	裁決	4	行政裁判
5	情状酌量	6	判例との関係	7	司法権	8	公開法廷
9	判決	10	紛争解決機関	11	決定	12	法令の解釈
13	裁判所	14	人身の自由	15	立法事実	16	評決
17	参審制	18	議決	19	法令の適用	20	刑事裁判

総合テキスト LINK　Chapter 6　経済的自由・人身の自由　2

裁判員制度

本問は、裁判員制度の合憲性が争われた事案における、最高裁判所の判例（最大判平23.11.16）を題材としたものである。

ア　20　刑事裁判　　裁判員制度は、「国民の中から選任された裁判員が裁判官と共に刑事訴訟手続に関与する」（裁判員の参加する刑事裁判に関する法律〔以下、裁判員法〕1条）制度であり、憲法が定める刑事裁判の諸原則との関係が問題となり得る。

イ　13　裁判所　　憲法37条1項は、「すべて刑事事件においては、被告人は、公平な裁判所の迅速な公開裁判を受ける権利を有する。」と規定し、公平な裁判所による刑事裁判が行われることを要請している。

ウ　19　法令の適用　　裁判員法6条1項は、一定の場合の事実の認定、法令の適用、刑の量定の判断（裁判員の関与する判断）は、構成裁判官及び裁判員の合議による旨を定めている。なお、同条2項は、法令の解釈に係る判断等については、構成裁判官の合議による旨を定めている。

エ　16　評決　　裁判員制度において、裁判員は、裁判員の関与する判断について、構成裁判官と評議を行う（裁判員法66条1項）。そして、その判断は、構成裁判官及び裁判員の双方の意見を含む合議体の員数の過半数の意見による（評決　67条1項）。

過去問題 H21（問41） 重要度 A

問題39 次の文章は、ある最高裁判所判決の一節である。空欄 ア ～ エ に当てはまる語句を、枠内の選択肢（1～20）から選びなさい。

　 ア は、憲法上、―（中略）―国務大臣の任免権（六八条）、 イ を代表して ウ を指揮監督する職務権限（七二条）を有するなど、 イ を統率し、 ウ を統轄調整する地位にあるものである。そして、 イ 法は、 エ は ア が主宰するものと定め（四条）、 ア は、 エ にかけて決定した方針に基づいて ウ を指揮監督し（六条）、 ウ の処分又は命令を中止させることができるものとしている（八条）。このように、 ア が ウ に対し指揮監督権を行使するためには、 エ にかけて決定した方針が存在することを要するが、 エ にかけて決定した方針が存在しない場合においても、 ア の右のような地位及び権限に照らすと、流動的で多様な行政需要に遅滞なく対応するため、 ア は、少なくとも、 イ の明示の意思に反しない限り、 ウ に対し、随時、その所掌事務について一定の方向で処理するよう指導、助言等の指示を与える権限を有するものと解するのが相当である。

（最大判平成7年2月22日刑集49巻2号1頁以下）

1	衆議院	2	閣議	3	政府	4	内閣官房長官
5	省庁	6	国民	7	内閣	8	特別会
9	事務次官会議	10	執政	11	国政	12	官僚
13	国会	14	内閣総理大臣	15	参議院	16	日本国
17	行政各部	18	天皇	19	事務	20	常会

総合テキスト LINK Chapter 9　内閣 ③

110　憲　法

内閣総理大臣の権限

ア 14 内閣総理大臣　　イ 7 内閣

　内閣総理大臣は、**内閣**を代表して**行政各部**を**指揮監督する**（憲法72条）。この行政各部の指揮監督権は内閣の権限であり、内閣総理大臣は、内閣を代表してその指揮監督を行うことになる。

ウ 17 行政各部　　エ 2 閣議

　これを受けて、内閣法6条は、内閣総理大臣は、**閣議**にかけて決定した方針に基づいて、**行政各部**を指揮監督すると規定している。したがって、内閣としての方針の決定がない場合において、内閣総理大臣が独自の判断で行政各部の指揮監督をすることは、その職務権限を越えるものであるといえる。

　もっとも、憲法は、内閣の一体性・統一性を確保すべく、内閣総理大臣に内閣の首長としての地位を認め、国務大臣の任免権のほか、対外的に内閣を代表して様々な行為を行う権限を認めている（66条、68条、72条）。

　そこで、これらの規定の趣旨に鑑み、内閣総理大臣は、閣議にかけて決定した方針が存在しない場合でも、**内閣の明示の意思に反しない限り、行政各部**に対し、**随時**、**その所掌事務について一定の方向で処理するよう指導**、**助言等の指示を与える権限を有する**と解されている（ロッキード事件　最大判平7.2.22）。

民法

Chapter 1 権利の主体

過去問題 H18(問27)改題

問題1 制限行為能力者と取引をした相手方の保護に関する次の記述のうち、正しいものはどれか。

1　制限行為能力者が自己の行為を取り消したときには、相手方は受け取っていた物を返還しなければならないが、相手方は、制限行為能力を理由とする取消しであることを理由に、現に利益を受けている限度で返還をすれば足りる。

2　制限行為能力者が未成年者の場合、相手方は、未成年者本人に対して、1か月以上の期間を定めてその行為を追認するかどうかを催告することができ、その期間内に確答がなければその行為を追認したものとみなされる。

3　制限行為能力者が成年被後見人であり、相手方が成年被後見人に日用品を売却した場合であっても、成年被後見人は制限行為能力を理由として自己の行為を取り消すことができる。

4　制限行為能力者が被保佐人であり、保佐人の同意を得なければならない行為を被保佐人が保佐人の同意又はそれに代わる家庭裁判所の許可を得ずにした場合において、被保佐人が相手方に対して行為能力者であると信じさせるために詐術を用いたときには、制限行為能力を理由としてこの行為を取り消すことはできない。

5　制限行為能力者が被補助人であり、補助人の同意を得なければならない行為を被補助人が補助人の同意を得てした場合であっても、相手方は、制限行為能力を理由として被補助人の行為を取り消すことができる。

総合テキスト LINK Chapter 3 権利の主体　1

制限行為能力者制度

1 誤り　現に利益を受けている限度で返還をすれば足りるのは、**制限行為能力者**である（民法121条の2第3項後段）。相手方について121条の2第3項後段の適用はなく、相手方は、121条の2第1項に基づいて**原状に復させる義務**を負う。

2 誤り　予　未成年者には催告の受領能力がない（98条の2類推適用）ことから、**未成年者本人に対する催告は無効**であり、何らの効力も生じない。したがって、本問の催告によって、未成年者がその行為を追認したものとみなされることはない。なお、20条1項は、「制限行為能力者が行為能力者……となった後」に適用される条文であるから、本記述での適用はない。

3 誤り　超　成年被後見人の法律行為は原則として取り消し得る（9条本文）。もっとも、「**日用品の購入その他日常生活に関する行為**」については、例外的に**取り消すことができない**（同条ただし書）。したがって、本記述における日用品を売却する行為は、「日用品の購入その他日常生活に関する行為」に含まれるから、取り消すことはできない。

4 正しい　重　被保佐人が、保佐人の同意を得なければならない行為を、保佐人の同意等を得ずにした場合、原則として取り消すことができる（13条4項）。もっとも、制限行為能力者が行為能力者であることを信じさせるため**詐術を用いたときには**、取り消すことはできない（21条）。

5 誤り　補助人の同意を得なければならない行為を被補助人が同意を得てした場合には取り消すことができない（17条4項参照）。また、**制限行為能力者の相手方は取消権者には含まれない**ので、制限行為能力を理由に取り消すことはできない（120条1項）。

正解　4

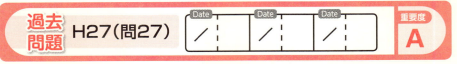

問題2 制限行為能力者に関する次の記述のうち、民法の規定に照らし、正しいものの組合せはどれか。

ア　家庭裁判所が後見開始の審判をするときには、成年被後見人に成年後見人を付するとともに、成年後見人の事務を監督する成年後見監督人を選任しなければならない。

イ　被保佐人がその保佐人の同意を得なければならない行為は、法に定められている行為に限られ、家庭裁判所は、本人や保佐人等の請求があったときでも、被保佐人が法に定められている行為以外の行為をする場合にその保佐人の同意を得なければならない旨の審判をすることはできない。

ウ　家庭裁判所は、本人や保佐人等の請求によって、被保佐人のために特定の法律行為について保佐人に代理権を付与する旨の審判をすることができるが、本人以外の者の請求によってその審判をするには、本人の同意がなければならない。

エ　家庭裁判所は、本人や配偶者等の請求により、補助開始の審判をすることができるが、本人以外の者の請求によって補助開始の審判をするには、本人の同意がなければならない。

オ　後見開始の審判をする場合において、本人が被保佐人または被補助人であるときは、家庭裁判所は、その本人に係る保佐開始または補助開始の審判を取り消す必要はないが、保佐開始の審判をする場合において、本人が成年被後見人であるときは、家庭裁判所は、その本人に係る後見開始の審判を取り消さなければならない。

1　ア・イ
2　ア・オ
3　イ・ウ
4　ウ・エ
5　エ・オ

制限行為能力者

ア 誤り 　後見開始の審判を受けた者は、成年被後見人とし、これに成年後見人を付する（民法8条）。そして、家庭裁判所は、**必要があると認めるとき**は、被後見人、その親族若しくは後見人の請求により又は職権で、後見監督人を選任することができる（849条）。したがって、成年後見監督人は必ずしも選任されるわけではない。

イ 誤り　重 　家庭裁判所は、本人や保佐人等の請求により、被保佐人が民法13条1項各号に掲げる行為以外の行為をする場合であっても、その保佐人の同意を得なければならない旨の審判をすることができる（13条2項本文）。

ウ 正しい　重 　家庭裁判所は、本人や保佐人等の請求によって、被保佐人のために特定の法律行為について保佐人に代理権を付与する旨の審判をすることができる（876条の4第1項）。そして、**本人以外の者の請求**によってこの審判をするには、本人の同意がなければならない（同条2項）。

エ 正しい　重 　精神上の障害により事理を弁識する能力が不十分である者については、家庭裁判所は、本人、配偶者、4親等内の親族、後見人、後見監督人、保佐人、保佐監督人又は検察官の請求により、補助開始の審判をすることができる（15条1項本文）。そして、**本人以外の者の請求**により補助開始の審判をするには、本人の同意がなければならない（同条2項）。

オ 誤り 　後見開始の審判をする場合において、本人が被保佐人又は被補助人であるときは、家庭裁判所は、その本人に係る保佐開始又は補助開始の審判を取り消さなければならない（19条1項）。したがって、本記述の前半が誤りである。なお、本記述の後半は正しい（同条2項）。

正解　4

Chapter 2 意思表示

過去問 H22（問27） 重要度 A

問題3　AがBに対してA所有の動産を譲渡する旨の意思表示をした場合に関する次の記述のうち、民法の規定および判例に照らし、妥当なものはどれか。

1　Aが、精神上の障害により事理を弁識する能力を欠く常況にある場合、Aは当然に成年被後見人であるから、制限行為能力者であることを理由として当該意思表示に基づく譲渡契約を取り消すことができる。

2　Aが、被保佐人であり、当該意思表示に基づく譲渡契約の締結につき保佐人の同意を得ていない場合、Aおよび保佐人は常に譲渡契約を取り消すことができる。

3　この動産が骨董品であり、Aが、鑑定人の故意に行った虚偽の鑑定結果に騙された結果、Bに対して時価よりも相当程度安価で当該動産を譲渡するという意思表示をした場合、Bがこの事情を知っているか否かにかかわらず、Aは当該意思表示を取り消すことができない。

4　Aが、高額な動産を妻に内緒で購入したことをとがめられたため、その場を取り繕うために、その場にたまたま居合わせたBを引き合いに出し、世話になっているBに贈与するつもりで購入したものだと言って、贈与するつもりがないのに「差し上げます」と引き渡した場合、当該意思表示は原則として有効である。

5　Aが、差押えを免れるためにBと謀って動産をBに譲渡したことにしていたところ、Bが事情を知らないCに売却した場合、Cに過失があるときには、Aは、Cに対してA・B間の譲渡契約の無効を主張できる。

総合テキスト LINK　Chapter 3　権利の主体　１
　　　　　　　　　Chapter 6　意思表示　２３

116　民法

意思表示

1 妥当でない 重
精神上の障害により事理を弁識する能力を欠く常況にある場合でも当然に成年被後見人となるわけではなく、家庭裁判所の**後見開始の審判**を受ける必要がある（民法7条、838条2号）。したがって、この審判を受けていなければ制限行為能力者であることを理由として契約を取り消すことはできない。

2 妥当でない 重
保佐人の同意がない場合に取り消すことができる行為は限定されている（13条1項各号）。したがって、本問の動産を譲渡する旨の意思表示に基づく譲渡契約が同条に該当する行為でなかった場合は取り消すことができない。

3 妥当でない 重
相手方に対する意思表示について第三者が詐欺を行った場合においては、**相手方がその事実を知り、又は知ることができた**ときに限り、その意思表示を取り消すことができる（96条2項）。したがって、本記述の場合、第三者である鑑定人によりAが騙された事実を相手方であるBが知っている場合又は知ることができた場合に限り、Aは当該意思表示を取り消すことができる。

4 妥当である 超
意思表示は、表意者がその真意ではないことを**知ってした**ときであっても、そのためにその効力を妨げられない（93条1項本文）。したがって、Aの意思表示は原則として有効である。

5 妥当でない 超
虚偽表示による意思表示の無効は、**善意の第三者**に対抗することができない（94条2項）。虚偽表示による意思表示の無効は、単に善意の第三者に対抗することができないとしているのみであり、第三者には**無過失**までは要求されない。したがって、第三者Cに過失があるときであっても善意であれば、Aは、Cに対してA・B間の譲渡契約の無効を主張することができない。

正解 4

問題4　Aが自己所有の甲土地をBに売却する旨の契約（以下、「本件売買契約」という。）が締結されたが、Aの意思表示（以下、「本件意思表示」という。）には錯誤があった。この場合に関する次の記述のうち、民法の規定および判例に照らし、妥当なものはどれか。

1　Aが、本件意思表示の取消しを主張するためには、一般取引の通念にかかわりなく、Aのみにとって、法律行為の主要部分につき錯誤がなければ本件意思表示をしなかったであろうということが認められれば足りる。

2　Aの本件意思表示が、法律行為の基礎事情に関するものである場合、Aが本件意思表示の取消しを主張するためには、単にAの法律行為の基礎とした事情がBに表示されただけでは足りず、当該事情に関するAの認識が相手方に示され、かつBに了解されたことにより法律行為の内容となっていたことを要する。

3　本件意思表示について、Aに重過失があるときには、BがAに錯誤があることを知っていたとしても、Aは、錯誤取消しの主張をすることができない。

4　本件意思表示について、Aに重過失があるときには、BがAと同一の錯誤に陥っていたとしても、Aは、錯誤取消しの主張をすることができない。

5　Aは、本件意思表示を取り消したが、本件売買契約を取り消す前に、Bが本件意思表示の事実につき善意有過失のCに甲土地を売却した。この場合、Aは、Cに対して、本件意思表示を取り消したことを主張することができない。

錯　誤

1 妥当でない　錯誤に基づいて取消しを主張するためには、その錯誤が**法律行為の目的及び取引上の社会通念に照らして重要なものである**必要がある（民法 95 条 1 項）。これに該当するか否かは、その錯誤が当該法律行為の目的に照らして重要であること、及びその錯誤が一般的にも重要であることが必要である（大判大 7.10.3 参照）。

2 妥当である　基礎事情の錯誤に基づく意思表示の取消しは、**その事情が法律行為の基礎とされていることが表示されていたとき**に限り、することができる（95 条 1 項 2 号、2 項）。「表示されていた」というためには、表意者の基礎としていた事情が、明示又は黙示に表示されただけではなく、当事者の意思解釈上、法律行為の内容となっていたことを要する（最判平 28.1.12 参照）。

3 妥当でない　重　錯誤が**表意者の重大な過失**によるものであった場合には、原則として、意思表示の取消しをすることができない（95 条 3 項）。しかし、**相手方が**表意者に錯誤があることを知り、又は**重大な過失**によって知らなかった場合には、表意者は錯誤による意思表示を取り消すことができる（同項 1 号）。したがって、A に重過失があったとしても、B が A に錯誤があることを知っていた場合、A は、錯誤取消しを主張することができる。

4 妥当でない　重　錯誤が**表意者の重大な過失**によるものであった場合には、原則として、意思表示の取消しをすることができない（95 条 3 項）。しかし、**相手方が**表意者と同一の錯誤**に陥っていたとき**は、表意者は錯誤による意思表示を取り消すことができる（同項 2 号）。したがって、A に重過失があったとしても、B が A と同一の錯誤に陥っていた場合、A は、錯誤取消しを主張することができる。

5 妥当でない　重　錯誤に基づく意思表示の取消しは、**善意でかつ過失がない第三者に対抗することができない**（95 条 4 項）。したがって、A は、「善意有過失」である C に対して、錯誤に基づく意思表示の取消しを主張することができる。

正解　2

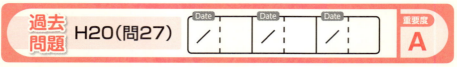

問題5　Aが自己の所有する甲土地をBと通謀してBに売却（仮装売買）した場合に関する次のア～オの記述のうち、民法の規定および判例に照らし、妥当でないものの組合せはどれか。

ア　Bが甲土地をAに無断でCに転売した場合に、善意のCは、A・B間の売買の無効を主張して、B・C間の売買を解消することができる。

イ　Bが甲土地をAに無断でCに転売した場合に、善意のCに対して、AはA・B間の売買の無効を対抗することはできないが、Bはこれを対抗することができる。

ウ　Aの一般債権者Dは、A・B間の売買の無効を主張して、Bに対して、甲土地のAへの返還を請求することができる。

エ　Bが甲土地につきAに無断でEのために抵当権を設定した場合に、Aは、善意のEに対して、A・B間の売買の無効を対抗することができない。

オ　Bの一般債権者FがA・B間の仮装売買について善意のときは、Aは、Fに対して、Fの甲土地に対する差押えの前であっても、A・B間の売買の無効を対抗することができない。

1　ア・イ
2　ア・ウ
3　ア・オ
4　イ・エ
5　イ・オ

虚偽表示

ア 妥当である【重】　相手方と通じてした虚偽の意思表示は、無効であり（民法94条1項）、誰でも無効を主張することができる。また、他人物売買（561条）の場合、売主がその権利を取得して移転することができなければ、買主は契約の解除をすることができる（541条本文、542条）。

イ 妥当でない【超】　虚偽の意思表示の無効は、善意の第三者に対抗することができない（94条2項）。

ウ 妥当である　記述アの解説で述べたとおり、虚偽の意思表示は無効であり（94条1項）、**誰でも**無効を主張することができる。そこで、Aの一般債権者Dは、債権者代位権（423条）により、AのBに対する所有権に基づく甲土地の返還請求権を行使し得る。

エ 妥当である　仮装譲渡された不動産の上に抵当権を取得した者は、民法**94条2項の「第三者」**に当たる（大判大4.12.17）。

オ 妥当でない【重】　仮装名義人の**単なる債権者**は、94条2項の「第三者」に当たらない（大判大9.7.23）。

正解　5

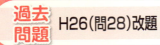 

問題6 Aが自己所有の甲土地をBに売却する旨の契約（以下、「本件売買契約」という。）が締結された。この場合に関する次の記述のうち、民法の規定および判例に照らし、妥当なものの組合せはどれか。

ア　AはBの強迫によって本件売買契約を締結したが、その後もBに対する畏怖の状態が続いたので取消しの意思表示をしないまま10年が経過した。このような場合であっても、AはBの強迫を理由として本件売買契約を取り消すことができる。

イ　AがBの詐欺を理由として本件売買契約を取り消したが、甲土地はすでにCに転売されていた。この場合において、CがAに対して甲土地の所有権の取得を主張するためには、Cは、Bの詐欺につき知らず、かつ知らなかったことにつき過失がなく、また、対抗要件を備えていなければならない。

ウ　AがDの強迫によって本件売買契約を締結した場合、この事実をBが知らず、かつ知らなかったことにつき過失がなかったときは、AはDの強迫を理由として本件売買契約を取り消すことができない。

エ　AがEの詐欺によって本件売買契約を締結した場合、この事実をBが知っていたとき、又は知らなかったことにつき過失があったときは、AはEの詐欺を理由として本件売買契約を取り消すことができる。

オ　Aは未成年者であったが、その旨をBに告げずに本件売買契約を締結した場合、制限行為能力者であることの黙秘は詐術にあたるため、Aは未成年者であることを理由として本件売買契約を取り消すことはできない。

1　ア・イ
2　ア・エ
3　イ・エ
4　ウ・オ
5　エ・オ

意思表示

ア 妥当である　取消権は、**追認**をすることができる時から**5年間**行使しないときは、時効によって消滅する（民法126条前段）。ここで、「追認をすることができる時」とは、取消しの原因となっていた状況が消滅し、かつ、取消権を有することを知った後であることを意味する（124条1項）。本記述では、Aは畏怖の状態から脱していないため、取消しの原因となっていた状況が消滅したとはいえない。したがって、Aは取消権を行使することができる。

イ 妥当でない　予　詐欺による意思表示の取消しは、善意かつ無過失の第三者に対抗することができない（96条3項）。また、「第三者」は、対抗要件を備える必要はない（最判昭49.9.26）。

ウ 妥当でない　超　強迫による意思表示は、取り消すことができる（96条1項）。本記述のような限定は特に規定されていない（同条2項参照）。

エ 妥当である　相手方に対する意思表示について第三者が詐欺を行った場合においては、**相手方がその事実を知り、又は知ることができたときに限り**その意思表示を取り消すことができる（96条2項）。したがって、相手方Bが、Eの詐欺によってAが意思表示をしたことを知らなかったことにつき過失があった場合にも、Aはその意思表示を取り消すことができる。

オ 妥当でない　重　制限行為能力者であることを**単に黙秘**していただけでは、詐術に該当しないため、取り消すことができる（21条、最判昭44.2.13）。なお、他の言動とあいまって、相手方を誤信させ、又は誤信を強めた場合には、「詐術」に該当する（同判例）。

正解　2

Chapter 3 代理

過去問題 H21（問27） 重要度 A

問題7 代理に関する次の記述のうち、民法の規定および判例に照らし、妥当なものはどれか。

1　Aは留守中の財産の管理につき単に妻Bに任せるといって海外へ単身赴任したところ、BがAの現金をA名義の定期預金としたときは、代理権の範囲外の行為に当たり、その効果はAに帰属しない。

2　未成年者Aが相続により建物を取得した後に、Aの法定代理人である母Bが、自分が金融業者Cから金銭を借りる際に、Aを代理して行ったCとの間の当該建物への抵当権設定契約は、自己契約に該当しないので、その効果はAに帰属する。

3　A所有の建物を売却する代理権をAから与えられたBが、自らその買主となった場合に、そのままBが移転登記を済ませてしまったときには、AB間の売買契約について、Aに効果が帰属する。

4　建物を購入する代理権をAから与えられたBが、Cから建物を買った場合に、Bが未成年者であったときでも、Aは、Bの未成年であることを理由にした売買契約の取消しをCに主張することはできない。

5　Aの代理人Bが、Cを騙してC所有の建物を安い値で買った場合、AがBの欺罔行為につき善意無過失であったときには、B自身の欺罔行為なので、CはBの詐欺を理由にした売買契約の取消しをAに主張することはできない。

総合テキスト LINK　Chapter 8　代理　2 3 5
Chapter 40　親子関係　4

代　理

1 妥当でない

　権限の定めのない代理人は、①保存行為、②代理の目的である物の**性質**を変えない**範囲内**において、その**利用**又は**改良**を目的とする行為のみをする権限を有する（民法103条）。そして、現金を預金にする行為は**利用**行為に当たる。本記述において、BがAの現金をA名義の定期預金とした行為は利用行為に当たるので、代理権の権限内の行為であり、その効果はAに帰属する。

2 妥当でない　重

　親権を行う母とその子との**利益が相反する行為**については、親権を行う母は、その子のために**特別代理人**を選任することを**家庭裁判所**に**請求しなければならない**（826条1項）。利益相反行為か否かは行為の外形に照らして**定型的・外形的に判断**され、その際、**代理人の動機・目的を考慮すべきでない**（外形説　最判昭37.10.2、最判昭43.10.8）。利益相反に該当する行為は無権代理行為となる（108条2項本文）。本記述において、母Bの行為は利益相反取引に当たるが、特別代理人を選任せずして利益相反取引を行っているので、無権代理行為となり、本人Aの追認（113条1項）がない本記述においては、Aに効果は帰属しない。なお、本記述のBの行為は、相手方Cの代理人となるものではないので、自己契約には該当しない（108条1項、記述3解説参照）。

3 妥当でない　重

　同一の法律行為については、債務の履行及び本人があらかじめ許諾した行為を除き、相手方の代理人となり（**自己契約**）、又は当事者双方の代理人となること（**双方代理**）はできない（108条1項）。このような本条に違反する行為は**無権代理行為**になる。本記述において、Bは自ら買主になり、相手方Aの代理人となっているので、Bの行為は自己契約として無権代理行為になり、本人Aの追認がない本記述においては、Aに効果は帰属しない（113条1項）。

4 妥当である　重

　制限行為能力者が代理人としてした行為は、**行為能力の制限によっては取り消すことができない**（102条本文）。本記述において、制限行為能力者であるBは代理人としてCから建物を買っているため、本人Aは、これを理由にした売買契約の取消しをCに主張することができない。

5 妥当でない　重

　本記述のように、代理人が代理行為につき、相手方に対して詐欺を行った場合、相手方は、詐欺を理由に代理行為を取り消し得る（96条1項参照）。

正解　4

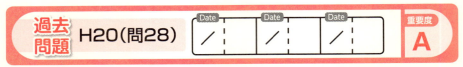

問題8　Aの子Bが、Aに無断でAの代理人としてA所有の土地をCに売却する契約を結んだ。この場合に関する次の記述のうち、民法の規定および判例に照らし、妥当なものはどれか。

1　CはAが追認した後であっても、この売買契約を取り消すことができる。

2　Bが未成年者である場合、Aがこの売買契約の追認を拒絶したならば、CはBに対して履行の請求をすることはできるが、損害賠償の請求をすることはできない。

3　Aがこの売買契約の追認を拒絶した後に死亡した場合、BがAを単独相続したとしても無権代理行為は有効にはならない。

4　Aが追認または追認拒絶をしないまま死亡してBがAを相続した場合、共同相続人の有無にかかわらず、この売買契約は当然に有効となる。

5　Cが相当の期間を定めてこの売買契約を追認するかどうかをAに対して回答するよう催告したが、Aからは期間中に回答がなかった場合、Aは追認を拒絶したものと推定される。

無権代理

1 妥当でない 【重】　無権代理人がした契約は、**本人が追認をしない間に限り**、相手方が取り消すことができる（民法115条本文）。

2 妥当でない　無権代理人が**行為能力の制限**を受けていたときは、無権代理人は**相手方に対して履行又は損害賠償の責任を負わない**（117条2項3号）。

3 妥当である 【重】　本人が無権代理行為の追認を拒絶した場合には、その後無権代理人が本人を相続したとしても、無権代理行為は有効にはならない（最判平10.7.17）。

4 妥当でない 【重】　無権代理人が本人を共同相続した場合には、**共同相続人全員**が共同して無権代理行為を追認しない限り、無権代理人の**相続分**に相当する部分においても、無権代理行為は当然には有効とはならない（最判平5.1.21）。

5 妥当でない 【重】　無権代理人がした契約について、相手方は、本人に対し、相当の期間を定めて、その期間内に追認をするかどうかを確答すべき旨の催告をすることができる（114条前段）。この場合において、本人がその期間内に確答をしないときは、**追認を拒絶したものとみなされる**（同条後段）。本記述は、「推定される」としている点で、妥当でない。

無権代理人が本人を相続した場合	単独相続	相続によって両者の地位が融合して、無権代理行為の瑕疵が治癒され、無権代理行為は当然に有効となる（最判昭40.6.18）。
	共同相続	無権代理人と本人の地位が併存するため、相続により無権代理行為が当然に有効となるわけではない。しかし、他の共同相続人全員が無権代理行為を追認している場合、無権代理人が追認を拒絶することは、信義則上許されない（最判平5.1.21）。
本人が無権代理人を相続した場合	単独相続	無権代理行為は相続とともに有効になるわけではなく、本人は追認を拒絶できる。しかし、相手方は無権代理人の責任を追及し得る（最判昭37.4.20）。

正解　3

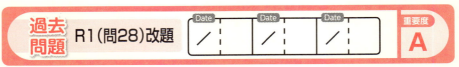

問題9 代理に関する次の記述のうち、民法の規定および判例に照らし、妥当でないものはどれか。

1 代理人が代理行為につき、相手方に対して詐欺を行った場合、本人がその事実を知らなかったときであっても、相手方はその代理行為を取り消すことができる。

2 無権代理行為につき、相手方が本人に対し、相当の期間を定めてその期間内に追認するかどうかを確答すべき旨の催告を行った場合において、本人が確答をしないときは、追認を拒絶したものとみなされる。

3 代理人が本人になりすまして、直接本人の名において権限外の行為を行った場合に、相手方においてその代理人が本人自身であると信じ、かつ、そのように信じたことにつき正当な理由がある場合でも、権限外の行為の表見代理の規定が類推される余地はない。

4 代理人が本人の許諾を得て復代理人を選任した場合において、復代理人が代理行為の履行として相手方から目的物を受領したときは、同人はこれを本人に対して引き渡す義務を負う。

5 無権代理行為につき、相手方はこれを取り消すことができるが、この取消しは本人が追認しない間に行わなければならない。

代　理

1 妥当である
【重】
　本記述のように、代理人が代理行為につき、相手方に対して詐欺を行った場合、本人が善意であったとしても、相手方は、代理行為を取り消すことができる（民法96条1項参照）。

2 妥当である
【超】
　そのとおりである。**無権代理行為**につき、相手方は、本人に対し、相当の期間を定めて、その**期間内に追認をするかどうかを確答すべき旨の催告**をすることができる（114条前段）。この場合において、本人がその**期間内に確答をしない**ときは、追認を**拒絶**したものとみなされる（同条後段）。

3 妥当でない
【重】
　判例は、「**代理人が本人の名において権限外の行為**をした場合において、**相手方がその行為を本人自身の行為と信じたとき**は、代理人の代理権を信じたものではないが、その信頼が取引上保護に値する点においては、代理人の代理権限を信頼した場合と異なるところはないから、**本人自身の行為であると信じたことについて正当な理由がある場合**にかぎり、民法**110条の規定を類推適用**して、本人がその責に任ずるものと解するのが相当である」としている（最判昭44.12.19）。

4 妥当である
【重】
　復代理人は、本人に対して、代理人と同一の義務を負う（106条2項）。したがって、本記述の場合において、復代理人が代理行為の履行として相手方から**目的物を受領した**ときは、同人はこれを**本人に対して引き渡す義務**を負う（最判昭51.4.9参照）。

5 妥当である
【重】
　代理権を有しない者がした契約は、**本人が追認をしない間**は、**相手方**が取り消すことができる（115条本文）。したがって、無権代理人の相手方は、本人が追認しない間に取消権を行使する必要がある。

正解　3

Chapter 4 時効

伊藤塾オリジナル問題

重要度 A

問題10　時効に関する次の記述のうち、民法の規定に照らし、誤っているものはどれか。

1　消滅時効は、保証人、物上保証人、第三取得者その他権利の消滅について正当な利益を有する者を含む当事者が援用しなければ、裁判所がこれによって裁判をすることができない。

2　裁判上の請求の事由があると、当該事由が継続する間は時効の完成が猶予され、裁判手続において、確定判決によって権利が確定したときは、時効は、当該事由が終了した時から新たにその進行を始める。

3　仮差押え又は仮処分の事由があれば、その事由が終了するまでの間は、時効の完成が猶予され、また、仮差押え又は仮処分の事由が終了した時から6か月を経過した時において時効は更新され、時効期間は新たにその進行を始める。

4　権利についての協議を行う旨の合意が書面でされたときは、当該合意が催告によって時効の完成が猶予されている間にされたものでなければ、当該合意により、所定の期間、時効の完成が猶予される。

5　時効の期間の満了の時に当たり、天災その他避けることのできない事変のため裁判上の請求や強制執行等の手続を行うことができないときは、その障害が消滅した時から3か月を経過するまでの間は、時効は、完成しない。

総合テキスト LINK　Chapter 10　時効　4 5

時　効

1　正しい【重】
民法145条は、「時効は、**当事者**（消滅時効にあっては、**保証人、物上保証人、第三取得者**その他**権利の消滅について正当な利益を有する者**を含む。）が援用しなければ、裁判所がこれによって裁判をすることができない。」と規定している。

2　正しい【重】
147条1項柱書は、「次に掲げる事由がある場合には、その事由が終了する（確定判決又は確定判決と同一の効力を有するものによって権利が確定することなくその事由が終了した場合にあっては、その終了の時から6箇月を経過する）までの間は、時効は、完成しない。」と規定し、同項1号は、その事由の1つとして「**裁判上の請求**」を掲げている。そして、同条2項は、「前項の場合において、**確定判決又は確定判決と同一の効力を有するもの**によって**権利が確定**したときは、時効は、同項各号に掲げる事由が**終了した時から新た**にその進行を始める。」と規定している。

3　誤　り【重】
149条は、「次に掲げる事由がある場合には、その事由が終了した時から6箇月を経過するまでの間は、時効は、完成しない。」と規定し、同条**1号**は「**仮差押え**」を、同条**2号**は「**仮処分**」を掲げており、仮差押え又は仮処分には時効の更新の効果は認められていない。仮差押えや仮処分は、その権利の確定に至るまで債務者の財産等を保全する暫定的なものにすぎないからである。

4　正しい
151条1項柱書は、「権利についての協議を行う旨の合意が**書面**でされたときは、次に掲げる時のいずれか早い時までの間は、時効は、完成しない。」と規定し、同項1号は「その合意があった時から1年を経過した時」を、同項2号は「その合意において当事者が協議を行う期間（1年に満たないものに限る。）を定めたときは、その期間を経過した時」を、同項3号は「当事者の一方から相手方に対して協議の続行を拒絶する旨の通知が書面でされたときは、その通知の時から6箇月を経過した時」を掲げている。また、同条3項前段は、「催告によって時効の完成が猶予されている間にされた第1項の合意は、同項の規定による時効の完成猶予の効力を有しない。」と規定している。

5　正しい
161条は、「時効の期間の満了の時に当たり、**天災その他避けることのできない事変**のため第147条第1項各号〔裁判上の請求（1号）等〕又は第148条第1項各号〔強制執行（1号）等〕に掲げる事由に**係る手続を行うことができないとき**は、その障害が消滅した時から3箇月を経過するまでの間は、時効は、完成しない。」と規定している。

正解　3

問題11 消滅時効の起算点と履行遅滞の起算点に関する次の記述のうち、正しいものはどれか。

1 確定期限のある債権の場合、消滅時効は期限到来時又は期限到来時を知った時から進行するが、履行遅滞となるのは債務者が期限到来を知った時からである。

2 不確定期限がある債務については、債務者が履行期の到来を知った時ではなく、その期限が到来した時から履行遅滞になる。

3 期限の定めのない債権の場合、消滅時効は債権成立時から進行するが、履行遅滞となるのは催告時からである。

4 Aの運転する自動車がAの前方不注意によりBの運転する自動車に追突してBを負傷させ損害を生じさせた。BのAに対する損害賠償請求権は、Bの負傷の程度にかかわりなく、また、症状について現実に認識できなくても、事故により直ちに発生し、3年で消滅時効にかかる。

5 消費貸借については、返還時期の合意がないときには、貸主の請求があれば借主は直ちに返還しなければならない。

総合テキスト LINK　Chapter 10　時効　③
　　　　　　　　　　　Chapter 23　債権の効力　②

消滅時効

1 誤り（重）　確定期限のある債権の場合、消滅時効は**期限到来時**又は**期限到来時を知った時**から進行する（民法166条1項）。したがって、前段は正しい。しかし、確定期限のある債権が履行遅滞となるのは、期限到来時であり、債務者が期限到来を知った時ではない（412条1項）。したがって、後段は誤っている。

2 誤り（重）　債務の履行について**不確定期限**があるときは、債務者は、その期限の到来した後に**履行の請求を受けた時**又は**その期限の到来したことを知った時**の**いずれか早い時**から遅滞の責任を負う（412条2項）。

3 正しい（重）　**期限の定めのない債権**の場合、消滅時効は**債権成立時**から進行する。したがって、前段は正しい。そして、期限の定めのない債権が履行遅滞となるのは、催告時からである（412条3項）。したがって、後段も正しい。

4 誤り（重）　人の生命又は身体を害する不法行為による損害賠償請求権は、被害者又はその法定代理人が**損害及び加害者を知った時**から**5年間**行使しないときは、時効によって消滅する（724条の2、724条1号）。ここで「損害を知った時」とは、損害発生の可能性を知った時ではなく、損害の発生を現実に認識した時をいう（最判平14.1.29）。したがって、BのAに対する損害賠償請求権は、3年で消滅時効にかかるわけではない。

5 誤り　消費貸借の返還時期について、返還時期の合意がないときには、貸主は、**相当の期間を定めて返還の催告**をすることができる（591条1項）。したがって、借主は、請求があれば直ちに返還しなければならないというわけではない。

正解　3

Chapter 4　時　効

Chapter 5 物権変動

過去問題 H20(問29)改題

重要度 A

問題12 A・Bが不動産取引を行ったところ、その後に、Cがこの不動産についてBと新たな取引関係に入った。この場合のCの立場に関する次の記述のうち、判例に照らし、妥当でないものはどれか。

1 AからBに不動産の売却が行われ、BはこれをさらにCに転売したところ、AがBの詐欺を理由に売買契約を取り消した場合に、Cは善意かつ無過失であれば登記を備えなくても保護される。

2 AからBに不動産の売却が行われた後に、AがBの詐欺を理由に売買契約を取り消したにもかかわらず、Bがこの不動産をCに転売してしまった場合に、Cは善意無過失であっても登記を備えなければ保護されない。

3 AからBに不動産の売却が行われ、BはこれをさらにCに転売したところ、Bに代金不払いが生じたため、AはBに対し相当の期間を定めて履行を催告したうえで、その売買契約を解除した場合に、Cは善意であれば登記を備えなくても保護される。

4 AからBに不動産の売却が行われたが、Bに代金不払いが生じたため、AはBに対し相当の期間を定めて履行を催告したうえで、その売買契約を解除した場合に、Bから解除後にその不動産を買い受けたCは、善意であっても登記を備えなければ保護されない。

5 AからBに不動産の売却が行われ、BはこれをさらにCに転売したところ、A・Bの取引がA・Bにより合意解除された場合に、Cは善意であっても登記を備えなければ保護されない。

総合テキスト LINK Chapter 12 物権変動 ②

不動産物権変動

1 妥当である 超
「詐欺による意思表示の取消しは、**善意**でかつ**過失がない**第三者に対抗することができない。」（民法96条3項）。「第三者」とは、**取消前**に利害関係に入った者である。また、「善意の第三者」として保護されるには、**登記は不要**である（最判昭49.9.26）。改正後の善意無過失の第三者についても、本判決は妥当する。

2 妥当である 重
被詐欺者と**取消後**の第三者との関係は、**対抗関係**（177条）として処理される（大判昭17.9.30）。

3 妥当でない 重
当事者の一方がその解除権を行使したとき、第三者の権利を害することはできない（545条1項ただし書）。**解除前**の第三者が保護を受けるためには、当該権利につき対抗要件としての**登記**（177条）を備えていなければならない（最判昭33.6.14）。

4 妥当である 重
解除後の第三者が保護を受けるためには、当該権利につき対抗要件としての**登記**（177条）を備えていなければならない（大判昭14.7.7）。

5 妥当である 重
合意解除前の第三者が保護を受けるためには、当該権利につき**登記**を備えていなければならない（最判昭33.6.14）。

正解 3

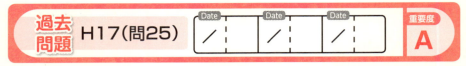

問題13 不動産と登記に関する次の記述のうち、判例の趣旨に照らし妥当なものはどれか。

1　Aの所有する甲土地につきAがBに対して売却した後、Bが甲土地をCに売却したが、いまだに登記がAにある場合に、Bは、甲土地に対する所有権を喪失しているので、Aに対して移転登記を請求することはできない。

2　Aの所有する甲土地につきAがBに対して売却した後、Aが重ねて甲土地を背信的悪意者Cに売却し、さらにCが甲土地を悪意者Dに売却した場合に、第一買主Bは、背信的悪意者Cからの転得者であるDに対して登記をしていなくても所有権の取得を対抗できる。

3　Aの所有する甲土地につきAがBに対して売却し、Bは、その後10年以上にわたり占有を継続して現在に至っているが、Bが占有を開始してから5年が経過したときにAが甲土地をCに売却した場合に、Bは、Cに対して登記をしなくては時効による所有権の取得を対抗することができない。

4　Aの所有する甲土地につきAがBに対して売却したが、同売買契約が解除され、その後に、甲土地がBからCに売却された場合に、Aは、Cに対して、Cの善意悪意を問わず、登記をしなくては所有権の復帰を対抗することはできない。

5　Aの所有する甲土地につきAがBに対して遺贈する旨の遺言をして死亡した後、Aの唯一の相続人Cの債権者DがCを代位してC名義の所有権取得登記を行い、甲土地を差し押さえた場合に、Bは、Dに対して登記をしていなくても遺贈による所有権の取得を対抗できる。

物権変動

1 妥当でない　買主は、目的不動産を転売した後でも、**売主に対する登記請求権を失わない**。したがって、転売後の買主であるBは、Aに対して移転登記を請求することはできないとする本記述は妥当でない。

2 妥当でない【重】　**背信的悪意者からの転得者**は、第1の買主に対する関係で転得者自身が背信的悪意者と評価されるのでない限り、登記がなければ物権変動を対抗できない**民法177条の「第三者」に当たる**（最判平8.10.29）。そして、背信的悪意者Cからの転得者Dは、単なる悪意者にすぎないから、「第三者」に当たる。よって、BはDに対して登記をしていなくても所有権の取得を対抗できるとする本記述は妥当でない。

3 妥当でない【重】　まず、取得時効の対象は、条文上「**他人の物**」となっている（162条）が、永続する事実状態の尊重という時効制度の趣旨より、**自己物でもよい**と解されており、甲土地の買主であるBも、取得時効を援用できる（最判昭42.7.21）。また、時効取得者は、**時効完成前の譲受人に対して所有権の取得を対抗するために、登記を必要としない**（最判昭41.11.22）。よって、時効取得者であるBは、時効完成前にAから甲土地を譲り受けたCに対して、登記をしなくては時効による所有権の取得を対抗することはできないとする本記述は妥当でない。

4 妥当である【超】　不動産の売買契約が解除された場合、売主は移転登記を抹消しなければ、**契約解除後**において買主から不動産を取得した第三者に対して、所有権の復帰を対抗することはできない（最判昭35.11.29）。したがって、売主Aは、解除後の第三者であるCに対して、Cの善意悪意を問わず、登記がなければ所有権の復帰を対抗することはできないとする本記述は妥当である。

5 妥当でない　遺贈による不動産の取得にも、177条は適用される（最判昭39.3.6）。したがって、受遺者であるBは、相続人Cの債権者であるDに対して登記をしていなくても遺贈による所有権の取得を対抗できるとする本記述は妥当でない。

正解　4

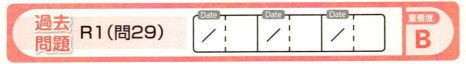

問題14 動産物権変動に関する次の記述のうち、民法等の規定および判例に照らし、妥当でないものはどれか。

1 Aは自己所有の甲機械をBに譲渡したが、その引渡しをしないうちにAの債権者であるCが甲機械に対して差押えを行った。この場合において、Bは、差押えに先立って甲機械の所有権を取得したことを理由として、Cによる強制執行の不許を求めることはできない。

2 Dは自己所有の乙機械をEに賃貸し、Eはその引渡しを受けて使用収益を開始したが、Dは賃貸借期間の途中でFに対して乙機械を譲渡した。FがEに対して所有権に基づいて乙機械の引渡しを求めた場合には、Eは乙機械の動産賃借権をもってFに対抗することができないため、D・F間において乙機械に関する指図による占有移転が行われていなかったとしても、EはFの請求に応じなければならない。

3 Gは自己所有の丙機械をHに寄託し、Hがその引渡しを受けて保管していたところ、GはIに対して丙機械を譲渡した。この場合に、HがGに代って一時丙機械を保管するに過ぎないときには、Hは、G・I間の譲渡を否認するにつき正当な利害関係を有していないので、Iの所有権に基づく引渡しの請求に応じなければならない。

4 Jは、自己所有の丁機械をKに対して負っている貸金債務の担保としてKのために譲渡担保権を設定した。動産に関する譲渡担保権の対抗要件としては占有改定による引渡しで足り、譲渡担保権設定契約の締結後もJが丁機械の直接占有を継続している事実をもって、J・K間で占有改定による引渡しが行われたものと認められる。

5 集合動産譲渡担保が認められる場合において、種類、量的範囲、場所で特定された集合物を譲渡担保の目的とする旨の譲渡担保権設定契約が締結され、占有改定による引渡しが行われたときは、集合物としての同一性が損なわれない限り、後に新たにその構成部分となった動産についても譲渡担保に関する対抗要件の効力が及ぶ。

動産物権変動

1 妥当である

動産に関する物権の譲渡は、その動産の引渡しがなければ、第三者に対抗することができない（民法178条）。「**第三者**」とは、**当事者及びその包括承継人以外**の者で、**対抗要件の欠缺**を主張するにつき、**正当な利益**を有する者をいう。本記述において、Bは、甲機械の引渡しを受けていない。また、Aの債権者であるCは、甲機械に対して差押えを行っているため、民法178条の「第三者」に該当する。したがって、Bは、Cに対して甲機械の所有権を対抗することができず、Cによる強制執行の不許を求めることができない。

2 妥当でない

動産の賃借人は、178条の「**第三者」に該当**する（大判大4.2.2）。そのため、Fは、乙機械の賃借人Eに対して、乙機械の「引渡し」を受けていなければ、その所有権を対抗することができない。したがって、Eは、D・F間において乙機械に関する指図による占有移転（184条）が行われていなければ、Fの請求に応じなくてよい。

3 妥当である

動産の寄託を受け、一時それを保管するにすぎない者は、178条の「第三者」に該当しない（最判昭29.8.31）。したがって、Hは、Iの所有権に基づく引渡しの請求に応じなければならない。

4 妥当である 【重】

譲渡担保の目的物が動産の場合、「**引渡し**」は**占有改定**で足りる（178条、183条、最判昭30.6.2）。したがって、譲渡担保権設定契約の締結後もJが丁機械の直接占有を継続している事実をもって、J・K間で占有改定による引渡しが行われたものと認められる。

5 妥当である 【重】

判例は、構成部分の変動する**集合動産**であっても、その**種類、所在場所及び量的範囲を指定**するなどの方法によって**目的物の範囲が特定**される場合には、一個の集合物として**譲渡担保の目的**とすることができるとしている（最判昭54.2.15）。その上で、債権者と債務者との間に、集合物を目的とする譲渡担保権設定契約が締結され、債務者がその構成部分である動産の占有を取得したときは債権者が占有改定の方法によってその占有権を取得する旨の合意に基づき、債務者が右集合物の構成部分として現に存在する動産の占有を取得した場合には、債権者は、当該集合物を目的とする譲渡担保権につき対抗要件を具備するに至ったものということができ、この対抗要件具備の効力は、その後構成部分が変動したとしても、集合物としての同一性が損なわれない限り、新たにその構成部分となった動産を包含する集合物について及ぶものとしている（最判昭62.11.10）。

正解　2

Chapter 6 占有権

過去問 H23(問29) 重要度 B

問題15 A所有のカメラをBが処分権限なしに占有していたところ、CがBに所有権があると誤信し、かつ、そのように信じたことに過失なくBから同カメラを買い受けた。この場合に関する次のア～エの記述のうち、民法の規定および判例に照らし、妥当でないものをすべて挙げた組合せはどれか。

ア　CがAのカメラを即時取得するのは、Bの占有に公信力が認められるからであり、その結果、Bがカメラの所有者であったとして扱われるので、Cの所有権はBから承継取得したものである。

イ　Cは、カメラの占有を平穏、公然、善意、無過失で始めたときにカメラの所有権を即時取得するが、その要件としての平穏、公然、善意は推定されるのに対して、無過失は推定されないので、Cは無過失の占有であることを自ら立証しなければならない。

ウ　Bは、Cにカメラを売却し、以後Cのために占有する旨の意思表示をし、引き続きカメラを所持していた場合、Cは、一応即時取得によりカメラの所有権を取得するが、現実の引渡しを受けるまでは、その所有権の取得は確定的ではなく、後に現実の引渡しを受けることによって確定的に所有権を取得する。

エ　Bは、Cにカメラを売却する前にカメラをDに寄託していたが、その後、BがCにカメラを売却するに際し、Dに対して以後Cのためにカメラを占有することを命じ、Cがこれを承諾したときは、たとえDがこれを承諾しなくても、Cは即時取得によりカメラの所有権を取得する。

1　ア・イ
2　ア・イ・ウ
3　ア・ウ・エ
4　イ・ウ・エ
5　ウ・エ

総合テキスト LINK Chapter 13　占有権 ③

140　民法

即時取得

ア 妥当でない 重
民法192条に基づく即時取得は、譲渡人の所有権に基づいて取得するものではないから、原始取得であると解されている。

イ 妥当でない
占有者は、所有の意思をもって、善意で、平穏に、かつ、公然と占有をするものと推定される（186条1項）。また、占有者が占有物について行使する権利は、適法に有するものと推定される（188条）から、即時取得者においては、譲渡人である占有者に権利があると信じるについて無過失であることが推定される（最判昭41.6.9）。

ウ 妥当でない 重
占有改定の方法による占有取得では外観上の占有状態に変更がないため、即時取得は認められない（最判昭35.2.11）。

エ 妥当である
判例は、本記述と類似の事業において指図による占有移転の方法による占有取得での即時取得を認めている（最判昭57.9.7）。また、指図による占有移転において必要なのは、譲受人の承諾であって、占有代理人の承諾ではない（184条）。

即時取得の要件

①	動産であること
②	有効な取引行為が存在すること
③	無権利者、又は無権限者からの取得であること
④	平穏、公然、善意・無過失に占有を取得したこと
⑤	占有を始めたこと

正解　2

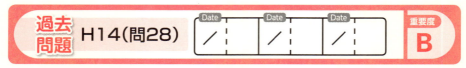

問題16　占有権に関する次の記述のうち、妥当なものはどれか。

1　土地の所有者が自己所有地を他人に賃貸して土地を引き渡した場合、土地の占有権は賃借人に移転するから、所有者は土地の占有権を失う。

2　動産の質権者が占有を奪われた場合、占有回収の訴えによって質物を取り戻すことができるほか、質権に基づく物権的請求権によっても質物を取り戻すことができる。

3　だまされて任意に自己所有の動産を他人に引き渡した者は、占有回収の訴えを提起してその動産を取り戻すことができる。

4　土地賃借人である被相続人が死亡した場合、その相続人は、賃借地を現実に支配しなくても賃借人の死亡により当然に賃借地の占有権を取得する。

5　Aが横浜のB倉庫に置いてある商品をCに売却し、B倉庫の経営会社に対して以後はCのために商品を保管するように通知した場合、B倉庫会社がこれを承諾したときに占有権はAからCに移転する。

総合テキスト　LINK　Chapter 12　物権変動　③
　　　　　　　　　　Chapter 13　占有権　①②
　　　　　　　　　　Chapter 19　質権　②

占有権

1 妥当でない 占有権は代理人によって取得することができ、これを**代理占有**という（民法181条）。賃借人（占有代理人）が物を所持している場合には、賃貸人である所有者（本人）は賃借人を通じて占有しているといえる。

2 妥当でない 【重】 動産質権者が占有を奪われた場合、**占有回収の訴えによってのみ**質物を回復することができる（353条）。したがって、質権に基づく物権的請求権によって回復請求をすることはできない。

3 妥当でない 【予】 占有回収の訴えは、**占有が侵奪された場合**に提起することができる（200条1項）。侵奪とは占有者の意思に基づくことなく占有が奪われた場合をいい、だまされて引き渡したときは、瑕疵があるにせよ**占有者の意思に基づいて占有を移転している**ので、占有回収の訴えを提起することはできない（大判大11.11.27）。

4 妥当である 被相続人が死亡して相続が開始したときは、特別の事情がない限り、被相続人に属していた**占有は当然に相続人に移転する**（最判昭44.10.30）。

5 妥当でない 指図による占有の移転は、本人Aが占有代理人Bに対して、以後譲受人Cのためにその物を占有すべきことを命じ、**Cがこれを承諾**することによって行われる（184条）。占有代理人Bの承諾は不要である。本記述においては、Bの承諾があるだけであり、Cの承諾がないので占有権は移転しない。

正解 4

Chapter 7 所有権

過去問題 H18(問29)  重要度 B

問題17 所有権の原始取得に関する次の記述のうち、妥当なものはどれか。

1　Aは、B所有の土地をBの所有であると知りつつ所有の意思をもって平穏かつ公然に10年間占有した場合に、その土地の所有権を取得する。

2　Aの所有する動産とBの所有する動産が付合して分離することが不可能になった場合において、両動産について主従の区別をすることができないときには、AとBは、当然に相等しい割合でその合成物を共有するものとみなす。

3　BがAの所持する材料に工作を加えて椅子を完成させた場合に、その椅子の所有権は、AとBとの取決めに関係なく、Aに帰属する。

4　Bの所有する動産がAの所有する不動産に従として付合した場合に、AとBは、AとBとの取決めに関係なく、Aの不動産の価格とBの動産の価格の割合に応じてその合成物を共有する。

5　Aは、所有者のいない動産を所有の意思をもって占有を始めた場合に、その動産の所有権を取得する。

総合テキスト LINK　Chapter 10　時効　[2]
　　　　　　　　　Chapter 14　所有権　[1][2]

原始取得

1 妥当でない 超

所有権を時効取得するためには、所有の意思をもって、平穏かつ公然と他人の物を、「**20年間**」占有することが必要である（民法162条1項）。そして、「**10年間**」の占有で時効取得できるのは、占有者が**占有の開始の時に善意無過失のときに限られる**（同条2項）。したがって、本記述Aは、B所有の土地をBの所有であると知りつつ占有しており、悪意であるから、10年間の占有によってその土地の所有権を時効取得することはできない。

2 妥当でない

付合した動産について主従の区別をすることができないときは、各動産の所有者は、その付合の時における**価格の割合**に応じてその合成物を**共有**する（244条）。したがって、当然に相等しい割合で共有するとはいえない。

3 妥当でない

他人の動産に工作を加えた者があるときは、その加工物の所有権は、材料の所有者に帰属するのが原則である（246条1項本文）。もっとも、この規定は、**当事者間の特約**を排除する趣旨ではないから、AとBとの取決めがあれば、それに従う。

4 妥当でない

不動産に従として付合した動産の所有権は、原則として**不動産の所有者が取得する**（242条本文）。もっとも、この規定は所有権の帰属についての**当事者間の特約**を排除する趣旨ではないから、AとBとの取決めがある場合には、それに従う。AとBとの取決めがない場合には、民法242条本文が適用され、AがBの動産の所有権を取得する。

5 妥当である

所有者のない**動産**は、**所有の意思**をもって占有することによって、その**所有権を取得**する（239条1項）。

正解 5

Chapter 7 所有権　145

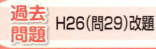
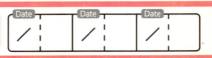

問題18　A、BおよびCは費用を出し合って、別荘地である甲土地および同地上に築造された乙建物を購入し、持分割合を均等として共有名義での所有権移転登記を行った。この場合に関する以下の記述のうち、民法の規定および判例に照らし、妥当でないものの組合せはどれか。

ア　甲土地および乙建物にかかる管理費用について、AおよびBはそれぞれの負担部分を支払ったが、資産状況が悪化したCはその負担に応じないため、AおよびBが折半してCの負担部分を支払った。この場合、Cが負担に応ずべき時から1年以内に負担に応じない場合には、AおよびBは、相当の償金を支払ってCの持分を取得することができる。

イ　Cが甲土地および乙建物にかかる自己の持分をDに譲渡し、その旨の登記がなされたが、CD間の譲渡契約は錯誤により取り消された。この場合、AおよびBは、自己の持分が害されているわけではないので、単独でDに対してCD間の移転登記の抹消を求めることはできない。

ウ　甲土地に隣接する丙土地について、甲土地からの観望を損ねるような工作物を築造しないことを内容とする地役権が設定され、登記されていた。この場合、Aは、自己の持分については、単独で同地役権を消滅させることができるが、同地役権の全部を消滅させることはできない。

エ　Cには相続人となるべき者はなく、内縁の妻Eと共に生活していたところ、Cが死亡した。この場合、甲土地および乙建物にかかるCの持分は、特別縁故者に当たるEに分与されないことが確定した後でなければ、他の共有者であるAおよびBに帰属しない。

オ　Cの債務を担保するため、A、BおよびCが、各人の甲土地にかかる持分につき、Cの債権者Fのために共同抵当権を設定していたところ、抵当権が実行され、Gが全ての持分を競落した。この場合には、乙建物のために法定地上権が成立する。

1　ア・イ
2　ア・エ
3　ア・オ
4　イ・ウ
5　ウ・エ

共　有

ア 妥当である　各共有者は、その**持分**に応じ、管理の費用を支払う（民法253条1項）。そして、共有者が**1年**以内に当該義務を履行しないときは、他の共有者は**相当の償金**を支払ってその者の持分を取得することができる（同条2項）。したがって、A及びBは、相当の償金を支払ってCの持分を取得することができる。

イ 妥当でない　重　C・D間の譲渡契約は錯誤により取り消されたため（95条1項）、Dは甲土地及び乙建物について**無権利者**である。したがって、A及びBは、それぞれ単独で、Dに対してC・D間の持分移転登記の抹消を求めることができる（最判昭31.5.10、最判平15.7.11参照）。

ウ 妥当でない　土地の共有者の1人は、その**持分**につき、その土地のために又はその土地について存する**地役権**を消滅させることができない（282条1項）。したがって、Aは自己の持分につき地役権を消滅させることはできない。

エ 妥当である　予　共有者が死亡した場合の他の共有者への権利帰属を規定する民法255条と特別縁故者への分与の規定である958条の2の規定の優先関係について、判例は、特別縁故者の保護や被相続人の意思との合致の観点から、**958条の2を優先的に適用**するとしている（最判平元.11.24）。

オ 妥当である　難　**土地と建物**の共有者の構成が同じであり、**土地全体**あるいは**建物全体**、ひいてはその**全体**が売却されるときは、同一人が土地・建物を所有している場合と同様であるため、**法定地上権成立を認めてよい**と考えられている。なお、土地と建物の双方が共有でその共有者が1名を除いて異なるような場合、他の共有者らがその持分に基づく土地に対する使用収益権を事実上放棄し、当該土地共有者の処分に委ねていたなどにより法定地上権の成立をあらかじめ容認していたとみることができるような特段の事情がある場合でない限り、共有土地について法定地上権は成立しない（最判平6.12.20）。

正解　4

Chapter 8 留置権

過去問 H27（問30）

重要度 B

問題19 留置権に関する次の記述のうち、民法の規定および判例に照らし、妥当でないものはどれか。

1　Aは自己所有の建物をBに売却し登記をBに移転した上で、建物の引渡しは代金と引換えにすることを約していたが、Bが代金を支払わないうちにCに当該建物を転売し移転登記を済ませてしまった場合、Aは、Cからの建物引渡請求に対して、Bに対する代金債権を保全するために留置権を行使することができる。

2　Aが自己所有の建物をBに売却し引き渡したが、登記をBに移転する前にCに二重に売却しCが先に登記を備えた場合、Bは、Cからの建物引渡請求に対して、Aに対する損害賠償債権を保全するために留置権を行使することができる。

3　AがC所有の建物をBに売却し引き渡したが、Cから所有権を取得して移転することができなかった場合、Bは、Cからの建物引渡請求に対して、Aに対する損害賠償債権を保全するために留置権を行使することはできない。

4　Aが自己所有の建物をBに賃貸したが、Bの賃料不払いがあったため賃貸借契約を解除したところ、その後も建物の占有をBが続け、有益費を支出したときは、Bは、Aからの建物明渡請求に対して、Aに対する有益費償還請求権を保全するために留置権を行使することはできない。

5　Aが自己所有の建物をBに賃貸しBからAへ敷金が交付された場合において、賃貸借契約が終了したときは、Bは、Aからの建物明渡請求に対して、Aに対する敷金返還請求権を保全するために、同時履行の抗弁権を主張することも留置権を行使することもできない。

総合テキスト LINK Chapter 17　留置権　①②

148　民　法

留置権

1 妥当である　A所有の物を買い受けたBが、売買代金を支払わないままこれをCに譲渡した場合には、Aは、Cからの物の引渡請求に対して、未払代金債権を被担保債権とする**留置権を主張することができる**（最判昭47.11.16）。

2 妥当でない 重　不動産の二重譲渡において、第1の買主が登記をする前に、第2の買主が先に登記を備えた場合、第1の買主が売主に対して有する損害賠償請求権に基づいて、第2の買主に対して不動産の留置権を主張することはできない（最判昭43.11.21）。したがって、Bは、Cからの建物引渡請求に対して、Aに対する損害賠償債権を保全するために**留置権を行使することはできない**。

3 妥当である　他人所有の不動産を売り渡したが、その所有権を取得して移転することができなかった場合、買主の売主に対する損害賠償請求権に基づいて、所有者に対して留置権を主張することはできない（最判昭51.6.17）。したがって、Bは、Cからの建物引渡請求に対して、Aに対する損害賠償債権を保全するために**留置権を行使することはできない**。

4 妥当である 重　占有開始時には権原があったが、その後に無権原となった者が有益費を支出した場合、民法295条2項を適用ないし類推適用し、悪意有過失の占有者の留置権の主張をすることはできない（大判大10.12.23）。したがって、Bは、Aからの建物明渡請求に対して、Aに対する有益費償還請求権を保全するために**留置権を行使することはできない**。

5 妥当である 予　賃借人の賃貸人に対する敷金返還請求権は、賃借人が賃借物を返還した時に発生するので、敷金返還請求と賃借物の返還請求とは、**同時履行の関係に立たない**（最判昭49.9.2、622条の2第1項1号）。また、留置権については、賃借物の返還請求が**先履行**の関係に立つため、賃借人が賃貸人に対して留置権を取得する余地はない（295条1項ただし書）。したがって、Bは、Aからの建物明渡請求に対して、Aに対する敷金返還請求権を保全するために、**同時履行の抗弁権を主張することも留置権を主張することもできない**。

正解　2

Chapter 9 質権

過去問題 R1（問31）

重要度 B

問題20 質権に関する次の記述のうち、民法の規定および判例に照らし、妥当でないものはどれか。

1 動産質権者は、継続して質物を占有しなければ、その質権をもって第三者に対抗することができず、また、質物の占有を第三者によって奪われたときは、占有回収の訴えによってのみ、その質物を回復することができる。

2 不動産質権は、目的不動産を債権者に引き渡すことによってその効力を生ずるが、不動産質権者は、質権設定登記をしなければ、その質権をもって第三者に対抗することができない。

3 債務者が他人の所有に属する動産につき質権を設定した場合であっても、債権者は、その動産が債務者の所有物であることについて過失なく信じたときは、質権を即時取得することができる。

4 不動産質権者は、設定者の承諾を得ることを要件として、目的不動産の用法に従ってその使用収益をすることができる。

5 質権は、債権などの財産権の上にこれを設定することができる。

総合テキスト LINK Chapter 19 質権

質　権

1 妥当である　**動産質権者**は、**継続して質物を占有**しなければ、その質権をもって第三者に対抗することができない（民法352条）。動産質権者は、**質物の占有を奪われた**ときは、**占有回収の訴え**によってのみ、その質物を回復することができる（353条）。

2 妥当である　**質権の設定**は、債権者にその目的物を**引き渡す**ことによって、その効力を生ずる（344条）。**不動産質権者**は、質権設定**登記**をしなければ、その質権をもって第三者に対抗することができない（177条）。

3 妥当である　取引行為によって、**平穏に、かつ、公然**と動産の占有を始めた者は、**善意**であり、**かつ、過失がない**ときは、即時にその動産について行使する権利を取得する（192条）。「**取引行為**」には、**質権設定契約**も含まれる。したがって、債務者が他人の所有する動産につき質権を設定した場合であっても、債権者は、その動産が債務者の所有物であることについて過失なく信じたときは、質権を即時取得することができる。

4 妥当でない　**不動産質権者**は、質権の目的である不動産の用法に従い、その**使用**及び**収益**をすることができる（356条）。この場合、設定者の承諾を得ることは要件とされていない。

5 妥当である　質権は、**財産権**をその目的とすることができる（362条1項）。

正解　**4**

Chapter 10 先取特権

過去問 H28(問30) 重要度 B

問題21 不動産先取特権に関する次の記述のうち、民法の規定に照らし、誤っているものはどれか。

1 不動産の保存の先取特権は、保存行為を完了後、直ちに登記をしたときはその効力が保存され、同一不動産上に登記された既存の抵当権に優先する。

2 不動産工事の先取特権は、工事によって生じた不動産の価格の増加が現存する場合に限り、その増価額についてのみ存在する。

3 不動産売買の先取特権は、売買契約と同時に、不動産の代価またはその利息の弁済がされていない旨を登記したときでも、同一不動産上に登記された既存の抵当権に優先しない。

4 債権者が不動産先取特権の登記をした後、債務者がその不動産を第三者に売却した場合、不動産先取特権者は、当該第三取得者に対して先取特権を行使することができる。

5 同一の不動産について不動産保存の先取特権と不動産工事の先取特権が互いに競合する場合、各先取特権者は、その債権額の割合に応じて弁済を受ける。

総合テキスト LINK Chapter 16 担保物件総説 ③
Chapter 18 先取特権

不動産先取特権

1 正しい　不動産の**保存**の先取特権の効力を保存するためには、保存行為が完了した後直ちに**登記**をしなければならない（民法337条）。当該登記をした先取特権は、**抵当権に先立って**行使することができる（339条）。したがって、本記述の先取特権は、同一不動産上に登記された既存の抵当権に優先する。

2 正しい　不動産**工事**の先取特権は、工事の設計、施工又は監理をする者が債務者の不動産に関してした**工事の費用**に関し、その不動産について**存在**する（327条1項）。そして、当該先取特権は、工事によって生じた不動産の**価格の増加が現存する場合に限り**、その増価額についてのみ存在する（同条2項）。

3 正しい　民法337条、338条の規定に従って登記をした先取特権は、**抵当権に先立って**行使することができる（339条）。この339条の規定は、不動産の**保存**の先取特権・不動産の**工事**の先取特権に限られ、不動産の売買の先取特権と抵当権の優劣は、登記の先後により決する（177条参照）。

4 正しい【重】　**不動産上の先取特権と当該不動産を取得した第三者**との関係は、**登記**の先後により決する（177条参照）。本記述では、不動産の先取特権の登記が先になされているため、不動産先取特権者は、当該第三取得者に対して先取特権を行使することができる。なお、動産先取特権は、債務者がその目的である動産をその第三取得者に引き渡した後は、その動産について行使することができない（333条）。

5 誤り【重】　同一の不動産について特別の先取特権が互いに競合する場合には、その優先権の**順位**は、325条各号に掲げる順序（不動産**保存**の先取特権、不動産**工事**の先取特権、不動産**売買**の先取特権の順）に従う（331条1項）。したがって、同一の不動産について不動産の保存の先取特権と不動産工事の先取特権が互いに競合する場合、不動産の保存の先取特権が優先的に弁済を受けることとなる。

正解　5

Chapter 10　先取特権

Chapter 11 抵当権

過去問題 H22(問30) 重要度 C

問題22　A銀行はBに3000万円を融資し、その貸金債権を担保するために、B所有の山林（樹木の生育する山の土地。本件樹木については立木法による登記等の対抗要件を具備していない）に抵当権の設定を受け、その旨の登記を備えたところ、Bは通常の利用の範囲を超えて山林の伐採を行った。この場合に、以下のア～オの記述のうち、次の【考え方】に適合するものをすべて挙げた場合に、妥当なものの組合せはどれか。なお、対抗要件や即時取得については判例の見解に立つことを前提とする。

【考え方】：分離物が第三者に売却されても、抵当不動産と場所的一体性を保っている限り、抵当権の公示の衣に包まれているので、抵当権を第三者に対抗できるが、搬出されてしまうと、抵当権の効力自体は分離物に及ぶが、第三者に対する対抗力は喪失する。

ア　抵当山林上に伐採木材がある段階で木材がBから第三者に売却された場合には、A銀行は第三者への木材の引渡しよりも先に抵当権の登記を備えているので、第三者の搬出行為の禁止を求めることができる。

イ　抵当山林上に伐採木材がある段階で木材がBから第三者に売却され、占有改定による引渡しがなされたとしても、第三者のために即時取得は成立しない。

ウ　Bと取引関係にない第三者によって伐採木材が抵当山林から不当に別の場所に搬出された場合に、A銀行は第三者に対して元の場所へ戻すように請求できる。

エ　Bによって伐採木材が抵当山林から別の場所に搬出された後に、第三者がBから木材を買い引渡しを受けた場合において、当該木材が抵当山林から搬出されたものであることを第三者が知っているときは、当該第三者は木材の取得をA銀行に主張できない。

オ　第三者がA銀行に対する個人的な嫌がらせ目的で、Bをして抵当山林から伐採木材を別の場所に搬出させた後に、Bから木材を買い引渡しを受けた場合において、A銀行は、適切な維持管理をBに期待できないなどの特別の事情のない限り、第三者に対して自己への引渡しを求めることができない。

1　ア・イ・ウ・エ
2　ア・イ・ウ・オ
3　ア・イ・エ
4　ア・ウ・エ
5　イ・ウ・オ

総合テキスト LINK Chapter 20 抵当権 [2]

抵当権の効力

本問の【考え方】は、分離物についても抵当権の効力は及ぶが、その抵当権に対抗力が認められるかについては、その物が抵当不動産と**場所的一体性**を保っている場合、抵当権者は第三者にその抵当権を対抗できるが、**場所的一体性**を保っていない場合は対抗できなくなるとしている。

ア 妥当である 抵当山林上に伐採木材がある段階、すなわち、抵当不動産と分離物の**場所的一体性**は保たれている状態なので、A銀行は、抵当権を第三者に対抗できるため、第三者の搬出行為の禁止を求めることができる。

イ 妥当である 判例は、**占有改定**による引渡しでは即時取得は成立しないとしている（最判昭35.2.11）。本記述の第三者は、Bから木材を占有改定による引渡しを受けたにすぎないから、即時取得は成立しない。

ウ 妥当である 取引関係にない第三者は、そもそも民法177条の「**第三者**」には当たらないので、A銀行は、抵当権に基づき、伐採された木材を元の場所へ戻すように請求できる。

エ 妥当でない 177条の第三者は**善意・悪意を問わない**。そして、伐採木材が山林から搬出された後に、すなわち、抵当権の第三者に対する対抗力が失われた後に、第三者がBから木材を買い、引渡しを受けているから、第三者は木材の取得をA銀行に主張できる。

オ 妥当である 記述エの解説で述べたとおり、177条の第三者には善意・悪意は問われないが、**背信的悪意者**は、**信義則上**、第三者に当たらない（最判昭43.8.2）。そこで、本記述の第三者に対して、Aは抵当権の効力を対抗できる。

しかし、抵当権は非占有担保であるため、当然に分離物の自己への引渡しを求めることができるわけではない。この点、判例は、**抵当権に基づく妨害排除請求**の事案において、抵当不動産の所有者において抵当権に対する侵害が生じないように**抵当不動産を適切に維持管理することが期待できない場合**には、抵当権者は、占有者に対し、**直接自己**への抵当不動産の**明渡し**を求めることができるものというべきであるとした（最判平17.3.10）。

正解 2

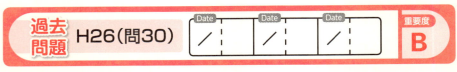

問題23 物上代位に関する次の記述のうち、民法の規定および判例に照らし、誤っているものはどれか。

1 対抗要件を備えた抵当権者は、物上代位の目的債権が譲渡され、譲受人が第三者に対する対抗要件を備えた後であっても、第三債務者がその譲受人に対して弁済する前であれば、自ら目的債権を差し押さえて物上代位権を行使することができる。

2 対抗要件を備えた抵当権者が、物上代位権の行使として目的債権を差し押さえた場合、第三債務者が債務者に対して反対債権を有していたとしても、それが抵当権設定登記の後に取得したものであるときは、当該第三債務者は、その反対債権を自働債権とする目的債権との相殺をもって、抵当権者に対抗することはできない。

3 動産売買の先取特権に基づく物上代位につき、動産の買主が第三取得者に対して有する転売代金債権が譲渡され、譲受人が第三者に対する対抗要件を備えた場合であっても、当該動産の元来の売主は、第三取得者がその譲受人に転売代金を弁済していない限り、当該転売代金債権を差し押さえて物上代位権を行使することができる。

4 動産売買の先取特権に基づく物上代位につき、買主がその動産を用いて第三者のために請負工事を行った場合であっても、当該動産の請負代金全体に占める価格の割合や請負人（買主）の仕事内容に照らして、請負代金債権の全部または一部をもって転売代金債権と同視するに足りる特段の事情が認められるときは、動産の売主はその請負代金債権を差し押さえて物上代位権を行使することができる。

5 抵当権者は、抵当不動産につき債務者が有する賃料債権に対して物上代位権を行使することができるが、同不動産が転貸された場合は、原則として、賃借人が転借人に対して取得した転貸賃料債権を物上代位の目的とすることはできない。

物上代位

1 正しい 【重】
抵当権の設定登記後に、目的不動産についての賃料債権が譲渡され、債権譲渡の対抗要件が具備されたとしても、「払渡し又は引渡し」には債権譲渡は含まれず、抵当権者は、自ら目的債権を差し押さえて物上代位権（民法372条・304条）を行使することができる（最判平10.1.30）。

2 正しい 【重】
抵当権者が物上代位権を行使して賃料債権の差押えをした後は、抵当不動産の賃借人（第三債務者）は、抵当権設定登記の後に賃貸人に対して取得した債権を自働債権とする賃料債権との相殺をもって、抵当権者に対抗することはできない（最判平13.3.13）。

3 誤り
動産売買の先取特権者は、物上代位の目的債権が譲渡され、第三者に対する対抗要件が備えられた後においては、目的債権を差し押さえて物上代位権を行使することができない（最判平17.2.22）。

4 正しい
請負工事に用いられた動産の売主は、原則として、請負人が注文者に対して有する請負代金債権に対して動産売買の先取特権に基づく物上代位権を行使することができないが、請負代金全体に占める当該動産価額の割合や請負契約における請負人との債務の内容等に照らして請負代金の全部又は一部を動産の転売による代金債権と同視するに足りる特段の事情がある場合には、請負人が注文者に対して有する請負代金債権に対しても、動産売買先取特権に基づく物上代位権の行使が認められる（最決平10.12.18）。

5 正しい 【重】
抵当権者は、抵当不動産の賃借人を所有者と同視することを相当とする場合を除き、その賃借人が取得すべき転貸賃料債権について物上代位権を行使できない（最決平12.4.14）。

正解　3

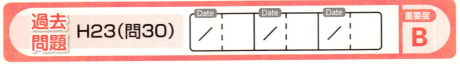

問題24 法定地上権に関する次の記述のうち、民法の規定および判例に照らし、妥当なものはどれか。

1 Aは、自己所有の土地（更地）に抵当権を設定した後に、その土地上に建物を建築したが、抵当権の被担保債権について弁済をすることができなかった。この場合において、抵当権者が抵当権を実行して土地を競売すると、この建物のために法定地上権は成立せず建物は収去されなければならなくなることから、抵当権者は、土地とその上の建物を一括して競売しなければならない。

2 AがBから土地を借りてその土地上に建物を所有している場合において、Bは、その土地上に甲抵当権を設定したが、Aから建物を取得した後に、さらにその土地に乙抵当権を設定した。その後、Bは、甲抵当権の被担保債権について弁済したので甲抵当権は消滅したが、乙抵当権の被担保債権については弁済できなかったので、乙抵当権が実行され、その土地は買受人Cが取得した。この場合、この建物のために法定地上権は成立しない。

3 AがBから土地を借りてその土地上に建物を所有している場合において、Aは、その建物上に甲抵当権を設定したが、Bから土地を取得した後に、さらにその建物に乙抵当権を設定した。その後、Aは、甲抵当権の被担保債権について弁済できなかったので、甲抵当権が実行され、その建物は買受人Cが取得した。この場合、この建物のために法定地上権は成立しない。

4 Aが自己所有の土地と建物に共同抵当権を設定した後、建物が滅失したため、新たに建物を再築した場合において、Aが抵当権の被担保債権について弁済することができなかったので、土地についての抵当権が実行され、その土地は買受人Bが取得した。この場合、再築の時点での土地の抵当権が再築建物について土地の抵当権と同順位の共同抵当権の設定を受けたなどの特段の事由のない限り、再築建物のために法定地上権は成立しない。

5 AとBが建物を共同で所有し、Aがその建物の敷地を単独で所有している場合において、Aがその土地上に抵当権を設定したが、抵当権の被担保債権について弁済できなかったので、その抵当権が実行され、その土地は買受人Cが取得した。この場合、この建物のために法定地上権は成立しない。

法定地上権

1 妥当でない
更地に抵当権を設定した後にその土地の所有者がその上に建物を建てた場合は、「**抵当権設定当時**に、**土地とその上に建物が存在する**」という要件を充足せず、法定地上権は成立しない（最判昭36.2.10）。もっとも、抵当権の設定後に抵当地に建物が築造されたときは、抵当権者は、土地とともにその建物を競売することができる（民法389条1項本文）。これは土地の抵当権者にその土地上の建物を土地とともに一括して競売することを権利として認めたものであり、義務ではない。

2 妥当でない 重
土地を目的とする1番抵当権設定当時は土地と地上建物の所有者が異なり、法定地上権成立の要件が充足されていなかったが、土地と建物が同一人の所有に帰した後に後順位抵当権が設定された場合に、「**土地及びその上に存する建物が同一の所有者に属する**」（388条）という要件を満たすかが問題となる。上記場合について、抵当権の実行により1番抵当権が消滅するときは、上記要件を充足せず、法定地上権は成立しない（最判平2.1.22）。しかしながら、上記場合について、**土地を目的とする先順位の抵当権が消滅した後に後順位の抵当権が実行された場合においては、上記要件を充足し、法定地上権が成立する**（最判平19.7.6）。

3 妥当でない 重
建物への1番抵当権設定時には土地と建物の所有者が同一でなかったが、**2番抵当権設定時**にはそれらの所有者が同一となった場合には、1番抵当権が実行されたときであっても、**法定地上権は成立する**（大判昭14.7.26）。

4 妥当である 重
所有者が土地及び地上建物に共同抵当を設定した後にこの建物が取り壊され、この土地上に新たに建物が建築された場合には、新建物の所有者が**土地の所有者**と同一であり、かつ、新建物が建築された時点での土地の抵当権者が新建物について土地の抵当権と同順位の共同抵当の設定を受けたなどの特段の事情のない限り、新建物のために法定地上権は成立しない（最判平9.2.14）。

5 妥当でない
建物の共有者の1人がその敷地を単独で所有する場合において、この土地に設定された抵当権が実行され、第三者がこれを競落したときは、この土地につき、**建物共有者全員**のために、法定地上権が成立する（最判昭46.12.21）。

正解 4

Chapter 12 債権の効力

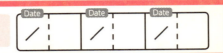

問題25　債務不履行に関する次の記述のうち、正しいものはどれか。

1　Aが、その所有する建物をBに売却する契約を締結したが、その後、引渡しまでの間にAの火の不始末により当該建物が焼失した。Bは、引渡し期日が到来した後でなければ、当該売買契約を解除することができない。

2　Aが、その所有する建物をBに売却する契約を締結したが、その後、引渡し期日が到来してもAはBに建物を引き渡していない。Bが、期間を定めずに催告した場合、Bは改めて相当の期間を定めて催告をしなければ、当該売買契約を解除することはできない。

3　Aが、その所有する土地をBに売却する契約を締結し、その後、Bが、この土地をCに転売した。Bが、代金を支払わないため、Aが、A・B間の売買契約を解除した場合、C名義への移転登記が完了しているか否かにかかわらず、Cは、この土地の所有権を主張することができる。

4　債務不履行責任が発生するためには、常に契約その他の債務の発生原因及び取引上の社会通念に照らして債務者の責めに帰すべき事由が必要である。

5　債務者の債務不履行について、債権者にも過失があった場合には、裁判所は損害賠償額についてこれを斟酌しなければならない。

契約の不履行

1 誤り

履行の全部又は一部が不能となったときは、債権者は、**契約の解除**をすることができる（民法542条1項1号、2項1号）。本記述では、売買の目的物である建物が焼失したことにより、Aの建物引渡債務は履行期前に履行不能になっている。そして、履行不能に基づく解除権は、**履行期の到来を待たずに、履行不能時**に発生する（同条参照）。したがって、本記述の場合、Bは、引渡し期日が到来する前であっても、売買契約を解除することができる。

2 誤り 重

当事者の一方がその債務を履行しない場合において、相手方が**相当の期間を定めて**その履行の催告をし、その期間内に履行がないときは、相手方は、契約の解除をすることができる（541条本文）。判例によれば、期間を定めないで催告をした場合であっても、**その催告の時から相当な期間を経過した**後であれば、契約の解除をすることができる（大判昭2.2.2）。したがって、本記述の場合、Bの催告の時から相当な期間が経過すれば、Bは、改めて相当の期間を定めて催告をしなくても、売買契約を解除することができる。

3 誤り 重

当事者の一方がその解除権を行使したときは、各当事者は、その相手方を原状に復させる義務を負う。ただし、第三者の権利を害することはできない（545条1項）。判例によれば、545条1項ただし書の「第三者」として保護されるためには、**その権利につき対抗要件**を備えている必要がある（最判昭33.6.14）。したがって、本記述の場合、C名義への移転登記が完了していなければ、Cは土地の所有権を主張することはできない。

4 誤り 重

金銭の給付を目的とする債務の不履行の場合には、不可抗力であっても債務不履行責任を負い、債務者の責めに帰すべき事由は不要である（419条3項）。その代わり、損害賠償責任の範囲は利息の額に限定されている（最判昭48.10.11）。

5 正しい

不法行為の場合（722条2項）と異なり、債務不履行においては、**過失相殺**は必要的斟酌である（418条）。

正解　5

 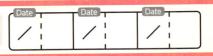

問題26　AとBは、令和3年7月1日にAが所有する絵画をBに1000万円で売却する売買契約を締結した。同契約では、目的物は契約当日引き渡すこと、代金はその半額を目的物と引き換えに現金で、残金は後日、銀行振込の方法で支払うこと等が約定され、Bは、契約当日、約定通りに500万円をAに支払った。この契約に関する次のア～オのうち、民法の規定および判例に照らし、妥当でないものの組合せはどれか。

ア　残代金の支払期限が令和3年10月1日と定められていたところ、Bは正当な理由なく残代金500万円の支払いをしないまま2か月が徒過した。この場合、Aは、Bに対して、2か月分の遅延損害金について損害の証明をしなくとも請求することができる。

イ　残代金の支払期限が令和3年10月1日と定められていたところ、Bは正当な理由なく残代金500万円の支払いをしないまま2か月が徒過した場合、Aは、Bに対して、遅延損害金のほか弁護士費用その他取立てに要した費用等を債務不履行による損害の賠償として請求することができる。

ウ　残代金の支払期限が令和3年10月1日と定められていたところ、Bは残代金500万円の支払いをしないまま2か月が徒過した。Bは支払いの準備をしていたが、同年9月30日に発生した大規模災害の影響で振込システムに障害が発生して振込ができなくなった場合、Aは、Bに対して残代金500万円に加えて2か月分の遅延損害金を請求することができる。

エ　Aの母の葬儀費用にあてられるため、残代金の支払期限が「母の死亡日」と定められていたところ、令和3年10月1日にAの母が死亡した。BがAの母の死亡の事実を知らないまま2か月が徒過した場合、Aは、Bに対して、残代金500万円に加えて2か月分の遅延損害金を請求することができる。

オ　残代金の支払期限について特段の定めがなかったところ、令和3年10月1日にAがBに対して残代金の支払いを請求した。Bが正当な理由なく残代金の支払いをしないまま2か月が徒過した場合、Aは、Bに対して、残代金500万円に加えて2か月分の遅延損害金を請求することができる。

1　ア・イ　　2　ア・オ　　3　イ・エ　　4　ウ・エ　　5　ウ・オ

債務不履行に基づく損害賠償

ア 妥当である 重
　金銭債務の不履行に基づく損害賠償については、債権者は、損害の証明をすることを要しない（民法419条2項）。したがって、Aは、Bに対して、2か月分の遅延損害金について損害の証明をしなくても請求することができる。

イ 妥当でない
　判例は、「債権者は、金銭債務の不履行による損害賠償として、債務者に対し弁護士費用その他の取立費用を請求することはできない」としている（最判昭48.10.11）。したがって、Aは、Bに対して、遅延損害金のほか弁護士費用その他取立てに要した費用等を債務不履行による損害の賠償として請求することはできない。

ウ 妥当である 超
　金銭債務の不履行に基づく損害賠償については、債務者は、不可抗力をもって抗弁とすることができない（419条3項）。したがって、大規模災害の影響で振込システムに障害が発生して振込ができなくなったというような不可抗力の場合であったとしても、Aは、Bに対して残代金500万円に加えて2か月分の遅延損害金を請求することができる。

エ 妥当でない 超
　「母の死亡日」という支払期限は、不確定期限である。民法412条2項は、「債務の履行について不確定期限があるときは、債務者は、その期限の到来した後に履行の請求を受けた時又はその期限の到来したことを知った時のいずれか早い時から遅滞の責任を負う。」と規定している。本記述において、Bは期限の到来したことを知らず、また、Aは期限の到来から2か月を経過して初めて履行の請求をしているので、Bは未だ履行遅滞の責任を負っていない。したがって、Aは、Bに対して残代金500万円に加えて2か月分の遅延損害金を請求することはできない。

オ 妥当である 超
　412条3項は、「債務の履行について期限を定めなかったときは、債務者は、履行の請求を受けた時から遅滞の責任を負う。」と規定している。本記述では、令和3年10月1日、Aは、Bに対して、残代金の支払請求をしている。そのため、Bは、Aから履行の請求を受けた時から遅滞の責任を負うことになる。したがって、Bが正当な理由なく残代金の支払いをしないまま2か月が徒過した場合、Aは、Bに対して、残代金500万円に加えて2か月分の遅延損害金を請求することができる。

正解　3

Chapter 12　債権の効力

Chapter 13 責任財産の保全

過去問題 R3(問32)

問題27 債権者代位権に関する次の記述のうち、民法の規定に照らし、正しいものはどれか。

1 債権者は、債務者に属する権利（以下「被代位権利」という。）のうち、債務者の取消権については、債務者に代位して行使することはできない。

2 債権者は、債務者の相手方に対する債権の期限が到来していれば、自己の債務者に対する債権の期限が到来していなくても、被代位権利を行使することができる。

3 債権者は、被代位権利を行使する場合において、被代位権利が動産の引渡しを目的とするものであっても、債務者の相手方に対し、その引渡しを自己に対してすることを求めることはできない。

4 債権者が、被代位権利の行使に係る訴えを提起し、遅滞なく債務者に対し訴訟告知をした場合には、債務者は、被代位権利について、自ら取立てその他の処分をすることはできない。

5 債権者が、被代位権利を行使した場合であっても、債務者の相手方は、被代位権利について、債務者に対して履行をすることを妨げられない。

債権者代位権

1 誤 り　被代位権利は、「債務者に属する権利」（民法423条1項本文）であれば、原則としてその種類を問わず、取消権のような形成権でもよいとされている。

2 誤 り 重　民法423条2項本文は、「債権者は、その債権の期限が到来しない間は、被代位権利を行使することができない。」と規定している。

3 誤 り 超　423条の3前段は、「債権者は、被代位権利を行使する場合において、被代位権利が……動産の引渡しを目的とするものであるときは、相手方に対し、その……引渡しを自己に対してすることを求めることができる。」と規定している。

4 誤 り 重　423条の5前段は、「債権者が被代位権利を行使した場合であっても、債務者は、被代位権利について、自ら取立てその他の処分をすることを妨げられない。」と規定している。したがって、本記述の場合でも、債務者は、被代位権利について、自ら取立てその他の処分をすることができる。

5 正しい　債権者が被代位権利を行使した場合であっても、相手方は、被代位権利について、債務者に対して履行をすることを妨げられない（423条の5後段）。

正解　5

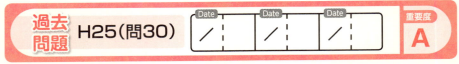

問題28 詐害行為取消権に関する次の記述のうち、民法の規定および判例に照らし、妥当なものはどれか。

1 遺産分割協議は、共同相続人の間で相続財産の帰属を確定させる行為であるが、相続人の意思を尊重すべき身分行為であり、詐害行為取消権の対象となる財産権を目的とする法律行為にはあたらない。

2 相続放棄は、責任財産を積極的に減少させる行為ではなく、消極的にその増加を妨げる行為にすぎず、また、相続放棄は、身分行為であるから、他人の意思によって強制されるべきではないので、詐害行為取消権行使の対象とならない。

3 離婚における財産分与は、身分行為にともなうものではあるが、財産権を目的とする法律行為であるから、財産分与が配偶者の生活維持のためやむをえないと認められるなど特段の事情がない限り、詐害行為取消権の対象となる。

4 詐害行為取消権は、総ての債権者の利益のために債務者の責任財産を保全する目的において行使されるべき権利であるから、債権者が複数存在するときは、取消債権者は、総債権者の総債権額のうち自己が配当により弁済を受けるべき割合額でのみ取り消すことができる。

5 詐害行為取消権は、総ての債権者の利益のために債務者の責任財産を保全する目的において行使されるべき権利であるから、取消しに基づいて返還すべき財産が金銭である場合に、取消債権者は受益者に対して直接自己への引渡しを求めることはできない。

詐害行為取消権

1 妥当でない 重

共同相続人の間で成立した遺産分割協議（民法907条1項）は、相続の開始によって共同相続人の共有となった相続財産について、その全部又は一部を、各相続人の単独所有とし、又は新たな共有関係に移行させることによって、相続財産の帰属を確定させるものであり、その性質上、**財産権を目的とする行為**である。したがって、**遺産分割協議は**、詐害行為取消権（424条）行使の対象となる**財産権を目的とする行為**に当たる（最判平11.6.11）。

2 妥当である 重

詐害行為取消権行使の対象となる行為は、積極的に債務者の財産を減少させる行為であることを要し、消極的にその増加を妨げるにすぎないものを包含しないものと解されるところ、相続の放棄（938条以下）は、既得財産の増加を消極的に妨げる行為にすぎず、かつ、このような**身分行為**については他人の意思による強制をすべきでないから、**詐害行為取消権行使の対象とならない**（最判昭49.9.20）。

3 妥当でない 重

離婚に伴う財産分与として金銭の給付をする旨の合意は、当然には詐害行為取消権行使の対象とはならないが、それが民法**768条3項の規定の趣旨に反してその額が不相当に過大**であり、財産分与に**仮託**してされた財産処分であると認めるに足りるような特段の事情があるときは、不相当に過大な部分について、**その限度において詐害行為取消権行使の対象となる**（最判平12.3.9）。

4 妥当でない

424条の8第1項は、「債権者は、詐害行為取消請求をする場合において、債務者がした行為の目的が可分であるときは、自己の債権の額の限度においてのみ、その行為の取消しを請求することができる。」と規定している。他方で、詐害行為の客体が**不可分の場合**、取消債権者は、**自己の被保全債権額に関係なく**、詐害行為全部を取り消すことができる（最判昭30.10.11）。したがって、総債権者の総債権額のうち自己が配当により弁済を受けるべき割合額でのみ取り消すことができるのではない。

5 妥当でない 重

詐害行為取消権に基づいて返還すべき財産が金銭である場合、取消債権者は、受益者に対して**直接自己**への引渡しを求めることができる（424条の9第1項前段）。

正解 2

Chapter 14 多数当事者の債権・債務

伊藤塾オリジナル問題

重要度 A

問題29 多数当事者の債権及び債務に関する次のアからオの記述のうち、民法の規定及び判例に照らし正しいものの組合せはどれか。

ア 連帯債務者の1人に対してした債務の免除は、他の連帯債務者との関係においてもその効力を生ずる。また、連帯債権者の1人が債務者にした債務の免除は、他の連帯債権者との関係においてもその効力が生じる。

イ 連帯債務者の1人と債権者との間に更改があったときは、債権は、全ての連帯債務者の利益のために消滅する。また、連帯債権者の1人と債務者との間に更改があったときは、その連帯債権者がその権利を失わなければ分与されるべき利益に係る部分については、他の連帯債権者は、履行を請求することができない。

ウ 連帯債務者の1人が債権者に対して反対債権を有する場合において、その者が相殺を援用しない間は、他の連帯債務者は、反対債権の全額に当たる額について、債権者に対して債務の履行を拒むことができる。また、保証人は、相殺権の行使によって主たる債務者がその債務を免れるべき限度において、債権者に対して債務の履行を拒むことができる。

エ 債権譲渡をした債権者が主たる債務者に対して確定日付によらない通知をした場合には、債権の譲受人は、保証人に対し、債権の譲渡を対抗することができる。また、債権者が保証人に対して確定日付によらない通知をした場合には、保証人に対してのみ、債権の譲渡を対抗することができる。

オ 主たる債務者がした債務の存在の承認による時効の更新の効力は、保証人にも及ぶが、主たる債務者がした時効利益の放棄の効力は、保証人には及ばない。

1 ア・ウ
2 ア・エ
3 イ・ウ
4 イ・オ
5 エ・オ

総合テキスト LINK Chapter 25 多数当事者の債権・債務 ②

168 民 法

多数当事者の債権・債務

ア 誤り 重
連帯債務者の1人に対して債務の免除がされた場合であっても、他の連帯債務者に対しては、その効力を生じない（相対的効力の原則　民法441条本文）。これに対して、連帯債権者の1人と債務者との間に免除があったときは、その連帯債権者がその権利を失わなければ分与されるべき利益に係る部分については、他の連帯債権者は、履行を請求することができない（433条）。

イ 正しい 重
連帯債務者の1人と債権者との間に更改があったときは、債権は、全ての連帯債務者の利益のために消滅する（438条）。また、連帯債権者の1人と債務者との間に更改があったときは、その連帯債権者がその権利を失わなければ分与されるべき利益に係る部分については、他の連帯債権者は、履行を請求することができない（433条）。

ウ 誤り 重
連帯債務者の1人が債権者に対して反対債権を有する場合において、その者が相殺を援用しない間は、他の連帯債務者は、反対債権を有する連帯債務者の負担部分の限度において、債権者に対して債務の履行を拒むことができる（439条2項）。本記述は、問題文の前段につき、反対債権の全額に当たる額について履行を拒むことができるとしているが、あくまで負担部分の限度において拒むことができるのである。一方、保証人は、相殺権の行使によって主たる債務者がその債務を免れるべき限度において、債権者に対して債務の履行を拒むことができる（457条3項）。

エ 誤り
債権譲渡の対抗要件としての通知が主たる債務者に対してのみされたときでも、当該通知は、主たる債務者及び保証人に対する対抗要件となるため（大判大6.7.2）、債権譲渡をした債権者が主たる債務者に対して確定日付によらない通知をした場合には、債権の譲受人は、保証人に対し、債権の譲渡を対抗することができる。これに対して、債権譲渡の対抗要件としての通知が保証人に対してのみされても、主たる債務者のみならず、保証人に対しても対抗要件とならない（大判昭9.3.29）。

オ 正しい 重
主たる債務者がした債務の存在の承認による時効の更新の効力は、保証人にも及ぶ（457条1項、152条1項）。これに対して、主たる債務者が時効完成後に主たる債務について時効利益の放棄をしても、保証人に影響を及ぼさない（大判昭6.6.4）。

正解　4

Chapter 14　多数当事者の債権・債務

問題30　保証に関する1～5の「相談」のうち、民法の規定および判例に照らし、「可能です」と回答しうるものはどれか。

1　私は、AがBとの間に締結した土地の売買契約につき、売主であるAの土地引渡等の債務につき保証人となりましたが、このたびBがAの債務不履行を理由として売買契約を解除しました。Bは、私に対して、Aが受領した代金の返還について保証債務を履行せよと主張しています。私が保証債務の履行を拒むことは可能でしょうか。

2　私は、AがBから金銭の貸付を受けるにあたり、Aに頼まれて物上保証人となることにし、Bのために私の所有する不動産に抵当権を設定しました。このたびAの債務の期限が到来しましたが、最近資金繰りに窮しているAには債務を履行する様子がみられず、抵当権が実行されるのはほぼ確実です。私はAに資力があるうちにあらかじめ求償権を行使しておきたいのですが、これは可能でしょうか。

3　私の経営する会社甲は、AがBと新たに取引関係を結ぶにあたり、取引開始時から3カ月間の取引に関してAがBに対して負う一切の債務を保証することとし、契約書を作成しましたが、特に極度額を定めていませんでした。このたび、この期間内のA・B間の取引によって、私が想定していた以上の債務をAが負うことになり、Bが甲に対して保証債務の履行を求めてきました。甲が保証債務の履行を拒むことは可能でしょうか。

4　私は、AがB所有のアパートを賃借するにあたりAの保証人となりました。このたびA・B間の契約がAの賃料不払いを理由として解除されたところ、Bは、Aの滞納した賃料だけでなく、Aが立ち退くまでの間に生じた損害の賠償についても保証債務の履行をせよと主張しています。私は保証債務の履行を拒むことは可能でしょうか。

5　私は、AがBから400万円の貸付を受けるにあたり、Aから依頼されてCと共に保証人となりましたが、その際、私およびCは、Aの債務の全額について責任を負うものとする特約を結びました。このたび、私はBから保証債務の履行を求められて400万円全額を弁済しましたが、私は、Cに対して200万円の求償を請求することが可能でしょうか。

保　証

1 「可能です」と回答しえない　【重】
判例は、**特定物**の売買契約における売主のための保証人は、**特に反対の意思表示のない限り**、売主の債務不履行により契約が解除された場合における**原状回復義務**についても、保証の責めに任ずるとしている（最大判昭40.6.30）。したがって、「私」は保証債務の履行を拒むことはできない。

2 「可能です」と回答しえない　【重】
物上保証人は、被担保債権の弁済期が到来しても、**あらかじめ求償権を行使することはできない**（最判平2.12.18）。したがって、「私」はAに資力があるうちにあらかじめ求償権を行使しておくことはできない。

3 「可能です」と回答しえない
一定の範囲に属する不特定の債務を主たる債務とする保証契約であって保証人が法人でないものを個人根保証契約という（民法465条の2第1項）。そして、個人根保証契約は、**極度額を定めなければ**、その効力を生じない（同条2項）。もっとも、**法人が保証人であるときには、個人根保証契約に関する規定の適用を受けない**（同条1項）。したがって、本記述の場合、極度額の定めがなくとも、保証契約は有効であり、甲が保証債務の履行を拒むことはできない。

4 「可能です」と回答しえない
賃貸借契約が解除された場合、**賃借人の保証人の責任は、当然に損害賠償義務に及ぶ**（大判昭13.1.31）。したがって、「私」は保証債務の履行を拒むことができない。

5 「可能です」と回答しうる
本記述において、「私」及びCは、Aの債務の全額について責任を負うものとする特約を結び、共に保証人となったとあることから、私及びCはAの共同保証人（連帯保証又は保証連帯）となる。そして、私はBから保証債務の履行を求められて400万円全額を弁済したのだから、**他の共同保証人Cに対し、自己の負担部分に応じた額について求償権を行使することができる**（465条1項・442条1項）。

正解　5

Chapter 15 債権譲渡

過去問 R2(問31) 重要度 B

問題31 Aは、Bに対して金銭債務（以下、「甲債務」という。）を負っていたが、甲債務をCが引き受ける場合（以下、「本件債務引受」という。）に関する次の記述のうち、民法の規定に照らし、誤っているものはどれか。

1 本件債務引受について、BとCとの契約によって併存的債務引受とすることができる。

2 本件債務引受について、AとCとの契約によって併存的債務引受とすることができ、この場合においては、BがCに対して承諾をした時に、その効力が生ずる。

3 本件債務引受について、BとCとの契約によって免責的債務引受とすることができ、この場合においては、BがAに対してその契約をした旨を通知した時に、その効力が生ずる。

4 本件債務引受について、AとCが契約をし、BがCに対して承諾することによって、免責的債務引受とすることができる。

5 本件債務引受については、それが免責的債務引受である場合には、Cは、Aに対して当然に求償権を取得する。

債務引受

1 正しい 重
民法470条2項は、「**併存的債務引受**は、**債権者**と**引受人**となる者との契約によってすることができる。」と規定している。

2 正しい 重
470条3項は、「**併存的債務引受**は、**債務者**と**引受人**となる者との契約によってもすることができる。この場合において、併存的債務引受は、債権者が引受人となる者に対して**承諾**をした時に、その効力を生ずる。」と規定している。

3 正しい 重
472条2項は、「**免責的債務引受**は、**債権者**と**引受人**となる者との契約によってすることができる。この場合において、免責的債務引受は、債権者が債務者に対してその契約をした旨を**通知**した時に、その効力を生ずる。」と規定している。

4 正しい 重
472条3項は、「**免責的債務引受**は、**債務者**と**引受人**となる者が契約をし、債権者が引受人となる者に対して**承諾**をすることによってもすることができる。」と規定している。

5 誤り
472条の3は、「**免責的債務引受**の引受人は、債務者に対して**求償権**を取得しない。」と規定している。

正解　5

問題32 AのBに対する売買代金債権甲に譲渡禁止の特約がある場合に関する次の記述のうち、民法の規定および判例に照らし、妥当なものはどれか。

1　債権甲を譲り受けたCが譲渡禁止の特約を知らなかったことにつき過失がある場合には、それが重大な過失とはいえないときであっても、Cは、債権甲を取得することができない。

2　Cが譲渡禁止の特約の存在を知りながら債権甲を譲り受けた場合において、CがBに対して相当の期間を定めてCへの履行の催告をしたが、その期間内に履行がないときは、Bは、Cに対し、譲渡禁止を理由として債務の履行を拒むことができない。

3　Bは、債権甲に対する強制執行をした差押債権者Cに対しては、Cが譲渡禁止の意思表示について悪意または重過失であっても、債務の履行を拒むことができない。

4　Aが将来発生すべき債権甲をCに譲渡し、Bに対してその通知をした後、AB間で債権甲につき譲渡禁止の特約をし、その後債権甲が発生した。この場合には、Bは、Cに対し、Cがその特約の存在を知っていたものとみなして、債務の履行を拒むことができる。

5　債権甲について抵当権が設定されているとともに保証人Cがいる場合、Cが弁済による代位により抵当権を実行しようとするときは、Cは、債権甲が自己に移転したことについて債権譲渡の対抗要件を備えなければ、B及びその他の第三者に対抗することができない。

債権譲渡

1 妥当でない　超
債権は、譲り渡すことができる（民法466条1項本文）。また、当事者が債権の譲渡制限の意思表示をしたときであっても、債権の譲渡は、その効力を妨げられない（同条2項）。したがって、債権の譲受人は、当該債権を取得することができる。

2 妥当でない
債権の譲渡制限の意思表示がされたことを知り、又は重大な過失によって知らなかった譲受人その他の第三者に対しては、債務者は、その債務の履行を拒むことができる（466条3項前段）。この規定は、債務者が債務を履行しない場合において、当該第三者が相当の期間を定めて譲渡人への履行の催告をし、その期間内に履行がないときは、その債務者については、適用しないとされる（同条4項）。しかし、本記述において、譲受人Cは、譲渡人であるAへの履行の催告ではなく、C自らへの履行の催告をしていることから、同条4項の規定は妥当しない。したがって、同条3項前段により、Bは、悪意の譲受人であるCに対して債務の履行を拒むことができる。

3 妥当である　重
債権の譲渡制限の意思表示がされたことを知り、又は重大な過失によって知らなかった譲受人その他の第三者に対しては、債務者は、その債務の履行を拒むことができ、かつ、譲渡人に対する弁済その他の債務を消滅させる事由をもってその第三者に対抗することができる（466条3項）。もっとも、当該規定は、譲渡制限の意思表示がされた債権に対する強制執行をした差押債権者に対しては、適用されない（466条の4第1項）。

4 妥当でない　重
債権譲渡の対抗要件具備時（467条）までに譲渡制限の意思表示がされたときは、譲受人その他の第三者はそのことを知っていたものとみなされ（466条の6第3項）、債務者は、当該譲受人その他の第三者に対して、その債務の履行を拒むことができる（466条3項前段）。本記述の場合、対抗要件具備時（Bに対する通知）の後に、譲渡禁止の特約がされていることから、譲受人Cがその特約の存在を知っていたものとみなされることはなく、債務者Bは、債務の履行を拒むことができない。

5 妥当でない　重
債務者のために弁済をした者は、債権者に代位する（499条）。この場合、弁済をするについて正当な利益を有する者が債権者に代位するときを除き、債権の譲渡に関して対抗要件を具備しなければ、債務者その他の第三者に弁済による代位を対抗することができない（500条）。本記述では、保証人は「弁済をするについて正当な利益を有する者」に該当するため、債権の譲渡に関する対抗要件を備える必要はない。

正解　3

Chapter 15　債権譲渡

Chapter 16 債権の消滅

過去問 H27（問32）　重要度 B

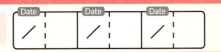

問題33 AがBに対して電器製品を売却する旨の売買契約（両債務に関する履行期日は同一であり、AがBのもとに電器製品を持参する旨が約されたものとする。以下、「本件売買契約」という。）に関する次の記述のうち、民法の規定および判例に照らし、誤っているものはどれか。

1　Bが履行期日を過ぎたにもかかわらず売買代金を支払わない場合であっても、Aが電器製品をBのもとに持参していないときは、Aは、Bに対して履行遅滞に基づく損害賠償責任を問うことはできない。

2　Aが履行期日に電器製品をBのもとに持参したが、Bが売買代金を準備していなかったため、Aは電器製品を持ち帰った。翌日AがBに対して、電器製品を持参せずに売買代金の支払を求めた場合、Bはこれを拒むことができる。

3　Bが予め受領を拒んだため、Aは履行期日に電器製品をBのもとに持参せず、その引渡しの準備をしたことをBに通知して受領を催告するにとどめた場合、Bは、Aに対して、電器製品の引渡しがないことを理由として履行遅滞に基づく損害賠償責任を問うことはできない。

4　履行期日にAが電器製品を持参したにもかかわらず、Bが売買代金の支払を拒んだ場合、Aは、相当期間を定めて催告した上でなければ、原則として本件売買契約を解除することができない。

5　履行期日になってBが正当な理由なく売買代金の支払をする意思がない旨を明確に示した場合であっても、Aは、電器製品の引渡しの準備をしたことをBに通知して受領を催告しなければ、Bに対して履行遅滞に基づく損害賠償責任を問うことができない。

総合テキスト LINK　Chapter 27　債権の消滅　②
　　　　　　　　　　Chapter 30　契約の解除　②

176　民　法

弁済の提供・受領遅滞

1 正しい　重
　債務者がその**債務の本旨に従った履行**をしないときは、債権者は、これによって生じた**損害の賠償**を請求することができる（民法415条1項本文）。もっとも、債務者に同時履行の抗弁権など、とくに**履行遅滞を正当づける理由**があるときは、**履行遅滞の責任が生じない**（533条本文参照）。したがって、Aは、Bに対して履行遅滞に基づく損害賠償責任を問うことはできない。

2 正しい　重
　当事者の一方が一度自己の債務を提供し、相手方に債務の履行を求めたが相手方が応じず、後日に**再度の履行を求める**場合、**改めて自身の債務の提供**をしなければならない（大判明44.12.11、最判昭34.5.14）。したがって、Bは、Aが電器製品を持参せずに売買代金の支払を求めてきた場合、これを拒むことができる。

3 正しい　重
　弁済の提供は、**債務の本旨に従って現実に**しなければならない（**現実の提供**　493条本文）。ただし、**債権者があらかじめその受領を拒んでいる**場合には、弁済の準備をしたことを**通知**してその受領の**催告**をすれば足りる（**口頭の提供**　同条ただし書）。そして、弁済の提供により、債務者は、債務不履行に基づく損害賠償責任を負わなくなる（492条）。したがって、あらかじめ受領を拒んでいたBは、口頭の提供をなしているAに対して、電器製品の引渡しがないことを理由として履行遅滞に基づく損害賠償責任を問うことはできない。

4 正しい
　当事者の一方がその**債務を履行しない**場合において、相手方が**相当の期間を定めてその履行の催告**をし、その**期間内に履行がない**ときは、相手方は、契約の解除をすることができる（541条本文）。したがって、Aは、相当期間を定めて催告した上でなければ、原則として本件売買契約を解除することができない。

5 誤り　重
　双務契約の当事者の一方が自己の債務の**履行をしない意思を明確**にした場合には、相手方が自己の債務の**弁済の提供をしなくても**、当事者の一方は、自己の債務の不履行について履行遅滞の責めを免れることを得ない（最判昭41.3.22）。したがって、Aは、電器製品の引渡しの準備をしたことをBに通知して受領を催告しなければ、Bに対して履行遅滞に基づく損害賠償責任を問うことができないわけではない。

正解　5

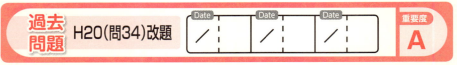

問題34 相殺に関する次のア～ウの記述のうち、相殺の効力が生じるものをすべて挙げた場合、民法の規定および判例に照らし、妥当なものの組合せはどれか。

ア　AがBに対して2023年5月5日を弁済期とする300万円の売掛代金債権を有し、BがAに対して2023年7月1日を弁済期とする400万円の貸金債権を有している。この場合に、2023年5月10日にAがBに対してする相殺。

イ　AがBに対して2021年5月5日を弁済期とする300万円の貸金債権を有していたところ、2021年7月1日にAがBに対して暴力行為をはたらき、2023年7月5日に、Aに対してこの暴力行為でBが被った損害300万円の賠償を命ずる判決がなされた。この場合に、2023年7月5日にAがBに対してする相殺。

ウ　A銀行がBに対して2022年7月30日に期間1年の約定で貸し付けた400万円の貸金債権を有し、他方、BがA銀行に対して2023年7月25日を満期とする400万円の定期預金債権を有していたところ、Bの債権者CがBのA銀行に対する当該定期預金債権を差し押さえた。この場合に、2023年8月1日にA銀行がBに対してする相殺。

1　ア・イ
2　ア・ウ
3　イ
4　イ・ウ
5　ウ

相 殺

ア 妥当である 重

「2人が互いに同種の目的を有する債務を負担する場合において、双方の債務が弁済期にあるときは、各債務者は、その対当額について相殺によってその債務を免れることができる。ただし、債務の性質がこれを許さないときは、この限りでない。」（民法505条1項）。また、自働債権の債権者は、**受働債権の期限の利益を放棄することができる**（136条2項本文）。したがって相殺の効力が生じる。

イ 妥当でない 重

民法509条柱書は、「次に掲げる**債務**の債務者は、相殺をもって債権者に対抗することができない。ただし、その債権者がその債務に係る債権を他人から譲り受けたときは、この限りでない。」と規定している。そして、同条1号は、「**悪意による不法行為に基づく損害賠償の債務**」を掲げ、同条2号は、「**人の生命又は身体の侵害による損害賠償の債務**（前号に掲げるものを除く。）」を掲げている。本記述のAの相殺は、AがBに対して暴力行為をはたらき、Bが被った損害300万円の賠償を命ずる判決による不法行為に基づく損害賠償請求権を受働債権とするものであり、Aに「悪意」があれば509条1号により、Aに「悪意」がなければ同条2号により相殺をもって債権者に対抗することができない。したがって相殺の効力が生じない。

ウ 妥当である 重

511条1項は、「差押えを受けた債権の第三債務者は、**差押え後に取得した債権による相殺**をもって差押債権者に対抗することはできないが、**差押え前に取得した債権による相殺**をもって対抗することができる。」と規定している。したがって相殺の効力が生じる。

正解　2

Chapter 17 契約の意義・成立

過去問 H19（問33）

問題35　AはBから中古車を購入する交渉を進めていたが、購入条件についてほぼ折り合いがついたので、Bに対して書面を郵送して購入の申込みの意思表示を行った。Aは、その際、承諾の意思表示について「8月末日まで」と期間を定めて申し入れていたが、その後、契約の成否について疑問が生じ、知り合いの法律家Cに相談を持ちかけた。次のア～オのAの質問のうち、Cが「はい、そのとおりです。」と答えるべきものの組合せは、1～5のどれか。

ア　「私は、申込みの書面を発送した直後に気が変わり、今は別の車を買いたいと思っています。Bが承諾の意思表示をする前に申込みを撤回すれば、契約は成立しなかったということになるでしょうか。」

イ　「Bには、『8月末日までにご返事をいただきたい』と申し入れていたのですが、Bの承諾の意思表示が私に到着したのは9月2日でした。消印を見るとBはそれを9月1日に発送したことがわかりました。そこで私は、これをBから新たな申込みがなされたものとみなして承諾したのですが、契約は成立したと考えてよいでしょうか。」

ウ　「Bからは8月末を過ぎても何の通知もありませんでしたが、期間を過ぎた以上、契約は成立したと考えるべきでしょうか。実は最近もっとよい車を見つけたので、そちらを買いたいと思っているのですが。」

エ　「Bは、『売ってもよいが、代金は車の引渡しと同時に一括して支払ってほしい』といってきました。Bが売るといった以上、契約は成立したのでしょうが、代金一括払いの契約が成立したということになるのでしょうか。実は私は分割払いを申し入れていたのですが。」

オ　「Bの承諾の通知は8月28日に郵送されてきました。私の不在中に配偶者がそれを受け取り私のひきだしにしまい込みましたが、そのことを私に告げるのをうっかり忘れていましたので、私がその通知に気がついたのは9月20日になってからでした。私は、Bが車を売ってくれないものと思って落胆し、すでに別の車を購入してしまいました。もう、Bの車は要らないのですが、それでもBとの売買契約は成立したのでしょうか。」

1　ア・ウ
2　イ・エ
3　イ・オ
4　ウ・エ
5　エ・オ

契約の成立

ア「はい、そのとおりです。」と答えるべきものでない 【重】

　承諾の期間を定めてした契約の申込みは、申込者が撤回する権利を留保したときを除いて、**撤回**することが**できない**（民法523条1項）。したがって、Aが申込みを撤回する権利を留保していない場合、Aは申込みを撤回することはできず、その場合、Bの承諾の通知を期間内にAが受けたときは、本件契約は成立する。

イ「はい、そのとおりです。」と答えるべきものである 【重】

　申込者は、遅延した承諾を**新たな申込み**とみなすことができる（524条）。したがって、Aがこれに対して承諾すれば、本件契約は成立する。

ウ「はい、そのとおりです。」と答えるべきものでない 【重】

　承諾の期間を定めてした契約の申込みに対して申込者が期間内に承諾の通知を受けなかったときは、その**申込みは、その効力を失う**（523条2項）。したがって、本件**契約は成立しない**。

エ「はい、そのとおりです。」と答えるべきものでない 【重】

　承諾者が、申込みに条件を付し、その他変更を加えてこれを承諾したときは、その**申込みの拒絶**とともに**新たな申込み**をしたものとみなされる（528条）。したがって、Aがこれに対して承諾しない限り、本件契約は成立しない。

オ「はい、そのとおりです。」と答えるべきものである 【重】

　承諾の期間の定めのある申込みに対して、申込者がその期間内に承諾の通知を受けたときは、契約は成立する。そして、「意思表示は、その通知が相手方に到達した時からその効力を生ずる。」（97条1項）とされ、「**到達**」とは、相手方によって直接受領され、又は了知されることを要するものではなく、**意思表示又は通知を記載した書面が、それらの者のいわゆる支配圏内に置かれる**ことをもって足りる（最判昭43.12.17）。本記述では、Bの承諾の通知は期間内に郵送され、Aの配偶者がこれを受け取りAの引き出しにしまっているから、Aの支配圏内に置かれたといえ、承諾の意思表示はAのもとに期間内に到達している。したがって、本件契約は成立する。

正解　3

Chapter 18 契約の効力

過去問題 H25（問29）

重要度 A

問題36　Aが自己所有の事務機器甲（以下、「甲」という。）をBに売却する旨の売買契約（以下、「本件売買契約」という。）が締結されたが、BはAに対して売買代金を支払わないうちに甲をCに転売してしまった。この場合に関する次の記述のうち、民法の規定および判例に照らし、妥当なものはどれか。

1　Aが甲をすでにBに引き渡しており、さらにBがこれをCに引き渡した場合であっても、Aは、Bから売買代金の支払いを受けていないときは、甲につき先取特権を行使することができる。

2　Aが甲をまだBに引き渡していない場合において、CがAに対して所有権に基づいてその引渡しを求めたとき、Aは、Bから売買代金の支払いを受けていないときは、同時履行の抗弁権を行使してこれを拒むことができる。

3　本件売買契約において所有権留保特約が存在し、AがBから売買代金の支払いを受けていない場合であったとしても、それらのことは、Cが甲の所有権を承継取得することを何ら妨げるものではない。

4　Aが甲をまだBに引き渡していない場合において、CがAに対して所有権に基づいてその引渡しを求めたとき、Aは、Bから売買代金の支払いを受けていないときは、留置権を行使してこれを拒むことができる。

5　Aが甲をまだBに引き渡していない場合において、Bが売買代金を支払わないことを理由にAが本件売買契約を解除（債務不履行解除）したとしても、Aは、Cからの所有権に基づく甲の引渡請求を拒むことはできない。

総合テキスト LINK　Chapter 17　留置権　③
　　　　　　　　　Chapter 18　先取特権　③
　　　　　　　　　Chapter 29　契約の効力　①
　　　　　　　　　Chapter 30　契約の解除　④

総 合

1 妥当でない

動産売買の先取特権（民法321条）は、債務者（買主）がその目的である動産をその**第三取得者**に引き渡した後は、その動産について行使することができない（333条）。本記述では、買主Bが売買の目的動産である甲を第三者Cに転売して引き渡している。したがって、Aは、甲について先取特権を行使することができない。

2 妥当でない 重

双務契約の当事者の一方は、相手方がその債務の履行を提供するまでは、自己の債務の履行を拒むことができる（同時履行の抗弁権 533条本文）。このように、同時履行の抗弁権は、**双務契約の当事者間**で認められるものである。本記述において、Aの売買契約の相手方はBであり、A・C間に契約関係はない。したがって、Aは、Cからの所有権に基づく甲の引渡請求に対し、同時履行の抗弁権を行使してこれを拒むことはできない。

3 妥当でない 捨

所有権留保特約とは、**代金を完済するまでは目的物の所有権を売主に留保する**旨の特約をいう。所有権留保特約付きの売買契約の売主は、留保している所有権を第三者に対して主張することができる（最判昭49.7.18、最判昭50.2.28参照）ため、目的物が転売された場合でも、その留保した所有権に基づいて第三者から目的物を取り戻し得る。したがって、本記述のようにA・B間における甲の売買に所有権留保特約が存在し、AがBから売買代金の支払を受けていないという事情がある場合には、当該事情はCが甲の所有権を承継取得することを何ら妨げるものではないとはいえない。

4 妥当である 重

他人の物の占有者は、その物に関して生じた債権を有するときは、その債権の弁済を受けるまで、その物を留置することができる（留置権 295条1項本文）。留置権は**物権**であるから、いったん成立すれば留置物の譲受人等に対しても主張することができる。したがって、本記述のようにAがBから売買代金の支払を受けていない場合、甲がBからCに転売されたとしても、Aは、Cからの所有権に基づく甲の引渡請求に対し、留置権を行使してこれを拒むことができる。

5 妥当でない 超

当事者の一方が解除権を行使したときは、各当事者は、その相手方を原状に復させる義務を負う（545条1項本文）。ただし、**解除までに現れた第三者の権利**を害することはできない（同項ただし書）。なお、民法545条1項ただし書の規定により第三者が保護を受けるためには、その権利につき**対抗要件**を備えておくことを必要とする（最判昭33.6.14）。そして、動産物権変動の対抗要件は「引渡し」である（178条）。したがって、動産甲を占有しているAは、Cからの所有権に基づく甲の引渡請求を拒むことができる。

正解　4

Chapter 19 財産移転型契約

過去問 H27(問33)改題　重要度 B

問題37　Aは、自己所有の甲建物をBに贈与する旨を約した（以下、「本件贈与」という）。この場合に関する次の記述のうち、民法の規定および判例に照らし、妥当なものはどれか。

1　本件贈与が口頭によるものであった場合、贈与契約は諾成契約であるから契約は成立するが、書面によらない贈与につき贈与者はいつでも解除することができるため、甲がBに引き渡されて所有権移転登記手続が終了した後であっても、Aは本件贈与を解除することができる。

2　本件贈与が書面によるものであるというためには、Aの贈与意思の確保を図るため、AB間において贈与契約書が作成され、作成日付、目的物、移転登記手続の期日および当事者の署名押印がされていなければならない。

3　本件贈与につき書面が作成され、その書面でAが死亡した時に本件贈与の効力が生じる旨の合意がされた場合、遺言が撤回自由であることに準じて、Aはいつでも本件贈与を撤回することができる。

4　本件贈与につき書面が作成され、その書面でBがAの老後の扶養を行うことが約された場合、BがAの扶養をしないときであっても、甲の引渡しおよび所有権移転登記手続が終了していれば、Aは本件贈与を解除することができない。

5　本件贈与につき書面が作成され、その書面で、BがAの老後の扶養を行えばAが死亡した時に本件贈与の効力が生じる旨の合意がされた場合、Bが上記の負担を全部又はこれに類する程度まで履行したときであっても、特段の事情がない限り、Aは本件贈与を撤回することができる。

総合テキスト LINK　Chapter 32　財産移転型契約　③
　　　　　　　　　 Chapter 42　遺言の撤回　⑤

贈与契約

1 妥当でない 【重】
書面によらない贈与は、各当事者が解除することができる。ただし、履行の終わった部分については、この限りでない（民法550条）。ここで、「履行の終わった」とは、不動産の場合、引渡し又は移転登記が完了した時と解されている（大判大 9.6.17、最判昭 40.3.26）。したがって、甲がBに引き渡されて所有権移転登記手続が終了した後であれば、Aは本件贈与を解除することはできない。

2 妥当でない
贈与が書面によるものであるというためには、贈与者の財産を移転するという意思が書面により表示されていれば足りる（書面に、受贈者の氏名を不要とする例として大判昭 2.10.31 参照）。書面を要する趣旨は、軽率な贈与を予防し贈与意思を明確にして後日の紛争を避けることにあるからである。したがって、贈与契約書において、作成日付、目的物、移転登記手続の期日及び当事者の署名押印がされていなければならないわけではない。

3 妥当である
贈与者の死亡によって効力を生ずる贈与については、その性質に反しない限り、遺贈に関する規定を準用する（554条）。そして、「遺言者は、いつでも、遺言の方式に従って、その遺言の全部又は一部を撤回することができる」（1022条）旨の規定は、死因贈与にも準用されるものと解されている（最判昭 47.5.25）。したがって、Aはいつでも本件贈与を撤回することができる。

4 妥当でない
負担付贈与については、この節に定めるもののほか、その性質に反しない限り、双務契約に関する規定を準用する（553条）。そのため、負担付贈与の場合において、受贈者が契約義務を履行しない場合は、贈与契約を解除することができる（最判昭 53.2.17）。したがって、BがAの扶養をしない場合であれば、Aは本件贈与を解除することができる。

5 妥当でない
死因贈与について、遺贈に関する規定が準用されるのは記述3のとおりである。しかし、負担付死因贈与契約に基づいて受贈者が約旨に従い負担の全部又はそれに類する程度の履行をした場合において、贈与者の最終意思を尊重する余り受贈者の利益を犠牲にすることは相当でないから、当該負担の履行状況にもかかわらず負担付死因贈与契約の全部又は一部の取消しをすることがやむを得ないと認められる特段の事情がない限り、遺言の撤回に関する民法 1022条、1023条の各規定を準用するのは相当でない（最判昭 57.4.30）。したがって、Bが本記述の負担を全部又はこれに類する程度まで履行したときであれば、特段の事情のない限り、Aは本件贈与を撤回することができない。

正解 3

他資格問題（司法試験 R2） 重要度 A

問題38 他人の権利の売買に関する次のアからオまでの各記述のうち、正しいものを組み合わせたものは、後記1から5までのうちどれか。

ア　売主が他人の権利を取得して買主に移転することができない場合、買主は、契約時にその権利が売主に属しないことを知っていたとしても、それにより損害賠償の請求を妨げられない。

イ　売主が他人の権利を取得して買主に移転することができない場合、そのことについて売主の責めに帰すべき事由が存在しないときであっても、買主は売主に対して損害賠償請求をすることができる。

ウ　売買の目的である権利の一部が他人に属することにより、その権利の一部が買主に移転されず、履行の追完が不能である場合、そのことについて買主の責めに帰すべき事由が存在しないときは、買主は、催告をすることなく、直ちに代金の減額を請求することができる。

エ　売主が他人の権利を取得して買主に移転することができない場合、買主は、契約時にその権利が売主に属しないことを知っていたときは、契約を解除することができない。

オ　売主が他人の権利を取得して買主に移転することができない場合、買主は、善意の売主に対しては、当該権利が他人の権利であることを知った時から1年以内にその旨を通知しなければ、損害賠償の請求をすることができない。

1　ア・ウ
2　ア・エ
3　イ・ウ
4　イ・オ
5　エ・オ

他人の権利の売買

ア 正しい 　旧民法561条は、「前条の場合において、売主がその売却した権利を取得して買主に移転することができないときは、買主は、契約の解除をすることができる。この場合において、契約の時においてその権利が売主に属しないことを知っていたときは、損害賠償の請求をすることができない。」と規定していた。しかし、同条後段に対応する規定は、現行民法には存在しない。そのため、現行民法においては、**他人物売買において買主が悪意であっても、それにより損害賠償請求は妨げられない**と考えられる。

イ 誤り 　民法415条1項は、「**債務者がその債務の本旨に従った履行をしないとき又は債務の履行が不能**であるときは、債権者は、これによって生じた**損害の賠償を請求**することができる。ただし、その債務の不履行が**契約**その他の債務の発生原因及び**取引上の社会通念**に照らして**債務者の責めに帰することができない事由**によるものであるときは、この限りでない。」と規定している。

ウ 正しい 　563条2項柱書は、「前項の規定にかかわらず、次に掲げる場合には、買主は、同項の催告をすることなく、**直ちに代金の減額を請求**することができる。」と規定し、同項1号は「履行の追完が不能であるとき。」を挙げている。そして、この規定は、「**売主が買主に移転した権利が契約の内容に適合しないものである場合**（権利の一部が他人に属する場合においてその権利の一部を移転しないときを含む。）について**準用**」されている（565条）。

エ 誤り 　543条は、「**債務の不履行が債権者の責めに帰すべき事由**によるものであるときは、債権者は、前2条の規定による契約の解除をすることができない。」と規定しているものの、売主が他人の権利を取得して買主に移転することができない場合に、買主は、契約時にその権利が売主に属しないことを知っていたことを理由に解除権を制限する規定は存在しない。

オ 誤り 　566条本文は、「売主が**種類**又は**品質**に関して**契約の内容に適合しない**目的物を買主に引き渡した場合において、買主がその**不適合を知った時**から**1年以内**にその旨を売主に通知しないときは、買主は、その不適合を理由として、……損害賠償の請求……をすることができない。」と規定しているが、買主に移転した権利が契約の内容に適合しないものであるときについては、同条で規定はされていない。

　したがって、売主が他人の権利を取得して買主に移転することができない場合には、通知をすることなく損害賠償の請求をすることができる。

正解　1

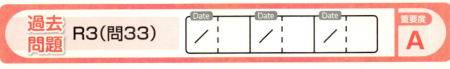

問題39　Aが甲建物（以下「甲」という。）をBに売却する旨の売買契約に関する次のア～オの記述のうち、民法の規定に照らし、誤っているものはいくつあるか。

ア　甲の引渡しの履行期の直前に震災によって甲が滅失した場合であっても、Bは、履行不能を理由として代金の支払いを拒むことができない。

イ　Bに引き渡された甲が契約の内容に適合しない場合、Bは、Aに対して、履行の追完または代金の減額を請求することができるが、これにより債務不履行を理由とする損害賠償の請求は妨げられない。

ウ　Bに引き渡された甲が契約の内容に適合しない場合、履行の追完が合理的に期待できるときであっても、Bは、その選択に従い、Aに対して、履行の追完の催告をすることなく、直ちに代金の減額を請求することができる。

エ　Bに引き渡された甲が契約の内容に適合しない場合において、その不適合がBの過失によって生じたときであっても、対価的均衡を図るために、BがAに対して代金の減額を請求することは妨げられない。

オ　Bに引き渡された甲が契約の内容に適合しない場合において、BがAに対して損害賠償を請求するためには、Bがその不適合を知った時から1年以内に、Aに対して請求権を行使しなければならない。

1　一つ
2　二つ
3　三つ
4　四つ
5　五つ

危険負担・契約不適合責任

ア 誤り　重
民法536条1項は、「当事者双方の**責めに帰することができない事由**によって債務を履行することができなくなったときは、債権者は、**反対給付の履行を拒むことができる。**」と規定している。本記述は、甲の引渡しの履行期の直前に震災によって甲が滅失していることから、当事者双方の責めに帰することができない事由によって債務を履行することができなくなったといえる。したがって、Bは、反対給付である代金の支払いを拒むことができる。

イ 正しい　超
契約の不適合を理由に、**履行の追完請求又は代金の減額請求**をしたとしても、債務不履行に基づく**損害賠償請求**及び**契約の解除権の行使**が妨げられるわけではない（564条）。

ウ 誤り　重
563条1項は、「……買主が相当の期間を定めて**履行の追完の催告**をし、その期間内に履行の追完がないときは、買主は、その不適合の程度に応じて**代金の減額を請求**することができる。」と規定している。また、同条2項柱書は、「前項の規定にかかわらず、次に掲げる場合には、買主は、同項の催告をすることなく、直ちに代金の減額を請求することができる。」と規定しているが、履行の追完が合理的に期待できるときであっても、債権者がその選択に従い、債務者に対して履行の追完の催告をすることなく、直ちに代金の減額を請求することができる旨の規定は存在しない。

エ 誤り
契約不適合責任について、その不適合が**買主の責めに帰すべき事由**によるものであるときは、**買主は代金の減額の請求をすることができない**（563条3項）。

オ 誤り
民法上、このような規定はない。なお、566条本文は、「売主が種類又は品質に関して契約の内容に適合しない目的物を買主に引き渡した場合において、**買主がその不適合を知った時から1年以内にその旨を売主に通知**しないときは、買主は、その不適合を理由として、履行の追完の請求、代金の減額の請求、損害賠償の請求及び契約の解除をすることができない。」と規定している。本規定は、種類又は品質の不適合について、1年以内に通知をしなかった場合の制限規定であり、権利の消滅時効について定めたものではない。

正解　4

以上により、誤っているものはア、ウ、エ、オの4つである。

Chapter 20 貸借型契約

過去問題 H25（問32）

重要度 B

問題40　Aは、B所有の甲土地上に乙建物を建てて保存登記をし、乙建物をCが使用している。この場合に関する次のア〜オの記述のうち、民法の規定および判例に照らし、誤っているものはいくつあるか。

ア　Aが、甲土地についての正当な権原に基づかないで乙建物を建て、Cとの間の建物賃貸借契約に基づいて乙建物をCに使用させている場合に、乙建物建築後20年が経過したときには、Cは、Bに対して甲土地にかかるAの取得時効を援用することができる。

イ　Aが、Bとの間の土地賃貸借契約に基づいて乙建物を建て、Cとの間の建物賃貸借契約に基づいてCに乙建物を使用させている場合、乙建物の所有権をAから譲り受けたBは、乙建物についての移転登記をしないときは、Cに対して乙建物の賃料を請求することはできない。

ウ　Aが、Bとの間の土地賃貸借契約に基づいて乙建物を建て、Cとの間の建物賃貸借契約に基づいてCに乙建物を使用させている場合、Cは、Aに無断で甲土地の賃料をBに対して支払うことはできない。

エ　Aが、Bとの間の土地賃貸借契約に基づいて乙建物を建てている場合、Aが、Cに対して乙建物を売却するためには、特段の事情のない限り、甲土地にかかる賃借権を譲渡することについてBの承諾を得る必要がある。

オ　Aが、Bとの間の土地賃貸借契約に基づいて乙建物を建て、Cとの間の建物賃貸借契約に基づいてCに乙建物を使用させている場合、A・B間で当該土地賃貸借契約を合意解除したとしても、特段の事情のない限り、Bは、Cに対して建物の明渡しを求めることはできない。

1　一つ
2　二つ
3　三つ
4　四つ
5　五つ

借地上の建物の譲渡・転貸

ア 誤り
　時効は、当事者が援用しなければ、裁判所がこれによって裁判をすることができない（民法145条）。ここでいう「当事者」（時効の援用権者）とは、**時効により直接に利益を受ける者**をいい、間接に利益を受ける者を含まない（大判明43.1.25）。この点について、**取得時効が問題となっている土地上の建物賃借人は、土地の取得時効の完成によって直接利益を受ける者ではないから、建物賃貸人による敷地所有権の取得時効を援用することはできない**（最判昭44.7.15）。したがって、Cは、Bに対して甲土地にかかるAの取得時効を援用することができない。

イ 正しい 重
　民法605条の2第1項は、「前条、借地借家法……の規定による賃貸借の対抗要件を備えた場合において、その不動産が譲渡されたときは、その不動産の賃貸人たる地位は、その譲受人に移転する。」と規定し、同条2項は、「前項の規定にかかわらず、不動産の譲渡人及び譲受人が、賃貸人たる地位を譲渡人に留保する旨及びその不動産を譲受人が譲渡人に賃貸する旨の合意をしたときは、賃貸人たる地位は、譲受人に移転しない。この場合において、譲渡人と譲受人又はその承継人との間の賃貸借が終了したときは、譲渡人に留保されていた賃貸人たる地位は、譲受人又はその承継人に移転する。」と規定している。同条3項は、「第1項又は前項後段の規定による賃貸人たる地位の移転は、賃貸物である不動産について所有権の移転の登記をしなければ、賃借人に対抗することができない。」と規定している。

ウ 誤り
　債務の弁済は、**第三者**もすることができる（474条1項）。もっとも、**正当な利益**を有しない第三者は、**債務者の意思に反して弁済をすることができない**（同条2項本文）。この点について、**借地上の建物の賃借人**は、敷地の地代の弁済について**正当な利益**を有する者とされている（最判昭63.7.1）。したがって、Cは、Aの承諾等を得ることなく、甲土地の賃料をBに対して支払うことができる。

エ 正しい 超
　借地上の建物を譲渡する場合、土地賃借権も従たる権利として譲渡される（87条2項類推適用）。そして、賃借人は、**賃貸人の承諾**を得なければ、その賃借権を譲り渡し、又は賃借物を転貸することができないのが原則である（612条1項）。したがって、Aは、原則として、甲土地にかかる賃借権を譲渡することについてBの承諾を得る必要がある。

オ 正しい 重
　土地賃貸人と賃借人との間において土地賃貸借契約を**合意解除**しても、土地賃貸人は、特別の事情がない限り、その効果を地上建物の賃借人に対抗することができない（最判昭38.2.21）。したがって、Bは、当然にはCに対して建物の明渡しを求めることができない。

正解　2　以上より、誤っているものはア・ウの2つである。

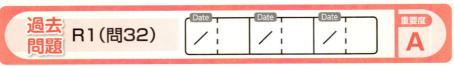

問題41 建物が転貸された場合における賃貸人（建物の所有者）、賃借人（転貸人）および転借人の法律関係に関する次のア〜オの記述のうち、民法の規定および判例に照らし、妥当なものの組合せはどれか。

ア　賃貸人の承諾がある転貸において、賃貸人が当該建物を転借人に譲渡し、賃貸人の地位と転借人の地位とが同一人に帰属したときであっても、賃借人と転借人間に転貸借関係を消滅させる特別の合意がない限り、転貸借関係は当然には消滅しない。

イ　賃貸人の承諾がある転貸において、賃借人による賃料の不払があったときは、賃貸人は、賃借人および転借人に対してその支払につき催告しなければ、原賃貸借を解除することができない。

ウ　賃貸人の承諾がある転貸であっても、これにより賃貸人と転借人間に賃貸借契約が成立するわけではないので、賃貸人は、転借人に直接に賃料の支払を請求することはできない。

エ　無断転貸であっても、賃借人と転借人間においては転貸借は有効であるので、原賃貸借を解除しなければ、賃貸人は、転借人に対して所有権に基づく建物の明渡しを請求することはできない。

オ　無断転貸において、賃貸人が転借人に建物の明渡しを請求したときは、転借人は建物を使用収益できなくなるおそれがあるので、賃借人が転借人に相当の担保を提供していない限り、転借人は、賃借人に対して転貸借の賃料の支払を拒絶できる。

1　ア・イ
2　ア・オ
3　イ・ウ
4　ウ・エ
5　エ・オ

転貸借

ア 妥当である　債権及び債務が**同一人に帰属**したときは、その債権は、**消滅**する。ただし、その債権が**第三者の権利の目的**であるときは、この限りでない（民法520条）。判例は、賃貸人の地位と転借人の地位とが同一人に帰した場合であっても、転貸借は、当事者間にこれを消滅させる合意の成立しない限り、消滅しないとしている（最判昭35.6.23）。

イ 妥当でない【重】　判例は、賃借家屋につき適法に転貸借がなされた場合であっても、賃貸人が賃借人の賃料延滞を理由として賃貸借契約を解除するには、**賃借人に対して催告**すれば足り、**転借人に対して右延滞賃料の支払の機会を与えなければならないものではない**としている（最判昭49.5.30）。したがって、賃貸人は、転借人に対して支払いの催告をしなくても、原賃貸借を解除することができる（613条3項参照）。

ウ 妥当でない【重】　**賃貸人の承諾のある適法な転貸借**において、**転借人**は、**賃貸人に対して、直接に義務**を負う（613条1項前段）。かかる義務には、賃料支払債務が含まれると解されている。したがって、転借人は転貸借に基づく債務である賃料債務を賃貸人に対して直接履行しなければならないから、賃貸人は、転借人に対して直接に賃料の支払いを請求できる。

エ 妥当でない　判例は、賃借権の譲渡又は転貸を承諾しない家屋の賃貸人は、**賃貸借契約を解除しなくても**、譲受人又は転借人に対しその明渡しを求めることができるとしている（最判昭26.5.31）。

オ 妥当である　判例は、「**所有権ないし賃貸権限を有しない者から不動産を貸借した者**は、その不動産につき権利を有する者から右権利を主張され不動産の明渡を求められた場合には、貸借不動産を使用収益する権原を主張することができなくなるおそれが生じたものとして、民法559条で準用する同法576条により、右**明渡請求を受けた以後**は、賃貸人に対する**賃料の支払を拒絶**することができる」としている（最判昭50.4.25）。本記述の事案でも、賃借人は無断転貸しており賃貸権限がなく、賃借人により相当の担保が供された場合を除き、転借人は賃貸人による明渡請求以後の賃借人の賃料請求を拒絶できる。

正解　2

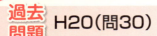 

問題42 Aは、自己所有の土地につき、Bとの間で賃貸借契約を締結した（賃借権の登記は未了）。AがBにこの土地の引渡しをしようとしたところ、この契約の直後にCがAに無断でこの土地を占拠し、その後も資材置場として使用していることが明らかとなった。Cは明渡請求に応ずる様子もないため、AとBは、Cに対して次のア～オの法的対応を検討している。これらの対応のうち、民法の規定および判例に照らし、妥当なものの組合せはどれか。

ア　Aが、Cの行為を不法行為として損害賠償請求をすること。

イ　Aが、自己の土地所有権に基づき土地明渡請求をすること。

ウ　Bが、自己の不動産賃借権に基づき土地明渡請求をすること。

エ　Bが、占有回収の訴えに基づき土地明渡請求をすること。

オ　Bが、AがCに対して行使することができる、所有権に基づく土地明渡請求権を代位行使すること。

1　ア・イ・オ
2　ア・ウ・エ
3　イ・ウ・エ
4　イ・エ・オ
5　ウ・エ・オ

賃貸借契約

ア 妥当である　故意又は過失によって他人の**権利又は法律上保護される利益**を**侵害**した者は、これによって生じた**損害を賠償する責任**を負う（民法709条）。

イ 妥当である　所有権を有する者は、**物権的返還請求権**を有する（189条2項、202条1項参照）。これらの条項には「本権の訴え」とあり、物権的請求権のあることを前提としている。

ウ 妥当でない　民法605条の4柱書は、「**不動産の賃借人**は、第605条の2第1項に規定する**対抗要件**を備えた場合において、次の各号に掲げるときは、それぞれ当該各号に定める請求をすることができる。」と規定し、同条2号は、「その不動産を第三者が占有しているとき　その第三者に対する**返還の請求**」を掲げている。
【重】

エ 妥当でない　**占有回収の訴え**（200条1項）をするためには、占有者であることが必要である。本記述では、Bは本問土地の引渡しを受けておらず、占有者とはいえない。

オ 妥当である　賃借人は賃貸人の所有権に基づく**妨害排除請求権**を**代位行使**（423条1項本文）することができる（大判昭4.12.16）。
【重】

正解　1

Chapter 21 労務提供型契約 その他

過去問題 H14(問29)改題

重要度 A

問題43 民法上の請負契約に関する次のア～オの記述のうち、妥当なものの組合せはどれか。

ア 特約がないかぎり、請負人は自ら仕事を完成する義務を負うから、下請負人に仕事を委託することはできない。

イ 注文者は、仕事完成までの間は、損害賠償をすれば、何らの理由なくして契約を解除することができる。

ウ 完成した仕事の目的物である建物が契約の内容に適合しないものであって、契約をした目的が達成できない場合には、注文者は契約を解除することができる。

エ 完成した仕事の目的物である建物が契約の内容に適合しない場合、注文者は修補か、損害賠償のいずれかを選択して請負人に請求することができるが、両方同時に請求することはできない。

オ 最高裁判例によれば、仕事完成までの間に注文者が請負代金の大部分を支払っていた場合でも、請負人が材料全部を供給したときは、完成した仕事の目的物である建物の所有権は請負人に帰属する。

1 ア・イ
2 イ・ウ
3 イ・オ
4 ウ・エ
5 エ・オ

請負

ア 妥当でない 重

請負人の仕事完成義務は、**請負人自らが完成させることを内容としていない**。したがって、下請負人に仕事を委託することは許される。

イ 妥当である 超 予

注文者は**仕事完成**までの間、損害賠償をすれば、自由に契約を解除することができる（民法641条）。注文者が仕事の途中で不要となったものを完成させても、意味がないからである。

ウ 妥当である 重

請負（632条）は、**有償契約**であるが、民法559条本文は、「この節の規定〔売買〕は、売買以外の有償契約について準用する。」と規定している。そして、564条は、「前2条の規定は、第415条〔債務不履行〕の規定による損害賠償の請求並びに第541条〔催告解除〕及び第542条〔無催告解除〕の規定による解除権の行使を妨げない。」と規定しているため、**541条以下の要件を満たせば解除**をすることができる。

なお、旧民法635条は、「仕事の目的物に瑕疵があり、そのために契約をした目的を達することができないときは、注文者は、契約の解除をすることができる。ただし、建物その他の土地の工作物については、この限りでない。」と規定していた。

エ 妥当でない

仕事の目的物が**契約の内容に適合しない**ものであった場合、「目的物の修補」による**履行の追完**（559条、562条1項）の**請求とともに、債務不履行に基づく損害賠償請求**（559条、564条、415条1項）をすることができる。

オ 妥当でない

判例は、仕事完成までの間に注文者が**請負代金の大部分を支払っていた**場合は、たとえ請負人が材料全部を供給したときでも、完成建物の**所有権は注文者**に帰属すると推認するのが相当であるとしている（大判昭18.7.20、最判昭46.3.5）。

正解 2

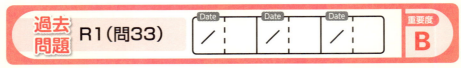

問題44 甲建物（以下「甲」という。）を所有するAが不在の間に台風が襲来し、甲の窓ガラスが破損したため、隣りに住むBがこれを取り換えた場合に関する次の記述のうち、民法の規定および判例に照らし、妥当でないものはどれか。

1　BがAから甲の管理を頼まれていた場合であっても、A・B間において特約がない限り、Bは、Aに対して報酬を請求することができない。

2　BがAから甲の管理を頼まれていなかった場合であっても、Bは、Aに対して窓ガラスを取り換えるために支出した費用を請求することができる。

3　BがAから甲の管理を頼まれていなかった場合であっても、Bが自己の名において窓ガラスの取換えを業者Cに発注したときは、Bは、Aに対して自己に代わって代金をCに支払うことを請求することができる。

4　BがAから甲の管理を頼まれていなかった場合においては、BがAの名において窓ガラスの取換えを業者Dに発注したとしても、Aの追認がない限り、Dは、Aに対してその請負契約に基づいて代金の支払を請求することはできない。

5　BがAから甲の管理を頼まれていた場合であっても、A・B間において特約がなければ、窓ガラスを取り換えるに当たって、Bは、Aに対して事前にその費用の支払を請求することはできない。

事務管理及び委任契約

1 妥当である 〔重〕
BがAから甲の管理を頼まれていた場合、A・B間には準委任契約が成立していることになるから、委任の規定が準用される（民法656条）。したがって、Bは、特約がなければ、Aに対して報酬を請求することができない（648条1項）。

2 妥当である
BがAから甲の管理を頼まれていなかった場合、Bの行為は義務なく他人のために事務の管理を始めるものとして事務管理に当たり（697条1項）、Bは、Aのために有益な費用を支出したときは、Aに対し、その償還を請求することができる（702条1項）。

3 妥当である 〔重〕
Bの行為が事務管理に当たる場合、民法702条2項により650条2項（代弁済請求権等）が準用され、BがAのために有益な債務を負担したときは、本人であるAに対し、自己に代わってその弁済をすることを請求することができる（650条2項前段）。窓ガラスの取換えはAのために有益なものであるから、Bは、Aに対して自己に代わって代金をCに支払うことを請求することができる。

4 妥当である
判例は、事務管理は管理者と本人との法律関係であり、事務管理者が本人の名で第三者との間に法律行為をしても、その行為の効果は、当然には本人に及ぶ筋合のものではなく、そのような効果が発生するためには、代理その他別個の法律関係が伴うことを必要とするとしている（最判昭36.11.30）。Bの行為が事務管理に当たる場合でも、BがAの名でDとした契約の効果は当然にはAに及ばないから、Aの追認がない限り、DはAに代金の支払の請求をすることができない。

5 妥当でない
本記述では、記述1と同じく準委任契約が成立し委任の規定が準用される（656条）。したがって、Bは、A・B間において特約がなかったとしても、Aに対して、事前に窓ガラスの取換え費用の支払を請求することができる（649条）。

正解　5

Chapter 21　労務提供型契約　その他　199

Chapter 22 不法行為

過去問題 H21（問34） 重要度 B

問題45 不法行為の成立に関する次の記述のうち、民法の規定および判例に照らし、妥当なものはどれか。

1 鍵が掛けられていた、他人の自転車を盗んだ者が、その自転車を運転している最中に不注意な運転により第三者に怪我を負わせてしまった場合、自転車の所有者は、第三者に対して不法行為責任を負う。

2 責任能力を有する未成年者が不法行為をなした場合、親権者の未成年者に対して及ぼしうる影響力が限定的で、かつ親権者において未成年者が不法行為をなすことを予測し得る事情がないときには、親権者は、被害者に対して不法行為責任を負わない。

3 飲食店の店員が出前に自動車で行く途中で他の自動車の運転手と口論となり、ついには同人に暴力行為を働いてしまった場合には、事業の執行につき加えた損害に該当せず、店員の使用者は、使用者責任を負わない。

4 請負人がその仕事について第三者に損害を与えてしまった場合、注文者と請負人の間には使用関係が認められるので、注文者は、原則として第三者に対して使用者責任を負う。

5 借家の塀が倒れて通行人が怪我をした場合、塀の占有者である借家人は通行人に対して無過失責任を負うが、塀を直接占有していない所有者が責任を負うことはない。

不法行為の成立

1 妥当でない　故意又は過失によって他人の権利又は法律上保護される利益を侵害した者は、これによって生じた損害を賠償する責任を負う（民法709条）。本記述では、自転車の所有者は、第三者が怪我を負ったことにつき過失がないため、不法行為責任を負わない。

2 妥当である　未成年者が責任能力を欠くために責任を負わない場合において、その責任無能力者を監督する法定の義務を負う者は、原則として、その責任無能力者が第三者に加えた損害を賠償する責任を負う（714条1項本文）。また、未成年者が責任能力を有する場合であっても、監督義務者の義務違反と当該未成年者の不法行為によって生じた結果との間に相当因果関係があるときは、監督義務者につき709条に基づく不法行為責任が生じる（最判昭49.3.22）。しかし、親権者の未成年者に対して及ぼし得る影響力が限定的で、かつ親権者において未成年者が不法行為をなすことを予測し得る事情がないときには、監督義務違反は認められず、親権者は不法行為責任を負わない（最判平18.2.24）。

3 妥当でない　重　ある事業のために他人を使用する者は、原則として、被用者がその事業の執行について第三者に加えた損害を賠償する責任を負う（715条1項本文）。この「事業の執行について」は、事業の執行そのものと、これに関連して行われる行為を含む。判例は、すし屋の店員が自動車で出前中に他車の運転手と口論になり、相手を怪我させた行為について、「事業の執行行為を契機とし、これと密接な関連を有すると認められる行為」に当たるとして、使用者責任を認めている（最判昭46.6.22）。

4 妥当でない　注文者は、注文又は指図についてその注文者に過失があったときを除き、請負人がその仕事について第三者に加えた損害を賠償する責任を負わない（716条）。これは、請負人は自らの責任で仕事を完成させる義務を負うため、請負人と注文者とは715条にいう被用者と使用者の関係に立たないことを注意的に規定したものである。

5 妥当でない　土地の工作物の設置又は保存に瑕疵があることによって他人に損害を生じたときは、その工作物の占有者は、被害者に対してその損害を賠償する責任を負う（717条1項本文）。ただし、占有者が損害の発生を防止するのに必要な注意をしたときは、所有者がその損害を賠償しなければならない（同項ただし書）。したがって、占有者は無過失責任を負うわけではないし、所有者は、占有者が責任を負わない場合は無過失責任を負うことになる。

正解　2

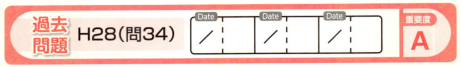

問題46 不法行為に基づく損害賠償に関する次のア〜オの記述のうち、民法の規定および判例に照らし、正しいものの組合せはどれか。

ア　使用者Aが、その事業の執行につき行った被用者Bの加害行為について、Cに対して使用者責任に基づき損害賠償金の全額を支払った場合には、AはBに対してその全額を求償することができる。

イ　Dの飼育する猛犬がE社製の飼育檻から逃げ出して通行人Fに噛みつき怪我を負わせる事故が生じた場合において、Dが猛犬を相当の注意をもって管理をしたことを証明できなかったとしても、犬が逃げ出した原因がE社製の飼育檻の強度不足にあることを証明したときは、Dは、Fに対する損害賠償の責任を免れることができる。

ウ　Gがその所有する庭に植栽した樹木が倒れて通行人Hに怪我を負わせる事故が生じた場合において、GがHに損害を賠償したときは、植栽工事を担当した請負業者Iの作業に瑕疵があったことが明らかな場合には、GはIに対して求償することができる。

エ　運送業者Jの従業員Kが業務として運転するトラックとLの運転する自家用車が双方の過失により衝突して、通行人Mを受傷させ損害を与えた場合において、LがMに対して損害の全額を賠償したときは、Lは、Kがその過失割合に応じて負担すべき部分について、Jに対して求償することができる。

オ　タクシー会社Nの従業員Oが乗客Pを乗せて移動中に、Qの運転する自家用車と双方の過失により衝突して、Pを受傷させ損害を与えた場合において、NがPに対して損害の全額を賠償したときは、NはOに対して求償することはできるが、Qに求償することはできない。

1　ア・イ
2　ア・ウ
3　イ・ウ
4　ウ・エ
5　エ・オ

不法行為

ア 誤り【重】
　ある事業のために他人を使用する者は、被用者がその事業の執行について第三者に加えた損害を賠償する責任を負う（民法715条1項本文）。そして、賠償をした使用者は被用者に対して、**求償権**を行使することができる（同条3項）。求償権の範囲について、判例は、損害の公平な分担という見地から、**信義則上相当と認められる限度**においてのみ、被用者に対して求償することを認めている（最判昭51.7.8）。したがって、使用者Aが被用者Bに対して**損害賠償の全額を求償することができるわけではない**。

イ 誤り【捨】
　動物の占有者は、原則として、その動物が他人に加えた損害について賠償する責任を負うが（718条1項本文）、動物の種類及び性質に従い**相当の注意をもってその管理をしたとき**は、損害賠償責任を負わない（同項ただし書）。動物の占有者が相当の注意をもって管理をしたことを証明できなかったとしても、損害の原因が第三者にあることを証明すれば、動物の占有者は損害賠償責任を免れる旨の規定はない。したがって、Dが猛犬を相当の注意をもって管理をしたことを証明できなかった以上、たとえ犬が逃げ出した原因がE社製の飼育檻の強度不足にあることを証明したとしても、Dは、Fに対する損害賠償責任を免れることはできない。

ウ 正しい
　竹木の栽植又は支持に瑕疵がある場合、その竹木の占有者もしくは所有者は損害賠償責任を負う（717条2項・1項）。もっとも、**損害の原因についてほかにその責任を負う者**があるときは、占有者又は所有者は、その者に対して求償権を行使することができる（同条3項）。したがって、樹木の植栽工事を担当したIの作業に瑕疵があったことが明らかな場合には、Gは、Iに対して求償することができる。

エ 正しい
　被用者がその使用者の事業の執行につき第三者との共同の不法行為により他人に損害を加えた場合において、右第三者が自己と被用者との過失割合に従って定められるべき自己の**負担部分**を超えて被害者に損害を賠償したときは、右第三者は、被用者の**負担部分**について**使用者**に対し求償することができる（最判昭63.7.1）。したがって、LはKがその過失割合に応じて負担すべき部分について、Jに対して求償することができる。

オ 誤り
　使用者が被用者に求償することができるのは、記述アのとおりである。そして、使用者は、被用者と第三者の共同過失によって引き起こされた交通事故による損害を賠償したときは、被用者と第三者の**過失割合**に従って定められる第三者の負担部分について第三者に対して求償することができるとする（最判昭41.11.18）。したがって、NがPに対して損害の全額を賠償したときは、Qに対しても求償することができる。

正解　4

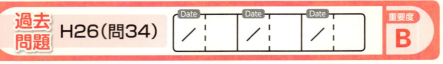

問題47 生命侵害等に対する近親者の損害賠償請求権に関する次の記述のうち、民法の規定および判例に照らし、妥当なものはどれか。

1　他人の不法行為により夫が即死した場合には、その妻は、相続によって夫の逸失利益について損害賠償請求権を行使することはできない。

2　他人の不法行為により夫が死亡した場合には、その妻は、相続によって夫本人の慰謝料請求権を行使できるので、妻には固有の慰謝料請求権は認められていない。

3　他人の不法行為により、夫が慰謝料請求権を行使する意思を表明しないまま死亡した場合には、その妻は、相続によって夫の慰謝料請求権を行使することはできない。

4　他人の不法行為により死亡した被害者の父母、配偶者、子以外の者であっても、被害者との間にそれらの親族と実質的に同視し得る身分関係が存在するため被害者の死亡により甚大な精神的苦痛を受けた場合には、その者は、加害者に対して直接固有の慰謝料請求をすることができる。

5　他人の不法行為により子が重い傷害を受けたために、当該子が死亡したときにも比肩しうべき精神上の苦痛をその両親が受けた場合でも、被害者本人は生存しており本人に慰謝料請求権が認められるので、両親には固有の慰謝料請求権は認められていない。

不法行為

1 妥当でない 【重】 被害者が即死した場合であっても、傷害と死亡との間に観念上の時間の間隔があるから被害者には受傷の瞬間に損害賠償請求権が発生し、**被害者の死亡により相続人に承継される**（大判大15.2.16）。

2 妥当でない 近親者である配偶者には、他人の生命を侵害した者に対する**固有の慰謝料請求権**が認められている（民法711条）。

3 妥当でない 【重】 他人の不法行為によって財産以外の損害を被った者は、損害の発生と同時に慰謝料請求権を取得する。そのため、同人が生前に請求の意思を表明していなかったとしても、特別の事情がない限り、**当該慰謝料請求権は当然に相続人に承継され**、その相続人はかかる慰謝料請求権を行使することができる（最大判昭42.11.1）。

4 妥当である 民法711条所定の者と実質的に同視できる**身分関係**が存し、被害者の死亡により甚大な精神的苦痛を受けた者は、711条類推適用により慰謝料請求が認められる（最判昭49.12.17）。

5 妥当でない 不法行為により身体に傷害を受けた者の近親者が、そのために**被害者の生命侵害（711条）の場合にも比肩し得べき精神上の苦痛**を受けたときは、709条、710条に基づいて自己の権利として慰謝料を請求することができる（最判昭33.8.5）。

正解　4

Chapter 23 夫婦関係

過去問題 H16(問29) 重要度 B

問題48 婚姻に関する次の記述のうち、判例の趣旨に照らして、誤っているものはどれか。

1 婚姻の届出は戸籍吏に受理されれば完了し、戸籍簿に記入されなくても婚姻は成立する。

2 配偶者のある者が重ねて婚姻をしたときは、重婚関係を生ずるが、後婚は当然には無効となるものではなく、取り消し得るものとなるにすぎない。

3 内縁を不当に破棄された者は、相手方に対して、婚姻予約の不履行を理由に損害賠償を請求することができるとともに、不法行為を理由に損害賠償を請求することもできる。

4 事実上の夫婦共同生活関係にある者が婚姻意思を有し、その意思に基づいて婚姻の届書を作成したときは、届書の受理された当時意識を失っていたとしても、その受理前に翻意したなど特段の事情のない限り、届書の受理により婚姻は有効に成立する。

5 婚姻の届出が単に子に嫡出子としての地位を得させるための便法として仮託されたものにすぎないときでも、婚姻の届出自体については当事者間に意思の合致があれば、婚姻は効力を生じ得る。

婚　姻

1 正しい
捨

婚姻の届出は**戸籍吏に受理**されれば完了し、戸籍簿に記入されなくても婚姻は成立する（大判昭16.7.29）。

2 正しい
重

配偶者のある者が重ねて婚姻をしたときは、重婚関係を生ずるが（民法732条参照）、**後婚**は当然には無効となるものではなく、**取り消し得るもの**となるにすぎない（732条、744条　大判昭17.7.21）。

3 正しい

内縁を不当に破棄された者は、相手方に対して、**婚姻予約の不履行**を理由に損害賠償を請求することができるとともに、**不法行為**を理由に損害賠償を請求することもできる（最判昭33.4.11）。

4 正しい

当事者が届書の**作成当時**婚姻意思を有していれば届書受理当時意識を失っていたとしても、婚姻は有効に成立する（最判昭44.4.3）。

5 誤り
予

婚姻の届出自体については当事者間に意思の合致があっても、それが単に**子に嫡出子としての地位を得させるための便法として仮託されたに過ぎない**ときは、婚姻は効力を生じない（最判昭44.10.31）。婚姻が成立するためには、社会通念上夫婦と認められる関係を形成しようとする意思が必要だからである。

正解　5

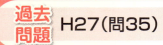

問題49 婚約、婚姻および離婚に関する以下の相談に対する回答のうち、民法の規定および判例に照らし、妥当なものの組合せはどれか。

ア ＜相談＞ 私はAとの婚約にあたりAに対して結納金100万円を贈与したのですが、結局は婚姻に至りませんでした。私はAに対して結納金100万円の返還を請求できるでしょうか。
　＜回答＞ 結納は婚姻の成立を確証し、併せて当事者間の情宜を厚くする目的で授受される一種の贈与とされています。婚姻が解消された場合には原則として返還すべきものですので、あなたには結納金の返還を請求できる権利があります。

イ ＜相談＞ 私は事実婚状態にあったBと合意のうえ入籍することにして婚姻届を作成しましたが、提出前にBは交通事故に遭い、現在昏睡状態にあります。こうした状態でも先に作成した婚姻届を提出すれば、私はBと正式に婚姻できるのでしょうか。
　＜回答＞ 判例によれば、婚姻が有効に成立するためには、届出時点における当事者の婚姻意思が必要です。婚姻届作成後に翻意したというような特段の事情がないとしても、現在Bは意思能力を欠いた状態ですので、婚姻届を提出したとしても婚姻の効力は生じません。

ウ ＜相談＞ 私は配偶者Cとの間に子がいますが、Cは5年前に家を出て他で生活しており、子の養育費はすべて私が負担しています。Cに対して離婚訴訟を提起するにあたり、併せてこの間の養育費の支払いを求めることができるでしょうか。
　＜回答＞ 子の監護に要する費用は、婚姻から生じる費用です。婚姻費用の請求は婚姻の継続を前提とする請求であるのに対して、離婚訴訟は婚姻の解消を目指す訴訟ですから、このように性質が異なる訴訟を一緒に行うことはできません。離婚を申し立てる前に、監護費用の支払いを求める訴えを別途提起する必要があります。

エ ＜相談＞ 私と配偶者であるDとの婚姻関係は既に破綻しており、離婚にむけて協議を進めています。D名義のマンションを私に贈与することをDと私とは書面により合意したのですが、離婚届を提出する前日になって、Dは、この贈与契約を取り消すと言ってきました。Dの取り消しは認められるのでしょうか。
　＜回答＞ 民法の規定によれば夫婦間の契約は婚姻中いつでも取り消すことができますが、その趣旨は、夫婦間の約束事に法は介入すべきではなく、当事者の道義に委ねるべきだというものです。婚姻が実質的に破綻しているような場合にはこの趣旨は妥当しませんので、Dはマンションの贈与契約を取り消すことができません。

1　ア・イ　　2　ア・エ　　3　イ・ウ　　4　イ・エ　　5　ウ・エ

婚約・婚姻・離婚

ア 妥当である　結納は、婚約の成立を確証し、あわせて、婚姻が成立した場合に当事者ないし当事者両家間の情宜を厚くする目的で授受される一種の贈与であり（最判昭 39.9.4）、婚約が解除され、婚姻に至らなかった場合には、**不当利得として返還すべき**ものとされている（大判大 6.2.28）。なお、法律上の婚姻が成立した場合には、その後結納の受領者たる妻の申出により協議離婚するに至ったとしても、妻には結納を返還すべき義務はないとされる（前掲最判昭 39.9.4）。

イ 妥当でない　婚姻は、戸籍法の定めるところにより届け出ることによって、その効力を生ずる（民法 739 条 1 項）が、当事者間に婚姻をする意思がないときは、婚姻は無効となる（742 条 1 号）。この点について、判例は、事実上の夫婦共同生活関係にある者が、**婚姻意思を有し、その意思に基づいて婚姻の届書を作成したとき**は、届書の受理された当時意識を失っていたとしても、その受理前に翻意したなど特段の事情のない限り、当該届書の受理により**婚姻は有効に成立**するとしている（最判昭 44.4.3）。

ウ 妥当でない　難　離婚の訴えにおいて、別居後単独で子の監護に当たっている当事者から他方の当事者に対し、別居後離婚までの期間における子の監護費用の支払を求める旨の申立てがあった場合には、裁判所は、**離婚請求**を認容するに際し、当該申立てに係る**子の監護費用**（771 条・766 条 1 項）の支払を命ずることができる（最判平 9.4.10）。したがって、本記述のように、離婚を申し立てる前に、監護費用の支払を求める訴えを別途提起する必要があるというわけではない。

エ 妥当である　重　夫婦間でした契約は、**婚姻中**、**いつでも**、夫婦の一方からこれを取り消すことができる（754 条本文）。ただし、本記述で述べられているような民法 754 条の趣旨から、**夫婦関係が破綻に瀕しているような場合**になされた夫婦間の贈与については、同条の規定の適用はなく、当事者はこれを取り消すことができないとされている（最判昭 33.3.6）。

正解　2

Chapter 24 親子関係

過去問 H22（問34） 重要度 A

問題50 A男と、B女が出産したCとの関係に関する次の記述のうち、民法の規定または判例に照らし、誤っているものはどれか。

1 AとBの内縁関係の継続中にBがCを出産し、AによってCを嫡出子とする出生届がなされた場合において、誤ってこれが受理されたときは、この届出により認知としての効力が生ずる。

2 Bは、Aとの内縁関係の継続中に懐胎し、その後、Aと適法に婚姻をし、婚姻成立後150日を経てCを出産した場合において、AがCとの間に父子関係が存在しないことを争うには、嫡出否認の訴えではなく、親子関係不存在確認の訴えによらなければならない。

3 Bは、Aと離婚した後250日を経てCを出産したが、Aは、離婚の1年以上前から刑務所に収容されていた場合において、Aは、Cとの父子関係を争うためには嫡出否認の訴えによらなければならない。

4 Aによる嫡出否認の訴えは、AがCの出生を知った時から1年以内に提起しなければならないが、Aが成年被後見人である場合には、この期間は後見開始の審判の取消しがあった後にAがCの出生を知った時から起算する。

5 Aが嫡出否認の訴えを提起する場合において、Cが幼少で意思能力を有せず、かつ、Bがすでに死亡しているときには、Cの未成年後見人がいるときであっても、家庭裁判所が選任した特別代理人を相手方とする。

親子関係

1 正しい　判例は、嫡出でない子につき、父から、これを嫡出子とする出生届がされ、又は嫡出でない子としての出生届がされた場合において、上記各出生届が戸籍事務管掌者によって受理されたときは、その各届出は、**認知届としての効力**を有するとする（最判昭 53.2.24）。

2 正しい【重】　判例は、婚姻成立の日から 200 日以内に生まれた子は、婚姻に先行する内縁関係の成立の日から 200 日後に生まれたものであっても、**民法 772 条所定の嫡出の推定**は受けないとしている（最判昭 41.2.15）。そして、嫡出の推定を受けない子との父子関係を争うには、**親子関係不存在確認の訴え**によらなければならない。

3 誤り【重】　判例は、**離婚による婚姻解消後 300 日以内に出生した子**であっても、母とその夫とが、離婚の届出に先だち約 2 年半以前から事実上の離婚をして別居し、全く交渉を絶って、**夫婦の実態が失われていた**場合には、772 条による嫡出の推定を受けないものと解している（最判昭 44.5.29）。したがって、本記述の父子関係を争うには、親子関係不存在確認の訴えによらなければならない。

4 正しい【重】　嫡出否認の訴えは、夫が子の出生を知った時から **1 年以内**に提起しなければならない（777 条）。もっとも、夫が成年被後見人であるときは、この期間は、**後見開始の審判の取消しがあった後**、夫が子の出生を知った時から起算する（778 条）。

5 正しい　嫡出の否認権は、**子又は親権を行う母**に対する嫡出否認の訴えによって行う。親権を行う母がないときは、家庭裁判所の選任した**特別代理人**に対して行う（775 条）。したがって、A の提起する嫡出否認の訴えは、C の未成年後見人ではなく、家庭裁判所が選任した特別代理人を相手方とする。

正解　3

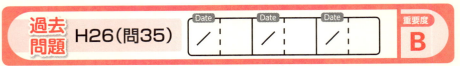

問題51 利益相反行為に関する以下の記述のうち、民法の規定および判例に照らし、妥当なものの組合せはどれか。

ア 親権者が、共同相続人である数人の子を代理して遺産分割協議をすることは、その結果、数人の子の間の利害の対立が現実化しない限り、利益相反行為にはあたらない。

イ 親権者である母が、その子の継父が銀行から借り入れを行うにあたり、子の所有の不動産に抵当権を設定する行為は、利益相反行為にあたる。

ウ 親権者が、自己の財産を、子に対して有償で譲渡する行為は当該財産の価額の大小にかかわらず利益相反行為にあたるから、その子の成年に達した後の追認の有無にかかわらず無効である。

エ 親権者が、自らが債務者となって銀行から借り入れを行うにあたって、子の所有名義である土地に抵当権を設定する行為は、当該行為がどのような目的で行われたかに関わりなく利益相反行為にあたる。

オ 親権者が、他人の金銭債務について、連帯保証人になるとともに、子を代理して、子を連帯保証人とする契約を締結し、また、親権者と子の共有名義の不動産に抵当権を設定する行為は、利益相反行為にあたる。

1 ア・イ
2 ア・エ
3 イ・ウ
4 ウ・エ
5 エ・オ

利益相反行為

　親権を行う父又は母とその子との利益が相反する行為については、親権を行う者は、その子のために特別代理人を選任することを家庭裁判所に請求しなければならない（民法 826 条 1 項）。また、親権を行う者が数人の子に対して親権を行う場合において、その 1 人と他の子との利益が相反する行為については、親権を行う者は、その一方のために特別代理人を選任することを家庭裁判所に請求しなければならない（同条 2 項）。本問は、利益相反行為に関する判例の知識を問う問題である。

ア 妥当でない　重
　親権者が共同相続人である**数人の子を代理して遺産分割の協議**をすることは、**利益相反行為に当たる**（最判昭 48.4.24）。

イ 妥当でない　難
　親権者である母が子の継父である夫の債務のために子の所有する不動産に抵当権を設定する行為は、利益相反取引に当たらない（最判昭 35.7.15）。

ウ 妥当でない　予
　親権者が利益相反行為につき子を代理した行為は、**無権代理行為**となる。したがって、成年に達した子が**追認**すれば有効となる（116 条、大判昭 11.8.7）。

エ 妥当である　超
　利益相反行為に該当するか否かは、**親権者が子を代理してした行為自体を外形的・客観的**に考察して判定すべきであるため（最判昭 42.4.18）、たとえ、行為の目的が子のためになるとしても、利益相反行為に該当する（最判昭 37.10.2 参照。子の養育費に充当する意図で親権者が借入金をなした事案）。

オ 妥当である
　第三者の金銭債務について、**親権者が自ら連帯保証をするとともに、子を代理した連帯保証債務負担行為及び抵当権設定行為は利益相反行為に当たる**（最判昭 43.10.8）。

正解　5

Chapter 24　親子関係

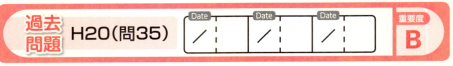

問題52 養子縁組に関する次のア〜オの記述のうち、民法の規定および判例に照らし、妥当でないものの組合せはどれか。

ア　配偶者のある者が成年者を養子とする場合には、原則として配偶者の同意を得なければならないが、配偶者がその意思を表示することができない場合には、その同意を得ないで縁組をすることができる。

イ　配偶者のある者が未成年者を養子とする場合には、原則として配偶者と共に縁組をしなければならないが、配偶者の嫡出である子を養子とする場合には、単独で縁組をすることができる。

ウ　配偶者のある者が未成年者を養子とする場合には、原則として配偶者と共に縁組をしなければならないが、配偶者もまた未成年者である場合には、単独で縁組をすることができる。

エ　真実の親子関係がない親から嫡出である子として出生の届出がされている場合には、その出生の届出は無効であるが、その子が成年に達した後はその出生の届出を養子縁組の届出とみなすことができる。

オ　真実の親子関係がない戸籍上の親が15歳未満の子について代諾による養子縁組をした場合には、その代諾による縁組は一種の無権代理によるものであるから、その子は、15歳に達した後はその縁組を追認することができる。

1　ア・イ
2　ア・ウ
3　イ・オ
4　ウ・エ
5　エ・オ

養子縁組

ア 妥当である そのとおりである（民法796条）。

イ 妥当である
ウ 妥当でない 記述イに関しては妥当である（795条）。しかし、記述ウの後半の場合は、共同縁組の例外に当たらないため妥当でない。

エ 妥当でない
重 **養子とする意思**で他人の子を**嫡出子**として届け出た場合、事実上親子関係が持続されていても、それによって**養子縁組が成立することはない**（最判昭25.12.28）。

オ 妥当である 真実の親ではない戸籍上の親の代諾は、一種の無権代理と解されるから、養子は満15歳に達した後は、縁組を有効に**追認**することができる（最判昭27.10.3）。

正解 4

Chapter 25 相続法総説

過去問 H22（問35）　重要度 B

問題53　Aは、海外出張に出かけたが、帰国予定の日に帰国しないまま長期間が経過した。その間、家族としては関係者および関係機関に問い合わせ、可能な限りの捜索をしたが、生死不明のまま出張から10年以上が経過した。そこで、Aについて、Aの妻Bの請求に基づき家庭裁判所によって失踪宣告がなされた。Aの相続人としては、妻Bおよび子Cの2人がいる場合に関する次のア～オの記述のうち、民法の規定および判例に照らし、妥当なものの組合せはどれか。

ア　BがAの出張前にAから誕生日に宝石をプレゼントされていたときは、Aの相続開始とされる時においてAが有していた財産の価額に、その宝石の価額を加えたものを相続財産とみなし、Bの相続分の中からその宝石の価額を控除した残額をもってBの相続分とする。

イ　Aの相続についての限定承認は、BとCが共同してのみ家庭裁判所に申述することができる。

ウ　Aの遺言が存在した場合に、その遺言の効力は、Aの生死が不明になった時から7年の期間が満了した時からその効力を生ずる。

エ　CがAの失踪宣告前にAの無権代理人としてA所有の土地および建物をDに売却した場合に、BがCと共同して追認をしないときでも、当該無権代理行為は有効となる。

オ　Aについて失踪宣告がなされた後にBはD男と婚姻したが、その後、失踪宣告が取り消された場合に、A・B間の婚姻とB・D間の婚姻は、戸籍の上では共に存在することになるが、両者の婚姻は、当然には無効とならず、共に重婚を理由として取り消し得るにすぎない。

1　ア・イ　　2　ア・オ　　3　イ・ウ　　4　ウ・エ　　5　エ・オ

総合テキスト LINK　Chapter 3　権利の主体　①
　　　　　　　　　　Chapter 41　相続法総説　③④

216　民　法

失踪宣告・相続

ア 妥当でない　**特別受益者**とは、被相続人から、遺贈を受け、又は婚姻若しくは養子縁組のため若しくは生計の資本として贈与を受けた者である（民法903条1項）。そして、**婚姻・養子縁組**のための贈与とは、**持参金・支度金**などのことである。また、生計の資本としての贈与は、広く生計の基礎として役立つ財産上の給付で、扶養義務の範囲を超えるものを指す。よって、誕生日にプレゼントされた宝石は含まれない。したがって、Bの相続分から宝石の価額は控除されない。

イ 妥当である　超　相続人が数人あるときは、限定承認は、共同相続人の**全員が共同してのみ**これをすることができる（923条）。

ウ 妥当である　失踪の宣告を受けた者は、生死が明らかでない**7年間**の期間が**満了した時**に、死亡したものとみなされる（31条）。そして、遺言は、**遺言者の死亡**の時からその効力を生ずる（985条1項）。

エ 妥当でない　超　無権代理人が本人を共同相続した場合、**共同相続人全員が共同して無権代理行為を追認**しない限り、無権代理人の相続分に相当する部分においても、無権代理行為が当然に有効となるものではない（最判平5.1.21）。したがって、Bと無権代理人CがAを共同相続しても、当然に無権代理行為が有効となるものではない。

オ 妥当でない　失踪宣告後、残存配偶者が再婚している場合、再婚当事者**双方が善意**であれば前婚は復活しない（32条1項後段）。また、再婚当事者の**一方でも悪意**の場合、失踪宣告の取消しにより前婚が復活して重婚状態を生じ、後婚につき**取消原因**（744条、732条）、前婚につき**離婚原因**となる。したがって、A・B間の婚姻とB・D間の婚姻が、ともに重婚を理由とする取消原因になるわけではない。

正解　3

問題54　Aが死亡した場合の法定相続に関する次のア～オの記述のうち、正しいものの組合せはどれか。なお、Aの死亡時には、配偶者B、Bとの間の子CおよびAの母Dがいるものとする。

ア　Aの死亡と近接した時にCも死亡したが、CがAの死亡後もなお生存していたことが明らかでない場合には、反対の証明がなされない限り、Aを相続するのはBおよびDである。

イ　Aが死亡した時点でCがまだ胎児であった場合には、Aを相続するのはBおよびDであるが、その後にCが生まれてきたならば、CもBおよびDとともにAを相続する。

ウ　Aにさらに養子Eがいる場合には、Aを相続するのはB、CおよびEであり、Eの相続分はCの相続分に等しい。

エ　Aが自己に対する虐待を理由に家庭裁判所にCの廃除を請求して、家庭裁判所がこれを認めた場合には、たとえCに子Fがいたとしても、FはCを代襲してAの相続人となることはできず、Aを相続するのはBおよびDである。

オ　Cが相続の放棄をした場合において、Cに子Fがいるときには、Aを相続するのはBだけでなく、FもCを代襲してAの相続人となる。

1　ア・ウ
2　ア・エ
3　イ・エ
4　イ・オ
5　ウ・オ

総合テキスト LINK　Chapter 41　相続法総説 ②③

218　民　法

相 続

ア 正しい
重
　数人の者が死亡した場合において、**そのうちの1人が他の者の死亡後になお生存していたことが明らかでないときは**、これらの者は、**同時に死亡したものと推定**される（民法32条の2）。したがって、同時死亡者相互間では相続関係は生じないから、反対の証明がなされないときには、CはAを相続せず、Aの相続人はB及びDとなる（889条1項1号、890条前段）。

イ 誤 り
重
　胎児は、①相続（886条1項）、②遺贈（965条）及び③不法行為に基づく損害賠償の請求（721条）については、**すでに生まれたものとみなされる**。したがって、Cが生きて生まれた場合、相続人は配偶者B（890条前段）と子C（887条1項）となり、母Dは相続人とはならない（889条1項柱書）。

ウ 正しい
　養子は、**縁組の日から養親の嫡出子の身分**を取得する（809条）。したがって、養子であるEと嫡出子であるCの相続分は等しいものとなる。

エ 誤 り
重
　遺留分を有する推定相続人が、被相続人に対して虐待をし、若しくはこれに重大な侮辱を加えたとき、又は推定相続人にその他の著しい非行があったときは、被相続人はその推定相続人の廃除を家庭裁判所に請求できる（892条）。そして、この推定相続人の廃除がされた場合、**当該推定相続人の子が代襲して相続人となる**（887条2項本文）。したがって、Aの相続人はB及びFとなる。

オ 誤 り
重
　代襲相続とは、被相続人の死亡以前に相続人となるべき子、兄弟姉妹が死亡し、又は欠格、廃除により相続権を失ったときに、その者の子がその者に代わって、その者が受けるはずであった相続分を相続することをいう（887条2項）。しかし、自らの意思によって相続人でなくなる相続放棄の場合は、代襲原因にならないため、Aの相続人はB及びDとなる。

正解	1

Chapter 25　相続法総説

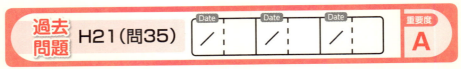

問題55 相続欠格と相続人の廃除に関する次のア〜オの記述のうち、妥当なものの組合せはどれか。

ア　相続欠格においては、その対象者となりうるのは全ての推定相続人であるが、相続人の廃除においては、その対象者となるのは遺留分を有する推定相続人に限られる。

イ　相続欠格においては、その効果は一定の欠格事由があれば法律上当然に生ずるが、相続人の廃除においては、その効果は被相続人からの廃除請求による家庭裁判所の審判の確定によって生ずる。

ウ　相続欠格においては、被相続人および同順位相続人は欠格の宥恕をすることができるが、相続人の廃除においては、被相続人は審判確定後は家庭裁判所にその取消しを請求することはできない。

エ　相続欠格においては、被相続人の子が欠格者となった場合には、欠格者の子は代襲相続人となることができないが、相続人の廃除においては、被相続人の子について廃除が確定した場合でも、被廃除者の子は代襲相続人となることができる。

オ　相続欠格においては、その効果としてすべての相続にかかわる相続能力が否定されるが、相続人の廃除においては、その効果として廃除を請求した被相続人に対する相続権のみが否定される。

1　ア・イ
2　ア・ウ
3　イ・エ
4　ウ・オ
5　エ・オ

相続欠格・廃除

ア 妥当である 重　相続欠格においては、すべての推定相続人がその対象となる（民法891条）が、相続**廃除**においては、**遺留分**を有する推定相続人のみがその対象となる（892条）。

イ 妥当である 重　相続欠格は、民法891条1号から5号までに該当する欠格事由があれば、法律上**当然に**その効果が生ずるが、相続廃除は、892条の定める事由があれば、被相続人は、その推定相続人の廃除を**家庭裁判所に請求**することができる。

ウ 妥当でない　被相続人は、**いつでも**、推定相続人の**廃除の取消しを家庭裁判所に請求**することができる（894条1項）。なお、相続欠格においては、民法には規定がないものの、被相続人が相続欠格者の行為を許し、相続権を回復させるという宥恕（ゆうじょ）が認められるとする見解もある。

エ 妥当でない　被相続人の子が、**相続の開始以前に死亡**したとき、又は**相続欠格**事由に該当し、若しくは**廃除**によって、その相続権を失ったときは、その者の子がこれを**代襲**して相続人となる（887条2項本文）。

オ 妥当でない　相続欠格・相続廃除の効果は**相対的**であり、特定の被相続人と相続人との間でのみ生じ、他の被相続人との関係にまで及ばない（891条、892条、893条参照）ため、すべての相続にかかわる相続能力が否定されるわけではない。したがって、前段部分が妥当でない。

正解　1

Chapter 26 遺留分

過去問題 H17(問29)改題

問題56 遺留分侵害額請求権に関する次の記述のうち、判例の趣旨に照らして妥当でないものはどれか。

1　遺留分侵害額請求権は、権利行使の確定的意思を有することを外部に表明したと認められる特段の事情がある場合を除き、債権者代位権の目的とすることができない。

2　遺留分侵害額請求権の行使は、受遺者又は受贈者に対する意思表示によってすれば足り、必ずしも裁判上の請求による必要はなく、いったんその意思表示がなされた以上、法律上当然に金銭債権が生じる。

3　被相続人の全財産が相続人の一部の者に遺贈された場合において、遺留分侵害額請求権を有する相続人が、遺贈の効力を争うことなく、遺産分割協議の申入れをしたときは、特段の事情のない限り、その申入れには遺留分侵害額請求の意思表示が含まれる。

4　相続人が被相続人から贈与された金銭をいわゆる特別受益として遺留分算定の基礎となる財産の価額に加える場合には、贈与の時の金額を相続開始のときの貨幣価値に換算した価額をもって評価するべきである。

5　遺言者の財産全部についての包括遺贈に対して遺留分権利者が遺留分侵害額請求権を行使した場合には、遺留分権利者に帰属する権利は、遺産分割の対象となる相続財産としての性質を有すると解される。

総合テキスト LINK　Chapter 41　相続法総説　2
　　　　　　　　　Chapter 44　遺留分　2

遺留分侵害額請求権

1 妥当である 【重】
遺留分減殺請求権は、遺留分権利者がこれを第三者に譲渡する等、権利行使の確定的意思を有することを外部に表明したと認められる**特段の事情がある場合**を除き、**債権者代位の目的とすることができない**（最判平 13.11.22）。改正後の遺留分侵害額請求権（民法 1046 条 1 項）についても、同様の判例が妥当する。したがって、本記述は妥当である。

2 妥当である
遺留分侵害額請求権は、**形成権**と解されているところ、遺留分を侵害した**受遺者や受贈者に対する行使の意思表示**によって、遺留分侵害額に相当する金銭支払請求権が発生する（1046 条 1 項）。したがって、本記述は妥当である。

3 妥当である 【捨】
被相続人の**全財産**が相続人の一部の者に遺贈された場合において、遺留分減殺請求権を有する相続人が、遺贈の効力を争うことなく、遺産分割協議の申入れをしたときは、**特段の事情のない限り**、その申入れには**遺留分減殺の意思表示**が含まれている（最判平 10.6.11）。改正後の遺留分侵害額請求権も遺産分割協議とは要件・効果を異にするため、同判決が妥当する。したがって、本記述は妥当である。

4 妥当である 【捨】
相続人が被相続人から贈与された金銭をいわゆる特別受益として遺留分算定の基礎となる財産の価額に加える場合には、贈与の時の金額を**相続開始の時**の貨幣価値に換算した価額をもって評価すべきである（最判昭 51.3.18）。したがって、本記述は妥当である。

5 妥当でない
改正後の民法 1046 条 1 項では、改正前の物権的効果が改められ、遺留分を侵害された者が相手方に対して固有の遺留分侵害額に相当する**金銭債権**が発生し、権利行使によって得た**金銭**を、遺留分権利者が**自己固有の財産**として保持することになる。したがって、遺産分割の対象となる相続財産としての性質を有すると解されるとする本記述は妥当でない。

正解　5

Chapter 27 総合

過去問題 H24(問32)改題　重要度 A

問題57　無償契約に関する次の記述のうち、民法の規定および判例に照らし、妥当なものはどれか。

1　定期の給付を目的とする贈与は、贈与者又は受贈者の死亡によって、その効力を失う。

2　贈与者は、贈与契約の内容にかかわらず、贈与の目的物を特定した時の状態で引き渡せば、債務不履行責任を負うことはない。

3　使用貸借においては、借用物の通常の必要費については借主の負担となるのに対し、有益費については貸主の負担となり、その償還の時期は使用貸借の終了時であり、貸主の請求により裁判所は相当の期限を許与することはできない。

4　委任が無償で行われた場合、受任者は委任事務を処理するにあたり、自己の事務に対するのと同一の注意をもってこれを処理すればよい。

5　寄託が無償で行われた場合、受寄者は他人の物を管理するにあたり、善良なる管理者の注意をもって寄託物を保管しなければならない。

総合テキスト LINK　Chapter 32　財産移転型契約　3
　　　　　　　　　Chapter 33　貸借型契約　4
　　　　　　　　　Chapter 34　労務提供型契約　その他　2 3

無償契約

1 妥当である 重

定期の給付を目的とする贈与は、**贈与者又は受贈者**の死亡によって、その効力を失う（民法552条）。

2 妥当でない

民法551条1項は、「贈与者は、贈与の目的である物又は権利を、贈与の目的として特定した時の状態で引き渡し、又は移転することを約したものと推定する。」と規定している。これは、贈与の無償性から、贈与契約の内容を推定した規定である。したがって、**個々の具体的な贈与契約の解釈**を通じて、同項の**推定**が**覆された場合**には、贈与者は、債務不履行責任を負うことがある。

3 妥当でない

借主は、借用物の通常の必要費を負担する（595条1項）。また、有益費については、借主は、貸主が返還を受けた時から1年以内にその償還を請求できるが（600条1項）、裁判所は、貸主の請求により、その償還について**相当の期限を許与**することができる（595条2項・583条2項ただし書）。

4 妥当でない 重

受任者は、委任の本旨に従い、**善良な管理者の注意**をもって、委任事務を処理する義務を負う（644条）。

5 妥当でない

無報酬の受寄者は、**自己の財産に対するのと同一の注意**をもって、寄託物を保管する義務を負う（659条）。

正解　1

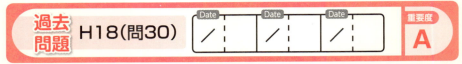

問題58 Aは、B所有の甲土地について地上権の設定を受けて、同土地上に乙建物を建築した。Aが同建物を建築するについては、そのための資金としてC銀行から融資を受けた。この場合に関する次の記述のうち、正しいものはどれか。

1 A・B間では賃借権ではなく地上権が設定されたので、その存続期間については、借地借家法の適用はなく民法の規定が適用される。

2 AがC銀行のために抵当権を設定するには、乙建物のみを抵当権の目的とすることができ、Aの甲土地に対する地上権を抵当権の目的とすることはできない。

3 Bが死亡し、Bの相続人Dが甲土地を相続した場合に、Aは、甲土地についての地上権登記または乙建物についての保存登記を経由していない限り、Dに対し、Aの甲土地についての地上権を対抗することはできない。

4 AのC銀行に対する債務の担保のために、Aが乙建物についてC銀行のために抵当権を設定するとともに、Bが物上保証人として甲土地についてC銀行のために抵当権を設定していた場合において、C銀行が抵当権を実行するには、まず乙建物から行う必要はない。

5 Aが死亡し、Aの相続人EおよびFが遺産分割により乙建物を共有することになった場合において、EおよびFは、相互に5年間は乙建物の分割を請求することはできない。

総合テキスト LINK　Chapter 12　物件変動　②
　　　　　　　　　Chapter 14　所有権　③
　　　　　　　　　Chapter 15　用益物権　②③
　　　　　　　　　Chapter 20　抵当権　①
　　　　　　　　　Chapter 25　多数当事者の債権・債務　③

総　合

1　誤り　　借地借家法は、**建物の所有を目的とする地上権及び土地の賃借権**に関する必要な事項を定めたものである（借地借家法1条）。したがって、そのような地上権の存続期間についても借地借家法が適用される。

2　誤り　超　　抵当権の目的とすることができるのは、**不動産**（民法369条1項）、**地上権及び永小作権**（同条2項）である。したがって、Aは甲土地に対する地上権を抵当権の目的とすることができる。

3　誤り　重　　Aが、地上権の設定という物権変動を、第三者に対抗するためには、甲土地についての地上権登記又は乙建物についての保存登記が必要である（民法177条、借地借家法10条1項）。この点について、「第三者」とは、**当事者**及び**その包括承継人**以外の者で、不動産に関する物権の得喪及び変更の登記のないことを主張する**正当の利益**を有する者をいう（大連判明41.12.15）。本記述において、**Dは、Bの包括承継人たる相続人であるから、「第三者」には当たらない**。したがって、Aは、かかる登記を経由することなく、Dに対し、Aの甲土地についての地上権を対抗することができる。

4　正しい　　物上保証には、保証のような補充性は認められないから、**物上保証人は、催告の抗弁権**（民法452条）**や検索の抗弁権**（453条）**を有しない**。したがって、本記述において、C銀行は、物上保証人Bの有する甲土地から抵当権を実行してもよい。

5　誤り　重　　原則として、各共有者は、**いつでも共有物の分割を請求することができる**（256条1項本文）。例外的に、分割禁止特約（禁止期間の上限は5年間とされている）がある場合は分割請求をすることができないが（同項ただし書）、本記述においてはそのような特約が存在しないので、E及びFは、いつでも、乙建物の分割を請求することができる。

正解　4

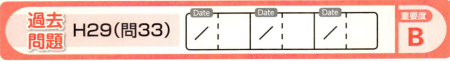

問題59 　Aは自己所有の甲機械（以下「甲」という。）をBに賃貸し（以下、これを「本件賃貸借契約」という。）、その後、本件賃貸借契約の期間中にCがBから甲の修理を請け負い、Cによる修理が終了した。この事実を前提とする次の記述のうち、民法の規定および判例に照らし、妥当なものはどれか。

1 　Bは、本件賃貸借契約において、Aの負担に属するとされる甲の修理費用について直ちに償還請求することができる旨の特約がない限り、契約終了時でなければ、Aに対して償還を求めることはできない。

2 　CがBに対して甲を返還しようとしたところ、Bから修理代金の提供がなかったため、Cは甲を保管することとした。Cが甲を留置している間は留置権の行使が認められるため、修理代金債権に関する消滅時効は進行しない。

3 　CはBに対して甲を返還したが、Bが修理代金を支払わない場合、Cは、Bが占有する甲につき、動産保存の先取特権を行使することができる。

4 　CはBに対して甲を返還したが、Bは修理代金を支払わないまま無資力となり、本件賃貸借契約が解除されたことにより甲はAに返還された。本件賃貸借契約において、甲の修理費用をBの負担とする旨の特約が存するとともに、これに相応して賃料が減額されていた場合、CはAに対して、事務管理に基づいて修理費用相当額の支払を求めることができる。

5 　CはBに対して甲を返還したが、Bは修理代金を支払わないまま無資力となり、本件賃貸借契約が解除されたことにより甲はAに返還された。本件賃貸借契約において、甲の修理費用をBの負担とする旨の特約が存するとともに、これに相応して賃料が減額されていた場合、CはAに対して、不当利得に基づいて修理費用相当額の支払を求めることはできない。

総合テキスト LINK　Chapter 18　先取特権　②
　　　　　　　　　Chapter 33　賃借型契約　①
　　　　　　　　　Chapter 35　事務管理　①②
　　　　　　　　　Chapter 36　不当利得

総合

1 妥当でない 超

賃借人は、賃借物について賃貸人の負担に属する**必要費**を支出したときは、**賃貸人に対し、直ちに**その償還を請求することができる（民法608条1項）。したがって、甲の賃借人であるBは、賃貸人であるAの負担に属する甲の修理費用について、特約がなくとも、Aに対して直ちに償還請求ができる。

2 妥当でない 重

留置権の行使は、債権の消滅時効の進行を妨げない（300条）。したがって、Cが修理代金債権を被担保債権として、甲を留置していたとしても、修理代金債権に関する消滅時効は進行する。

3 妥当でない

動産の**保存**によって生じた債権を有する者は、**債務者の特定の動産**について**先取特権**を有する（311条柱書、同条4号、320条）。本記述においてCは、B・C間の請負契約に基づく修理代金債権を被担保債権として、甲について動産保存の先取特権を行使しようとするところ、**甲の所有権はAが有しており、Bは甲の所有権を有していない**。したがって、Cは甲について、動産保存の先取特権を行使することはできない。

4 妥当でない

事務管理に基づいて費用償還請求をするには、**義務なく**他人のために事務の管理を始めなければならない（697条1項、702条1項）。本記述においてCは、B・C間の**請負契約に基づく甲の修理義務により、甲を修理している**ため、**事務管理は成立しない**。したがって、CはAに対して、事務管理に基づいて修理費用相当額の支払を求めることはできない。

5 妥当である 予

判例は、「甲が建物賃借人乙との間の請負契約に基づき右建物の修繕工事をしたところ、その後乙が無資力になったため、甲の乙に対する請負代金債権の全部又は一部が無価値である場合において、右建物の所有者丙が**法律上の原因**なくして右修繕工事に要した財産及び労務の提供に相当する利益を受けたということができるのは、**丙と乙との間の賃貸借契約を全体としてみて、丙が対価関係なしに右利益を受けたとき**に限られる」とする（最判平7.9.19）。本記述においては、A・B間の賃貸借契約で、甲の修理費用をBの負担とする特約が存在し、これに相応して賃料の減額がされているため、A・B間の賃貸借契約を全体としてみれば、Aは対価関係なしに、甲の修理費用相当額の利益を受けたとはいえない。したがって、CはAに対して、不当利得に基づいて修理費用相当額の支払を求めることはできない。

正解 5

問題60 催告に関する次のア～オの各事例のうち、民法の規定および判例に照らし、正しいものの組合せはどれか。

ア　Aは成年被保佐人であるBとの間で、Bの所有する不動産を購入する契約を締結したが、後日Bが制限行為能力者であることを知った。Aは、1ヶ月以上の期間を定めて、Bに対し保佐人の追認を得るべき旨を催告したが、所定の期間を過ぎても追認を得た旨の通知がない。この場合、その行為は追認されたものとみなされる。

イ　CはDとの間で、C所有の自動車を、代金後払い、代金額150万円の約定でDに売却する契約を締結した。Cは自動車の引き渡しを完了したが、代金支払期日を経過してもDからの代金の支払いがない。そこでCはDに対して相当の期間を定めて代金を支払うよう催告したが、期日までに代金の支払いがない。この場合、C・D間の売買契約は法律上当然に効力を失う。

ウ　Eは知人FがGより100万円の融資を受けるにあたり、保証（単純保証）する旨を約した。弁済期後、GはいきなりEに対して保証債務の履行を求めてきたので、Eはまずは主たる債務者に催告するよう請求した。ところがGがFに催告したときにはFの資産状況が悪化しており、GはFから全額の弁済を受けることができなかった。この場合、EはGが直ちにFに催告していれば弁済を受けられた限度で保証債務の履行を免れることができる。

エ　Hは甲建物を抵当権の実行による競売により買い受けたが、甲建物には、抵当権設定後に従前の所有者より賃借したIが居住している。HはIに対し、相当の期間を定めて甲建物の賃料1ヶ月分以上の支払いを催告したが、期間経過後もIが賃料を支払わない場合には、Hは買受け後6ヶ月を経過した後、Iに対して建物の明け渡しを求めることができる。

オ　Jは、自己の所有する乙土地を、その死後、世話になった友人Kに無償で与える旨の内容を含む遺言書を作成した。Jの死後、遺言の内容が明らかになり、Jの相続人らはKに対して相当の期間を定めてこの遺贈を承認するか放棄するかを知らせて欲しいと催告したが、Kからは期間内に返答がない。この場合、Kは遺贈を承認したものとみなされる。

1　ア・イ
2　ア・ウ
3　イ・エ
4　ウ・オ
5　エ・オ

催告

ア 誤り 【重】
　制限行為能力者の**相手方**は、**被保佐人**に対しては、**1か月以上**の期間を定めて、その期間内にその保佐人の追認を得るべき旨の催告をすることができ、その被保佐人がその期間内にその追認を得た旨の通知を発しないときは、その行為を**取り消したもの**とみなされる（民法20条4項）。

イ 誤り
　当事者の一方がその債務を履行しない場合において、相手方が**相当の期間**を定めてその履行の催告をし、その期間内に履行がないときは、相手方は、契約の解除をすることができる（541条本文）。そして、解除は、相手方に対する**意思表示**によってする（540条1項）。したがって、本記述の場合、Cが解除の意思表示をすることによりはじめて契約関係が解消されるのであって、法律上当然に契約が効力を失うのではない。

ウ 正しい 【重】
　債権者が保証人に債務の履行を請求したときは、保証人は、まず主たる債務者に催告をすべき旨を請求することができる（**催告の抗弁**　452条本文）。この保証人の請求があったにもかかわらず、債権者が催告を怠ったために主たる債務者から全部の弁済を得られなかったときは、保証人は、債権者が直ちに催告をすれば弁済を得ることができた限度において、その義務を免れる（455条）。

エ 誤り
　抵当権者に**対抗することができない賃貸借**により抵当権の目的である建物を競売手続の開始前から使用する者は、その建物の競売における買受人の**買受けの時から6か月**を経過するまでは、その建物を買受人に引き渡すことを要しない（395条1項1号）。もっとも、この規定は、買受人の買受けの時より後に同項の建物の使用をしたことの対価について、買受人が抵当建物使用者に対し相当の期間を定めてその1か月分以上の支払の催告をし、その相当の期間内に履行がない場合には、適用されない（同条2項）。

オ 正しい
　遺贈義務者その他の利害関係人は、受遺者に対し、相当の期間を定めて、その期間内に遺贈の承認又は放棄をすべき旨の**催告**をすることができ、この場合において、受遺者がその期間内に遺贈義務者に対してその意思を表示しないときは、**遺贈を承認**したものとみなされる（987条）。本記述の場合、Jの相続人らは遺贈義務者に当たる。

正解　4

商法

Chapter 1 商法総則・商行為

過去問 H18（問36） 重要度 C

問題1 商業使用人に関する次のア〜オの記述のうち、正しいものの組合せはどれか。

ア　支配人は、商人に代わってその営業に関する一切の裁判上または裁判外の行為をなす権限を有し、支配人の代理権に加えた制限は、それを登記した場合に、これをもって善意の第三者に対抗することができる。

イ　支配人は、商人の許諾がなければ自ら営業を行うことができないが、商人の許諾がなくとも自己または第三者のために商人の営業の部類に属する取引を行うことができる。

ウ　商人の営業所の営業の主任者であることを示すべき名称を付した使用人は、相手方が悪意であった場合を除いて、当該営業所の営業に関する一切の裁判外の行為をなす権限を有するものとみなされる。

エ　商人の営業に関するある種類または特定の事項の委任を受けた使用人は、その事項に関して一切の裁判外の行為をなす権限を有し、当該使用人の代理権に加えた制限は、これをもって善意の第三者に対抗することができない。

オ　物品の販売等を目的とする店舗の使用人は、相手方が悪意であった場合も、その店舗にある物品の販売等に関する権限を有するものとみなされる。

1　ア・イ
2　ア・オ
3　イ・ウ
4　ウ・エ
5　エ・オ

商業使用人

ア 誤り 重
支配人は、商人に代わってその営業に関する一切の裁判上又は裁判外の行為をなす権限を有するとされ（商法21条1項）、その**代理権に加えた制限は善意の第三者には対抗することはできない**とされる（同条3項）。そして、同条には登記による代理権の制限についての対抗力付与の規定はない。

イ 誤り
支配人は、**商人の許可**を受けなければ、自ら営業を行うことはできない（23条1項1号）。また、支配人が、自己又は第三者のためにその商人の営業の部類に属する取引をするためには、**商人の許可**を受けることが必要である（同項2号）。

ウ 正しい
商人の営業所の営業の主任者であることを示す名称を付した使用人は、相手方が悪意であった場合を除いて、当該営業所の営業に関し、**一切の裁判外の行為**をする**権限**を有するものとみなされる（24条）。

エ 正しい
商人の営業に関するある種類又は特定の事項の委任を受けた使用人は、当該事項に関する**一切の裁判外の行為をする権限**を有し（25条1項）、当該使用人の**代理権に加えた制限は、善意の第三者に対抗することができない**（同条2項）。

オ 誤り
物品の販売等を目的とする店舗の使用人は、その店舗にある物品の販売等をする権限を有するものとみなされるが（26条本文）、**相手方が悪意**であれば、この規定は適用されない（同条ただし書）。

正解　4

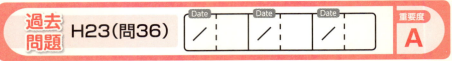

[問題2] 商人Aが、商人Bに対してAの商号をもって営業を行うことを許諾したところ、Aの商号を使用したBと取引をした相手方Cは、当該取引（以下、「本件取引」という。）を自己とAとの取引であると誤認した。本件取引の相手方の誤認についてCに過失がなかった場合、A・B・C間の法律関係に関する次の記述のうち、正しいものはどれか。

1　契約はAとCの間で成立し、Aが本件取引によって生じた債務について責任を負うが、CはBに対しても履行の請求をすることができる。

2　契約はAの商号を使用したBとCの間で成立するが、AはBと連帯して本件取引によって生じた債務について責任を負う。

3　契約はAとCの間で成立するが、BはAと連帯して本件取引によって生じた債務について責任を負う。

4　契約はAの商号を使用したBとCの間で成立するが、Aは本件取引によって生じた債務について半分の割合で責任を負う。

5　Cは、本件取引における契約の相手方がAであるかBであるかを選択することができるが、一方を選択した場合は他方との契約関係の存在を主張できない。

名板貸し

1 誤り 超　自己の商号を使用して営業又は事業を行うことを他人に許諾した商人は、当該商人が当該営業を行うものと誤認して当該他人と取引をした者に対し、当該他人と連帯して、当該取引によって生じた債務を弁済する責任を負う（商法14条）。もっとも、**名板貸人は名板借人の負う債務について連帯して弁済する責任を負う**にすぎず、相手方との間に契約が成立するわけではない。したがって、名板貸人であるAは名板借人Bと連帯して弁済する責任を負うものの、**契約はあくまでBと相手方Cとの間に成立する**のであって、A・C間において契約が成立するわけではない。

2 正しい　1で解説したように、本記述のとおりである（14条）。

3 誤り　本問において、契約はあくまで名板借人Bと相手方Cとの間で成立するのであって、名板貸人AとCとの間に成立するわけではない。

4 誤り　名板貸人は許諾した営業、事業の範囲内にあると認められる取引によって生じた債務について責任を負うのであって（14条）、その半分の割合で責任を負うとする規定はない。

5 誤り　本問において、Cの契約の相手方はあくまでBである。AとCとの間に契約は成立していない以上、Cは本件取引における契約の相手方がAであるかBであるかを選択することはできない。

正解　2

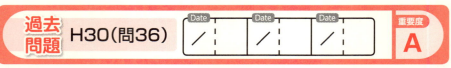

問題3 商人または商行為に関する次のア〜オの記述のうち、商法の規定に照らし、誤っているものの組合せはどれか。

ア　商行為の委任による代理権は、本人の死亡によって消滅する。

イ　商人がその営業の範囲内において他人のために行為をしたときは、相当な報酬を請求することができる。

ウ　数人の者がその一人または全員のために商行為となる行為によって債務を負担したときは、その債務は、各自が連帯して負担する。

エ　保証人がある場合において、債務が主たる債務者の商行為によって生じたものであるときは、その債務は当該債務者および保証人が連帯して負担する。

オ　自己の営業の範囲内で、無報酬で寄託を受けた商人は、自己の財産に対するのと同一の注意をもって、寄託物を保管する義務を負う。

1　ア・ウ
2　ア・オ
3　イ・ウ
4　イ・エ
5　エ・オ

商人又は商行為

ア 誤り【重】 商法506条は、「**商行為**の委任による代理権は、本人の死亡によっては、消滅しない。」と規定している。

イ 正しい【重】 512条は、「商人がその**営業の範囲内**において他人のために行為をしたときは、**相当な報酬を請求**することができる。」と規定している。

ウ 正しい【重】 511条1項は、「数人の者がその1人又は全員のために商行為となる行為によって債務を負担したときは、その債務は、**各自が連帯して負担する。**」と規定している。

エ 正しい 511条2項は、「保証人がある場合において、**債務が主たる債務者の商行為によって生じた**ものであるとき、又は保証が商行為であるときは、主たる債務者及び保証人が各別の行為によって債務を負担したときであっても、その債務は、**各自が連帯して負担する。**」と規定している。

オ 誤り 595条は、「商人がその営業の範囲内において寄託を受けた場合には、**報酬を受けないときであっても、善良な管理者の注意**をもって、寄託物を保管しなければならない。」と規定している。

正解　2

Chapter 1　商法総則・商行為

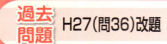 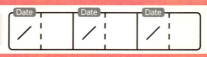

問題4　運送営業および場屋営業に関する次の記述のうち、商法の規定に照らし、誤っているものはどれか。

1　運送人は、運送品の受取りから引渡しまでの間にその運送品が滅失もしくは損傷又は延着した場合、運送人がその運送品の受取り、運送、保管及び引渡しについて注意を怠らなかったことを証明したときを除き、その運送品に生じた損害を賠償する責任を負う。

2　運送品が高価品であるときに、荷送人が運送を委託するにあたり、運送品の種類および価額を通知していなければ、運送人はその運送品に生じた損害を賠償する責任を負わない。

3　場屋営業者は、客から寄託を受けた物品について、物品の保管に関して注意を怠らなかったことを証明すれば、その物品に生じた損害を賠償する責任を負わない。

4　客が特に寄託しない物品であっても、客が場屋内に携帯した物品が場屋営業者の不注意によって損害を受けたときは、場屋営業者はその物品に生じた損害を賠償する責任を負う。

5　場屋営業者が寄託を受けた物品が高価品であるときは、客がその種類および価額を通知してこれを場屋営業者に寄託したのでなければ、場屋営業者はその物品に生じた損害を賠償する責任を負わない。

運送営業及び場屋営業

1 正しい　運送人は、**運送品の受取から引渡し**までの間にその運送品が**滅失**し若しくは**損傷**し、若しくはその滅失若しくは損傷の原因が生じ、又は運送品が**延着**したときは、これによって生じた損害を賠償する責任を負う。ただし、運送人がその運送品の受取、運送、保管及び引渡しについて**注意を怠らなかったことを証明したとき**は、この限りでない（商法575条）。

2 正しい　貨幣、有価証券その他の高価品については、荷送人が運送を委託するに当たりその種類及び価額を通知した場合を除き、運送人は、その滅失、損傷又は延着について損害賠償の責任を負わない（577条1項）。

3 誤り　旅館、飲食店、浴場その他の客の来集を目的とする場屋における取引をすることを業とする者（「**場屋営業者**」）は、客から寄託を受けた物品の滅失又は損傷については、**不可抗力**によるものであったことを証明しなければ、損害賠償の責任を免れることができない（596条1項）。
したがって、物品の保管に関して注意を怠らなかったことを証明すれば、その物品に生じた損害を賠償する責任を負わないわけではない。

4 正しい　客が寄託していない物品であっても、**場屋の中**に携帯した物品が、**場屋営業者が注意を怠った**ことによって滅失し、又は損傷したときは、場屋営業者は、損害賠償の責任を負う（596条2項）。

5 正しい　貨幣、有価証券その他の高価品については、客がその種類及び価額を通知してこれを場屋営業者に寄託した場合を除き、場屋営業者は、その滅失又は損傷によって生じた損害を賠償する責任を負わない（597条）。

正解　3

Chapter 2 持分会社

問題5 合名会社および合資会社(以下、本問において併せて「会社」という。)に関する次のア〜オの記述のうち、会社法の規定に照らし、誤っているものの組合せはどれか。なお、定款には別段の定めがないものとする。

ア 会社は、定款に資本金の額を記載し、これを登記する。

イ 会社がその財産をもってその債務を完済することができない場合、社員は、それぞれの責任の範囲で連帯して会社の債務を弁済する責任を負う。

ウ 会社の持分は、社員たる地位を細分化したものであり、均一化された割合的単位で示される。

エ 会社の社員は、会社に対し、既に出資として払込みまたは給付した金銭等の払戻しを請求することができる。

オ 会社の社員は、会社の業務を執行し、善良な管理者の注意をもって、その職務を行う義務を負う。

1 ア・ウ
2 ア・オ
3 イ・ウ
4 ウ・エ
5 エ・オ

合名会社・合資会社

ア 誤り　合名会社及び合資会社においては、資本金の額は定款の絶対的記載事項ではなく、また、登記事項でもない（会社法576条1項、912条、913条）。

イ 正しい　持分会社の財産をもってその債務を完済することができない場合、**社員は、連帯して、持分会社の債務を弁済する責任を負う**（580条1項1号）。この場合、無限責任社員は無制限に責任を負い、有限責任社員はその出資の価額を限度として責任を負う（同条2項）。

ウ 誤り　持分とは、出資者が会社に対して有する地位をいい、持分会社の場合、持分は1人の社員につき1つであり、持分の大きさは必ずしも均等ではない。

エ 正しい　社員は、持分会社に対し、すでに出資として払込み又は給付をした金銭等の**払戻しを請求**することができる（624条1項前段）。

オ 正しい　社員は、定款に別段の定めがある場合を除き、持分会社の業務を執行し（590条1項）、業務を執行する社員は、**善良な管理者の注意**をもって、その職務を行う義務を負う（593条1項）。

正解　1

Chapter 3 株式会社・株式

過去問題 H23(問38) 重要度 B

問題6 株式取得に関する次の記述のうち、会社法の規定および判例に照らし、妥当でないものはどれか。

1 株式会社は、合併および会社分割などの一般承継による株式の取得について、定款において、当該会社の承認を要する旨の定めをすることができる。

2 譲渡制限株式の譲渡を承認するか否かの決定は、定款に別段の定めがない限り、取締役会設置会社では取締役会の決議を要し、それ以外の会社では株主総会の決議を要する。

3 承認を受けないでなされた譲渡制限株式の譲渡は、当該株式会社に対する関係では効力を生じないが、譲渡の当事者間では有効である。

4 株式会社が子会社以外の特定の株主から自己株式を有償で取得する場合には、取得する株式の数および特定の株主から自己株式を取得することなどについて、株主総会の特別決議を要する。

5 合併後消滅する会社から親会社株式を子会社が承継する場合、子会社は、親会社株式を取得することができるが、相当の時期にその有する親会社株式を処分しなければならない。

株式の取得

1 妥当でない　会社は、定款により、発行する全部の株式の内容として（会社法107条1項1号、2項1号）、又は、種類株式の内容として（108条1項4号、2項4号）、譲渡による当該株式の取得につき会社の承認を要する旨を定めることができる。もっとも、譲渡による株式の取得には相続・合併・会社分割のような一般承継による株式の移転は含まないとされている。

2 妥当である　株式会社が、株主からの譲渡承認請求、又は株式取得者からの取得承認請求に対し、承認をするか否かの決定をするには、**株主総会（取締役会設置会社**にあっては、**取締役会）**の決議によらなければならない（139条1項本文）。

3 妥当である　判例は、会社の事前の承認を得ずになされた株式の譲渡は、会社に対する関係では効力を生じないが、**譲渡当事者間においては有効**であると解するのが相当であるとする（最判昭48.6.15）。

4 妥当である　特定の株主から自己株式を取得する旨の決議（160条1項）は、**特別決議**による必要がある（309条2項2号）。

5 妥当である　子会社は、原則としてその親会社の株式を取得することができない（135条1項）が、この取得禁止の規制は、合併の際に消滅会社から承継する場合等には適用がない（同条2項2号等）。また、**子会社は、相当の時期にその有する親会社株式を処分しなければならない**（同条3項）。

正解　1

過去問 H16(問33)改題　重要度 A

問題7 株式に関する次の記述のうち、正しいものの組合せはどれか。

ア　株式の払込価額の2分の1を超えない額については、資本金とはしないで、資本準備金とすることができる。

イ　完全無議決権株式は、利益配当に関して優先的な内容を有する株式としてのみ発行することができる。

ウ　株式の引受人が出資の履行をすることにより株主となる権利の譲渡は、株式会社に対抗することができない。

エ　株式の分割を行う場合には、株主総会の特別決議によるその承認が必要である。

オ　自己株式を取得した場合には、相当の時期に当該自己株式を処分又は消却しなければならない。

1　ア・ウ
2　ア・エ
3　イ・エ
4　イ・オ
5　ウ・オ

総合テキスト LINK　Chapter 4　株式会社総論　[2]
　　　　　　　　　Chapter 5　株式　[1][2][4][5]

株　式

ア　正しい
重

株式の払込価額の2分の1を超えない額は、資本金として計上しないことができる（会社法445条2項）。そして、その額は、**資本準備金として計上**しなければならない（同条3項）。

イ　誤り

かつては完全無議決権株式は、利益配当に関して優先的な内容を有する株式としてのみ発行することができた。しかし、平成13年改正により、総会のすべての事項について議決権を行使できない株式だけでなく一部の事項についてだけ議決権を行使できない株式も認めることとし、これら議決権制限株式は、**優先株に限らずに発行できる**こととした。会社法もこれを引き継いでいる（108条1項3号、2項3号）。

ウ　正しい

株式の引受人が出資の履行をすることにより株主となる権利の譲渡は、**株式会社に対抗することができない**（35条、50条2項、63条2項、208条4項）。

エ　誤り
予

株式会社は**株主総会の普通決議**（取締役会設置会社にあっては**取締役会の決議**）により株式の分割をすることができる（183条2項）。

オ　誤り
超

かつては自己株式を取得した場合には、相当の時期に当該自己株式を処分又は消却しなければならないとされていた。しかし、平成13年改正により自己株式の買受け及び保有が自由となったため、会社が有する自己株式の処分・消却に関する**時期についての制限**はなくなった。会社法でもそのような制限はない。

正解　1

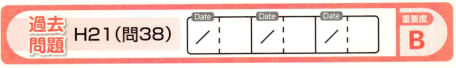

問題8　株主名簿に関する次のア〜オの記述のうち、会社法の規定および判例に照らし、妥当でないものの組合せはどれか。

ア　すべての株式会社は、株主名簿を作成して、株主の氏名または名称および住所ならびに当該株主の有する株式の種類および数などを記載または記録しなければならない。

イ　基準日以前に株式を取得した者で、株主名簿に株主として記載または記録されていない者について、会社は、その者を株主として扱い、権利の行使を認容することができる。

ウ　株券発行会社においては、株式の譲受人は、株主名簿の名義書換えをしなければ、当該会社および第三者に対して株式の取得を対抗できない。

エ　会社が株主による株主名簿の名義書換え請求を不当に拒絶した場合には、当該株主は、会社に対して、損害賠償を請求することができるが、株主であることを主張することはできない。

オ　会社が株主に対してする通知または催告は、株主名簿に記載または記録された株主の住所または株主が別に通知した場所もしくは連絡先に宛てて発すれば足り、当該通知または催告は、それが通常到達すべきであった時に、到達したものとみなされる。

1　ア・イ
2　ア・オ
3　イ・ウ
4　ウ・エ
5　エ・オ

株主名簿

ア 妥当である 超
株式会社は、株主名簿を作成して、①株主の氏名又は名称及び住所、②株主の有する株式の種類及び数、③株主が株式を取得した日、④株券発行会社である場合には株券の番号を記載又は記録しなければならない（会社法121条）。

イ 妥当である
株主は、株主名簿の名義書換をしなければ、株式会社が権利移転の存在を知っていたとしても、**株式会社に対抗することができない**（確定的効力　130条1項）。しかし、基準日以前に株式を取得した者で、株主名簿に株主として記載又は記録されていない者について、会社は、その者を株主として扱い、権利の行使を認容することは**差し支えない**（最判昭30.10.20）。

ウ 妥当でない 重
株式の譲渡は、その株式を取得した者の氏名又は名称及び住所を株主名簿に記載し、又は記録しなければ、原則として**株式会社その他の第三者に対抗**することができない（130条1項）。ただし、**株券発行会社における第三者に対する対抗要件は株券の占有**である（同条2項参照）。

エ 妥当でない
会社が株主による株主名簿の名義書換請求を不当に拒絶した場合、当該株主は、会社に対して、損害賠償を請求できるのみならず、**名義書換**なしに株主であることを主張することができる（最判昭41.7.28）。

オ 妥当である
株式会社が株主に対してする通知又は催告は、**株主名簿**に記載し、又は記録した当該株主の住所（当該株主が別に通知又は催告を受ける場所又は連絡先を当該株式会社に通知した場合にあっては、その場所又は連絡先）にあてて発すれば足り、当該通知又は催告が**通常到達すべきであった時**に、到達したものとみなされる（126条1項、2項）。

正解　4

Chapter 3　株式会社・株式　247

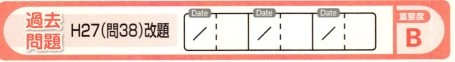

問題9 取締役会設置会社（指名委員会等設置会社及び監査等委員会設置会社を除く。）であり、種類株式発行会社でない株式会社の単元株式に関する次の記述のうち、会社法の規定に照らし、誤っているものはどれか。

1　株式会社は、その発行する株式について、一定の数の株式をもって株主が株主総会において一個の議決権を行使することができる一単元の株式とする旨を定款で定めることができる。

2　株式会社は、単元未満株主が当該単元未満株式について残余財産の分配を受ける権利を行使することができない旨を定款で定めることができない。

3　単元未満株主は、定款にその旨の定めがあるときに限り、株式会社に対し、自己の有する単元未満株式を買い取ることを請求することができる。

4　単元未満株主は、定款にその旨の定めがあるときに限り、株式会社に対し、自己の有する単元未満株式と併せて単元株式となる数の株式を売り渡すことを請求することができる。

5　株式会社が単元株式数を減少し、又は単元株式数についての定款の定めを廃止するときは、取締役会の決議によりこれを行うことができる。

単元株式

1 正しい 【重】 株式会社は、その発行する株式について、**一定の数の株式**をもって株主が株主総会において**1個の議決権**を行使することができる**1単元**の株式とする旨を定款で定めることができる（会社法188条1項）。

2 正しい 株式会社は、単元未満株主が当該単元未満株式について**残余財産の分配を受ける権利**を定款により**制限することができない**（189条2項5号）。

3 誤り 単元未満株主は、株式会社に対し、**自己の有する単元未満株式を買い取ること**を請求することができる（192条1項）。定款にその旨の定めがあるときに限られるわけではない。

4 正しい 株式会社は、単元未満株主が当該株式会社に対して単元未満株式売渡請求（単元未満株主が有する単元未満株式の数と併せて単元株式数となる数の株式を当該単元未満株主に売り渡すことを請求することをいう）をすることができる旨を**定款**で定めることができる（194条1項）。

5 正しい 【重】 株式会社は、取締役会設置会社にあっては、**取締役会の決議**によって、定款を変更して単元株式数を**減少**し、又は単元株式数についての定款の定めを**廃止**することができる（195条1項）。

正解　3

Chapter 4 機関

過去問題 R2(問39)　重要度 B

問題10 株主総会に関する次の記述のうち、会社法の規定に照らし、誤っているものはどれか。

1　株式会社は、基準日を定めて、当該基準日において株主名簿に記載または記録されている株主（以下、「基準日株主」という。）を株主総会において議決権を行使することができる者と定めることができる。

2　株式会社は、基準日株主の権利を害することがない範囲であれば、当該基準日後に株式を取得した者の全部または一部を株主総会における議決権を行使することができる者と定めることができる。

3　株主は、株主総会ごとに代理権を授与した代理人によってその議決権を行使することができる。

4　株主総会においてその延期または続行について決議があった場合には、株式会社は新たな基準日を定めなければならず、新たに定めた基準日における株主名簿に記載または記録されている株主が当該株主総会に出席することができる。

5　株主が議決権行使書面を送付した場合に、当該株主が株主総会に出席して議決権を行使したときには、書面による議決権行使の効力は失われる。

総合テキスト LINK　Chapter 6　機関　2

株主総会

1 正しい 【重】
会社法124条1項は、「株式会社は、……基準日……を定めて、基準日において株主名簿に記載され、又は記録されている株主（以下この条において「基準日株主」という。）をその権利を行使することができる者と定めることができる。」と規定している。

2 正しい
124条4項本文は、「基準日株主が行使することができる権利が株主総会……における議決権である場合には、株式会社は、当該基準日後に株式を取得した者の全部又は一部を当該権利を行使することができる者と定めることができる。」と規定している。また、同項ただし書は、「当該株式の基準日株主の権利を害することができない。」と規定している。したがって、**基準日株主の権利を害さない範囲**であれば、当該**基準日後に株式を取得した者**の全部又は一部を株主総会における議決権を行使することができる者と定めることができる。

3 正しい 【重】
310条1項前段は、「株主は、代理人によってその議決権を行使することができる。」と規定している。また、同条2項は、「前項の代理権の授与は、**株主総会ごとにしなければならない**。」と規定している。

4 誤り
317条は、「株主総会においてその延期又は続行について決議があった場合には、第298条及び第299条の規定は、適用しない。」と規定している。本条は、延期された会については、当初の株主総会と別個の株主総会ではなく、同一の株主総会の一部であることから、298条（招集の決定）及び299条（招集の通知）に関する手続をとらなくてもよい旨を定めたものである。317条には、株主総会においてその延期又は続行について決議があった場合に、新たな基準日を定めなければならない旨の規定はない。

5 正しい
311条1項は、「書面による議決権の行使は、議決権行使書面に必要な事項を記載し、法務省令で定める時までに当該記載をした議決権行使書面を株式会社に提出して行う。」と規定している。そして、同項は株主に議決権行使の機会を与える便宜的制度であるから、**議決権行使書面を提出した株主が株主総会に出席して議決権行使をした場合**には、議決権行使書面は**撤回**されたものと解するのが相当である（東京地判平31.3.8参照）。したがって、この場合、書面による議決権行使の効力は失われる。

正解　4

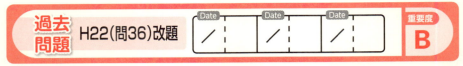

問題11 取締役の法令違反行為につき、株主が行使しうる権利に関する次の記述のうち、正しいものはどれか。

1 監査役、監査等委員又は監査委員が設置されている株式会社の株主は、取締役の任務懈怠を理由とする責任追及を行うために、当該会社に対して、営業時間内であれば、いつでも取締役会議事録の閲覧および謄写を請求することができる。

2 監査役、監査等委員又は監査委員が設置されている株式会社の株主であって一定の数の株式を保有する株主は、当該会社の業務の執行に関し、法令に違反する重大な事実があることを疑うに足りる事由があるときには、当該会社の業務及び財産の状況を調査させるために、検査役の選任を監査役、監査等委員又は監査委員に請求することができる。

3 監査役、監査等委員および監査委員が設置されていない株式会社の株主は、取締役の法令違反行為によって、当該会社に著しい損害が生じるおそれがあるときには、当該取締役に対して当該行為をやめることを請求することができる。

4 監査役、監査等委員および監査委員が設置されていない株式会社の株主は、取締役の行為に法令に違反する重大な事実があるときには、当該会社を代表して、直ちに責任追及の訴えを提起することができる。

5 監査役、監査等委員および監査委員が設置されていない株式会社の株主であって一定の数の株式を保有する株主は、取締役が法令違反行為を継続して行っているときには、直ちに当該取締役を解任する訴えを提起することができる。

株主の監査権限

1 誤り 重
　監査役設置会社、監査等委員会設置会社又は指名委員会等設置会社における株主は、その権利を行使するため必要があるときは、「**裁判所の許可を得て**」取締役会議事録の閲覧又は謄写の請求をすることができる（会社法371条2項、3項）。「いつでも」請求できるわけではない。

2 誤り
　株式会社の業務の執行に関し、法令に違反する重大な事実があることを疑うに足りる事由があるときは、一定の数の株式を保有する株主は、当該株式会社の業務及び財産の状況を調査させるため、「**裁判所に対し**」検査役の選任の申立てをすることができる（358条1項）。監査役、監査等委員又は監査委員に請求することができるわけではない。

3 正しい 重
　監査役設置会社、監査等委員会設置会社又は指名委員会等設置会社でない株式会社においては、**6か月**（これを下回る期間を定款で定めた場合にあっては、その期間）前から引き続き株式を有する株主は、取締役が株式会社の目的の範囲外の行為その他法令若しくは定款に違反する行為をし、又はこれらの行為をするおそれがある場合において、当該行為によって当該株式会社に**著しい損害**が生ずるおそれがあるときは、当該取締役に対し、当該行為をやめることを請求することができる（360条1項、3項）。なお、公開会社でない株式会社においては、6か月という保有制限はない（同条2項）。

4 誤り
　6か月（これを下回る期間を定款で定めた場合にあっては、その期間）前から引き続き株式を有する株主は、株式会社に対し、書面その他の法務省令で定める方法により、**取締役の責任追及等の訴えの提起**を請求することができる（847条1項）。そして、株式会社がこの請求の日から60日以内に責任追及等の訴えを提起しないときは、当該請求をした株主は、**株式会社のために**、責任追及等の訴えを提起することができる（同条3項）。したがって、まずは、株式会社に対して、取締役の責任追及の訴えを提起すべきことを請求する必要がある。なお、公開会社でない株式会社においては、6か月という保有制限はない（同条2項）。

5 誤り
　取締役の職務の執行に関し不正の行為又は法令若しくは定款に違反する重大な事実があったにもかかわらず、当該取締役を解任する旨の議案が**株主総会において否決**されたとき又は当該取締役を解任する旨の株主総会の決議が会社法323条の規定により**その効力を生じない**ときは、一定の数の株式を保有する株主は、当該株主総会の日から30日以内に、訴えをもって当該取締役の解任を請求することができる（854条1項）。したがって、直ちに当該取締役を解任する訴えを提起できるわけではない。

正解 3

Chapter 4　機　関

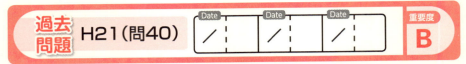

問題12 取締役の選任および解任に関する次の記述のうち、正しいものはどれか。

1 すべての株式会社は、定款において、取締役の資格として当該株式会社の株主である旨を定めることができる。

2 取締役の辞任により員数が欠けた場合、当該取締役は、直ちに取締役としての地位を失うのではなく、新たな取締役が就任するまでの間は、引き続き取締役としての権利義務を有する。

3 解任された取締役であっても、正当な事由がなく解任された場合には、新たな取締役が就任するまでの間は、当該取締役は引き続き取締役としての権利義務を有する。

4 利害関係人の申立により裁判所が一時取締役を選任した場合、当該一時取締役が株式会社の常務に属しない行為をするには、裁判所の許可が必要である。

5 取締役が法令もしくは定款に違反する行為をし、当該行為によって株式会社に著しい損害が生じるおそれがある場合には、株主は直ちに当該取締役の解任の訴えを提起することができる。

取締役の選任・解任

1 誤り 重
株式会社は、取締役が株主でなければならない旨を定款で定めることができない。ただし、**公開会社でない株式会社**においては、この限りでない（会社法331条2項）。

2 正しい 重
取締役が欠けた場合又は法令・定款所定の取締役の員数が欠けた場合には、辞任により退任した取締役は、**新たに選任された取締役が就任**するまで、なお取締役としての**権利義務を有する**（346条1項）。

3 誤り
取締役が欠けた場合又は法令・定款所定の取締役の員数が欠けた場合に、新たな取締役が就任するまでの間、なお取締役としての権利義務を有するのは、**任期の満了又は辞任**により退任した取締役のみである（346条1項）。

4 誤り
取締役の欠員が生じた場合、裁判所は、必要があると認めるときは、利害関係人の申立てにより、一時取締役の職務を行うべき者（一時取締役）を選任することができる（346条2項）。そして、**一時取締役の権限は、本来の取締役の権限と同じ**である。

5 誤り
取締役の職務の執行に関し不正の行為又は法令若しくは定款に違反する重大な事実があったにもかかわらず、当該取締役を解任する旨の議案が株主総会において否決されたとき又は当該役員を解任する旨の株主総会の決議が会社法323条の規定によりその効力を生じないときは、**総株主の議決権の100分の3以上の議決権又は発行済株式の100分の3以上の数の株式を有する株主**（公開会社においては、6か月前からの継続保有を要する）は、当該株主総会の日から30日以内に、訴えをもって当該役員の解任を請求することができる（854条1項、2項）。

正解 2

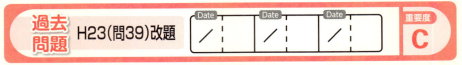

問題13 株式会社における取締役に関する次の記述のうち、誤っているものはどれか。

1 取締役（監査等委員会設置会社の監査等委員である取締役及び指名委員会等設置会社の取締役を除く。）は、当該会社の支配人その他の使用人を兼任することができる。

2 取締役会設置会社の代表取締役以外の取締役には、当該会社の代表権も業務執行権も当然には与えられていない。

3 取締役会設置会社以外の会社の取締役は、代表取締役が他に選定されても、業務執行権は当然には消滅しない。

4 業務執行権のない子会社の取締役は、親会社の株主総会決議にもとづき、親会社の社外取締役を兼任することができる。

5 取締役会決議により特別取締役に選定された取締役は、取締役会決議のうち特定事項の決定にのみ専念し、それ以外の決議事項の決定には加わらない。

取締役

1 正しい　監査等委員である取締役は、監査等委員会設置会社若しくはその子会社の業務執行取締役若しくは支配人その他の使用人又は当該子会社の会計参与（会計参与が法人であるときは、その職務を行うべき社員）若しくは執行役を兼ねることができない（会社法331条3項）。また、指名委員会等設置会社の取締役は、当該指名委員会等設置会社の支配人その他の使用人を兼ねることができない（同条4項）。

2 正しい　取締役は、株式会社を代表する（349条1項本文）。ただし、他に代表取締役その他株式会社を代表する者を定めた場合は、この限りでない（同項ただし書）。また、取締役は、定款に別段の定めがある場合を除き、株式会社の業務を執行するが、取締役会設置会社の場合は、代表取締役等が株式会社の業務を執行する（348条1項、363条1項）。

3 正しい　取締役会設置会社以外の会社の取締役は、定款に別段の定めがある場合を除き、株式会社の業務を執行するとされる（348条1項）。同項には、「他に代表取締役その他株式会社を代表する者を定めた場合は、この限りでない。」とする会社法349条1項ただし書のような規定はない。

4 正しい　**社外取締役**の資格は、①現在、その会社又は子会社〔2条3号〕の業務執行取締役、執行役、支配人その他の使用人（以下「**業務執行取締役等**」という）でなく、かつ、その就任前10年間その会社又は子会社の業務執行取締役等であったことがないこと、②その就任前10年内のいずれかの時にその会社又は子会社の取締役、会計参与又は監査役であったことがある者については、当該職への就任前10年間その会社又は子会社の業務執行取締役等であったことがないこと、③その会社の自然人である親会社等〔2条4号の2〕又は親会社等の取締役、執行役、支配人その他の使用人でないこと、④その会社の親会社等の子会社等〔2条3号の2〕（当該株式会社及びその子会社を除く）の業務執行取締役等でないこと、⑤その会社の取締役、執行役、支配人その他の重要な使用人又は自然人である親会社等の配偶者又は2親等内の親族でないこと、のすべての要件を満たすことである〔2条15号イ〜ホ〕。**業務執行権のない子会社の取締役について兼任を禁止する規定はない。**

5 誤 り　**特別取締役**に選定された取締役が、取締役会決議のうち特定事項の決定にのみ専念し、それ以外の決議事項の決定には加わらないとする規定はない（373条1項参照）。

正解　5

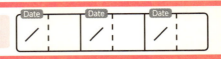

問題14　株式会社の株主総会と取締役会に関する次の記述のうち、正しいものはどれか。

1　公開会社において株主総会を招集するためには、株主総会の日より１週間前に各株主に対して書面をもって通知を発しなければならないが、取締役会を招集するためには、原則として取締役会の日より２週間前に各取締役に対して通知をしなければならない。

2　株主総会の招集手続は、原則として株主の全員の同意があれば省略することができるが、取締役会の招集手続は、取締役及び監査役の全員の同意があっても省略することができない。

3　株主は、株主総会において代理人をもってその議決権を行使することができないが、取締役は、取締役会において代理人をもってその議決権を行使することができる。

4　株主は、株主総会において、原則として１株につき１議決権を有するが、取締役は、取締役会において、１人につき１議決権を有する。

5　株主総会においては、書面投票制度あるいは電子投票制度を採用することができないが、取締役会においては、書面投票制度あるいは電子投票制度を採用することができる。

株主総会と取締役会

1 誤り 超
株主総会を招集するためには、株主総会の日より **2週間前** までに各株主に対して通知を発しなければならない。この時期は、非公開会社では、書面投票又は電子投票を定めた場合を除き、**1週間前** までとなり、さらに、取締役会非設置会社の場合、定款で **1週間よりも短縮** することができる（会社法299条1項）。これに対して、取締役会を招集するためには、原則として取締役会の日より **1週間前** までに各取締役（監査役設置会社にあっては、各取締役及び各監査役）に対して通知をしなければならないが、**定款** によって短縮することができる（368条1項）。

2 誤り 重
株主総会の招集手続は、原則として株主の **全員の同意** があれば省略することができる（300条本文）。また、**取締役会の招集手続も**、取締役（監査役設置会社にあっては、取締役及び監査役）の **全員の同意** があれば、**省略することができる**（368条2項）。

3 誤り 予
株主総会においては、議決権の代理行使を認めることにより、株主の議決権行使を容易にし、その行使の機会を保障する必要があることから、**株主** は、株主総会において代理人をもってその議決権を行使することができる（310条1項前段）。これに対して、**取締役** は、個人的信頼に基づいて選任された者であるから、**議決権の代理行使** は認められない。

4 正しい 超
株主は、株主総会において、原則として **1株につき1議決権** を有する（1株1議決権の原則　308条1項本文）。これに対して、取締役は、序列をつけて選任されるものではなく、平等な立場で株主から経営を委託された者であるから、取締役 **1人につき1議決権** を有する。

5 誤り
株主総会においては、書面あるいは電磁的方法によって議決権を行使することができる旨を定めることができる（書面投票制　298条1項3号、電子投票制　同項4号）。また、議決権を有する株主数が **1,000** 人以上の会社は、書面投票制度の採用が **必須** とされる（同条2項）。なお、取締役会では、**全員** の書面又は電磁的記録による **同意の意思表示** による決議の省略が認められている（370条）。

正解　4

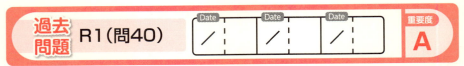

問題15 公開会社でない株式会社で、かつ、取締役会を設置していない株式会社に関する次の記述のうち、会社法の規定に照らし、誤っているものはどれか。

1 株主総会は、会社法に規定する事項および株主総会の組織、運営、管理その他株式会社に関する一切の事項について決議することができる。

2 株主は、持株数にかかわらず、取締役に対して、当該株主が議決権を行使することができる事項を株主総会の目的とすることを請求することができる。

3 株式会社は、コーポレートガバナンスの観点から、2人以上の取締役を置かなければならない。

4 株式会社は、取締役が株主でなければならない旨を定款で定めることができる。

5 取締役が、自己のために株式会社の事業の部類に属する取引をしようとするときは、株主総会において、当該取引につき重要な事実を開示し、その承認を受けなければならない。

取締役会を設置していない株式会社

1 正しい 重

会社法295条2項は、「前項の規定にかかわらず、**取締役会設置会社**においては、**株主総会は、この法律に規定する事項**及び**定款で定めた事項に限り、決議をすることができる。**」と規定している。そして、**取締役会を設置していない株式会社**について、同条1項は、「**株主総会は、この法律に規定する事項**及び**株式会社の組織、運営、管理その他株式会社に関する一切の事項**について決議をすることができる。」と規定している。

2 正しい

303条2項前段は、「前項の規定にかかわらず、取締役会設置会社においては、総株主の議決権の100分の1……以上の議決権又は300個……以上の議決権を6箇月……前から引き続き有する株主に限り、取締役に対し、一定の事項を株主総会の目的とすることを請求することができる。」と規定している。そして、取締役会を設置していない株式会社について、同条1項は、「株主は、取締役に対し、一定の事項(当該株主が議決権を行使することができる事項に限る。次項において同じ。)を株主総会の目的とすることを請求することができる。」と規定している。

3 誤り 重

331条5項は、「**取締役会設置会社**においては、**取締役は、3人**以上でなければならない。」と規定しているが、**取締役会を設置していない株式会社**については**取締役の員数の制限はなく**1人でもよい(326条1項参照)。

4 正しい

331条2項は、「株式会社は、取締役が株主でなければならない旨を定款で定めることができない。ただし、公開会社でない株式会社においては、この限りでない。」と規定している。そして、取締役会を設置していない株式会社は、公開会社でない株式会社であるので(327条1項1号参照)、設問の株式会社は、取締役が株主でなければならない旨を定款で定めることができる。

5 正しい 重

取締役会を設置していない株式会社について、356条1項柱書は、「取締役は、次に掲げる場合には、株主総会において、**当該取引につき重要な事実を開示**し、その**承認**を受けなければならない。」と規定し、同項1号において、「**取締役が自己又は第三者のために株式会社の事業の部類に属する取引**をしようとするとき。」を掲げている。なお、365条1項は、「取締役会設置会社における第356条〔競業及び利益相反取引の制限〕の規定の適用については、同条第1項中『**株主総会**』とあるのは、『**取締役会**』とする。」と規定している。

正解 3

Chapter 4 機 関

Chapter 5 設立

過去問 H27（問37）　重要度 C

問題16 株式会社の設立に関する次のア～オの記述のうち、会社法の規定に照らし、妥当なものの組合せはどれか。

ア　発起人は、設立時発行株式を引き受ける者の募集をする旨を定めようとするときは、その全員の同意を得なければならない。

イ　複数の発起人がいる場合において、発起設立の各発起人は、設立時発行株式を1株以上引き受けなければならないが、募集設立の発起人は、そのうち少なくとも1名が設立時発行株式を1株以上引き受ければよい。

ウ　発起設立または募集設立のいずれの方法による場合であっても、発行可能株式総数を定款で定めていないときには、株式会社の成立の時までに、定款を変更して発行可能株式総数の定めを設けなければならない。

エ　設立時取締役その他の設立時役員等が選任されたときは、当該設立時役員等が会社設立の業務を執行し、またはその監査を行う。

オ　発起設立または募集設立のいずれの方法による場合であっても、発起人でない者が、会社設立の広告等において、自己の名または名称および会社設立を賛助する旨の記載を承諾したときには、当該発起人でない者は発起人とみなされ、発起人と同一の責任を負う。

1　ア・ウ
2　ア・エ
3　イ・エ
4　イ・オ
5　ウ・オ

総合テキスト LINK　Chapter 7　設立　1 2

株式会社の設立

ア 妥当である　発起人は、設立時発行株式を引き受ける者の募集をする旨を定めようとするときは、**その全員の同意**を得なければならない（会社法57条1項、2項）。

イ 妥当でない　**各発起人**は、発起設立又は募集設立のいずれの方法による場合であっても、株式会社の設立に際し、**設立時発行株式を1株以上引き受けなければならない**（25条2項）。

ウ 妥当である　発起設立又は募集設立のいずれの方法による場合であっても、**発行可能株式総数**を定款で定めていない場合には、**株式会社の成立の時**までに、定款を変更して**発行可能株式総数**の定めを設けなければならない（37条1項、98条）。

エ 妥当でない　**会社設立の業務を執行するのは発起人**である。設立時役員等のうち、設立時取締役及び設立時監査役は会社の設立経過について調査しなければならない（46条1項、93条1項）が、これらの者が、会社設立の業務を執行するわけではない。

オ 妥当でない　**募集設立**において、発起人でない者が、募集の広告その他当該募集に関する書面又は電磁的記録に自己の氏名又は名称及び株式会社の設立を賛助する旨を記載し、又は記録することを承諾したときは、**発起人**とみなされ、会社法52条から54条、56条、103条1項から2項の責任を負う（**擬似発起人**　103条4項）。しかし、発起設立においては、発起人でない者にこのような責任は規定されていない。

正解　1

Chapter 6 資金調達その他

過去問題 H20（問39） 重要度 B

問題17 甲株式会社（以下、甲会社という）の資金調達に関する次の文章の空欄 ア ～ キ に当てはまる語句の組合せとして、正しいものはどれか。なお、以下の文章中の発言・指摘・提案の内容は、正しいものとする。

　東京証券取引所に上場する甲会社は、遺伝子研究のために必要な資金調達の方法を検討している。甲会社取締役会において、財務担当の業務執行取締役は、資金調達の方法として株式の発行、 ア の発行、銀行借入れの方法が考えられるが、銀行借入れの方法は、交渉の結果、金利の負担が大きく、新規の事業を圧迫することになるので、今回の検討から外したいと述べた。次に、株式の発行の場合は、甲会社の経営や既存株主に対する影響を避けるために、 イ とすることが望ましいのであるが、会社法は ウ について イ の発行限度を定めているため、十分な量の資金を調達できないことが見込まれると指摘した。社外取締役から、発行のコストを省くという観点では、 エ を処分する方法が考えられるという意見が出された。これに対して、財務担当の業務執行取締役は、株式の発行価額が、原則として資本金に計上されるのに対して、 エ の場合は、その価額はその他 オ に計上されるという違いがあると説明した。こうした審議の中で、甲会社代表取締役は、 ア の発行であれば、経営に対する関与が生じないこと、また ア を カ 付とし、 キ 額を カ の行使価額に充当させるものとして発行すれば、 キ に応じるための資金を甲会社が準備する必要はなく、現段階では、有利な資金調達ができるだろうと提案した。

	ア	イ	ウ	エ	オ	カ	キ
1	社債	議決権のない株式	公開会社	金庫株式	資本準備金	新株予約権	払戻し
2	債券	議決権のない株式	上場会社	金庫株式	資本剰余金	取得請求権	払戻し
3	社債	議決権のない株式	公開会社	自己株式	資本剰余金	新株予約権	償還
4	債券	配当請求権のない株式	上場会社	募集株式	資本準備金	買取請求権	払戻し
5	社債	配当請求権のない株式	公開会社	自己株式	利益準備金	取得請求権	償還

総合テキスト LINK　Chapter 5　株式　2
　　　　　　　　　Chapter 8　資金調達　2 3

資金調達

ア 社　債
キ 償　還

社債とは、会社法の規定により会社が行う割当てにより発生する当該会社を債務者とする金銭債権であって、会社法676条各号に掲げる事項についての定めに従い償還されるものをいう（会社法2条23号）。社債は、公衆から多額かつ長期の資金を調達する手段として利用される。

イ 議決権のない株式
ウ 公開会社

株式会社は、種類株式として、株主総会の全部又は一部の事項について議決権を行使することができない株式（議決権制限株式）を発行することができる（108条1項3号）。この株式を発行することにより、株式会社は、会社の経営や既存株主に対する影響を避けつつ、資金調達を行うことができる。もっとも、公開会社においては、経営者が少額の出資で会社を支配することを避けるため、議決権制限株式が発行済株式の総数の2分の1を超えるに至ったときは、株式会社は、直ちに、議決権制限株式の数を発行済株式の総数の2分の1以下にするための必要な措置をとらなければならない（115条）。

エ 自己株式

自己株式とは、株式会社が有する自己の株式をいう（113条4項かっこ書）。株式会社は、保有する自己株式を、いつでも処分することができる（199条1項柱書参照）。

オ 資本剰余金

自己株式の処分益は、その他資本剰余金に含まれる（企業会計基準第1号9項）。

カ 新株予約権

新株予約権付社債とは、新株予約権を付した社債をいう（会社法2条22号）。新株予約権付社債の社債権者は、社債権者としての安定的な地位を享受することができるとともに、会社の業績が上がった場合には、新株予約権を行使して当該会社の株主となることもできる。

正解　3

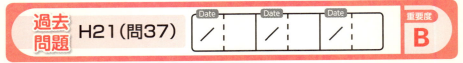

問題18 株式会社の定款に関する次の記述のうち、会社法の規定および判例に照らし、妥当なものはどれか。

1 会社設立時に株式会社が発行する株式数は、会社法上の公開会社の場合には、発行可能株式総数の４分の１を下回ることができないため、定款作成時に発行可能株式総数を定めておかなければならないが、会社法上の公開会社でない会社の場合には、発行株式数について制限がなく、発行可能株式総数の定めを置かなくてよい。

2 株式会社は株券を発行するか否かを定款で定めることができるが、会社法は、株券を発行しないことを原則としているので、株券を発行する旨を定款に定めた会社であっても、会社は、株主から株券の発行を請求された段階で初めて株券を発行すれば足りる。

3 株主総会は株主が議決権を行使するための重要な機会であるため、本人が議決権を行使する場合のほか、代理人による議決権行使の機会が保障されているが、会社法上の公開会社であっても、当該代理人の資格を株主に制限する旨を定款に定めることができる。

4 取締役会は、取締役が相互の協議や意見交換を通じて意思決定を行う場であるため、本来は現実の会議を開くことが必要であるが、定款の定めにより、取締役の全員が書面により提案に同意した場合には、これに異議を唱える者は他にありえないため、当該提案を可決する旨の取締役会の決議があったものとみなすことができる。

5 取締役会設置会社は監査役を選任しなければならないが、会社法上の公開会社でない取締役会設置会社の場合には、会計監査人設置会社であっても、定款で、監査役の監査権限を会計監査に限定することができる。

株式会社の定款

1 妥当でない 【重】
発行可能株式総数は、公証人の認証を受ける時点で定款に定める必要はないが、**会社成立**の時までに定款に定めなければならない（会社法37条1項、98条）。これは、公開会社、公開会社でない会社を問わない。

2 妥当でない
株券発行会社は、株式を発行した日以後遅滞なく、当該株式にかかる株券を発行しなければならない（215条1項）。ただし、**公開会社でない会社**は、**株主から請求がある**時までは、株券を発行しないことができる（同条4項）。

3 妥当である 【超】
株主は、**代理人**によってその**議決権を行使**することができる（310条1項）。そして、議決権行使の代理人資格を株主に制限する旨を定款に規定することは、**公開会社**であっても、株主総会が株主以外の者によりかく乱されることを防止する合理的理由に基づく相当な程度の制限として**有効**である（最判昭43.11.1）。

4 妥当でない
取締役会設置会社は、取締役が取締役会の決議の目的である事項について提案をした場合において、当該提案につき取締役の全員が書面又は電磁的記録により同意の意思表示をしたときは、当該提案を可決する旨の取締役会の決議があったものとみなす旨を**定款**で定めることができる（370条）。ただし、監査役設置会社にあっては、監査役が当該提案について異議を述べないことを要する（同条かっこ書）。

5 妥当でない
取締役会設置会社（監査等委員会設置会社及び指名委員会等設置会社を除く）は、監査役を置かなければならない。ただし、公開会社でない会計参与設置会社については、この限りでない（327条2項）。そして、**会計監査人設置会社**（監査等委員会設置会社及び指名委員会等設置会社を除く）は、監査役を置かなければならず（同条3項）、公開会社でない会社であっても、監査役の監査権限を**会計監査**に**限定**することはできない（389条1項かっこ書）。

正解 3

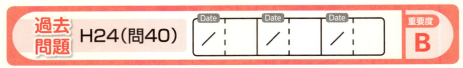

問題19 吸収合併に関する次の記述のうち、会社法の規定および判例に照らし、正しいものはどれか。

1 吸収合併は、株式会社と持分会社との間で行うこともできるが、株式会社を消滅会社とする場合には、社員の責任の加重など複雑な法律問題が生じるため、株式会社が存続会社とならなければならない。

2 吸収合併存続会社は、消滅会社の株主に対して、消滅会社の株式に代えて存続会社の株式を交付し、消滅会社のすべての株主を存続会社の株主としなければならない。

3 吸収合併存続会社の株主総会において、消滅会社の債務の一部を承継しない旨の合併承認決議が成立しても、債務を承継しない旨の条項は無効であって、すべての債務が存続会社に承継される。

4 吸収合併存続会社の株主で当該吸収合併に反対した株主が株式買取請求権を行使し、当該会社が分配可能額を超えて自己株式を取得した場合には、当該会社の業務執行者は、取得対価につき支払義務を負う。

5 財務状態の健全な会社を存続会社として吸収合併を行う場合には、消滅会社の債権者の利益を害するおそれがないことから、消滅会社の債権者は、消滅会社に対し、当該合併について異議を述べることはできない。

吸収合併

1 誤り 　**吸収合併**とは、会社が他の会社とする合併であって、合併により消滅する会社の権利義務の全部を合併後存続する会社に承継させるものをいう（会社法 2 条 27 号）。したがって、株式会社は、持分会社との間で株式会社が消滅会社となる吸収合併をすることができる（751 条参照）。

2 誤り 　吸収合併の場合、消滅会社の株主は、必ずしも存続会社の株式を交付されるとは限らず、合併契約の定めに従い、存続会社の社債、新株予約権、新株予約権付社債、又は、その他の財産のみを交付されることがある（749 条 1 項 2 号ロ〜ホ、3 号）。

3 正しい 　吸収合併存続株式会社は、効力発生日に、**吸収合併消滅会社の権利義務を承継**する（750 条 1 項）。そして、判例は、存続会社又は新設会社が、合併によって消滅会社の義務を承継するのは、消滅会社の債権者を保護するためであるから、一般に義務を承継しない旨の決議をしても**無効**であるとしている（大判大 6.9.26）。

4 誤り 　吸収合併会社に際して、株式買取請求による会社の自己株式取得については、**分配可能額からくる制約**はなく、その職務を行った業務執行者の責任も生じない。

5 誤り 　吸収合併の場合、**吸収合併消滅株式会社の債権者**は、異議を述べることができる（789 条 1 項 1 号）。

正解　3

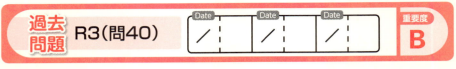

問題20　剰余金の株主への配当に関する次のア～オの記述のうち、会社法の規定に照らし、正しいものの組合せはどれか。

ア　株式会社は、剰余金の配当をする場合には、資本金の額の4分の1に達するまで、当該剰余金の配当により減少する剰余金の額に10分の1を乗じて得た額を、資本準備金または利益準備金として計上しなければならない。

イ　株式会社は、金銭以外の財産により剰余金の配当を行うことができるが、当該株式会社の株式等、当該株式会社の子会社の株式等および当該株式会社の親会社の株式等を配当財産とすることはできない。

ウ　株式会社は、純資産額が300万円を下回る場合には、剰余金の配当を行うことができない。

エ　株式会社が剰余金の配当を行う場合には、中間配当を行うときを除いて、その都度、株主総会の決議を要し、定款の定めによって剰余金の配当に関する事項の決定を取締役会の権限とすることはできない。

オ　株式会社が最終事業年度において当期純利益を計上した場合には、当該純利益の額を超えない範囲内で、分配可能額を超えて剰余金の配当を行うことができる。

1　ア・ウ
2　ア・エ
3　イ・エ
4　イ・オ
5　ウ・オ

剰余金の配当

ア 正しい 会社法445条4項は、「剰余金の配当をする場合には、株式会社は、法務省令で定めるところにより、当該剰余金の配当により減少する剰余金の額に10分の1を乗じて得た額を資本準備金又は利益準備金……として計上しなければならない。」と規定している。また、同条項の「法務省令で定めるところにより」とは、資本金の額の4分の1に達するまでということである（会社計算規則22条1項1号）。

イ 誤り 株式会社は、剰余金の配当をしようとするときは、**株主総会の決議**によって、配当財産の種類等を定める必要がある（会社法454条1項1号）。ここで、配当財産の種類として、一定の要件を満たせば、金銭以外の財産（現物配当）を定めることはできるが、**当該会社の株式等（株式・社債・新株予約権）を定めることはできない。**

ウ 正しい　重 剰余金の配当は、**純資産額が300万円を下回る**場合には、**することができない**（458条）。

エ 誤り 会計監査人設置会社である監査役会設置会社であって取締役の任期が1年である会社又は委員会型の会社（指名委員会等設置会社・監査等委員会設置会社）であれば、取締役会の決議で、剰余金の配当をすることができる旨を定款で定めることができる（459条1項4号）。

オ 誤り 剰余金の配当は、**分配可能額を超えてすることができない**（461条1項8号）。

正解　1

行政法

Chapter 1 行政法の一般的法理論

過去問題 H30(問9)

重要度

問題1 行政上の法律関係に関する次の記述のうち、最高裁判所の判例に照らし、妥当なものはどれか。

1 公営住宅の使用関係については、一般法である民法および借家法（当時）が、特別法である公営住宅法およびこれに基づく条例に優先して適用されることから、その契約関係を規律するについては、信頼関係の法理の適用があるものと解すべきである。

2 食品衛生法に基づく食肉販売の営業許可は、当該営業に関する一般的禁止を個別に解除する処分であり、同許可を受けない者は、売買契約の締結も含め、当該営業を行うことが禁止された状態にあるから、その者が行った食肉の買入契約は当然に無効である。

3 租税滞納処分は、国家が公権力を発動して財産所有者の意思いかんにかかわらず一方的に処分の効果を発生させる行為であるという点で、自作農創設特別措置法（当時）所定の農地買収処分に類似するものであるから、物権変動の対抗要件に関する民法の規定の適用はない。

4 建築基準法において、防火地域または準防火地域内にある建築物で外壁が耐火構造のものについては、その外壁を隣地境界線に接して設けることができるとされているところ、この規定が適用される場合、建物を築造するには、境界線から一定以上の距離を保たなければならないとする民法の規定は適用されない。

5 公営住宅を使用する権利は、入居者本人にのみ認められた一身専属の権利であるが、住宅に困窮する低額所得者に対して低廉な家賃で住宅を賃貸することにより、国民生活の安定と社会福祉の増進に寄与するという公営住宅法の目的にかんがみ、入居者が死亡した場合、その同居の相続人がその使用権を当然に承継することが認められる。

総合テキスト LINK Chapter 1 行政法総論 ②

行政上の法律関係

1 妥当でない 【重】
公営住宅の使用関係について、判例は、「公営住宅の使用関係については、公営住宅法及びこれに基づく条例が特別法として民法及び借家法〔旧法〕に優先して適用されるが、法及び条例に特別の定めがない限り、原則として一般法である民法及び借家法の適用があり、**その契約関係を規律するについては、信頼関係の法理の適用がある**」としている（最判昭 59.12.13）。

2 妥当でない
食品衛生法上の無許可業者による精肉販売の売買契約について、判例は、「同法〔食品衛生法〕は単なる取締法規にすぎないものと解するのが相当であるから、上告人が食肉販売業の許可を受けていないとしても、右法律により**本件取引の効力が否定される理由はない**」としている（最判昭 35.3.18）。

3 妥当でない 【重】
租税滞納処分について、判例は、「国税滞納処分においては、国は、その有する租税債権につき、自ら執行機関として、強制執行の方法により、その満足を得ようとするものであつて、滞納者の財産を差し押えた国の地位は、あたかも、民事訴訟法上の強制執行における差押債権者の地位に類するものであり、租税債権がたまたま公法上のものであることは、この関係において、国が一般私法上の債権者より不利益の取扱を受ける理由となるものではない。それ故、**滞納処分による差押の関係においても、民法 177 条の適用がある**」としている（最判昭 31.4.24）。

4 妥当である 【重】
建築基準法 65 条（現 63 条）と民法 234 条 1 項の適用関係について、判例は、「建築基準法 65 条は、防火地域又は準防火地域内にある外壁が耐火構造の建築物について、その外壁を隣地境界線に接して設けることができる旨規定しているが、これは、同条所定の建築物に限り、**その建築については民法 234 条 1 項の規定の適用が排除される**旨を定めたもの」としている（最判平元.9.19）。

5 妥当でない
公営住宅の入居者の死亡と相続人による公営住宅を使用する権利の承継について、判例は、「公営住宅法の規定の趣旨にかんがみれば、入居者が死亡した場合には、**その相続人が公営住宅を使用する権利を当然に承継すると解する余地はない**」としている（最判平 2.10.18）。

正解 4

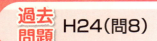 

問題2　行政法における信頼保護に関する次の記述のうち、最高裁判所の判例に照らし、正しいものはどれか。

1　地方公共団体が、将来にわたって継続すべき一定内容の施策を決定した後に、社会情勢の変動等が生じたとしても、決定された施策に応じた特定の者の信頼を保護すべき特段の事情がある場合には、当該地方公共団体は、信義衡平の原則により一度なされた当該決定を変更できない。

2　公務員として採用された者が有罪判決を受け、その時点で失職していたはずのところ、有罪判決の事実を秘匿して相当長期にわたり勤務し給与を受けていた場合には、そのような長期にわたり事実上勤務してきたことを理由に、信義誠実の原則に基づき、新たな任用関係ないし雇用関係が形成される。

3　課税処分において信義則の法理の適用により当該課税処分が違法なものとして取り消されるのは、租税法規の適用における納税者間の平等、公平という要請を犠牲にしてもなお、当該課税処分に係る課税を免れしめて納税者の信頼を保護しなければ正義に反するといえるような特別の事情が存する場合に限られる。

4　課税庁が課税上の取扱いを変更した場合において、それを通達の発出などにより納税者に周知する措置をとらなかったとしても、そのような事情は、過少申告加算税が課されない場合の要件として国税通則法に規定されている「正当な理由があると認められる」場合についての判断において考慮の対象とならない。

5　従来課税の対象となっていなかった一定の物品について、課税の根拠となる法律所定の課税品目に当たるとする通達の発出により新たに課税の対象とすることは、仮に通達の内容が根拠法律の解釈として正しいものであったとしても、租税法律主義及び信義誠実の原則に照らし、違法である。

行政法における信頼保護

1 誤り　判例は、地方公共団体が一定内容の継続的な施策を決定し特定の者に対し本件施策に適合する特定内容の活動を促す個別的具体的な勧告ないし勧誘をしたのち本件施策を変更する場合、本件勧告等に動機づけられて本件活動又はその準備活動に入った者が本件施策の変更により社会観念上看過することができない程度の積極的損害を被ることとなるときは、これにつき補償等の措置を講ずることなく本件施策を変更した地方公共団体は、それがやむを得ない客観的事情によるのでない限り、右の者に対する**不法行為責任**を免れないとした（最判昭56.1.27）。しかし、本記述のように一度なされた決定を変更できないとは述べていない。

2 誤り　判例は、郵政事務官として採用された者が有罪判決を受け、その時点で失職していたはずのところ、有罪判決の事実を秘匿して相当長期にわたり勤務し給与を受けていた場合には、郵便事業株式会社において当該採用された者の失職を主張することが**信義則に反し権利の濫用**に当たるものということはできないとした（最判平19.12.13）。したがって、**信義誠実の原則**に基づき新たな任用関係ないし雇用関係が形成されるとする点で本記述は誤っている。

3 正しい　判例は、**租税法規**に適合する課税処分について**信義則の法理**の適用による違法を考え得るのは、**納税者間の平等公平という要請**を犠牲にしてもなお当該課税処分にかかる課税を免れしめて**納税者の信頼を保護**しなければ正義に反するといえるような特別の事情が存する場合でなければならないとした（最判昭62.10.30）。

4 誤り　判例は、**ストックオプションの権利行使益の所得区分**について、課税庁が従来の取扱いを変更するには、法令改正によることが望ましく、それによらないとしても、通達を発するなどして変更後の取扱いを納税者に**周知させ、定着**するよう必要な措置を講ずべきであるとした。その上で、納税者が前記権利行使益を一時所得として申告し、同権利行使益が給与所得に当たるものとしては税額の計算の基礎とされていなかったことについて、国税通則法65条4項にいう「正当な理由」があるとした（最判平18.10.24）。したがって、課税庁が通達の発出などにより納税者に周知する措置をとらなかった事情は、「正当な理由」の考慮の対象になっている。

5 誤り　判例は、**パチンコ球遊器に対する物品税の課税**がたまたま**通達を機縁**として行われたものであっても、**通達の内容が法の正しい解釈に合致する**以上、それに基づく課税処分は法の根拠に基づく処分と解するに妨げないとした（最判昭33.3.28）。したがって、仮に通達の内容が根拠法律の解釈として正しいものであったとしても、租税法律主義及び信義誠実の原則に照らし、違法であるとしている点で本記述は誤っている。

正解　3

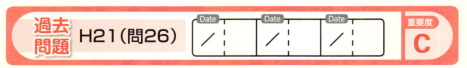

問題3 国の行政組織に関する次の記述のうち、正しいものはどれか。

1 国家行政組織法は、内閣府を含む内閣の統轄の下における行政機関の組織の基準を定める法律である。

2 内閣府は、内閣に置かれる行政機関であって、その長は内閣総理大臣である。

3 省には外局として、委員会及び庁が置かれるが、内閣府にはそのような外局は置かれない。

4 各省および内閣府には、必置の機関として事務次官を置くほか、内閣が必要と認めるときは、閣議決定により副大臣を置くことができる。

5 内閣は、政令を制定するほか、内閣府の所掌事務について、内閣府の命令として内閣府令を発する権限を有する。

国の行政機関

1 誤り 国家行政組織法は、内閣の統轄下にある国の行政機関のうち、**内閣府（及びデジタル庁）以外**について定めたものである（1条）。なお、内閣府については、内閣府設置法で定められている。

2 正しい 超 内閣府は**内閣**に置かれる（内閣府設置法2条）。また、内閣府の長は、**内閣総理大臣**である（6条1項）。

3 誤り 内閣府には、その外局として、委員会及び庁を置くことが**できる**（49条1項）。

4 誤り 各省には副大臣を置き（国家行政組織法16条1項）、副大臣の定数も別表3において**法定**されている。また、内閣府には副大臣を3人置くと**法定**されている（内閣府設置法13条1項）。そして、各省及び内閣府には、内閣が必要と認めるときに閣議決定により副大臣を置くことができるとする規定はない。

5 誤り 重 内閣は、憲法及び法律の規定を実施するために、**政令を**制定する（憲法73条6号）。他方、**内閣総理大臣**は、内閣府にかかる主任の行政事務について、法律若しくは政令を施行するため、又は法律若しくは政令の特別の委任に基づいて、内閣府の命令として内閣府令を発することができる（内閣府設置法7条3項）。したがって、本記述は、内閣が内閣府令を発する権限を有するとする点で誤りである。

正解 2

Chapter 1　行政法の一般的法理論　277

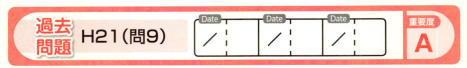

問題4　行政機関に関する次の記述のうち、正しいものはいくつあるか。

ア　行政庁とは、行政主体の意思を決定し、これを外部に表示する権限を有する行政機関をいう。

イ　国家行政組織法には行政庁は独任制でなければならないとの規定があり、わが国には合議制の行政庁は存在しない。

ウ　上級行政庁は下級行政庁に対して監視権や取消権などの指揮監督権を有するが、訓令権については認められていない。

エ　行政庁がその権限の一部を他の行政機関に委任した場合であっても、権限の所在自体は、委任した行政庁から受任機関には移らない。

オ　法定の事実の発生に基づいて、法律上当然に行政機関の間に代理関係の生ずる場合を、授権代理という。

1　一つ
2　二つ
3　三つ
4　四つ
5　五つ

行政機関

ア 正しい 超
行政庁とは、行政主体のためにその**意思**を**決定**し、これを**外部**に**表示**する権限を有する行政機関である。なお、このほかの行政機関として、補助機関、執行機関、諮問機関、参与機関、監査機関などがある。

イ 誤り
行政庁は、その意思決定の方法による分類として、1人で意思決定を行う**独任制**と、複数人で構成され、その複数人が話し合って意思決定を行う**合議制**に分けられる。国家行政組織法には、行政庁を独任制としなければならないとする規定は存在しない。また、我が国には、**公正取引委員会、教育委員会、収用委員会**などの合議制の行政庁が実際に存在する。

ウ 誤り 重
上級行政庁が下級行政庁に対して有する指揮監督権の具体的内容として、訓令権も**認められている**。訓令権とは、下級行政機関に対して行政行為の内容を指示するために上級行政機関が発する命令をいう。なお、訓令を特に書面の形式により行うものを**通達**という。また、このほかに指揮監督権としては、監視権、許認可権、取消・停止権、権限争議決定権などがある。

エ 誤り 重
権限の委任によって、法律によって与えられた権限の一部が移動し、委任機関はその権限を失う一方、受任機関は**自己の名と責任**においてその権限を行使する。なお、権限を移動せずに別の行政機関が権限を代行するものとして、**権限の代理**がある。**権限の代理**には、授権代理と**法定代理**がある。

オ 誤り 重
授権代理とは、本来の権限を有する行政機関からの授権に基づいて代理関係が発生し、代理行為を行うことをいう。なお、本記述にあるように、法定の事実の発生に基づいて法律上当然に行政機関の間に代理関係が生ずる場合は、**法定代理**である。

正解 1 以上より、正しいものはアの1つである。

Chapter 1 行政法の一般的法理論

過去問 H16(問9) 重要度 B

問題5 行政行為の効力に関する次の文章の（ア）～（エ）を埋める語の組合せとして、最も適切なものはどれか。

　行政行為の効力の一つである（ア）は、行政行為の効力を訴訟で争うのは取消訴訟のみとする取消訴訟の（イ）を根拠とするというのが今日の通説である。この効力が認められるのは、行政行為が取消し得べき（ウ）を有している場合に限られ、無効である場合には、いかなる訴訟でもその無効を前提として自己の権利を主張できるほか、行政事件訴訟法も（エ）を用意して、それを前提とした規定を置いている。

	（ア）	（イ）	（ウ）	（エ）
1	公定力	拘束力	違法性	無名抗告訴訟
2	不可争力	排他的管轄	瑕疵	無名抗告訴訟
3	不可争力	先占	違法性	客観訴訟
4	公定力	排他的管轄	瑕疵	争点訴訟
5	不可争力	拘束力	瑕疵	争点訴訟

総合テキスト LINK　Chapter 3　行政作用法　[2]
　　　　　　　　　Chapter 7　行政事件訴訟法

行政行為

　行政行為に瑕疵があり、違法であるとして争う場合、行政事件訴訟法は、**原則として、取消訴訟によって争うべき**としている。これを、**取消訴訟の排他的管轄**という。その結果、行政行為は、権限ある行政庁が職権で取り消すか、行政行為によって自己の権利利益を害された者が、取消訴訟を提起して裁判所が取り消すか、行政上の不服申立てによって権限ある行政庁が取り消さない限り、有効なものとして取り扱われることになる。このことを、行政行為に公定力があるという。このように、公定力は、それを明示する規定はないものの、取消訴訟の排他的管轄を根拠に認められる。

　よって、（ア）には「公定力」、（イ）には「排他的管轄」が入る。

　行政行為が無効となるような重大な瑕疵がある場合には、取消訴訟の排他的管轄によって、行政庁の判断を保護する必要がない。つまり、行政行為の瑕疵の程度により行政行為が無効と判断されるような場合には、**いかなる訴訟でも行政行為の無効を前提として自己の権利を主張できる**ことになる。無効確認の利益がある場合には、無効確認訴訟を提起することもできる。行政事件訴訟法も、無効確認訴訟（3条4項）、争点訴訟（45条）を用意して、このことを前提とした規定を置いている。ここで、争点訴訟とは、行政行為の有効・無効が先決問題となっている事件で、係争法律関係が私法上の法律関係であるものである。例えば、土地収用裁決が無効であるとして、地権者と起業者の間で土地所有権の帰属をめぐって争われる訴訟である。

　よって、（ウ）には「瑕疵」、（エ）には「争点訴訟」が入る。

正解　4

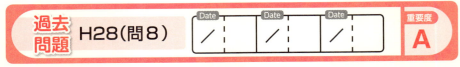

問題6 下記の〔設例〕に関する次のア〜オの記述のうち、正しいものの組合せはどれか。

〔設例〕 Xは、旅館業法3条1項に基づく許可（以下「営業許可」という。）を得て、旅館業を営んでいたが、同法によって義務付けられた営業者の講ずべき衛生措置を講じなかったことを理由に、所轄都道府県知事から、同法8条1項に基づく許可の取消処分（以下「取消処分」という。）を受けた。

（参照条文）
旅館業法
第3条第1項　旅館業を営もうとする者は、都道府県知事……の許可を受けなければならない。（以下略）
第8条第1項　都道府県知事は、営業者が、この法律若しくはこの法律に基づく命令の規定若しくはこの法律に基づく処分に違反したとき……は、同条〔注：旅館業法第3条〕第1項の許可を取り消〔す〕……ことができる。（以下略）

ア　Xに対してなされた取消処分は、違法になされた営業許可を取り消し、法律による行政の原理に反する状態を是正することを目的とする行政行為である。

イ　Xに対してなされた取消処分は、いったんなされた営業許可を前提とするものであるから、独立の行政行為とはみなされず、行政手続法が規定する「処分」にも当たらない。

ウ　Xに対してなされた取消処分が取消判決によって取り消された場合に、Xは、営業許可がなされた状態に復し、従前どおり営業を行うことができる。

エ　Xに対してなされた取消処分によって、Xが有していた営業許可の効力は、それがなされたときにさかのぼって効力を失うことになる。

オ　Xに対してなされた取消処分は、営業許可がなされた時点では瑕疵がなかったが、その後においてそれによって成立した法律関係を存続させることが妥当ではない事情が生じたときに、当該法律関係を消滅させる行政行為である。

1　ア・ウ　　2　ア・エ　　3　イ・エ　　4　イ・オ　　5　ウ・オ

取消しと撤回

ア 誤り　本問における「取消処分」は、講学上の撤回に当たる。撤回とは、行政行為の適法な成立後、公益上の理由が生ずるなどの**後発的な事情の変化**により当該行為を維持することが必ずしも適当でなくなった場合に、これを**将来的に無効**とすることである。本記述の説明は、講学上の取消しについてのものである。

イ 誤り　撤回も独立した行政行為である。本問の撤回は、行政手続法の「不利益処分」（2条4号）に該当するため、「処分」（同条2号）に該当する。

ウ 正しい　取消処分が取消判決によって取り消された場合、取消判決の形成力によって、その処分の効力は**処分当時に遡って**形成的に消滅することになる。したがって、処分が当初からなかったのと同じ状態になる。

エ 誤り　撤回は、行政行為の効力を**将来的に無効**とするものである。

オ 正しい　本記述の説明は、講学上の撤回についてのものである。

正解　5

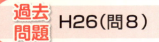 

問題7 次の会話の空欄　ア　～　エ　に当てはまる語句の組合せとして、正しいものはどれか。

A 「私も30年近く前から自動車の運転免許を持っているのですが、今日はこれを素材にしてちょっと行政法のことについて聞きましょう。これが私の持っている免許証ですが、これにはいろいろな記載がなされています。これらの記載が行政法学上、どのように位置づけられるか答えてください。まず、最初に免許証について『平成29年08月15日まで有効』と書かれていますが、これはどうかな。」

B 「その記載は、行政処分に付せられる附款の一種で、行政法学上、　ア　と呼ばれるものです。」

A 「そうですね。次ですが、『免許の条件等』のところに『眼鏡等』と書かれています。これはどうでしょう。」

B 「これは、運転にあたっては視力を矯正する眼鏡等を使用しなければならないということですから、それも附款の一種の　イ　と呼ばれるものです。」

A 「それでは、運転免許は一つの行政行為とされるものですが、これは行政行為の分類ではどのように位置づけられていますか。」

B 「運転免許は、法令により一度禁止された行為について、申請に基づいて個別に禁止を解除する行為と考えられますから、その意味でいえば、　ウ　に当たりますね。」

A 「よろしい。最後ですが、道路交通法103条1項では、『自動車等の運転に関しこの法律若しくはこの法律に基づく命令の規定又はこの法律の規定に基づく処分に違反したとき』、公安委員会は、『免許を取り消』すことができると規定しています。この『取消し』というのは、行政法の学問上どのような行為と考えられていますか。」

B 「免許やその更新自体が適法になされたのだとすれば、その後の違反行為が理由になっていますから、それは行政法学上、　エ　と呼ばれるものの一例だと思います。」

A 「はい、結構です。」

	ア	イ	ウ	エ
1	条件	負担	免除	取消し
2	期限	条件	特許	撤回
3	条件	負担	特許	取消し
4	期限	負担	許可	撤回
5	期限	条件	許可	取消し

行政行為の附款

本問は、附款に関するものである。附款とは、許認可等の法効果について法律で規定された事項以外の内容を付加したものをいう。

ア 期限

附款のうち、許認可等の効力の発生、消滅を**将来発生することが確実な事実**にかからしめるものは、**期限**である。「平成29年08月15日まで有効」という記載は、当該期日の到来という将来発生することが確実な事実にかからしめるものであるから、期限に該当する。したがって、アには**期限**が当てはまる。

イ 負担

附款のうち、許認可等を行うに際して、法令により課される義務とは別に作為又は不作為の義務を課すものは、**負担**である。「免許の条件等」のところの「眼鏡等」という記載は、運転にあたって眼鏡等の使用という作為の義務を課すものであるから、負担に該当する。したがって、イには**負担**が当てはまる。

ウ 許可 重

行政行為のうち、法令により**一度禁止された行為**について、申請に基づいて**個別に禁止を解除**する行為は、**許可**である。したがって、ウには**許可**が当てはまる。

エ 撤回 超

行政行為の失効のうち、**適法になされた行政行為**について、その後の情勢の変化に伴い、当該行政行為の**効力を失わせる**必要が生じる場合があり、これは**撤回**と呼ばれる。運転免許の「取消し」は、免許やその更新が適法になされた後、その後に行われた違反行為を理由として免許やその更新の効力を失わせるものであるから、撤回に該当する。したがって、エには**撤回**が当てはまる。

正解　4

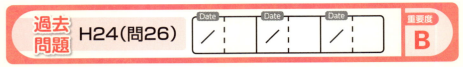

問題8 行政裁量に関する次の記述のうち、最高裁判所の判例に照らし、誤っているものはどれか。

1 建築主事は、一定の建築物に関する建築確認の申請について、周辺の土地利用や交通等の現状および将来の見通しを総合的に考慮した上で、建築主事に委ねられた都市計画上の合理的な裁量に基づいて、確認済証を交付するか否かを判断する。

2 法務大臣は、本邦に在留する外国人から再入国の許可申請があったときは、わが国の国益を保持し出入国の公正な管理を図る観点から、申請者の在留状況、渡航目的、渡航の必要性、渡航先国とわが国との関係、内外の諸情勢等を総合的に勘案した上で、法務大臣に委ねられた出入国管理上の合理的な裁量に基づいて、その許否を判断する。

3 公務員に対して懲戒処分を行う権限を有する者は、懲戒事由に該当すると認められる行為の原因、動機、性質、態様、結果、影響等のほか、当該公務員の行為の前後における態度、懲戒処分等の処分歴、選択する処分が他の公務員及び社会に与える影響等、諸般の事情を考慮した上で、懲戒権者に委ねられた合理的な裁量に基づいて、処分を行うかどうか、そして処分を行う場合にいかなる種類・程度を選ぶかを判断する。

4 行政財産の管理者は、当該財産の目的外使用許可について、許可申請に係る使用の日時・場所・目的・態様、使用者の範囲、使用の必要性の程度、許可をするに当たっての支障または許可をした場合の弊害もしくは影響の内容および程度、代替施設確保の困難性など、許可をしないことによる申請者側の不都合または影響の内容及び程度等の諸般の事情を総合考慮した上で、行政財産管理者に委ねられた合理的な裁量に基づいて、許可を行うかどうかを判断する。

5 公立高等専門学校の校長は、学習態度や試験成績に関する評価などを総合的に考慮し、校長に委ねられた教育上の合理的な裁量に基づいて、必修科目を履修しない学生に対し原級留置処分または退学処分を行うかどうかを判断する。

行政裁量

1 誤り 　判例は、建築確認処分自体は基本的に裁量の余地のない確認的行為の性格を有するものと解した上で、建築確認申請が処分要件を具備するに至った場合には、原則として、建築主事としては速やかに**確認処分を行う義務がある**とした（最判昭60.7.16）。したがって、建築主事には、本記述のような合理的な裁量は認められていない。

2 正しい 　判例は、永住資格を有する外国人の再入国許可申請に対して、法務大臣が当該申請を拒否する処分をした事件において、外国人の再入国の許否の判断は**法務大臣の広い裁量**に委ねられているとした（最判平10.4.10）。

3 正しい
重 　判例は、公務員の懲戒免職処分の有効性が争われた事件において、公務員に懲戒処分を行う権限を有する者（懲戒権者）は、本記述にある諸般の事情を考慮した上で、**処分を行うかどうか**、そして処分を行う場合に**いかなる種類・程度を選ぶか**について、**合理的な裁量**に委ねられているとした（最判昭52.12.20）。

4 正しい 　判例は、行政財産である**学校施設の目的外使用**を許可するか否かは、原則として、**管理者の裁量**に委ねられているものと解し、行政財産である学校施設の目的及び用途と目的外使用の目的、態様等との関係に配慮した合理的な裁量判断により使用許可をしないこともできるものであるとした（最判平18.2.7）。

5 正しい 　判例は、高等専門学校の校長が学生に対して原級留置処分又は退学処分を行うかどうかの判断は、**校長の合理的な教育的裁量**に委ねられるべきものであるとした（最判平8.3.8）。

正解　1

問題9 行政上の義務の履行確保手段に関する次の記述のうち、法令および判例に照らし、正しいものはどれか。

1 即時強制とは、非常の場合または危険切迫の場合において、行政上の義務を速やかに履行させることが緊急に必要とされる場合に、個別の法律や条例の定めにより行われる簡易な義務履行確保手段をいう。

2 直接強制は、義務者の身体または財産に直接に実力を行使して、義務の履行があった状態を実現するものであり、代執行を補完するものとして、その手続が行政代執行法に規定されている。

3 行政代執行法に基づく代執行の対象となる義務は、「法律」により直接に命じられ、または「法律」に基づき行政庁により命じられる代替的作為義務に限られるが、ここにいう「法律」に条例は含まれない旨があわせて規定されているため、条例を根拠とする同種の義務の代執行については、別途、その根拠となる条例を定める必要がある。

4 行政上の秩序罰とは、行政上の秩序に障害を与える危険がある義務違反に対して科される罰であるが、刑法上の罰ではないので、国の法律違反に対する秩序罰については、非訟事件手続法の定めるところにより、所定の裁判所によって科される。

5 道路交通法に基づく違反行為に対する反則金の納付通知について不服がある場合は、被通知者において、刑事手続で無罪を主張するか、当該納付通知の取消訴訟を提起するかのいずれかを選択することができる。

行政上の義務の履行確保

1 誤り 超
即時強制とは、義務の存在を前提としないで、行政上の目的を達成するため、直接に身体もしくは財産に対して有形力を行使することをいう。本記述は、行政上の義務の存在を前提としている点で誤りである。

2 誤り 重
行政代執行法は、直接強制の手続について規定していない。

3 誤り 重
行政代執行法2条は、「法律（法律の委任に基く命令、規則及び条例を含む。以下同じ。）により直接に命ぜられ、又は法律に基き行政庁により命ぜられた行為（他人が代つてなすことのできる行為に限る。）について義務者がこれを履行しない場合、他の手段によつてその履行を確保することが困難であり、且つその不履行を放置することが著しく公益に反すると認められるときは、当該行政庁は、自ら義務者のなすべき行為をなし、又は第三者をしてこれをなさしめ、その費用を義務者から徴収することができる。」と規定している。

4 正しい 重
行政上の秩序罰とは、行政上の秩序に障害を与える危険がある義務違反に対して科される罰であり、刑法上の罰ではないので、国の法律違反に対する秩序罰については、非訟事件手続法の定めるところにより、所定の裁判所により科される。

5 誤り
判例は、「道路交通法は、通告を受けた者が、その自由意思により、通告に係る反則金を納付し、これによる事案の終結の途を選んだときは、もはや当該通告の理由となつた反則行為の不成立等を主張して通告自体の適否を争い、これに対する抗告訴訟によつてその効果の覆滅を図ることはこれを許さず、右のような主張をしようとするのであれば、反則金を納付せず、後に公訴が提起されたときにこれによつて開始された刑事手続の中でこれを争い、これについて裁判所の審判を求める途を選ぶべきであるとしているものと解する」としている（最判昭57.7.15）。

正解　4

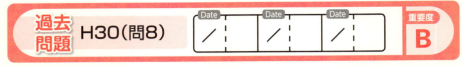

問題10　行政代執行法（以下「同法」という。）に関する次のア～オの記述のうち、正しいものの組合せはどれか。

ア　代執行に要した費用については、義務者に対して納付命令を発出したのち、これが納付されないときは、国税滞納処分の例によりこれを徴収することができる。

イ　代執行を行うに当たっては、原則として、同法所定の戒告および通知を行わなければならないが、これらの行為について、義務者が審査請求を行うことができる旨の規定は、同法には特に置かれていない。

ウ　行政上の義務の履行確保に関しては、同法の定めるところによるとした上で、代執行の対象とならない義務の履行確保については、執行罰、直接強制、その他民事執行の例により相当な手段をとることができる旨の規定が置かれている。

エ　代執行の実施に先立って行われる戒告および通知のうち、戒告においては、当該義務が不履行であることが、次いで通知においては、相当の履行期限を定め、その期限までに履行がなされないときは代執行をなすべき旨が、それぞれ義務者に示される。

オ　代執行の実施に当たっては、その対象となる義務の履行を督促する督促状を発した日から起算して法定の期間を経過してもなお、義務者において当該義務の履行がなされないときは、行政庁は、戒告等、同法の定める代執行の手続を開始しなければならない。

1　ア・イ
2　ア・エ
3　イ・ウ
4　ウ・オ
5　エ・オ

行政代執行法

ア 正しい　行政代執行法5条は、「代執行に要した費用の徴収については、実際に要した費用の額及びその納期日を定め、義務者に対し、文書をもつてその納付を命じなければならない。」と規定し、6条1項は、「代執行に要した費用は、**国税滞納処分の例により**、これを徴収することができる。」と規定している。

イ 正しい　行政代執行法には、同法上の戒告及び通知について、義務者が審査請求を行うことができる旨の規定は置かれていない。

ウ 誤り 【重】　1条は、「**行政上の義務の履行確保**に関しては、別に法律で定めるものを除いては、**この法律の定めるところによる**。」と規定している。もっとも、同法には、代執行の対象とならない義務の履行確保について、執行罰、直接強制、その他民事執行の例により相当な手段をとることができる旨の規定は置かれていない。

エ 誤り　戒告について、3条1項は、「前条の規定による処分（代執行）をなすには、相当の履行期限を定め、その期限までに履行がなされないときは、代執行をなすべき旨を、予め文書で戒告しなければならない。」と規定し、通知について、同条2項は、「義務者が、前項の戒告を受けて、指定の期限までにその義務を履行しないときは、当該行政庁は、代執行令書をもつて、代執行をなすべき時期、代執行のために派遣する執行責任者の氏名及び代執行に要する費用の概算による見積額を義務者に通知する。」と規定している。

5 誤り　行政代執行法には、代執行の実施に当たり、その対象となる義務の履行を督促する督促状を発した日から起算して法定の期間を経過してもなお、義務者において当該義務の履行がなされない場合に、行政庁が戒告等の同法の定める手続を開始する旨の規定は置かれていない。

正解　1

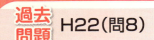 

問題11　A市は、風俗営業のための建築物について、条例で独自の規制基準を設けることとし、当該基準に違反する建築物の建築工事については市長が中止命令を発しうることとした。この命令の実効性を担保するための手段を条例で定める場合、法令に照らし、疑義の余地なく設けることのできるものは、次の記述のうちどれか。

1　当該建築物の除却について、法律よりも簡易な手続で代執行を実施する旨の定め。

2　中止命令の対象となった建築物が条例違反の建築物であることを公表する旨の定め。

3　中止命令を受けたにもかかわらず建築工事を続行する事業者に対して、工事を中止するまでの間、1日について5万円の過料を科す旨の定め。

4　市の職員が当該建築物の敷地を封鎖して、建築資材の搬入を中止させる旨の定め。

5　当該建築物により営業を行う事業者に対して1千万円以下の罰金を科す旨の定め。

行政上の義務の履行確保

1 できない　代執行に関しては、別に「法律」で定めるものを除いては、行政代執行法の定めるところによる（行政代執行法1条）ため、「条例」で法律よりも簡易な手続を定めることはできない。

2 できる　公表は、行政代執行法1条の想定した**行政上の義務履行確保の手段**に当たらないため、別に法律で定めることが必要とされない。したがって、条例で定めることができる。

3 できない　本記述の手段は**執行罰**に当たる。**執行罰**とは、**義務が履行されない場合に行政庁が一定の期限を示し、その期限内に義務の履行がされないときに過料に処す旨を予告することで、義務者に心理的圧迫を加え、間接的に義務の履行を強制する作用**をいう。執行罰は、行政上の義務履行確保の手段に当たるため、別に法律で定めることが必要となる（1条）。したがって、条例で定めることはできない。

4 できない　本記述の手段は**直接強制**に当たる。**直接強制**とは、**義務者が義務を履行しない場合において、行政庁が義務者の身体又は財産に強制力を加えて、義務の内容を実現する作用**をいう。直接強制は、行政上の義務履行確保の手段に当たるため、別に法律で定めることが必要となる（1条）。したがって、条例で定めることはできない。

5 できない　**普通地方公共団体**は、その条例中に、**条例に違反した者に対し、2年以下の懲役若しくは禁錮、100万円以下の罰金**、拘留、科料若しくは没収の刑又は5万円以下の過料を科する旨の規定を設けることができる（地方自治法14条3項）。したがって、1,000万円以下の罰金を科す旨の規定を条例で定めることはできない。

正解　2

問題12 墓地埋葬法*13条は、「墓地、納骨堂又は火葬場の管理者は、埋葬、埋蔵、収蔵又は火葬の求めを受けたときは、正当の理由がなければこれを拒んではならない。」と定めているところ、同条の「正当の理由」について、厚生省（当時）の担当者が、従来の通達を変更し、依頼者が他の宗教団体の信者であることのみを理由として埋葬を拒否することは「正当の理由」によるものとは認められないという通達（以下「本件通達」という。）を発した。本件通達は、当時の制度の下で、主務大臣がその権限に基づき所掌事務について、知事をも含めた関係行政機関に対し、その職務権限の行使を指揮したものであるが、この通達の取消しを求める訴えに関する最高裁判所判決（最三小判昭和43年12月24日民集22巻13号3147頁）の内容として、妥当なものはどれか。

1 通達は、原則として、法規の性質をもつものであり、上級行政機関が関係下級行政機関および職員に対してその職務権限の行使を指揮し、職務に関して命令するために発するものであって、本件通達もこれに該当する。

2 通達は、関係下級機関および職員に対する行政組織内部における命令であるが、その内容が、法令の解釈や取扱いに関するものであって、国民の権利義務に重大なかかわりをもつようなものである場合には、法規の性質を有することとなり、本件通達の場合もこれに該当する。

3 行政機関が通達の趣旨に反する処分をした場合においても、そのことを理由として、その処分の効力が左右されるものではなく、その点では本件通達の場合も同様である。

4 本件通達は従来とられていた法律の解釈や取扱いを変更するものであり、下級行政機関は当該通達に反する行為をすることはできないから、本件通達は、これを直接の根拠として墓地の経営者に対し新たに埋葬の受忍義務を課すものである。

5 取消訴訟の対象となりうるものは、国民の権利義務、法律上の地位に直接具体的に法律上の影響を及ぼすような行政処分等でなければならないのであるから、本件通達の取消しを求める訴えは許されないものとして棄却されるべきものである。

（注） ＊ 墓地、埋葬等に関する法律

通達

本問は、通達の取消しを求める訴えに関する最高裁判所判決（最判昭43.12.24）を題材にしたものである。

1 妥当でない　判例は、「元来、通達は、原則として、法規の性質をもつものではなく、上級行政機関が関係下級行政機関および職員に対してその職務権限の行使を指揮し、職務に関して命令するために発するもの」としている。したがって、**通達は、原則として、法規の性質**を持つものではない。

2 妥当でない　重　判例は、「通達は右機関〔関係下級行政機関〕および職員に対する**行政組織内部における命令**にすぎないから、これらのものがその通達に拘束されることはあつても、**一般の国民は直接これに拘束されるものではなく**、このことは、通達の内容が、法令の解釈や取扱いに関するもので、**国民の権利義務に重大なかかわりをもつようなものである場合においても別段異なるところはない**」としている。

3 妥当である　判例は、「通達は、元来、法規の性質をもつものではないから、行政機関が通達の趣旨に反する処分をした場合においても、そのことを理由として、**その処分の効力が左右されるものではない**」としている。

4 妥当でない　判例は、「本件通達は従来とられていた**法律の解釈や取扱いを変更**するものではあるが、それはもつぱら知事以下の**行政機関を拘束する**にとどまるもので、これらの機関は右通達に反する行為をすることはできないにしても、**国民は直接これに拘束されることはなく**、従つて、右通達が直接に上告人の所論墓地経営権、管理権を侵害したり、新たに埋葬の受忍義務を課したりするものとはいえない」としている。したがって、本件通達は、これを直接の根拠として墓地の経営者に対し新たに埋葬の受忍義務を課すものではない。

5 妥当でない　判例は、「現行法上行政訴訟において取消の訴の対象となりうるものは、国民の権利義務、法律上の地位に直接具体的に法律上の影響を及ぼすような行政処分等でなければならないのであるから、本件通達中所論の趣旨部分の取消を求める本件訴は許されないものとして**却下**すべきものである」としている。したがって、本件通達の取消しを求める訴えは、**棄却されるべきものではなく、却下**すべきものである。

正解　3

行政法

Chapter 1　行政法の一般的法理論

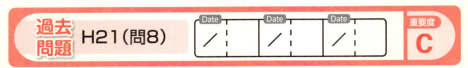

問題13 行政計画に関する次の記述のうち、妥当なものはどれか。

1 土地利用を制限する用途地域などの都市計画の決定についても、侵害留保説によれば法律の根拠が必要である。

2 広範な計画裁量については裁判所による十分な統制を期待することができないため、計画の策定は、行政手続法に基づく意見公募手続の対象となっている。

3 計画策定権者に広範な裁量が認められるのが行政計画の特徴であるので、裁判所による計画裁量の統制は、重大な事実誤認の有無の審査に限られる。

4 都市計画法上の土地利用制限は、当然に受忍すべきとはいえない特別の犠牲であるから、損失補償が一般的に認められている。

5 多数の利害関係者に不利益をもたらしうる拘束的な計画については、行政事件訴訟法において、それを争うための特別の訴訟類型が法定されている。

行政計画

1 妥当である　法律の留保が及ぶ行政活動の範囲については、諸説がある。そのうちの1つである侵害留保説とは、国民の**権利自由**を**制限**するような行政活動を行うためには、**法律の根拠**が必要であるとする考え方である。本記述にあるような都市計画の決定は、国民の権利自由を制限するため、法律の根拠が必要である。

2 妥当でない　意見公募手続（行政手続法38条以下）の対象である命令等とは、内閣又は行政機関が定める、**法律に基づく命令**、**審査基準**、**処分基準**、**行政指導指針**をいう（2条8号）。よって、命令等には行政計画は**含まれていない**ため、行政計画は意見公募手続の対象となっていない。したがって、本記述は、計画の策定が行政手続法に基づく意見公募手続の対象となっているとしている点で、妥当でない。

3 妥当でない　裁判所による計画裁量の統制は、重大な事実誤認の有無の審査のほかに、**判断の過程**において考慮すべき事情を考慮しないこと等により、その内容が社会通念に照らし**著しく妥当を欠く**ものと認められるかについての審査も含まれる（最判平18.11.2）。したがって、本記述は、裁判所による計画裁量の統制が重大な事実誤認の有無の審査に限られるとしている点で、妥当でない。

4 妥当でない　判例は、都市計画法上の土地利用制限について、一般的に当然に受忍すべきものとされる制限の範囲を超えて**特別の犠牲**を課せられたものということが未だ困難であるから、損失補償請求をすることが**できない**としている（最判平17.11.1）。したがって、本記述は、都市計画法上の土地利用制限について損失補償が一般的に認められているとしている点で、妥当でない。

5 妥当でない　行政事件訴訟法には、行政事件訴訟として、**抗告訴訟**、**当事者訴訟**、**民衆訴訟**、**機関訴訟**が規定されている（2条）。そして、抗告訴訟として、**処分**又は**裁決**の**取消訴訟**、**無効等確認訴訟**、**不作為の違法確認訴訟**、**義務付け訴訟**、**差止訴訟**が規定されている（3条2項〜7項）。このように、拘束的な計画について争うための特別な訴訟類型は**規定されていない**。したがって、本記述は、拘束的な計画を争う特別の訴訟類型が行政事件訴訟法に法定されているとしている点で、妥当でない。

正解　1

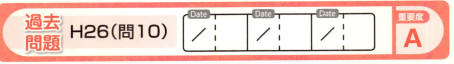

問題14 行政調査に関する次のア～エの記述のうち、正しいものの組合せはどれか。争いがある場合には最高裁判所の判例の立場による。

ア　行政手続法には、行政調査の手続に関する通則的な規定は置かれておらず、また、同法は、情報収集を直接の目的とする処分・行政指導には適用されない。

イ　警察官職務執行法上の職務質問に付随して行う所持品検査は、検査の必要性、緊急性の認められる場合には、相手方への強制にわたるものであっても適法である。

ウ　法律の規定を設ければ、行政調査に応じなかったことを理由として、刑罰を科すなど、相手方に不利益を課すことも許される。

エ　税務調査（質問検査権）に関しては、国税通則法により、急速を要する場合を除き、事前に裁判官の許可を得ることが必要とされている。

1　ア・イ
2　ア・ウ
3　イ・ウ
4　イ・エ
5　ウ・エ

行政調査

ア 正しい　行政手続法は、行政調査の手続に関する通則的な規定は置いておらず、「報告又は物件の提出を命ずる処分その他その職務の遂行上必要な情報の収集を直接の目的としてされる処分及び行政指導」については、第2章から第4章の2までの規定は、適用しないと規定している（3条1項14号）。

イ 誤り【重】　判例は、「警職法2条1項に基づく職務質問に附随して行う所持品検査は、任意手段として許容されるものであるから、所持人の承諾を得てその限度でこれを行うのが原則であるが、職務質問ないし所持品検査の目的、性格及びその作用等にかんがみると、所持人の承諾のない限り所持品検査は一切許容されないと解するのは相当でなく、**捜索に至らない程度の行為は、強制にわたらない**限り、たとえ所持人の承諾がなくても、所持品検査の必要性、緊急性、これによって侵害される個人の法益と保護されるべき公共の利益との権衡などを考慮し、具体的状況のもとで相当と認められる限度において許容される場合がある」とした（最判昭53.9.7）。したがって、相手方への強制にわたるものである場合には、検査の必要性、緊急性が認められたとしても、適法とはならない。

ウ 正しい　所得税等に関する調査に係る質問検査権（国税通則法74条の2第1項）に対して、「正当な理由がなくこれに応じず、又は偽りの記載若しくは記録をした帳簿書類その他の物件（その写しを含む。）を提示し、若しくは提出……した者」は、1年以下の懲役又は50万円以下の罰金に処する（128条3号）と規定されている。これは、調査拒否に対して、罰則を設けることによって、間接的に調査を受託することを強制するものである。このように、**行政調査に応じなかったことを理由として刑罰等、相手方に不利益**を課すことも許される。

エ 誤り　国税通則法74条の2等は、税に関する調査について必要があるときは、一定の者に質問し、その者の事業に関する帳簿書類その他の物件を検査し、又は当該物件の提示若しくは提出を求めることができると規定している。そして、これらの規定において、事前に裁判官の許可を得ることは必要とされていない。

正解　2

Chapter 2 行政手続法

過去問 R2（問11）　重要度 A

問題15　行政手続法の用語に関する次の記述のうち、同法の定義に照らし、正しいものはどれか。

1　「不利益処分」とは、申請により求められた許認可等を拒否する処分など、申請に基づき当該申請をした者を名あて人としてされる処分のほか、行政庁が、法令に基づき、特定の者を名あて人として、直接に、これに義務を課し、またはその権利を制限する処分をいう。

2　「行政機関」には、国の一定の機関およびその職員が含まれるが、地方公共団体の機関はこれに含まれない。

3　「処分基準」とは、不利益処分をするかどうか、またはどのような不利益処分とするかについてその法令の定めに従って判断するために必要とされる基準をいう。

4　「申請」とは、法令に基づき、申請者本人または申請者以外の第三者に対し何らかの利益を付与する処分を求める行為であって、当該行為に対して行政庁が諾否の応答をすべきこととされているものをいう。

5　「届出」とは、行政庁に対し一定の事項の通知をする行為であって、当該行政庁にそれに対する諾否の応答が義務づけられているものをいう。

行政手続法の用語

1 誤り 超

行政手続法2条4号柱書は、「**不利益処分** 行政庁が、法令に基づき、特定の者を名あて人として、直接に、これに義務を課し、又はその権利を制限する処分をいう。ただし、**次のいずれかに該当するものを除く。**」と規定し、同号ロは、「**申請により求められた許認可等を拒否する処分**その他申請に基づき当該申請をした者を名あて人としてされる処分」を掲げている。

2 誤り

2条5号柱書は、「**行政機関** 次に掲げる機関をいう。」と規定し、「法律の規定に基づき内閣に置かれる機関若しくは内閣の所轄の下に置かれる機関、……国家行政組織法……第3条第2項に規定する機関、会計検査院若しくはこれらに置かれる機関又はこれらの機関の職員であって法律上独立に権限を行使することを認められた職員」（同号イ）と「**地方公共団体の機関（議会を除く。）**」（同号ロ）を掲げている。

3 正しい 超

2条8号ハは、**処分基準**について、「処分基準（**不利益処分**をするかどうか又はどのような不利益処分とするかについてその法令の定めに従って判断するために必要とされる基準をいう。）」と規定している。

4 誤り 重

2条3号は、「**申請** 法令に基づき、行政庁の許可、認可、免許その他の**自己に対し何らかの利益を付与する処分**……を求める行為であって、当該行為に対して行政庁が諾否の応答をすべきこととされているものをいう。」と規定しており、申請者以外の第三者に対し利益を付与する処分を求める行為は含まれない。

5 誤り

2条7号は、「**届出** 行政庁に対し一定の事項の通知をする行為……であって、法令により直接に当該通知が義務付けられているもの……をいう。」と規定しており、行政庁に**諾否の応答を義務付けてはいない。**

正解　3

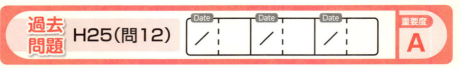

問題16 行政手続法が規定する申請に対する処分に関する次の記述のうち、誤っているものはどれか。

1 行政庁は、申請がその事務所に到達したときは、遅滞なく当該申請の審査を開始しなければならない。

2 行政庁は、申請者以外の者の利害を考慮すべきことが要件とされている処分を行う場合には、それらの者の意見を聴く機会を設けるよう努めなければならない。

3 行政庁は、申請者の求めに応じ、当該申請に係る審査の進行状況および当該申請に対する処分の時期の見通しを示すよう努めなければならない。

4 行政庁は、申請をしようとする者の求めに応じ、申請書の記載および添付書類に関する事項その他の申請に必要な情報の提供に努めなければならない。

5 行政庁は、申請者の求めに応じ、申請の処理が標準処理期間を徒過した理由を通知しなければならない。

申請に対する処分

1 正しい 　行政庁は、申請がその事務所に到達したときは、遅滞なく当該申請の審査を開始**しなければならない**（行政手続法7条）。

2 正しい 　行政庁は、申請に対する処分であって、申請者以外の者の利害を考慮すべきことが当該法令において許認可等の要件とされているものを行う場合には、必要に応じ、公聴会の開催その他の適当な方法により当該申請者以外の者の意見を聴く機会を設けるよう**努めなければならない**（10条）。

3 正しい 　行政庁は、申請者の求めに応じ、当該申請にかかる審査の進行状況及び当該申請に対する処分の時期の見通しを示すよう**努めなければならない**（9条1項）。

4 正しい 　行政庁は、申請をしようとする者又は申請者の求めに応じ、申請書の記載及び添付書類に関する事項その他の申請に必要な情報の提供に**努めなければならない**（9条2項）。

5 誤り　重 　行政庁は、申請がその事務所に到達してから当該申請に対する処分をするまでに通常要すべき**標準的な期間**を定めるよう**努める**とともに、これを定めたときは、これらの当該申請の提出先とされている機関の事務所における備付けその他の適当な方法により**公にしておかなければならない**（6条）。もっとも、申請の処理が標準処理期間を徒過した理由を通知しなければならないとする規定はない。

正解　5

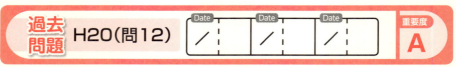

問題17 行政手続法における申請拒否処分の取り扱いについての次の記述のうち、妥当なものはどれか。

1 申請拒否処分は、不利益処分の一種であるから、こうした処分にも、不利益処分に関する規定が適用される。

2 申請拒否処分についても、相手方の権利に重大な影響を及ぼす許認可等を拒否する場合などには、事前の聴聞が義務付けられている。

3 申請拒否処分の理由については、理由を示さないで処分をすべき差し迫った必要がある場合には、処分後相当の期間内に示せば足りる。

4 公にされた標準処理期間を経過しても申請に応答がなされない場合には、申請拒否処分がなされたものとみなされる。

5 申請拒否処分が許されない場合において、それをなしうるとして申請の取下げを求める行政指導は、違法な行政指導である。

申請拒否処分

1 妥当でない 　申請拒否処分は不利益処分に該当しない（行政手続法2条4号ロ）。したがって、申請拒否処分には、不利益処分に関する規定は適用されない。

2 妥当でない 　事前の聴聞が義務づけられるのは、行政庁が不利益処分をしようとする場合である（13条1項1号）。そして、記述1の解説のとおり、申請拒否処分は不利益処分に該当しない（2条4号ロ）。したがって、申請拒否処分については、事前の聴聞は義務づけられていない。

3 妥当でない 　申請に対する処分については、理由を示さないで処分をすべき差し迫った必要がある場合には、処分後相当の期間内に示せば足りるとする規定はない。なお、本記述のような内容の規定は、不利益処分をする場合に適用される（14条1項ただし書）。

4 妥当でない 　公にされた標準処理期間を経過しても申請に対する応答がない場合には、申請拒否処分がなされたものとみなすという規定は、行政手続法上存在しない。

5 妥当である 　許認可等をする権限を有する行政機関が当該権限を行使することができない場合の行政指導においては、行政指導に携わる者は、当該権限を行使することができる旨を殊更に示すことにより相手方に当該行政指導に従うことを余儀なくさせるようなことをしてはならない（34条）。

正解　5

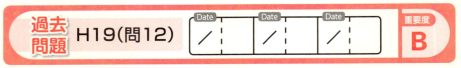

問題18 行政手続法による審査基準に関する次のア〜オの記述のうち、妥当なものはいくつあるか。

ア　審査基準の設定は、行政手続法の委任に基づくものであり、申請者の権利にかかわるものであるから、審査基準も法規命令の一種である。

イ　不利益処分についての処分基準の設定が努力義務にとどまるのに対して、申請に対する処分についての審査基準の設定は、法的な義務であるとされている。

ウ　審査基準に違反して申請を拒否する処分をしても、その理由だけで処分が違法となることはないが、他の申請者と異なる取扱いをすることとなるため、比例原則違反として、違法となることがある。

エ　審査基準の設定には、意見公募手続の実施が義務付けられており、それに対しては、所定の期間内であれば、何人も意見を提出することができる。

オ　国の法律に基づいて地方公共団体の行政庁がする処分については、その法律を所管する主務大臣が審査基準を設定することとなる。

1　一つ
2　二つ
3　三つ
4　四つ
5　五つ

審査基準

ア 妥当でない　審査基準は、行政機関の定立する定めであるが、国民の権利・義務に直接関係しないので、法規命令ではなく**行政規則**に当たる。また、審査基準の設定は、行政手続法の委任に基づくものではない。

イ 妥当である　【重】【予】　不利益処分についての**処分基準の設定は、努力義務**である（行政手続法12条1項）。これに対し、申請に対する処分の**審査基準の設定は、法的義務**である（5条1項）。

ウ 妥当でない　前段については、審査基準に違反して申請を拒否する処分は、**違法な行政処分になり得る**。後段については、比例原則とは、達成されるべき目的とそのためにとられる手段との間に合理的な比例関係が存在することを要請する原則をいう。
　審査基準に違反して申請を拒否する処分をし、申請者と他の申請者と異なる取扱いをすることになっても、**平等原則違反になる可能性はあるが**、**比例**原則違反にはならないことがある。

エ 妥当である　審査基準の設定は、「命令等を定めようとする場合」であるため、**意見公募手続の実施が義務づけられている**（39条1項）。そして、所定の期間内（公示の日から起算して、原則として**30日以上**）であれば、**誰でも意見を提出することができる**（同条3項）。

オ 妥当でない　審査基準の設定主体は「**行政庁**」であり（5条1項）、国の法律に基づいていて地方公共団体の行政庁がする処分であっても、処分権限が地方公共団体の機関にある場合には、**当該機関自らが基準を定めなければならない**。

正解　2　以上より、妥当なものはイとエの2つである。

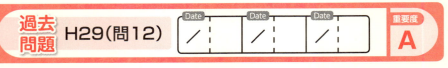

問題19 処分理由の提示に関する次の記述のうち、法令および最高裁判所の判例に照らし、妥当なものはどれか。

1　行政手続法が、不利益処分をする場合に同時にその理由を名宛人に示さなければならないとしているのは、名宛人に直接義務を課し、またはその権利を制限するという同処分の性質にかんがみたものであるから、行政手続法には、申請に対する拒否処分に関する理由の提示の定めはない。

2　一級建築士免許取消処分をするに際し、行政庁が行政手続法に基づいて提示した理由が不十分であったとしても、行政手続法には理由の提示が不十分であった場合の処分の効果に関する規定は置かれていないから、その違法により裁判所は当該処分を取り消すことはできない。

3　行政手続法は、不利益処分をする場合にはその名宛人に対し同時に当該不利益処分の理由を示さなければならないと定める一方、「当該理由を示さないで処分をすべき差し迫った必要がある場合はこの限りでない。」としている。

4　青色申告について行政庁が行った更正処分における理由附記の不備という違法は、同処分に対する審査裁決において処分理由が明らかにされた場合には、治癒され、更正処分の取消事由とはならない。

5　情報公開条例に基づく公文書の非公開決定において、行政庁がその処分理由を通知している場合に、通知書に理由を附記した以上、行政庁が当該理由以外の理由を非公開決定処分の取消訴訟において主張することは許されない。

処分理由の提示

1 妥当でない 超
行政手続法8条1項本文は、「行政庁は、**申請により求められた許認可等を拒否する処分**をする場合は、申請者に対し、**同時**に、**当該処分の理由**を示さなければならない。」と規定している。

2 妥当でない
判例は、建築士法（平成18年法律第92号による改正前のもの）10条1項2号及び3号に基づいてされた一級建築士免許取消処分の通知書において、処分の理由として、名宛人が、複数の建築物の設計者として、建築基準法令に定める構造基準に適合しない設計を行い、それにより耐震性等の不足する構造上危険な建築物を現出させ、又は構造計算書に偽装が見られる不適切な設計を行ったという処分の原因となる事実と、同項2号及び3号という処分の根拠法条とが示されているのみで、同項所定の複数の懲戒処分の中から処分内容を選択するための基準として多様な事例に対応すべくかなり複雑な内容を定めて公にされていた当時の建設省住宅局長通知による処分基準の適用関係が全く示されていないなど判示の事情の下では、名宛人において、いかなる理由に基づいてどのような処分基準の適用によって当該処分が選択されたのかを知ることができず、上記取消処分は、行政手続法14条1項本文の定める理由提示の要件を欠き、違法な処分であるというべきであって、取消しを免れないと判示している（最判平23.6.7）。

3 妥当である 超
14条1項は、「行政庁は、**不利益処分**をする場合には、その名あて人に対し、**同時**に、**当該不利益処分の理由**を示さなければならない。ただし、当該理由を示さないで処分をすべき差し迫った必要がある場合は、この限りでない。」としている。

4 妥当でない 重
判例は、青色申告についてした更正処分における理由附記の不備の瑕疵は、同処分に対する審査裁決において**処分理由が明らかにされた場合であっても、治癒されない**と判示している（最判昭47.12.5）。

5 妥当でない
判例は、「一たび通知書に理由を付記した以上、実施機関が当該理由以外の理由を非公開決定処分の取消訴訟において主張することを許さない……と解すべき根拠はない」と判示している（最判平11.11.19）。

正解 3

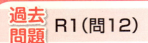

問題20　聴聞についての行政手続法の規定に関する次のア～オの記述のうち、正しいものの組合せはどれか。

ア　聴聞は、行政庁が指名する職員その他政令で定める者が主宰するが、当該聴聞の当事者*や参加人など、当該不利益処分の対象者に一定の関連を有する者のほか、行政庁の職員のうち、当該不利益処分に係る事案の処理に直接関与した者は、主宰者となることができない。

イ　行政庁は、予定している不利益処分につき、聴聞の主宰者から当該聴聞に係る報告書の提出を受けてから、当該不利益処分を行うか否か決定するまでに通常要すべき標準的な期間を定め、これを当該聴聞の当事者*に通知するよう努めなければならない。

ウ　主宰者は、当事者*の全部または一部が正当な理由なく聴聞の期日に出頭せず、かつ、陳述書または証拠書類等を提出しない場合、これらの者に対し改めて意見を述べ、および証拠書類等を提出する機会を与えることなく、聴聞を終結することができる。

エ　行政庁は、申請に対する処分であって、申請者以外の者の利害を考慮すべきことが当該処分の根拠法令において許認可等の要件とされているものを行う場合には、当該申請者以外の者に対し、不利益処分を行う場合に準じた聴聞を行わなければならない。

オ　聴聞の通知があった時から聴聞が終結する時までの間、当事者*から行政庁に対し、当該不利益処分の原因となる事実を証する資料の閲覧を求められた場合、行政庁は、第三者の利益を害するおそれがあるときその他正当な理由があるときは、その閲覧を拒むことができる。

（注）　*　当事者　行政庁は、聴聞を行うに当たっては、聴聞を行うべき期日までに相当な期間をおいて、不利益処分の名あて人となるべき者に対し、所定の事項を書面により通知しなければならない。この通知を受けた者を「当事者」という。

1　ア・イ
2　ア・オ
3　イ・エ
4　ウ・エ
5　ウ・オ

聴　聞

ア 誤り　行政手続法19条2項柱書は、「次の各号のいずれかに該当する者は、聴聞を主宰することができない。」と規定しているところ、同項各号には、行政庁の職員のうち、当該不利益処分に係る事案の処理に直接関与した者については規定されていない。

イ 誤り【重】　6条は、「行政庁は、**申請がその事務所に到達してから当該申請に対する処分をするまでに通常要すべき標準的な期間**（法令により当該行政庁と異なる機関が当該申請の提出先とされている場合は、併せて、当該申請が当該提出先とされている機関の事務所に到達してから当該行政庁の事務所に到達するまでに通常要すべき標準的な期間）を**定めるよう努める**とともに、これを定めたときは、これらの当該申請の提出先とされている機関の事務所における備付けその他の適当な方法により**公にしておかなければならない**。」と規定しているが、不利益処分について同様の規定はない。

ウ 正しい　23条1項は、「主宰者は、当事者の全部若しくは一部が正当な理由なく聴聞の期日に出頭せず、かつ、第21条第1項に規定する陳述書若しくは証拠書類等を提出しない場合、又は参加人の全部若しくは一部が聴聞の期日に出頭しない場合には、これらの者に対し改めて意見を述べ、及び証拠書類等を提出する機会を与えることなく、聴聞を終結することができる。」と規定している。

エ 誤り【重】　13条1項柱書は、「行政庁は、**不利益処分をしようとする場合**には、次の各号の区分に従い、この章の定めるところにより、**当該不利益処分の名あて人となるべき者**について、当該各号に定める**意見陳述のための手続を執らなければならない**。」と規定し、同項1号柱書は「次のいずれかに該当するとき　聴聞」と規定している。しかし、申請に対する処分については、同様の規定はない。

オ 正しい　18条1項は、「**当事者**及び当該不利益処分がされた場合に自己の利益を害されることとなる**参加人**……は、聴聞の通知があった時から聴聞が終結する時までの間、行政庁に対し、当該事案についてした調査の結果に係る調書その他の当該不利益処分の原因となる事実を証する**資料の閲覧**を求めることができる。この場合において、行政庁は、第三者の利益を害するおそれがあるときその他正当な理由があるときでなければ、**その閲覧を拒むことができない**。」と規定している。

正解　5

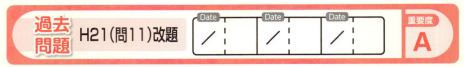

問題21 行政手続法が定める不利益処分に関する次の記述のうち、正しいものはどれか。

1 弁明の機会の付与における弁明は、行政庁が書面ですることを認めたときを除き、指定された日時及び場所において、口頭で行うものとされている。

2 許認可等を取り消す不利益処分をしようとするときは、聴聞を行わなければならないとされているが、ここにいう許認可等を取り消す不利益処分には、行政法学上の取消しと撤回の双方が含まれる。

3 行政指導に従わない場合に行われる当該事実の公表は、行政手続法上、不利益処分とされ、それを行う場合は、弁明の機会の付与を行わなければならないと規定されている。

4 聴聞において、当事者が利害関係者の参加を求めたにもかかわらず、行政庁がこれを不許可とした場合には、審査請求をすることができる。

5 申請に対して拒否処分を行う場合は、行政手続法上、不利益処分に該当するので、弁明の機会の付与を行わなければならない。

不利益処分

1 誤り 弁明の機会の付与における弁明は、行政庁が口頭ですることを認めたときを除き、弁明を記載した書面（弁明書）を提出して行う（行政手続法29条1項）。したがって、弁明手続は原則として書面により審査が行われる。本記述は、口頭による審査を原則としている点で誤りである。

2 正しい 「許認可等を取り消す不利益処分」（13条1項1号イ）には、講学（行政法学）上の取消しだけでなく、撤回もまた含むものと解されている。

3 誤り 不利益処分とは、行政庁が、法令に基づき、特定の者を名あて人として、直接に、これに義務を課し、又はその権利を制限する処分をいう（2条4号）。行政指導に従わない場合に行われる当該事実の公表は、「不利益処分」には当たらない。

4 誤り 行政庁又は主宰者が聴聞の規定に基づいてした処分については、審査請求をすることができない（27条）。聴聞に関する手続に利害関係人が参加することを許可するか否かについて、主宰者が判断する処分は、聴聞の規定に基づいてした処分に当たる（17条1項）。したがって、主宰者が参加を不許可とした場合、当該不許可処分については、審査請求をすることができない。

5 誤り（重） 記述3の解説にある不利益処分の定義に該当する場合であっても、申請により求められた許認可等を拒否する処分は、不利益処分から除外されている（2条4号ロ）。したがって、申請に対する拒否処分は不利益処分に当たらないため、不利益処分における手続である弁明の機会の付与を行う必要はない。

正解 2

Chapter 2 行政手続法

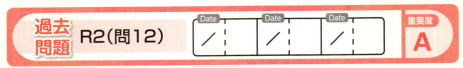

問題22 行政手続法の規定する聴聞と弁明の機会の付与に関する次の記述のうち、正しいものはどれか。

1 聴聞、弁明の機会の付与のいずれの場合についても、当事者は代理人を選任することができる。

2 聴聞は許認可等の取消しの場合に行われる手続であり、弁明の機会の付与は許認可等の拒否処分の場合に行われる手続である。

3 聴聞が口頭で行われるのに対し、弁明の機会の付与の手続は、書面で行われるのが原則であるが、当事者から求めがあったときは、口頭により弁明する機会を与えなければならない。

4 聴聞、弁明の機会の付与のいずれの場合についても、当該処分について利害関係を有する者がこれに参加することは、認められていない。

5 聴聞、弁明の機会の付与のいずれの場合についても、当事者は処分の原因に関するすべての文書を閲覧する権利を有する。

聴聞と弁明の機会の付与

1 正しい　重
　行政手続法16条1項は、「前条〔15条〕第1項〔聴聞〕の通知を受けた者……は、**代理人**を選任することができる。」と規定し、この規定は**弁明の機会の付与についても準用**されている（31条）。

2 誤り　重
　13条1項柱書は、行政庁が「不利益処分をしようとする場合には、次の各号の区分に従い、この章の定めるところにより、当該不利益処分の名あて人となるべき者について、当該各号に定める意見陳述のための手続を執らなければならない。」としている。そして、同項1号イは**聴聞をしなければならない場合**として「**許認可等を取り消す不利益処分**をしようとするとき。」を掲げている。一方で、「申請により求められた**許認可等を拒否する処分**」（2条4号ロ）は**不利益処分に当たらない**ため、聴聞や弁明の機会の付与といった意見陳述のための手続を執る義務は課されていない。

3 誤り　超
　29条1項は、「弁明は、**行政庁が口頭ですることを認めたときを除き**、弁明を記載した**書面**……を提出してするものとする。」と規定しており、口頭での弁明の機会を与えるのは義務ではない。したがって、本記述は、口頭により弁明する機会を与えなければならないとしている点で誤りである。

4 誤り　重
　17条1項は、「聴聞を主宰する者……は、必要があると認めるときは、当事者以外の者であって当該不利益処分の根拠となる法令に照らし当該不利益処分につき**利害関係**を有するものと認められる者……に対し、当該聴聞に関する手続に参加することを求め、又は当該聴聞に関する手続に**参加することを許可する**ことができる。」と規定し、聴聞については、利害関係を有する者の参加を認めている。もっとも、聴聞に関する規定の弁明の機会の付与への準用を定める31条は、17条1項を**準用していない**。したがって、本記述は、聴聞の場合について、利害関係を有する者の参加を認めていないとしている点で誤りである。

5 誤り　重
　18条1項前段は、「当事者……は、聴聞の通知があった時から聴聞が終結する時までの間、行政庁に対し、当該事案についてした調査の結果に係る調書その他の当該不利益処分の原因となる事実を証する**資料の閲覧**を求めることができる。」と規定し、聴聞については、処分の原因に関する文書を閲覧する権利を認めている。もっとも、聴聞に関する規定の弁明の機会の付与への準用を定める31条は、18条1項を**準用していない**。したがって、本記述は、弁明の機会の付与にも当事者に文書の閲覧権を認めているとしている点で誤りである。

正解　1

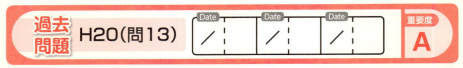

問題23 行政手続法における届出の取り扱いについての次のア〜エの記述のうち、正しいものの組合せはどれか。

ア 個別法上は届出の語が用いられていても、それが行政手続法上の届出に当たるとは限らない。

イ 法令に基づき、自己に対して何らかの利益を付与する行政庁の応答を求める行為は、行政手続法上の届出に含まれる。

ウ 届出書の記載事項に不備がある場合であっても、届出がなされた以上は届出義務は尽くされたことになる。

エ 地方公共団体の機関が、その固有の資格においてすべきこととされている届出には、行政手続法上の届出に関する規定の適用はない。

1 ア・イ
2 ア・ウ
3 ア・エ
4 イ・ウ
5 イ・エ

> # 届 出

ア 正しい そのとおりである。例えば、法令上は届出となっているが、行政手続法上は届出ではなく、**申請**に当たると解されているものもある。

イ 誤り **超** **行政法上の届出には申請は含まれない**（行政手続法2条7号）。自己に対して何らかの利益を付与する行政庁の応答を求める行為は、**申請**（同条3号）に当たる。

ウ 誤り 届出書の記載事項に不備がないこと、必要な書類が添付されているなど届出の形式上の要件に適合している場合において、届出が行政機関に**到達**したときに、**届出義務が履行された**といえる（37条）。

エ 正しい **重** 地方公共団体の機関が、その**固有の資格**においてすべきこととされている届出は、行政手続法の**適用が除外**される（4条1項）。

正解　3

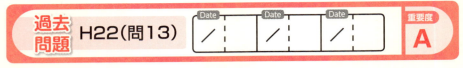

問題24 行政指導に関する次の記述のうち、法令に照らし、正しいものはどれか。

1 地方公共団体の機関として行政指導に携わる者は、法令に根拠を有する処分に関する行政指導の場合と条例に根拠を有する処分に関する行政指導の場合のいずれについても、行政手続法の行政指導に関する規定の適用を受けない。

2 行政指導に携わる者は、とくに必要がある場合には、当該行政機関の任務または所掌事務の範囲に属さない事項についても行政指導を行うことができる。

3 行政指導に携わる者は、行政主体への負担金の納付を求める行政指導に相手方が同意したにもかかわらず、納期限までに当該納付がなされないときは、その実効性を確保するために、国税または地方税の滞納処分と同様の徴収手続を執ることができる。

4 申請に関する行政指導に携わる者は、申請の内容が明白に法令の要件を満たしていない場合であって、申請内容の変更を求める行政指導について申請者が従う意思のない旨を表明したときは、申請の取り下げがあったものとみなすことができる。

5 行政指導に携わる者は、複数の者に対して同一の目的で行政指導をしようとする場合には、指導の指針を定めるにあたり公聴会を開催しなければならない。

行政指導

1 正しい 予
そのとおりである。**地方公共団体**の機関がする行政指導については、行政手続法の規定は、**全面的に適用除外**となる（3条3項）。

2 誤 り 超
行政指導は、当該行政機関の「**任務又は所掌事務の範囲内**」のものでなければならない（2条6号）。

3 誤 り 重
行政指導の内容はあくまでも**相手方の任意の協力**によって実現されるものであり（32条1項）、相手方に**義務**を課すものではないので、本記述のような場合にも、義務の履行を確保するための**行政上の強制徴収**の手段を用いることはできない。

4 誤 り
申請の取下げ又は内容の変更を求める行政指導について、**本記述のような規定はない**（33条参照）。

5 誤 り 重
同一の行政目的を実現するため一定の条件に該当する複数の者に対し行政指導をしようとするときは、**行政機関は、あらかじめ、事案に応じ、行政指導指針を定めなければならない**（36条）。そして、**行政指導指針**を定めるにあたっては、原則として、**意見公募手続**が必要となる（2条8号ニ、39条1項）。

正解　1

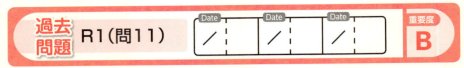

問題25　行政指導についての行政手続法の規定に関する次の記述のうち、正しいものはどれか。

1　法令に違反する行為の是正を求める行政指導で、その根拠となる規定が法律に置かれているものが当該法律に規定する要件に適合しないと思料するときは、何人も、当該行政指導をした行政機関に対し、その旨を申し出て、当該行政指導の中止その他必要な措置をとることを求めることができる。

2　行政指導は、行政機関がその任務または所掌事務の範囲内において一定の行政目的を実現するため一定の作為または不作為を求める指導、勧告、助言その他の行為であって処分に該当しないものをいい、その相手方が特定か不特定かは問わない。

3　地方公共団体の機関がする行政指導のうち、その根拠が条例または規則に置かれているものについては、行政手続法の行政指導に関する定めの適用はないが、その根拠が国の法律に置かれているものについては、その適用がある。

4　行政指導が口頭でされた場合において、その相手方から当該行政指導の趣旨および内容ならびに責任者を記載した書面の交付を求められたときは、当該行政指導に携わる者は、行政上特別の支障がない限り、これを交付しなければならない。

5　行政指導指針を定めるに当たって、行政手続法による意見公募手続をとらなければならないとされているのは、当該行政指導の根拠が法律、条例または規則に基づくものに限られ、それらの根拠なく行われるものについては、意見公募手続に関する定めの適用はない。

行政指導

1 誤り 重　行政手続法36条の2第1項本文は、「**法令に違反する行為の是正を求める行政指導**（その根拠となる規定が法律に置かれているものに限る。）**の相手方**は、当該行政指導が当該法律に規定する要件に適合しないと思料するときは、当該行政指導をした行政機関に対し、その旨を申し出て、**当該行政指導の中止その他必要な措置をとることを求めることができる。**」と規定している。

2 誤り 重　2条6号は、「**行政指導**　行政機関が**その任務又は所掌事務の範囲内**において一定の行政目的を実現するため**特定の者**に一定の作為又は不作為を求める指導、勧告、助言その他の行為であって**処分に該当しないものをいう。**」と規定している。

3 誤り　3条3項は、「地方公共団体の機関がする……行政指導……については、次章から第6章までの規定は、適用しない。」と規定していて、**行政指導の根拠となる法律について問題にしていない。**

4 正しい　35条3項は、「**行政指導が口頭**でされた場合において、その**相手方**から前2項に規定する事項を記載した**書面の交付**を求められたときは、当該行政指導に携わる者は、行政上特別の支障がない限り、**これを交付しなければならない。**」と規定し、同条1項は、「行政指導に携わる者は、その相手方に対して、当該行政指導の趣旨及び内容並びに責任者を明確に示さなければならない。」と規定している。

5 誤り　39条1項は、「**命令等制定機関**は、命令等を定めようとする場合には、当該命令等の案……及びこれに関連する資料をあらかじめ公示し、意見……の提出先及び意見の提出のための期間……を定めて**広く一般の意見を求めなければならない。**」と規定している。そして、2条8号柱書は、「**命令等**　内閣又は行政機関が定める次に掲げるものをいう。」と規定し、同号ニは、「**行政指導指針**（同一の行政目的を実現するため一定の条件に該当する複数の者に対し行政指導をしようとするときにこれらの行政指導に共通してその内容となるべき事項をいう。……）」を掲げている。

正解　4

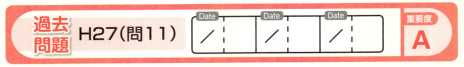

問題26 行政手続法による意見公募手続につき、妥当な記述はどれか。

1 意見公募手続に関する規定は、地方公共団体による命令等の制定については適用されないこととされているが、地方公共団体は、命令等の制定について、公正の確保と透明性の向上を確保するために必要な措置を講ずるように努めなければならない。

2 意見公募手続を実施して命令等を定めた場合には、当該命令等の公布と同時期に、結果を公示しなければならないが、意見の提出がなかったときは、その旨の公示は必要とされない。

3 意見公募手続においては、広く一般の意見が求められ、何人でも意見を提出することができるが、当該命令等について、特別の利害関係を有する者に対しては、意見の提出を個別に求めなければならない。

4 意見公募手続において提出された意見は、当該命令等を定めるに際して十分に考慮されなければならず、考慮されなかった意見については、その理由が意見の提出者に個別に通知される。

5 意見公募手続の対象である命令等には、法律に基づく命令又は規則のほか、審査基準や処分基準など、処分をするかどうかを判断する基準は含まれるが、行政指導に関する指針は含まれない。

意見公募手続

1 妥当である
【重】
行政手続法3条3項は、「第1項各号〔処分及び行政指導の適用除外〕及び前項各号〔命令等を定める行為の適用除外〕に掲げるもののほか、**地方公共団体の機関がする処分**（その根拠となる規定が条例又は規則に置かれているものに限る。）及び**行政指導、地方公共団体の機関に対する届出**……並びに**地方公共団体の機関が命令等を定める行為**については、次章から第6章〔意見公募手続等〕までの規定は、**適用しない**。」と規定している。もっとも、46条は、「地方公共団体は、第3条第3項において第2章から前章〔意見公募手続等〕までの規定を適用しないこととされた処分、行政指導及び届出並びに命令等を定める行為に関する手続について、この法律の規定の趣旨にのっとり、行政運営における公正の確保と透明性の向上を図るため**必要な措置を講ずるよう努めなければならない**。」と規定している。

2 妥当でない
【重】
43条1項柱書は、「命令等制定機関は、意見公募手続を実施して命令等を定めた場合には、当該命令等の公布……と同時期に、次に掲げる事項を公示しなければならない。」と規定し、同項3号は、「**提出意見（提出意見がなかった場合にあっては、その旨）**」を掲げている。したがって、意見の提出がない場合にも、その旨を公示する必要がある。

3 妥当でない
39条1項は、「命令等制定機関は、命令等を定めようとする場合には、当該命令等の案……及びこれに関連する資料をあらかじめ公示し、意見（情報を含む。以下同じ。）の提出先及び意見の提出のための期間（以下『意見提出期間』という。）を定めて**広く一般の意見を求めなければならない**。」と規定している。もっとも、同法上、特別の利害関係を有する者に対して、意見の提出を個別に求めなければならないとする規定はない。

4 妥当でない
43条1項4号は、「提出意見を考慮した結果（意見公募手続を実施した命令等の案と定めた命令等との差異を含む。）及びその理由」を公示しなければならないと規定している。もっとも、同法上、考慮されなかった意見について、その理由が意見の提出者に個別に通知されるとする規定はない。

5 妥当でない
【超】
2条8号は、「**命令等**」について規定しており、同号ニは、「**行政指導指針**（同一の行政目的を実現するため一定の条件に該当する複数の者に対し行政指導をしようとするときにこれらの行政指導に共通してその内容となるべき事項をいう。以下同じ。）」を掲げている。

正解　1

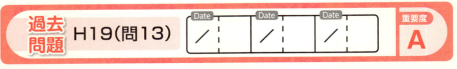

問題27　地方公共団体の活動への行政手続法の適用に関する次の記述のうち、妥当なものはどれか。

1　地方公共団体の職員がする行政指導であっても、法律に基づくものについては、行政手続法の行政指導に関する規定が適用される。

2　地方公共団体の制定する命令等であっても、法律の委任によって制定されるものについては、行政手続法の意見公募手続に関する規定が適用される。

3　地方公共団体の機関がする不利益処分については、それが自治事務に該当する場合には、行政手続法の不利益処分に関する規定は適用されない。

4　地方公共団体の条例にその根拠となる規定が置かれている届出の処理については、行政手続法の届出に関する規定は適用されない。

5　地方公共団体の機関がする「申請に対する処分」については、それが国の法定受託事務に該当する場合に限り、行政手続法の「申請に対する処分」の規定が適用される。

適用除外

1 妥当でない 超
地方公共団体の機関がする行政指導は、行政手続法第2章から第6章までの規定は適用されない（3条3項）。それが法律に基づくものについても同様である。

2 妥当でない
地方公共団体の機関が命令等を定める行為については、第2章から第6章までの規定は適用されない（3条3項）。それが法律の委任によって制定されるものについても同様である。

3 妥当でない 重
地方公共団体の機関がする処分について、行政手続法の不利益処分に関する規定が適用されるかどうかは、その処分の根拠となる規定が条例又は規則に置かれているのか法律に置かれているのかで判断される（3条3項、2条2号、4号参照）。したがって、行政手続法は、適用除外となるか否かを自治事務か法定受託事務かで区別していない。

4 妥当である
根拠となる規定が条例又は規則に置かれている地方公共団体の機関に対する届出については、第2章から第6章までの規定は適用されない（3条3項）。

5 妥当でない 予
地方公共団体の機関がする処分（その根拠となる規定が条例又は規則に置かれているものに限る）については、第2章から第6章までの規定は適用されない（3条3項）。法は、適用除外となるか否かを自治事務か法定受託事務かで区別していない。

正解　4

Chapter 3 行政不服審査法

過去問 R1（問16） 重要度 B

問題28 行政不服審査法の規定に関する次の記述のうち、正しいものはどれか。

1　地方公共団体は、行政不服審査法の規定の趣旨にのっとり、国民が簡易迅速かつ公正な手続の下で広く行政庁に対する不服申立てをすることができるために必要な措置を講ずるよう努めなければならない。

2　地方公共団体の行政庁が審査庁として、審理員となるべき者の名簿を作成したときは、それについて当該地方公共団体の議会の議決を経なければならない。

3　不服申立ての状況等に鑑み、地方公共団体に当該地方公共団体の行政不服審査機関＊を設置することが不適当または困難であるときは、審査庁は、審査請求に係る事件につき、国の行政不服審査会に諮問を行うことができる。

4　地方公共団体の議会の議決によってされる処分については、当該地方公共団体の議会の議長がその審査庁となる。

5　地方公共団体におかれる行政不服審査機関＊の組織及び運営に必要な事項は、当該地方公共団体の条例でこれを定める。

（注）＊　行政不服審査機関　行政不服審査法の規定によりその権限に属させられた事項を処理するため、地方公共団体に置かれる機関をいう。

総合

1 誤り 　行政不服審査法に、記述1のような規定は存在しない。

2 誤り 　行政不服審査法17条は、「審査庁となるべき行政庁は、審理員となるべき者の名簿を作成するよう努めるとともに、これを作成したときは、当該審査庁となるべき行政庁及び関係処分庁の事務所における備付けその他の適当な方法により公にしておかなければならない。」と規定しており、議会の議決を要求していない。

3 誤り 　81条2項は、「地方公共団体は、当該地方公共団体における不服申立ての状況等に鑑み同項の機関を置くことが不適当又は困難であるときは、条例で定めるところにより、事件ごとに、執行機関の附属機関として、この法律の規定によりその権限に属させられた事項を処理するための機関を置くこととすることができる。」と規定している。そして、審査庁は、審理員意見書の提出を受けたときは、審査庁が地方公共団体の長（地方公共団体の組合にあっては、長、管理者又は理事会）である場合、81条2項の機関に諮問しなければならない（43条1項柱書）。

4 誤り 　7条1項柱書は、「次に掲げる処分及びその不作為については、第2条及び第3条の規定〔処分・不作為についての審査請求〕は、適用しない。」と規定し、同項1号は、「国会の両院若しくは一院又は議会の議決によってされる処分」を掲げている。

5 正しい 　81条4項は、「第1項……の機関〔行政不服審査機関のこと〕の組織及び運営に関し必要な事項は、**当該機関を置く地方公共団体の条例**……で定める。」と規定している。

正解　5

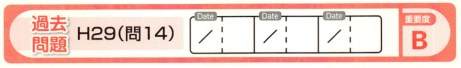

問題29 行政不服審査法の定める審査請求の対象に関する次の記述のうち、正しいものはどれか。

1 全ての行政庁の処分は、行政不服審査法または個別の法律に特別の定めがない限り、行政不服審査法に基づく審査請求の対象となる。

2 地方公共団体の機関がする処分（その根拠となる規定が条例または規則に置かれているものに限る。）についての審査請求には、当該地方公共団体の定める行政不服審査条例が適用され、行政不服審査法は適用されない。

3 地方公共団体は、自己に対する処分でその固有の資格において処分の相手方となるものに不服がある場合、行政不服審査法に基づく審査請求をした後でなければ当該処分の取消訴訟を提起することができない。

4 行政指導の相手方は、当該行政指導が違法だと思料するときは、行政不服審査法に基づく審査請求によって当該行政指導の中止を求めることができる。

5 個別の法律により再調査の請求の対象とされている処分は、行政不服審査法に基づく審査請求の対象とはならない。

審査請求の対象

1 正しい 【重】
　行政不服審査法1条2項は、「行政庁の処分その他公権力の行使に当たる行為（以下単に『処分』という。）に関する不服申立てについては、他の法律に特別の定めがある場合を除くほか、この法律の定めるところによる。」と規定している。また、行政庁の行為が、「行政庁の処分その他公権力の行使に当たる行為」であったとしても、これを行政不服審査制度によって解決することが望ましくない法律関係については、同法は、除外規定を定め（7条）、不服申立ての対象から排除している。したがって、**すべての行政庁の処分は、行政不服審査法又は個別の法律に特別の定めがない限り、行政不服審査法に基づく審査請求の対象となる。**

2 誤り
　7条1項は、行政庁の処分に関する適用除外を規定しているが、同項各号に地方公共団体の機関がする処分（その根拠となる規定が条例又は規則に置かれているものに限る。）は掲げられていない。したがって、**地方公共団体の機関がする処分についても、行政不服審査法が適用される。**

3 誤り
　7条2項は、「国の機関又は地方公共団体その他の公共団体若しくはその機関に対する処分で、これらの機関又は団体が**その固有の資格において**当該処分の相手方となるもの及びその不作為については、この法律の規定は、適用しない。」と規定しているため、本記述の場合、同法は適用されないこととなる。したがって、地方公共団体は、自己に対する処分でその固有の資格において処分の相手方となるものに不服がある場合であっても、行政不服審査法に基づく審査請求をすることはできない。

4 誤り
　審査請求の対象は、**処分**及び**不作為**である（2条、3条）。2条の「処分」には、行政機関による人の収容や物の留置など、権力的かつ継続的性質の事実行為が含まれるが、行政指導は一般的に含まれないと解されている。したがって、行政指導の相手方は、当該行政指導が違法だと思料するときであっても、当該行政指導に対して審査請求をすることはできない。なお、行政手続法36条の2に行政指導の中止等の求めが規定されている。

5 誤り 【重】
　行政不服審査法5条1項は、「行政庁の処分につき処分庁以外の行政庁に対して審査請求をすることができる場合において、法律に再調査の請求をすることができる旨の定めがあるときは、当該処分に不服がある者は、処分庁に対して再調査の請求をすることができる。ただし、当該処分について第2条の規定により審査請求をしたときは、この限りでない。」と規定している。同法は、**審査請求と再調査の請求について、自由選択主義**を採用している。

正解　1

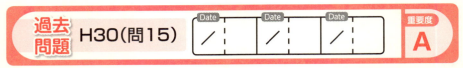

問題30 行政不服審査法の定める審査請求に関する次のア～オの記述のうち、正しいものの組合せはどれか。

ア 審査請求は、代理人によってもすることができ、その場合、当該代理人は、各自、審査請求人のために、原則として、当該審査請求に関する一切の行為をすることができるが、審査請求の取下げは、代理人によってすることはできない。

イ 審査庁となるべき行政庁は、必ず標準審理期間を定め、これを当該審査庁となるべき行政庁および関係処分庁の事務所における備付けその他の適当な方法により公にしておかなければならない。

ウ 審理員は、審査請求人または参加人の申立てがあった場合において、審理の進行のため必要と認めるときに限り、当該申立てをした者に、口頭で意見を述べる機会を与えることができる。

エ 審査請求人が死亡したときは、相続人その他法令により審査請求の目的である処分に係る権利を承継した者は、審査請求人の地位を承継する。

オ 審査請求人以外の者であって、審査請求に係る処分または不作為に係る処分の根拠となる法令に照らし当該処分につき利害関係を有するものと認められる利害関係人は、審理員の許可を得て、当該審査請求に参加することができる。

1 ア・イ
2 ア・エ
3 イ・ウ
4 ウ・オ
5 エ・オ

審査請求

ア 誤り 重　行政不服審査法12条1項は、「審査請求は、代理人によってすることができる。」と規定している。そして、同条2項は、「前項の代理人は、各自、審査請求人のために、当該審査請求に関する一切の行為をすることができる。ただし、審査請求の取下げは、特別の委任を受けた場合に限り、することができる。」と規定している。

イ 誤り 重　16条は、「第4条又は他の法律若しくは条例の規定により審査庁となるべき行政庁（以下『審査庁となるべき行政庁』という。）は、審査請求がその事務所に到達してから当該審査請求に対する裁決をするまでに通常要すべき標準的な期間を定めるよう努めるとともに、これを定めたときは、当該審査庁となるべき行政庁及び関係処分庁……の事務所における備付けその他の適当な方法により公にしておかなければならない。」と規定している。

ウ 誤り 重　31条1項は、「審査請求人又は参加人の申立てがあった場合には、審理員は、当該申立てをした者（……『申立人』という。）に口頭で審査請求に係る事件に関する意見を述べる機会を与えなければならない。ただし、当該申立人の所在その他の事情により当該意見を述べる機会を与えることが困難であると認められる場合には、この限りでない。」と規定している。

エ 正しい　15条1項は、「審査請求人が死亡したときは、相続人その他法令により審査請求の目的である処分に係る権利を承継した者は、審査請求人の地位を承継する。」と規定している。

オ 正しい　13条1項は、「利害関係人（審査請求人以外の者であって審査請求に係る処分又は不作為に係る処分の根拠となる法令に照らし当該処分につき利害関係を有するものと認められる者をいう。……。）は、審理員の許可を得て、当該審査請求に参加することができる。」と規定している。

正解　5

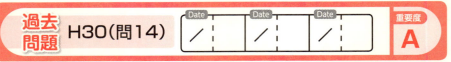

問題31　行政不服審査法の定める不作為についての審査請求に関する次の記述のうち、妥当なものはどれか。

1　不作為についての審査請求は、当該処分についての申請をした者だけではなく、当該処分がなされることにつき法律上の利益を有する者がなすことができる。

2　不作為についての審査請求は、法令に違反する事実がある場合において、その是正のためにされるべき処分がなされていないときにも、なすことができる。

3　不作為についての審査請求の審査請求期間は、申請がなされてから「相当の期間」が経過した時点から起算される。

4　不作為についての審査請求の審理中に申請拒否処分がなされた場合については、当該審査請求は、拒否処分に対する審査請求とみなされる。

5　不作為についての審査請求がなされた場合においても、審査庁は、原則として、その審理のために、その職員のうちから審理員を指名しなければならない。

不作為についての審査請求

1 妥当でない 【重】
行政不服審査法3条は、「**法令に基づき行政庁に対して処分についての申請**をした者は、当該申請から相当の期間が経過したにもかかわらず、**行政庁の不作為**（法令に基づく申請に対して何らの処分をもしないことをいう。以下同じ。）がある場合には、次条の定めるところにより、**当該不作為についての審査請求をすることができる**。」と規定している。

2 妥当でない
3条〔不作為についての審査請求〕には、法令に違反する事実がある場合において、その是正のためにされるべき処分がなされていないときに審査請求ができる旨は規定されていない（記述1解説参照）。なお、行政手続法36条の3第1項は、「何人も、法令に違反する事実がある場合において、その是正のためにされるべき処分又は行政指導（その根拠となる規定が法律に置かれているものに限る。）がされていないと思料するときは、当該処分をする権限を有する行政庁又は当該行政指導をする権限を有する行政機関に対し、その旨を申し出て、当該処分又は行政指導をすることを求めることができる。」と規定している。

3 妥当でない 【重】
不作為についての審査請求は、行政庁による不作為の状態の是正を求めるものである。行政庁の不作為の状態は、行政庁が何らかの処分をしない限り永遠に続くものであるから、**不作為についての審査請求に期間制限はない**と解されている。

4 妥当でない
行政不服審査法上、不作為についての審査請求の審理中に申請拒否処分がなされた場合には、当該審査請求が拒否処分に対する審査請求とみなされる旨の規定はない。

5 妥当である
行政不服審査法9条1項柱書本文は、「第4条又は他の法律若しくは条例の規定により審査請求がされた行政庁（……以下『審査庁』という。）は、審査庁に所属する職員……のうちから第3節に規定する**審理手続……を行う者を指名**するとともに、その旨を審査請求人及び処分庁等（審査庁以外の処分庁等に限る。）に通知しなければならない。」と規定している。ここにいう「審査請求」には、処分についての審査請求だけではなく、不作為についての審査請求も含まれる（9条2項1号参照）。

正解　5

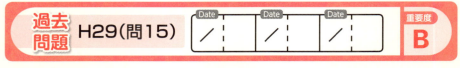

問題32 行政不服審査法の定める審査請求人に関する次の記述のうち、正しいものはどれか。

1 法人でない社団であっても、代表者の定めがあるものは、当該社団の名で審査請求をすることができる。

2 審査請求人は、国の機関が行う処分について処分庁に上級行政庁が存在しない場合、特別の定めがない限り、行政不服審査会に審査請求をすることができる。

3 審査請求人は、処分庁が提出した反論書に記載された事項について、弁明書を提出することができる。

4 審査請求人の代理人は、特別の委任がなくても、審査請求人に代わって審査請求の取下げをすることができる。

5 共同審査請求人の総代は、他の共同審査請求人のために、審査請求の取下げを含め、当該審査請求に関する一切の行為をすることができる。

審査請求人

1 正しい　行政不服審査法10条は、「法人でない社団又は財団で**代表者又は管理人の定めがある**ものは、その名で審査請求をすることができる。」と規定している。

2 誤り　超　審査請求は、原則として、**処分庁に最上級行政庁がある場合**には、**最上級行政庁**に対して行い、上級行政庁がない場合には、**当該処分庁**に対して行うものであり（4条参照）、行政不服審査会に審査請求をすることができるわけではない。審査庁が審理員意見書の提出を受けたときに、原則として、行政不服審査会等に諮問しなければならないとされている（43条1項）。

3 誤り　30条1項前段は、「審査請求人は、前条第5項の規定により送付された弁明書に記載された事項に対する反論を記載した書面（以下『反論書』という。）を提出することができる。」と規定しており、**審査請求人が提出できるのは、反論書**であり、**弁明書**ではない。弁明書を提出するのは、処分庁である（29条2項、5項）。

4 誤り　重　12条1項は、「審査請求は、**代理人**によってすることができる。」と規定している。そして、同条2項は、「前項の代理人は、各自、審査請求人のために、**当該審査請求に関する一切の行為**をすることができる。ただし、**審査請求の取下げ**は、**特別の委任を受けた場合**に限り、することができる。」と規定している。

5 誤り　重　11条1項は、「多数人が共同して審査請求をしようとするときは、3人を超えない**総代**を互選することができる。」と規定している。そして、同条3項は、「総代は、各自、他の共同審査請求人のために、**審査請求の取下げ**を除き、**当該審査請求に関する一切の行為**をすることができる。」と規定している。

正解　1

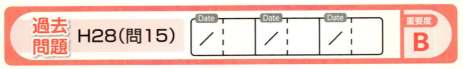

問題33 行政不服審査法における審理員について、妥当な記述はどれか。

1 審理員による審理手続は、処分についての審査請求においてのみなされ、不作為についての審査請求においてはなされない。

2 審理員は、審査庁に所属する職員のうちから指名され、審査庁となるべき行政庁は、審理員となるべき者の名簿を作成するよう努めなければならない。

3 審理員は、処分についての審査請求において、必要があると認める場合には、処分庁に対して、処分の執行停止をすべき旨を命ずることができる。

4 審理員は、審理手続を終結したときは、審理手続の結果に関する調書を作成し、審査庁に提出するが、その中では、審査庁のなすべき裁決に関する意見の記載はなされない。

5 審理員は、行政不服審査法が定める例外に該当する場合を除いて、審理手続を終結するに先立ち、行政不服審査会等に諮問しなければならない。

審理員

1 妥当でない 行政不服審査法3条は、「法令に基づき行政庁に対して処分についての申請をした者は、当該申請から相当の期間が経過したにもかかわらず、行政庁の不作為（法令に基づく申請に対して何らの処分をもしないことをいう。以下同じ。）がある場合には、次条の定めるところにより、当該不作為についての審査請求をすることができる。」と規定している。ここでいう次条とは、4条のことをいうところ、9条1項本文は、「第4条……の規定により審査請求がされた行政庁（……以下『審査庁』という。）は、審査庁に所属する職員……のうちから第3節に規定する審理手続……を行う者を指名……しなければならない。」と規定している。したがって、**不作為についての審査請求についても、審理員による審査手続がなされる**。

2 妥当である 記述1の解説にあるように、**審理員は、審査庁に所属する職員のうちから指名される**（9条1項本文）。また、17条は「審査庁となるべき行政庁は、審理員となるべき者の名簿を作成するよう努めるとともに、これを作成したときは、当該審査庁となるべき行政庁及び関係処分庁の事務所における備付けその他の適当な方法により公にしておかなければならない。」と規定している。

3 妥当でない 処分庁の上級行政庁若しくは処分庁である審査庁、又は処分庁の上級行政庁若しくは処分庁のいずれでもない審査庁は、一定の場合**執行停止**をすることができる（25条2項、3項）が、**審理員に、執行停止を命じる権限を認める規定はない**。

なお、40条は、「審理員は、必要があると認める場合には、審査庁に対し、執行停止をすべき旨の意見書を提出することができる。」と規定している。

4 妥当でない 42条1項は、「審理員は、審理手続を終結したときは、遅滞なく、審査庁がすべき裁決に関する**意見書**（以下『**審理員意見書**』という。）**を作成しなければならない**。」と規定し、また同条2項は、「審理員は、審理員意見書を作成したときは、速やかに、これを事件記録とともに、**審査庁に提出しなければならない**。」と規定している。

5 妥当でない 43条1項は、審査庁が、審理員意見書の提出を受けたときは、同項各号のいずれかに該当する場合を除き、行政不服審査会等に諮問しなければならない旨規定している。したがって、**諮問をする義務を負うのは、審理員ではなく、審理員意見書の提出を受けた審査庁である**。

正解 2

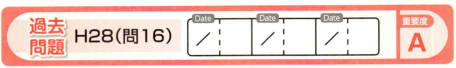

問題34　行政不服審査法の定める審査請求に対する裁決に関する次の記述のうち、正しいものはどれか。

1　処分についての審査請求が不適法である場合や、審査請求が理由がない場合には、審査庁は、裁決で当該審査請求を却下するが、このような裁決には理由を記載しなければならない。

2　処分についての審査請求に対する認容裁決で、当該処分を変更することができるのは、審査庁が処分庁の上級行政庁または処分庁の場合に限られるが、審査庁が処分庁の場合は、審査請求人の不利益に当該処分を変更することもできる。

3　不作為についての審査請求が当該不作為に係る処分についての申請から相当の期間が経過しないでされたものである場合その他不適法である場合には、審査庁は、裁決で、当該審査請求を却下する。

4　法令に基づく申請を却下し、または棄却する処分の全部または一部を取り消す場合において、審査庁が処分庁の上級行政庁である場合、当該審査庁は、当該申請に対して一定の処分をすべきものと認めるときは、自らその処分を行うことができる。

5　不作為についての審査請求が理由がある場合において、審査庁が不作為庁の上級行政庁である場合、審査庁は、裁決で当該不作為が違法または不当である旨を宣言するが、当該不作為庁に対し、一定の処分をすべき旨を命ずることはできない。

審査請求に対する裁決

1 誤り　行政不服審査法45条1項は、「処分についての審査請求が……**不適法である場合**には、審査庁は、裁決で、当該審査請求を**却下**する。」と規定し、同条2項は、「処分についての**審査請求が理由がない場合**には、審査庁は、裁決で、当該審査請求を**棄却**する。」と規定している。したがって、審査請求が理由がない場合にも、審査庁が、裁決で当該審査請求を却下するとしている点で、本記述は誤っている。

2 誤り　46条1項は、「処分……についての審査請求が理由がある場合……には、審査庁は、裁決で、当該処分の全部若しくは一部を取り消し、又はこれを変更する。ただし、**審査庁が処分庁の上級行政庁又は処分庁のいずれでもない場合には、当該処分を変更することはできない。**」と規定している。したがって、本記述の前半は正しい。しかし、48条は、「第46条1項本文……の場合において、審査庁は、**審査請求人の不利益に当該処分を変更……することはできない。**」と規定している。したがって、本記述の後半は誤っている。

3 正しい　49条1項は、「不作為についての審査請求が当該不作為に係る処分についての申請から相当の期間が経過しないでされたものである場合その他**不適法である場合**には、審査庁は、裁決で、当該審査請求を**却下**する。」と規定している。

4 誤り　46条2項は、「法令に基づく申請を却下し、又は棄却する処分の全部又は一部を取り消す場合において、次の各号に掲げる審査庁は、当該申請に対して一定の処分をすべきものと認めるときは、当該各号に定める措置をとる。」と規定し、同項1号は、**処分庁の上級**行政庁である審査庁については、「当該処分庁に対し、**当該処分をすべき旨を命ずること。**」と規定している。したがって、審査庁が処分庁の上級行政庁である場合に、審査庁が自ら一定の処分をすることはできない。

5 誤り　49条3項は、「不作為についての審査請求が理由がある場合には、審査庁は、裁決で、当該不作為が違法又は不当である旨を宣言する。この場合において、次の各号に掲げる審査庁は、当該申請に対して一定の処分をすべきものと認めるときは、当該各号に定める措置をとる。」と規定し、同項1号は、**不作為庁の上級行政庁である審査庁**について、「**当該不作為庁に対し、当該処分をすべき旨を命ずること。**」を掲げている。したがって、審査庁が不作為庁の上級行政庁である場合、審査庁は、当該不作為庁に対し、一定の処分をすべき旨を命じることはできないとしている点で、本記述は誤っている。

正解　3

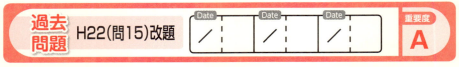

問題35　行政不服審査法における手続の終了に関する次の記述のうち、正しいものはどれか。

1　行政不服審査制度には権利保護機能の他に行政統制機能があるため、審査庁の同意がなければ、審査請求人は審査請求を取り下げることができない。

2　審査庁が処分庁の上級行政庁である場合、事実上の行為に関する審査請求を認容するときは、審査庁は違法又は不当な当該事実行為を自ら撤廃することができる。

3　審査庁が処分庁の上級行政庁である場合、審査庁は、処分庁の処分を変更する旨の裁決をすることができず、処分庁の処分を取り消した上で、処分庁に当該処分の変更を命じなければならない。

4　不作為についての審査請求が、当該不作為に係る処分についての申請から相当の期間が経過しないでされたものである場合、審査庁は、裁決で、当該審査請求を却下する。

5　行政不服審査法には、それに基づく裁決について、行政事件訴訟法が定める取消判決の拘束力に相当する規定は設けられていない。

手続の終了

1 誤り　行政不服審査法27条1項は、「審査請求人は、**裁決**があるまでは、**いつでも**審査請求を取り下げることができる。」と規定している。

2 誤り 重　47条本文は、「事実上の行為についての審査請求が理由がある場合（第45条第3項の規定の適用がある場合を除く。）には、審査庁は、裁決で、当該事実上の行為が違法又は不当である旨を宣言するとともに、次の各号に掲げる審査庁の区分に応じ、当該各号に定める措置をとる。」と規定しており、47条1号は、「処分庁以外の審査庁」について「当該処分庁に対し、当該事実上の行為の全部若しくは一部を撤廃し、又はこれを変更すべき旨を命ずること。」という措置を掲げている。したがって、**審査庁が処分庁の上級行政庁であるときは、審査庁は違法又は不当な当該事実行為を自ら撤廃することはできない。**

3 誤り 重　46条1項は、「処分（事実上の行為を除く。以下この条及び第48条において同じ。）についての審査請求が理由がある場合（前条第3項の規定の適用がある場合〔事情裁決をする場合〕を除く。）には、**審査庁は、裁決で、当該処分の全部若しくは一部を取り消し、又はこれを変更する。**ただし、**審査庁が処分庁の上級行政庁又は処分庁のいずれでもない場合**には、当該処分を変更することはできない。」と規定している。

4 正しい　49条1項は、「不作為についての審査請求が当該不作為に係る処分についての**申請から相当の期間が経過しないで**されたものである場合その他不適法である場合には、審査庁は、裁決で、**当該審査請求を却下**する。」と規定している。

5 誤り 重　52条1項は、「**裁決は、関係行政庁を拘束する。**」と規定しており、行政事件訴訟法が定める**取消判決の拘束力**（行政事件訴訟法33条1項）に相当する規定が設けられている。

正解　4

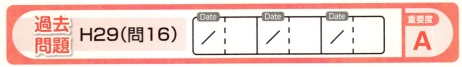

問題36 行政不服審査法の定める執行停止に関する次の記述のうち、正しいものはどれか。

1 処分庁の上級行政庁または処分庁のいずれでもない審査庁は、必要があると認めるときは、審査請求人の申立てによりまたは職権で、処分の効力、処分の執行または手続の続行の全部または一部の停止その他の措置をとることができる。

2 審査庁は、処分、処分の執行または手続の続行により生ずる重大な損害を避けるために緊急の必要があると認めるときは、審査請求人の申立てがなくとも、職権で執行停止をしなければならない。

3 審理員は、必要があると認める場合には、審査庁に対し、執行停止をすべき旨の意見書を提出することができ、意見書の提出があった場合、審査庁は、速やかに執行停止をしなければならない。

4 執行停止をした後において、執行停止が公共の福祉に重大な影響を及ぼすことが明らかとなったとき、その他事情が変更したときには、審査庁は、その執行停止を取り消すことができる。

5 処分庁の上級行政庁または処分庁が審査庁である場合には、処分の執行の停止によって目的を達することができる場合であっても、処分の効力の停止をすることができる。

執行停止

1 誤り 重
行政不服審査法25条3項は、「**処分庁の上級行政庁又は処分庁のいずれでもない審査庁**は、必要があると認める場合には、審査請求人の申立てにより、処分庁の意見を聴取した上、執行停止をすることができる。ただし、処分の効力、処分の執行又は手続の続行の全部又は一部の停止以外の措置をとることはできない。」と規定している。

2 誤り 重
25条4項本文は、「審査請求人の申立てがあった場合において、**処分、処分の執行又は手続の続行により生ずる重大な損害を避けるために緊急の必要があると認めるときは、審査庁は、執行停止をしなければならない。**」と規定しており、義務的執行停止に審査請求人の申立てが必要としている。

3 誤り
40条は、「審理員は、必要があると認める場合には、審査庁に対し、執行停止をすべき旨の意見書を提出することができる。」と規定している。そして、25条7項は、「審理員から第40条に規定する執行停止をすべき旨の意見書が提出されたときは、審査庁は、速やかに、執行停止をするかどうかを決定しなければならない。」と規定している。

4 正しい
26条は、「執行停止をした後において、執行停止が公共の福祉に重大な影響を及ぼすことが明らかとなったとき、その他事情が変更したときは、審査庁は、その執行停止を取り消すことができる。」と規定している。

5 誤り 重
25条6項は、「処分の効力の停止は、処分の効力の停止以外の措置によって目的を達することができるときは、することができない。」と規定している。そのため、**処分の執行の停止によって目的を達することができる場合は、処分の効力の停止をすることはできない。**

正解 4

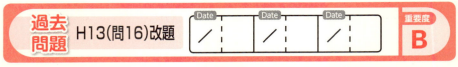

問題37 行政不服審査法の定める教示に関する次の記述のうち、妥当なものはどれか。

1 審査請求をすることができる処分につき、処分庁が誤って審査請求をすべき行政庁でない行政庁を審査請求をすべき行政庁として教示した場合において、その教示された行政庁に書面で審査請求がされたときは、当該審査請求は却下される。

2 行政庁は、不服申立てをすることができる処分を書面でする場合には、処分の相手方に対し、当該処分につき不服申立てをすることができる旨、不服申立てをすべき行政庁および不服申立期間を書面で教示しなければならない。

3 利害関係人から行政庁に対し、当該処分が不服申立てをすることができる処分であるかどうか教示を求められても、行政庁は必ずしも当該事項を教示しなくてもよい。

4 書面による教示が求められた場合に、当該教示は口頭で行ってもかまわない。

5 地方公共団体その他の公共団体に対する処分で、当該公共団体がその固有の資格において処分の相手方となるものについても、教示の規定が適用される。

教示制度

1 妥当でない　行政不服審査法22条1項は、「審査請求をすることができる処分につき、処分庁が誤って審査請求をすべき行政庁でない行政庁を審査請求をすべき行政庁として教示した場合において、その教示された行政庁に書面で審査請求がされたときは、当該行政庁は、速やかに、**審査請求書**を処分庁又は審査庁となるべき行政庁に**送付**し、かつ、**その旨を審査請求人に通知**しなければならない。」と規定している。つまり、却下されるわけではない。

2 妥当である　超　82条1項は、「行政庁は、**審査請求若しくは再調査の請求又は他の法令に基づく不服申立て**（以下この条において『不服申立て』と総称する。）**をすることができる処分をする場合**には、処分の相手方に対し、**当該処分につき不服申立てをすることができる旨**並びに**不服申立てをすべき行政庁**及び**不服申立てをすることができる期間**を書面で教示しなければならない。ただし、当該処分を口頭でする場合は、この限りでない。」と規定している。不服申立ての対象となるか否か・期間・申立てをすべき行政庁を被処分者に明示することによって、簡易迅速な救済制度である審査法を利用しやすくする趣旨である。

3 妥当でない　82条2項は、「行政庁は、利害関係人から、当該処分が不服申立てをすることができる処分であるかどうか並びに当該処分が不服申立てをすることができるものである場合における不服申立てをすべき行政庁及び不服申立てをすることができる期間につき教示を求められたときは、当該事項を**教示しなければならない**。」と規定している。つまり、行政庁には教示する義務がある。

4 妥当でない　82条3項は、「前項の場合〔利害関係人が教示を求めた場合〕において、教示を求めた者が**書面**による教示を求めたときは、当該教示は、**書面**でしなければならない。」と規定している。

5 妥当でない　7条2項は、「国の機関又は地方公共団体その他の公共団体若しくはその機関に対する処分で、これらの機関又は団体がその固有の資格において当該処分の相手方となるもの及びその不作為については、この法律の規定は、適用しない。」と規定している。**公共団体等について適用除外とされた**のは、行政不服審査法が国民の行政庁に対する不服申立てについて規定するものであるから適用関係を明確にするため、及び行政・一般国民間の関係を規定する行政手続法4条との整合性を図るためである。

正解　2

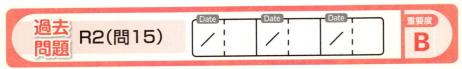

問題38 再審査請求について定める行政不服審査法の規定に関する次の記述のうち、正しいものはどれか。

1 法律に再審査請求をすることができる旨の定めがない場合であっても、処分庁の同意を得れば再審査請求をすることが認められる。

2 審査請求の対象とされた処分（原処分）を適法として棄却した審査請求の裁決（原裁決）があった場合に、当該審査請求の裁決に係る再審査請求において、原裁決は違法であるが、原処分は違法でも不当でもないときは、再審査庁は、裁決で、当該再審査請求を棄却する。

3 再審査請求をすることができる処分について行う再審査請求の請求先（再審査庁）は、行政不服審査会となる。

4 再審査請求をすることができる処分について、審査請求の裁決が既になされている場合には、再審査請求は当該裁決を対象として行わなければならない。

5 再審査請求の再審査請求期間は、原裁決があった日ではなく、原処分があった日を基準として算定する。

再審査請求

1 誤り 重 　行政不服審査法上、再審査請求をすることができるのは、「法律に再審査請求をすることができる旨の**定めがある場合**」に限定されている（6条1項）。

2 正しい 　64条3項は、「再審査請求に係る原裁決……が違法……である場合において、当該審査請求に係る処分が違法又は不当のいずれでもないときは、再審査庁は、裁決で、当該再審査請求を棄却する。」と規定している。

3 誤り 　6条2項は、再審査請求の請求先として、「前項の法律に定める行政庁に対してするものとする。」と規定しており、行政不服審査会に限定していない。

4 誤り 　再審査請求の対象は、「**原裁決**（再審査請求をすることができる処分についての審査請求の裁決をいう。以下同じ。）又は**当該処分**（以下『原裁決等』という。）」である（6条2項）。

5 誤り 　再審査請求期間は、「原裁決があったことを知った日の翌日から起算して1月」以内（62条1項）又は、「原裁決があった日の翌日から起算して1年」以内（同条2項）であり、原処分のあった日からではない。

正解　2

問題39　行政不服審査法（以下「行審法」という。）と行政事件訴訟法（以下「行訴法」という。）の比較に関する次の記述のうち、誤っているものはどれか。

1　行訴法は、行政庁が処分をすべき旨を命ずることを求める訴訟として「義務付けの訴え」を設けているが、行審法は、このような義務付けを求める不服申立てを明示的には定めていない。

2　行審法は、同法にいう処分には公権力の行使に当たる事実上の行為で継続的性質を有するものが含まれるとは明示的には定めておらず、行訴法も、このような行為が処分に当たるとは明示的には定めていない。

3　行訴法は、取消訴訟の原告適格を処分等の取消しを求めるにつき「法律上の利益を有する者」に認めているが、行審法は、このような者に不服申立て適格が認められることを明示的には定めていない。

4　行訴法は、訴訟の結果により権利を害される第三者の訴訟参加に関する規定を置いているが、行審法は、利害関係人の不服申立てへの参加について明示的には定めていない。

5　行訴法は、取消訴訟における取消しの理由の制限として、自己の法律上の利益に関係のない違法を理由とすることはできないと定めているが、行審法は、このような理由の制限を明示的には定めていない。

行政不服審査法と行政事件訴訟法

1 正しい　　行政事件訴訟法は、行政庁が処分をすべき旨を命ずることを求める訴訟として「**義務付けの訴え**」を設けているが（3条6項）、行政不服審査法は、このような義務付けを求める不服申立てを明示的に定めてはいない。

2 正しい
重　　行政不服審査法1条2項は、不服申立ての対象である「処分」とは、「**行政庁の処分その他公権力の行使に当たる行為**」と規定している。また、行政事件訴訟法3条2項は、抗告訴訟の対象である「処分」とは、「行政庁の処分その他公権力の行使に当たる行為」と規定している。もっとも、これらの「処分」の内容は解釈に委ねられており、3条2項にかかる判例等を参考に解釈することになる。したがって、行政不服審査法も行政事件訴訟法も、公権力の行使に当たる事実上の行為で継続的性質を有するものが処分に当たるとは明示的に定めてはいない。

3 正しい
予　　行政事件訴訟法は、取消訴訟の原告適格を処分等の取消しを求めるにつき「法律上の利益を有する者」に認めているが（9条1項）、行政不服審査法は、不服申立適格を「**行政庁の処分に不服がある者**」（2条）とし、法律上の利益を有する者に不服申立適格が認められることを明示的に定めてはいない。この点につき、判例は、「行政庁の処分に不服がある者」とは、「当該処分について不服申立をする**法律上の利益がある者**、すなわち、**当該処分により自己の権利若しくは法律上保護された利益を侵害され又は必然的に侵害されるおそれのある者**をいう」とした（最判昭53.3.14）。

4 誤 り
超　　行政事件訴訟法22条1項は、「裁判所は、訴訟の結果により権利を害される第三者があるときは、当事者若しくはその第三者の申立てにより又は職権で、決定をもって、その第三者を訴訟に参加させることができる。」と規定しており、訴訟の結果により権利を害される第三者の訴訟参加に関する規定を置いている。また、行政不服審査法13条1項は、「**利害関係人**（審査請求人以外の者であって審査請求に係る処分又は不作為に係る処分の根拠となる法令に照らし当該処分につき利害関係を有するものと認められる者をいう。以下同じ。）は、**審理員の許可を得て、当該審査請求に参加することができる。**」と規定しており、利害関係人の不服申立てへの参加について明示的に定めている。したがって、行政不服審査法は、利害関係人の不服申立てへの参加について明示的には定めていないとする本記述は誤りとなる。

5 正しい　　行政事件訴訟法10条1項は、「取消訴訟においては、自己の法律上の利益に関係のない違法を理由として取消しを求めることができない。」と規定しているが、行政不服審査法は、このような理由の制限を明示的に定めてはいない。

正解　4

Chapter 4 行政事件訴訟法

過去問 R3(問18)

問題40 行政事件訴訟法が定める処分取消訴訟に関する次の記述のうち、正しいものはどれか。

1 処分をした行政庁が国または公共団体に所属する場合における処分取消訴訟は、当該処分をした行政庁を被告として提起しなければならない。

2 処分取消訴訟は、原告の普通裁判籍の所在地を管轄する裁判所または処分をした行政庁の所在地を管轄する裁判所の管轄に属する。

3 処分をした行政庁が国または公共団体に所属しない場合における処分取消訴訟は、法務大臣を被告として提起しなければならない。

4 裁判所は、訴訟の結果により権利を害される第三者があるときは、決定をもって、当該第三者を訴訟に参加させることができるが、この決定は、当該第三者の申立てがない場合であっても、職権で行うことができる。

5 処分取消訴訟は、当該処分につき法令の規定により審査請求をすることができる場合においては、特段の定めがない限り、当該処分についての審査請求に対する裁決を経た後でなければこれを提起することができない。

処分取消訴訟

1 誤り　超
行政事件訴訟法11条1項柱書は、「**処分又は裁決をした行政庁**（処分又は裁決があつた後に当該行政庁の権限が他の行政庁に承継されたときは、当該他の行政庁。以下同じ。）が国又は公共団体に所属する場合には、取消訴訟は、次の各号に掲げる訴えの区分に応じてそれぞれ当該各号に定める者を**被告**として提起しなければならない。」と規定しており、同項1号は、「**処分の取消しの訴え　当該処分をした行政庁の所属する国又は公共団体**」を掲げている。

2 誤り　重
12条1項は、「取消訴訟は、**被告**の普通裁判籍の所在地を管轄する裁判所又は**処分若しくは裁決をした行政庁**の所在地を管轄する裁判所の管轄に属する。」と規定している。したがって、本記述は、「原告の普通裁判籍の所在地を管轄する裁判所」としている点で、誤っている。

3 誤り
11条2項は、「処分又は裁決をした行政庁が国又は公共団体に所属しない場合には、取消訴訟は、**当該行政庁を被告として**提起しなければならない。」と規定している。したがって、本記述は、「法務大臣を被告として」としている点で、誤っている。

4 正しい　重
22条1項は、「裁判所は、**訴訟の結果により権利を害される第三者**があるときは、**当事者若しくはその第三者の申立て**により又は**職権**で、**決定**をもつて、**その第三者を訴訟に参加させることができる。**」と規定している。

5 誤り　超
8条1項本文は、「処分の取消しの訴えは、当該処分につき法令の規定により**審査請求をすることができる場合においても、直ちに提起**することを妨げない。」と規定している。

正解　4

Chapter 4　行政事件訴訟法

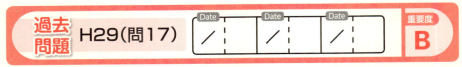

問題41 許認可の申請拒否処分の取消訴訟に関する次の記述のうち、妥当なものはどれか。

1 申請拒否処分の取消訴訟には、申請された許認可を命ずることを求める義務付け訴訟を併合提起できるが、当該申請拒否処分の取消訴訟のみを単独で提起することも許される。

2 申請拒否処分の取消訴訟を提起した者は、終局判決の確定まで、申請された許認可の効果を仮に発生させるため、当該申請拒否処分の効力の停止を申し立てることができる。

3 申請拒否処分の取消訴訟については、出訴期間の制限はなく、申請を拒否された者は、申請された許認可がなされない限り、当該申請拒否処分の取消訴訟を提起できる。

4 申請拒否処分の取消訴訟の係属中に当該申請拒否処分が職権で取り消され、許認可がなされた場合には、当該取消訴訟は訴えの利益を失い、請求は棄却されることとなる。

5 申請拒否処分の取消訴訟において、当該申請拒否処分の取消しの判決が確定した場合には、その判決の理由のいかんにかかわらず、処分庁は、再度、申請拒否処分をすることは許されない。

許認可の申請拒否処分の取消訴訟

1 妥当である
重

申請拒否処分の取消訴訟には、申請された許認可を命ずることを求める**義務付け訴訟を併合提起できる**（行政事件訴訟法 37 条の 3 第 3 項 2 号）。もっとも、これは義務付け訴訟を提起する場合に取消訴訟を併合提起することを求めるものであり、**処分の取消訴訟のみを単独で提起することを制限するものではない。**

2 妥当でない

申請拒否処分について執行停止をすることは、拒否処分がされる前の状態（申請があった状態）に戻ることを意味するが、執行停止決定に従って行政庁が改めて処分をやり直す手続は法定されていない（33 条 4 項は、執行停止の決定につき同条 2 項を準用していない）。したがって、裁判実務上、**申請拒否処分の執行停止は、申立ての利益がないとされる**のが一般的である。

3 妥当でない
超

行政事件訴訟法 14 条 1 項は、「取消訴訟は、**処分又は裁決があつたことを知つた日から 6 箇月**を経過したときは、提起することができない。ただし、正当な理由があるときは、この限りでない。」と規定し、同条 2 項は、「取消訴訟は、**処分又は裁決の日から 1 年**を経過したときは、提起することができない。ただし、正当な理由があるときは、この限りでない。」と規定している。取消訴訟には、出訴期間の制限があるのであって、このことは申請拒否処分の場合であっても異なることはない。

4 妥当でない

裁判所が取消判決をするためには、行政処分を取り消すことの客観的可能性と実益がなければならないと解されている。これを狭義の訴えの利益という。この狭義の訴えの利益に関して、「法益の回復の可能性が存する限り、たとえその回復が十全のものでなくとも、なお取消訴訟の利益が肯定される反面、このような回復可能性が皆無となつた場合には、たとえその処分が違法であつても、……処分の取消しの訴えとしてはその利益を欠くに至つたものとしなければならない」とした判例がある（最判昭 57.4.8）。この判例を敷衍すれば、申請拒否処分の取消訴訟の係属中に当該申請拒否処分が職権で取り消され、許認可がなされた場合には、当該取消訴訟は訴えの利益を失い、請求は却下されることとなる。

5 妥当でない
予

33 条 1 項は、「処分又は裁決を取り消す判決は、その事件について、**処分又は裁決をした行政庁その他の関係行政庁を拘束する。**」と規定している。取消判決により、「その理由による処分・裁決は許されない」という裁判所の判断が行政庁に対する拘束力として働く結果、同一事情・同一理由・同一手続による同一内容の処分の繰り返しは許されなくなる。もっとも、取消判決の反復禁止効は、その判決で確定された具体的違法事由にのみ認められるので、同一事情であっても、裁判所が判決理由中で認定判断したのとは別の理由や別の手続によれば、同一内容の処分をすることを妨げない。

正解　1

Chapter 4　行政事件訴訟法　353

問題42 行政事件訴訟法3条2項の「行政庁の処分その他公権力の行使に当たる行為」（以下「行政処分」という。）に関する次の記述のうち、最高裁判所の判例に照らし、妥当なものはどれか。

1　医療法の規定に基づき都道府県知事が行う病院開設中止の勧告は、行政処分に該当しない。

2　地方公共団体が営む簡易水道事業につき、水道料金の改定を内容とする条例の制定行為は、行政処分に該当する。

3　都市計画法の規定に基づき都道府県知事が行う用途地域の指定は、行政処分に該当する。

4　（旧）関税定率法の規定に基づき税関長が行う「輸入禁制品に該当する貨物と認めるのに相当の理由がある」旨の通知は、行政処分に該当しない。

5　地方公共団体の設置する保育所について、その廃止を定める条例の制定行為は、行政処分に該当する。

処分性

1 妥当でない 判例は、病院開設中止の勧告は、医療法上は行政指導として定められているが、当該勧告を受けた者に対し、これに従わない場合には、相当程度の確実さをもって病院を開設しても保険医療機関の指定を受けることができなくなるという結果をもたらすとした上で、当該指定を受けることができない場合には、**実際上病院の開設自体を断念せざるを得ない**ことを理由に、行政処分に該当するとした（最判平17.7.15）。

2 妥当でない 判例は、地方公共団体が営む簡易水道事業につき、水道料金の改定を内容とする条例は、当該水道料金を**一般的に改定**するものであって、限られた特定の者に対してのみ適用されるものではなく、本件改正条例の制定行為をもって行政庁が法の執行として行う処分と実質的に同視することはできないから、行政処分に該当しないとした（最判平18.7.14）。

3 妥当でない 判例は、都市計画法8条1項に基づき用途地域を指定する決定が告示されて効力を生ずると、当該地域内においては、建築物の高さにつき従前と異なる基準が適用され、これらの基準に適合しない建築物については、建築確認を受けることができず、ひいてその建築等をすることができないこととなるが、このような効果は、新たにこのような制約を課する法令が制定された場合と同様の当該地域内の**不特定多数の者に対する一般的抽象的な効果**にすぎないから、行政処分に該当しないとした（最判昭57.4.22）。

4 妥当でない 判例は、（旧）関税定率法の規定に基づき税関長が行う「輸入禁制品に該当する貨物と認めるのに相当の理由がある」旨の通知は、**実質的な拒否処分**として機能していることを理由に、行政処分に該当するとした（最大判昭59.12.12）。

5 妥当である 判例は、地方公共団体の設置する特定の保育所を廃止する**条例の制定行為**は、**他に行政庁の処分を待つことなく**、条例施行により各保育所廃止の効果を発生させ、保育所に現に入所中の児童及びその保護者という限られた**特定の者**に対し、**直接、法的地位を奪う結果**を生じさせるものであるから、行政処分に該当するとした（最判平21.11.26）。

正解 5

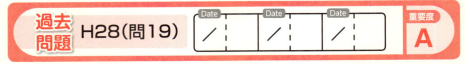

問題43 処分性に関する次の記述のうち、最高裁判所の判例に照らし、誤っているものはどれか。

1 保育所の廃止のみを内容とする条例は、他に行政庁の処分を待つことなく、その施行により各保育所廃止の効果を発生させ、当該保育所に現に入所中の児童およびその保護者という限られた特定の者らに対して、直接、当該保育所において保育を受けることを期待し得る法的地位を奪う結果を生じさせるものであるから、その制定行為は、行政庁の処分と実質的に同視し得るものということができる。

2 建築基準法42条2項に基づく特定行政庁の告示により、同条1項の道路とみなされる道路（2項道路）の指定は、それが一括指定の方法でされた場合であっても、個別の土地についてその本来的な効果として具体的な私権制限を発生させるものであり、個人の権利義務に対して直接影響を与えるものということができる。

3 (旧)医療法の規定に基づく病院開設中止の勧告は、医療法上は当該勧告を受けた者が任意にこれに従うことを期待してされる行政指導として定められており、これに従わない場合でも、病院の開設後に、保険医療機関の指定を受けることができなくなる可能性が生じるにすぎないから、この勧告は、行政事件訴訟法3条2項にいう「行政庁の処分その他公権力の行使に当たる行為」に当たらない。

4 市町村の施行に係る土地区画整理事業計画の決定は、施行地区内の宅地所有者等の法的地位に変動をもたらすものであって、抗告訴訟の対象とするに足りる法的効果を有するものということができ、実効的な権利救済を図るという観点から見ても、これを対象とした抗告訴訟の提起を認めるのが合理的である。

5 都市計画区域内において工業地域を指定する決定が告示されて生じる効果は、当該地域内の不特定多数の者に対する一般的抽象的な権利制限にすぎず、このような効果を生じるということだけから直ちに当該地域内の個人に対する具体的な権利侵害を伴う処分があったものとして、これに対する抗告訴訟の提起を認めることはできない。

処分性

1 正しい 予

判例は、「条例の制定は、普通地方公共団体の議会が行う立法作用に属するから、一般的には、抗告訴訟の対象となる行政処分に当たるものでないことはいうまでもないが、本件改正条例は、本件各保育所の廃止のみを内容とするものであって、他に行政庁の処分を待つことなく、その施行により各保育所廃止の効果を発生させ、当該保育所に現に入所中の児童及びその保護者という限られた特定の者らに対して、直接、**当該保育所において保育を受けることを期待し得る上記の法的地位を奪う結果を生じさせるもの**であるから、その制定行為は、行政庁の処分と実質的に同視し得るものということができる」とし、処分性を肯定した（最判平 21.11.26）。

2 正しい

判例は、「特定行政庁による2項道路の指定は、それが一括指定の方法でされた場合であっても、個別の土地についてその本来的な効果として具体的な私権制限を発生させるものであり、**個人の権利義務に対して直接影響を与える**ものということができる」とし、処分性を肯定した（最判平 14.1.17）。

3 誤 り 超

判例は、「〔旧〕医療法30条の7の規定に基づく病院開設中止の勧告は、医療法上は当該勧告を受けた者が任意にこれに従うことを期待してされる行政指導として定められているけれども、当該勧告を受けた者に対し、これに従わない場合には、**相当程度の確実さをもって、病院を開設しても保険医療機関の指定を受けることができなくなるという結果をもたらすもの**ということができる」と述べ、結論として処分性を肯定した（最判平 17.7.15）。

4 正しい 重

判例は、「市町村の施行に係る**土地区画整理事業の事業計画の決定は、施行地区内の宅地所有者等の法的地位に変動をもたらすものであって、抗告訴訟の対象とするに足りる法的効果を有するもの**ということができ、実効的な権利救済を図るという観点から見ても、これを対象とした抗告訴訟の提起を認めるのが合理的である」とし、処分性を肯定した（最大判平 20.9.10）。

5 正しい

判例は、「都市計画区域内において工業地域を指定する決定は……当該地域内の土地所有者等に建築基準法上新たな制約を課し、その限度で一定の法状態の変動を生ぜしめるものであることは否定できないが、かかる効果は、あたかも新たに右のような制約を課する法令が制定された場合におけると同様の当該地域内の**不特定多数の者**に対する**一般的抽象的**なそれにすぎず、このような効果を生ずるということだけから直ちに右地域内の個人に対する具体的な権利侵害を伴う処分があつたものとして、これに対する抗告訴訟を肯定することはできない」とし、処分性を否定した（最判昭 57.4.22）。

正解　3

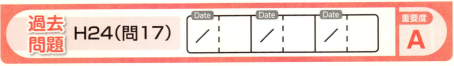

問題44 行政事件訴訟法9条2項は、平成16年改正において、取消訴訟の原告適格に関して新設された次のような規定である。次の文章の空欄 ア ～ エ に入る語句の組合せとして正しいものはどれか。

「裁判所は、処分又は裁決の ア について前項*に規定する法律上の利益の有無を判断するに当たつては、当該処分又は裁決の根拠となる法令の規定の文言のみによることなく、当該法令の イ 並びに当該処分において考慮されるべき ウ を考慮するものとする。この場合において、当該法令の イ を考慮するに当たつては、当該法令と エ を共通にする関係法令があるときはその イ をも参酌するものとし、当該 ウ を考慮するに当たつては、当該処分又は裁決がその根拠となる法令に違反してされた場合に害されることとなる ウ 並びにこれが害される態様及び程度をも勘案するものとする。」

	ア	イ	ウ	エ
1	相手方	趣旨及び目的	公共の福祉	目的
2	相手方以外の者	目的とする公益	利益の内容及び性質	趣旨
3	相手方	目的とする公益	相手方の利益	目的
4	相手方以外の者	趣旨及び目的	利益の内容及び性質	目的
5	相手方以外の者	目的とする公益	公共の福祉	趣旨

（注） ＊ 行政事件訴訟法9条1項

取消訴訟の原告適格

ア　相手方以外の者　　イ　趣旨及び目的
ウ　利益の内容及び性質　エ　目的

　本問では、行政事件訴訟法9条2項の規定の文言が問われている。

　行政事件訴訟法9条2項によれば、「裁判所は、**処分又は裁決の相手方以外の者**について前項〔同法9条1項〕に規定する**法律上の利益の有無**を判断するに当たつては、当該処分又は裁決の根拠となる法令の規定の文言のみによることなく、当該法令の**趣旨及び目的**並びに当該処分において**考慮されるべき利益の内容及び性質**を考慮するものとする。この場合において、当該法令の趣旨及び目的を考慮するに当たつては、当該法令と目的を共通にする関係法令があるときはその趣旨及び目的をも参酌するものとし、当該利益の内容及び性質を考慮するに当たつては、当該処分又は裁決がその根拠となる法令に違反してされた場合に害されることとなる**利益の内容及び性質並びにこれが害される態様及び程度**をも勘案するものとする。」とされている。

正解　4

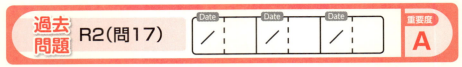

問題45 狭義の訴えの利益に関する次のア〜エの記述のうち、最高裁判所の判例に照らし、正しいものの組合せはどれか。

ア 森林法に基づく保安林指定解除処分の取消しが求められた場合において、水資源確保等のための代替施設の設置によって洪水や渇水の危険が解消され、その防止上からは当該保安林の存続の必要性がなくなったと認められるとしても、当該処分の取消しを求める訴えの利益は失われない。

イ 土地改良法に基づく土地改良事業施行認可処分の取消しが求められた場合において、当該事業の計画に係る改良工事及び換地処分がすべて完了したため、当該認可処分に係る事業施行地域を当該事業施行以前の原状に回復することが、社会的、経済的損失の観点からみて、社会通念上、不可能であるとしても、当該認可処分の取消しを求める訴えの利益は失われない。

ウ 建築基準法に基づく建築確認の取消しが求められた場合において、当該建築確認に係る建築物の建築工事が完了した後でも、当該建築確認の取消しを求める訴えの利益は失われない。

エ 都市計画法に基づく開発許可のうち、市街化調整区域内にある土地を開発区域とするものの取消しが求められた場合において、当該許可に係る開発工事が完了し、検査済証の交付がされた後でも、当該許可の取消しを求める訴えの利益は失われない。

1 ア・イ
2 ア・ウ
3 イ・ウ
4 イ・エ
5 ウ・エ

狭義の訴えの利益

ア 誤り 重　判例は、「いわゆる代替施設の設置によつて右の洪水や渇水の危険が解消され、その防止上からは本件保安林の存続の必要性がなくなつたと認められるに至つたときは、もはや乙と表示のある上告人らにおいて右指定解除処分の取消しを求める**訴えの利益は失われる**に至つたものといわざるをえない」としている（最判昭57.9.9）。したがって、本記述は、訴えの利益は失われないとしている点で誤りである。

イ 正しい 重　判例は、「本件訴訟において、本件認可処分が取り消された場合に、本件事業施行地域を本件事業施行以前の原状に回復することが、本件訴訟係属中に本件事業計画に係る工事及び換地処分がすべて完了したため、社会的、経済的損失の観点からみて、社会通念上、不可能であるとしても、右のような事情は、**行政事件訴訟法31条〔事情判決〕の適用に関して考慮されるべき事柄**であって、本件認可処分の取消しを求める上告人の**法律上の利益を消滅させるものではない**と解するのが相当である。」としている（最判平4.1.24）。したがって、本記述は正しい。

ウ 誤り 超　判例は、「建築確認は、それを受けなければ右工事をすることができないという法的効果を付与されているにすぎないものというべきであるから、当該工事が完了した場合においては、建築確認の取消しを求める**訴えの利益は失われる**ものといわざるを得ない。」としている（最判昭59.10.26）。したがって、本記述は、建築確認に係る建築物の建築工事が完了した後でも、当該建築確認の取消しを求める訴えの利益は失われないとしている点で誤りである。

エ 正しい 超　判例は、「**市街化調整区域内**にある土地を開発区域とする開発許可に関する工事が完了し、当該工事の検査済証が交付された後においても、当該開発許可の取消しを求める**訴えの利益は失われない**」としている（最判平27.12.14）。したがって、本記述は正しい。

正解　4

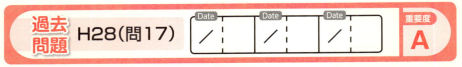

問題46　行政事件訴訟における法律上の利益に関する次のア～オの記述のうち、誤っているものの組合せはどれか。

ア　処分の取消訴訟において、原告は、自己の法律上の利益に関係のない違法を理由として処分の取消しを求めることはできず、こうした理由のみを主張する請求は棄却される。

イ　処分の無効確認の訴えは、当該処分に続く処分により損害を受けるおそれのある者その他当該処分の無効の確認を求めるにつき法律上の利益を有する者で、当該処分の無効を前提とする現在の法律関係に関する訴えによって目的を達することができないものに限り、提起することができる。

ウ　処分の取消訴訟は、処分の効果が期間の経過その他の理由によりなくなった後においても、なお、処分の取消しによって回復すべき法律上の利益を有する者であれば提起することができる。

エ　不作為の違法確認訴訟は、処分について申請をした者以外の者であっても、当該不作為の違法の確認を求めるにつき法律上の利益を有する者であれば提起することができる。

オ　民衆訴訟とは、国または公共団体の機関相互間における権限の存否またはその行使に関する訴訟であり、原告は、自己の法律上の利益にかかわらない資格で提起することができる。

1　ア・イ
2　ア・オ
3　イ・ウ
4　ウ・エ
5　エ・オ

法律上の利益

ア 正しい 超

行政事件訴訟法10条1項は、「取消訴訟においては、**自己の法律上の利益に関係のない違法を理由として取消しを求めることができない。**」と規定している。そして、本条は、本案審理における原告の主張制限を規定したものであり、原告が自己の法律上の利益に関係のない違法のみを理由に処分の取消しを求めても、請求は棄却される。

イ 正しい

36条は、「**無効等確認の訴え**は、当該処分又は裁決に続く処分により損害を受けるおそれのある者その他当該処分又は裁決の無効等の確認を求めるにつき法律上の利益を有する者で、当該処分若しくは裁決の存否又はその効力の有無を前提とする現在の法律関係に関する訴えによつて目的を達することができないものに限り、提起することができる。」と規定している。

ウ 正しい

9条1項は、「処分の取消しの訴え及び裁決の取消しの訴え（以下『取消訴訟』という。）は、当該処分又は裁決の取消しを求めるにつき法律上の利益を有する者（**処分又は裁決の効果が期間の経過その他の理由によりなくなつた後においてもなお処分又は裁決の取消しによつて回復すべき法律上の利益を有する者を含む。**）に限り、提起することができる。」と規定している。

エ 誤り 超

37条は、「不作為の違法確認の訴えは、**処分又は裁決についての申請をした者**に限り、提起することができる。」と規定している。

オ 誤り

5条は、「『**民衆訴訟**』とは、国又は公共団体の機関の法規に適合しない行為の是正を求める訴訟で、**選挙人たる資格その他自己の法律上の利益にかかわらない資格**で提起するものをいう。」と規定している。

なお、本記述は、**機関訴訟**についてのものである（6条）。

正解　5

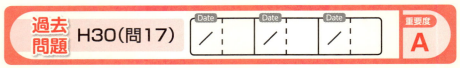

問題47 許認可等の申請に対する処分について、それに対する取消訴訟の判決の効力に関する次の記述のうち、誤っているものはどれか。

1 申請を認める処分を取り消す判決は、原告および被告以外の第三者に対しても効力を有する。

2 申請を認める処分についての取消請求を棄却する判決は、処分をした行政庁その他の関係行政庁への拘束力を有さない。

3 申請を拒否する処分が判決により取り消された場合、その処分をした行政庁は、当然に申請を認める処分をしなければならない。

4 申請を認める処分が判決により手続に違法があることを理由として取り消された場合、その処分をした行政庁は、判決の趣旨に従い改めて申請に対する処分をしなければならない。

5 申請を拒否する処分に対する審査請求の棄却裁決を取り消す判決は、裁決をした行政庁その他の関係行政庁を拘束する。

取消訴訟の判決の効力

1 正しい　重
行政事件訴訟法32条1項は、「処分又は裁決を取り消す判決は、第三者に対しても効力を有する。」と規定している。

2 正しい　重
33条1項は、「処分又は裁決を取り消す判決は、その事件について、処分又は裁決をした行政庁その他の関係行政庁を拘束する。」と規定している。本記述は、取消請求が棄却されているため、同項の取消判決としての拘束力が生じない。

3 誤り　重
33条2項は、「申請を却下し若しくは棄却した処分又は審査請求を却下し若しくは棄却した裁決が判決により取り消されたときは、その処分又は裁決をした行政庁は、判決の趣旨に従い、改めて申請に対する処分又は審査請求に対する裁決をしなければならない。」と規定している。申請拒否処分の取消判決を得た場合、行政庁は判決の趣旨に従い、もう一度申請につき改めて審査をして処分すべきこととなる。これは、あくまでも同一事情・同一理由・同一手続による同一内容の処分の繰り返しを許していないにすぎず、同一事情であっても、別の理由や別の手続によれば、同一内容の処分をすることは禁止されていない。したがって、申請拒否処分の取消判決が下された場合、処分をした行政庁は、当然に申請を認める処分をしなければならないわけではない。

4 正しい
33条3項は、「前項の規定は、申請に基づいてした処分又は審査請求を認容した裁決が判決により手続に違法があることを理由として取り消された場合に準用する。」と規定している。

5 正しい
記述2の解説にあるように、33条1項は、「処分又は裁決を取り消す判決は、その事件について、処分又は裁決をした行政庁その他の関係行政庁を拘束する。」と規定している。

正解　3

問題48　行政事件訴訟法の定める執行停止に関する次の記述のうち、妥当な記述はどれか。

1　処分の執行停止の申立ては、当該処分に対して取消訴訟を提起した者だけではなく、それに対して差止訴訟を提起した者もなすことができる。

2　処分の執行停止の申立ては、本案訴訟の提起と同時になさなければならず、それ以前あるいはそれ以後になすことは認められない。

3　本案訴訟を審理する裁判所は、原告が申し立てた場合のほか、必要があると認めた場合には、職権で処分の執行停止をすることができる。

4　処分の執行の停止は、処分の効力の停止や手続の続行の停止によって目的を達することができる場合には、することができない。

5　処分の執行停止に関する決定をなすにあたり、裁判所は、あらかじめ、当事者の意見をきかなければならないが、口頭弁論を経る必要はない。

執行停止

1 妥当でない 行政事件訴訟法25条2項本文は、「処分の取消しの訴えの提起があつた場合において、処分、処分の執行又は手続の続行により生ずる重大な損害を避けるため緊急の必要があるときは、裁判所は、申立てにより、決定をもつて、処分の効力、処分の執行又は手続の続行の全部又は一部の停止（以下『執行停止』という。）をすることができる。」と規定している。そして、38条1項は、25条2項を準用していないから、**差止訴訟を提起した者は、処分の執行停止の申立てをすることはできない。**

2 妥当でない 処分の執行停止の申立ては、本案訴訟係属前には認められないものの（25条2項本文）、同時になさなければならないわけではなく、本案訴訟の提起以降は本記述のような制限はない。

3 妥当でない 超 **職権**による処分の執行停止はすることができない（25条2項本文）。

4 妥当でない 重 25条2項ただし書は、「**処分の効力の停止**は、**処分の執行**又は**手続の続行の停止**によつて目的を達することができる場合には、することができない。」と規定している。

5 妥当である 25条6項は、執行停止の決定について、「口頭弁論を経ないですることができる。ただし、あらかじめ、**当事者の意見をきかなければならない。**」と規定している。

正解　5

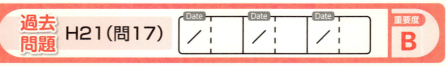

問題49 行政事件訴訟法に定められた仮の救済制度に関する次の記述のうち、正しいものはどれか。

1 行政庁の処分その他公権力の行使に当たる行為については、行政事件訴訟法の定める執行停止、仮の義務付けおよび仮の差止めのほか、民事保全法に規定する仮処分を行うことができる。

2 仮の義務付けおよび仮の差止めは、それぞれ義務付け訴訟ないし差止め訴訟を提起しなければ申し立てることができないが、執行停止については、取消訴訟または無効等確認訴訟を提起しなくても、単独でこれを申し立てることができる。

3 申請に対する拒否処分に対して執行停止を申し立て、それが認められた場合、当該申請が認められたのと同じ状態をもたらすことになるので、その限りにおいて当該処分について仮の義務付けが認められたのと変わりがない。

4 執行停止は、本案について理由がないとみえるときはすることができないのに対して、仮の義務付けおよび仮の差止めは、本案について理由があるとみえるときでなければすることができない。

5 処分の執行停止は、当該処分の相手方のほか、一定の第三者も申し立てることができるが、処分の仮の義務付けおよび仮の差止めは、当該処分の相手方に限り申し立てることができる。

仮の救済制度

1 誤り 〔捨〕
行政庁の**処分その他公権力の行使に当たる行為**については、**民事保全**法に規定する**仮処分**をすることができない（仮処分の排除　行政事件訴訟法44条）。

2 誤り
仮の義務付け・仮の差止めは、それぞれ**義務付け訴訟・差止訴訟**を提起しなければ申し立てることができない（37条の5第1項、2項）。また、執行停止についても、**取消**訴訟の提起をしなければ申し立てることができない（25条2項）。

3 誤り
申請に対する拒否処分の効力を停止しても**申請が係属している状態に戻る**のみであり、許可の効果を生じさせるわけではない。行政事件訴訟法33条2項は、執行停止には準用されていない。

4 正しい 〔重〕
執行停止は、本案について**理由がない**とみえるときはすることができない（25条4項）。これに対して、仮の義務付け・仮の差止めは、本案について**理由がある**とみえるときでなければすることができない（37条の5第1項、2項）。

5 誤り
執行停止、仮の義務付け・仮の差止めの申立ては、それぞれの**本案の訴訟を提起**した者がすることができる。そして、処分の相手方以外の一定の第三者が提起することができる**取消訴訟、直接型（非申請型）義務付け訴訟、差止訴訟**の場合、訴訟を提起した当該第三者がそれぞれ**執行停止、仮の義務付け、仮の差止め**の申立てをすることができる。したがって、本記述は、仮の義務付け及び仮の差止めを申し立てることができる者を当該処分の相手方に限っている点で誤りである。

正解　4

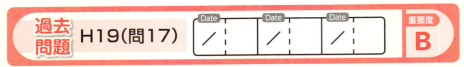

問題50 行政事件訴訟法上の訴訟類型の選択に関する次の記述のうち、正しいものはどれか。

1 Xの家の隣地にある建築物が建築基準法に違反した危険なものであるにもかかわらず、建築基準法上の規制権限の発動がなされない場合、Xは、当該規制権限の不行使につき、不作為違法確認訴訟を提起することができる。

2 Xらの近隣に地方公共団体がごみ焼却場の建設工事を行っている場合、建設工事は処分であるから、Xらは、その取消訴訟と併合して、差止め訴訟を提起し、当該地方公共団体に対して建設工事の中止を求めることができる。

3 Xが市立保育園に長女Aの入園を申込んだところ拒否された場合において、Xが入園承諾の義務付け訴訟を提起する場合には、同時に拒否処分の取消訴訟または無効確認訴訟も併合して提起しなければならない。

4 Xが行った営業許可申請に対してなされた不許可処分について、同処分に対する取消訴訟の出訴期間が過ぎた後においてなお救済を求めようとする場合には、Xは、公法上の当事者訴訟として、当該処分の無効の確認訴訟を提起することができる。

5 X所有の土地について違法な農地買収処分がなされ、それによって損害が生じた場合、Xが国家賠償請求訴訟を提起して勝訴するためには、あらかじめ、当該買収処分の取消訴訟または無効確認訴訟を提起して請求認容判決を得なければならない。

訴訟類型

1 誤り　不作為の違法確認訴訟（行政事件訴訟法3条5項）を提起するためには、**処分又は裁決についての申請をしたことが必要**である（37条）。本記述の場合は、申請がなされていないので不作為の違法確認訴訟は提起できない。

2 誤り　判例は、東京都がごみ焼却場の設置に当たり、建築会社との間で請負契約を締結した事案において、処分とは、「公権力の主体たる国または公共団体が行う行為のうち、その行為によって、直接国民の権利義務を形成しまたはその範囲を確定することが法律上認められているもの」と定義し、その上で、ごみ焼却場の設置を計画し、その計画案を都議会に提出した行為は、都自身の内部的手続行為に止まるとし、近隣住民らの権利義務を形成し、又はその範囲を確定することを法律上認められている場合に該当するものということを得ず、**処分に当たらない**とした（最判昭39.10.29）。

3 正しい　本記述の場合に、義務付け訴訟（3条6項2号、37条の3第1項2号）を提起する場合の要件として、取消訴訟か無効等確認訴訟と併合提起することが必要になる（37条の3第3項2号）。

4 誤り　本記述の場合において、Xが行った営業許可申請になされた不許可処分は行政行為であるので、公定力が認められる。とすると取消訴訟の排他的管轄の原則から、取消訴訟以外の訴訟で行政行為の効力を否定することはできず、公法上の当事者訴訟を提起することはできない。ただし、取消訴訟の出訴期間が過ぎた後において、なお救済を求めようとする場合には、「時機に後れた取消訴訟」と位置づけられる無効確認訴訟は提起することはできる。処分の無効確認訴訟と、公法上の当事者訴訟は、別物である。

5 誤り【重】　判例は、「行政処分が違法であることを理由として国家賠償の請求をするについては、あらかじめ行政処分につき取消又は無効確認の判決を得なければならないものではない」と判示し、国家賠償の請求の前提として行政処分の取消し又は無効確認判決を要するかについて、これを不要としている（最判昭36.4.21）。

正解　3

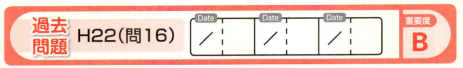

問題51 次のア〜オの訴えのうち、抗告訴訟にあたるものの組合せはどれか。

ア　建築基準法に基づき私法人たる指定確認検査機関が行った建築確認拒否処分の取消しを求める申請者の訴え。

イ　土地収用法に基づく都道府県収用委員会による収用裁決において示された補償額の増額を求める土地所有者の訴え。

ウ　土地収用法に基づく都道府県収用委員会による収用裁決の無効を前提とした所有権の確認を求める土地所有者の訴え。

エ　核原料物質、核燃料物質及び原子炉の規制に関する法律に基づき許可を得ている原子炉施設の運転の差止めを運転者に対して求める周辺住民の訴え。

オ　住民基本台帳法に基づき、行政機関が住民票における氏名の記載を削除することの差止めを求める当該住民の訴え。

1　ア・イ
2　ア・オ
3　イ・ウ
4　ウ・エ
5　エ・オ

抗告訴訟

抗告訴訟とは、行政庁の**公権力**の行使に関する不服の訴訟をいう（行政事件訴訟法3条1項）。具体的には、**処分の取消訴訟**（同条2項）、**裁決の取消訴訟**（同条3項）、**無効等確認訴訟**（同条4項）、**不作為の違法確認訴訟**（同条5項）、**義務付け訴訟**（同条6項）、**差止訴訟**（同条7項）が法定されている。

ア	抗告訴訟に当たる	本記述では処分を行ったものが、私法人たる指定確認検査機関であるが、処分の取消訴訟にいう「**行政庁**」とは、通常の行政機関に限らず、**法律で公権力の行使の権限を与えられていれば、私法人**もこれに含まれる。したがって、本記述の訴えは、処分の取消訴訟であることから（3条2項）、抗告訴訟に当たる。
イ	抗告訴訟に当たらない 重	本記述の訴えは、**形式的当事者**訴訟に当たる。**形式的当事者訴訟とは、当事者間の法律関係を確認し又は形成する処分又は裁決に関する訴訟で法令の規定によりその法律関係の当事者の一方を被告とするもの**をいう（4条前段）。そして、本記述の訴えは、収用裁決の補償額に関する訴訟で、土地収用法133条3項の規定により当事者の一方を被告とするものである。
ウ	抗告訴訟に当たらない 重	本記述の訴えは、**争点**訴訟に当たる。**争点訴訟とは、私法上の法律関係に関する訴訟において、処分若しくは裁決の存否又はその効力の有無が争われている場合**をいう（行政事件訴訟法45条1項）。
エ	抗告訴訟に当たらない	本記述の訴えは、**民事**訴訟である。判例は、原子炉施設の運転の差止めを運転者に対して求める訴えが民事訴訟に当たることを前提としている（最判平4.9.22）。
オ	抗告訴訟に当たる	本記述の訴えは、**差止**訴訟であることから、抗告訴訟に当たる。**差止訴訟とは、行政庁が一定の処分又は裁決をすべきでないにかかわらずこれがされようとしている場合において、行政庁がその処分又は裁決をしてはならない旨を命ずることを求める訴訟**をいう（3条7項）。

正解　2

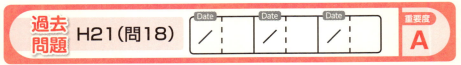

問題52 行政事件訴訟法の定める当事者訴訟に関する次の記述のうち、正しいものはどれか。

1 当事者間の法律関係を確認しまたは形成する処分に関する訴訟で法令の規定によりその法律関係の当事者の一方を被告とするものは、当事者訴訟である。

2 地方自治法の定める住民訴訟のうち、当該執行機関または職員に対する怠る事実の違法確認請求は、当事者訴訟である。

3 国または公共団体の機関相互間における権限の存否に関する紛争についての訴訟は、公法上の法律関係に関するものであるから、当事者訴訟である。

4 行政庁が一定の処分をすべきであるにかかわらずこれがされないとき、行政庁がその処分をすべき旨を命ずることを求める訴訟は、当事者訴訟である。

5 公職選挙法に定める選挙無効訴訟は、国民の選挙権に関する訴訟であるから、当事者訴訟である。

当事者訴訟

1 正しい 【重】
　当事者間の法律関係を確認し又は形成する処分又は裁決に関する訴訟で法令の規定によりその法律関係の当事者の一方を被告とするものを、**形式的当事者訴訟**という（行政事件訴訟法4条前段）。したがって、本記述の訴訟は**（形式的）当事者訴訟**である。

2 誤り
　地方自治法の定める、当該執行機関又は職員に対する怠る事実の違法確認請求を内容とする住民訴訟（地方自治法242条の2第1項3号）は、行政事件訴訟法上の**民衆訴訟**に分類される（行政事件訴訟法5条）。したがって、本記述の訴訟は当事者訴訟ではない。

3 誤り
　国又は公共団体の機関相互間における権限の存否又はその行使に関する紛争についての訴訟を、**機関訴訟**という（6条）。したがって、本記述の訴訟は当事者訴訟ではない。

4 誤り
　行政庁が一定の処分をすべきであるにかかわらずこれがされないとき、行政庁がその処分をすべき旨を命ずることを求める訴訟を、**義務付け訴訟**という（3条6項1号）。**義務付け訴訟**は**抗告訴訟**の一種である。したがって、本記述の訴訟は当事者訴訟ではない。

5 誤り
　公職選挙法に定める選挙関係訴訟は、行政事件訴訟法上の**民衆訴訟**に分類される（行政事件訴訟法5条）。したがって、本記述の訴訟は当事者訴訟ではない。

正解　1

Chapter 5 国家賠償・損失補償

過去問題 H28（問20） 重要度 B

問題53　A県内のB市立中学校に在籍する生徒Xは、A県が給与を負担する同校の教師Yによる監督が十分でなかったため、体育の授業中に負傷した。この事例につき、法令および最高裁判所の判例に照らし、妥当な記述はどれか。

1　Yの給与をA県が負担していても、Xは、A県に国家賠償を求めることはできず、B市に求めるべきこととなる。

2　Xが外国籍である場合には、その国が当該国の国民に対して国家賠償を認めている場合にのみ、Xは、B市に国家賠償を求めることができる。

3　B市がXに対して国家賠償をした場合には、B市は、Yに故意が認められなければ、Yに求償することはできない。

4　B市がYの選任および監督について相当の注意をしていたとしても、Yの不法行為が認められれば、B市はXへの国家賠償責任を免れない。

5　Xは、Yに過失が認められれば、B市に国家賠償を求めるのと並んで、Yに対して民法上の損害賠償を求めることができる。

総合テキスト LINK　Chapter 8　国家賠償法　② ④

国家賠償法　総合

1 妥当でない　国家賠償法3条1項は、「前2条の規定によつて国又は公共団体が損害を賠償する責に任ずる場合において、公務員の選任若しくは監督又は公の営造物の設置若しくは管理に当る者と公務員の俸給、給与その他の費用又は公の営造物の設置若しくは管理の費用を負担する者とが異なるときは、**費用を負担する者もまた、その損害を賠償する責に任ずる。**」と規定している。したがって、A県にも国家賠償を求めることができる。

2 妥当でない　6条は、「この法律は、外国人が被害者である場合には、**相互の保証があるときに限り、これを適用する。**」と規定しており、外国籍のXがB市に国家賠償請求できるのは、Xの本国が日本国民に対して国家賠償請求を認めている場合に限られるので、本記述は妥当でない。

3 妥当でない【重】　1条1項は、「国又は公共団体の公権力の行使に当る公務員が、その職務を行うについて、故意又は過失によつて違法に他人に損害を加えたときは、国又は公共団体が、これを賠償する責に任ずる。」と規定し、同条2項は、「前項の場合において、**公務員に故意又は重大な過失**があつたときは、国又は公共団体は、その公務員に対して**求償権**を有する。」と規定している。したがって、Yに重過失がある場合にも、B市はYに対して求償することができる。

4 妥当である【重】　1条1項には、民法715条1項ただし書のような**免責条項が規定されていない**。

5 妥当でない　判例は、国家賠償請求は、「国または公共団体が賠償の責に任ずるのであつて、公務員が行政機関としての地位において賠償の責任を負うものではなく、また**公務員個人もその責任を負うものではない**」としている（最判昭30.4.19）。

正解　4

Chapter 5　国家賠償・損失補償

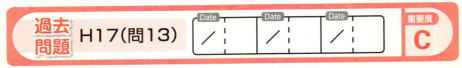

問題54 国家賠償法に関する次の記述のうち、判例に照らし妥当でないものはいくつあるか。

ア　国家賠償法1条に定める公共団体の責任とは、公共団体自体の責任を問うものではなく、加害公務員の責任を代位するといういわゆる代位責任であるから、具体的に損害を与えた加害公務員の特定が常に必要とされる。

イ　国家賠償法における公権力行使の概念は非常に広く、法的行為のみならず、警察官による有形力の行使等の事実行為をも対象とするが、教育活動や公共施設管理などのサービス行政に関わる行為など民法709条の不法行為責任を問うことができる場合については、国家賠償法に基づく責任を問うことはできない。

ウ　職務を行うについてという要件の範囲は非常に広く、勤務時間外に行われた、公共団体にとってはおよそ直接監督することができない、職務とは関わりのない行為でも、それが制服を着用していたり、公務であることを騙ったりして、外見上職務であるように見えれば、国家賠償法上の職務関連行為として認定されることがある。

エ　国家賠償法1条の責任は、国・公共団体の客観的な責任を問うものであり、損害が発生したことについて、行為者たる公務員本人の故意過失が認められない場合であっても、損害の発生が国・公共団体の作為・不作為に起因するものである場合には、賠償責任が成立することが最高裁判例により認められている。

オ　国・公共団体の機関は、規制権限の行使・不行使に関する判断をする裁量的な権限を一般的に有しているが、国民の生命・身体に直接の危害が発生するおそれがある場合には、規制権限の不行使が国家賠償法上責任あるものとして認められる場合がある。

1　一つ
2　二つ
3　三つ
4　四つ
5　五つ

国家賠償法

ア 妥当でない　国家賠償法1条に定める公共団体の責任の性質については、争いがあるものの、判例・通説は**代位責任**説に立っている。この**代位責任**説に立ち、加害公務員の特定を厳格に解すると、被害者の救済に欠けることになるので、判例の中には、加害公務員の特定を**不要**としたものもある（最判昭57.4.1）。

イ 妥当でない　重
「公権力の行使」（1条1項）とは、**契約等の私経済活動**と**公の営造物の設置管理作用を除くすべての活動**のことである。判例も、公立学校における**教師の教育活動**も公権力の行使に含まれるとしている（最判昭62.2.6）。

ウ 妥当である　超
「職務を行うについて」（1条1項）とは、**公務員が客観的に職務執行の外形を備えた行為を行っている場合**をいい、公務員の**主観的意図**は問わない。例えば、判例は、警察官が非番の日、制服制帽で、強盗殺人を行った場合、非番であっても、**職務執行の外形**を備えているので、職務に当たるとしている（最判昭31.11.30）。

エ 妥当でない　国家賠償法は、**過失責任**主義をとっている。つまり、公務員が、**故意**又は**過失**によって、他人に損害を加えることを要件としている。

オ 妥当である　規制権限が行政庁に与えられている場合、要件が満たされたとしても、当該権限を発動するかについては、裁量があるため、規制権限の不行使が直ちに違法となるわけではない。しかしながら、国民の生命・身体等の重大な法益侵害への危険の切迫、予見可能性、結果回避可能性等の要件を満たす場合には、裁量がゼロになり、規制権限の行使が義務づけられ、規制権限の不行使が違法になるという見解もある。判例も、直接にはこのような見解を用いないものの、**規制権限の不行使が違法の評価を受ける場合がある**ということを示している（最判平元.11.24）。

正解　3　以上より、妥当でないものはア・イ・エの3つである。

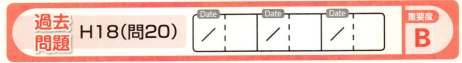

問題55　国家賠償法1条による賠償責任に関する次の記述のうち、最高裁判所の判例の立場に照らして、妥当なものはどれか。

1　公立学校のプールにおける飛込みで事故が起きた場合、国家賠償法1条にいう「公権力の行使」とは、「行政庁の処分その他公権力の行使に当たる行為」を意味するから、国家賠償法1条は適用されず、民法上の不法行為として損害賠償を求めることになる。

2　警察官でない者が、公務執行中の警察官であるかのような外観を装い、他人を殺傷した場合、当該被害者ないしその遺族は、いわゆる外形理論により国又は公共団体に対して国家賠償法1条に基づき損害賠償を求めることができる。

3　国会議員が国会で行った発言によって他人の名誉や信用を害した場合、憲法51条により国会議員の法的責任は免責されるため、被害者は国家賠償法1条に基づく損害賠償を求めることができない。

4　消防職員の消火ミスにより、一度鎮火したはずの火災が再燃し、家屋が全焼した場合、失火責任法が適用されるため、被害者は国又は公共団体に対して国家賠償法1条に基づく損害賠償を求めることができない。

5　パトカーが逃走車両を追跡中、逃走車両が第三者の車両に追突し、当該第三者が死傷した場合、被害者たる第三者の救済は、国家賠償法1条による損害賠償ではなく、もっぱら憲法29条に基づく損失補償による。

国家賠償法　1条に関する判例

1 妥当でない
最高裁判所は、体育の授業としてのプールの飛び込み練習中に生じた事故において、**公立学校における教師の教育活動は**「**公権力の行使**」（国家賠償法1条1項）**に当たる旨を判示**し、国家賠償を**認めた**（最判昭62.2.6）。

2 妥当でない　重
外形理論とは、**公務員**が客観的に職務執行の外形を備える行為をして他人に損害を加えた場合には、主観的に権限行使の意思をもってしたかどうかにかかわらず、国家賠償を認めるというものである（最判昭31.11.30参照）。したがって、**公務員でない者**の行為について、国又は公共団体に国家賠償法に基づく損害賠償責任を負わせるものではない。

3 妥当でない　予
国会議員が、国会で行った質疑等において個別の国民の名誉や信用を低下させる発言があった場合、これによって当然に国の損害賠償責任が生じるものではない。しかし、**国会議員がその付与された権限の趣旨に明らかに背いてこれを行使したものと認め得るような特別の事情があった場合**には、国の損害賠償責任が認められる（最判平9.9.9）。

4 妥当である　超
判例は、失火責任法は、失火者の責任条件について民法709条の特則を規定したものであるから、国家賠償法4条の「民法」に含まれるとした上で、公権力の行使に当たる公務員の失火による国又は公共団体の損害賠償責任については、**国家賠償法4条により失火責任法が適用**されて、当該公務員に**重過失**のあることが必要であると判示した（最判昭53.7.17）。

5 妥当でない
警察官は、その職責を遂行するために被疑者をパトカーで追跡することも許される。しかし、追跡が職務目的を遂行する上で**不必要**であるか、又は、追跡の開始・継続若しくは追跡の方法が**不相当**であれば、**追跡行為は違法となり得る**（最判昭61.2.27）。

正解　4

問題56 道路の設置管理に関する国家賠償についての次の記述のうち、判例に照らし、妥当なものはどれか。

1 国家賠償の対象となるのは、道路の利用者の被害に限られ、沿道住民の騒音被害などについては、道路管理者は、賠償責任を負わない。

2 土砂崩れなどによる被害を防止するために多額の費用を要し、それについての予算措置が困難である場合は、道路管理者は、こうした被害についての賠償責任を免れる。

3 道路上に放置された故障車に追突して損害を被った者がいたとしても、道路自体に瑕疵があったわけではないから、道路管理者が賠償責任を負うことはない。

4 ガードレールの上に腰掛けるなどの通常の用法に即しない行動の結果生じた損害についても、道路管理者は、賠償責任を負う。

5 道路の欠陥を原因とする事故による被害についても、道路管理者は、それを原状に戻すことが時間的に不可能であった場合には、賠償責任を負わない。

国家賠償法 2条に関する判例

1 妥当でない 重

判例は、営造物の設置・管理者において、他人に危害を及ぼす危険性のある営造物を利用に供し、その結果周辺住民に社会生活上受忍すべき限度を超える被害が生じた場合には、原則として国家賠償法2条1項の規定に基づく責任を免れることができないものと解すべきであるとした上で、道路からの騒音、排気ガス等が道路の周辺住民に対して現実に社会生活上受忍すべき限度を超える被害をもたらしたことが認定判断されたときは、当然に住民との関係において道路が他人に危害を及ぼす危険性のある状態にあったことが認定判断されたことになるとした（最判平7.7.7）。

2 妥当でない 超

判例は、**予算措置の困却により直ちに道路の管理の瑕疵によって生じた損害に対する賠償責任を免れることはできない**とした（高知落石事件 最判昭45.8.20）。

3 妥当でない 超

判例は、道路中央線付近に故障した大型貨物自動車が87時間にわたって放置されていた事案において、**当時その管理事務を担当する土木出張所の道路管理に瑕疵があった**というほかないとした（最判昭50.7.25）。

4 妥当でない 超

判例は、**通常の用法に即しない行動の結果**生じたガードレールからの転落事故について、**設置管理者としての責任を負うべき理由はない**ものというべきであるとした（最判昭53.7.4）。

5 妥当である 超

判例は、道路管理をする県において**時間的に遅滞なくこれを原状に復し道路を安全良好な状態に保つことが不可能であった場合、その道路管理に瑕疵がなかった**と認めるのが相当であるとした（最判昭50.6.26）。

正解 5

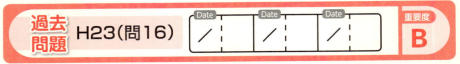

問題57 A県収用委員会は、起業者であるB市の申請に基づき、同市の市道の用地として、2000万円の損失補償によってX所有の土地を収用する旨の収用裁決（権利取得裁決）をなした。この場合についての次の記述のうち、妥当なものはどれか。

1　Xが土地の収用そのものを違法として争う場合には、収用裁決の取消しを求めることとなるが、この訴訟は、B市を被告とする形式的当事者訴訟となる。

2　収用裁決が無効な場合には、Xは、その無効を前提として、B市を被告として土地の所有権の確認訴訟を提起できるが、この訴訟は、抗告訴訟である。

3　Xが収用裁決に示された損失補償の額に不服がある場合には、A県を被告として、損失補償を増額する裁決を求める義務付け訴訟を提起すべきこととなる。

4　Xが収用裁決に示された損失補償の増額を求める訴訟を提起する場合については、裁決書が送達された日から法定の期間内に提起しなければならない。

5　収用裁決に示された損失補償の額について、高額に過ぎるとしてB市が不服であるとしても、行政機関相互の争いで、法律上の争訟には当たらないから、B市が出訴することは許されない。

収用裁決

1 妥当でない　土地の収用そのものを違法として争うために、収用裁決の取消しを求める訴訟は、**抗告**訴訟である（行政事件訴訟法3条）。

2 妥当でない　**重**　**争点**訴訟とは、私法上の法律関係に関する訴訟において、処分若しくは裁決の存否又はその効力の有無が争われている場合（45条1項）をいう。したがって、収用裁決が無効であることを前提として、XがB市を被告として提起する土地の所有権の確認訴訟は、**争点**訴訟である。なお、請求の内容が私法上の法律関係の確認を求めるものであるから、公法上の法律関係の確認を求める実質的当事者訴訟（4条後段）ではない。

3 妥当でない　**重**　土地収用法133条2項、3項において、損失の補償に関する訴えが規定されている。このような、**当事者間の法律関係を確認し又は形成する処分又は裁決に関する訴訟で法令の規定によりその法律関係の当事者の一方を被告とするものを、形式的当事者訴訟という**（行政事件訴訟法4条前段）。したがって、Xが損失補償の額に不服がある場合には、**A県**ではなく、**起業者であるB市**を被告として（土地収用法133条3項）、**形式的当事者訴訟**を提起すべきこととなる。

4 妥当である　Xが収用裁決に示された損失補償の増額を求める訴訟は、**損失の補償**に関する訴えである。したがって、Xが損失補償の増額を求める訴訟を提起する場合、裁決書の正本の送達を受けた日から**6か月**以内という法定の期間内に提起しなければならない（133条2項）。

5 妥当でない　土地収用法は、損失の補償に関する訴えを提起する者について、起業者である場合と土地所有者又は関係人である場合とを規定している（133条3項）。そこで、起業者であるB市は、損失補償の額について不服があるとして、**所有者Xを被告として形式的当事者訴訟**を提起することができる（行政事件訴訟法4条前段）。

正解　4

Chapter 6 地方公共団体の組織

過去問題 H16(問17)改題

問題58 地方公共団体の種類に関する次の記述のうち、誤っているものの組合せはどれか。

ア　東京都の特別区は特別地方公共団体の一種であるが、東京都自体は、普通地方公共団体である。

イ　「区」という名称が付される地方行政組織のうち、特別区と財産区は地方公共団体であるが、行政区は地方公共団体ではない。

ウ　「地方公共団体の組合」は、普通地方公共団体だけで構成されている場合は、普通地方公共団体として扱われる。

エ　「政令指定都市」「中核市」は、いずれも「市」の特例として設けられているものにすぎないから、特別地方公共団体ではない。

オ　特別地方公共団体には、かつて「特別市」と「地方開発事業団」が含まれていたが、いずれも適用例がなかったため廃止された。

1　ア・ウ
2　イ・オ
3　イ・エ
4　ア・エ
5　ウ・オ

地方公共団体の種類

ア 正しい
超

特別地方公共団体とは、**特別区**、**地方公共団体の組合**、**財産区**の総称であり（地方自治法1条の3第3項）、特別区とは東京都の **23区** のことである。

普通地方公共団体とは、**市町村** と **都道府県** の総称である（同条2項）。

イ 正しい
重

記述アで解説したように、**特別区** と **財産区** は特別地方公共団体である。一方、行政区（横浜市青葉区等のような指定都市の区）は、行政の **便宜** のために設けられた **行政区画** であり、地方公共団体ではない。

ウ 誤り

地方公共団体の組合は、普通地方公共団体だけで構成されている場合でも、**特別地方公共団体** である。

エ 正しい

地方自治法上、通常の市とは異なる取扱いを受ける大都市には、**指定都市** と **中核市** があるが、**特別地方公共団体** ではない。特別地方公共団体は、記述アで解説した3種類である。

なお、政令指定都市とは、法文上は指定都市という。

オ 誤り

地方開発事業団の数は少なかったものの、その適用例はある。なお、平成23年の地方自治法改正により、地方開発事業団は廃止された。

正解 5

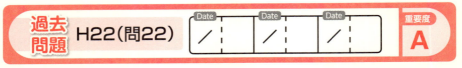

問題59 地方自治法が定める大都市制度に関する次の記述のうち、正しいものはどれか。

1 中核市は、指定都市と同様、市長の権限に属する事務を分掌させるため、条例でその区域を分けて区を設けることができる。

2 指定都市に置かれる区は、都に置かれる特別区と同様に、法人格が認められている。

3 指定都市の数が増加したことにともない、指定都市の中でも特に規模の大きな都市については、特に特例市として指定し、より大きな権限を認めている。

4 指定都市は、必要と認めるときは、条例で、区の議会を置くことができる。

5 指定都市は、地方自治法において列挙された事務のうち、都道府県が法律またはこれに基づく政令の定めるところにより処理することとされているものの全部または一部で政令で定めるものを処理することができる。

大都市制度

1 誤 り 指定都市については、市長の権限に属する事務を分掌させるため、**条例**で、その区域を分けて**区を設ける**ものとする（地方自治法252条の20第1項前段）。しかし、**中核市**については、このような**規定はない**。

2 誤 り 【重】 **指定都市に置かれる区**は、都に置かれる**特別区**と異なり、**法人格**は認められていない。

3 誤 り 従来、大都市等に関する特例としては、**指定都市**と**中核市**のほか、**特例市**制度が設けられていた。特例市とは、政令で指定する人口20万以上の市で、中核市が処理することができる事務のうち、都道府県がその区域にわたり一体的に処理することが特例市が処理することに比して効率的な事務その他の特例市において処理することが適当でない事務以外の事務で政令で定めるものを処理することができる制度のことであり（旧地方自治法252条の26の3第1項）、指定都市の中で特に規模の大きな都市として指定されていたわけではない。

なお、2015年4月1日より、**中核市制度と特例市制度が統合**され、特例市制度は廃止されることとなった。

4 誤 り 指定都市については、**区**の**「議会」**を置くことができるとする**規定はない**（252条の20第7項参照）。

5 正しい **指定都市**は、地方自治法において列挙された事務のうち、都道府県が法律又はこれに基づく政令の定めるところにより処理することとされているものの**全部**又は**一部**で政令で定めるものを**処理することができる**（252条の19第1項）。

正解 5

Chapter 6 　地方公共団体の組織　　389

Chapter 7 住民の直接参政制度

過去問題 H18（問23） 重要度 A

問題60 地方自治法における直接請求に関する次の記述のうち、正しいものはどれか。

1 直接請求として、地方税の賦課徴収、分担金、使用料、手数料の徴収に関する条例の制定改廃を求めることも可能である。

2 知事・市町村長のみならず、選挙管理委員、監査委員などの役員も、直接請求としての解職請求の対象となる。

3 条例の制定改廃を求める直接請求が成立した場合、首長は住民投票を行って過半数の同意が得られれば、議会の同意を経ることなく条例を公布することができる。

4 首長等の解職を求める直接請求は、あくまでも解職請求権の行使を議会に求めるものであり、直接請求が成立した場合においても、首長を解職するか否かの最終判断は議会が行う。

5 一般行政事務の監査請求は、他の直接請求とは異なり、選挙権者の50分の1以上の賛成という要件が不要なので、一人でも監査請求をすることができる。

総合テキスト LINK Chapter 11 住民の直接参政制度 ②

直接請求

1 誤り　普通地方公共団体の議会の議員及び長の選挙権を有する者は、政令の定めるところにより、その総数の**50分**の1以上の者の連署をもって、その代表者から、普通地方公共団体の**長**に対し、条例の制定又は改廃の請求をすることができる。ただし、請求の対象として、**地方税の賦課徴収**並びに**分担金、使用料**及び**手数料の徴収**に関するものは除かれている（地方自治法12条1項、74条1項）。

2 正しい　地方自治法上、**長**の解職請求だけでなく、**選挙管理委員**、**監査委員**等の主要公務員の解職請求も認められている（81条、86条）。

3 誤り　条例の制定又は改廃の請求（12条1項、74条）は、住民に対して、あくまで当該条例を議会に発案する権利を与えるもの（イニシアティブ）であるにすぎない。住民投票に付して、住民自らが条例の制定又は改廃を決するわけではない。**当該請求にかかる条例の制定又は改廃の最終決定権を持つのは議会**である。

4 誤り　長は、解職請求に基づき行われる**選挙人の投票**において**過半数**の同意があったときは、その職を失う（81条、83条）。議会が長の解職について最終判断を行うわけではない。

5 誤り　一般の行政事務を監査請求するには、**選挙権を有する者**の総数の**50分の1以上の連署が必要**である（12条2項、75条1項）。1人でも監査請求ができるのは、**住民監査請求**（242条）であるが、これは、地方公共団体の執行機関又は職員による**財務会計**上の**違法**若しくは**不当**な行為又は怠る事実によって納税者である住民が損失を受けることを防止し、もって住民全体の利益を守ることを目的とする。

正解　2

Chapter 8 地方公共団体の機関

過去問 H29(問23)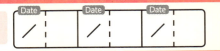

[問題61] 地方自治法に関する次の記述のうち、正しいものはどれか。

1 町村は、議会に代えて、選挙権を有する者の総会を設ける場合、住民投票を経なければならない。

2 普通地方公共団体の議会は、除名された議員で再び当選した者について、正当な理由がある場合には、その者が議員となることを拒むことができる。

3 普通地方公共団体の議会の権限に属する軽易な事項で、その議決により特に指定したものは、普通地方公共団体の長において、専決処分にすることができる。

4 普通地方公共団体が処理する事務のうち、自治事務についても、法定受託事務と同様に、地方自治法により複数の種類が法定されている。

5 自治事務とは異なり、法定受託事務に関する普通地方公共団体に対する国または都道府県の関与については、法律に基づかないでなすことも認められている。

総合テキスト LINK　Chapter 12　地方公共団体の機関　1 2
　　　　　　　　　　Chapter 13　地方公共団体の権能　1

地方自治法　総合

1 誤り 予
　地方自治法89条は、「普通地方公共団体に**議会**を置く。」と規定し、94条は、「町村は、条例で、第89条の規定にかかわらず、**議会を置かず、選挙権を有する者の総会を設けることができる。**」と規定している。

2 誤り
　136条は、「普通地方公共団体の議会は、除名された議員で再び当選した議員を拒むことができない。」と規定している。

3 正しい 超
　180条1項は、「**普通地方公共団体の議会の権限に属する軽易な事項**で、その議決により特に指定したものは、**普通地方公共団体の長**において、これを**専決処分**にすることができる。」と規定している。

4 誤り
　2条9項柱書は、「この法律において『**法定受託事務**』とは、次に掲げる事務をいう。」と規定し、同項1号は「法律又はこれに基づく政令により都道府県、市町村又は特別区が処理することとされる事務のうち、国が本来果たすべき役割に係るものであつて、国においてその適正な処理を特に確保する必要があるものとして法律又はこれに基づく政令に特に定めるもの（以下『第1号法定受託事務』という。）」、同項2号は「法律又はこれに基づく政令により市町村又は特別区が処理することとされる事務のうち、都道府県が本来果たすべき役割に係るものであつて、都道府県においてその適正な処理を特に確保する必要があるものとして法律又はこれに基づく政令に特に定めるもの（以下『第2号法定受託事務』という。）」を掲げている。これに対して、同条8項は、「この法律において『**自治事務**』とは、地方公共団体が処理する事務のうち、法定受託事務以外のものをいう。」と規定しており、地方自治法によって、自治事務について、複数の種類が法定されているわけではない。

5 誤り 重
　245条の2は、「普通地方公共団体は、その事務の処理に関し、法律又はこれに基づく政令によらなければ、普通地方公共団体に対する国又は都道府県の関与を受け、又は要することとされることはない。」と規定しており、「その事務」について、法定受託事務と自治事務を区別していないから、**法定受託事務に関する普通地方公共団体に対する国又は都道府県の関与については、法律に基づかないでなすことは認められない**（関与の法定主義）。

正解　3

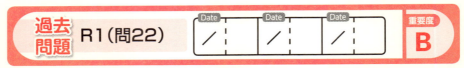

問題62　普通地方公共団体の議会に関する次の記述のうち、正しいものはどれか。

1　議会は、長がこれを招集するほか、議長も、議会運営委員会の議決を経て、自ら臨時会を招集することができる。

2　議員は、法定数以上の議員により、長に対して臨時会の招集を請求することができるが、その場合における長の招集に関し、招集の時期などについて、地方自治法は特段の定めを置いていない。

3　議会は、定例会および臨時会からなり、臨時会は、必要がある場合において、付議すべき事件を長があらかじめ告示し、その事件に限り招集される。

4　議員は、予算を除く議会の議決すべき事件につき、議会に議案を提出することができるが、条例の定めがあれば、1人の議員によってもこれを提出することができる。

5　議会の運営に関する事項のうち、議員の請求による会議の開催、会議の公開については、議会の定める会議規則によるものとし、地方自治法は具体的な定めを置いていない。

普通地方公共団体の議会

1　誤り　　地方自治法101条1項は、「普通地方公共団体の議会は、普通地方公共団体の長がこれを招集する。」と規定し、同条2項は、「議長は、議会運営委員会の議決を経て、当該普通地方公共団体の長に対し、会議に付議すべき事件を示して臨時会の招集を**請求**することができる。」と規定している。

2　誤り　　101条3項は、「議員の定数の4分の1以上の者は、当該普通地方公共団体の長に対し、会議に付議すべき事件を示して臨時会の招集を請求することができる。」と規定し、同条4項は、「前2項の規定による請求があつたときは、当該普通地方公共団体の長は、請求のあつた日から20日以内に臨時会を招集しなければならない。」と規定している。

3　正しい　　102条1項は、「普通地方公共団体の議会は、定例会及び臨時会とする。」と規定している。そして、同条3項は、「臨時会は、必要がある場合において、その事件に限りこれを招集する。」と規定し、同条4項は、「臨時会に付議すべき事件は、普通地方公共団体の長があらかじめこれを告示しなければならない。」と規定している。

4　誤り　　112条1項は、「**普通地方公共団体の議会の議員は、議会の議決すべき事件につき、議会に議案を提出することができる**。但し、**予算については、この限りでない**。」と規定している。そして、同条2項は、「前項の規定により議案を提出するに当つては、議員の定数の12分の1以上の者の賛成がなければならない。」と規定しているから、議員定数が12名以下の場合には、条例の定めがなくても、1人の議員が議案を提出することができる。

5　誤り　　114条1項前段は、「普通地方公共団体の議会の議員の定数の半数以上の者から請求があるときは、議長は、その日の会議を開かなければならない。」と規定し、115条1項は、「普通地方公共団体の議会の会議は、これを公開する。但し、議長又は議員3人以上の発議により、出席議員の3分の2以上の多数で議決したときは、秘密会を開くことができる。」と規定している。

正解　3

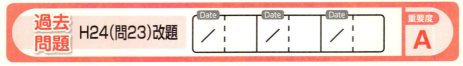

問題63 地方自治法に定める、普通地方公共団体の長と議会との関係に関する次の記述のうち、誤っているものはどれか。

1 議会の権限に属する軽易な事項で、その議決により特に指定したものは、長において専決処分にすることができる。

2 議会において長の不信任の議決がなされた場合には、長は議会を解散することができる。

3 議会の審議に必要な説明のため議長から出席を求められたときは、原則として、長は議場に出席しなければならない。

4 議会の議決が法令に違反すると認められるときは、長は専決処分により、議決を適法なものとするための是正措置をとることができる。

5 議会において法令により負担する経費を削除し又は減額する議決をしたときは、その経費及びこれに伴う収入について、長は再議に付さなければならない。

普通地方公共団体の長と議会との関係

1 正しい
重
普通地方公共団体の**議会の権限**に属する軽易な事項で、その議決により特に指定したものは、普通地方公共団体の長において、これを**専決処分**にすることができる（地方自治法180条1項）。

2 正しい
重
普通地方公共団体の議会において、当該普通地方公共団体の長の不信任の議決をしたときは、直ちに議長からその旨を当該普通地方公共団体の長に通知しなければならない（178条1項前段）。この場合においては、普通地方公共団体の長は、**その通知を受けた日から10日以内に議会を解散することができる**（同項後段）。

3 正しい
予
普通地方公共団体の長は、議会の審議に必要な説明のため議長から出席を求められたときは、**議場に出席しなければならない**（121条1項）。なお、平成24年の地方自治法改正により、出席すべき日時に議場に出席できないことについて**正当な理由**がある場合において、その旨を議長に届け出たときは、出席義務を負わないとする規定が設けられた（同項ただし書）。

4 誤り
普通地方公共団体の議会の議決又は選挙がその権限を超え又は法令若しくは会議規則に違反すると認めるときは、当該普通地方公共団体の長は、**理由を示してこれを再議に付し又は再選挙を行わせなければならない**（176条4項）。本記述のように、長は専決処分により、議決を適法なものとするための是正措置をとることができるわけではない。

5 正しい
普通地方公共団体の議会において、法令により負担する経費、法律の規定に基づき当該行政庁の職権により命ずる経費その他の普通地方公共団体の義務に属する経費を削除し又は減額する議決をしたときは、その経費及びこれに伴う収入について、当該普通地方公共団体の長は、理由を示してこれを再議に付さなければならない（177条1項1号）。

正解　4

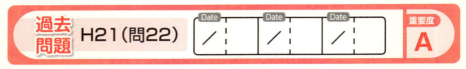

問題64 地方自治法の定める監査制度に関する次の記述のうち、正しいものはどれか。

1 戦後、地方自治法が制定された際に、監査委員による監査制度のみならず、外部監査制度についても規定された。

2 普通地方公共団体の事務の執行に関する事務監査請求は、当該普通地方公共団体の住民であれば、1人でも行うことができる。

3 普通地方公共団体の事務の執行に関する事務監査請求は、当該普通地方公共団体の住民であれば、外国人でも行うことができる。

4 監査委員による監査は、長、議会または住民からの請求があったときのみに行われるため、その請求がなければ監査が行われることはない。

5 監査委員の監査の対象となる事務には、法定受託事務も含まれている。

監査制度

1 誤り 捨

地方公共団体の外部監査制度は、平成9年の地方自治法改正により制度化されたものである。したがって、外部監査制度は、戦後、地方自治法が制定された際に規定されたものではない。

2 誤り 重

選挙権を有する者は、政令で定めるところにより、その総数の **50分の1以上の者の連署**をもって、その代表者から、普通地方公共団体の**監査委員**に対し、当該普通地方公共団体の事務の執行に関し、監査の請求をすることができる（地方自治法75条1項）。したがって、本記述のように、事務監査請求は、1人でも行うことができるわけではない。

3 誤り

日本国民たる普通地方公共団体の住民は、地方自治法の定めるところにより、その属する普通地方公共団体の事務の監査を請求する権利を有する（12条2項）。したがって、**外国人**は、事務監査請求をすることができない。

4 誤り

監査委員は、必要があると認めるときは**いつでも**、普通地方公共団体の財務に関する事務の執行及び普通地方公共団体の経営にかかる事業の管理を、監査することができる（199条5項、1項）。したがって、長、議会又は住民からの請求があった場合に限られない。

5 正しい 重

監査委員は、必要があると認めるときは、普通地方公共団体の事務のうち、**法定受託事務**（国の安全を害するおそれがあることその他の事由により監査委員の監査の対象とすることが適当でないものとして政令で定めるものを除く）の執行について監査をすることができる（199条2項）。したがって、かっこ内のものを除く法定受託事務は、監査の対象となる。

正解 5

Chapter 8 地方公共団体の機関

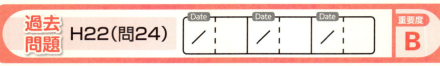

問題65　地方自治法に定める住民訴訟に関する次のア〜オの記述のうち、正しいものの組合せはどれか。

ア　自ら住民監査請求を行っていない住民であっても、当該普通地方公共団体の他の住民が住民監査請求を行っていれば、住民訴訟を提起することができる。

イ　住民訴訟においては、住民監査請求と同様、公金支出の違法の問題のみならず不当の問題についても争うことができる。

ウ　他の住民による住民訴訟が係属しているときには、当該普通地方公共団体の住民であっても、別訴をもって同一の請求をすることはできない。

エ　住民訴訟は、当該普通地方公共団体の事務所の所在地を管轄する高等裁判所に提起することとされている。

オ　違法な支出行為の相手方に損害賠償の請求をすべきであるのに長がこれをしていない場合、長に対して「当該相手方に損害賠償請求をすることを求める請求」を行うことができる。

1　ア・イ
2　ア・エ
3　イ・エ
4　ウ・オ
5　エ・オ

住民訴訟

ア 誤り 予
住民監査請求を行った住民でなければ、住民訴訟を提起することはできない（地方自治法242条の2第1項、242条1項）。

イ 誤り 超
住民訴訟においては、公金支出の違法の問題について争うことはできるが、不当の問題については争うことができない（242条の2第1項）。

ウ 正しい 重
他の住民による住民訴訟が係属しているときは、当該普通地方公共団体の他の住民は、別訴をもって同一の請求をすることができない（242条の2第4項）。

エ 誤り 重
住民訴訟は、当該普通地方公共団体の事務所の所在地を管轄する「地方裁判所」の管轄に専属する（242条の2第5項）。

オ 正しい 重
違法な支出行為の相手方に損害賠償の請求をすべきであるのに長がこれをしていない場合、長に対して「当該相手方に損害賠償請求をすることを求める請求」を行うことができる（242条の2第1項4号）。

正解　4

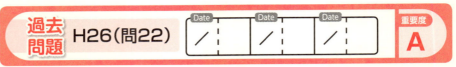

問題66 　A市在住の日本国籍を有する住民X（40歳）とB市在住の日本国籍を有しない住民Y（40歳）に関する次の記述のうち、地方自治法の規定に照らし、正しいものはどれか。

1　Xは、A市でもB市でも、住民訴訟を提起する資格がある。

2　Yは、A市でもB市でも、住民訴訟を提起する資格がない。

3　Xは、A市でもB市でも、事務監査請求をする資格がある。

4　Yは、A市では事務監査請求をする資格がないが、B市ではその資格がある。

5　Xは、A市でもB市でも、市長選挙の候補者になる資格がある。

住民訴訟・事務監査請求・被選挙権

本問は、住民訴訟、事務監査請求、被選挙権といった住民の権利行使の資格要件を横断的に問うものである。

1 誤り 超　住民訴訟を提起できるのは、当該普通地方公共団体の**住民**で**住民監査請求をした者**である（地方自治法242条の2第1項参照）。そして、住民監査請求は、当該普通地方公共団体の住民であれば（242条1項）、単独で行うことができる。また、市町村の住民とは、市町村の区域内に住所を有する者をいう（10条1項）。したがって、A市在住のXは、A市で住民訴訟を提起できるが、在住していないB市では提起できない。

2 誤り　住民訴訟を提起できる者については記述1の解説のとおりである。したがって、B市在住のYは、B市で住民訴訟を提起することができるが、在住していないA市では提起することができない。

3 誤り 超　事務監査請求ができるのは**選挙権を有する者**であり、その総数の**50分の1**以上の者の連署をもって行う（75条1項）。そして、日本国民たる年齢満18年以上の者で引き続き3か月以上市町村の区域内に住所を有するものは、普通地方公共団体の議会の議員及び長の選挙権を有する（18条）。したがって、日本国籍を有するXは、在住するA市では3か月以上市町村の区域内に在住していれば事務監査請求をすることはできるが、在住しないB市では請求することができない。

4 誤り　事務監査請求ができる者については記述3の解説のとおりである。したがって、日本国籍を有しないYは選挙権がないため、在住しないA市についてはもとより、在住するB市においても事務監査請求をすることができない。

5 正しい　市町村長の被選挙権を有するのは、日本国民で年齢満25年以上のものとされており（19条3項）、住所要件を要求する旨の規定はない。そうすると、Xは日本国籍を有し年齢満25年以上であるため、A市でもB市でも市長選挙の候補者になる資格がある。

正解　5

Chapter 9 地方公共団体の権能

過去問 R2（問23） 重要度 B

問題67 地方自治法の定める自治事務と法定受託事務に関する次の記述のうち、正しいものはどれか。

1 都道府県知事が法律に基づいて行政処分を行う場合、当該法律において、当該処分を都道府県の自治事務とする旨が特に定められているときに限り、当該処分は自治事務となる。

2 都道府県知事が法律に基づいて自治事務とされる行政処分を行う場合、当該法律に定められている処分の要件については、当該都道府県が条例によってこれを変更することができる。

3 普通地方公共団体は、法定受託事務の処理に関して法律またはこれに基づく政令によらなければ、国または都道府県の関与を受けることはないが、自治事務の処理に関しては、法律またはこれに基づく政令によることなく、国または都道府県の関与を受けることがある。

4 自治紛争処理委員は、普通地方公共団体の自治事務に関する紛争を処理するために設けられたものであり、都道府県は、必ず常勤の自治紛争処理委員をおかなければならない。

5 都道府県知事は、市町村長の担任する自治事務の処理が法令の規定に違反していると認めるとき、または著しく適正を欠き、かつ明らかに公益を害していると認めるときは、当該市町村に対し、当該自治事務の処理について違反の是正または改善のため必要な措置を講ずべきことを勧告することができる。

総合テキスト LINK　Chapter 13　地方公共団体の権能　1 2
　　　　　　　　　　Chapter 14　国と地方公共団体及び地方公共団体相互の関係　1 2

自治事務と法定受託事務

1 誤り 　地方自治法2条8項は、「『**自治事務**』とは、地方公共団体が処理する事務のうち、**法定受託事務以外のもの**をいう。」と規定しており、本記述のような定義づけはなされていない。
（重）

2 誤り 　14条1項は、「普通地方公共団体は、**法令に違反しない限り**において第2条第2項の事務〔地域における事務及びその他の事務〕に関し、条例を制定することができる。」と規定しており、法律に定められている処分の要件を、条例をもって変更することは許されないと解される。

3 誤り 　245条の2は、「普通地方公共団体は、その事務の処理に関し、法律又はこれに基づく政令によらなければ、普通地方公共団体に対する国又は都道府県の**関与を受け、又は要することとされることはない**。」と規定しており、普通地方公共団体に対する国又は都道府県の関与の法定主義を定めている。

4 誤り 　251条2項前段は、「**自治紛争処理委員**は、3人とし、**事件ごと**に、優れた識見を有する者のうちから、総務大臣又は都道府県知事がそれぞれ**任命**する。」と規定しており、必ず常勤の委員を置くとはしていない（251条3項参照）。

5 正しい 　都道府県知事は、市町村の市町村長その他の市町村の執行機関の担任する**自治事務の処理**が法令の規定に違反していると認めるとき、又は著しく適正を欠き、かつ、明らかに公益を害していると認めるときは、当該市町村に対し、当該自治事務の処理について**違反の是正又は改善**のため必要な措置を講ずべきことを**勧告**することができる（245条の6柱書、1号）。

行政法

正解　5

Chapter 9　地方公共団体の権能　405

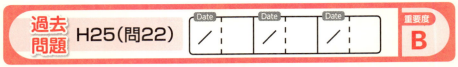

問題68 A市においては、地域の生活環境の整備を図るために、繁華街での路上喫煙を禁止し、違反者には最高20万円の罰金もしくは最高5万円の過料のいずれかを科することを定めた条例を制定した。この場合における次の記述のうち、正しいものはどれか。

1　違反者に科される過料は、行政上の義務履行確保のための執行罰に当たるものであり、義務が履行されるまで複数回科すことができる。

2　本条例に基づく罰金は、行政刑罰に当たるものであり、非訟事件手続法の定めに基づき裁判所がこれを科する。

3　条例の効力は属人的なものであるので、A市の住民以外の者については、たとえA市域内の繁華街で路上喫煙に及んだとしても、本条例に基づき処罰することはできない。

4　条例に懲役刑を科する旨の規定を置くことは許されていないことから、仮に本条例が違反者に対して懲役を科するものであれば、違法無効になる。

5　長の定める規則に罰金を科する旨の規定を置くことは認められていないことから、本条例にかえて長の規則で違反者に罰金を科することは許されない。

条例及び規則

1 誤り 【重】
行政上の義務違反につき違反者に科される過料は、**執行罰**ではなく、**秩序罰**に当たる。

2 誤り
行政上の義務違反に対する制裁として刑罰が用いられる場合を**行政刑罰**といい、これは、刑法9条に刑名のある懲役、禁錮、罰金、拘留、科料、没収を科す制裁である。したがって、本条例に基づく罰金も行政刑罰に該当する。もっとも、行政刑罰は、刑事訴訟法の定めに基づき裁判所が科するものである。

3 誤り
条例は、原則として**属地的に適用される**。したがって、A市域内の繁華街で路上喫煙をした者は、A市の住民であるか否かにかかわらず、本条例に基づき処罰されることになる。

4 誤り 【超】
条例により、2年以下の懲役若しくは禁錮、100万円以下の罰金、拘留、科料若しくは没収の刑又は5万円以下の過料を科する旨の規定を設けることができる（地方自治法14条3項）。

5 正しい 【重】
長の定める規則により科することができるのは、5万円以下の過料のみであり、罰金を科すことはできない（15条2項）。

正解　5

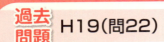 

問題69 条例の制定改廃請求権に関する次の記述のうち、妥当なものはどれか。

1 地方自治法上、条例の制定改廃請求権は、普通地方公共団体の議会の議員および長の選挙権を有する住民に限られず、選挙権を有さない外国人に対しても認められている。

2 住民は、その属する普通地方公共団体のあらゆる条例について、条例制定改廃請求権を行使することができる。

3 条例の制定改廃の請求を行う場合については、住民は一人でも請求をなすことができる。

4 条例の制定改廃の請求は、普通地方公共団体の長に対して行われ、長から議会に対して付議される。

5 条例の制定改廃請求が行われた後、その内容について住民投票が行われ、賛成が多数であれば当該条例の制定改廃が行われる。

条例の制定改廃請求権

1 妥当でない　条例の制定改廃請求権を行使できる者は、「**普通地方公共団体の議会の議員及び長の選挙権を有する者**」である（地方自治法74条1項）。したがって、選挙権を有さない外国人に対しては認められない。

2 妥当でない 重　条例の制定改廃請求権の対象から**「地方税の賦課徴収並びに分担金、使用料及び手数料の徴収に関する」条例は除外**されている（12条1項かっこ書）。したがって、あらゆる条例が、条例の制定改廃請求権の対象となるわけではない。

3 妥当でない 超　条例の制定改廃の請求をするためには、**選挙権を有する者の総数の50分の1以上の者の連署**をもってすることが必要である（74条1項）。したがって、住民が1人で請求できるわけではない。

4 妥当である 超　選挙権を有する者は、**普通地方公共団体の長**に対し、条例の制定改廃の請求をすることができる（74条1項）。そして、その長は、かかる請求を受理した日から**20日**以内に**議会**を**招集**し、**意見**を付けてこれを**議会**に**付議**しなければならない（同条3項）。

5 妥当でない 重　地方自治法上、条例の制定改廃請求が行われた後、その内容について住民投票が行われるという規定はない（74条参照）。

正解　4

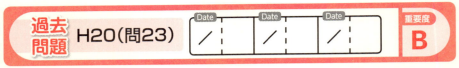

問題70 普通地方公共団体の財務に関する次の記述のうち、法令または最高裁判所の判例に照らし、妥当なものはどれか。

1 公共用財産については、それが長年の間事実上公の目的に供用されることなく放置され、黙示的に公用が廃止されたものとみなしうる場合であっても、取得時効の成立は認められない。

2 行政財産の目的外使用の許可については、当該財産の目的に鑑みて支障がない場合であっても、管理者はその許可を拒否することができる。

3 地方公共団体は、指名競争入札に参加させようとする者を指名する際に、その者が地元の経済の活性化に寄与するか否かを考慮に入れてはならない。

4 地方公共団体の議会があらかじめ承認を与えたときでも、当該地方公共団体は、その財産を適正な対価なくして譲渡することはできない。

5 金銭の給付を目的とする地方公共団体の権利は、時効に関し地方自治法以外の法律に特別の定めがある場合を除くほか、時効により消滅することはない。

普通地方公共団体の財務

1 妥当でない 【重】 公共用財産が、**長年の間**事実上公の目的に供用されることなく**放置**され、**黙示的**に**公用**が**廃止**されたものとしてみなし得る場合、取得時効の成立を妨げない（最判昭 51.12.24）。

2 妥当である 公立学校の学校施設の目的外使用を許可するか否かは、原則として**管理者**の**裁量**に委ねられ、学校教育上支障がない場合でも、行政財産である学校施設の目的及び用途と当該使用の目的、態様等との関係に配慮した**合理的**な**裁量判断**により許可をしないこともできる（最判平 18.2.7）。

3 妥当でない 地方公共団体が、指名競争入札に参加させようとする者を指名する際、その者が地元の経済の活性化に寄与するか否かを考慮に入れてはならないという定めはない（地方自治法施行令 167 条の 11、167 条の 4、167 条の 5 参照）。

4 妥当でない **適正な対価**なくして地方公共団体の財産を譲渡することは、原則として禁止される。しかし、**議会**の**議決**による**場合**には、その財産を適正な対価なくして譲渡することができる（地方自治法 237 条 2 項、96 条 1 項 6 号）。

5 妥当でない 金銭の給付を目的とする普通地方公共団体の権利は、時効に関し他の法律に定めがあるものを除くほか、これを行使することができる時から**5年間**行使しないときは、時効によって消滅する（236 条 1 項前段）。

正解 2

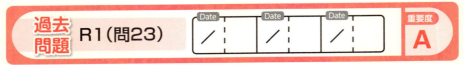

問題71 公の施設についての地方自治法の規定に関する次の記述のうち、誤っているものはどれか。

1 公の施設とは、地方公共団体が設置する施設のうち、住民の福祉を増進する目的のため、その利用に供する施設をいう。

2 公の施設の設置およびその管理に関する事項は、条例により定めなければならない。

3 普通地方公共団体は、当該普通地方公共団体が指定する法人その他の団体に、公の施設の管理を行わせることができるが、そのためには長の定める規則によらなければならない。

4 普通地方公共団体は、公の施設の管理を行わせる法人その他の団体の指定をしようとするときは、あらかじめ、当該普通地方公共団体の議会の議決を経なければならない。

5 普通地方公共団体は、適当と認めるときは、当該普通地方公共団体が指定する法人その他の団体に、その管理する公の施設の利用に係る料金をその者の収入として収受させることができる。

公の施設

1 正しい 重
地方自治法244条1項は、「普通地方公共団体は、**住民の福祉を増進する目的をもってその利用に供するための施設**（これを**公の施設**という。）を設けるものとする。」と規定している。

2 正しい 重
244条の2第1項は、「普通地方公共団体は、法律又はこれに基づく政令に特別の定めがあるものを除くほか、**公の施設の設置及びその管理に関する事項は、条例でこれを定めなければならない**。」と規定している。

3 誤り 重
244条の2第3項は、「普通地方公共団体は、公の施設の設置の目的を効果的に達成するため必要があると認めるときは、**条例**の定めるところにより、法人その他の団体であつて当該普通地方公共団体が指定するもの（……『**指定管理者**』という。）に、**当該公の施設の管理を行わせることができる**。」と規定している。

4 正しい
244条の2第6項は、「普通地方公共団体は、指定管理者の指定をしようとするときは、あらかじめ、当該普通地方公共団体の議会の議決を経なければならない。」と規定している。

5 正しい
244条の2第8項は、「普通地方公共団体は、適当と認めるときは、指定管理者にその管理する公の施設の利用に係る料金（……『利用料金』という。）を当該指定管理者の収入として収受させることができる。」と規定している。

正解 3

Chapter 10 国と地方公共団体及び地方公共団体相互の関係

過去問 H24(問21) 重要度 B

問題72 国とA市との間の紛争に関する次の記述のうち、法令または判例に照らし、正しいものはどれか。

1 　A市長は、自治事務に関する国の関与に不服があるときは、地方裁判所に対し、当該関与を行った国の行政庁を被告として、その取消しを求める抗告訴訟を提起することができる。

2 　A市の法定受託事務に関する国の関与が違法であると認めるときは、国地方係争処理委員会は、当該関与を行った国の行政庁に対して、理由を付し、期間を示した上で、必要な措置を講ずべきことを勧告することになる。

3 　国の所有地内にあるA市の物件の撤去を国が求める場合、担当大臣は、A市長に対して地方自治法所定の国の関与としての代執行の手続をとることになる。

4 　A市情報公開条例に基づき、A市長が国の建築物の建築確認文書について公開する旨の決定をした場合、当該決定について不服を有する国がこの決定に対して取消訴訟を提起しても、当該訴訟は法律上の争訟に該当しないとして却下されることになる。

5 　A市に対する国の補助金交付の決定について、それが少額であるとしてA市が不服をもっている場合、A市が救済を求める際の訴訟上の手段としては、地方自治法に機関訴訟が法定されている。

総合テキスト LINK Chapter 14 国と地方公共団体及び地方公共団体相互の関係 ①

国の関与

1 誤り　国の関与に関する審査の申出をした普通地方公共団体の長は、国地方係争処理委員会の審査の結果又は勧告に不服があるとき、国地方係争処理委員会の勧告に対する国の行政庁の措置に不服があるとき等には、「**高等裁判所**」に対し、当該審査の申出の相手方となった国の行政庁を被告として、訴えをもって当該審査の申出にかかる違法な国の関与の取消し又は当該審査の申出にかかる国の不作為の違法の確認を求めることができる（地方自治法251条の5第1項）。

2 正しい　国地方係争処理委員会は、法定受託事務に関する国の関与について審査の申出があった場合においては、審査を行い、相手方である国の行政庁の行った国の関与が違法であると認めるときは、当該国の行政庁に対し、理由を付し、かつ、期間を示して、必要な措置を講ずべきことを勧告するとともに、当該勧告の内容を当該普通地方公共団体の長その他の執行機関に通知し、かつ、これを公表しなければならない（250条の14第2項後段）。

3 誤り　代執行の対象は、「法定受託事務の管理若しくは執行」に関するものであることが必要である（245条の8第1項）。本記述における国がその所有地内にあるA市の物件の撤去を求める行為は、「法定受託事務の管理若しくは執行」に関するものではない。したがって、担当大臣は、A市長に対して代執行の手続をとることはできない。

4 誤り　判例は、市長による建築確認文書の開示決定に対して国が取消訴訟を提起した事案において、当該訴訟は、法律上の争訟に当たるというべきであるとした上で（最判平13.7.13）、国が処分の取消しを求める原告適格を有しないことを理由に、当該訴訟を不適法なものとしている。

5 誤り　【重】地方自治法には、国又は都道府県の関与に関する機関訴訟が法定されている（251条の5以下）。しかし、本記述のような、**国又は都道府県の普通地方公共団体に対する支出金の交付及び返還にかかるものは、地方自治法上の関与から除外されており**（245条柱書かっこ書）、**地方自治法上の機関訴訟として法定されていない**。

正解　2

Chapter 11 多肢選択式

過去問題 R3(問42)　重要度 A

問題73　感染症法*の令和3年2月改正に関する次の会話の空欄 ア ～ エ に当てはまる語句を、枠内の選択肢（1～20）から選びなさい。

教授A：今日は最近の感染症法改正について少し検討してみましょう。
学生B：はい、新型コロナウイルスの感染症防止対策を強化するために、感染症法が改正されたことはニュースで知りました。
教授A：そうですね。改正のポイントは幾つかあったのですが、特に、入院措置に従わなかった者に対して新たに制裁を科することができるようになりました。もともと、入院措置とは、感染者を感染症指定医療機関等に強制的に入院させる措置であることは知っていましたか。
学生B：はい、それは講学上は ア に当たると言われていますが、直接強制に当たるとする説もあって、講学上の位置づけについては争いがあるようです。
教授A：そのとおりです。この問題には決着がついていないようですので、これ以上は話題として取り上げないことにしましょう。では、改正のポイントについて説明してください。
学生B：確か、当初の政府案では、懲役や100万円以下の イ を科すことができるとなっていました。
教授A：よく知っていますね。これらは、講学上の分類では ウ に当たりますね。その特徴はなんでしょうか。
学生B：はい、刑法総則が適用されるほか、制裁を科す手続に関しても刑事訴訟法が適用されます。
教授A：そのとおりですね。ただし、制裁として重すぎるのではないか、という批判もあったところです。
学生B：結局、与野党間の協議で当初の政府案は修正されて、懲役や イ ではなく、 エ を科すことになりました。この エ は講学上の分類では行政上の秩序罰に当たります。
教授A：そうですね、制裁を科すとしても、その方法には様々なものがあることに注意しましょう。

（注）＊　感染症の予防及び感染症の患者に対する医療に関する法律

1	罰金	2	過料	3	科料	4	死刑
5	公表	6	即時強制	7	行政代執行	8	仮処分
9	仮の義務付け	10	間接強制	11	課徴金	12	行政刑罰
13	拘留	14	損失補償	15	負担金	16	禁固
17	民事執行	18	執行罰	19	給付拒否	20	社会的制裁

総合テキスト LINK　Chapter 3　行政作用法　4

行政上の義務履行確保・行政罰

ア 6 即時強制

感染者を感染症指定医療機関等に強制的に入院させる措置である入院措置は、講学上は**即時強制**に当たるといわれている。**即時強制**とは、**義務の存在を前提とせず**、行政上の目的を達するため、直接身体若しくは財産に対して有形力を行使することをいう。

イ 1 罰金
ウ 12 行政刑罰
エ 2 過料

行政罰とは、**行政上の義務の不履行**に対する制裁であり、**刑法上の刑罰を科す行政刑罰**（刑法に定める死刑、懲役、禁錮、罰金、拘留及び科料）と、**刑法上の刑罰以外の制裁を科す秩序罰**（**過料**）の2種類がある。そして、行政刑罰は刑法に刑名のある刑罰である以上、**刑法総則の適用**があるとともに（刑法8条）、その執行は刑事訴訟法の定める手続によるのが原則である。

過去問題 H24（問42） 重要度 A

問題74　次の文章は、学校行事において教職員に国歌の起立斉唱等を義務付けることの是非が争われた最高裁判所判決の一節（一部を省略）である。空欄　ア　～　エ　に当てはまる語句を、枠内の選択肢（1～20）から選びなさい。

　本件　ア　は、……学習指導要領を踏まえ、上級行政機関である都教委＊が関係下級行政機関である都立学校の各校長を名宛人としてその職務権限の行使を指揮するために発出したものであって、個々の教職員を名宛人とするものではなく、本件　イ　の発出を待たずに当該　ア　自体によって個々の教職員に具体的な義務を課すものではない。また、本件　ア　には、……各校長に対し、本件　イ　の発出の必要性を基礎付ける事項を示すとともに、教職員がこれに従わない場合は服務上の責任を問われることの周知を命ずる旨の文言があり、これらは国歌斉唱の際の起立斉唱又はピアノ伴奏の実施が必要に応じて　イ　により確保されるべきことを前提とする趣旨と解されるものの、本件　イ　の発出を命ずる旨及びその範囲等を示す文言は含まれておらず、具体的にどの範囲の教職員に対し本件　イ　を発するか等については個々の式典及び教職員ごとの個別的な事情に応じて各校長の　ウ　に委ねられているものと解される。そして、本件　ア　では、上記のとおり、本件　イ　の違反について教職員の責任を問う方法も、　エ　に限定されておらず、訓告や注意等も含み得る表現が採られており、具体的にどのような問責の方法を採るかは個々の教職員ごとの個別的な事情に応じて都教委の　ウ　によることが前提とされているものと解される。原審の指摘する都教委の校長連絡会等を通じての各校長への指導の内容等を勘案しても、本件　ア　それ自体の文言や性質等に則したこれらの　ウ　の存在が否定されるものとは解されない。したがって、本件　ア　をもって、本件　イ　と不可分一体のものとしてこれと同視することはできず、本件　イ　を受ける教職員に条件付きで　エ　を受けるという法的効果を生じさせるものとみることもできない。

（最一小判平成24年2月9日裁判所時報1549号4頁）

1	分限処分	2	処分基準	3	行政罰	4	同意
5	行政指導	6	指示	7	法規命令	8	職務命令
9	指導指針	10	下命	11	懲戒処分	12	監督処分
13	政治的判断	14	執行命令	15	告示	16	審査基準
17	裁量	18	勧告	19	通達	20	行政規則

（注）　＊　東京都教育委員会

総合テキスト LINK　Chapter 2　行政組織法等　1

通達の処分性

ア　19　通達

空欄アに続き「上級行政機関である都教委が関係下級行政機関である都立学校の各校長を名宛人としてその職務権限の行使を指揮するために発出したものであって、個々の教職員を名宛人とするものではなく」とある。そして、文末まで読むと、「当該　ア　自体によって個々の教職員に具体的な義務を課すものではない」とある。ここから、空欄アは、国民を拘束する法規命令ではなく、行政機関を拘束する行政規則に分類され、上級行政庁が下級行政庁に発出する通達、要綱等が入ると考えられる。したがって、空欄アには「**通達**」が当てはまる。

なお、公の機関の間における「勧告」の制度は、指揮命令の関係にない機関が、相互に自主性を尊重しつつ、専門的立場の意見等を他の機関に提供し、当該機関の任務の十全な達成を図ろうとするものである。

イ　8　職務命令

空欄イのその後の記述から、空欄イには、各校長が、教職員に対し発出するものが入ることがわかる。また、「　イ　の違反について教職員の責任を問う方法」という記述から、空欄イには強制力があるものが当てはまることがわかる。そうすると、空欄イに当てはまるものとしては、指示ではなく**職務命令**が適切であるといえる。したがって、空欄イには「**職務命令**」が当てはまる。

ウ　17　裁量

空欄ウは3か所で使われている言葉である。1番目は、具体的にどの範囲の教職員に対し職務命令を発するか等については、「個々の式典及び教職員ごとの個別的な事情に応じて各校長の　ウ　に委ねられている」とされている。2番目は、職務命令違反の問責方法について、「個々の教職員ごとの個別的な事情に応じて都教委の　ウ　による」とされている。そうすると、いずれも、各行為者に対して一定の判断の余地、すなわち**裁量**が認められていることがわかる。したがって、空欄ウには「**裁量**」が当てはまる。

エ　11　懲戒処分

空欄エには、職務命令違反について教職員の責任を問う方法であって、都教委が行うものが入る。そして、空欄エは、職務命令違反に対してされるものであることから、**懲戒処分**が当てはまることがわかる。なお、分限処分は公務の能率の維持及びその適正な運営の確保の目的からされる処分であって、職務命令違反に対してされるものではないため適切でない。したがって、空欄エには「**懲戒処分**」が当てはまる。

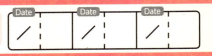

問題75 次の文章は、ある最高裁判所判決の一節である。空欄 ア ～ エ に当てはまる語句を、枠内の選択肢（1～20）から選びなさい。

　建築確認申請に係る建築物の建築計画をめぐり建築主と付近住民との間に紛争が生じ、関係地方公共団体により建築主に対し、付近住民と話合いを行って円満に紛争を解決するようにとの内容の行政指導が行われ、建築主において ア に右行政指導に応じて付近住民と協議をしている場合においても、そのことから常に当然に建築主が建築主事に対し確認処分を イ することについてまで ア に同意をしているものとみるのは相当でない。しかしながら、…関係地方公共団体において、当該建築確認申請に係る建築物が建築計画どおりに建築されると付近住民に対し少なからぬ日照阻害、風害等の被害を及ぼし、良好な居住環境あるいは市街環境を損なうことになるものと考えて、当該地域の生活環境の維持、向上を図るために、建築主に対し、当該建築物の建築計画につき一定の譲歩・協力を求める行政指導を行い、建築主が ア にこれに応じているものと認められる場合においては、 ウ 上合理的と認められる期間建築主事が申請に係る建築計画に対する確認処分を イ し、行政指導の結果に期待することがあつたとしても、これをもつて直ちに違法な措置であるとまではいえないというべきである。

　もつとも、右のような確認処分の イ は、建築主の ア の協力・服従のもとに行政指導が行われていることに基づく事実上の措置にとどまるものであるから、建築主において自己の申請に対する確認処分を イ されたままでの行政指導には応じられないとの意思を明確に表明している場合には、かかる建築主の明示の意思に反してその受忍を強いることは許されない筋合のものであるといわなければならず、建築主が右のような行政指導に不協力・不服従の意思を表明している場合には、当該建築主が受ける不利益と右行政指導の目的とする公益上の必要性とを比較衡量して、右行政指導に対する建築主の不協力が ウ 上正義の観念に反するものといえるような エ が存在しない限り、行政指導が行われているとの理由だけで確認処分を イ することは、違法であると解するのが相当である。

（最一小判昭和60年7月16日民集39巻5号989頁）

1	強制	2	慣習法	3	社会通念	4	特段の事情
5	通知	6	悪意	7	事実の認定	8	法令の解釈
9	併合	10	衡平	11	善意	12	政策実施
13	任意	14	適用除外	15	却下	16	先例
17	拒否	18	審査請求	19	留保	20	信頼保護

行政指導

| ア | 13 | 任意 | イ | 19 | 留保 |
| ウ | 3 | 社会通念 | エ | 4 | 特段の事情 |

　本問は、建築確認の留保に関する品川マンション判決（最判昭60.7.16）を題材としたものである。

　同判決の事案は、マンションの建築計画をめぐって付近住民と建築主の間に紛争が生じている場合に、建築確認申請を受理したYの建築主事が、建築主に対し、付近住民との話合いによる円満解決を行政指導している間建築確認処分を留保し、申請時から約5か月後に和解がされた段階でようやく確認処分をしたため、建築主が確認処分を遅滞させたのは違法であるとして国家賠償請求をしたというものである。なお、建築確認処分が留保されている間、建築主は、当初行政指導に協力していたものの、申請時から約4か月経過後に建築確認申請に対する不作為を争う審査請求をしたという経緯があった。

　同判決は、まず、「建築確認申請に係る建築物の建築計画をめぐり建築主と付近住民との間に紛争が生じ、関係地方公共団体により建築主に対し、付近住民と話合いを行つて円満に紛争を解決するようにとの内容の行政指導が行われ、建築主において任意に右行政指導に応じて付近住民と協議をしている場合においても、そのことから常に当然に建築主が建築主事に対し確認処分を留保することについてまで任意に同意をしているものとみるのは相当でない」とした。したがって、空欄アには「**任意**」が、空欄イには「**留保**」が当てはまる。

　もっとも、同判決は、建築確認留保が違法とはいえない場合について、「関係地方公共団体において、当該建築確認申請に係る建築物が建築計画どおりに建築されると付近住民に対し少なからぬ日照阻害、風害等の被害を及ぼし、良好な居住環境あるいは市街環境を損なうことになるものと考えて、当該地域の生活環境の維持、向上を図るために、建築主に対し、当該建築物の建築計画につき一定の譲歩・協力を求める行政指導を行い、建築主が任意にこれに応じているものと認められる場合においては、社会通念上合理的と認められる期間建築主事が申請に係る建築計画に対する確認処分を留保し、行政指導の結果に期待することがあつたとしても、これをもつて直ちに違法な措置であるとまではいえないというべきである」とした。したがって、空欄ウには「**社会通念**」が当てはまる。

　その上で、同判決は、「確認処分の留保は、建築主の任意の協力・服従のもとに行政指導が行われていることに基づく事実上の措置にとどまるものであるから、建築主において自己の申請に対する確認処分を留保されたままでの行政指導には応じられないとの意思を明確に表明している場合には、かかる建築主の明示の意思に反してその受忍を強いることは許されない筋合のものであるといわなければならず、建築主が右のような行政指導に不協力・不服従の意思を表明している場合には、当該建築主が受ける不利益と右行政指導の目的とする公益上の必要性とを比較衡量して、右行政指導に対する建築主の不協力が社会通念上正義の観念に反するものといえるような特段の事情が存在しない限り、行政指導が行われているとの理由だけで確認処分を留保することは、違法であると解するのが相当である」とした。したがって、空欄エには「**特段の事情**」が当てはまる。

過去問 H19（問43） 重要度 A

問題76 処分取消訴訟に関する次の文章の空欄 ア ～ エ に当てはまる語句を、枠内の選択肢（1～20）から選びなさい。

処分取消訴訟を提起しても、そもそも、訴えそれ自体が訴訟要件を満たす適法なものでなければならないことはいうまでもない。しかし、訴えが仮に適法なものであったとしても、自己の法律上の利益に関係のない違法を理由に取消しを求めることはできないから、そのような違法事由しか主張していない訴えについては、 ア が下されることになり、結局、原告敗訴ということになる。さらに、処分が違法であっても、これを取り消すことにより公の利益に著しい障害を生ずる場合においては、一定の条件の下、 ア がなされることがある。このような判決のことを、 イ というが、この場合、当該判決の主文において、当該処分が違法であることを宣言しなければならない。このような違法の宣言は、判決主文において行われることから、その判断には ウ が生ずる。

取消判決がなされると、当該処分の効果は、当然否定されることになるが、その他にも取消判決の効力はいくつか挙げられる。例えば、申請の拒否処分が取り消された場合、当該拒否処分を行った行政庁は、判決の趣旨に従い、改めて申請に対する処分をしなければならない。このような効力を エ という。

1	棄却判決	2	公定力	3	拘束力	4	却下判決
5	義務付け判決	6	自力執行力	7	事情判決	8	差止判決
9	遡及効	10	無効確認判決	11	既判力	12	確認判決
13	中間判決	14	不可変更力	15	規律力	16	違法確認判決
17	認容判決	18	不可争力	19	対世効	20	将来効

取消訴訟

ア 1 棄却判決　取消訴訟においては、自己の法律上の利益に関係のない違法を理由として取消しを求めることができない（行政事件訴訟法10条1項）ため、**訴えが適法**になされ、自己の法律上の利益に関係のない違法を理由に取消しを求めている場合には、**請求に理由がない**として、**棄却判決**がなされる。

イ 7 事情判決　取消訴訟については、処分又は裁決が**違法ではあるが**、これを取り消すことにより公の利益に著しい障害を生ずる場合において、原告の受ける損害の程度、その損害の賠償又は防止の程度及び方法その他一切の事情を考慮した上、処分又は裁決を取り消すことが公共の福祉に適合しないと認めるときは、裁判所は、**請求を棄却**することができる（31条1項）。このような判決のことを**事情判決**という。

ウ 11 既判力　事情判決を裁判所がする場合、当該判決の主文において、処分又は裁決が違法であることを宣言しなければならない（31条1項後段）。そして、民事訴訟法114条1項は、確定判決は主文に包含するものに限り**既判力**を有する、としている。

エ 3 拘束力　行政処分の取消判決があると、当該処分が行われる前の状態に戻り、改めて行政庁は処分をすることになるが、再度同様な処分がなされてしまっては、取消判決が無意味と化してしまう。そのようなことがないように、行政事件訴訟法では、**処分又は裁決をした行政庁その他の関係行政庁を拘束する**という規定を設けている（33条1項）。

問題77 次の文章の空欄 ア ～ エ に当てはまる語句を、枠内の選択肢（1～20）から選びなさい。

　行政事件訴訟法は、「行政事件訴訟に関し、この法律に定めがない事項については、 ア の例による。」と規定しているが、同法には、行政事件訴訟の特性を考慮したさまざまな規定が置かれている。

　まず、「行政庁の処分その他公権力の行使に当たる行為については、民事保全法…に規定する イ をすることができない。」と規定されており、それに対応して、執行停止のほか、仮の義務付け、仮の差止めという形で仮の救済制度が設けられている。それらの制度の要件はそれぞれ異なるが、内閣総理大臣の異議の制度が置かれている点で共通する。

　また、処分取消訴訟については、「 ウ により権利を害される第三者」に手続保障を与えるため、このような第三者の訴訟参加を認める規定が置かれている。行政事件訴訟法に基づく訴訟参加は、このような第三者のほかに エ についても認められている。

1　関連請求の訴え	2　仮処分	3　訴訟の一般法理
4　当該処分をした行政庁の所属する国又は公共団体		5　訴えの取下げ
6　民事執行	7　適正手続	8　訴えの利益の消滅
9　処分若しくは裁決の存否又はその効力の有無に関する争い		
10　保全異議の申立て	11　行政上の不服申立て	12　強制執行
13　訴訟の提起	14　民事訴訟	15　執行異議の申立て
16　当該処分をした行政庁以外の行政庁		17　訴えの変更
18　保全命令	19　訴訟の結果	
20　公益代表者としての検察官		

行政事件訴訟法　総合

ア　14　民事訴訟
　行政事件訴訟に関し、この法律に定めがない事項については、**民事訴訟の例による**（行政事件訴訟法7条）。「**民事訴訟の例による**」とは、同法の空白部分に民事訴訟法を直接適用するのではなく、行政事件訴訟としての固有の性質に反しない限りで、民事訴訟に関する諸規定が包括的に準用されるという趣旨である。

イ　2　仮処分
　行政庁の処分その他公権力の行使に当たる行為については、民事保全法に規定する**仮処分**をすることができない（44条）。この規定は、比較的容易に認められる仮処分によって行政活動が阻害されることのないよう、行政活動の公益性を重視した立法政策に基づくものである。

ウ　19　訴訟の結果
　裁判所は、**訴訟の結果**により権利を害される第三者があるときは、**当事者若しくはその第三者の申立てにより又は職権**で、決定をもって、**その第三者を訴訟に参加させることができる**（22条1項）。行政処分がその直接の相手方以外の第三者に対して法的効果を及ぼすことがあるため、規定された。

エ　16　当該処分をした行政庁以外の行政庁
　裁判所は、**処分又は裁決をした行政庁以外の行政庁**を訴訟に参加させることが必要であると認めるときは、**当事者若しくはその行政庁の申立てにより又は職権**で、決定をもって、**その行政庁を訴訟に参加させることができる**（23条1項）。処分庁・裁決庁以外の関係行政庁を訴訟に引き込むことは、訴訟資料の充実や適正な審理の遂行に資することが多いため、規定された。

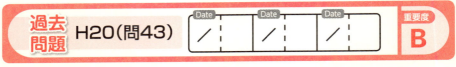

問題78 国と地方公共団体の関係に関する次の文章の空欄 ア ～ エ に当てはまる語句を、枠内の選択肢（1〜20）から選びなさい。

　国と各地方公共団体は、それぞれ独立の団体であるから、それぞれの権限を独立して行使するのが原則である。しかし、広域的な行政執行等の観点から、国が都道府県の活動に、国や都道府県が市町村の活動に影響力を行使する必要がある場合もある。こうした影響力の行使について、地方自治法245条は、 ア と総称しており、同条の2は、法律や政令によって認められた場合にのみ、これをなしうることとしている。国と都道府県の関係について言えば、所管の各大臣は、都道府県の活動について、通常は、技術的な助言及び イ をなすことができるにとどまるが、その活動が違法である場合等には、自治事務については、その是正を求めることができ、法定受託事務については、その是正を指示した上で、それに従わなければ、裁判を経て、 ウ 等をすることができる。そのほか、同法255条の2によって、都道府県知事等の処分が法定受託事務に該当するときは、これに不服のある者は、所管の大臣に不服申立てができるものとされている。一般に、これを エ 的 ア と呼んでいるが、地方分権の見地から、その是非について議論がある。

1	裁決	2	勧告	3	協議	4	決定	5	代執行
6	取消し	7	命令	8	指導	9	同意	10	許可
11	関与	12	参与	13	通達	14	協力	15	監督
16	撤回	17	罷免	18	指揮	19	裁定	20	直接強制

総合テキスト LINK　Chapter 14　国と地方公共団体及び地方公共団体相互の関係　1

国と地方公共団体の関係

ア　11　関与　普通地方公共団体に対する国又は都道府県の**関与**について、地方自治法245条で基本類型を定めている。

イ　2　勧告　各大臣は、その担任する事務に関し、普通地方公共団体に対し、普通地方公共団体の事務の運営その他の事項について適切と認める技術的な**助言**若しくは**勧告**をすることができる（245条の4第1項）。

ウ　5　代執行　**代執行**とは、普通地方公共団体の事務の処理が法令の規定に違反しているとき又は当該普通地方公共団体がその事務の処理を怠っているときに、その是正のための措置を当該普通地方公共団体に代わって行うことである（245条1号ト）。

エ　19　裁定　地方公共団体の法定受託事務にかかる処分につき、当該地方公共団体に不服申立てがなされた場合、所管の大臣が審査庁として審査する制度（255条の2）がある。これが地方公共団体をコントロールする手段として機能している点を、学説上「**裁定的関与**」と呼ぶことがある。

基礎法学

Chapter 1 法学概論

過去問題 H23(問1) 重要度 A

問題1 わが国の法律に関する次の記述のうち、妥当なものはどれか。

1 わが国の法律は基本的には属人主義をとっており、法律によって日本国民以外の者に権利を付与することはできない。

2 限時法とは、特定の事態に対応するために制定され、その事態が収束した場合には失効するものをいう。

3 法律が発効するためには、公布がされていることと施行期日が到来していることとの双方が要件となる。

4 国法は全国一律の規制を行うものであり、地域の特性に鑑み特別の地域に限って規制を行ったり、規制の特例措置をとったりすることは許されない。

5 日本国憲法は遡及処罰の禁止を定めており、法律の廃止に当たって廃止前の違法行為に対し罰則の適用を継続する旨の規定をおくことは許されない。

法 律

1 妥当でない　属人主義とは、国際私法上、法の適用関係を定めるに当たり、人がどの場所に赴いたとしても、その人に関する法律問題については「その人に固有の法」を適用することをいう。属人主義は、わが国の法律においても妥当し得るが、法律によって日本国民以外の者に権利を付与することができないわけではない（法の適用に関する通則法26条2項等参照）。

2 妥当でない　重　限時法とは、**有効期間**が限定されている法令をいう。一般的に、特定の事態に対応するために制定され、有効期間が定められていないものは、臨時法と呼ばれ、限時法とは区別される。

3 妥当である　重　法令が制定された場合、一定の方法によって**公布**された後、施行されることになる。そして、法令が現実にその拘束力を発生させるためには、一般に公布の手続を踏むことを要するものとされ、また、**施行期日**（法の適用に関する通則法2条参照）が到来していることが必要となる。

4 妥当でない　憲法上、**特定の地方公共団体**の地域を規制対象とする法律の制定が認められている（憲法95条参照）。

5 妥当でない　重　憲法は**刑罰不遡及**の原則を定めている（39条前段前半）。ただし、法令の改廃における経過措置として、「廃止前の行為についても罰則についてはなお従前の例による。」等の規定を設け、新法令の規定にかかわらず、一定の期間、一定の範囲について旧法令の規定を適用することは許される。

正解　3

Chapter 1　法学概論

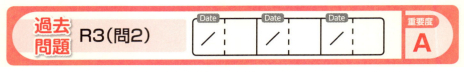

問題2 法令の効力に関する次の記述のうち、妥当なものはどれか。

1 法律の内容を一般国民に広く知らせるには、法律の公布から施行まで一定の期間を置くことが必要であるため、公布日から直ちに法律を施行することはできない。

2 法律の効力発生日を明確にする必要があるため、公布日とは別に、必ず施行期日を定めなければならない。

3 日本国の法令は、その領域内でのみ効力を有し、外国の領域内や公海上においては、日本国の船舶および航空機内であっても、その効力を有しない。

4 一般法に優先する特別法が制定され、その後に一般法が改正されて当該特別法が適用される範囲について一般法の規定が改められた場合には、当該改正部分については、後法である一般法が優先して適用され、当該特別法は効力を失う。

5 法律の有効期間を当該法律の中で明確に定めている場合には、原則としてその時期の到来により当該法律の効力は失われる。

法令の効力

1 妥当でない [超]

法の適用に関する通則法2条は、「**法律は、公布の日から起算して20日を経過した日から施行する。ただし、法律でこれと異なる施行期日を定めたときは、その定めによる。**」と規定している。本記述のように、公布日から直ちに法律を施行することはできない旨の規定はない。

なお、公布の日から即日施行されることが定められた法律の効力が問題となった事案において、最高裁判所は、「成文の法令が一般的に国民に対し、現実にその拘束力を生ずるためには、その法令の内容が一般国民の知り得べき状態に置かれることを前提要件とするものである」旨を述べた上で、公布の日における「官報の最初の閲読可能時」から施行されるとしている（最大判昭33.10.15）。

2 妥当でない

記述1の解説のとおり、法の適用に関する通則法2条は、「**法律は、公布の日から起算して20日を経過した日から施行する。ただし、法律でこれと異なる施行期日を定めたときは、その定めによる。**」と規定している。本記述のように、公布日とは別に施行期日を定めなければならないとはされていない。

3 妥当でない [重]

刑法1条1項は、「この法律は、**日本国内において罪を犯したすべての者**に適用する。」と規定し、同条2項は、「**日本国外にある日本船舶又は日本航空機**内において罪を犯した者についても、前項と**同様とする。**」と規定している。このように、外国の領域内や公海上にある日本国の船舶や航空機内において、日本国の法令が効力を有する場合がある。

4 妥当でない [超]

法令が新たに制定され又は改正された場合には、「後法は前法を破る」の原則により、**後法**が**優先**することになる。もっとも、これは双方が同等の形式的効力を持つ法規の間の原則であり、本記述のように、特別法が前法で一般法が後法である場合には、特別法優先の原理により、**特別法**が**優先**して適用されるのが原則である。

5 妥当である [重]

本記述のように、有効期間が限定されている法令を**限時法**（時限立法）という。例えば、「市町村の合併の特例に関する法律」（平成16年法律第59号）がこれに当たる。同法は附則において、「この法律は、令和12年3月31日限り、その効力を失う。」と規定している。

正解　5

問題3 法律の形式に関する次のア〜オの記述のうち、現在の立法実務の慣行に照らし、妥当でないものの組合せはどれか。

ア 法律は、「条」を基本的単位として構成され、漢数字により番号を付けて条名とするが、「条」には見出しを付けないこととされている。

イ 「条」の規定の中の文章は、行を改めることがあり、そのひとつひとつを「項」という。

ウ ひとつの「条」およびひとつの「項」の中で用語等を列挙する場合には、漢数字により番号を付けて「号」と呼ぶが、「号」の中で用語等を列挙する場合には、片仮名のイロハ順で示される。

エ 法律の一部改正により特定の「条」の規定をなくす場合において、その「条」の番号を維持し、その後の「条」の番号の繰り上げを避けるときは、改正によってなくす規定の「条」の番号を示した上で「削除」と定めることとされている。

オ 法律の一部改正により新たに「条」の規定を設ける場合には、その新しい「条」の規定の内容が直前の「条」の規定の内容に従属しているときに限り、その新しい「条」には直前の「条」の番号の枝番号が付けられる。

1 ア・イ
2 ア・オ
3 イ・ウ
4 ウ・エ
5 エ・オ

法律の形式

ア 妥当でない　法令は、基本的に、「第一条、第二条……」というように、「条」によって区分される。そして、条文の右には、かっこ書で「見出し」が付けられる（古い法令の条文には、見出しがないものもある）ところ、法令の本則においては、**見出しは「条」に付けられる**。

イ 妥当である　超　1つの「条」を内容に応じて区分する場合、「条」の中で改行（段落分け）をする。この段落を「項」という。

ウ 妥当である　超　「条」又は「項」の中において、いくつかの事項を列記する場合、「一、二、三……」と漢数字で番号を付けて列記する。この個々の列記を「号」という。また、「号」の中を細分して列記する場合、「イ、ロ、ハ……」が用いられる。

エ 妥当である　「削除」は、法改正において、改正部分を消去する場合に、「第○○条　削除」という形で用いられる。これは、廃止された「条」が欠番になることや、廃止された「条」の後ろの条文番号がすべて繰り上がるという不都合を防ぐための立法技術である。

オ 妥当でない　「枝番号」は、法改正において、「条」を追加する場合の立法技術であり、例えば、法改正で「第○○条の次に次の二条を加える」とした場合に、「第○○条の二」「第○○条の三」という形で用いられる。これは、「削除」（記述エ）とは反対に、「条」の追加により後の条文番号がすべて繰り下がるという不都合を防ぐための立法技術である。

　「枝番号」は、新しい「条」の規定の内容が直前の「条」の規定の内容に従属しているときに限って用いられるというわけではない。

正解　2

過去問 H22（問1） 重要度 A

問題4 法令の用語として「又は」と「若しくは」の用法は、選択される語句に段階がある場合には、段階がいくつあっても、一番大きな選択的接続に「又は」を用い、その他の小さな選択的接続には、「若しくは」を用いる。次の、地方自治法180条の2の条文中の空欄 ア ～ オ に当てはまる接続詞の組合せとして、妥当なものはどれか。

「普通地方公共団体の長は、その権限に属する事務の一部を、当該普通地方公共団体の委員会 ア 委員と協議して、普通地方公共団体の委員会、委員会の委員長（教育委員会にあつては、教育長）、委員 イ これらの執行機関の事務を補助する職員 ウ これらの執行機関の管理に属する機関の職員に委任し、 エ これらの執行機関の事務を補助する職員 オ これらの執行機関の管理に属する機関の職員をして補助執行させることができる。ただし、政令で定める普通地方公共団体の委員会又は委員については、この限りでない。」

	ア	イ	ウ	エ	オ
1	又は	若しくは	若しくは	又は	若しくは
2	又は	若しくは	若しくは	若しくは	又は
3	若しくは	又は	若しくは	若しくは	又は
4	若しくは	若しくは	又は	若しくは	又は
5	若しくは	又は	若しくは	又は	若しくは

法令用語

ア「又は」が当てはまる

　地方自治法180条の2において、普通地方公共団体の長の権限事務の委任及び補助執行の前提として、長は、当該普通地方公共団体の委員会等と「協議」することを要するとされている。そうすると、同条においては、まず「**協議して**」までが1つの文節の区切りということができる。そして、その文節の中で用いられている選択的接続詞は、空欄アの1つだけであるから、空欄アには**大きな選択的接続詞**が当てはまることがわかる。したがって、空欄アには「又は」が当てはまる。

イ ウ オ「若しくは」が当てはまる
エ「又は」が当てはまる

　180条の2においては、普通地方公共団体の長の権限事務の「**委任**」及び「**補助執行**」について定められている。そうすると、「委任し」と「補助執行させる」とをつなぐ空欄エに**大きな選択的接続詞**が当てはまることがわかる。したがって、空欄エには「又は」が当てはまる。

　そして、それ以外の空欄であるイ・ウ・オは、委任し、又は補助執行させる各執行機関をつないでおり、これらには**小さな選択的接続詞**が当てはまることがわかる。したがって、空欄イ・ウ・オには、「若しくは」が当てはまる。

正解　1

問題5　次の文章は、法の適用における三段論法に関するものである。以下のア〜オの記述のうち、文章中の（　a　）〜（　e　）に入るものの組合せとして最も適切なものはどれか。

　裁判における法の適用は、形式的には三段論法の形でなされる。例えば、医療事故による損害賠償請求の訴訟においては、大前提として、（　a　）が定まり、小前提として、（　b　）が確定されれば、「甲は乙なり」、「丙は甲なり」、「ゆえに丙は乙なり」という三段論法に従って、（　c　）が判決としてでてくることになる。この場合に、裁判官としてなすべき仕事は、第1に（　d　）を確定することであり、第2に（　e　）を明らかにすることにある。

ア　その事実関係に適用すべき法規とその意味

イ　「被告は原告に何万円を支払え」という結論

ウ　「故意又は過失によって他人の権利又は法律上保護される利益を侵害した者は、これによって生じた損害を賠償する責任を負う。」（民法709条）という適用法規

エ　事実認定、すなわち事実関係

オ　被告の過失によって原告の病状が悪化したという事実

	a	b	c	d	e
1	ア	エ	イ	オ	ウ
2	エ	ア	イ	ウ	オ
3	オ	ウ	イ	ア	エ
4	ウ	オ	イ	エ	ア
5	イ	ウ	オ	エ	ア

総合テキスト　LINK　Chapter 1　法学概論

436　基礎法学

三段論法

a ウが入る

（ a ）には、その直前の「大前提として」との語から、法の適用において大前提となる記述が入ることがわかる。この点、法の適用に関する三段論法において、大前提となるのは**法規**である。すなわち、不法行為の場合であれば、加害者の不法行為に関する要件（甲）と、その損害賠償義務の発生という効果（乙）を定める法規の存在が、これを適用して当事者の欲する効果を発生させるための根本的な前提となる。そこで、記述ア〜オをみると、法規に関する記述としてはアとウがある。ただし、（ a ）の前には、「例えば、**医療事故による損害賠償請求の訴訟**においては」とあり、このような事例に適用される具体的な法規の例が入ることがわかる。したがって、（ a ）に入る記述としては、より具体的な民法709条に関するウの記述が最も適切である。

b オが入る

（ b ）には、その直前の「小前提として」との語から、法の適用において小前提となる記述が入ることがわかる。この点、法の適用に関する三段論法において、小前提となるのは**事実**である。すなわち、不法行為の場合であれば、法規の要件（甲）に当てはまる加害者の不注意や損害の発生といった事実（丙）の確定が、法規の次にそれを適用するための前提となる。そして、前述の（ a ）と同じく、（ b ）には**医療事故による損害賠償請求訴訟**の具体的な事実に関する記述が入る。したがって、このような記述としてはオが最も適切である。

また、後述のように、（ c ）は三段論法の結論部分であり、これに入り得る記述はイしかないが、そこには「**被告は原告に何万円を支払え**」という**原告と被告の存在**を前提とした具体的結論が示されている。そうすると、かかる結論を導く前提事実としては単に「事実関係」というより、「被告の過失によって原告の病状が悪化したという事実」という原告・被告間の具体的事実を述べた記述が適切である。

c イが入る

（ c ）には、「三段論法に従って」「判決としてでてくる」ものが入る。よって、これには、事実（丙）を法規の要件（甲）にあてはめて出される効果（乙）、すなわち**結論**に関する記述が入る。したがって、このような記述としてはイが最も適切である。

d エが入る

（ d ）と（ e ）には法の適用における裁判官の仕事を一般的に述べた記述が入る。そこで、残ったアとエの記述をみると、アの「**その事実関係**」との語は、エの「事実関係」を受けてこれを指すものであり、アがエの後に来るということがわかる。したがって、先の（ d ）に入る記述としては、エが最も適切である。

e アが入る

残った（ e ）にはアが入る。

正解　4

問題6 次の記述のうち、反対解釈の例として誤っているものはどれか。

1 「登記をしなければ、第三者に対抗することができない」との法文から、「登記をしていれば、第三者に対抗できる」ということを導く解釈

2 「都道府県の名称を変更しようとするときは、法律でこれを定める」との法文から、「市町村の名称を条例の改正によって変更することができる」ということを導く解釈

3 「時効の利益は、あらかじめ放棄することができない」との法文から、「時効完成後の時効利益の放棄は許される」ということを導く解釈

4 「地方公共団体の住民が直接これを選挙する」との法文から、「外国人には直接選挙する権利がない」ということを導く解釈

5 「一切の法律、命令、規則、又は処分が憲法に適合するかしないかを決定する権限を有する」との法文から、「条約に対する違憲審査権がない」ということを導く解釈

反対解釈

1 正しい　反対解釈を推論方式とみる場合、それは、**「PならばQ」**という形式であらわせる法文から**「PでなければQでない」**ということを導く推論をいう。この場合、「P」及び「Q」には文又は概念が入り、それ自体否定的な表現であってもよい。

2 正しい　本記述の法文を反対解釈すると、「都道府県でないものの名称を変更するときは法律で定める必要はない」ということが導かれる。したがって、本記述は反対解釈の例として正しい。なお、都道府県以外の地方公共団体の名称は、原則として条例の定めによって変更できる（地方自治法3条3項）。

3 正しい　本記述の法文を反対解釈すると、「時効の利益は、あらかじめでなければ放棄することができる」ということが導かれるが、あらかじめでない放棄とは、時効完成後の放棄を意味する。

4 誤り　重　本記述の法文を反対解釈すると、「地方公共団体の住民でない者には、直接選挙する権利がない」ということが導かれる。しかし、**「住民」と「国民」は直ちに同一であるとはいえない**から、かかる反対解釈のみで「住民でないもの」から「外国人」が導かれるわけではない。

5 正しい　本記述の法文を反対解釈すると、「一切の法律、命令、規則、又は処分以外のものに対しては憲法に適合するかしないかを決定する権限を有しない」ということが導かれる。そして、条約は法律、命令、規則、又は処分のいずれにも当てはまらない。

正解　4

問題7 裁判外の紛争処理手続の種類に関する次の文章の空欄 A ～ D 内に当てはまる語として、正しいものの組合せはどれか。

　紛争当事者は、話し合いにより互いに譲り合って紛争を解決することができる。しかし当事者間で話し合いがつかないときは、権威のある第三者に入ってもらって、紛争を解決するほかない。国家はそのために、正式な裁判のほかにも種々の制度を用意しているが、その一つが裁判上の A である。また「当事者の互譲により、条理にかない実情に即した解決を図ることを目的とする」紛争解決方法として、わが国では B が発達し、争いの性質によっては訴訟よりも活用されてきた。たとえば家事事件手続法によれば、 B を行うことのできる事件についてはいきなり訴訟を提起することはできず、まずは B の申立てをしなければならない。裁判によらない紛争解決の方法としては、さらに C がある。これは紛争当事者が争いの解決のために第三者を選び、その判断に服することを約束することによって争いを解決する手段であり、特に商人間の紛争解決手法として古くから発達してきた。近時はこのような裁判外の紛争処理方法を D として捉えて、その機能を強化することへの期待が高まっており、関係する制度の整備が行われている。

	A	B	C	D
1	和解	調停	仲裁	PFI
2	示談	仲裁	あっせん	ADR
3	和解	調停	仲裁	ADR
4	調停	仲裁	あっせん	PFI
5	示談	あっせん	裁定	PSE

ADR

A 和 解

選択肢1から5までは、空欄Aに当てはまる語句の候補として、「和解」「示談」「調停」の3つが挙げられている。これらのうち、空欄Aの直前にある「裁判上の」という文言に続くものとして適当なのは、「和解」である。

裁判上の和解（訴訟上の和解）とは、訴訟係属中に、両訴訟当事者が、訴訟物をめぐる主張について、**相互に譲歩**することによって、訴訟を全部又は一部終了させる旨の期日における合意をいう。

B 調 停 重

家事事件手続法において、訴訟に先立ってまず申し立てなければならないとされているものは、調停である（調停前置主義257条）。**調停**とは、公的機関が当事者間を仲介して紛争解決を図る手続であり、家事調停のほかに、民事調停、労働調停、公害紛争調停等がある。

家事事件は、複雑微妙な人間関係そのものを対象とするなど、通常の民事事件とは異なる特性を持っていることから、当事者間の合意によって紛争を解決する調停をまず経ることが望ましいとされたのである。

C 仲 裁 予

「紛争当事者が争いの解決のために第三者を選び、その判断に服することを約束することによって争いを解決する手段」とは、**仲裁**である。

仲裁手続には、自由な手続で、専門領域における事情や商慣習などに精通した仲裁人により、的確かつ迅速な判断が得られるという長所がある。

D ADR 超

和解、調停、仲裁等、裁判外の紛争処理方法を、一般にADR（Alternative Dispute Resolution）という。

ADRには、①紛争当事者がより手軽に手続を利用でき、**簡易**、**迅速**かつ**低廉**な紛争処理が可能になる、②実体法規にとらわれない**妥当**で**柔軟**な救済内容を形成できる、等の利点があるため、その積極的活用が期待されている。

このようなADRの機能を充実するため、裁判外紛争解決手続の利用の促進に関する法律（ADR法）が制定され、平成19年4月1日から施行された。

正解　3

問題8 司法制度改革審議会の意見書（平成13年6月公表）に基づいて実施された近年の司法制度改革に関する次のア～オの記述のうち、明らかに誤っているものの組合せはどれか。

ア　事業者による不当な勧誘行為および不当な表示行為等について、内閣総理大臣の認定を受けた適格消費者団体が当該行為の差止めを請求することができる団体訴訟の制度が導入された。

イ　一定の集団（クラス）に属する者（例えば、特定の商品によって被害を受けた者）が、同一の集団に属する者の全員を代表して原告となり、当該集団に属する者の全員が受けた損害について、一括して損害賠償を請求することができる集団代表訴訟の制度が導入された。

ウ　民事訴訟および刑事訴訟のいずれにおいても、審理が開始される前に事件の争点および証拠等の整理を集中して行う公判前整理手続の制度が導入された。

エ　検察官が公訴を提起しない場合において、検察審査会が2度にわたって起訴を相当とする議決をしたときには、裁判所が指定した弁護士が公訴を提起する制度が導入された。

オ　日本司法支援センター（法テラス）が設立され、情報提供活動、民事法律扶助、国選弁護の態勢確保、いわゆる司法過疎地での法律サービスの提供および犯罪被害者の支援等の業務を行うこととなった。

1　ア・イ
2　ア・オ
3　イ・ウ
4　ウ・エ
5　エ・オ

司法制度改革

ア 明らかに誤っているとはいえない
本記述のような適格消費者団体（消費者契約法2条4項）による差止めを請求する消費者団体訴訟制度は、2006年の消費者契約法の改正により導入されたものであり（12条以下）、2007年より運用されている。また、2008年の法改正により、消費者団体訴訟制度の対象が景品表示法と特定商取引法にも拡大された（景品表示法30条、特定商取引法58条の18以下）。

イ 明らかに誤っている
本記述のような損害賠償を請求することができる集団代表訴訟の制度（クラスアクション）は、一般的には未だ導入されていない。

ウ 明らかに誤っている
刑事訴訟において、裁判所は、充実した公判の審理を継続的、計画的かつ迅速に行うため必要があると認めるときは、検察官及び被告人又は弁護人の意見を聴いて、第1回公判期日前に、決定で、事件の争点及び証拠を整理するための公判準備として、事件を公判前整理手続に付することができる（公判前整理手続　刑事訴訟法316条の2以下）。これに対して、民事訴訟においては、争点及び証拠の整理手続に関する制度は設けられている（民事訴訟法164条以下）が、公判前整理手続の制度は導入されていない。

エ 明らかに誤っているとはいえない
検察審査会が、検察官の不起訴処分の当否に関し起訴を相当とする議決をした後、検察官から改めて不起訴処分とした旨の通知を受けた場合において、検察審査会が再度の審査により改めて起訴を相当と認め、8人以上の多数をもって起訴すべき旨の議決（起訴議決）を行ったとき（検察審査会法39条の5第1号、41条1項、3項、41条の2第1項、41条の6第1項参照）は、裁判所は、起訴議決にかかる事件について公訴の提起及びその維持に当たる者を弁護士の中から指定しなければならない（41条の9第1項）。そして、指定弁護士は、起訴議決にかかる事件について公訴を提起し、その公訴の維持をするため、検察官の職務を行う（同条3項）。

オ 明らかに誤っているとはいえない 重
日本司法支援センター（法テラス）は、総合法律支援法に基づいて設立された法人であり、総合法律支援に関する事業を迅速かつ適切に行うことを目的としている（総合法律支援法14条）。法テラスは、その業務として、情報提供業務（30条1項1号）、民事法律扶助業務（同項2号）、国選弁護等関連業務（同項6号）、司法過疎対策業務（同項7号）等を行う。

正解　3

問題9 裁判の審級制度等に関する次のア〜オの記述のうち、妥当なものの組合せはどれか。

ア　民事訴訟および刑事訴訟のいずれにおいても、簡易裁判所が第1審の裁判所である場合は、控訴審の裁判権は地方裁判所が有し、上告審の裁判権は高等裁判所が有する。

イ　民事訴訟における控訴審の裁判は、第1審の裁判の記録に基づいて、その判断の当否を事後的に審査するもの（事後審）とされている。

ウ　刑事訴訟における控訴審の裁判は、第1審の裁判の審理とは無関係に、新たに審理をやり直すもの（覆審）とされている。

エ　上告審の裁判は、原則として法律問題を審理するもの（法律審）とされるが、刑事訴訟において原審の裁判に重大な事実誤認等がある場合には、事実問題について審理することがある。

オ　上級審の裁判所の裁判における判断は、その事件について、下級審の裁判所を拘束する。

1　ア・イ
2　ア・オ
3　イ・ウ
4　ウ・エ
5　エ・オ

裁判の審級制度等

ア 妥当でない　民事訴訟における判決手続では、**第一審の裁判権は簡易裁判所、地方裁判所又は家庭裁判所が有する**（裁判所法33条1項1号、24条1号等）。これに対応して、**控訴審の裁判権は地方裁判所、高等裁判所が有し**（24条3号、16条1号）、**上告審の裁判権は高等裁判所、最高裁判所が有する**（16条3号、7条1号）。これに対して、**刑事訴訟**における判決手続では、**第一審が簡易裁判所であっても、その控訴審、上告審は、それぞれ高等裁判所と最高裁判所となる**（16条1号、7条1号）。

イ 妥当でない
ウ 妥当でない　審判の対象についての裁判資料の範囲に関しては、覆審主義、事後審主義、続審主義などの原則が対立している。覆審主義は、第一審の裁判資料とは別個独立に、控訴審が裁判資料を収集し、控訴の当否や請求の当否などを判断する原則である。これに対して、事後審主義は、第一審で提出された資料のみに基づいて、控訴審が第一審判決の当否を判断する原則である。また、続審主義は、両原則の中間にあり、第一審の裁判資料に加えて、控訴審において新たに資料を収集した上で第一審判決の当否を判断し、第一審判決の取消しによって必要が生じたときは、請求の当否についても控訴審が判断するというものである。
　現行の**民事訴訟法**において、296条2項は、「当事者は、第一審における口頭弁論の結果を陳述しなければならない。」と規定しており、156条は、「攻撃又は防御の方法は、訴訟の進行状況に応じ適切な時期に提出しなければならない。」と規定し、297条が控訴審の訴訟手続にこれを準用する旨を定めている。これらの規定は、**続審主義を定めたもの**と解されている。したがって、記述イは、民事訴訟における控訴審の裁判が事後審とされているとしている点で、妥当でない。
　他方、現行の**刑事訴訟法**において、控訴審は続審として運用されている（393条1項）ものの、原則的には、**事後審主義を採用したもの**と解されている。したがって、記述ウは、刑事訴訟における控訴審の裁判が覆審とされているとしている点で、妥当でない。

エ 妥当である　刑事訴訟法411条柱書は、「上告裁判所は、第405条各号に規定する事由がない場合であつても、左の事由があつて原判決を破棄しなければ著しく正義に反すると認めるときは、判決で原判決を破棄することができる。」と規定し、同条3号で、「判決に影響を及ぼすべき重大な事実の誤認があること。」と規定している。

オ 妥当である　裁判所法4条は、「上級審の裁判所の裁判における判断は、その事件について下級審の裁判所を拘束する。」と規定している。

正解　5

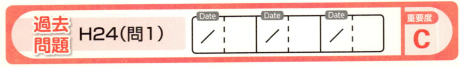

問題10 「判例」に関する次の記述のうち、明らかに誤っているものはどれか。

1 判例は、一般的見解によれば、英米法系の国では後の事件に対して法的な拘束力を有する法源とされてきたが、大陸法系の国では法源とはされてこなかった。

2 英米法系の国では、判決のうち、結論を導く上で必要な部分を「主文(レイシオ・デシデンダイ)」、他の部分を「判決理由」と呼び、後者には判例法としての拘束力を認めない。

3 判例という語は、広義では過去の裁判例を広く指す意味でも用いられ、この意味での判例に含まれる一般的説示が時として後の判決や立法に大きな影響を与えることがある。

4 下級審が最高裁判所の判例に反する判決を下した場合、最高裁判所は申立てに対して上告審として事件を受理することができる。

5 最高裁判所が、法令の解釈適用に関して、自らの過去の判例を変更する際には、大法廷を開く必要がある。

判　例

1 明らかに誤っているとはいえない
　一般的に、**判例法主義**をとる英米法系の国家においては、判例は法源性を有し、後の事件における法的な拘束力が認められているが、判例法主義をとらない大陸法系の国家においては、判例は法源性を有しないものとされている。

2 明らかに誤っている
　判決のうち、「結論」の部分を「**主文**」という。また、判決の理由として述べられているもののうち、判決の結論に達するために不可欠な基礎となった部分を「**判決理由（レイシオ・デシデンダイ）**」といい、それ以外の部分を「傍論（オビタ・ディクタム）」という。一般的に、「判決理由」と「傍論」のうち、判例法主義のもとにおいて先例としての拘束力が認められるのは、「判決理由」のみであるとされている。

3 明らかに誤っているとはいえない
　「判例」は、広義では、**過去に下された裁判一般**を指す意味で用いられる。また、裁判例は、後の判決や立法に対して一定の影響を与えることがあると考えられる。

4 明らかに誤っているとはいえない
　民事訴訟において、最高裁判所は、**原判決に最高裁判所の判例と相反**する判断がある事件について、申立てにより、**上告審**として事件を受理することができる（民事訴訟法318条1項）。また、刑事事件において、高等裁判所がした第一審又は第二審の判決に対しては、最高裁判所の判例と相反する判断をしたことを理由として上告の申立てをすることができる（刑事訴訟法405条2号）。

5 明らかに誤っているとはいえない
　最高裁判所が**判例変更**をする場合には、大法廷を開かなければならない（裁判所法10条3号）。

正解　2

Chapter 1　法学概論

記述式問題

Chapter 1 民法

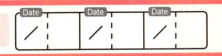

問題1 次の【設問】を読み、【答え】の中の〔 〕に適切な文章を40字程度で記述して、設問に関する解答を完成させなさい。

【設問】
　Aの子であるB（20歳）は、預かっていたAの印鑑等を用いて、勝手にAの代理人としてA所有の甲土地をCに売却する契約を締結した。この契約の締結時、Cは、Bが代理権を有しないことを知っていた。この場合、Cは、誰に対し、どのような法的手段をとることができるか。

【答え】
　民法上、無権代理行為の相手方を保護するための規定が設けられている。その規定に照らすと、Cは、〔　　　　　〕をすることができる。

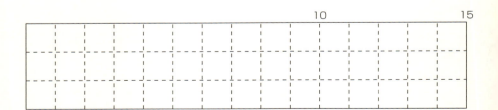

無権代理行為の相手方の保護

[解答例] Aに対し、相当の期間を定めて、その期間内に追認をするかどうかを確答すべき旨の催告（40字）

　代理権を有しない者が他人の代理人としてした契約は、原則として、本人がその追認をしなければ、本人に対してその効力を生じない（民法113条1項）。

　この場合において、相手方は、本人に対し、相当の期間を定めて、**その期間内に追認をするかどうかを確答すべき旨の催告**をすることができる（114条前段）。この催告がなされたにもかかわらず、本人がその期間内に確答をしないときは、**追認を拒絶**したものとみなされる（同条後段）。この規定の趣旨は、不安定な地位に置かれる無権代理行為の相手方を保護することにある。

　なお、無権代理行為の相手方を保護する規定としては、この他に、取消権を定めた民法115条、**無権代理人の責任**を定めた117条、**表見代理**を定めた109条、110条、112条があるが、本問の無権代理行為の相手方であるCは**悪意**であるので、これらの手段をとることはできない。

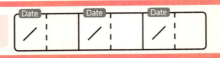

問題2 動物好きのAは、その居住するマンションがペットの飼育を禁止された物件であることから、自分のペット（以下「P」という。）を飼うための建物として、知り合いのBから、B所有の甲建物を借り受けた。このA・B間の契約においては、「Pが死亡したら、甲建物を返還する」という約定が付されていた。その後、Aは、仕事で海外に赴任したため、甲建物内でのPの飼育については、Bの承諾を得た上で友人のCに任せていたところ、Pは寿命により死亡した。この場合、Aが甲建物の返還債務について履行遅滞の責任を負うのはいつからか。民法の規定に照らし、40字程度で記述しなさい。

不確定期限付債務の履行遅滞

解答例1 　期限の到来した後に履行の請求を受けた時又は期限の到来したことを知った時のいずれか早い時。（44字）

解答例2 　Ｐの死亡後に甲建物の返還の請求を受けた時又はＰの死亡を知った時のいずれか早い時。（40字）

　ある事実が発生することは確実であるが、その発生の時点がいつなのかが確定していない法律行為の付款を、「不確定期限」という。

　本問についてみると、ペットであるＰは将来確実に死亡するが、それがいつなのかは確定していないため、本問の甲建物の貸借契約は、不確定期限が付されたものであるといえる。

　不確定期限付債務の履行遅滞について、民法412条2項は、「債務の履行について不確定期限があるときは、債務者は、その期限の到来した後に履行の請求を受けた時又はその期限の到来したことを知った時のいずれか早い時から**遅滞の責任を負う**。」と規定している。この規定は、旧民法では債務者は不確定期限が到来したことを知った時から遅滞の責任を負う旨規定しているのみであったところ、一般的な解釈に従い、債務者は、不確定期限が到来したことを知らなくても、期限到来後に履行の請求を受けた時から遅滞の責任を負う旨を明文化したものである。

　本問では、Ａは、「Ｐが死亡したら、甲建物を返還する」という約定付きで、Ｂが所有する甲建物を借り受けている。したがって、Ａは、Ｐの死亡後に甲建物の返還の請求を受けた時又はＰの死亡を知った時のいずれか早い時から、甲建物の返還について履行遅滞の責任を負うことになる。

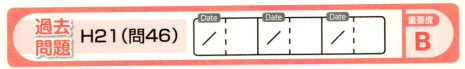

問題3
次の【設問】を読み、【答え】の中の〔 〕に適切な文章を40字程度で記述して、設問に関する解答を完成させなさい。

【設問】
　XはA所有の甲建物を購入したが未だ移転登記は行っていない。現在甲建物にはAからこの建物を借り受けたYが居住しているが、A・Y間の賃貸借契約は既に解除されている。XはYに対して建物の明け渡しを求めることができるか。

【答え】
　XはYに対して登記なくして自らが所有者であることを主張し、明け渡しを求めることができる。民法177条の規定によれば「不動産に関する物権の得喪及び変更は、不動産登記法その他の登記に関する法律の定めるところに従いその登記をしなければ、第三者に対抗することができない。」とあるところ、判例によれば、同規定中の〔　　　　　〕をいうものと解されている。ところが本件事案では、Yについて、これに該当するとは認められないからである。

177条の「第三者」

解答例 　第三者とは、当事者若しくは包括承継人以外で、かつ登記の欠缺を主張する正当な利益を有する者（44字）

　不動産に関する物権の得喪及び変更は、不動産登記法その他の登記に関する法律の定めるところに従いその登記をしなければ、第三者に対抗することができない（民法177条）。ここにいう「第三者」の意義につき、判例は、**当事者若しくはその包括承継人**以外の者であって、**不動産**に関する**物権**の得喪、変更の**登記の欠缺**を主張するについて**正当の利益**を有する者を指すとしている（大連判明41.12.15）。

　本問におけるYは、当事者若しくはその包括承継人以外の者ではあるが、すでにAとの間で賃貸借契約が解除されていることから、X所有の甲建物を何らの権原なくして不法占有している者に当たり、登記の欠缺を主張するについて正当の利益を有する者とはいえないので、民法177条の「第三者」には該当しない（最判昭25.12.19）。

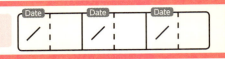

問題4 Aは、Bに対して貸金債権を有しており、これを担保するため、Bの所有する高級絵画（以下、「本件絵画」とする。）について、質権の設定を受け、現実の引渡しを受けて保管していた。ところが、第三者Cが、本件絵画をAの家から盗み出し、そのことを知っているDに売却してしまった。現在、本件絵画はDが所持している。この場合、本件絵画をめぐって、Aは、誰に対して、どのような訴えにより、どのような請求をすることができるか。40字程度で記述しなさい。

ただし、損害賠償請求及び不当利得返還請求については考慮しないものとする。

占有回収の訴え

解答例 Aは、Dに対して、占有回収の訴えにより、本件絵画の返還を請求することができる。(39字)

　占有者がその占有を奪われたときは、**占有回収の訴え**により、その物の返還及び損害の賠償を請求することができる（民法200条1項）。この占有回収の訴えは、占有を侵奪した者の**特定承継人に対して提起することができない**（同条2項本文）。ただし、**その承継人が侵奪の事実を知っていたときは、この限りでない**（同項ただし書）。

　本問では、Aは本件絵画についてBから現実の引渡しを受けて保管していたにもかかわらず、Cにこれを盗まれているから、「占有者がその占有を奪われた」といえる。また、Dは、Cから本件絵画を買い受け、これを占有しているから、「特定承継人」に当たるが、本件絵画はCが盗んだ物であることを知っていたのであるから、占有回収の訴えの被告となり得る。したがって、Aは、Dに対して、占有回収の訴えにより、本件絵画の返還を請求することができる。

　他方、本問では、Aは、絵画について質権の設定を受けて現実の引渡しを受けているので、本件絵画について質権を取得する（344条）。もっとも、動産質権者は、継続して質物を占有しなければ、その質権をもって第三者に対抗することができず（352条）、**質物の占有を奪われたときは、占有回収の訴えによってのみ、その質物を回復することができる**（353条）。したがって、本件絵画の占有を失ったAが、質権に基づいて本件絵画の返還を請求することはできない。

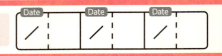

問題5 A所有のカメラ（以下、「甲」という。）をBが処分権限なしに占有していたところ、CがBに所有権があると誤信し、かつ、そのように信じたことに過失なくBから甲を買い受けた。Bは、Cに甲を売却する前に甲をDに寄託していた。この場合において、Cが、甲の占有をDに残した状態で、Aの意思によらずに甲の所有権を得ることができるのは、どのようなときか。また、それはどのような方法によるものか。民法の規定及び判例に照らし、40字程度で記述しなさい。

占有移転・即時取得

解答例 BがDに対し以後Cのために甲を占有することを命じ、Cがこれを承諾したとき。即時取得による。(45字)

　本問では、甲はAが所有しているものであるため、B・C間で甲の売買契約（民法555条）をしたとしても、**甲の所有権はCには移転しないのが原則**である。そのため、CがAの意思によらずに甲の所有権を得ることができるのは、**即時取得**が成立する場合に限られる（192条）。

　即時取得の要件は、①**取引行為**、②**平穏・公然**、③**善意・無過失**、④**動産の占有の取得**であるところ、本問のCはBに甲の所有権があると誤信し、かつ、そのように信じたことに過失なくBから甲を買い受けていることから、①から③までの要件は問題なく満たすといえる。

　もっとも、Bは、Cに甲を売却する前に甲をDに寄託していたことから、Cは④の要件を満たさないのではないかが問題となる。この点について、判例は、「**指図による占有移転**を受けることによって民法192条にいう**占有を取得**したものであるとした原審の判断は、正当として是認することができる」として、**192条の「占有」には、指図による占有移転（184条）が含まれる**としている（最判昭57.9.7）。そして、指図による占有移転によって占有権を取得するのは、「**代理人によって占有をする場合**において、本人がその**代理人**に対して以後**第三者**のために**その物を占有することを命じ**、その**第三者**がこれを**承諾**したとき」である（同条）。

　したがって、本問では、B（本人）がD（代理人）に対して、以後C（第三者）のために甲を占有することを命じ、C（第三者）がこれを承諾すれば、指図による占有移転により、Cが占有権取得することになる。

問題6　次の【事例】において、Yは、Xの請求を拒むことができるか。拒むことができるとした場合、どのような権利を保全するため、どのような権利を主張して、Xの請求を拒むことができるかを付し、また、拒むことができないとした場合は、その理由を付して、40字程度で記述しなさい。

【事例】
　劇団員のAは、自己が所有する高価な舞台衣装（以下「甲」という。）が長年の使用により損傷が目立ってきたことから、その修繕を専門業者Yに依頼し、これをYに引き渡した。甲の修繕に関する契約において、修繕代金の支払と甲の返還は同時になされる旨が約された。当該契約後、Yが甲を修繕し、これを保管していたところ、Aは、生活費に困窮したために、やむを得ず甲を友人の劇団員であるXに売り渡し、その代金をXから受領した。また、Aは、甲をXに売却した際に、Yに対して以後Xのために甲を占有することを命じ、それについてXの承諾を得ていた。その後、Xは、Yに対して甲の引渡しを請求した。

留置権と同時履行の抗弁権

解答例 Yは、修繕代金債権を保全するため、留置権を主張して、Xの請求を拒むことができる。（40字）

　本問において、Xは、甲の所有者であったAから、売買契約に基づいて甲の所有権を取得している。したがって、Xは、甲を保管・占有するYに対して、所有権に基づく甲の引渡請求権を有する。なお、Xは、指図による占有移転（民法184条）の方法により、Aから甲の引渡しを受けている。

　これに対して、「他人（X）の物」である甲を占有するYは、甲の引渡しと引換えに甲の修繕代金の支払を受けるために、**留置権**を主張して、Xの請求を拒むことが考えられる。

　すなわち、他人の物の占有者は、その物に関して生じた債権を有するときは、その債権の弁済を受けるまで、その物を留置することができる（295条1項本文）。ここで、債権が物に関して生ずるとは、①債権が物自体より生じた場合のほか、②債権が物の引渡請求権と同一の法律関係等から生じた場合も、これに含まれる。本問において、Yは、Aからの依頼により甲を修繕したことによって、甲の修繕代金債権を取得する（632条参照）ところ、このような物の修繕代金債権と修繕された物の引渡請求権の関係については、上記②に該当するものといえる。したがって、Yの修繕代金債権は、「物に関して生じた債権」であるといえる。

　また、**物権である留置権は、誰に対してもこれを主張することができる**。したがって、Yは、Aから甲を譲り受けたXに対しても留置権を主張することができる。

　なお、**同時履行の抗弁権**（533条）は、**契約の当事者間においてのみこれを主張することができる**。したがって、Yは、本件修繕契約の当事者ではないXに対して同時履行の抗弁権を主張して、Xの引渡請求を拒むことはできない。

　以上から、Yは、修繕代金債権を保全するため、留置権を主張して、Xの請求を拒むことができる。

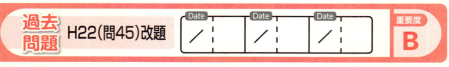

問題7　Aは、Bから金銭を借り受けたが、その際、A所有の甲土地に抵当権が設定されて、その旨の登記が経由され、また、Cが連帯保証人となった。その後、CはBに対してAの債務の全部を弁済し、Cの同弁済後に、甲土地はAからDに譲渡された。この場合において、Cは、Dを相手にして、どのような権利の確保のために、どのような権利を行使することができるか。40字程度で記述しなさい。

抵当権

解答例 　Cは、Dを相手にして、Aに対する求償権確保のために、Bの抵当権を行使することができる。(43字)

　保証人が主債務者に代わって弁済をしたときは、その保証人は、主債務者に対して**求償権**を有する（民法459条1項、459条の2第1項、462条1項）。本問では、連帯保証人Cが、債権者Bに対して、債務者Aの債務をAに代わって弁済していることから、Cは、Aに対する求償債権を取得する。

　次に、**弁済**をするについて**正当な利益**を有する者は、弁済によって**当然に債権者に代位する**（499条、500条かっこ書）。この点、判例によれば、連帯保証人は500条にいう「弁済をするについて正当な利益を有する者」に当たる（大判昭9.11.24）。そして、**債権者に代位した者**は、自己の権利に基づいて**求償をすることができる範囲内**において、債権の効力及び担保として**その債権者が有していた一切の権利**を**行使**することができる（501条1項、2項）。本問では、Cは、Bが有していた抵当権を行使することができる。

　なお、旧民法501条柱書は、「前2条の規定により債権者に代位した者は、自己の権利に基づいて求償をすることができる範囲内において、債権の効力及び担保としてその債権者が有していた一切の権利を行使することができる。この場合においては、次の各号の定めるところに従わなければならない。」と規定し、同条1号は、「保証人は、あらかじめ先取特権、不動産質権又は抵当権の登記にその代位を付記しなければ、その先取特権、不動産質権又は抵当権の目的である不動産の第三取得者に対して債権者に代位することができない。」と規定していた。同号は、債権が消滅したという不動産の第三取得者の信頼を保護する趣旨であるとされていた。しかし、そもそも付記登記がない場合に債権が消滅したという第三取得者の信頼が生ずるといえるか疑問であるなどの批判があり、同号は改正法により、削除された。

問題8　A・B間で、Aの所有する絵画をBに売り渡す旨の売買契約（以下「本件売買契約」という。）が成立した。Bは、支払期日に売買代金の支払をしたが、Aは、絵画の引渡期日を過ぎても、特に正当な理由もなく絵画を自宅に保管し続け、引き渡そうとしない。ただし、現時点において、Aは、引渡しを拒絶する意思を明確に表示してはおらず、Aがすぐに引渡しをすれば、本件売買契約の目的を達することができる状況にある。このような場合において、Bが、本件売買契約を、Aとの合意を得ずに解消したいと考えたとき、民法の規定によれば、Bは、Aに対し、どのような要件のもとで、どのような手段をとればよいか。40字程度で記述しなさい。

なお、解答に当たっては、Bの帰責事由を考慮する必要はなく、また、損害賠償請求その他の金銭債権に基づく請求については検討しなくてよい。

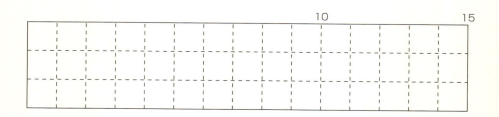

履行遅滞による解除

解答例1 相当の期間を定めて履行の催告をし、その期間内に履行がないときに、契約の解除をすればよい。(44字)

解答例2 履行の催告をし、催告後、履行がないまま相当の期間を経過したときに、契約の解除をすればよい。(45字)

民法541条本文は、「当事者の一方がその債務を履行しない場合において、相手方が**相当の期間**を定めてその**履行の催告**をし、その期間内に履行がないときは、相手方は、**契約の解除**をすることができる。」と規定している（履行遅滞による解除）。この規定は、契約の拘束力を維持すべく事前の催告を要求し、債務者に履行の機会を与えようとしたものである。

履行遅滞による解除の要件として、①履行が可能であること、②債務者が履行期を徒過したこと、③履行しないことが違法であること（債務者が同時履行の抗弁権を有する場合には解除権は発生しない。）、④催告、⑤相当期間の経過、が挙げられる。

本問の場合、A・B間の売買契約において、「Bは、支払期日に売買代金の支払をしたが、Aは、絵画の引渡期日を過ぎても、特に正当な理由もなく絵画を自宅に保管し続け、引き渡そうとしない」ということから、上記①から③までの要件を満たしている。そこで、Bは、上記④、⑤の要件を満たせば、履行遅滞による解除をすることができる。

また、542条1項は、「債務者がその債務の全部の履行を拒絶する意思を明確に表示したとき」（同項2号）や、「債務者がその債務の履行をせず、債権者が前条の催告をしても契約をした目的を達するのに足りる履行がされる見込みがないことが明らかであるとき」（同項5号）等、債務不履行により契約目的の達成が不可能になったと評価し得る場合（同項所定の場合）には、催告をすることなく、直ちに契約の解除をすることができる旨を定めているところ、本問では、「Aは、引渡しを拒絶する意思を明確に表示してはおらず、Aがすぐに引渡しをすれば、本件売買契約の目的を達することができる状況にある」とされていることから、同項の無催告解除をすることができる場合には当たらない。

なお、判例によれば、催告で示した期間が相当でない場合や、期間を指定しないで催告をした場合であっても、催告の後、客観的にみて相当の期間を経過すれば、解除権は発生するものとされている（大判昭2.2.2、最判昭31.12.6）。

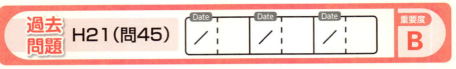

問題9 次の【事例】において、Xは、Yに対して、どのような権利について、どのような契約に基づき、どのような請求をすることができるか。40字程度で記述しなさい。

【事例】
　A（会社）は、B（銀行）より消費貸借契約に基づき金銭を借り受け、その際に、X（信用保証協会）との間でBに対する信用保証委託契約を締結し、Xは、同契約に基づき、AのBに対する債務につき信用保証をした。Xは、それと同時に、Yとの間で、Aが信用保証委託契約に基づきXに対して負担する求償債務についてYが連帯保証する旨の連帯保証契約を締結した。AがBに対する上記借入債務の弁済を怠り、期限の利益を失ったので、Xは、Bに対して代位弁済をした。

保証債務

解答例1 　Aに対する求償債権について、連帯保証契約に基づき、保証債務の履行を請求することができる。(44字)

解答例2 　Aに対する求償権について、連帯保証契約に基づき、求償債務の弁済を請求することができる。(43字)

　本問において、Aとの信用保証委託契約に基づいてAのBに対する債務の保証人となったXは、その債務を代位弁済していることから、Aに対して、**求償権**を取得する（民法459条1項）。

　本問では、このXのAに対する求償債務を主債務としてYが連帯保証する旨の連帯保証契約が、あらかじめ、X・Y間で締結されている。これにより、Yは保証債務を負う。

　この点に関し、将来発生する求償債務を主債務とすることは保証債務の付従性に反しないかが問題となり得るが、主債務は条件付債務又は将来の債務でもよく、この場合は保証債務も条件付又は将来の債務となると解されている（大判大4.4.24）。

　そして、保証人は、「主たる債務者がその債務を履行しないとき」に、その履行をする責任を負うのであって（補充性　446条1項）、催告の抗弁（452条）、検索の抗弁（453条）を有するのが原則であるが、連帯保証人にはこれらが認められない（454条）。

　したがって、本問において、Xは、Yに対して、Aへの求償権についての連帯保証契約に基づき、保証債務の履行を請求できる。

　なお、保証債務は、主たる債務に関する利息、違約金、損害賠償その他その債務に従たるすべてのものを包含する（447条1項）。

伊藤塾オリジナル問題

[問題10]　AはBに対して金銭債権を有している。2022年10月1日、Aは、この債権をCに譲渡し、翌日、10月2日付の確定日付ある通知をBに郵送したところ、この通知は10月5日にBに到達した。また、Aは、10月3日に、この債権をDにも譲渡し、10月3日付の確定日付ある通知をBに郵送したところ、この通知は10月4日にBに到達した。

　このような事案の場合、判例によれば、共に債権の譲受人であるCとDのうち、どちらが優先されるか。理由と結論を「C・D間の優劣は、」に続けて40字程度で記述しなさい。

C・D間の優劣は、

債権譲渡

解答例 確定日付ある通知がBに到達した日時の先後によって決するため、Dが優先される。（38字）

　債権の譲渡は、譲渡人が債務者に通知をし、又は債務者が承諾をしなければ、債務者その他の第三者に対抗することができない（民法467条1項）。そして、この通知又は承諾は、確定日付のある証書によってしなければ、債務者以外の第三者に対抗することができない（同条2項）。

　本問のように、債権が二重に譲渡され、いずれについても確定日付ある通知がされている場合、譲受人相互間の優劣関係をどのように決すべきかについては争いがある。この点について、判例は、指名債権が二重に譲渡された場合、譲受人相互の間の優劣は、通知又は承諾に付された確定日付の先後によって定めるべきではなく、**確定日付ある通知が債務者に到達した日時又は確定日付ある債務者の承諾の日時の先後によって決すべきである**とした（最判昭49.3.7）。

　本問では、Aが郵送したDへの債権譲渡の確定日付ある通知が「10月4日」にBに到達し、他方、Aが郵送したCへの債権譲渡の確定日付ある通知が「10月5日」にBに到達している。したがって、Dへの債権譲渡の確定日付ある通知が先にBに到達している本問においては、DがCに優先する。

問題11 Aは、Bに1000万円の金銭を貸し付け（これを「本件債権」という。）、その担保としてB所有の甲不動産（これを「本件土地」という。）に第1順位の抵当権の設定を受け、その旨の登記をした。Bは、本件債権を全額弁済することができる状態ではなかったが、Aに対して、複数回に渡り合計400万円の弁済をするとともに、残りも弁済するから抵当権の実行は待ってほしい旨を申し出た。Aは、これを信じて、Bに対して残額の請求をしないまま、支払期限から10年が経過した。他方、その間に、Cも、Bに1500万円の金銭を貸し付け、その担保として本件土地に第2順位の抵当権の設定を受け、その旨の登記をした。しかし、Bは、Aへの残額の弁済及びCへの弁済をすることができないまま無資力となった。

Cは、自己の債権を確実に回収するために、Aが本件土地に対して有する第1順位の抵当権設定登記の抹消を請求しようと考えている。この場合、Cは、本件債権の消滅時効に関して、どのような理由により、どのような主張をすべきであるか。「Cは、本件債権の消滅について」に続けて、40字程度で記述しなさい。

なお、本件債権の消滅時効は完成しているものとし、Aは、Bに対して、何らの時効完成猶予・更新に該当する措置をとっていないものとする。

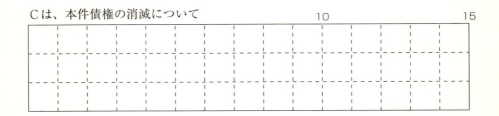

消滅時効の援用・債権者代位権

解答例 　正当な利益を有する者ではないため、Ｂの消滅時効の援用権を代位行使すると主張すべきである。(44字)

　まず、Ｃは、本件債権の消滅時効が完成していることを理由に、これを援用することが考えられる。

　民法145条は、「時効は、当事者（消滅時効にあっては、保証人、物上保証人、第三取得者その他権利の消滅について正当な利益を有する者を含む。）が援用しなければ、裁判所がこれによって裁判をすることができない。」と規定している。判例は、「当事者」として時効の援用をすることができる者は、「権利の消滅により直接利益を受ける者に限定される」としている（最判昭48.12.14）。

　さらに、判例は、後順位抵当権者については、「先順位抵当権の被担保債権が消滅すると、後順位抵当権者の抵当権の順位が上昇し、これによって被担保債権に対する配当額が増加することがあり得るが、この配当額の増加に対する期待は、抵当権の順位の上昇によってもたらされる反射的な利益にすぎない」とした上で、「先順位抵当権の被担保債権の消滅により直接利益を受ける者に該当するものではなく、先順位抵当権の被担保債権の消滅時効を援用することができないものと解するのが相当である」としている（最判平11.10.21）。

　したがって、後順位抵当権者であるＣは、本件債権の消滅時効の援用をすることができない。

　もっとも、本問では、Ｂが無資力となっている。そこで、Ｃは、ＢのＡに対する消滅時効の援用権を代位行使することができないかを検討する。

　判例は、「金銭債権の債権者は、その債務者が、他の債権者に対して負担する債務……について、その消滅時効を援用しうる地位にあるのにこれを援用しないときは、債務者の資力が自己の債権の弁済を受けるについて十分でない事情にあるかぎり、その債権を保全するに必要な限度で、民法423条1項本文の規定により、債務者に代位して他の債権者に対する債務の消滅時効を援用することが許されるものと解するのが相当である」としている（最判昭43.9.26）。

　したがって、Ｃは、ＢのＡに対する消滅時効の援用権を代位行使することができる。

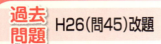
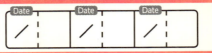

問題12 Aは複数の債権者から債務を負っていたところ、債権者の一人で懇意にしているBに対し、他の債権者を害することを知りつつ、A所有の唯一の財産である甲土地を贈与した。Bが贈与を受けた当時、Bは、Aの行為が他の債権者を害することを知っていた。その後、Bは同土地を、上記事情を知らないCに時価で売却し、順次、移転登記がなされた。この場合において、Aの他の債権者Xは、自己の債権を保全するために、どのような権利に基づき、誰を相手として、どのような対応をとればよいか。判例の立場を踏まえて40字程度で記述しなさい。

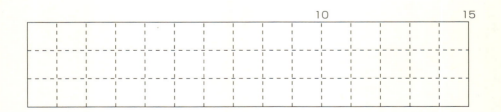

詐害行為取消権

解答例　詐害行為取消権に基づき、Bを相手とし、贈与契約を取り消して価額償還を求める訴えを提起する。（45字）

本問は、詐害行為取消権を行使するに当たり、受益者が悪意、転得者が善意の場合に債権者がなし得る請求を問うものである。

1　Cに対する請求について

まず、Xは、Cに対して物権的請求権を行使することはできない。Xは、本件不動産の所有権等何らの物権も有していないからである。次に、債権的請求についてであるが、これもすることはできない。X・C間には契約関係がなく、契約に基づく請求をすることはできないからである。

次に、**転得者に対する詐害行為取消権の行使**は、転得者が、転得の当時、債務者がした行為が**債権者を害すること**を知っていたときに行うことができるが（民法424条の5第1号）、転得の当時、CはA・B間の事情について知らなかったのであるから、認められない。

したがって、Xは、Cに対して何らの請求もすることができない。

2　Bに対する請求について

債権者は、債務者が債権者を害することを知ってした行為の取消しを裁判所に請求することができるとされる（424条1項）。具体的には、**①債権者の債権が詐害行為前の原因に基づいて生じた**ものであること、**②債務者が債権者を害すること**を知って詐害行為をすること、**③詐害行為の結果、債務者が無資力**となること、**④債務者が財産権を目的とする行為**をしたこと、**⑤受益者**が詐害行為の時、債務者の行為が債権者を害することについて**悪意**であったこと、が必要とされる。

本件では、①Xの債権はA・B間の贈与契約よりも前に成立しており、②自己の唯一の財産である甲土地をAの他の債権者を害することを知りつつBに贈与している。そして、その結果、③Aは無資力となっている。また、④A・B間の贈与契約は、財産権を目的とする行為であり、⑤A・B間の贈与契約当時、BはAの行為が他の債権者を害することを知っていた。そのため、上記要件をみたす。

したがって、XはA・B間の贈与契約の取消しを請求することができ、この請求は、裁判上で行うことを要する。また、詐害行為取消権を裁判上で行使する場合、本件で**被告**となるのは、**受益者B**である（424条の7第1項1号）。

そして、民法424条の6第1項は、「債権者は、受益者に対する詐害行為取消請求において、債務者がした行為の取消しとともに、その行為によって受益者に移転した財産の返還を請求することができる。**受益者がその財産の返還をすることが困難であるときは、債権者は、その価額の償還を請求することができる。**」と規定している。本件では、既にBはCに甲土地を売却し、Cは登記を備えている。そのため、BはAに甲土地の返還をすることが困難となっているといえる。

以上により、本件では、XがBを被告として、裁判所に対しA・B間の贈与契約の取消しを請求し、その結果、Bに対して本件不動産価格相当の金銭を支払うよう請求することができる。

問題13 Xは、Aとの間でA所有の甲土地を買い受ける旨の契約を締結し、登記は後日に移転することを約した。ところが、その契約後、Aは、甲土地をBに贈与し、B名義の移転登記をしてしまった。そこで、Xは、当該贈与は詐害行為に当たるとして、その取消しを求めるとともに、甲土地の登記をXに移転するためにBに対し移転登記請求をしたいと考えた。

このように、特定物の引渡請求権の目的物を債務者が処分した場合において、当該処分行為により債務者が無資力となったときは、特定物債権者は、当該処分行為を詐害行為として取り消すことができる場合がある。もっとも、最高裁判所の判例によれば、民法424条の詐害行為取消権の制度の趣旨に照らすと、特定物債権者は目的物自体を自己の債権の弁済に充てることはできず、したがって、特定物の引渡請求権に基づいて直接自己に所有権移転登記を求めることはできないとされている。この詐害行為取消権の制度の趣旨について、40字程度で記述しなさい。

詐害行為取消権

解答例 債務者の一般財産による価値的満足を受けるため、総債権者の共同担保の保全を目的とするもの（43字）

　債権者は、債務者が債権者を害することを知ってした法律行為の取消しを裁判所に請求することができる（民法424条1項本文）。この詐害行為取消権は、債権者代位権（423条1項）と同様に、債務者の一般財産保全のための制度であるとされている。

　このような詐害行為取消権の趣旨から、かつては、詐害行為の取消権を有する債権者は、金銭の給付を目的とする債権を有する者に限られると解されていた（大連判大7.10.26）。

　その後、最高裁判所は、特定物引渡請求権（特定物債権）は、究極において損害賠償債権に変じ得るのであるから、債務者の一般財産により担保されなければならないことは、金銭債権と同様であり、その目的物を債務者が処分することにより無資力となった場合には、特定物債権者は、当該処分行為を詐害行為として取り消すことができるとした（最大判昭36.7.19）。

　もっとも、最高裁判所の判例によれば、**詐害行為取消権は、究極的には債務者の一般財産による価値的満足を受けるため、総債権者の共同担保の保全を目的とするものである**から、このような制度の趣旨に照らし、特定物債権者は目的物自体を自己の債権の弁済に充てることはできず、したがって、特定物の引渡請求権に基づいて、直接自己に所有権移転登記を求めることは許されないと解されている（最判昭53.10.5）。

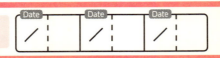

問題14　A（16歳）とB（20歳）の兄弟は、父であるC（Aの唯一の親権者であるものとする。）に何ら相談することなく、各々が個別に、Dから100万円ずつを借り入れ、これを遊興費として全額消費した。この借入れから6か月後、その事実を知ったCは、AとBの将来を案じ、両名のDに対する借入金債務（以下、「本件債務」という。）を消滅させたいと考えている。Aは、「親に迷惑をかけるつもりはない。」と言ってCによる弁済は拒んでいるのに対し、Bは、「Cが自らの本件債務を弁済してくれるのであれば、ぜひそうしてほしい。」と考えており、その旨をCにも告げていた。Dは、Cによる弁済がAの意思に反することを知っており、また、トラブルになることを避けるため、A及びB以外の者からの弁済を拒もうと考えている。

　この場合において、Cは、AとBの本件債務を消滅させるために、それぞれについて、どのような手段をとればよいか。また、Cは、Dの意思に反してC自らがBの本件債務を消滅させる手段をとるためには、どのような要件を満たしていることを要するか。民法の規定に照らし、40字程度で記述しなさい。

　なお、Aは詐術を用いておらず、また、Dとの合意や供託による手段及び弁済による代位については考慮しないものとする。

取消し・第三者弁済

解答例 取消権の行使と第三者弁済をする。Bの委託を受けた弁済で、それをDが知っていたことを要する。(45字)

1 Aの本件債務について

　未成年者が法律行為をするには、原則としてその法定代理人の同意を得なければならず（民法5条1項本文）、これに反する法律行為は、取り消すことができる（同条2項）。そして、取り消すことができる者について、民法120条1項は、「制限行為能力者……又はその代理人、承継人若しくは同意をすることができる者」と規定している。

　本問において、Aは、16歳の未成年者であったにもかかわらず、唯一の親権者（818条）であるCに何ら相談することなく、Dとの間で100万円を借り入れる契約を締結しており、契約締結についてCの同意を得ていない。したがって、Cは、Aの親権者（法定代理人）として、当該契約を取り消すことができ（120条1項）、これにより、Aの本件債務を消滅させることができる。

　なお、CがAの本件債務の存在を知ったのは、A・D間の上記契約から6か月後であるので、取消権は時効消滅していない（126条前段）。

　したがって、Cは取消権を行使して、Aの本件債務を消滅させればよい。

2 Bの本件債務について

　CがBに代わってBの本件債務を消滅させるための手段として、第三者弁済（474条）が考えられる。

　474条1項は、「債務の弁済は、第三者もすることができる。」と規定しているところ、同条3項は、「前項に規定する第三者〔弁済をするについて正当な利益を有する者でない第三者〕は、債権者の意思に反して弁済をすることができない。ただし、その第三者が債務者の委託を受けて弁済をする場合において、そのことを債権者が知っていたときは、この限りでない。」と規定している。

　そして、「正当な利益を有する」の意義について、判例は、弁済をするについて法律上の利害関係を有することをいうとしている（最判昭39.4.21参照）。

　本問では、CはBの父であり、単なる事実上の利害関係を有しているにすぎない（大判昭14.10.13参照）。そのため、Cは「正当な利益を有する者でない第三者」に当たる。また、Dはトラブルになることを避けるため、A及びB以外の者からの弁済を拒もうと考えており、Cによる第三者弁済は、Dの意思に反するものである。

　したがって、Cは、474条3項ただし書の要件を充足する必要があり、本問においては、Bの委託を受けた弁済であり、それをDが知っていたという要件を満たしているときには、Cは第三者弁済をすることにより、Bの本件債務を消滅させればよい。

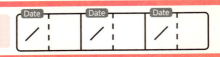

問題15　Aは、Bとの間で、甲土地全部をBから買い受ける旨の契約（以下、「本件契約」という。）を締結したが、本件契約時において、売買の目的物である甲土地の一部は、Cが所有するものであった。この場合、Aは、Bに対して、相当の期間を定めて、どのようなことをすることができるか。また、その期間内にBが何らの行為もしない場合、Aは、Bに対して、どのような請求をすることができるか。民法の規定に照らし、40字程度で記述しなさい。

なお、金銭による損害賠償請求権、及び契約の解除については、検討することを要しない。

売買の効力

解答例 履行の追完の催告をする。その不適合の程度に応じて代金の減額を請求することができる。(41字)

民法562条1項本文は、「引き渡された目的物が**種類、品質又は数量**に関して契約の内容に適合しないものであるときは、買主は、売主に対し、**目的物の修補、代替物の引渡し又は不足分の引渡しによる履行の追完**を請求することができる。」と規定している。また、563条1項は、「前条第1項本文に規定する場合において、買主が相当の期間を定めて**履行の追完の催告**をし、**その期間内に履行の追完がないときは、買主は、その不適合の程度に応じて代金の減額**を請求することができる。」と規定している。そして、565条は、「前3条の規定は、売主が買主に移転した権利が契約の内容に適合しないものである場合（権利の一部が他人に属する場合においてその権利の一部を移転しないときを含む。）について準用する。」と規定している。

本問では、本件契約時において、BがAに売却した甲土地の一部はCが所有するものであったから、「売主が買主に移転した……権利の一部が他人に属する場合」に該当する。したがって、Aは、565条が準用する562条1項に基づき、Bに対し、履行の追完を請求することができる。また、Aは、565条が準用する563条1項に基づき、Bに対し、相当の期間を定めて履行の追完の催告をすることができる。さらに、その期間内にBが何らの行為もしない場合、履行の追完がないから、Aは、565条が準用する563条1項に基づき、Bに対し、その不適合の程度に応じて代金の減額を請求することができる。

なお、564条は、「前2条の規定は、第415条の規定による損害賠償の請求並びに第541条及び第542条の規定による解除権の行使を妨げない。」と規定しているが、問題文で「金銭による損害賠償請求権、及び契約の解除については、検討することを要しない。」とあるので、これらの点に言及する必要はない。

問題16

自宅でピアノ教室を営んでいたBは、受講生の増加に伴い、防音性能の優れた建物への引越しを検討していたところ、友人AからA所有の甲建物を紹介された。BはAとの間で、代金支払期日を甲建物の引渡しから1か月以内と定めて、甲建物を買い受ける契約（以下「本件売買契約」という。）を締結した。本件売買契約の締結においては、甲建物が特に優れた防音性能を備えた物件であることが合意の内容とされていた。

甲建物がBに引き渡され、Bは実際に居住しピアノ教室を営んでいたところ、甲建物の引渡しから2週間が経過した時点で、近隣住民からピアノの音がうるさいと苦情が入った。Bが不審に思い業者に調査を依頼したところ、甲建物が本件売買契約において合意された防音性能を備えていないことが判明した。BはAに対して防音設備を設置するように要求したが、Aからは何らの応答もなかった。Bとしては、甲建物について、居住の用途としては申し分のない物件であったため、このまま住み続けたいものの、代金の支払額は少なくしたいと考えている。

このような場合において、Bは、甲建物の代金の支払額を少なくするため、どのような主張をすることができるか。契約に基づく主張及び相殺の手段を用いた主張として考えられるものを、40字程度で記述しなさい。

代金減額請求・相殺

解答例 Bは、代金減額請求又は履行に代わる損害賠償請求権と売買代金債権の相殺をすることができる。(44字)

まず、第一の手段として、Bは代金の減額をしてもらいたいと考えていることから、**代金減額請求**をすることが考えられる。代金減額請求権について、民法563条1項は、「前条第1項本文に規定する場合において、買主が**相当の期間**を定めて**履行の追完の催告**をし、その期間内に**履行の追完がないとき**は、買主は、その**不適合の程度に応じて代金の減額を請求する**ことができる。」と規定している。そして、「前条第1項本文に規定する場合」とは、「引き渡された目的物が**種類、品質又は数量**に関して**契約の内容に適合しない**ものであるとき」(562条1項)をいう。

本問で、引き渡された甲建物は、A・B間の契約の内容とされた防音性能を有しておらず、品質が契約の内容に適合しないものだった。したがって、代金減額請求をすることができる。

次に、第二の手段として、Bは、履行に代わる損害賠償請求権と売買代金債権の**相殺**をすることが考えられる。前提として、履行に代わる損害賠償請求権が認められるかが問題となる。この点、債務者であるAがその**債務の本旨に従った履行をしていない**ため、**損害の賠償を請求する**ことができる（415条1項本文）。また、債務者の責めに帰することができない（同項ただし書）事由も存在しない。そして、BはAに対して防音設備を設置するように要求したものの、Aからは何らの応答もなかったことから、Bには本件売買契約の解除権が生じ（562条1項本文、564条、541条本文）、**履行に代わる損害賠償請求権**（415条2項3号）が認められるといえる。

その上で、相殺が認められるか。この点、AとBは、履行に代わる損害賠償金支払債務と売買代金支払債務という「**同種の目的を有する債務**」（505条1項本文）を負担しており、「**双方の債務が弁済期**」（同項本文）にある。また、双方の債務は相殺を許さない性質（同項ただし書）のものではない。したがって、履行に代わる損害賠償請求権と売買代金債権の相殺によって、代金の減額を請求することができる。

伊藤塾オリジナル問題

問題17 酒類の卸売業を営むAは、海外製品の販売事業に参入することを企図し、令和5年4月1日、海外産の酒類の輸入業者Bとの間で、冷蔵保存を必要とする"X国・Y農園の2002年生産のワイン"100本（以下「本件ワイン」という。）をAがBから購入する旨の売買契約（以下「本件契約」という。）を締結した。本件契約では、売買代金を100万円とし、同年7月1日にAの事業所にて本件ワインの引渡しをする旨が定められた。当該ワインは市場でも希少価値が極めて高く、同種同等のものは他に存在しないものであった。

本件ワインの調達に成功したBが、同年7月1日、本件契約のとおりAの事業所にこれを届けたところ、Aは、突如として、保管するための場所を確保するのを忘れていたと言い出し、正当な理由もなく、その受取りを拒否した。そのため、Bは、やむを得ず本件ワインを持ち帰り、その所有する冷蔵倉庫（以下「甲」という。）に適切に保管していた。ところが、同年7月4日未明、甲に隣接する家屋において落雷を原因とする火災が発生し、高熱によって甲の配電設備が故障したため、甲の内部は異常な高温となり、これによって本件ワインは飲用に適さない程度にまで品質が劣化した。翌7月5日、Bが、Aに対して、上記の事情を説明した上で、あらためて本件ワインの受取りを求めたところ、Aは、「売り物にならないから、いらない。本件契約を白紙に戻したい」と告げて、これを拒絶した。

この場合、Aは、本件契約を解除することができるか。また、それはどのような理由か。他方、Bは、Aに対して、どのような契約上の請求をすることができるか（費用に係る請求は除く。）。民法の規定に照らし、40字程度で記述しなさい。

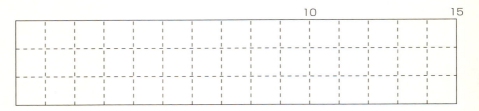

482 記述式問題

履行不能・危険の移転等

解答例 受領拒絶により危険がAに移転するため、解除できない。Bは、売買代金の支払を請求できる。(43字)

1 Aによる解除の可否
(1) 民法の規定
　債務の全部の履行が不能であるときは、債権者は、催告をすることなく、**直ちに契約の解除**をすることができる（民法542条1項1号）のが原則である。
　もっとも、売主が、契約の内容に適合する目的物をもって、その引渡しの債務の履行を提供したにもかかわらず、**買主がその履行を受けることを拒んだ場合**において、その履行の提供があった時以後に**当事者双方の責めに帰することができない事由**によってその目的物が滅失等したときは、買主は、**契約の解除をすることができない**（567条2項、1項前段）。

(2) 本問について
　まず、目的物は売買の目的として特定されているものに限られるが、本件ワインは、同種同等のものは他に存在しないとされており、**売買の目的として特定**されている。
　そして、Bは、本件契約のとおり本件ワインをAの事業所に届けている（履行の提供）。しかし、Aは、正当な理由もなく、本件ワインの受取りを拒否しており、債務の履行を受けることを拒んでいる。
　その後、本件ワインは、落雷に起因する事故により、飲用に適さない程度にまで品質が劣化しているから、本件ワインは滅失等したといえ、また、その原因は、AB双方の責めに帰することができない事由（落雷に起因する事故）によるものである。
　したがって、買主であるAは、本件契約の解除をすることができない（567条2項、1項前段）。

2 BのAに対する請求
(1) Bは、Aとの間で本件契約（売買契約）に基づいて、Aに対して、本件ワインの売買代金の支払請求をすることができる（555条）。
(2) そして、上述のとおり、本問においては、受領拒絶後に、当事者双方の責めに帰することができない事由によってその目的物（本件ワイン）が滅失等している場合に当たる。このような場合、買主は、代金の支払を拒むことができないとされている（567条2項、1項後段）。
　したがって、Bは、Aに対して、売買代金の支払を請求することができる。

記述式／民法

Chapter 1　民法

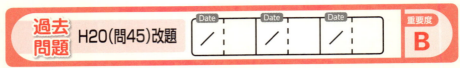

問題18　不動産の賃貸借において、賃借人が、賃貸人に無断で、賃借権を譲渡、又は賃借物を転貸し、その譲受人や転借人に当該不動産を使用又は収益させたときには、賃貸人は、賃貸借契約を解除することができる。ただ、譲渡・転貸についての賃貸人による承諾が得られていない場合でも、賃貸人による解除が認められない場合がある。それはどのような場合かについて、40字程度で記述しなさい。

賃貸借契約

解答例1 賃借人の行為が、賃貸人に対する背信行為と認めるに足りない特段の事情がある場合。(39字)

解答例2 賃貸人と賃借人との間の信頼関係が破壊されたとは認められない特段の事情がある場合。(40字)

　賃貸借一般について、賃借人は、賃貸人の承諾を得なければ、その賃借権を譲り渡し、又は賃借物を転貸することができず（民法612条1項）、賃借人がこれに違反して第三者に賃借物の使用又は収益をさせたときは、賃貸人は、契約の解除をすることができる（同条2項）。

　もっとも、不動産の賃貸借について、これらの解除を当然に認めると、賃借人にとって過酷な場合があるため、判例によって、賃貸人による解除が制限されている。すなわち、民法612条による解除の場合、賃借人が賃貸人の承諾なく第三者に賃借物の使用収益をさせたとしても、**賃借人の当該行為が賃貸人に対する背信的行為と認めるに足らない特段の事情があるとき**には、解除権は発生しない（最判昭28.9.25）。

過去問題 H23(問46) 重要度 B

問題19 作家Yに雇用されている秘書Aは、Y名義で5万円以下のYの日用品を購入する権限しか付与されていなかったが、Yに無断でXからYのために50万円相当の事務機器を購入した。しかし、Xは、Aに事務機器を購入する権限があるものと信じて取引をし、Yに代金の支払いを請求したところ、Yはその支払いを拒絶した。このようなYの支払い拒絶を不当と考えたXは、Yに対して、支払いの請求、およびそれに代わる請求について検討した。この場合において、Xは、どのような根拠に基づき、いかなる請求をすればよいか。「Xは、Yに対して、」に続けて、考えられる請求内容を二つ、40字程度で記述しなさい。

Xは、Yに対して、

表見代理・使用者責任

解答例 （Xは、Yに対して、）表見代理の成立を理由に代金支払請求か、使用者責任に基づき損害賠償請求をする。(38字)

　本問では、Yに雇用されているAは、Yから「Y名義で5万円以下のYの日用品を購入する権限」を付与されていたが、「XからYのために50万円相当の事務機器を購入した」というのであるから、50万円相当の事務機器の売買契約は無権代理となり、原則的にその効果はYに帰属しない（民法113条1項）。

　もっとも、Yは「Y名義で5万円以下のYの日用品を購入する権限」を与えており、XはAに権限があるものと信じて取引をしていたというのであるから、Xの信頼をYの犠牲のもとで保護する必要が生じる。

　このようなXの信頼をYの犠牲のもとで保護する制度として、（権限外の行為の）**表見代理**（110条）と**使用者責任**（715条）が考えられる。

　権限外の行為の表見代理は、代理人がその権限外の行為をした場合において、第三者が代理人の権限があると信ずべき正当な理由がある場合、本人が責任を負うという制度である。「本人が責任を負う」とは、本人は無権代理であることを主張できず、履行責任を負うことを意味する。

　これに対し、使用者責任は、ある事業のために他人を使用する者は被用者がその事業の執行について第三者に加えた損害を賠償する責任を負うという特別の不法行為責任である（715条1項本文）。「事業の執行について」とは、被害者保護のため、行為の外形から事業若しくはこれに関連する行為とみられれば足りると解されている（外形理論）。

　権限外の行為の表見代理責任と使用者責任は、取引的な不法行為の場合で被用者に何らかの代理権が与えられているときに同時に適用が問題となることが多い。

　本問では、表見代理の主張が認められると、50万円相当の事務機器の売買契約の効果はYに帰属し、XはYに対して売買契約に基づき代金の「支払いの請求」をすることができる。これに対して、使用者責任の主張が認められると、「それ（支払いの請求）に代わる請求」、すなわち、Xが50万円相当の事務機器の売買契約の締結に関するAの行為から被った損害の賠償の請求をすることができる。

伊藤塾オリジナル問題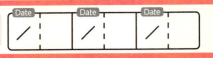

問題20　Aは、所有する甲建物をBに賃貸した。Bは、甲建物において、成年の子Cと同居していた。ところが、ある日、甲建物は、Cのたばこの不始末を原因として全焼し、滅失してしまった。甲建物の焼失について、Cに重過失が認められた。この場合、Aは、B及びCに対して、それぞれ、どのような根拠に基づき、損害賠償請求をすることができるか。「Aは、」に続き40字程度で記述しなさい。なお、Bには、Bが甲建物をAに返還することができないことについて帰責事由があるものとする。

Aは、

総合テキスト　LINK　Chapter 37　不法行為　[2]
　　　　　　　　　　Chapter 23　債権の効力　[2]
　　　　　　　　　　Chapter 33　貸借型契約　[1]

債務不履行と不法行為

[解答例] Bに対して債務不履行に基づき、Cに対して不法行為に基づき、損害賠償請求をすることができる。（45字）

　賃貸借契約（民法601条）において、賃借人は、賃借物について返還義務を負い（601条）、これに違反した場合は、**債務不履行責任**を負う。すなわち、債務不履行が認められると、債権者は、債務者に対して損害賠償請求をすることができる（415条1項本文）。

　そして、履行不能による債務不履行責任が認められるためには、目的物の履行が不能となったことのみならず、**債務者の責めに帰すべき事由**（**帰責事由**）が必要となる（同項ただし書）。

　本問では、甲建物はCの行為を原因として滅失しており、賃借人Bの賃貸人Aに対する甲建物の返還義務は履行不能となっている。そして、Bには、甲建物をAに返還することができないことについて帰責事由があるものとされている。

　よって、Bは債務不履行責任を負うこととなり、AはBに対して債務不履行に基づき損害賠償請求をすることができる。

　これに対し、**A・C間では何ら契約関係は認められない**から、債務不履行責任は問題とならない。もっとも、故意又は過失によって他人の権利又は法律上保護される利益を侵害した者は、これによって生じた損害を賠償する責任を負う（**不法行為責任** 709条）。

　そして、建物の失火の場合、民法709条の特則として失火責任法があり、失火者に**重過失**がない限りは不法行為責任を免除されている（なお、故意に放火した者について不法行為責任は免除されていない）。

　本問では、Cの重過失により、Aの所有する甲建物は滅失しているので、Aの所有権（他人の権利）が侵害されている。

　よって、Cは不法行為責任を負うこととなり、AはCに対して不法行為に基づき損害賠償請求をすることができる。

問題21　Aは、夫であったBとの間に子Cをもうけたが、その後、AとBは離婚をし、AがCの親権者となった。Aは、Cがまだ幼く、その養育のための資金が必要であることから、Cの養育費に充てるために、Aの名義でDから金員を借り入れ、その担保として、CがBから贈与された甲土地に抵当権を設定することを検討している。この場合、当該抵当権設定行為がどのような行為に当たるために、どのような手続が必要になるか。また、この手続を経ていない場合、当該抵当権設定行為はどのような行為となるか。40字程度で記述しなさい。

利益相反行為

解答例 利益相反行為に当たるため、特別代理人の選任を家庭裁判所に請求する。無権代理行為となる。（43字）

　親権を行う父又は母とその子との**利益が相反する行為**については、親権を行う者は、その子のために**特別代理人**を選任することを**家庭裁判所**に請求しなければならない（民法826条1項）。同項の趣旨は、親権者とその親権に服する子との間において、互いに利益が衝突する場合には、親権者に親権の公正な行使を期待することができないので、親権者の代理権及び同意権に制限を加え、家庭裁判所の選任した特別代理人にこれらの権利を行使させ、子の利益を保護しようとすることにある。

　また、判例によれば、「利益が相反する行為」に当たるかどうかは、親権者が子を代理してなした行為自体を**外形的客観的に考察して判定すべき**であって、当該代理行為をなすについての親権者の動機、意図をもって判定すべきでないとされる（最判昭42.4.18）。

　本問において、Aには借入金をCの養育費に充てるという意図があるものの、抵当権設定行為については、親権者であるAの名義で金銭を借り入れ、その担保として、子であるCの所有する甲土地に抵当権を設定するという点で、外形的客観的にみて利益相反行為に当たる（最判昭37.10.2参照）。したがって、Aは、Cのために特別代理人を選任することを家庭裁判所に請求しなければならない。

　そして、民法826条1項の規定に違反してなされた行為は、**無権代理行為**になるとされている（108条2項本文、最判昭46.4.20参照）。

問題22　次の文章は遺言に関する相談者と回答者の会話である。〔　　　　　〕の中に、どのような権利行使によって、何についての請求ができるかを40字程度で記述しなさい。

相談者「今日は遺言の相談に参りました。私は夫に先立たれて独りで生活しています。亡くなった夫との間には息子が一人おりますが、随分前に家を出て一切交流もありません。私には、少々の預金と夫が遺してくれた土地建物がありますが、少しでも世の中のお役に立てるよう、私が死んだらこれらの財産一切を慈善団体Aに寄付したいと思っております。このような遺言をすることはできますか。」

回答者「もちろん、そのような遺言をすることはできます。ただ、その後のAと息子さんとの法律関係には留意する必要があります。というのも、相続人である息子さんは、〔　　　　　〕からです。そのようにできるのは、被相続人の財産処分の自由を保障しつつも、相続人の生活の安定及び財産の公平分配をはかるためです。」

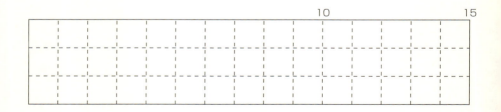

遺留分侵害額の請求権

[解答例] 遺留分侵害額の請求により、被相続人の財産の2分の1の限度で、金銭の支払を請求できる（41字）

　本問は、遺留分侵害額の請求（民法1046条）とその具体的内容に関する問題である。

　設問文に「どのような権利行使によって」とあること、回答者の発言に「被相続人の財産処分の自由を保障しつつも、相続人の生活の安定及び財産の公平分配をはかるため」とあることから、**遺留分侵害額の請求**をすることが考えられる。

　次に、何についての請求ができるかについて、相談者の息子は「**兄弟姉妹以外**の相続人」であり、「**直系尊属のみ**が相続人である場合」にも当たらないので、金銭債権として請求できる遺留分の割合は「被相続人の財産の**2分の1**」（1042条1項2号）となる（1042条1項）。

　したがって、相談者の相続人である息子は、遺留分侵害額の請求によって、遺留分を保全するのに必要な限度で金銭の支払を請求できる。

　具体的には、相続財産のAへの寄付の2分の1について金銭債権を行使することができる。

Chapter 2 行政法

問題1 行政行為は、たとえ違法であっても、一定の場合を除いては、適法に取り消されない限り完全にその効力を有するものと解されている。このような、行政行為が取り消されない限り有効なものとして扱われる効力は、行政法学上、どのような名称で呼ばれるか。また、この効力が及ばないことになる上記「一定の場合」とは、どのような場合であるか。40字程度で記述しなさい。

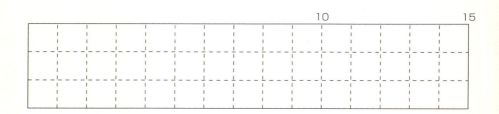

一般的法理論　行政行為の効力

解答例1　公定力と呼ばれ、行政処分の瑕疵が重大かつ明白で、当該処分を当然無効とする場合である。（42字）

解答例2　公定力と呼ばれ、行政処分の瑕疵が重大であって、当該処分を当然無効とする場合である。（41字）

　公定力とは、行政行為が違法であっても直ちに無効とはならず、**取り消されない限り有効なものとして扱われる効力**をいう。判例は、行政処分は、たとえ違法であっても、その**違法が重大かつ明白**で当該処分を**当然無効**ならしめるものと認めるべき場合を除いては、適法に取り消されない限り完全にその効力を有するものと解している（最判昭 30.12.26）。

　そこで、無効事由たる瑕疵のある行政行為には、公定力が及ばないことになるところ、どのような瑕疵が無効事由たる瑕疵であるかについて、上記判例は、「その違法が重大かつ明白」な場合であるとしている（重大明白説）。

　もっとも、その後の判例は、「課税処分が課税庁と被課税者との間にのみ存するもので、処分の存在を信頼する第三者の保護を考慮する必要のないこと等を勘案すれば、当該処分における内容上の過誤が課税要件の根幹についてのそれであつて、徴税行政の安定とその円滑な運営の要請を斟酌してもなお、不服申立期間の徒過による不可争的効果の発生を理由として被課税者に右処分による不利益を甘受させることが、著しく不当と認められるような例外的な事情のある場合には、前記の過誤による瑕疵は、当該処分を**当然無効**ならしめるものと解するのが相当である」とし、**瑕疵の重大性**を認定したが、明白性要件について特に触れることなく無効としている（最判昭 48.4.26）。この判例については、重大な瑕疵であれば足り、必ずしも明白性を要求しない見解（明白性補充要件説）を示唆した判例と考えられている。

　したがって、解答に際しては、無効事由たる瑕疵について、重大明白説の立場から「重大かつ明白」な瑕疵とするか、又は、明白性補充要件説の立場から「重大」な瑕疵と解答することが求められる。

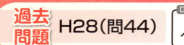

問題2 A市は、A市路上喫煙禁止条例を制定し、同市の指定した路上喫煙禁止区域内の路上で喫煙した者について、2万円以下の過料を科す旨を定めている。Xは、路上喫煙禁止区域内の路上で喫煙し、同市が採用した路上喫煙指導員により発見された。この場合、Xに対する過料を科すための手続は、いかなる法律に定められており、また、同法によれば、この過料は、いかなる機関により科されるか。さらに、行政法学において、このような過料による制裁を何と呼んでいるか。40字程度で記述しなさい。

一般的法理論　秩序罰

解答例　A市長により、地方自治法の定める手続によって科され、これを秩序罰と呼ぶ。（36字）

　本問のような「過料」は、**行政上の秩序に障害を与える危険がある義務違反に対して科される金銭的制裁**であり、**秩序罰**と呼ばれる。刑法総則の適用があり、刑事訴訟法の定める手続によって執行される行政刑罰とは区別される。

　法律に基づく過料の場合、過料の徴収は、非訟事件手続法の定めるところにより、地方裁判所（簡易裁判所）における過料の裁判を経て、検察官の命令をもって執行されることになる（119条以下）。法律に基づく過料の場合、非訟事件手続法によることとしたのは、刑罰でないとはいえ、行政罰であるため、中立的な裁判所が科すこととした方が望ましいからである。

　これに対して、条例・規則に基づく過料の場合、金額もわずかであることから、地方公共団体の責任において科すこととしたものである。

　そして、地方自治法149条柱書は、「**普通地方公共団体の長**は、概ね左に掲げる事務を担任する。」と規定し、同条3号は、「**地方税を賦課徴収し、分担金、使用料、加入金又は手数料を徴収し、及び過料を科すること。**」を掲げている。また、255条の3は、「**普通地方公共団体の長が過料の処分をしようとする場合においては、過料の処分を受ける者に対し、あらかじめその旨を告知するとともに、弁明の機会を与えなければならない。**」と規定している。

　したがって、本問のように、条例違反を犯した者に対しては、地方自治法に定めるところに従って、普通地方公共団体の長が、過料を科すことになる。

伊藤塾オリジナル問題

問題3　A市は、その中心部に、江戸時代に宿場町として栄えた趣を残している地区があり、当該地区の歴史的な環境を維持し向上させるための政策を続けてきた。A市は、その政策の一環として、風俗営業のための建築物について、条例で独自の規制基準を設けることとし、当該基準に違反する建築物の建築工事については市長が中止命令を発し得ることとした。さらに、A市は、当該命令の実効性を確保するための手段として、以下の①及び②の方法を検討したが、A市条例の立案担当者は、①の方法を採ることはできないと判断した。

①　条例で、A市の職員が当該建築物の敷地を封鎖して、建築資材の搬入を中止させる旨の定めを設けること。

②　中止命令を受けた者が当該建築物の除却をしない場合において、それを放置することが著しく公益に反すると認められるときは、A市が自ら除去を行い、その費用をその者から徴収すること。

①は、行政法学上、何と呼ばれ、A市条例の立案担当者が①の方法を採ることはできないと判断したのは、どのような理由によるか。また、②の方法を採るためには、行政代執行法上、②の下線部に加え、どのような場合であることを要するか。40字程度で記述しなさい。なお、手続的要件については検討しなくてよい。

一般的法理論　直接強制・代執行

解答例　直接強制と呼ばれ、法律の定めを要するため。他の手段による履行の確保が困難な場合であること。（45字）

1　総説

行政上の**強制執行**とは、義務者が**行政上の義務の履行をしないとき**に、権利者たる**行政主体**が、裁判所の手を借りることなく、**自らの手で、義務履行の実現を図る制度**である。行政上の強制執行には、ⅰ**代執行**、ⅱ**直接強制**、ⅲ**執行罰**、ⅳ**強制徴収**があるとされる。

2　①に関する設問について

①の方法は、**直接強制**に該当する。

直接強制とは、義務者の身体又は財産に**直接有形力**を行使して、**義務の履行があった状態を実現する**ものをいう。直接強制は、人権侵害のおそれがあるため、現行法下では一般的制度としては認められず、**個別の法律**で定められていることを要する（行政代執行法1条参照）。

①は、市長の中止命令に係る義務について、**条例**で、その直接強制を定めようとするものである。しかし、これは法律の定めを要するものであるため、①の方法を採ることはできないと判断されることになる。

3　②に関する設問について

②の方法は、**代執行**に該当する。

行政代執行法2条は、「**法律（法律の委任に基く命令、規則及び条例を含む。以下同じ。）により直接に命ぜられ、又は法律に基き行政庁により命ぜられた行為（他人が代つてなすことのできる行為に限る。）**について義務者がこれを履行しない場合、**他の手段によつてその履行を確保すること**が困難であり、**且つその不履行を放置することが著しく公益に反する**と認められるときは、当該行政庁は、**自ら義務者のなすべき行為をなし、又は第三者をしてこれをなさしめ、その費用を義務者から徴収する**ことができる。」と規定している。

②の要件では、義務者（中止命令を受けた者）が代替的作為義務（当該建築物の除却）を履行しない場合において、「その不履行を放置することが著しく公益に反すると認められるとき」が掲げられている。そこで、解答としては、行政代執行法2条の要件のうち、「**他の手段によってその履行を確保することが困難であるとき**」を挙げることになる。

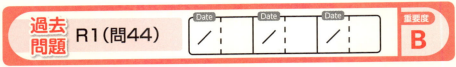

問題4 A所有の雑居ビルは、消防法上の防火対象物であるが、非常口が設けられていないなど、消防法等の法令で定められた防火施設に不備があり、危険な状態にある。しかし、その地域を管轄する消防署の署長Yは、Aに対して改善するよう行政指導を繰り返すのみで、消防法5条1項所定の必要な措置をなすべき旨の命令（「命令」という。）をすることなく、放置している。こうした場合、行政手続法によれば、Yに対して、どのような者が、どのような行動をとることができるか。また、これに対して、Yは、どのような対応をとるべきこととされているか。40字程度で記述しなさい。

（参照条文）
消防法
第5条第1項　消防長又は消防署長は、防火対象物の位置、構造、設備又は管理の状況について、火災の予防に危険であると認める場合、消火、避難その他の消防の活動に支障になると認める場合、火災が発生したならば人命に危険であると認める場合その他火災の予防上必要があると認める場合には、権限を有する関係者（略）に対し、当該防火対象物の改修、移転、除去、工事の停止又は中止その他の必要な措置をなすべきことを命ずることができる。（以下略）

行政手続法　処分等の求め

解答例　何人も命令を求めることができ、Yは必要な調査を行い必要と認めたときは命令をすべきである。（44字）

本問は、行政手続法36条の3の理解を問うものである。

本問の前半では、本問の事情の下、Yに対し、どのような者が、どのような行動をとることができるかが問われている。36条の3第1項は、「**何人も、法令に違反する事実**がある場合において、その**是正**のためにされるべき処分又は行政指導（その根拠となる規定が**法律**に置かれているものに限る。）がされていないと思料するときは、当該処分をする権限を有する行政庁又は当該行政指導をする権限を有する行政機関に対し、その旨を申し出て、**当該処分又は行政指導をすることを求める**ことができる。」と規定している。A所有の雑居ビルは、消防法上の防火対象物であるが、非常口が設けられていないなど、消防法等の法令で定められた防火施設に不備があり、危険な状態である。しかし、その地域を管轄する消防署の署長Yは、Aに対して改善するよう行政指導を繰り返すのみで、消防法5条1項所定の必要な措置をなすべき旨の命令（以下、「命令」という）をすることなく、放置している。そこで、Yに対して、何人も、その旨を申し出て、Aへの命令〔5条1項所定の必要な措置をなすべき旨〕を求めることができることになる。

本問の後半では、上記本問前半を受けて、Yは、どのような対応をとるべきこととされているかが問われている。行政手続法36条の3第3項は、「**当該行政庁又は行政機関は、**第1項の規定による申出があったときは、**必要な調査**を行い、その結果に基づき必要があると認めるときは、**当該処分又は行政指導をしなければならない。**」と規定している。そこで、Yは、必要な調査を行い、その結果に基づき、必要があると認めるときは、Aへの命令〔消防法5条1項所定の必要な措置をなすべき旨〕をするべきこととされる。

伊藤塾オリジナル問題

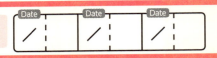

問題5 Aが、行政庁Bに対し、法令に基づいて、ある営業許可の申請をしたところ、拒否処分がなされた。そこで、Aは、この申請拒否処分について、Bの最上級行政庁Cを審査庁として審査請求をした。この場合において、Cが、当該処分は違法であり、許可等の一定の処分をすべきものと認めるとき、どのような裁決がなされるか。40字程度で記述しなさい。

行政不服審査法　裁決の内容

解答例　申請拒否処分を取り消し、処分庁に対し、申請に対する一定の処分をすべき旨を命ずる。(40字)

　行政不服審査法46条1項本文は、「処分（事実上の行為を除く。……）についての審査請求が理由がある場合……には、審査庁は、**裁決**で、**当該処分の全部若しくは一部を取り消**」すと規定している。そして、同条2項柱書は、「前項の規定により法令に基づく申請を却下し、又は棄却する処分の全部又は一部を取り消す場合において、次の各号に掲げる審査庁は、当該申請に対して一定の処分をすべきものと認めるときは、当該各号に定める措置をとる。」と規定し、同項1号は、「**処分庁の上級行政庁である審査庁**」について、「当該処分庁に対し、**当該処分をすべき旨を命ずること。**」を掲げている。

　本問の場合、「処分は違法」とされているから、「審査請求が理由がある」ものとして、審査庁Cは、「裁決で、当該処分の全部若しくは一部を取り消」すことになる。そして、「許可等の一定の処分をすべきものと認めるとき」に当たるとされているから、処分庁Bの上級行政庁である審査庁Cは、処分庁Bに対し、「申請に対する一定の処分をすべき旨を命ずる」ことになる。

過去問 H27（問44） 重要度 A

問題6　Xは、Y県内で開発行為を行うことを計画し、Y県知事に都市計画法に基づく開発許可を申請した。しかし、知事は、この開発行為によりがけ崩れの危険があるなど、同法所定の許可要件を充たさないとして、申請を拒否する処分をした。これを不服としたXは、Y県開発審査会に審査請求をしたが、同審査会も拒否処分を妥当として審査請求を棄却する裁決をした。このため、Xは、申請拒否処分と棄却裁決の両方につき取消訴訟を提起した。このうち、裁決取消訴訟の被告はどこか。また、こうした裁決取消訴訟においては、一般に、どのような主張が許され、こうした原則を何と呼ぶか。40字程度で記述しなさい。

行政事件訴訟法　原処分主義

解答例　被告はＹ県であり、裁決固有の瑕疵のみが主張でき、この原則を原処分主義という。（38字）

　行政事件訴訟法11条1項柱書は、「処分又は裁決をした行政庁（処分又は裁決があつた後に当該行政庁の権限が他の行政庁に承継されたときは、当該他の行政庁。以下同じ。）が国又は公共団体に所属する場合には、取消訴訟は、次の各号に掲げる訴えの区分に応じてそれぞれ当該各号に定める者を被告として提起しなければならない。」と規定しており、同項2号は、「裁決の取消しの訴え」においては、「**当該裁決をした行政庁の所属する国又は公共団体**」を掲げている。したがって、被告は、Ｙ県開発審査会の所属するＹ県であることになる。

　次に、10条2項は、「処分の取消しの訴えとその処分についての審査請求を棄却した裁決の取消しの訴えとを提起することができる場合には、裁決の取消しの訴えにおいては、**処分の違法を理由として取消しを求めることができない**。」と規定している。したがって、裁決取消訴訟においては、裁決固有の瑕疵のみを主張することが許される。

　また、一般に、こうした原則は、講学上、**原処分主義**と呼ばれる。

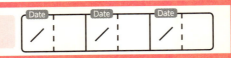

問題7　甲県乙市では、水道の利用者に対して一般的に水道料金を増額することを内容とする条例（以下、「本件条例」という。）を制定した。乙市に住むXは、水道料金の増額に反対しており、本件条例の無効確認訴訟（行政事件訴訟法3条4項）を提起した。最高裁判所の判例によれば、この訴訟については、どのような理由により、どのような判決となるか。「本件条例の制定行為については、本件条例が」に続く文章を40字程度で記述しなさい。

なお、記述にあたっては、「限られた特定の者」という語句を用いることとする。

本件条例の制定行為については、本件条例が

行政事件訴訟法　処分性

解答例　限られた特定の者に対してのみ適用されるものではなく、処分性が否定され、却下判決となる。(43字)

　本問は、最高裁判所第二小法廷平成18年7月14日判決（民集第60巻6号2369頁）を題材とした問題である。

　同判例は、「抗告訴訟の対象となる行政処分とは、行政庁の処分その他公権力の行使に当たる行為をいうものである。本件改正条例は、……簡易水道事業の水道料金を一般的に改定するものであって、そもそも限られた特定の者に対してのみ適用されるものではなく、本件改正条例の制定行為をもって行政庁が法の執行として行う処分と実質的に同視することはできないから、本件改正条例の制定行為は、抗告訴訟の対象となる行政処分には当たらないというべきである」としている。

　一般的に、処分とは、①公権力の主体たる国又は公共団体の行為のうち、②その行為によって直接国民の権利義務を形成し又はその範囲を確定することが法律上認められているものをいう。

　そして、本件条例は水道料金を一般的に改定するものであり、限られた特定の者に対してのみ適用されるものではないから、本件条例の制定行為については、②が否定される。

　したがって、本問の訴訟については、本件条例の制定行為は、処分性が否定される（抗告訴訟の対象となる「処分」には当たらない）という理由で、却下判決が下される。

問題8　Aは、税金の納付の滞納を理由にその所有する不動産の差押えを受け、その後、当該不動産はB税務署長により公売に付された。国税徴収法の規定によれば、公売に付する財産に抵当権等の権利を有する者がいる場合、その権利者らの保護を目的として、公売に際しその権利者らに所定の通知をすることが義務づけられているところ、本件の公売では、抵当権者に対する通知手続について法令違反（以下「本件手続違反」という。）があることが判明した。不満を抱いたAは、B税務署長による公売等の処分について取消訴訟を提起することを検討している。この場合、取消訴訟が適法に提起されたとしても、その取消訴訟において、Aは本件手続違反を主張することができない（主張が制限される）ものと解されている。それは、当該主張がどのようなものであるためか。また、そのことによりAの請求が認められない場合、裁判所としてはどのような判決をすることとなるか。行政事件訴訟法の規定に照らし、40字程度で記述しなさい。

（参照条文）
　国税徴収法
　　第94条第1項　税務署長は、差押財産等を換価するときは、これを公売に付さなければならない。
　　第95条第1項　税務署長は、差押財産等を公売に付するときは、公売の日の少なくとも10日前までに、次に掲げる事項を公告しなければならない。（以下略）
　　第96条第1項　税務署長は、前条の公告をしたときは、同条第1項各号……に掲げる事項及び公売に係る国税の額を滞納者及び次に掲げる者のうち知れている者に通知しなければならない。
　　一　公売財産につき交付要求をした者
　　二　公売財産上に質権、抵当権、先取特権、留置権、地上権、賃借権その他の権利を有する者（以下略）

行政事件訴訟法　主張制限

解答例　自己の法律上の利益に関係のない違法を理由とする主張であるため。請求棄却判決をする。(41字)

1　設問前段について

　行政事件訴訟法10条1項は、「取消訴訟においては、**自己の法律上の利益に関係のない違法**を理由として**取消しを求めることができない。**」と規定している。この規定は、原告適格（9条1項参照）そのものについて規定しているのではなく、**原告適格が認められる場合**に、その取消訴訟において主張しても意味がないこと、すなわち**主張制限**があることを定めたものである。

　10条1項により、例えば、滞納処分で差押えを受けた者は、その取消訴訟において、当該差押物件が他人に属するものであることを主張することができないと解されている（東京地判昭46.5.19参照）。また、国税徴収法は、公売に際し、公売財産に抵当権等の権利を有する者等へ公売に係る通知をすることを義務づけている（96条1項各号）ところ、この規定は、もっぱらこれらの権利者等の利益を保護するためのものであるから、納税義務者（滞納者）としては、その通知がなかったことを違法事由として、公売処分等の取消訴訟において、その手続違反を主張することができないと解されている（東京地判昭28.8.10参照）。

　なお、最高裁判所の判例において、主張制限が問題となった事案として、新潟空港事件（最判平元.2.17）が挙げられる。

2　設問後段について

　本問の場合、取消訴訟が適法に提起されたことを前提とした上で、本案審理において、**処分の取消しを求める請求に理由がない**として、これを退けるものである。したがって、裁判所としては、請求の「**棄却判決**」をすることになる。

　なお、原告適格のような**訴訟要件を欠く場合**、当該訴えは不適法なものとして、裁判所としては、請求の「**却下判決**」をすることになる。

問題9　在留期間を徒過して不法残留を続けている外国人X（A国籍）は、法務省入国管理局の主任審査官から退去強制令書の発付を受けた。このままでは退去強制令書の執行がなされてしまう危険が高く、Xには重大な損害を避けるため緊急の必要がある。この場合に、XがA国への送還を阻止するためにとり得る行政事件訴訟法上の手段（訴訟及び仮の救済）について、被告を示しつつ、40字程度で記述しなさい。

なお、義務付け訴訟を除く。

行政事件訴訟法　取消訴訟・執行停止

解答例　国を被告として、退去強制令書発付の取消訴訟を提起し、退去強制令書の執行の停止を申し立てる。（45字）

　行政事件訴訟法25条2項は、「**処分の取消しの訴えの提起があつた場合**において、**処分、処分の執行又は手続の続行により生ずる重大な損害を避けるため緊急の必要があるときは、裁判所は、申立てにより、決定をもつて、処分の効力、処分の執行又は手続の続行の全部又は一部の停止**（以下『**執行停止**』という。）をすることができる。ただし、処分の効力の停止は、処分の執行又は手続の続行の停止によつて目的を達することができる場合には、することができない。」と規定している。そして、11条1項柱書は、「処分又は裁決をした行政庁（処分又は裁決があつた後に当該行政庁の権限が他の行政庁に承継されたときは、当該他の行政庁。以下同じ。）が国又は公共団体に所属する場合には、取消訴訟は、次の各号に掲げる訴えの区分に応じてそれぞれ当該各号に定める者を被告として提起しなければならない。」と規定しており、同項1号は、「処分の取消しの訴え　**当該処分をした行政庁の所属する国又は公共団体**」を掲げている。

　したがって、本問において、Xは、国を被告として、退去強制令書発付の取消訴訟を提起し、退去強制令書の執行の停止の申立ての手段をとり得る。

問題10　Aは、Xの居住する建物に隣接する土地に高層マンションを建築しようと考え、Y県建築主事から建築確認を受けた。これに対し、Xは、Y県を被告として建築確認の取消訴訟を提起したところ、請求認容判決を受け、これが確定した。Aは、建築確認が有効に存続していることを主張することはできるか。この場合に最も問題となり得る取消訴訟の認容判決に特有の効力は、どのような名称で呼ばれ、どのような内容であるかを簡潔に示した上で、Aが建築確認の有効性を主張することができるか否かについて、40字程度で記述しなさい。なお、AはXの提起した取消訴訟について、自己の責めに帰すべき理由により訴訟に参加しなかったものとする。

行政事件訴訟法　判決の効力

解答例　第三者効と呼ばれ、取消判決の効力がＡに及び、Ａは建築確認の有効性を主張することはできない。(45字)

　終局判決が確定すると、当該判決は既判力を有し（民事訴訟法 114 条 1 項参照）、同一事項がその後の訴訟において問題になった場合でも、当事者はこれに反する主張をすることができず、また、裁判所もこれに矛盾する裁判をすることができなくなる。また、取消訴訟においても、判決が確定すると、既判力により、当事者及び裁判所は、前の訴訟で争われた処分の違法性の判断に拘束されることとなる。

　そして、取消訴訟において、処分が違法であるとして取り消されると、取消判決の**形成力**によって、**原告との関係で当該処分が遡及的に失効する**が、さらに、行政事件訴訟法は、「処分又は裁決を取り消す判決は、第三者に対しても効力を有する。」として、**取消判決の効力が第三者に及ぶことを規定している**（32 条 1 項）。この効力は、**第三者効**（あるいは対世効）と呼ばれており、この第三者効によって、原告以外の第三者も、当該処分が遡及的に失効していることを前提にしなければならず、別訴において当該処分が有効に存続していることを主張することはできなくなる。

　また、このような判決の効力を受ける「第三者」については争いがあるが、**原告と対立関係にある第三者**（原告と利害相反する第三者）には、32 条 1 項の規定する第三者効が当然に及ぶと解されている。なぜなら、このような第三者に対して取消判決の効力を及ぼさないと、紛争の合理的解決を図ることができないからである。

　本問において、Ｙ県建築主事から建築確認を受けたＡは、当該建築確認が取り消されると、高層マンションを建築することができないという不利益を受けることとなるため、原告であるＸと対立関係にあるといえる。したがって、Ａは上記の「第三者」に当たり、取消判決の効力がＡにも及ぶため、建築確認の有効性を主張することはできない。

　なお、既判力は、認容判決のほか、棄却判決、却下判決、事情判決にも生じるため、取消訴訟の認容判決に特有の効力ではない。また、行政事件訴訟法上、処分又は裁決を取り消す判決により権利を害された第三者で、自己の責めに帰することができない理由により訴訟に参加することができなかったため判決に影響を及ぼすべき攻撃又は防御の方法を提出することができなかったものは、これを理由として、確定の終局判決に対し、再審の訴えをもって、不服の申立てをすることができるとされている（**第三者再審の訴え**　34 条 1 項）。

問題11 XはA県B市内において、農地を所有し、その土地において農業を営んできた。しかし、高齢のため農作業が困難となり、後継者もいないため、農地を太陽光発電施設として利用することを決めた。そのために必要な農地法4条1項所定のA県知事による農地転用許可を得るため、その経由機関とされているB市農業委員会の担当者と相談したところ、「B市内においては、太陽光発電のための農地転用は認められない。」として、申請用紙の交付を拒否された。そこで、Xは、インターネットから入手した申請用紙に必要事項を記入してA県知事宛ての農地転用許可の申請書を作成し、必要な添付書類とともにB市農業委員会に郵送した。ところが、これらの書類は、「この申請書は受理できません。」とするB市農業委員会の担当者名の通知を添えて返送されてきた。この場合、農地転用許可を得るため、Xは、いかなる被告に対し、どのような訴訟を提起すべきか。40字程度で記述しなさい。

(参照条文)
農地法
　(農地の転用の制限)
　第4条　農地を農地以外のものにする者は、都道府県知事(中略)の許可を受けなければならない。(以下略)
　2　前項の許可を受けようとする者は、農林水産省令で定めるところにより、農林水産省令で定める事項を記載した申請書を、農業委員会を経由して、都道府県知事等に提出しなければならない。
　3　農業委員会は、前項の規定により申請書の提出があったときは、農林水産省令で定める期間内に、当該申請書に意見を付して、都道府県知事等に送付しなければならない。

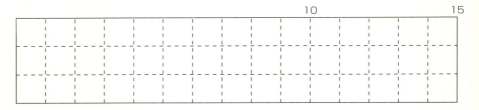

申請型義務付け訴訟

解答例 A県に対し、不作為の違法確認訴訟と農地転用許可の義務付け訴訟を併合提起すべきである。（42字）

1 訴訟選択について

　本問において、Xは、A県B市内にある自己所有の農地について、農地転用許可を得るため、B市農業委員会を経由してA県知事に申請書を提出しようとした（農地法4条2項）。当該申請書の提出があった場合、B市農業委員会は、当該申請書に意見を付して、A県知事にこれを送付しなければならないこととされている（同条3項）。ところが、B市農業委員会は、農地転用許可の申請書を受け付けず、これをXに返送したというのである。

　このような場合、農地転用許可の許可権限を有するA県知事（同条1項）は、何らの処分もしていないため、**Xの申請に対する不作為の状態が生じている**といえる。

　したがって、Xとしては、この不作為の状態を解消し、かつ、農地転用許可を得るための訴訟を提起することが必要となる。ここで、**不作為の違法確認の訴え**（行政事件訴訟法3条5項、37条）を提起するのみでは、認容判決を得たとしても、不作為が違法であることを確認するだけであり、行政庁に対して申請を許可することを義務づけることはできない。

　よって、Xは、**不作為の違法確認訴訟を提起するとともに、農地転用許可の義務付け訴訟を併合提起すべきこととなる**（申請型義務付け訴訟　3条6項2号、37条の3第1項1号、同条3項1号）。

　なお、本問と同様の事案において、裁判例は、農業委員会の受理拒否行為は、処分行政庁の申請に対する拒否処分には当たらないとした上で、「処分行政庁〔県知事〕が相当の期間を経過しても本件申請に対し、何らの処分もしないことは、違法というほかはない」として、不作為の違法確認請求を認容している（東京高判平20.3.26）。

2 被告適格について

　申請型義務付け訴訟においては、被告適格を含め、**取消訴訟の規定が準用**されている（38条1項・11条）。その結果、不作為の違法確認の訴えの被告となるのは、**申請に対して不作為を続けている行政庁（A県知事）の所属する公共団体であるA県となる**。また、農地転用許可の義務付け訴訟の被告となるのも、許可権限を有する行政庁（A県知事）の所属する公共団体であるA県となる。

　したがって、本問における訴訟の被告は、A県となる。

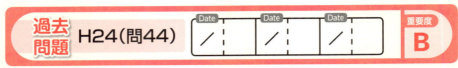

問題12 　Xは、A県B市内に土地を所有していたが、B市による市道の拡張工事のために、当該土地の買収の打診を受けた。Xは、土地を手放すこと自体には異議がなかったものの、B市から提示された買収価格に不満があったため、買収に応じなかった。ところが、B市の申請を受けたA県収用委員会は、当該土地について土地収用法48条に基づく収用裁決（権利取得裁決）をした。しかし、Xは、この裁決において決定された損失補償の額についても、低額にすぎるとして、不服である。より高額な補償を求めるためには、Xは、だれを被告として、どのような訴訟を提起すべきか。また、このような訴訟を行政法学において何と呼ぶか。40字程度で記述しなさい。

行政事件訴訟法　形式的当事者訴訟

解答例　B市を被告として、補償の増額を求める訴訟を提起すべきであり、形式的当事者訴訟と呼ぶ。（42字）

本問は、行政事件訴訟法が定める形式的当事者訴訟に関する問題である。

土地収用法に基づく収用裁決において決定された損失補償額について不服があるXとしては、拡張工事を行うB市を被告として、**損失の補償に関する訴訟**を提起することになる。そして、この訴訟は、行政法学において**形式的当事者訴訟**（行政事件訴訟法4条前段）と呼ばれる。

被告について、収用裁決の根拠法令である土地収用法をみると、133条3項は、収用委員会の裁決のうち損失の補償に関する訴えは、これを提起した者が土地所有者であるときは起業者を被告としなければならないとしている。これは「法令の規定によりその法律関係の当事者の一方を被告とするもの」（行政事件訴訟法4条前段）に当たるから、提起すべき訴訟が形式的当事者訴訟であると判断することができる。そして、訴訟を提起したXは土地の所有者であるから、起業者である**B市を被告とする**こととなる。

どのような訴訟を提起すべきかについては、原告Xは損失補償の額が低額であることに不服なのであるから、損失の補償に関する訴訟を提起することとなる。

問題13 降り続いた雨により国道に面する山地の上方部分が崩壊し、落下した岩石が、たまたまその道路を通行していた自動車の運転助手席の上部にあたり、その助手席に乗っていたＸが即死した。この場合、Ｘの遺族が国に対して損害賠償の請求をする場合、どのような要件のもと、どのような根拠条文により請求するべきか。40字程度で記述しなさい。

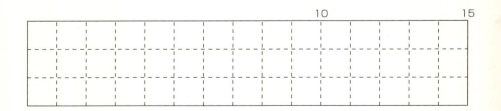

国家賠償法　2条責任

解答例　道路の設置又は管理の瑕疵があるとして、国家賠償法2条1項に基づき請求するべきである。（42字）

　国家賠償法2条1項は、「道路、河川その他の公の営造物の設置又は管理に瑕疵があつたために他人に損害を生じたときは、国又は公共団体は、これを賠償する責に任ずる。」と規定する。

　この**公の営造物の設置又は管理の瑕疵**とは、**営造物が通常有すべき安全性を欠いている**ことをいい、これに基づく国及び公共団体の賠償責任については、その**過失の存在を必要としない**とされる（最判昭45.8.20）。すなわち、1条1項が公務員の故意・過失を国家賠償の要件とする過失責任を定めたのに対して、2条1項は、無過失責任を定めたものである。

　そして、2条1項に基づく損害賠償請求の要件は、①道路等の**公の営造物**に関して、②その**設置又は管理の瑕疵**により損害が発生したことである。

　なお、最高裁判所は、国道に面する山地の上方部分が崩壊し、落下した岩石が通行していた自動車に当たり、その助手席に乗っていた者が即死した場合において、従来当該道路の付近ではしばしば落石や崩土が起き、通行上危険があったにもかかわらず、道路管理者において、道路に防護柵等を設置し、あるいは、常時山地斜面部分を調査して、崩土のおそれに対しては事前に通行止めをするなどの措置をとらなかったときは、通行の安全性の確保において欠け、その管理に瑕疵があったものというべきであると判示している（前掲最判昭45.8.20）。

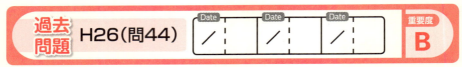

問題14　A市は、同市内に市民会館を設置しているが、その運営は民間事業者である株式会社Bに委ねられており、利用者の申請に対する利用の許可なども、Bによってなされている。住民の福利を増進するためその利用に供するために設置される市民会館などを地方自治法は何と呼び、また、その設置などに関する事項は、特別の定めがなければ、どの機関によりどのような形式で決定されるか。さらに、同法によれば、その運営に当たるBのような団体は、何と呼ばれるか。40字程度で記述しなさい。

地方自治法　公の施設

行政書士試験研究センター解答　公の施設と呼び、設置等は議会が条例で決し、管理する団体を指定管理団体と呼ぶ。（38字）

解答例　公の施設と呼び、普通地方公共団体の議会により条例で決定される。指定管理者と呼ばれる。（42字）

　地方自治法は、「普通地方公共団体は、住民の福祉を増進する目的をもってその利用に供するための施設（これを**公の施設**という。）を設けるものとする。」と規定している（244条1項）。したがって、住民の福祉を増進する目的をもってその利用に供するために設置される市民会館などは、地方自治法上、「公の施設」と呼ばれる。

　地方自治法は、「普通地方公共団体は、法律又はこれに基づく政令に特別の定めがあるものを除くほか、公の施設の設置及びその管理に関する事項は、**条例**でこれを定めなければならない。」と規定している（244条の2第1項）。そして、条例は、**普通地方公共団体の議会**によって制定される（96条1項1号）。したがって、公の施設の設置及びその管理に関する事項は、普通地方公共団体の議会により条例で決定される。

　普通地方公共団体は、公の施設の設置の目的を効果的に達成するため必要があると認めるときは、条例の定めるところにより、**法人その他の団体であって当該普通地方公共団体が指定するもの**に、当該公の施設の管理を行わせることができる。また、「法人その他の団体であって当該普通地方公共団体が指定するもの」は、**指定管理者**と呼ばれる（244条の2第3項）。指定管理者制度は、2003年の地方自治法改正において、規制改革の一環として新設されたものである。したがって、運営に当たるBのような団体は、指定管理者と呼ばれる。

一般知識等科目

Chapter 1 政治

過去問題 H20(問47)  重要度 B

問題1 近代の政治思想に関する次の記述のうち、妥当でないものはどれか。

1 イギリスの法律家コーク（クック）は、「国王はいかなる人の下にも立たないが、神と法の下にある」というブラクトンの言葉を引いて、王権神授説を信奉する国王を諫（いさ）め、これが「法の支配」の確立につながった。

2 イギリスの哲学者ホッブズは、『リヴァイアサン』において、人間は自然状態では「万人の万人に対する闘争」が生じるため、絶対権力者の存在を認めなければならないとし、社会契約説を否定した。

3 イギリスの政治思想家ロックは、『市民政府二論』において、自然権を保障するため人びとは契約を結び国家をつくると考え、政府が自然権を守らないとき人民は抵抗権をもつとし、イギリス名誉革命を擁護した。

4 フランスの啓蒙思想家ルソーは、『社会契約論』において、人間が社会契約によって国家をつくってからも真に自由で平等であるためには、全体の利益をめざす全人民の一般意思による統治を主張し、フランス革命に影響を与えた。

5 フランスの啓蒙思想家モンテスキューは、『法の精神』において、各国の政治体制を比較しながら、自由と権力の均衡の重要性を説き、立法・執行・司法を異なる機関に担当させる三権分立制を提唱して、近代民主政治に大きな影響を与えた。

総合テキスト LINK Chapter 1 政治 ②

近代の政治思想

1 妥当である
重
王権神授説を唱えたジェームズ１世に対して、エドワード・コーク（クック）は、**コモン・ロー**（理性法）の擁護を掲げて闘った。これがイギリスの「**法の支配**」の礎となった。

2 妥当でない
重
前半は正しい。しかし、ホッブズは、「**万人の万人に対する闘争**」という悲惨な状況を脱するために、**社会契約説**を主張した。なお、自然状態とは、国家や制度が存在する以前の状態を指す。

3 妥当である
重
ロックは、ホッブズと同様に**社会契約説**に立ったが、ホッブズがその上で絶対王政を支持したのに対し、ロックは本記述のように、**抵抗権**を認め、イギリス名誉革命を理論的に擁護した。

4 妥当である
重
ルソーは、『**社会契約論**』において、社会契約説のスタイルをもとに、人民全員が直接政治に参加すべきという、**人民主権**による国家形成を唱え、専制政治を批判した。そして、ルソーの人民主権の理念は、**アメリカ独立革命**や**フランス革命**において理論的な拠り所となった。

5 妥当である
重
モンテスキューの『**法の精神**』は、各国あるいは各時代の政治体制を比較したものである。また、この書において、政治的自由にとって重要なことは、権力が制限されていることであるとした。そして、そのための手段として、権力同士が抑制と均衡を保つことができる**三権分立**を主張した。この考え方は、**アメリカ合衆国憲法**制定や**フランス革命**に影響を与えた。

正解　2

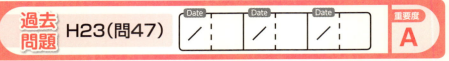

問題2 各国の政治体制に関する次のア～オの記述のうち、妥当なものの組合せはどれか。

ア　イギリスでは、議院内閣制がとられ、首相は下院の第一党の指導者が就任することとされているが、議会が上院または下院において不信任の議決を行った場合には、内閣は自ら辞職するか、議決を行った議院を解散しなければならない。

イ　アメリカでは、大統領制がとられ、大統領と議会は権力分立の原則が貫かれているため、議会は大統領の不信任を議決することができないし、大統領は議会の解散権、法案の提出権、議会が可決した法案の拒否権のいずれも有していない。

ウ　フランスでは、基本的に議院内閣制がとられており、大統領のほかに内閣を代表する首相がおかれ、大統領は外交上の儀礼的な権能を有するだけで、広く行政権は内閣に属し、かつ議会の解散権も内閣が有している。

エ　ロシアでは、1990年代前半に成立した新憲法において三権分立制がとられているが、大統領に首相の任命権が付与されており、連邦議会は連邦会議と国家会議の二院制となっている。

オ　中国では、最高権力をもつ一院制の全国人民代表大会（全人代）の下に、常設機関である常務委員会が設けられ、法令の制定、条約の批准など広範な権限をもつとともに、国務院が設けられ行政を担当している。

1　ア・イ
2　ア・ウ・エ
3　イ・エ・オ
4　ウ・エ
5　エ・オ

政治体制

ア 妥当でない 重　イギリスでは議院内閣制がとられ、不信任の議決を受けた内閣は、総辞職するか議決を行った議院を解散しなければならないが、**不信任の議決を行うことができるのは、下院のみ**である。

イ 妥当でない 重　**アメリカの大統領制**では、権力分立の原則が貫かれており、議会は大統領の**不信任議決権を有さず**、大統領も**議会の解散権、法案の提出権を有していない**。ただし、議会が可決した法案の拒否権は与えられている。

ウ 妥当でない 重　フランスの政治制度は、大統領制と議院内閣制の中間形態にあり、半大統領制と呼ばれている。大統領は外交上の儀礼的な権能を有するだけではなく、首相の任免権や議会の解散権等も有する。

エ 妥当である 重　ロシアでは1990年代前半に成立した新憲法において三権分立制がとられているが、直接選挙で選ばれた大統領は国家元首として、首相の任命権を有し、連邦議会は二院制で、連邦会議と国家会議からなる。

オ 妥当である 重　**中国**では、国家の最高権力機関である**一院制の全国人民代表大会**のもとに、**常務委員会**が設けられ、法令の制定や条約の批准などの権限を持つとともに、**全国人民代表大会の執行機関として国務院**が設けられている。

正解　5

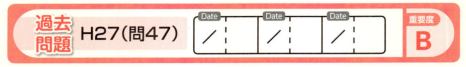

問題3 国際連合と国際連盟に関する次の記述のうち、妥当なものはどれか。

1 国際連合では太平洋憲章が、国際連盟ではローズヴェルトの平和原則14か条が、それぞれ成立に至るまでの過程において出された。

2 国際連合ではアメリカのニューヨークに、国際連盟ではフランスのパリに、それぞれ本部が設置された。

3 国際連合では日本は原加盟国ではなく現在まで安全保障理事会の常任理事国でもないが、国際連盟では原加盟国であり理事会の常任理事国でもあった。

4 国際連合では米・英・仏・中・ソの5大国がすべて原加盟国となったが、国際連盟ではアメリカは途中から加盟しソ連は加盟しなかった。

5 国際連合では制裁手段は経済制裁に限られているが、国際連盟では制裁手段として経済制裁と並んで軍事制裁も位置づけられていた。

国際連合と国際連盟

1 妥当でない　**国際連合**は、1945年に国際連合憲章に基づき設立された国際機構であり、国際連合憲章の基本理念となったのは、1941年にアメリカ大統領のフランクリン・**ローズヴェルト（ルーズベルト）** と、イギリス首相のウィンストン・**チャーチル**によって調印された「**大西洋憲章**」である。また、**平和原則14か条**は、アメリカ大統領「**ウィルソン**」が1918年に発表した平和原則であり、国際連盟は、ウィルソンが14か条の原則で提案し、ヴェルサイユ条約で規約が定められ、1920年に成立した。

2 妥当でない【重】　**国際連盟**の本部は、**スイスのジュネーブ**に設置された。なお、**国際連合**の本部が**アメリカのニューヨーク**に設置されたとする点は正しい。

3 妥当である　そのとおりである。日本は、国際連合の原加盟国でもなく、現在まで安全保障理事会の常任理事国でもない。他方、国際連盟では原加盟国であり、1920年、国際連盟が発足した当初の理事会の常任理事国は、イギリス、フランス、日本（大日本帝国）、イタリア王国の4か国であった。

4 妥当でない【重】　前半の記述は正しく、**国際連合**では**米・英・仏・中・ソ**の5大国がすべて原加盟国となった。しかし、**国際連盟**では、**アメリカ**は上院共和党の反対で**参加せず**、**ソ連**は1934年に加盟したものの1939年に**除名**された。

5 妥当でない【重】　**国際連合**では、制裁手段として**経済制裁**と並んで**軍事制裁**も位置づけられているが、国際連盟では経済制裁のみで侵略に対する制裁のための軍事力を持たなかったため、紛争の解決が困難であった。

正解　3

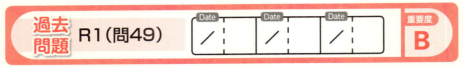

問題4 次の各時期になされた国の行政改革の取組に関する記述のうち、妥当でないものはどれか。

1 1969年に成立したいわゆる総定員法*1では、内閣の機関ならびに総理府および各省の所掌事務を遂行するために恒常的に置く必要がある職に充てるべき常勤職員の定員総数の上限が定められた。

2 1981年に発足したいわゆる土光臨調（第2次臨時行政調査会）を受けて、1980年代には増税なき財政再建のスローガンの下、許認可・補助金・特殊法人等の整理合理化や、3公社（国鉄・電電公社・専売公社）の民営化が進められた。

3 1990年に発足したいわゆる第3次行革審（第3次臨時行政改革推進審議会）の答申を受けて、処分、行政指導、行政上の強制執行、行政立法および計画策定を対象とした行政手続法が制定された。

4 1998年に成立した中央省庁等改革基本法では、内閣機能の強化、国の行政機関の再編成、独立行政法人制度の創設を含む国の行政組織等の減量・効率化などが規定された。

5 2006年に成立したいわゆる行政改革推進法*2では、民間活動の領域を拡大し簡素で効率的な政府を実現するため、政策金融改革、独立行政法人の見直し、特別会計改革、総人件費改革、政府の資産・債務改革などが規定された。

（注）*1 行政機関の職員の定員に関する法律
　　　*2 簡素で効率的な政府を実現するための行政改革の推進に関する法律

国の行政改革の取組み

1 妥当である　そのとおりである。1969年に総定員法「行政機関の職員の定員に関する法律」が成立し、内閣の機関、内閣府及び各省の所掌事務を遂行するために恒常的に置く必要がある職に充てるべき常勤の職員の定員の総数の上限が定められ、最高限度は331,984人とされた（1条1項）。

2 妥当である　そのとおりである。1981年に発足した土光臨調（第2次臨時行政調査会）は、鈴木善幸内閣が掲げた「増税なき財政再建」を達成すべく、行財政改革についての審議を行い、許認可・補助金・特殊法人等の整理合理化や3公社（国鉄・電電公社・専売公社）の民営化などの提言を行った。電電公社・専売公社は1985年に、国鉄は1987年に中曽根康弘内閣により民営化されている。

3 妥当でない　**行政手続法**の対象は、**処分、行政指導、届出、命令等**であり、行政上の強制執行、行政立法、計画策定は、同法の対象ではない。なお、前半の記述は正しい。
【重】

4 妥当である　そのとおりである。**中央省庁等改革基本法**は、行政改革会議最終報告の趣旨にのっとって行われる内閣機能の強化、国の**行政機関の再編成**並びに国の行政組織並びに事務及び事業の**減量、効率化**等の改革について、その基本的な理念及び方針その他の基本となる事項を定めるとともに、中央省庁等改革推進本部を設置すること等により、これを推進することを目的として設置された（1条）。**独立行政法人**制度は、中央省庁等改革の柱の1つとして、行政改革会議最終報告において導入が提言された制度であり、その後、中央省庁等改革基本法に制度の基本的な考え方が規定され、**「中央省庁等改革の推進に関する方針」**により、89の国の事務・事業について**独立行政法人化**の方針等が決定された。
【重】

5 妥当である　そのとおりである。行政改革推進法には、政策金融改革（4条～14条）、独立行政法人の見直し（15条、16条）、特別会計改革（17条～41条）、総人件費改革（42条～57条）、国の資産・債務改革（58条～62条）などが規定されている。

正解　3

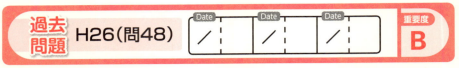

問題5　日本の中央政府の行政改革について、平成13年（2001年）に実現した省庁再編の内容として妥当なものの組合せはどれか。

ア　環境庁を環境省に移行した。

イ　防衛庁、海上保安庁の2庁を防衛省に統合した。

ウ　首相府、沖縄開発庁、経済企画庁の1府2庁を内閣府に統合した。

エ　運輸省、建設省、北海道開発庁、国土庁の2省2庁を国土交通省に統合した。

オ　自治省、総務庁、金融庁、文化庁、気象庁の1省4庁を総務省に統合した。

1　ア・ウ
2　ア・エ
3　イ・ウ
4　イ・オ
5　エ・オ

中央政府の行政改革

　1998年、「中央省庁等改革基本法」が制定され、同法に基づき内閣に設置された中央省庁等改革推進本部において、1999年に内閣法及び国家行政組織法の改正や各府省設置法等が成立し、2001年1月に中央省庁の再編が実施された。かかる再編は、日本国憲法施行後に行われたもののうち最大規模となり、1府22省庁から**1府12省庁**となった。

ア 妥当である　　そのとおりである。2001年の省庁再編において、**環境庁は環境省**に移行した。

イ 妥当でない　　2007年に、防衛庁設置法等の一部を改正する法律が施行されたことにより、防衛庁設置法が防衛省設置法に改まり、**防衛庁は防衛省**に改められた。なお、**海上保安庁は国土交通省**の外局である。

ウ 妥当でない　　2001年の省庁再編において、**総理府、沖縄開発庁、経済企画庁**の1府2庁を**内閣府**に統合した。

エ 妥当である　　そのとおりである。2001年の省庁再編において、**運輸省、建設省、北海道開発庁、国土庁**の2省2庁は**国土交通省**に統合された。

オ 妥当でない　　2001年の省庁再編において、**自治省、総務庁、郵政省**を**総務省**に統合した。なお、**金融庁**は**内閣府**の外局、**文化庁**は**文部科学省**の外局、**気象庁**は**国土交通省**の外局である。

正解　2

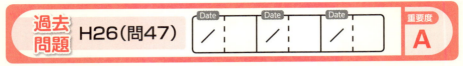

問題6　日本の政治資金に関する次の記述のうち、妥当なものはどれか。

1　政党への公的助成である政党交付金の総額は、人口に250円を乗じて得た額を基準として予算で定めることとされている。

2　政党交付金は、国会に一定の議席を持つ受給資格のある全政党が受給しており、それらの政党では政治資金源の約半分を政党交付金に依存している。

3　政府は、政治腐敗防止のために政治資金規正法の制定を目指したが、国会議員からの反対が強く、まだ成立には至っていない。

4　政党への企業・団体献金は、政治腐敗防止のために禁止されているが、違法な政治献金が後を絶たない。

5　政治資金に占める事業収入の割合は、政党交付金の受給資格がある全政党で極めて低くなっている。

日本の政治資金

1 妥当である
【重】
そのとおりである。毎年分として各政党に対して交付すべき政党交付金の算定の基礎となる政党交付金の総額は、基準日における人口に **250円** を乗じて得た額を基準として予算で定められている（政党助成法7条1項）。

2 妥当でない
【重】
政党交付金の交付対象となる政党は、①国会議員5人以上を有する政治団体、②国会議員を有し、かつ、前回の衆議院議員総選挙の小選挙区選挙若しくは比例代表選挙又は前回若しくは前々回の参議院議員通常選挙の選挙区選挙若しくは比例代表選挙で得票率が2％以上の政治団体である。ただし、日本共産党などは、受給資格を有するものの、受給していない。また、政党交付金が政治資金源に占める割合は、政党ごとに異なる。

3 妥当でない
【重】
政治資金規正法は、政党、政治団体、議員、議員候補などが政治活動を行う際に使う資金（政治資金）の入口と出口を明確にして公明性を確保する目的で、1948年に制定された。

4 妥当でない
【重】
1994年に制定された **政党助成法** の成立に伴い改正された **政治資金規正法** により、2000年からは **政治家個人への企業・団体献金が禁止** されたが、**政党への企業・団体献金は禁止されておらず**、政党支部に献金を受け入れ、そこから自らの資金管理団体に還流させる迂回献金の例が増えている。

5 妥当でない
政党交付金の受給資格がある政党のうち、公明党や日本共産党（受給資格を有するが政党交付金は受給していない）においては、政治資金に占める事業収入の割合は高くなっている。

政治改革4法

法律名	内　容
公職選挙法改正	①衆議院議員の定数削減　→　現在は465 ② **小選挙区比例代表並立制** 導入　③連座制の強化　④インターネット選挙運動の解禁　⑤選挙権年齢の満18歳以上への引下げ
政治資金規正法改正	政治家個人への個人献金の原則禁止 　→　政治家個人への企業・団体献金の禁止（2000年）
政党助成法	国会議員が5人以上、又は直近の国政選挙で得票率が2％以上ある政党への政党助成金の交付　→　国民1人 **250円** 負担
衆議院議員選挙区画定審議会設置法	総理府（現、内閣府）に、衆議院議員選挙区画定審議会を設置

正解　1

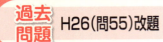 

問題7 現行の選挙制度において、インターネットによる選挙運動が可能となっているものもあるが、次の記述のうち、妥当なものはどれか。

1 候補者が、当選又は落選に関し、選挙人に挨拶する目的をもって、ホームページや電子メールを利用した選挙期日後の挨拶行為をすることは、可能である。

2 候補者が、選挙運動用のホームページに掲載された文書を選挙期日当日に更新することは、可能である。

3 一般の有権者が、電子メールを送信することによる選挙運動を行うことは、可能である。

4 年齢満18歳未満の者が、ホームページや電子メールを用いた選挙運動を行うことは、可能である。

5 候補者が、屋内での演説会開催中に選挙運動用のウェブサイトをスクリーンに映写しながら政策を語ることは、可能ではない。

選挙制度

本問は、2013年4月19日に成立したインターネット選挙運動解禁に係る公職選挙法の一部を改正する法律（議員立法）についての理解を問う出題となっている。

1 妥当である　改正前の公職選挙法では、選挙期日において、当選又は落選に関し、選挙人に挨拶する目的をもって文書図画を頒布し又は掲示することは、自筆の信書及び当選又は落選に関する祝辞、見舞等の答礼のためにする信書を除き、禁止されていたが、今回改正により、候補者が選挙期日後に当選又は落選に関して選挙人に挨拶をする目的をもって行う行為のうち、「インターネット等を利用する方法」により行われる文書図画の頒布が解禁されることとなった（公職選挙法178条2号）。

2 妥当でない　ウェブサイトに掲載された選挙運動用文書図画は、選挙期日もそのままにしておくことができるようになったが（142条の3第2項）、選挙運動は選挙期日の前日までに限られており、選挙期日当日にウェブサイトの更新はできない（129条）。

3 妥当でない　**一般有権者**、すなわち公職の候補者及び政党その他の政治団体以外の者が行う**電子メールを利用する方法による選挙運動用文書図画の頒布**については、改正後も引き続き**禁止**されている（142条の4第1項）。

4 妥当でない　年齢**満18歳未満の者**は、**選挙運動を行うことができない**（137条の2）。

5 妥当でない　屋内の演説会場において選挙運動のために行う映写等が解禁されるとともに、屋内の演説会場内におけるポスター、立札及び看板の類についての規格制限は撤廃された（143条1項4号の2、同条9項、201条の4第6項3号）。このため、例えば、演説会において、候補者や政党のウェブサイトをスクリーンに映写しながら政策を訴えるといったことも可能となった。

正解　1

過去問題 H23（問48） 重要度 A

問題8 日本の地方自治に関する次の記述のうち、妥当なものはどれか。

1　明治憲法のもとでは地方自治は認められておらず、市町村は国の行政区画であった。そのため、市町村長は、市町村会の推薦と府県知事の内奏をもとに、内務大臣によって任命されていた。

2　全国的な規模で市町村合併が大幅に進められたのは、明治維新以降4回ある。それぞれの時期に合わせて、「明治の大合併」「大正の大合併」「昭和の大合併」「平成の大合併」と呼ばれることがある。

3　第二次世界大戦中には、激しい空襲により市役所・町村役場は機能を喪失したため、市町村は廃止された。それに代わり、防空・配給や本土決戦のために、都市部には町内会、農村部には系統農会が組織された。

4　第二次世界大戦後の自治体は、住民から直接公選される首長・議会を有しているが、首長その他の執行機関が国の指揮監督のもとに国の機関として行う機関委任事務があった。しかし、機関委任事務制度は地方自治法の改正により廃止された。

5　1990年代後半以降、市町村合併や公共事業などについて、住民が自ら投票によって意思を表明する住民投票が、条例に基づいて行われた。こうした流れを受けて、条例なしでも住民投票が行えるように、住民投票法が制定された。

総合テキスト LINK　Chapter 1　政治　5

地方自治

1 妥当でない　明治憲法のもとでは、憲法上地方自治は認められておらず、市町村は国の行政区画であり、市長は市会から推薦のあった者の中から天皇の上奏をもとに、内務大臣により任命され、町村長は町村会で選挙されていた。

2 妥当でない　明治維新以降、全国的な規模で市町村合併が大幅に進められたのは3回である。それぞれ「**明治の大合併**」、「**昭和の大合併**」、「**平成の大合併**」と呼ばれる。

3 妥当でない　第二次世界大戦中、府県制、市制、町村制等について改正が行われたが、全国的に市町村を廃止する処置はとられておらず、町内会、系統農会も第二次世界大戦前から存在していた。

4 妥当である　第二次世界大戦後の自治体には国の機関として行う事務として機関委任事務があったが、地方自治法の改正により機関委任事務制度は廃止され、現在、**自治事務**と**法定受託事務**に区分されている。

5 妥当でない　1990年代後半以降、市町村合併や公共事業などについて、住民が自ら投票によって意思を表明する住民投票が、**条例**に基づいて行われているが、条例なしで住民投票が行えるとする**住民投票法の制定には未だ至っていない**。

正解　4

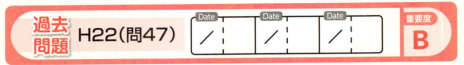

問題9 政治とマスメディアの関係に関する次のア〜オの記述のうち、妥当でないものの組合せはどれか。

ア　マスメディアは、ニュース報道や評論を通じて世論の形成に重大な影響を与えることから、立法・行政・司法に続く「第4の権力」と言われている。

イ　現代社会では、マスメディアは政治的関心を高めるうえで不可欠の存在になっているが、その一方で、マスメディアは政治について質の低い情報を伝えることによって、政治的無関心を助長する場合もあると指摘されている。

ウ　マスメディアが選挙報道において、ある候補者の有利・不利を報道することによって候補者の得票を増減させてしまうことがあるが、こうした効果は「アナウンス効果」と呼ばれる。

エ　小選挙区制度では、選挙期間中にマスメディアが不利と報道した候補者については、その潜在的な支持者が積極的に投票に行くようになり、得票を大きく伸ばす現象が見られるが、これは「バンドワゴン効果」と呼ばれる。

オ　日本の官公庁や政党では、取材や情報提供が円滑に行われるように会員制の記者クラブ制度がとられていたが、報道の画一化や官公庁への無批判な報道につながることから、現在では国の官庁においては廃止されている。

1　ア・イ
2　イ・ウ
3　イ・オ
4　ウ・エ
5　エ・オ

政治とマスメディア

ア 妥当である　そのとおりである。**マスメディア**がニュース報道や評論を通じて世論に与える影響は大きく、立法・行政・司法に続く「**第4の権力**」といわれている。

イ 妥当である　そのとおりである。繰り返されるスキャンダル等の質の低い情報が、国民の政治への関心を失わせることもある。

ウ 妥当である　そのとおりである。なお、**アナウンス効果には、バンドワゴン効果**と**アンダードッグ効果**（判官びいき効果）の2種類がある。

エ 妥当でない　本記述は、アンダードッグ効果の記載である。なお、**バンドワゴン効果**とは、**マスメディアが有利と報道した候補者に投票**することで勝ち馬に乗ろうと考える有権者が増え、その結果、**得票を大きく伸ばす**現象のことである。小選挙区制の選挙でよく起こる現象である。

オ 妥当でない　**記者クラブ制度**は、当局との馴れ合い関係や、画一的な報道の温床との指摘がなされているが、国の官庁において**廃止されているわけではない**。

正解　5

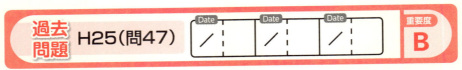

問題10 現代日本の利益集団（または、利益団体・圧力団体）に関する次の記述のうち、妥当でないものはどれか。

1　利益集団は、特定の利益の増進のため、政党や政府・各省庁に働きかけ、政治的決定に影響力を及ぼそうとする団体である。

2　世論は、常に正しいとは言えないが、世論を政治に反映させることは民主政治の基本である。世論は、大衆運動、マスメディアなどで示されるが、利益集団の活動によっては示されない。

3　内閣は、法案を国会に提出するが、その法案は、政党・利益集団と関係省庁間の利害調整の結果として作成され、内閣法制局の審査を経たものであることが多い。

4　利益集団には、経営者団体や労働団体、医師や農業従事者の団体などがある。例えば、日本経済団体連合会は、経営者団体の代表的なものである。

5　利益集団は、特定の政党に政治献金や選挙協力をすることで発言権を強めようとすることがある。その結果として、利益集団と密接な繋がりのある議員が登場することがある。要とする場合は、便宜上与党の議員を通じて提案している。

利益集団

1 妥当である　「**利益集団**（または、利益団体・圧力団体）」とは、ある集団の特殊利益の実現を図るために、政党や政府・各省庁など政策決定に当たる組織に働きかけ、**政治的決定に影響力を及ぼそうとする団体**である。

2 妥当でない　公共の問題について、国民が持つ共通の意思や意見を世論という。現代の社会における世論は多様化し、既成の政党だけでは世論を吸収しきれない。そこで、利益集団の活動によって世論を示すことで、**民主政治**を補う機能がある。したがって、世論は利益集団の活動によっては示されないという記述は、妥当ではない。

3 妥当である　そのとおりである。なお、内閣法制局は、法律問題について内閣や各省大臣に対して意見の陳述等を行う機関である。内閣提出法案は各省庁で原案が作成されるが、**内閣法制局が事前に審査を行っている**。

4 妥当である　**重**
そのとおりである。なお、利益集団には、本記述に列挙されているもののほか、経営者団体の代表的なものとして日本商工会議所、労働団体の代表的なものとして日本労働組合総連合会、産業団体の代表的なものとして全国農業協同組合連合会などがある。

5 妥当である　**重**
利益集団には、①**政権を担うことを目的としない**ため、国民に対して政治責任を負わない、②団体の利益を実現するために行動しているため、他団体などの利益と衝突することがある、③特定の政党などに対する政治献金や選挙協力によって、その**利益集団と密接な繋がりのある議員（族議員）が選出**されることがある、などの問題点がある。

正解　2

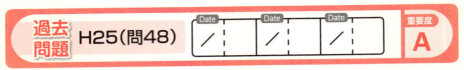

問題11 戦後日本の外交に関する次の記述のうち、妥当なものはどれか。

1　1951年に日本は、吉田茂首相のもと、いわゆる西側諸国とポーツマス条約を締結して独立を回復した。同年に、日米間では日米安全保障条約を締結し、その後、1960年にはその改定がなされた。

2　1956年に日本は、鳩山一郎首相のソ連訪問において、日ソ不可侵平和条約を締結した。これを契機として、東欧諸国との国交が順次結ばれ、同年には国際連合への加盟を果たした。

3　1965年に日本は、大韓民国との間で日韓基本条約を締結した。また、朝鮮民主主義人民共和国との間の国交は、2002年の小泉純一郎首相の平壌訪問によって回復した。

4　1971年に日本は、アメリカとの間で沖縄返還協定を結び、翌1972年には沖縄の復帰を実現した。但し、環太平洋戦略的防衛連携協定により、日本はアメリカ軍基地の提供を続けている。

5　1972年に日本は、田中角栄首相が中華人民共和国を訪問した際に、日中共同声明によって、中華人民共和国との国交を正常化した。その後、1978年に日中平和友好条約を締結した。

戦後日本の外交

1 妥当でない
重
　1951年に日本が吉田茂首相のもとで西側諸国と締結したのは、サンフランシスコ平和条約である。なお、その他の記述は正しい。

2 妥当でない
重
　1956年に日本が鳩山一郎首相のソ連訪問において締結したのは、日ソ共同宣言である。これを契機として、東欧諸国との国交が順次結ばれ、同年、日本は国際連合への加盟を果たした。

3 妥当でない
重
　1965年に日本は、佐藤栄作首相のもと、大韓民国との間で日韓基本条約を締結した。一方、朝鮮民主主義人民共和国との間の国交は、2002年の小泉純一郎首相の平壌訪問を機に、日本の世論が対北朝鮮批判に大きく傾き、国交正常化交渉はストップするなど、国交を回復しないまま現在に至っている。

4 妥当でない
重
　1971年に日本は、佐藤栄作首相のもと、アメリカとの間で沖縄返還協定を結び、翌1972年には沖縄の復帰を実現した。ただし、日本がアメリカに軍事基地の提供を続けているのは、日米安全保障条約に基づいて規定された日米地位協定によるものである。

5 妥当である
重
　1972年、田中角栄首相が中華人民共和国を訪問した際に、日中共同声明によって中華人民共和国との国交が正常化され、1978年には、福田赳夫内閣により、日中平和友好条約が締結された。

正解　5

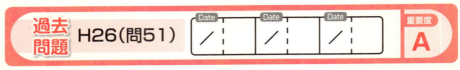

問題12　核軍縮・核兵器問題への国際社会の対応に関する次のア～オの記述のうち、妥当でないものの組合せはどれか。

ア　包括的核実験禁止条約（CTBT）は、国連総会で採択され、その後、米中やインド・パキスタンを含む多くの国連加盟国が署名・批准を済ませ発効した。

イ　東南アジア・中南米・アフリカなどの地域では、非核兵器地帯を創設する多国間条約が締結されている。

ウ　冷戦中、米ソ両国は中距離核戦力（INF）の全廃に向けて何度も交渉を行ったが難航し、条約の締結までには至らなかった。

エ　核兵器非保有国への核兵器移譲や核兵器非保有国の核兵器製造を禁止する核拡散防止条約（NPT）では、米露英仏中の5カ国が核兵器保有国と規定されている。

オ　核拡散防止条約（NPT）では、核兵器非保有国の原子力（核）の平和利用は認められているが、軍事転用を防止するために国際原子力機関（IAEA）の査察を受ける義務を負う。

1　ア・イ
2　ア・ウ
3　イ・エ
4　ウ・オ
5　エ・オ

核軍縮・核兵器問題への国際社会の対応

ア 妥当でない
重
　包括的核実験禁止条約（CTBT）が発効するためには、発効要件国44か国すべての批准が必要とされているが、現在のところ、米国、中国、インド、パキスタン等、一部の発効要件国が批准していないため、**条約は未発効**のままである。

イ 妥当である
重
　そのとおりである。**東南アジア、中南米、アフリカでは、次のように、非核兵器地帯を創設する多国間条約が締結されている**。バンコク条約（東南アジア非核兵器地帯条約、署名1995年、発効1997年）、トラテロルコ条約（ラテンアメリカ及びカリブ核兵器禁止条約、署名1967年、発効1968年）、ペリンダバ条約（アフリカ非核兵器地帯条約、署名1996年、発効2009年）。

ウ 妥当でない
重
　中距離核戦力（INF）全廃条約は、1987年、アメリカのレーガン大統領とソ連のゴルバチョフ書記長の間で締結された、**中距離核戦力（INF）の全廃を約束した条約である**。両者は1987年にワシントンD.C.において正式にINF全廃条約に調印、全廃を約束し、その合意に基づき、1991年までに中距離核戦力（INF）は全廃された。ただし、アメリカのトランプ大統領が2018年10月に同条約からの離脱を表明したことから、2019年8月に同条約は失効した。

エ 妥当である
重
　そのとおりである。**核兵器不拡散条約（NPT）では、同条約9条3により、「核兵器国」とは、1967年1月1日以前に核兵器その他の核爆発装置を製造し、かつ爆発させた国をいい、米、露、英、仏、中の5か国を「核兵器国」と定め、「核兵器国」以外への核兵器の拡散を防止している。**

オ 妥当である
重
　そのとおりである。**核兵器不拡散条約（NPT）では、同条約3条により、原子力が平和的利用から核兵器その他の核爆発装置に転用されることを防止するため、非核兵器国が国際原子力機関（IAEA）の保障措置を受諾する義務を規定している。**

正解　2

Chapter 2 経済

過去問題 H26（問52）

問題1 次の文章の空欄 ア ～ エ に入る語句の組合せとして正しいものはどれか。

　第二次世界大戦後の国際経済は、1944年のブレトンウッズ協定に基づいて設立された ア と イ 、1947年に締結された ウ を中心に運営された。
　イ は大戦後の経済復興と開発のための資金提供を目的としていた。日本は イ からの融資を受け、東海道新幹線や黒部ダムなどを建設している。その後、イ は発展途上国の経済発展のための融資機関となった。
　また ウ のもとでは8回の関税引き下げ交渉がもたれたが、それは貿易拡大による国際経済発展に貢献するとともに、その後 エ の設立をもたらした。
　エ では、ウ の基本精神を受け継ぎつつ、交渉を続けている。

	ア	イ	ウ	エ
1	IBRD	IMF	GATT	WTO
2	GATT	IMF	WTO	IBRD
3	IBRD	IMF	WTO	GATT
4	IBRD	WTO	IMF	GATT
5	IMF	IBRD	GATT	WTO

第二次世界大戦後の国際経済

ア IMF
【重】

IMF（国際通貨基金）は、戦後の国際通貨制度の安定を図ることなどを目的として、1944年のブレトンウッズ会議で創立された。現在IMFは、加盟国の為替政策の監視、国際収支が著しく悪化した加盟国に対して融資を実施することなどを通じて、国際貿易の促進、加盟国の高水準の雇用と国民所得の増大、為替の安定などに寄与している。

イ IBRD
【重】

IBRD（国際復興開発銀行、通称世界銀行）は、第二次世界大戦で疲弊した諸国の経済復興を目的として、IMFとともに1944年のブレトンウッズ会議で創立された。なお、現在は、開発途上国の持続的成長と繁栄の支援を目的として、資金協力、知的支援などを提供している。

ウ GATT
【重】

1947年にGATT（関税及び貿易に関する一般協定）が調印され、GATT体制が1948年に発足した。GATTは、自由、多角、無差別の原則を基本理念として、貿易自由化と関税引下げを通じて直接的に国際貿易を促進することを目指した。1986年に開始されたウルグアイ・ラウンド交渉においてGATT体制は、WTO（世界貿易機関）体制へと移行した。

エ WTO
【重】

GATTは国際機関ではなく、暫定的な組織として運営されてきた。しかし、1986年に開始されたウルグアイ・ラウンド交渉において、貿易ルールの大幅な拡充が行われ、より強固な基盤をもつ国際機関を設立する必要性が強く認識されるようになり、1994年のウルグアイ・ラウンド交渉妥結の際に、国際機関であるWTOの設立が合意された。これにより、**GATT体制は、WTO体制へ移行し**、現在、WTOが多角的貿易体制の中核を担っている。

正解　5

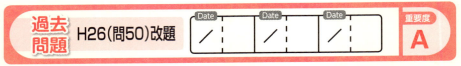

問題2 日本の公債発行に関する次のア〜オの記述のうち、妥当なものはいくつあるか。

ア　財政法の規定では赤字国債の発行は認められていないが、特例法の制定により、政府は赤字国債の発行をしている。

イ　東日本大震災以降、政府一般会計当初予算では、歳入の約4割が国債発行により調達されている。

ウ　東日本大震災以降の新規国債発行額をみると、建設国債のほうが赤字国債よりも発行額が多い。

エ　都道府県や市区町村が地方債発行により財源を調達する際には、当該地方議会の議決に加えて、国の許可を受けることが義務づけられている。

オ　地方自治体が発行する地方債は建設事業の財源調達に限られており、歳入を補填するための地方債は発行されていない。

1　一つ
2　二つ
3　三つ
4　四つ
5　五つ

日本の公債発行

ア 妥当である
超

そのとおりである。国債は、**財政法**4条1項ただし書に基づき、公共事業費、出資金及び貸付金の財源を調達するために**建設国債の発行**が認められている。しかし、建設国債を発行してもなお歳入が不足すると見込まれる場合に、公共事業費等以外の歳出に充てる財源を調達することを目的として、**特例法**の制定により**赤字国債**を発行している。

イ 妥当である
超 重

そのとおりである。東日本大震災以降の政府一般会計当初予算をみると、歳入のうち国債が占める割合は、2011年度47.9%、2012年度49.0%、2013年度46.3%、2014年度43.0%となっており、**4割以上を国債発行により調達**していた。なお、2020年度当初予算において国債が占める割合は31.7%、2021年度は40.9%、2022年度は34.3%であった。

ウ 妥当でない

東日本大震災以降の新規国債発行額をみると、2011年度は赤字国債344,300億円、建設国債83,680億円、2012年度は赤字国債360,360億円、建設国債114,290億円、2013年度は赤字国債370,760億円、建設国債57,750億円、2014年度は赤字国債352,480億円、建設国債60,020億円となっており、**赤字国債発行額が建設国債発行額を上回っている**。なお、2022年度は赤字国債306,750億円、建設国債62,510億円となっており、同様に、赤字国債発行額が建設国債発行額を上回っている。

エ 妥当でない
重

地方債の発行に関しては、2005年度までは許可制であったが、2006年度より**協議制度**が導入され、さらに、2012年度には、財政状況について一定の基準を満たす地方公共団体については、原則として協議を必要としない、**事前届出制**が導入された。

オ 妥当でない

地方債は、原則として、**公営企業の経費や建設事業費の財源を調達する場合**等、地方財政法5条各号に掲げる場合においてのみ**発行できる**が、その**例外**として、地方財政計画上の通常収支の不足を補填するために発行される地方債として、**臨時財政対策債が2001年度以降発行**されている。

正解 2 以上により、妥当なものはアとイの2つである。

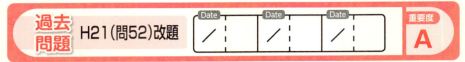

問題3 日本の租税構造に関する次のア〜オの記述のうち、妥当なものの組合せはどれか。

ア 近年では、国に納める国税と、都道府県や市町村などに納める地方税との税収の比率は、おおよそ6：4となっている。

イ 近年の税収構造をみると、所得税や法人税などの直接税と、消費税や酒税などの間接税の税収の比率は、おおよそ1：1となっている。

ウ 国税収入の内訳をみると、近年では法人税の割合がもっとも高くなっている。

エ 消費税は、税収が景気の影響を比較的受けにくい安定的な税目とされている。

オ 資産課税には例えば相続税や固定資産税、都市計画税があるが、これらはいずれも地方税に区分される。

1 ア・エ
2 ア・オ
3 イ・ウ
4 イ・エ
5 ウ・オ

租税構造

ア 妥当である 2022年度予算・地方財政計画額において、国税は約70.0兆円であるのに対し、地方税は約41.3兆円であり、**国税と地方税との税収の比率は、およそ6：4**となっている。

イ 妥当でない 重 **直接税と間接税の税収の比率（直間比率）は、およそ7：3**となっている（2012年実績）。なお、2022年度予算における直間比率は、66：34（国税＋地方税）である。

ウ 妥当でない 2022年度一般会計予算額における国税収入の内訳は、**消費税**が約21.6兆円、**所得税**が約20.4兆円、**法人税**が約13.3兆円となっており、国税収入に占める割合は、消費税が最も高くなっている。なお、2019年度までは所得税が最も高かった。

エ 妥当である 重 そのとおりである。なお、**間接税である消費税**は、担税力の大小にかかわらず、一定率の比例課税を採用することにより、**負担の水平的公平**を図ることができる。

オ 妥当でない 重 **固定資産税、都市計画税は地方税**（市町村税）に区分されるが、**相続税は国税**に区分される。

正解　1

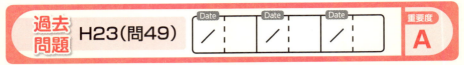

問題4　日本銀行に関する次のア〜オの記述のうち、誤っているものはいくつあるか。

ア　日本銀行は「銀行の銀行」として市中銀行から預託を受け入れ、市中銀行に貸し出しを行う。日本銀行が市中銀行に貸し出す金利を法定利息と呼ぶ。

イ　日本銀行は「政府の銀行」として、国（中央政府）や自治体（地方政府）の税金などの公金の管理をする等、出納経理にかかわる事務をしている。

ウ　日本銀行は「発券銀行」として、日本銀行券を発行する。日本銀行券は法定通貨であり、金と交換できない不換銀行券である。

エ　1990年代後半からの金融自由化により、日本銀行は「唯一の発券銀行」としての地位を2000年代には失った。そのため、各地で地域通貨が発行されるようになった。

オ　日本銀行は「国内政策の銀行」として、公開市場操作、預金準備率操作などの金融政策を行う。しかし、「円売りドル買い」などの外国為替市場への介入は行わない。

1　一つ
2　二つ
3　三つ
4　四つ
5　五つ

日本銀行

ア 誤り 【重】
日本銀行は、「銀行の銀行」として市中銀行から預託を受け入れ、市中銀行に貸出しを行うが、**日本銀行が市中銀行に貸し出す金利**は、「基準割引率および基準貸付利率」（旧「公定歩合」）と呼ばれている。なお、法定利息とは、法律上の規定に基づいて当然に発生する利息のことをいう。

イ 誤り 【重】
日本銀行は、「政府の銀行」として、国（中央政府）の出納経理にかかわる事務を行うが、自治体（地方政府）の出納経理にかかわる事務は行わない。なお、自治体の出納経理にかかわる事務は指定金融機関により行われる。

ウ 正しい 【重】
日本銀行は、「発券銀行」として、日本銀行券を発行している。日本銀行券は、法定通貨であり、**金と交換できない不換銀行券**である。

エ 誤り 【重】
金融の自由化により、金利の自由化、業務の自由化が進められてきたが、日本銀行は、「唯一の発券銀行」としての地位を失っていない。

オ 誤り 【重】
日本銀行は、**公開市場操作**や**預金準備率操作**などの**金融政策**を行う。また、円相場の安定を実現するために財務大臣の権限において為替介入が実施される際に、**財務大臣の代理人として**、財務大臣の指示に基づいて**外国為替市場への介入**の実務を遂行している。

正解 4 以上より、誤っているものはア、イ、エ、オの4つである。

過去問 H24(問50) 重要度 A

問題5 近現代の日本の不況に関する次の記述のうち、妥当なものはどれか。

1 第一次世界大戦と第二次世界大戦の戦間期にロンドンのシティで始まった世界恐慌のなかで、政府は旧平価での金輸出解禁を断行したところ、日本経済は金融恐慌と呼ばれる深刻な恐慌状態に陥った。

2 第二次世界大戦後の激しいインフレに対して、徹底した引き締め政策を実行するシャウプ勧告が強行された。これによりインフレは収束したが、不況が深刻化した。しかし、その後のベトナム特需により、日本経済は息を吹き返した。

3 第一次石油危機による原油価格の暴騰などにより、狂乱物価と呼ばれる激しいインフレが発生した。政府は円の切り下げのために変動為替相場制から固定為替相場制へ移行させ、輸出の拡大で不況を乗り切ることを目指した。

4 先進5カ国財務相・中央銀行総裁会議での協調介入に関するプラザ合意を受けて円高が加速し、輸出産業を中心に不況が一時深刻化した。しかし、その後には内需拡大に支えられた大型景気が訪れた。

5 消費税が5％に引き上げられた後、その年の夏以降にはリーマン・ショックと呼ばれる世界経済危機が発生し、日本経済は深刻な不況となった。大手金融機関の経営破綻が生じ、公的資金投入による金融機関救済が進められた。

総合テキスト LINK　Chapter 1　政治　6
　　　　　　　　　　Chapter 2　経済　2

近現代の日本の不況

1 妥当でない
世界恐慌は、1929年アメリカ合衆国ニューヨークのウォール街で始まった。日本は旧平価での金輸出解禁を1930年1月に断行し、日本経済は昭和恐慌と呼ばれる深刻な恐慌状態に陥った。

2 妥当でない 重
第二次世界大戦後の激しいインフレを収束させたのは、J・ドッジが実施した自立と安定のための経済政策（ドッジ・ライン）である。これによりインフレは収束したが、深刻な不況も発生した。しかし、1950年朝鮮戦争が勃発して朝鮮特需となり日本は戦後の不況から脱出した。なお、シャウプ勧告は、税制改革の勧告をしたものである。

3 妥当でない 重
1973年の第一次石油危機への対応として、政府は赤字国債の発行や公定歩合（現、基準割引率および基準貸付利率）操作などを行い不況を乗り切ろうとした。また、1971年のニクソンショック後に、世界の通貨は一時変動相場制へ移行したが、同年12月のスミソニアン合意により固定為替レートへ復帰した。しかし、世界の貿易不均衡や通貨不安は収まらず、主要通貨は、結局、変動相場制へと移行している。

4 妥当である 重
1985年、G5（先進5か国財務相・中央銀行総裁会議）により発表されたプラザ合意と、それに続いて行われた日米独の通貨当局による協調介入により、ドル高是正は円高を進行させ、輸出主導型の日本経済は不況が一時深刻化した。しかし、その不況対策として低金利政策を打ち出したため、バブル経済をもたらした。

5 妥当でない 重
消費税が5％に引き上げられたのは1997年4月であり、リーマン・ショックと呼ばれる世界経済危機が発生したのは2008年9月である。また、日本の大手金融機関の経営破綻が生じ、公的資金投入による金融機関救済が進められたのは、1990年代のバブル経済崩壊後のことである。

正解　4

問題6 日本のバブル経済とその崩壊に関する次の文章の空欄 Ⅰ ～ Ⅴ に当てはまる語句の組合せとして、妥当なものはどれか。

1985年のプラザ合意の後に Ⅰ が急速に進むと、 Ⅱ に依存した日本経済は大きな打撃を受けた。 Ⅰ の影響を回避するために、多くの工場が海外に移され、産業の空洞化に対する懸念が生じた。

G7諸国の合意によって、為替相場が安定を取り戻した1987年半ばから景気は好転し、日本経済は1990年代初頭まで、平成景気と呼ばれる好景気を持続させた。 Ⅲ の下で調達された資金は、新製品開発や合理化のための投資に充てられる一方で、株式や土地の購入にも向けられ、株価や地価が経済の実態をはるかに超えて上昇した。こうした資産効果を通じて消費熱があおられ、高級品が飛ぶように売れるとともに、さらなる投資を誘発することとなった。

その後、日本銀行が Ⅳ に転じ、また Ⅴ が導入された。そして、株価や地価は低落し始め、バブル経済は崩壊、平成不況に突入することとなった。

	Ⅰ	Ⅱ	Ⅲ	Ⅳ	Ⅴ
1	円安	外需	低金利政策	金融引締め	売上税
2	円安	輸入	財政政策	金融緩和	売上税
3	円高	輸出	低金利政策	金融引締め	地価税
4	円高	外需	財政政策	金融緩和	売上税
5	円高	輸入	高金利政策	金融引締め	地価税

日本のバブル経済とその崩壊

Ⅰ 円高　Ⅱ 輸出

　1985年9月のG5（先進5か国蔵相・中央銀行総裁会議）でアメリカ・イギリス・西ドイツ・フランス・日本は、外国為替市場でドル安誘導のためドル売りの協調介入を行うことに同意した（**プラザ合意**）。プラザ合意以後、急激な**円高**によって**日本の輸出関連企業は大きな打撃を受けた。**

Ⅲ 低金利政策

　プラザ合意後の円高不況に対し、日本銀行は**公定歩合を引き下げて超低金利政策**をとり、また、ドル買い円売りを行った。これらにより増大した通貨供給量が株式や土地の購入に向かい、いわゆる**バブル景気**が発生した（平成景気）。

Ⅳ 金融引締め　Ⅴ 地価税

　1989年のバブル絶頂期から日本銀行が行った株価・地価の異常な上昇に対する修正・調整によって、1990年、実態以上に上昇した資産価値が暴落した（バブル経済の崩壊）。具体的には、日本銀行の公定歩合の引上げによる**金融引締め**、**地価税**の導入、不動産向け融資に対する総量規制などが行われたため、株価や地価が50％以上下落し、**金融機関は多額の不良債権を抱えて経営不振に陥り、企業は低コストでの資金調達が困難になり、設備投資は減少した。**なお、地価税法が1992年1月1日から施行されたことにより導入された地価税は、個人又は法人が課税時期（その年の1月1日午前零時）において保有している国内にある土地等を対象として年々課税される税金である。ただし、1998年以後の各年の課税時期にかかる地価税については、臨時的措置として、当分の間、課税されないこととなり、申告書の提出も必要ないこととなっている。

正解　3

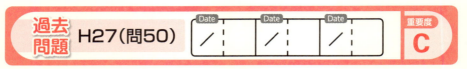

問題7 今日の日本経済に関する次の記述のうち、妥当なものはどれか。

1 国内総生産（GDP）とは、一定期間に一国で産み出された付加価値の合計額をいうが、日本の名目GDPの水準は、おおよそ年間500兆円である。

2 生産要素とは、財・サービスの生産に用いられる資源をいい、具体的には土地・資本・情報の三つを指すが、日本の経済成長に最も寄与しているのは情報である。

3 日本の国内総生産を産業別にみると、自動車産業をはじめとした製造業の占める割合が最も高く、現在も4割を超えている。

4 日本の産業別就業者割合をみると、機械化・IT化により、製造業就業者割合は減少しており、他方で、サービス業への就業者割合は8割を超えている。

5 日本では、総支出のうち、国内での消費、投資、政府支出の割合は6割程度であり、4割が海外への輸出となっている。

日本経済

1 妥当である 超

そのとおりである。国内総生産（GDP）とは、国内で一定期間内に生産されたモノやサービスの付加価値の合計額であり、**日本の名目GDPの水準**は、おおよそ年間 **500兆円** となっている。

2 妥当でない

生産要素とは、財・サービスの生産を行うための基本的な資源として使用されるもの、すなわち、**土地**、**資本**、**労働** などのことを指す。

3 妥当でない

近年の産業別国内総生産をみると、サービス業の占める割合が最も高く、次いで製造業となっている。また、製造業の占める割合は2割程度である。

4 妥当でない

日本の産業別就業者割合をみると、製造業就業者割合は減少しているが、狭義のサービス業への就業者割合は3割程度となっている。なお、不動産業、卸売・小売業を含むサービス産業全体では7割程度となっている。

5 妥当でない

国内総支出とは、**民間消費、民間投資、政府支出、純輸出**（輸出から輸入を引いた額）**の総額**をいう。2013年の日本の総支出のうち、消費、投資、政府支出の占める割合は103.3％、財貨・サービスの純輸出（財貨・サービスの輸出から財貨・サービスの輸入を引いたもの）は、−3.3％となっている。

正解 1

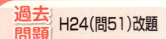

問題8　企業の独占・寡占に関する次のア～オの記述のうち、妥当なものの組合せはどれか。

ア　ビール、乗用車、携帯電話サービスなどは、少数の大企業に生産が集中する傾向にあり、国内の市場占有率は、大企業が上位を占めることが多い。

イ　コンツェルンとは、同業種の企業が合併し、さらなる規模の利益を追求する行為をいい、独占禁止法では原則として禁止されている。

ウ　カルテルとは、生産量や価格などについて、同一産業内の各企業が協定を結んで利潤率の低下を防ぐ行為をいい、独占禁止法では原則として禁止されていたが、企業の経営環境の悪化を背景として、近年認められることとなった。

エ　独占禁止法により、持ち株会社の設立は当初禁止されていたが、その後の法改正により、その設立は解禁された。

オ　公正取引委員会は、独占禁止法に違反する行為について調査する役割を担うが、行政処分をなす権限は与えられていない。

1　ア・エ
2　ア・オ
3　イ・ウ
4　ウ・オ
5　エ・オ

企業の独占・寡占

ア 妥当である　そのとおりである。2020 年現在、市場独占率に関して、ビールは上位3社が約9割、乗用車は上位3社が約7割、携帯電話サービスは上位3社が8割強を占めている。

イ 妥当でない【重】　同業種の企業が合併し、さらなる規模の利益を追求するものは、**トラスト**（企業合同）である。**コンツェルン**（企業結合）とは、持ち株会社による株式支配によって異種産業の企業を支配することである。独占禁止法では、会社の株式取得、合併、分割、共同株式移転、事業の譲受け等により競争を実質的に制限することとなる場合には当該企業結合を禁止している。

ウ 妥当でない【重】　**カルテル**は、独占禁止法3条で**禁止**されており、認められていない。なお、カルテルは、事業者又は業界団体の構成事業者が相互に連絡を取り合い、本来、各事業者が自主的に決めるべき商品の価格や販売・生産数量などを共同で取り決める行為である。

エ 妥当である【重】　事業活動を支配する目的で他の会社の株式を取得、保有する「**持ち株会社**」（ホールディングカンパニー）の設立は、9条によって禁じられていたが、1997 年に**原則解禁**された。ただし、例外として、競争を実質的に制限することとなる持ち株会社の設立は禁止されている。

オ 妥当でない【重】　**独占禁止法**に違反した場合、**公正取引委員会**では、違反行為をした者に対しその違反行為を除くために必要な措置を命じる。これは「**排除措置命令**」と呼ばれ、**行政処分**である。したがって、公正取引委員会に行政処分をなす権限は与えられていないという記述は誤りである。

正解 1

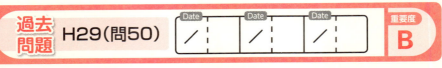

問題9 ビットコインに関する次の文章の空欄 I ～ IV に入る適切な語の組合せとして、妥当なものはどれか。

　仮想通貨にはこれまで様々な種類の仕組みが開発されてきたが、その1つがビットコインである。ビットコインは分散型仮想通貨と呼ばれるが、実際の貨幣と同様、当事者間で直接譲渡が可能な流通性を備えることから I と異なる。 II 型で、通常の通貨とは異なり国家の裏付けがなくネットワークのみを通じて流通する決済手段である。ビットコインを送金するためには、電子財布に格納されている秘密鍵で作成する電子署名と、これを検証するための公開鍵が必要となる。
　 II 型ネットワークをベースにするため、中心となるサーバもないし、取引所で取引を一括して把握するようなメカニズムも存在しない。取引データは利用者それぞれの端末に記録され、そうした記録がブロックチェーンに蓄積される。
　ブロックチェーンとは、ブロックと呼ばれる順序付けられたレコードが連続的に増加していくリストを持った III 型データベースをいい、それぞれのブロックには IV と前のブロックへのリンクが含まれている。一度生成記録されたデータは遡及的に変更できない。この仕組みがビットコインの参加者に過去の取引に対する検証と監査を可能としている。

	ア	イ
I	電子マネー	クレジットカード
II	P2P	解放
III	分散	集約
IV	所有者名	タイムスタンプ

	I	II	III	IV
1	ア	ア	ア	イ
2	ア	ア	ア	イ
3	ア	イ	ア	イ
4	イ	ア	イ	ア
5	イ	イ	イ	ア

ビットコイン

Ⅰ　ア　電子マネー

電子マネーは、発行している会社独自のサービスであるのに対し、ビットコインは、個人間でもやりとりをすることができる。

Ⅱ　ア　P2P

P2P とは「Peer to Peer」の略であり、不特定多数のクライアントが直接ファイルなどの情報を送受信するインターネットの利用形態で、中心となるサーバが存在しない。これは、機能や情報を提供する「サーバ」(server) と、利用者が操作する「クライアント」(client) をネットワークで結び、クライアントからの要求にサーバが応答する形で処理を進める方式であるサーバクライアントシステムと対比される用語である。

Ⅲ　ア　分散

分散型データベースは、複数のコンピュータに処理を分散させる形態である。1台のコンピュータが故障しても、システム全体には影響が少ないなどの理由から従来の集中処理に代わり普及している形態である。

Ⅳ　イ　タイムスタンプ

タイムスタンプとは、ある時刻にその電子データが存在していたことと、それ以降改ざんされていないことを証明する技術のことである。

正解　2

Chapter 3 社会

過去問題 H20（問51）改題 重要度 A

問題1 日本の社会保障制度に関する次のア～オの記述のうち、妥当なものの組合せはどれか。

ア 社会保障制度は、社会保険、公的扶助、公衆衛生、社会福祉の四つの柱から成り立つとされている。

イ 医療保険は、民間の給与所得者などを対象とする健康保険、農業・自営業者などを対象とする国民健康保険、公務員などを対象とする共済組合保険などに分立している。

ウ 生活保護の受給者については、生活保護による給付があるため、介護保険の被保険者にならない制度がとられている。

エ 介護保険法では、介護サービスを利用する際の利用者負担として所得に応じて費用の1割又は3割を負担することとされているが、市町村の条例によってこの負担割合を増減することができる。

オ 年金保険の財源調達方式について、かつては賦課方式を採用していたが、制度改正により、しだいに積立方式に移行している。

1 ア・イ
2 ア・ウ
3 イ・エ
4 ウ・オ
5 エ・オ

日本の社会保障制度

ア 妥当である
重

1950年（昭和25年）の社会保障制度審議会の「社会保障制度に関する勧告」において、社会保障制度は、**社会保険**、**公的扶助**、**公衆衛生**、**社会福祉**の4つの部門から成り立つものと説明された。

イ 妥当である
重

医療保険とは、病気や怪我などに必要な医療と費用などの保障を行う社会保険であり、民間の給与所得者などを対象とする**健康保険**、健康保険や共済組合などに加入している勤労者以外の一般住民を対象とする**国民健康保険**、国家公務員や地方公務員などを対象とする**共済組合保険**などをいう。

ウ 妥当でない
重

生活保護の受給者であっても、**65歳以上の者**と**40歳以上65歳未満の医療保険加入者**は、介護保険の被保険者となる。

エ 妥当でない
重

介護保険法の規定で、介護サービスを利用する際の利用者負担は**所得に応じて1割から3割**となっている。したがって、**これ以上の負担を課すことは法の趣旨からできない**。しかし、利用者負担部分については、地方自治体が予算措置で負担を軽減することは可能である。なお、この際、必ずしも条例による必要はない（2022年9月現在）。

オ 妥当でない
重

国民年金制度発足時は積立方式を採用していたが、その後インフレが続いたことなどを理由に賦課方式との折衷的な方式（修正積立方式）に変わり、現在では**賦課方式**を**基本**としている。

正解　1

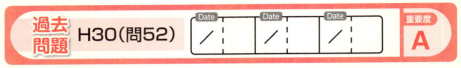

問題2 地方自治体の住民等に関する次のア〜オの記述のうち、妥当なものの組合せはどれか。

ア　市町村内に家屋敷を有する個人であっても、当該市町村内に住所を有しない場合には、当該市町村の住民税が課されないものとされている。

イ　日本国籍を有しない外国人は、当該市町村の区域内に住所を有し、かつ、一定の要件に該当するときには、住民基本台帳制度の適用対象になる。

ウ　自宅から離れた他市の特別養護老人ホームに入居した者であっても、自宅のある市町村に住民登録を残し、住所地特例制度により当該市町村の介護保険を利用することができる。

エ　市の管理する都市公園の中で起居しているホームレスについては、当然に、当該都市公園が住民登録上の住所地となる。

オ　市町村内に住所を有する個人だけでなく、当該市町村内に事務所または事業所を有する法人も、住民税を納税する義務を負う。

1　ア・ウ
2　ア・オ
3　イ・エ
4　イ・オ
5　ウ・エ

地方自治体の住民等

ア 妥当でない
重
　地方税法は、市町村民税について、**市町村内に家屋敷を有する個人で当該市町村内に住所を有しない者**も**納税義務者**と規定している（294条1項2号参照）。

イ 妥当である
重
　日本の国籍を有しない者であって**市町村の区域内に住所を有し、かつ、中長期在留者等の一定の要件に該当するもの**（「**外国人住民**」という）は、**住民基本台帳制度の適用対象**とされている（住民基本台帳法5条、30条の45参照）。

ウ 妥当でない
重
　住所地特例制度は、入所又は入居をすることにより住所地特例対象施設の所在する場所に住所を変更したと認められる被保険者であって、当該住所地特例対象施設に入所等をした際、他の市町村の区域内に住所を有していたと認められるものを当該他の市町村（当該住所地特例対象施設が所在する市町村以外の市町村をいう）が行う介護保険の被保険者とする制度である（介護保険法13条参照）。したがって、本記述のように、自宅のある市町村に住民登録を残したままで、住所地特例制度による当該市町村の介護保険を利用することはできない。

エ 妥当でない
　市の管理する都市公園の中に起居しているホームレスについて、当然に、当該都市公園が住民登録上の住所地となるわけではない。なお、判例は、都市公園内に不法に設置されたテントを起居の場所としている者につき、同テントの所在地に住所を有するものとはいえないとしている（最判平20.10.3）。

オ 妥当である
　地方税法は、市町村民税について、市町村内に事務所又は事業所を有する法人も、納税義務者と規定している（294条1項3号参照）。

正解　4

Chapter 3　社　会　569

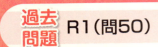 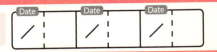

問題3　日本の雇用・労働に関する次のア～オの記述のうち、妥当なものの組合せはどれか。

ア　日本型雇用慣行として、終身雇用、年功序列、職能別労働組合が挙げられていたが、働き方の多様化が進み、これらの慣行は変化している。

イ　近年、非正規雇用労働者数は増加する傾向にあり、最近では、役員を除く雇用者全体のおおよそ4割程度を占めるようになった。

ウ　兼業・副業について、許可なく他の企業の業務に従事しないよう法律で規定されていたが、近年、人口減少と人手不足の中で、この規定が廃止された。

エ　いわゆる働き方改革関連法*により、医師のほか、金融商品開発者やアナリスト、コンサルタント、研究者に対して高度プロフェッショナル制度が導入され、残業や休日・深夜の割増賃金などに関する規制対象から外されることとなった。

オ　いわゆる働き方改革関連法*により、年次有給休暇が年10日以上付与される労働者に対して年5日の年次有給休暇を取得させることが、使用者に義務付けられた。

　（注）　＊　働き方改革を推進するための関係法律の整備に関する法律

1　ア・ウ
2　ア・エ
3　イ・ウ
4　イ・オ
5　エ・オ

日本の雇用・労働

ア 妥当でない　日本型雇用慣行では、従来、「終身雇用」「年功序列」「企業別労働組合」を3つの柱としてきた。したがって、本問は職能別労働組合を挙げているため妥当でない。

イ 妥当である　そのとおりである。非正規雇用労働者は、1994年以降現在まで緩やかに増加しており、総務省統計局の資料によると、2020年の役員を除く雇用者全体に占める割合の平均は、37.2%となっている。

ウ 妥当でない　兼業・副業について、許可なく他の企業の業務に従事しないように規定した法律は存在していない。なお、厚生労働省が示しているモデル就業規則においては、労働者の遵守事項として「許可なく他の会社等の業務に従事しないこと。」という規定があったが、2018年の当該規則の改定において当該規定は削除され、副業・兼業についての規定が新設された（第14章第68条）。

エ 妥当でない　いわゆる**働き方改革関連法**により、**高度プロフェッショナル制度が導入された**が、当該制度の対象に医師は含まれない。なお、金融商品開発者やアナリスト、コンサルタント、研究者は、同制度の対象となる。

オ 妥当である　そのとおりである。いわゆる**働き方改革関連法**により、年次有給休暇が**年10日以上**付与される労働者に対して**年5日**の**年次有給休暇を取得させることが、使用者に義務付けられた**（労働基準法39条7項）。

正解　4

問題4 エネルギー需給動向やエネルギー政策に関する次のア〜オの記述のうち、妥当なものの組合せはどれか。

ア　2010年代後半の日本では、一次エネルギーの7割以上を化石エネルギーに依存しており、再生可能エネルギーは3割にも満たない。

イ　2010年代後半以降、日本では、原油ならびに天然ガスいずれもの大半を、中東から輸入している。

ウ　パリ協定に基づき、2050年までに温室効果ガスの80％排出削減を通じて「脱炭素社会」の実現を目指す長期戦略を日本政府はとりまとめた。

エ　現在、世界最大のエネルギー消費国は米国であり、中国がそれに続いている。

オ　2020年前半には、新型コロナウイルス感染症拡大による先行き不安により、原油価格が高騰した。

1　ア・イ
2　ア・ウ
3　イ・オ
4　ウ・エ
5　エ・オ

エネルギー需給動向・エネルギー政策

ア 妥当である　2018年度の日本の一次エネルギー供給構成では、**化石燃料依存度は85.5%**であり、**再生可能エネルギー等は8.2%**である。

イ 妥当でない　2019年のデータによると、日本の**原油**は、35.9%をサウジアラビア、31.2%をUAE、11.0%をクウェート、10.4%をカタール、3.2%をオマーンから輸入しており、**合計約92%をこれら中東地域から輸入**している。しかし、日本がエネルギーとしている**液化天然ガス**は、36.7%をオーストラリア、17.2%をマレーシア、12.3%をカタール、7.2%をロシアから輸入しており、**天然ガスの大半を中東から輸入してはいない**。

ウ 妥当である　2019年6月、日本政府は、「パリ協定に基づく成長戦略としての長期戦略」を閣議決定した。これは、**2050年までに温室効果ガスの80%排出削減**を通じて「**脱炭素社会**」の実現を目指すものである。

エ 妥当でない　2020年の世界最大のエネルギー消費国は**中国**であり、それに続くのが**米国**である。

オ 妥当でない　原油価格は、2020年4月、世界的な新型コロナウイルス感染症の拡大を受け、高騰したのではなく、大きく落ち込んだ。

正解　2

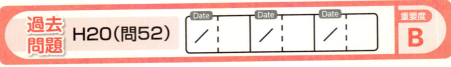

問題5 次の文章は、循環型社会の形成に関わる法制度を説明しているが、文中の空欄 ア ～ オ に当てはまる語句の組合せとして最も妥当なものはどれか。

　循環型社会の形成に関する施策の基本となる事項を定め、循環型社会の形成のための施策を総合的・計画的に推進することを目的として、2000年に ア が制定された。これより先、1991年には、廃棄物の増加を背景に、資源の有効利用を促進するために「再生資源の利用の促進に関する法律」（通称リサイクル法）が制定されていたが、新しい ア の下では、天然資源の消費を抑制し、環境への負荷をできるだけ抑制するために、一般に「３Ｒ」と言われているように、まずは イ が、次いで ウ が、そして第三に エ が確保されるべきであり、さらに第四として熱回収、最後に適正処分という優先順位が明確に法定されたことが重要である。また国や地方公共団体の責務のほかに、事業者の責任については オ の考え方が採用された。

	ア	イ	ウ	エ	オ
1	循環型社会形成推進基本法	再利用	再生利用	資源回収	拡大製造物責任
2	循環型社会形成推進基本法	発生抑制	再使用	再生利用	拡大生産者責任
3	循環型社会形成の推進に関する法律	再生利用	発生抑制	再商品化	拡大瑕疵担保責任
4	循環型社会形成推進基本法	発生抑制	再使用	再生利用	拡大製造物責任
5	循環型社会形成の推進に関する法律	発生抑制	再使用	資源回収	拡大生産者責任

循環型社会の形成にかかわる法制度

ア 循環型社会形成推進基本法 【重】
　循環型社会形成推進基本法は、「循環型社会形成推進基本計画の策定その他循環型社会の形成に関する施策の基本となる事項を定めることにより、循環型社会の形成に関する施策を総合的かつ計画的に推進し、もって現在及び将来の国民の健康で文化的な生活の確保に寄与することを目的とする。」（1条）。この法律は 2000 年に制定された。

イ 発生抑制
　原材料、製品等については、原材料にあっては効率的に利用されること、製品にあってはなるべく長期間使用されること等により、**廃棄物等となることができるだけ抑制されなければならない**（循環型社会形成推進基本法 5 条）。

ウ 再使用
　循環資源（廃棄物等のうち有用なものをいう）の全部又は一部のうち、**再使用をすることができるものについては、再使用がされなければならない**（7 条 1 号）。

エ 再生利用
　循環資源の全部又は一部のうち、**再使用がされないものであって再生利用をすることができるものについては、再生利用がされなければならない**（7 条 2 号）。

オ 拡大生産者責任 【重】
　生産者が自ら生産する製品等について使用され廃棄物となった後まで負う一定の責任を**拡大生産者責任**という（11 条 2 項、3 項）。

正解　2

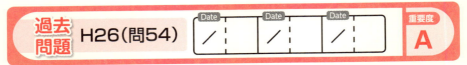

問題6　難民に関する次の記述のうち、明らかに誤っているものはどれか。

1　国際連合難民高等弁務官事務所は、国際連合の難民問題に関する機関であり、かつて、緒方貞子が高等弁務官を務めたことがある。

2　難民の地位に関する条約は、難民の人権保障と難民問題解決のための国際協力を効果的にするためのものであり、日本も加入している。

3　シリアの内戦は2014年に入っても終結せず、大量の難民がレバノンなどの周辺国へと避難する事態が続いている。

4　難民には、政治難民、災害難民、経済難民など多くの種類があるといわれているが、日本では、積極的な国際貢献のため、その種類を問わず広く難民を受け入れている。

5　日本では、かつて、1975年のベトナム戦争終結期に生じた「インドシナ難民」といわれる人々を受け入れる措置をとった。

難民

1 正しい 重

国連難民高等弁務官事務所（UNHCR：The Office of the United Nations High Commissioner for Refugees）は、国連総会決議によって1950年に設立された**国連の機関**である。人道的見地から紛争や迫害によって故郷を追われた世界の難民の保護と難民問題の解決へ向けた国際的な活動を先導、調整する任務を負っており、**緒方貞子氏**は1991年、**国連難民高等弁務官**に就任した。

2 正しい 重

「難民の地位に関する1951年の条約」の前文においては、同条約が協定された経緯につき、「すべての国が、難民問題の社会的及び人道的性格を認識して、この問題が国家間の緊張の原因となることを防止するため可能なすべての措置をとることを希望し、……また各国と国際連合難民高等弁務官との協力により、難民問題を処理するためにとられる措置の効果的な調整が可能となることを認め」る旨規定している。また、**日本は1981年に同条約に加入**した。

3 正しい

2011年3月以来、内戦状態にあるシリアから多くの難民が国境を越え、レバノンなど周辺国に避難している。国連難民高等弁務官事務所は、国際社会に対し、2014年末までに3万人のシリア難民の受け入れを要請してきたが、その受け入れは欧州各国に集中している。

4 明らかに誤っている 超

「難民の地位に関する1951年の条約」において、難民とは「人種、宗教、国籍、政治的意見やまたは特定の社会集団に属するなどの理由で、自国にいると迫害を受けるか、あるいは迫害を受ける恐れがあるために他国に逃れた」人々と定義されている（同条約1条）。今日では、政治的な迫害のほか、武力紛争や人権侵害などを逃れるために、国境を越えて他国に庇護を求めた人々も難民と考えられている。近年における日本の難民認定制度は、継続的な改善状況にあるものの、2021年における難民認定数は、第三国定住難民が0人、認定難民（入管法の規定に基づく認定）が74人にとどまるほか、難民申請者に対する社会的・法的側面の課題が依然として指摘されており、**その種類を問わず広く難民を受け入れているとはいえない**。

5 正しい 重

インドシナ難民とは、1975年のベトナム戦争終結前後に、ベトナム・ラオス・カンボジアの3か国から大量に流出した難民を指し、日本には1975年に初めてベトナムからのボートピープルが到着した。1978年、新体制下での迫害を恐れ、上記3か国より多くのインドシナ難民が日本に避難したことを契機として、日本政府による受け入れ事業が始まった。**2005年末までに、日本では、11,319人のインドシナ難民が受け入れられた**。

正解　4

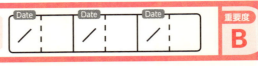

問題7 いわゆる空き家に関する次の記述のうち、妥当なものはどれか。

1　空家特措法*では、「空家」とは居住その他の使用が10年以上なされていない家屋のことであると規定されている。

2　小規模宅地は、更地と比べて、固定資産税が最大で4分の1にまで優遇されるが、これは、住宅が空き家となっている宅地についても適用される。

3　都道府県は、「空家」に関するデータベースを整備し、「空家」の状況を把握、管理することが、空家特措法で義務づけられている。

4　自治体のなかには、空家特措法が制定される以前から、空き家に関する条例を制定し、その管理や活用を図る取組みを行っている例がある。

5　人口減少とともに空き家は年々増加しており、その割合は全国の住宅の3割を超えている。

（注）　＊　空家等対策の推進に関する特別措置法

空き家問題

1 妥当でない 空家特措法において、空家等とは、建築物又はこれに附属する工作物であって居住その他の使用がなされていないことが常態であるもの及びその敷地（立木その他の土地に定着する物を含む。）をいう（2条1項本文）。国土交通省等の指針によれば、常態の期間としては**1年間**で認められると定義されている。

2 妥当でない　重 固定資産税の住宅用地の特例によって、小規模宅地の固定資産税は、住宅が建っていれば本来の**6分の1**に優遇される。また、2014年度までは、すべての空き家にこれが適用されていたが、2015年度からは、特定空き家に指定されると、土地にかかる固定資産税の優遇措置は適用されない。

3 妥当でない 空家特措法では、都道府県に本記述のような内容を義務づける旨の規定はない。なお、同法11条により、市町村は、空家等に関するデータベースの整備その他空家等に関する正確な情報を把握するために必要な措置を講ずるよう努めるものとされ、「空家」の状況を把握・管理するよう努力義務が課されている。

4 妥当である 空家特措法は、2014年11月に制定され、2015年2月に施行された。新宿区（2013年）、千葉市（2013年）など、**空家特措法が制定される以前より、条例を制定し**対応していた例はある。

5 妥当でない 人口減少とともに空き家は年々増加しており、**空き家率**は、2018年に**13.6%**と過去最高となったが、空き家の割合が、全国の住宅の3割を超えているとする本記述は、妥当でない。

正解　4

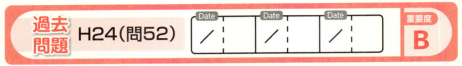

問題8 防災政策に関する次のア〜オの記述のうち、妥当でないものの組合せはどれか。

ア　災害対策は、1960年代初頭に制定された災害対策基本法に基づくもので、災害予防、災害応急対応、災害復旧・復興の各段階において総合的な対策を講ずることが重要とされ、国が防災基本計画、都道府県・市町村が地域防災計画を、それぞれ策定することが義務付けられている。

イ　近年では、発生の頻度は低いが、発生すると大規模な被害をもたらす「低頻度巨大災害」への対応が課題となっており、被害をゼロにするという意味での「防災」ではなく、被害を少なくする「減災」の発想が重要であると指摘されている。

ウ　被災者救済に関しては、個人資産への補償は行わないとの方針がとられているため、被災者生活再建支援法では、被災者の生活再建に対する公的補助は行われているが、住宅の建設、補修等の再建方法に応じた公的補助は制度化されていない。

エ　東日本大震災からの復興を図るため、国では東日本大震災復興特別区域法を制定し、被災自治体が各種の計画を策定することによって、規制・手続等の特例、土地利用再編の特例、税制上の特例、財政・金融上の特例などの適用を受けられる仕組みをつくった。

オ　東日本大震災の被災地の復興を図るため、総務省に復興庁が設置され、復興に関する行政事務は、本来は他省庁の所管に属する事務を含めて、原則として一元的に処理することとされ、復興交付金も復興庁が決定・交付するものとなっている。

1　ア・イ
2　ア・ウ
3　イ・エ
4　ウ・オ
5　エ・オ

防災政策

ア 妥当である　重

1961年に制定された**災害対策基本法**では、国、地方公共団体及びその他の公共機関を通じて必要な体制を確立し、責任の所在を明確にするとともに、防災計画の作成、災害予防、災害応急対策、災害復旧等の措置をとることなどが定められており（1条）、**国が防災基本計画、都道府県・市町村が地域防災計画を策定することが義務付けられている**（11条、14条、16条）。

イ 妥当である

「低頻度巨大災害」に対しては、我が国の置かれた国土条件の下で、災害を100パーセント未然に防ぐことは不可能であることに鑑み、被害軽減に資する「減災対策」を早急に実施していく必要があるとされている（「国土交通白書」参照）。

ウ 妥当でない　重

被災者生活再建支援法により、居住する住宅が全壊するなど、生活基盤に著しい被害を受けた世帯に対して、生活の再建を支援するために、住宅の被害程度や住宅の再建方法に応じて**支援金が支給**される（被災者生活再建支援法2条、3条）。

エ 妥当である

被災自治体が、東日本大震災からの復興の円滑かつ迅速な推進を図るための計画を作成し、地域限定で思い切った特例措置を実現し、復興を加速する仕組みが、「復興特別区域制度」である（東日本大震災復興特別区域法1条、2条）。具体例として、規制・手続等の特例、土地利用再編の特例、税制上の特例、財政・金融上の特例などがある。

オ 妥当でない　重

復興庁は**内閣**に設置される（復興庁設置法2条）。その他の記述は正しい（4条1項、2項）。

正解　4

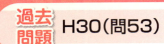
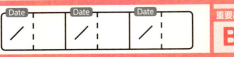

問題9　次に掲げるア～オの営業形態のうち、風適法*による許可または届出の対象となっていないものの組合せはどれか。

ア　近隣の風俗営業に関する情報を提供する、いわゆる風俗案内所

イ　店舗を構えて性的好奇心に応えるサービスを提供する、いわゆるファッションヘルス

ウ　射幸心をそそるような遊興用のマシンを備えた、いわゆるゲームセンター

エ　性的好奇心を煽るような、いわゆるピンクチラシ類を印刷することを業とする事業所

オ　店舗を構えずに、異性との性的好奇心を満たすための会話の機会を提供し異性を紹介する営業である、いわゆる無店舗型テレクラ

1　ア・イ
2　ア・エ
3　イ・ウ
4　ウ・オ
5　エ・オ

（注）　＊　風俗営業等の規制及び業務の適正化等に関する法律

風適法による許可又は届出の対象

　風俗営業を営もうとする者は、風俗営業の種別に応じて、営業所ごとに、当該営業所の所在地を管轄する**都道府県公安委員会の許可**を受けなければならないとされている（風俗営業等の規制及び業務の適正化等に関する法律3条1項参照）。また、性風俗関連特殊営業（店舗型性風俗特殊営業、無店舗型性風俗特殊営業、映像送信型性風俗特殊営業、店舗型電話異性紹介営業及び無店舗型電話異性紹介営業）、特定遊興飲食店営業を営もうとする者は、**公安委員会**に**届出書を提出**しなければならないとされている（2条5項、27条、31条の2、31条の22参照）。

ア 対象となっていない　　本記述の風俗案内所は、風俗営業、性風俗関連特殊営業、特定遊興飲食店営業のいずれにも該当しないので、許可又は届出の対象となっていない。

イ 対象となっている　　本記述の「店舗を構えて性的好奇心に応えるサービスを提供する、いわゆるファッションヘルス」は、店舗型性風俗特殊営業に該当するので、届出の対象となっている（2条6項2号、27条参照）。

ウ 対象となっている　　本記述の「射幸心をそそるような遊興用のマシンを備えた、いわゆるゲームセンター」は、風俗営業に該当するので、許可の対象となっている（2条1項4号、3条1項参照）。

エ 対象となっていない　　本記述の「性的好奇心を煽るような、いわゆるピンクチラシ類を印刷することを業とする事業所」は、風俗営業、性風俗関連特殊営業、特定遊興飲食店営業のいずれにも該当しないので、許可又は届出の対象となっていない。

オ 対象となっている　　本記述の「店舗を構えずに、異性との性的好奇心を満たすための会話の機会を提供し異性を紹介する営業である、いわゆる無店舗型テレクラ」は、性風俗関連特殊営業の無店舗型電話異性紹介営業に該当するので、届出の対象となっている（2条10項、31条の17参照）。

正解　2

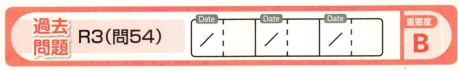

問題10 ジェンダーやセクシュアリティに関する次の記述のうち、妥当でないものはどれか。

1 「LGBT」は、レズビアン、ゲイ、バイセクシュアル、トランスジェンダーを英語で表記したときの頭文字による語で、性的少数者を意味する。

2 日本の女子大学の中には、出生時の性別が男性で自身を女性と認識する学生の入学を認める大学もある。

3 米国では、連邦最高裁判所が「同性婚は合衆国憲法の下の権利であり、州は同性婚を認めなければならない」との判断を下した。

4 日本では、同性婚の制度が立法化されておらず、同性カップルの関係を条例に基づいて証明する「パートナーシップ制度」を導入している自治体もない。

5 台湾では、アジアで初めて同性婚の制度が立法化された。

ジェンダー・セクシュアリティ

1 妥当である　そのとおりである。「**LGBT**」とは、Lesbian（レズビアン）、Gay（ゲイ）、Bisexual（バイセクシュアル）、Transgender（トランスジェンダー）の頭文字をとって組み合わせた語であり、**性的少数者**をあらわす言葉の1つとして使われることがある。

2 妥当である　そのとおりである。日本の女子大学の中には、戸籍又はパスポート上男性であっても性自認が女性である人（トランスジェンダー学生）の入学を認める大学もある。

3 妥当である　そのとおりである。2015年6月26日、米国の連邦最高裁判所は、「同性婚は合衆国憲法の下の権利であり、州は同性婚を認めなければならない」との判断を下した。

4 妥当でない　日本では、2022年11月現在、同性婚の制度は立法化されてはいない。しかし、近年、東京都の渋谷区や豊島区などをはじめとして、**同性カップルの関係を条例に基づいて証明する「パートナーシップ制度」を導入**している自治体が増加している。

5 妥当である　そのとおりである。台湾では、2019年5月にアジアで初めて同性婚の制度が立法化された。

正解　**4**

Chapter 4 情報通信・個人情報保護

過去問 H23(問54)改題

重要度 A

問題1 個人情報保護法*に関する次のア〜オの記述のうち、妥当でないものの組合せはどれか。

ア 個人情報保護法は、いわゆる基本法的な部分と民間部門及び公的部門を規制する一般法としての部分から成り立っている。

イ 個人情報保護法は、国の行政機関、独立行政法人、地方公共団体の機関（議会を除く。）における個人情報保護に関する具体的な権利義務関係について定めている。

ウ 個人情報保護法は、国の行政機関における個人情報保護と地方自治体における住民基本台帳の制度について規律する法律である。

エ 個人情報保護法は、インターネットの有用性と危険性にかんがみて、コンピュータ処理された個人情報のみを規律の対象としている。

オ 個人情報保護法は、個人情報の有用性に配慮しつつ、個人の権利利益を保護することを、その目的としている。

1 ア・オ
2 イ・ウ
3 ウ・エ
4 ウ・オ
5 エ・オ

（注） ＊ 個人情報の保護に関する法律

個人情報保護法

ア 妥当である
超

そのとおりである。「個人情報の保護に関する法律」（以下「個人情報保護法」）は、**基本法に当たる部分**（第1章～第3章）と民間部門（第4章）及び公的部門（第5章）の個人情報保護の**一般法に当たる部分**の性格を**併有**している。

イ 妥当である
予

個人情報保護法は、**個人情報取扱事業者等**及び**行政機関等**の**具体的な権利義務関係**について定めている。そして、個人情報保護法の改正（2023年4月施行のもの）により、同法における**「行政機関等」**には、**「地方公共団体の機関（議会を除く。）」**も**含まれる**ものとされた。

ウ 妥当でない

国の行政機関における個人情報保護については、個人情報保護法で規律している（第5章）。しかし、住民基本台帳の制度については、**住民基本台帳法**等で定められている（住民基本台帳法1条参照）。

エ 妥当でない

個人情報保護法にいう「**個人情報データベース等**」とは、**個人情報**を含む情報の集合物であって（利用方法からみて個人の権利利益を害するおそれが少ないものとして政令で定めるものを除く）、①特定の個人情報を電子計算機を用いて**検索**することができるように**体系的**に構成したもの、②その他、特定の個人情報を容易に検索することができるように体系的に構成したものとして政令で定めるものをいう（16条1項各号）。したがって、個人情報保護法は、コンピュータ処理された個人情報のみを規律の対象としているわけではない。

オ 妥当である
重

そのとおりである。個人情報保護法1条は、同法の目的として本記述のように規定している。

正解　3

問題2　個人情報保護法*に関する次の記述のうち、妥当でないものはどれか。

1　匿名加工情報は個人情報には該当せず、匿名加工情報の取扱い等については、個人情報の取扱い等とは異なる規律が設けられている。

2　地方公共団体の機関（議会を除く。）が取り扱う情報には、個人情報保護法の個人情報取扱事業者に関する規定が適用されることはなく、個人情報保護法の行政機関等に関する規定が適用されることになる。

3　個人情報保護法の改正において、要配慮個人情報という概念が新たに設けられ、要配慮個人情報を個人情報取扱事業者が取り扱う場合、他の個人情報とは異なる取扱いを受けることになった。

4　個人情報保護法の適用の対象となるのは、個人情報取扱事業者が取り扱う個人情報データベース等を構成する個人データであり、個人情報データベース等を構成しない散在する個人情報については、個人情報保護法の適用の対象とならない。

5　個人情報データベース等を事業の用に供している者であれば、原則として個人情報取扱事業者に該当するが、報道機関（報道を業として行う個人を含む。）が報道の用に供する目的で個人情報を取り扱う場合には、個人情報取扱事業者等の義務等の規定は適用されない。

（注）　*　個人情報の保護に関する法律

個人情報保護法・定義等

1 妥当である 重

「匿名加工情報」は、特定の個人を識別することができないように個人情報を加工して得られる個人に関する情報であって、当該個人情報を復元することができないようにしたものである（個人情報保護法2条6項）。匿名加工情報に関する規定は、個人情報の取扱いよりも緩やかな規律のもと、パーソナルデータの自由な流通・利活用を促進することを目的として、2015年の個人情報保護法の改正により新たに設けられたものである。匿名加工情報は、個人情報（同条1項）とは異なる概念であり、個人情報保護法では、個人情報については、「第4章　個人情報取扱事業者等の義務等」のうち「第2節　個人情報取扱事業者及び個人関連情報取扱事業者の義務」で規律されている。一方、匿名加工情報については、「第4章　個人情報取扱事業者等の義務等」のうち「第4節　匿名加工情報取扱事業者等の義務」で規律されている。

2 妥当である

議会を除く地方公共団体の機関（2条11項2号）には、個人情報保護法の個人情報取扱事業者に関する規定（第4章　個人情報取扱事業者等の義務等）は適用されず（16条2項2号）、行政機関等に関する規定（第5章　行政機関等の義務等）の規律が適用される。

3 妥当である 重

「要配慮個人情報」は、不当な差別、偏見その他の不利益が生じないように取扱いに配慮を要する情報として、法律・政令・規則に定められた情報である（2条3項）。個人情報取扱事業者は、原則として、あらかじめ本人の同意を得ないで、要配慮個人情報を取得してはならないとされる（20条2項）など、要配慮個人情報を取り扱う場合には、他の個人情報とは異なる規律を受ける。要配慮個人情報に関する規定は、2015年の個人情報保護法の改正により設けられたものである。

4 妥当でない

個人情報保護法の適用の対象となるのは、個人データにとどまらない。個人データ以外の個人情報も同法の適用の対象となるし、個人情報に該当しない匿名加工情報なども同法の適用の対象となる（2条1項、6項、16条3項等参照）。

5 妥当である 重

個人情報データベース等を事業の用に供している者であれば、原則として、個人情報保護法の「個人情報取扱事業者」に該当する（16条2項）。そして、57条1項は、「個人情報取扱事業者等……のうち次の各号に掲げる者については、その個人情報等……を取り扱う目的の全部又は一部がそれぞれ当該各号に規定する目的であるときは、この章〔第4章〕の規定は、適用しない。」と規定し、同項1号は、「放送機関、新聞社、通信社その他の報道機関（報道を業として行う個人を含む。）　報道の用に供する目的」を掲げている。

正解　4

問題3　個人情報保護法*第1章〔総則〕及び第5章〔行政機関等の義務等〕に関する次の記述のうち、妥当なものはどれか。

1　この法律は、行政の適正かつ円滑な運営を図りつつ、個人の権利利益を保護することを目的とするが、ここでいう「個人の権利利益」は、公権力によるプライバシーの侵害から個人を守るという意味での人格的利益を意味し、財産的な利益を保護の対象とするものではない。

2　この法律では、死者に関する情報も「個人情報」として保護されており、遺族が死者に代わってその開示訂正等を求めることができる。

3　個人情報保護法第5章の規律は、「保有個人情報」を保護の中心に置いており、保有個人情報について目的外利用や第三者提供の制限に関する規律が存在する一方、本人は保有個人情報を対象として、開示・訂正・利用停止の請求権を行使することができるという仕組みになっている。

4　本人の開示請求に対して処分庁が不開示の決定を行い、この不開示決定に対して審査請求がなされた場合には、行政機関の長は、原則として、情報公開・個人情報保護審査会に諮問をしなければならず、また、裁決又は決定に際しては、諮問に対する審査会の答申に法的に拘束される。

5　個人情報保護法第5章の規律では、開示請求をする者が納めなければならない手数料は、請求の対象となっているのが自己の情報であることにかんがみて、無料となっている。この点は、政府保有情報に対する開示請求であっても、開示請求にかかる手数料を徴収していない情報公開法と同じである。

（注）　＊　個人情報の保護に関する法律

個人情報保護法

1 妥当でない　個人情報保護法は、デジタル社会の進展に伴い個人情報の利用が著しく拡大していることに鑑み、個人情報の適正な取扱いに関し、基本理念及び政府による基本方針の作成その他の個人情報の保護に関する施策の基本となる事項を定め、国及び地方公共団体の責務等を明らかにし、個人情報を取り扱う事業者及び行政機関等についてこれらの特性に応じて遵守すべき義務等を定めるとともに、個人情報保護委員会を設置することにより、**行政機関等の事務及び事業の適正かつ円滑な運営を図り**、並びに個人情報の適正かつ効果的な活用が新たな産業の創出並びに活力ある経済社会及び豊かな国民生活の実現に資するものであることその他の個人情報の有用性に配慮しつつ、**個人の権利利益**を保護することを目的とする（1条）。ここでいう「個人の権利利益」には、個人情報の取扱いによって侵害されるおそれのある**人格的利益のみならず、財産的利益をも含む**。

2 妥当でない　超　個人情報保護法の「個人情報」は、「**生存する個人**に関する情報」を前提にしており、「**死者に関する情報」を含まない**（2条1項柱書）。

3 妥当である　重　個人情報保護法第5章〔行政機関等の義務等〕には、保有個人情報について**目的外利用及び第三者提供の制限に関する規律**が存在する（69条1項、2項）。また、本人による開示、訂正、利用停止請求の対象となるのは、**保有個人情報**である（76条1項、90条1項、98条1項）。

4 妥当でない　開示決定等、訂正決定等、利用停止決定等について審査請求があったときは、当該審査請求に対する裁決をすべき行政機関の長等は、原則として、**情報公開・個人情報保護審査会**に諮問しなければならない（105条1項）。もっとも、行政機関の長等は、当該答申を尊重すべきであるが、**法的に拘束されることはない**。

5 妥当でない　個人情報保護法第5章において、**行政機関の長に対し開示請求**をする者は、政令で定めるところにより、**実費の範囲内において政令で定める額の手数料を納めなければならない**（89条1項）。また、**地方公共団体の機関に対し開示請求**をする者は、条例で定めるところにより、実費の範囲内において**条例で定める額の手数料を納めなければならない**（同条2項）。また、情報公開法においても、**開示請求をする者又は行政文書の開示を受ける者**は、政令で定めるところにより、それぞれ、実費の範囲内において**政令で定める額の開示請求に係る手数料**又は開示の実施に係る**手数料**を納めなければならない（情報公開法16条1項）。

正解　3

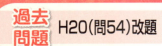 

問題4 個人情報保護法*における第4章〔個人情報取扱事業者等の義務等〕と第5章〔行政機関等の義務等〕とを比較した次の記述のうち、妥当なものはどれか。

1 個人情報の定義について、個人情報保護法第4章における「個人情報」は死者を含まないが、同法第5章における「個人情報」は死者を含む概念である、と定められている。

2 個人情報保護法第5章にいう「個人情報ファイル」とは、保有個人情報を含む情報の集合物で体系性、検索性のあるもののことをいい、これは同法第4章にいう「保有個人データ」という概念にほぼ等しい。

3 個人情報保護法第5章では、法人が個人と同様に自己を本人とする情報の開示・訂正等を請求することはできないが、民間部門を対象とする同法第4章ではこれが認められている。

4 個人情報保護法第5章の規定に基づく訂正請求は、その前に開示請求を行わなければならないが、同法第4章の規定に基づく訂正請求の場合には、開示請求を前置することは要件ではない。

5 開示決定等についての不服申立て案件に関して、個人情報保護法第5章は情報公開・個人情報保護審査会への、同法第4章は認定個人情報保護団体への諮問を予定している。

（注） ＊ 個人情報の保護に関する法律

個人情報保護法　第４章及び第５章の比較

1 妥当でない　超　個人情報保護法第４章〔個人情報取扱事業者等の義務等〕及び第５章〔行政機関等の義務等〕における「個人情報」とは、ともに「生存する個人に関する情報」である（個人情報保護法２条１項柱書）。

2 妥当でない　個人情報保護法第５章にいう「個人情報ファイル」（60条２項）とは、同法第４章にいう「個人情報データベース等」（16条１項）という概念にほぼ等しい。

3 妥当でない　個人情報保護法第４章及び第５章において、**法人は、自己を本人とする情報の開示・訂正等を請求することはできない**（２条１項、４項、33条１項、34条１項、35条１項、76条１項、90条１項、98条１項）。

4 妥当である　重　個人情報保護法第５章の規定に基づく**訂正請求**は、第４章の規定に基づく場合とは異なり、**開示決定を受けた保有個人情報**に限られる（開示請求前置　90条１項各号、34条１項参照）。

5 妥当でない　105条１項柱書は、「**開示決定等、訂正決定等、利用停止決定等**又は開示請求、訂正請求若しくは利用停止請求に係る**不作為**について**審査請求**があったときは、当該審査請求に対する裁決をすべき行政機関の長等は、次の各号のいずれかに該当する場合を除き、**情報公開・個人情報保護審査会**（審査請求に対する裁決をすべき行政機関の長等が会計検査院長である場合にあっては、別に法律で定める審査会）に**諮問**しなければならない。」と規定している。これに対して、個人情報保護法第４章には、開示決定等についての不服申立て案件に関して、認定個人情報保護団体への諮問という制度は予定されていない。

正解　4

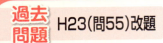
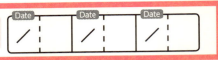

問題5 情報公開法*1及び個人情報保護法*2に関する次のア〜オの記述のうち、正しいものの組合せはどれか。

ア 個人情報保護法の保有個人情報が記録されている「行政文書」は、情報公開法のそれと同じ概念である。

イ 各地方公共団体は、情報公開法の直接適用を受ける一方で、個人情報保護については個別に条例を定めて対応している。

ウ 情報公開法にも個人情報保護法にも、開示請求に対する存否応答拒否の制度が存在する。

エ 情報公開法及び個人情報保護法との関連で、開示決定等に関する不服申立てを調査審議する機関として、情報公開・個人情報保護審査会が設置されている。

オ 情報公開法にも個人情報保護法にも、偽りその他不正の手段により、開示決定に基づく情報開示を受けた者を過料に処する旨の定めが存在する。

1 ア・オ
2 ア・イ・エ
3 ア・ウ・エ
4 イ・ウ・エ
5 エ・オ

（注） *1 行政機関の保有する情報の公開に関する法律
*2 個人情報の保護に関する法律

情報公開法及び個人情報保護法

ア 正しい　個人情報保護法60条1項は、「この章及び第8章において『保有個人情報』とは、行政機関等の職員……が職務上作成し、又は取得した個人情報であって、当該行政機関等の職員が組織的に利用するものとして、当該行政機関等が保有しているものをいう。ただし、行政文書（行政機関の保有する情報の公開に関する法律……第2条第2項に規定する行政文書をいう。）……に記録されているものに限る。」と規定している。したがって、**個人情報保護法の保有個人情報が記録されている「行政文書」は、情報公開法のものと同じ概念となる**。

イ 誤り　**地方公共団体に情報公開法は直接適用されない**（情報公開法2条1項各号参照）。なお、地方公共団体は、**情報公開法の趣旨**にのっとり、その保有する情報の公開に関し必要な施策を策定し、及びこれを実施するよう**努めなければならない**（25条）。また、個人情報保護法の改正（2023年4月施行のもの）により、**地方公共団体の機関（議会を除く）は個人情報保護法の規律の対象となる**ものとされた。

ウ 正しい　重　情報公開法は、行政文書の存否に関する情報について「開示請求に対し、**当該開示請求に係る行政文書が存在しているか否かを答えるだけで、不開示情報を開示することとなるときは**、行政機関の長は、**当該行政文書の存否を明らかにしないで、当該開示請求を拒否することができる**。」と規定している（8条）。また、個人情報保護法は、「開示請求に対し、**当該開示請求に係る保有個人情報が存在しているか否かを答えるだけで、不開示情報を開示することとなるときは**、行政機関の長等は、**当該保有個人情報の存否を明らかにしないで、当該開示請求を拒否することができる**。」と規定している（81条）。

エ 正しい　情報公開法、個人情報保護法の開示決定等に関する審査請求を調査審議する機関として、**情報公開・個人情報保護審査会**が設置されている（情報公開・個人情報保護審査会設置法2条1号、3号）。

オ 誤り　個人情報保護法には、偽りその他不正の手段により、開示決定に基づく情報開示を受けた者を過料に処する旨の定めが存在する（185条3号）が、**情報公開法にはこのような定めは存在しない**。

正解　3

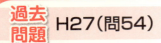 

問題6 情報公開法*¹および公文書管理法*²に関する次の記述のうち、誤っているものはどれか。

1 情報公開法も公文書管理法も国民主権の理念にのっとっているが、公文書管理法は情報公開法とは異なり、歴史公文書等の保存、利用等の規律も設けていることから、現在のみならず将来の国民への説明責任を果たすことをその趣旨に含んでいる。

2 公文書管理法は、情報公開法と同様、行政機関による行政文書の管理、歴史公文書等の保存、利用等を定めているが、独立行政法人等の文書管理は定めていない。

3 公文書管理法は、歴史公文書等のうち、国立公文書館等に移管、寄贈もしくは寄託され、または、国立公文書館の設置する公文書館に移管されたものを「特定歴史公文書等」と定義し、永久保存の原則を定めている。

4 情報公開法は行政文書の開示請求権および開示義務を定め、公文書管理法は特定歴史公文書等の利用請求があったときの対応義務を定めている。

5 情報公開法は、従前は行政文書の公開およびその管理についての規定も設けていたが、公文書管理法の制定に伴い管理の規定は削除された。

(注) *1 行政機関の保有する情報の公開に関する法律
*2 公文書等の管理に関する法律

情報公開法及び公文書管理法

1 正しい　そのとおりである。両法律とも**国民主権の理念**にのっとっている（情報公開法1条、公文書管理法1条）が、公文書管理法は情報公開法とは異なり、現在のみならず**将来の国民への説明責任**を果たすことまでその趣旨に含んでいる。

2 誤り（予）　公文書管理法は、行政機関による**行政文書**の管理（第2章）、**歴史公文書等**の保存、利用等（第4章）を定めているのみならず、**独立行政法人等の文書管理**についても定めている（11条1項）。

　なお、情報公開法には、行政文書の管理、歴史公文書の保存、利用等についての定めはない。

3 正しい　そのとおりである。公文書管理法は、「特定歴史公文書等」を本記述のように定義し（2条7項）、**永久保存の原則**を定めている（15条1項）。

4 正しい　情報公開法では、行政文書の**開示請求権**については3条で定め、開示義務については5条以下で定めている。

　また、公文書管理法では、特定歴史公文書等の**利用請求**及びその取扱いについて、16条以下で定めている。

5 正しい（重）　そのとおりである。情報公開法には、従前は行政文書の公開及びその管理についての規定が設けられていたが、2011年の情報公開法一部改正に伴い、**行政文書の管理については公文書管理法とその関係法令等にのっとって行う**こととされ、管理についての規定は削除された。

正解　2

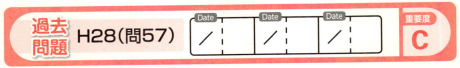

問題7　公文書管理法（公文書等の管理に関する法律）に関する次の文章のうち、誤っているものはどれか。

1　公文書管理法には、行政機関の職員の文書作成義務を定める規定が置かれている。

2　公文書管理法は、行政機関の長が毎年度行政文書の管理の状況を内閣総理大臣に報告しなければならないと定めている。

3　公文書管理法は、行政機関の長が行政文書の管理に関する定め（行政文書管理規則）を設けなければならないと定めている。

4　公文書管理法は、行政機関の長が保存期間が満了した行政文書ファイル等を廃棄しようとするときは、あらかじめ内閣総理大臣に協議し、その同意を得なければならないと定めている。

5　公文書管理法は、行政機関の職員が行政文書ファイル等を違法に廃棄した場合の罰則について定めている。

公文書管理法

1 正しい 　公文書管理法4条柱書は、「行政機関の職員は、第1条の目的の達成に資するため、当該行政機関における経緯も含めた意思決定に至る過程並びに当該行政機関の事務及び事業の実績を合理的に跡付け、又は検証することができるよう、処理に係る事案が軽微なものである場合を除き、次に掲げる事項その他の事項について、文書を作成しなければならない。」と規定している。

2 正しい 　9条1項は、「行政機関の長は、行政文書ファイル管理簿の記載状況その他の行政文書の管理の状況について、毎年度、**内閣総理大臣**に報告しなければならない。」と規定している。

3 正しい 　10条1項は、「行政機関の長は、行政文書の管理が第4条から前条までの規定に基づき適正に行われることを確保するため、行政文書の管理に関する定め(以下『行政文書管理規則』という。)を設けなければならない。」と規定している。

4 正しい 　8条2項前段は、「行政機関……の長は、前項の規定により、保存期間が満了した行政文書ファイル等を廃棄しようとするときは、あらかじめ、**内閣総理大臣**に協議し、その同意を得なければならない。」と規定している。
超

5 誤り 　公文書管理法には**罰則は規定されていない**。
重

正解　5

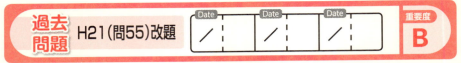

問題8 青少年のインターネット利用環境が社会的な問題となっているが、これに関連する次の記述のうち、妥当でないものはどれか。

1　中高生が、SNS（ソーシャル・ネットワーキング・サービス）上で安易に個人情報を発信してトラブルに巻き込まれる事例が少なくないことが問題となっている。

2　フィルタリングとは、インターネット利用における情報閲覧の制限や受発信を制限することをいい、子どもたちに見せたくない出会い系サイトやアダルトサイト等の有害情報が含まれるサイトを画面に表示しないようにできる。

3　子どもたちが安全に安心してインターネットを利用できるようにすることを目的とした法律*が制定されたが、この法律では、何が有害な情報かは民間ではなく政府が認定することとされている。

4　あらたに18歳未満の子どもが携帯電話・PHSでインターネットを利用する場合には、青少年有害情報フィルタリングサービスが提供されるが、これは保護者の申し出があれば解除できる。

5　Webサイトの管理者には、自分のWebサイトや自社サーバーからの有害な情報発信があった場合、子どもが閲覧できないような措置をとる努力義務が、法律*に定められている。

（注）＊　青少年が安全に安心してインターネットを利用できる環境の整備等に関する法律

IT用語

ア 明らかに誤っている

クラウド・コンピューティングとは、「i-Japan戦略2015（2009年7月）」によると、データサービスやインターネット技術などが、ネットワーク上にあるサーバ群（クラウド（雲））にあり、ユーザーは今までのように自分のコンピュータでデータを加工・保存することなく、「どこからでも、必要な時に、必要な機能だけ」を利用することができる新しいコンピュータネットワークの利用形態と定義される。管理コストの低減などのメリットがある反面、オープンネットワークという特徴からインターネット経由で外部から攻撃される可能性も高く、**セキュリティ面での課題がデメリット**として挙げられる。

イ 明らかに誤っている 予

マイナンバー制度（社会保障・税番号制度）とは、国民一人ひとりに番号を割り振り、社会保障や納税の情報を一元的に管理する制度のことをいう。

マイナンバー制度は、行政手続における特定の個人を識別するための番号の利用等に関する法律として、2013年5月31日に公布され、一部を除き、2015年10月5日に施行された。

ウ 明らかに誤っているとはいえない

スマートフォンとは、パソコン並みの多様な機能を持った携帯電話のことをいう。従来の携帯電話もPCサイトを利用することは可能であるが、スマートフォンはアプリと呼ばれるソフトウェアをインストールすることによって、**個々人が自由にカスタマイズして利用**することができる点で従来の携帯電話とは異なるものといえる。

エ 明らかに誤っているとはいえない

デジタル・ディバイドとは、インターネット等の情報通信技術の恩恵を受けることのできる者とできない者との間に生じる格差のことをいい、「**情報格差**」と訳される。個人間の格差のほか、国家間の格差を指す場合もあり、2000年の沖縄サミットでは重要なテーマの1つとして取り上げられ、世界レベルで解決すべき問題として注目されている。

オ 明らかに誤っているとはいえない

ICカードとは、プラスチック製のカードにICチップと呼ばれる半導体集積回路を埋め込んで**情報を記録することができるようにしたカード**のことをいう。現在様々な分野のサービスにおいて普及しており、**マイナンバーカード**、IC旅券、Taspo（たばこ自動販売機の成人識別装置ICカード）はその具体例として挙げられる。なお、Taspoは、2026年3月末に終了する予定である。

正解　1

Chapter 5 文章理解

過去問 H29（問58）

問題1　本文中の空欄　Ⅰ　〜　Ⅳ　には、それぞれあとのア〜エのいずれかの文が入る。その組合せとして妥当なものはどれか。

　私たちはこれまで常に「誰かが意味を与えてくれる」ことに慣れていた。子どものときは親が意味を与えてくれる。学校が意味を与えてくれる。そして就職すれば会社が意味を与えてくれる。そのように社会の側が私たちの「生きる意味」を与えてくれていた。　Ⅰ　。
　社会が転換期を迎えるときには、評論家とかオピニオンリーダーと呼ばれる人たちが次の時代に目指すべき意味を指し示してくれてきた。そして私たちは「次の時代の潮流に乗り遅れないようにしなければ」と必死だった。　Ⅱ　。
　かなり前から「これからはモノの時代ではなく、心の時代だ」と言われるようになった。そして新聞などの世論調査を見ても、「モノより心だ」という意識は顕著に表れてきているし、私もその方向性には共感を覚える。しかし繰り返し「心の時代」が説かれているにもかかわらず、私たちがいっこうに豊かさを感じることができないのは何故だろう。
　それは「心の時代」の「心」が誰の心なのかという出発点に全く意識が払われていないからだ。「心の時代」の「心」が誰の心なのかと言われれば、それは「あなたの心」でしかありえない。「心の時代」とは私たちひとりひとりの心の満足が出発点になる時代のことなのだ。　Ⅲ　。
　あなたの人生のQOL、クオリティー・オブ・ライフは、あなた自身が自分自身の「生きる意味」をどこに定めるかで決まってくるものだ。評論家やオピニオンリーダーの言うことを鵜呑みにしてしまうのでは、それは既にあなたの人生のQOLではなくなってしまう。この混迷する世の中で、「あなたはこう生きろ！」「こうすれば成功する！」といった書物が溢れている。そして、自信のない私たちはそうした教えに頼ってしまいそうになる。　Ⅳ　。

（出典　上田紀行「生きる意味」から）

ア　しかし、「おすがり」からは何も生まれない
イ　しかし誰かが指し示す潮流にただ流されて進んでいくことからは、もはや私たちの生き方は生まれえないのである
ウ　しかし、私たちの多くはこれまでのように「誰かが私たちの心を満足させてくれる方法を教えてくれるだろう」とか「心の時代の上手な生き方を示してくれるだろう」と思ってしまっている
エ　しかし、いまやその「与えられる」意味を生きても私たちに幸せは訪れない

	Ⅰ	Ⅱ	Ⅲ	Ⅳ
1	ア	ウ	イ	エ
2	ア	ア	エ	ウ
3	イ	エ	ア	ウ
4	エ	イ	ウ	ア
5	エ	ウ	イ	ア

短文挿入

Ⅰ　エ　　Ⅱ　イ　　Ⅲ　ウ　　Ⅳ　ア

　本問は段落ごとに共通するキーワードがあるため、そのキーワードに着目して読むと、ある程度の見当がつく。
　本文１段落目では、親、学校、会社が「意味を与えてくれる」ことについて述べている。記述エをみると、「その『与えられる』意味」とあり、本文１段落目の内容を指し示していることがわかる。したがって、Ⅰには記述エが入る。
　本文２段落目と記述イは、共通して「潮流」という言葉があり、他の部分にはない。また、本文２段落目の１文目に、「評論家とかオピニオンリーダーと呼ばれる人たちが……意味を指し示してくれてきた」とある。そして、記述イで「誰かが指し示す潮流にただ流されて進んでいく」と述べていることからも、この２つの文にはつながりがあることがわかる。したがって、Ⅱには記述イが入る。
　本文３・４段落目では、「心の時代」という言葉が多用され、記述ウにもこの言葉が含まれる。そして、Ⅲの直前の文と記述ウには、「心の満足」について述べる文がある。また、Ⅲの後に、「あなた自身が……決まってくる」という記述があり、記述ウの「誰かが私たちの……教えてくれるだろう」という部分と対比して述べている。したがって、Ⅲには記述ウが入る。
　本文５段落目には、「評論家やオピニオンリーダーの言うことを……書物が溢れている」と述べる箇所があり、そういった教えに私たちが頼ってしまいそうになる、つまり、すがってしまいがちである旨の記述がある。このことから、Ⅳには記述アの「しかし、『おすがり』からは何も生まれない」が入る。

正解　4

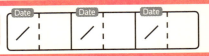

問題2　本文中の空欄　Ｉ　～　Ⅳ　には、それぞれあとのア～エのいずれかの文が入る。その組合せとして適当なものはどれか。

　負としての老いを克服し、老いに価値を見出すために、さまざまな観点が提案されてきた。老人の知恵であるとか、歳を重ねたもののよさ、味わい深さとか。たしかに、これらの観点は重要であろう。そこには、歳をとり、老いることによって初めて可能となるような在り方が示唆されていると思われる。しかし、老いた者がすべて知恵をたくわえ、深い味わいを感じさせるわけではあるまい。（中略）
　Ｉ　しかし、われわれの在り方はひとえに能力に尽きるのであろうか。もしそうであるなら、たとえば半身不随になり話すこともできない者は、自らの在り方をただただ負として見なし、あるいは見なされることになる。あるひとの能力が下降しても、そのひとはそのひとである。そのひとの在り方は、そのひとの能力に尽きるものではない。生まれてきた赤ん坊が愛おしいのは、その在り方そのものが愛おしいのであって、その赤ん坊が将来優れた人間になると期待できるから愛おしいのではない。同様に、老いた人びとが大切なのは、彼らが知恵をわきまえているからでも、世故にたけているからでもない。老いた人びとが今まさにこうして在ることそれ自体に意味があるのである。
　Ⅱ　若い人びとは当然そう反発するにちがいない。その反発は半分正しく、半分間違っている。われわれの在り方が能力によって計られるべきだと考えるひとにとって、老いは負であり続ける。彼はその在り方を豊かにするという発想をもてぬまま生き、老いを迎えたのである。当人自身がその老いを忌避し、否定しているがゆえに、その老いは美しくない。歳をとることがひとを醜くしている。その意味で、右の反発は当たっている。
　Ⅲ　しかし、同時にわれわれの在り方は日ごとに豊かになりうる。赤ん坊や子どもや、人びとや老人が愛おしいのは、われわれと共にそこに在ることによってである。共に在り、豊かな関係を結びうるからこそ、その瞬間が貴重で、彼らが愛おしいのである。歳を経たとは、そのような豊かな関係を数多く生きてきたということである。ここでいう「豊かな」とは、いつでも他者がわれわれの傍らに歩みきたり、そこに在り続けることで、その関係が復活させられるような在り方のことである。
　Ⅳ　金があるからでもなく、才能が衰えないからでもなく、そのひとがそこにそうして在ることが愛おしいがゆえに、その傍らに在り続けるのである。老いを迎えたとき、傍らに在り続けてくれる他者に数多く恵まれているひとは、美しく老いたと言えるだろう。こう考えられるならば、歳をとることも悪くはない。このとき、われわれは老いを自然な在り方として過不足なく捉えることができるのではなかろうか。

（出典　池上哲司「傍らにあること　老いと介護の倫理学」より）

ア　歳をとることによる能力の下降は避けがたい。
イ　長生きをして、歳をとればいいというものではない。
ウ　われわれの在り方を能力の観点から見ているかぎり、老いは負でしかない。
エ　あるひとの傍らに在り続けるとは、あるひとを無条件に肯定することである。

	Ｉ	Ⅱ	Ⅲ	Ⅳ
1	ア	ウ	イ	エ
2	ア	ウ	イ	ア
3	ア	エ	ウ	イ
4	イ	エ	ア	エ
5	ウ	イ	エ	ア

青少年インターネット環境整備法等

1 妥当である　最近では、SNS上に載せた顔写真や名前、住所などの個人情報が悪用されることにより、子どもが犯罪に巻き込まれたり、誹謗中傷を受けたりするなどのトラブルが発生している。

2 妥当である　そのとおりである。なお、フィルタリングには、①**ホワイトリスト**方式（子どもにとって安全と思われるサイトのみアクセスできる方式）、②**ブラックリスト**方式（出会い系サイトやアダルトサイトなど、子どもにとって有害な特定カテゴリのサイトへのアクセスを制限する方式）、③**利用時間制限**（夜間から早朝にかけてすべてのサイトへのアクセスを停止させる方式）などがある。

3 妥当でない　「青少年有害情報」とは、インターネットを利用して公衆の閲覧（視聴を含む）に供されている情報であって青少年の健全な成長を著しく阻害するものをいう（青少年インターネット環境整備法2条3項）。青少年インターネット環境整備法は、表現の自由に配慮するため、国は民間の自主的かつ主体的な取組みを尊重することとしており（3条3項）、「青少年有害情報」について行政権限を発動する規定はなく、政府や主務官庁が個別にその該当性を判断することはない。したがって、具体的にどのような情報が「青少年有害情報」に該当するかを判断するのは、あくまで**関係事業者、保護者**等の**民間の主体**であり、この定義も、規制対象たる「青少年有害情報」の範囲を画定する具体的な基準を示すことをねらいとするものではなく、民間の主体に基本的な指針を示そうとするものにすぎない。

4 妥当である　携帯電話インターネット接続役務提供事業者は、役務提供契約の相手方又は役務提供契約に係る携帯電話端末等の使用者が青少年である場合には、青少年有害情報フィルタリングサービスの利用を条件として、携帯電話インターネット接続役務を提供しなければならない（15条本文）。ただし、その青少年の保護者が、青少年有害情報フィルタリングサービスを利用しない旨の申出をした場合には、解除できる（同条ただし書）。

5 妥当である　特定サーバー管理者は、その管理する特定サーバーを利用して他人により青少年有害情報の発信が行われたことを知ったとき又は自ら青少年有害情報の発信を行おうとするときは、当該青少年有害情報について、インターネットを利用して青少年による閲覧ができないようにするための措置をとるよう努めなければならない（21条）。

正解　3

問題9　情報通信に関する諸法律についての次の記述のうち、誤っているものはどれか。

1　「特定電子メールの送信の適正化等に関する法律」は、あらかじめ同意した者に対してのみ広告宣伝メールの送信を認める方式（いわゆる「オプトイン」方式）を導入している。

2　プロバイダ責任制限法[*1]は、インターネット上の情報流通によって権利侵害を受けたとする者が、プロバイダ等に対し、発信者情報の開示を請求できる権利を定めている。

3　e-文書通則法[*2]は、民間事業者等が書面に代えて電磁的記録による保存、作成、縦覧、交付を行うことができるようにするための規定を置いている。

4　「不正アクセス行為の禁止等に関する法律」は、不正アクセス行為およびコンピュータウイルスの作成行為等を禁止し、それらに対する罰則を定めている。

5　電子消費者契約法[*3]は、インターネットを用いた契約などにおける消費者の操作ミスによる錯誤について、消費者保護の観点から民法の原則を修正する規定を置いている。

（注）[*1]　特定電気通信役務提供者の損害賠償責任の制限及び発信者情報の開示に関する法律
　　　[*2]　民間事業者等が行う書面の保存等における情報通信の技術の利用に関する法律
　　　[*3]　電子消費者契約に関する民法の特例に関する法律

情報法　総合

1 正しい 【重】
　平成20年に特定電子メールの送信の適正化等に関する法律が改正され、原則として、あらかじめ同意した者に対して広告宣伝メールが認められる「オプトイン方式」が導入された（3条）。なお、同時に、以下の改正もなされた。①法人に対する罰金額の引上げ（100万円以下から3000万円以下へ）、②法律の規律対象が拡大（広告宣伝メールの送信を委託した者や、電子メール広告業務を受託した者が、行政による命令の対象に含まれるなど拡大）、③総務大臣のプロバイダ等に対する契約者情報の提供請求の新設。

2 正しい 【重】
　特定電気通信による情報の流通によって自己の権利を侵害されたとする者は、法律の定める場合、開示関係役務提供者に対し、当該開示関係役務提供者が保有する当該権利の侵害にかかる発信者情報の開示を請求することができる（プロバイダ責任制限法5条1項）。

3 正しい
　e－文書通則法は、法令の規定により民間事業者等が行う書面の保存、作成、縦覧等又は交付等に関し、電磁的方法により行うことができるようにするための共通する事項を定めている（1条）。

4 誤り
　何人も、不正アクセス行為をしてはならない（不正アクセス禁止法3条）。そして、これに違反した者は、3年以下の懲役又は100万円以下の罰金に処せられる（11条）。しかし、**不正アクセス禁止法は、コンピュータウイルスの作成行為等の禁止及びそれに違反した場合の罰則については、定めていない。**

5 正しい 【重】
　民法95条3項の規定は、消費者が行う電子消費者契約の申込み又はその承諾の意思表示について特定の錯誤があり当該錯誤が重要な場合であって、かつ、①当該事業者との間で電子消費者契約の申込み又はその承諾の意思表示を行う意思がなかったとき、②当該電子消費者契約の申込み又はその承諾の意思表示と異なる内容の意思表示を行う意思があったときには、原則として適用されない（電子消費者契約法3条）。

正解　4

問題10　最近の情報通信分野に関する次のア〜オの記述のうち、明らかに誤っているものの組合せはどれか。

ア　クラウド・コンピューティングとは、ネットワーク上にあるサーバ群（クラウド）を利用することから命名されたコンピュータネットワークの利用形態であり、クラウドの中に閉じた通信であるので、もっとも強固なセキュリティを確立したといわれている。

イ　マイナンバー制度とは、個人番号を利用し、行政機関等相互間で安全かつ効率的に情報連携を行うための仕組みを整備しようとするものであるが、個人情報保護の観点からの問題を指摘する反対論が強く、政府による検討段階には依然として至っていない。

ウ　スマートフォンは、汎用的に使える小型コンピュータという点で、パソコンと同様の機能を有する。従来の携帯電話と呼ばれてきた端末も広義ではコンピュータであるが、汎用的に自由度の高い使い方ができるものではなかった。

エ　デジタル・ディバイドとは、身体的又は社会的条件の相違に伴い、インターネットやパソコン等の情報通信技術を利用できる者と利用できない者との間に生じる格差のことである。

オ　現在、ICカードは、国内において公共、交通、決済といった広い分野のサービスで普及しており、その例として、マイナンバーカード、IC旅券、Taspoなどがあげられる。

1　ア・イ
2　ア・オ
3　イ・ウ
4　ウ・エ
5　エ・オ

短文挿入

Ⅰ ウ　　　Ⅰ の後に「われわれの在り方はひとえに能力に尽きるのであろうか」とある。これは、人間の在り方について能力だけに着目をする見方に疑問を呈する内容となっており、ウの文の「能力の観点から見ているかぎり」という部分を受けての記述であることがわかる。したがって、Ⅰ には、ウが入ることとなる。

Ⅱ イ　　　Ⅱ の後に「若い人びとは当然そう反発するにちがいない」とある。これは、Ⅱ の直前の「老いた人びとが今まさにこうして在ることそれ自体に意味がある」という部分を受け、それに対して若い人が反発するという内容になっていることがわかる。したがって、Ⅱ には、「若い人びと」ならではの反発の内容といえるイが入ることとなる。

Ⅲ ア　　　Ⅲ の後に「しかし〜日ごとに豊かになりうる」とある。「しかし」という接続語で結ばれていることを考えれば、Ⅲ には日ごとマイナスとなる意味の文が入ることがわかる。したがって、Ⅲ には、歳をとれば能力が下降するとしているアが入ることとなる。

Ⅳ エ　　　Ⅳ の後に「そのひとがそこにそうして在ることが愛おしい」とある。これは、「そのひと」に対する全部を肯定していることであるといえる。したがって、Ⅳ には、エが入ることとなる。

正解	4

過去問題 H20（問60） 重要度 A

問題3 次の文章の空欄 ア ～ キ には「シゼン」か「ジネン」が入るが、「シゼン」が入るものの組合せとして、正しいものはどれか。

　日本の人々にとって自然とは、客観的な、あるいは人間の外にある自然体系のことではなかった。それは自分自身が還っていく場所でもあり、自然に帰りたいという祈りをとおしてつかみとられていくものでもあった。
　とすると、その自然とはどのようなものであったのか。
　すでによく知られているように、かつての日本では自然はジネンと発音されていた。シゼンという発音が一般的になったのは、明治時代の後半に入ってからである。英語のネイチャー、フランス語のナチュールを日本語にするためにシゼンが使われるようになった。その意味でシゼンは外来語の訳語である。
　ジネンはオノズカラ、あるいはオノズカラシカリという意味の言葉である。今日でも私たちは「自然にそうなった」とか「自然の成り行き」という表現を使うが、これがジネンと読んでいた時代の意味の名残りだと思えばよい。（中略）
　もっとも、このようにみていくと、 ア という言葉を イ と読んだうえで、ネイチャーやナチュールの訳語にしたのはかなり妥当だったということがわかる。なぜならもっとも ウ なものは自然（ エ ）だからである。自然（ オ ）はすべてがオノズカラのなかに存在している。シゼンとジネンは同じではないが、シゼンこそがジネンなのである。
　ゆえにジネンな生き方ができる自己に戻りたいという気持を、シゼンに戻りたいと表現しても差しつかえない。人々はジネンに帰ることによって、シゼンに帰りたかったのである。（中略）
　ところが社会が近代化していくと、人々は自然（シゼン）を自然（シゼン）としてみるようになっていった。自然（シゼン）は人間から分離し、自然（シゼン）という客観的な体系になっていった。
　この変化が、1960年代に入ると、最終的に、村のなかでもおこっていたのではないかとある人々は考える。戦後の経済社会は、農地を客観的な生産の場へと、森林を客観的な林業の場へと変えていった。水や川は客観的な水資源になった。こういう変化が村でもおこっていた。
　 カ のなかに キ をみなくなったとき、そして自分たちの帰りたい「祈り」の世界をみなくなったとき、自然と人間の関係は変容した。

（出典　内山節「日本人はなぜキツネにだまされなくなったのか」より）

1　ア・イ・オ・カ・キ
2　ア・エ・オ・カ
3　イ・エ・オ・カ
4　イ・エ・キ
5　エ・カ・キ

空欄補充

ア ジネン
イ シゼン
ウ ジネン
エ シゼン

　　イ　と読んだ上でネイチャーの訳語としたとあることから、　イ　にはシゼンが入る。そうすると　ア　にはジネンが入ることがわかる。そして、その理由として、もっとも　ウ　なものを　エ　としていることから、　ウ　にはジネンが入り、　エ　にはシゼンが入る。

オ シゼン

　　オ　について検討すると、　オ　はオノズカラのなかに存在しているとあり、ジネンがオノズカラという意味の言葉であるので、　オ　にジネンは入らず、シゼンが入ることがわかる。

カ シゼン
キ ジネン

　本文には「人々は自然（シゼン）を自然（シゼン）としてみるようになっていった」とあることから、　カ　にはシゼンが、　キ　にはジネンが入ることがわかる。

正解　3

問題4 本文中の空欄 ア ～ エ に当てはまるものの組み合わせとして、適切なものはどれか。

　情緒性は、「離れてありながら他とともにある」という人間の実存のしかたを、身体としての内的な「自己」の水準と、社会的な関係性として外部化された「自己」の水準との、ちょうど中間に位置するレベルに向かって表出した「自己」であるという言い方ができる。(中略)
　たとえばあなたが、ある人を見て恋しいと感じたとする。あなたは胸がわくわくするという身体的な変化を自覚するかもしれない。しかし、そうした身体的な変化にのみ着目するかぎり、それをもって「情緒の表出」という概念のすべてを説明したことにはならない。なぜなら、「胸のわくわく」はそれ自体としては、まさにそういうもの以外のなにものでもないからだ。
　それは脈搏の変化として物理的に計測することができる。しかし、脈搏の変化は恐怖によっても、不安によっても、栄誉への期待によってもおこりうる。物理的な計測のレベルでは、それらは同じ現象としてしかあらわれない。あなたはいまの「胸のわくわく」が相手を恋しいと思う気持ちと結びついているのであって、恐怖に結びついているのではないことを知っているが、その質的な〈意味〉の差異を脈搏の変化という物理的な計測によってはかることはできない（中略)。
　他方、あなたはその自分の感情を、「私はきっとあの人が好きなのにちがいない」と自分に向かってことばで表現したり、また、本当に相手に向かって「私はあなたが好きだ」と語りかける外的な行為に踏み出したりするとする。この場合、いずれにせよそれはすでに「ことば」という ア 的な関係性の水準として表出されている。
　ところで、自分の情緒性の変化の自覚を、内的な言語であれ、外的な言語であれ、そのように「ことばとしての表出」そのものに限定して把握してしまったら、やはりそれだけでは、あなたが実現した「情緒」の概念を満たしたことにはならない。あなたの感じた「情緒」は、そうした「ことば」に必然的に結びつくものにはちがいないかもしれないが、その中心点は、表出されたことばの手前に位置しているはずだ。
　つまり、そのように、情緒性とは、ある イ 的な状態と、 ウ 的な言語として意識された状態あるいは エ 的な言語として表出する行為との両方にまたがり、かつその両方に常に結びつきうる可能性を備えた、一種独特な「自己」のあり方であり、世界への開かれ方なのである。そして、ある特定の情緒にあなたが見舞われるということは、その独特な「自己」のあり方、世界への開かれ方を基盤として、身体と意識と、またある場合には外的な行為の場とに向かって発せられた、自己変容の運動（活動）そのものを意味している。

（出典　小浜逸郎「大人への条件」より）

	ア	イ	ウ	エ
1	社会	身体	内	外
2	社会	感情	私	外
3	公	身体	私	社会
4	公	感情	内	身体
5	外	身体	内	社会

空欄補充

ア 社会

　本文の第1段落において、身体としての内的な「自己」の水準と、社会的な関係性として外部化された「自己」の水準とが対比されている。そして、第4段落以降において、「ことば」を社会的な関係性の水準として捉えていると解される。したがって、空欄アには「社会」が当てはまる。

イ 身体　ウ 内　エ 外

　本文の第1段落において、身体としての内的な「自己」の水準と、社会的な関係性として外部化された「自己」の水準とが対比されており、情緒性は、その中間に位置するレベルに向かって表出するものであるとされている。

　次に、第2段落では、感情により生じる身体的な変化（状態）に関する記述がなされており、また、第4段落では、このような身体的な状態と対比する形で、感情を自分に向かって（内的に）表現することや、相手に語りかけるという外的な行為をすることに関する記述がなされている。そして、このような「ことば」による表出について、第5段落において「内的な言語」、「外的な言語」と表現されている。

　これらの点を踏まえると、空欄イには「身体」、空欄ウには「内」、空欄エには「外」が当てはまると判断することができる。

正解　1

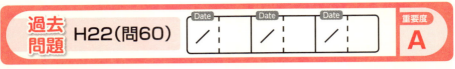

問題5 本文中の空欄 ア ～ カ の空欄には「うそ」または「真実」のいずれかが入る。そのうち「うそ」が入るものの正しい組み合わせは次のうちどれか。

「私はうそをついている」。このように語られる言葉が示すのは、はたして「うそ」か「真実」か。分析哲学の文脈において、しばしば議論の対象となる「うそつきパラドックス」が引き起こす矛盾は、言葉と意味との連関を、同一の地平において考える限り、解消することはできない。「私はうそをついている」という言葉が、仮に「 ア 」を語るものだとするならば、まさに「私はうそをついている」ことが「 イ 」になり、そこで語られること自体を「 ウ 」として示すことになるだろう。反対に、「私はうそをついている」を「 エ 」と決めてかかったとしても、「私はうそをついている」ことが「 オ 」だとすれば、「私はうそをついていない」ことになって、結局「 カ 」が語られていたことになってしまう。「うそ」と「真実」をめぐる矛盾は、その言葉が直接、現実を指し示すものと理解される限りは、決して解消しないものなのである。

（出典　荒谷大輔「世界の底が抜けるとき」より）

1　ア・ウ・カ
2　ア・エ・カ
3　イ・ウ・オ
4　イ・エ・カ
5　ウ・エ・オ

空欄補充

「うそ」が入るものはウ、エ、オである

まず、本文後半部分では、「私はうそをついている」ことが エ ・ オ だとすれば、「私はうそをついていない」ことになると述べられている。したがって、 エ と オ には、「うそ」が当てはまる。

続いて、本文では、「私はうそをついていない」ことになって、結局 カ が語られていたことになると述べていることから、 カ には「真実」が当てはまる。

次に、本文の ア ～ ウ を含む部分と エ ～ カ を含む部分とは、「反対に」という語句でつながれているため、この2つの部分では対照的な内容について述べられていることがわかる。そして、 エ ～ カ では、「私はうそをついている」という言葉が「うそ」であった場合について述べられていることから、 ア ～ ウ では、これとは反対に、「私はうそをついている」という言葉が「真実」であった場合について述べられていることがわかる。したがって、 ア には「真実」が当てはまる。

そして、「私はうそをついている」という言葉が「真実」（ ア ）であるならば、「うそをついている」こと自体は「真実」（ イ ）となり、そこで語られる内容は「うそ」（ ウ ）であることを示すものになる。したがって、 イ には「真実」が、 ウ には「うそ」が当てはまる。

以上から、「うそ」が当てはまるものは、 ウ 、 エ 、 オ であり、「真実」が当てはまるものは、 ア 、 イ 、 カ である。

正解 5

問題6 本文中の空欄に入る文章をア～エの文を並べ替えて作る場合、順序として適当なものはどれか。

　接続詞は論理的か、というのは難しい質問です。論理学のような客観的な論理に従っているかという意味では、答えはノーです。もし厳密に論理で決まるのであれば、以下のように、論理的に正反対の事柄に両方「しかし」が使えるというのは説明できません。
・昨日は徹夜をして、今朝の試験に臨んだ。しかし結果は0点だった。
・昨日は徹夜をして、今朝の試験に臨んだ。しかし結果は100点だった。
　暗黙の了解として、前者の例では「徹夜をするくらい一生懸命準備すればそれなりの点が取れるだろう」があり、後者の例では、「徹夜をするくらい準備が不足していたのなら（または徹夜明けの睡眠不足の状態で試験を受けたのなら）それなりの点しか取れないだろう」があったと考えられます。このことは、接続詞の選択が客観的な論理で決まるものではなく、書き手の主観的な論理で決まることを暗示しています。
（中略）
　接続詞で問われているのは、命題どうしの関係に内在する論理ではありません。命題どうしの関係を書き手がどう意識し、読み手がそれをどう理解するのかという解釈の論理です。
　もちろん、言語は、人に通じるものである以上、固有の論理を備えています。

　わかりやすくいうと、文字情報のなかに理解の答えはありません。文字情報は理解のヒントにすぎず、答えはつねに人間が考えて、頭のなかで出すものだということです。

　　　　　　　　　（出典　光文社新書　石黒圭「文章は接続詞で決まる」より）

ア　じつは、人間が言語を理解するときには、文字から得られる情報だけを機械的に処理しているのではありません。
イ　しかし、その論理は、論理学のような客観的な論理ではなく、二者関係の背後にある論理をどう読み解くかを示唆する解釈の論理なのです。
ウ　文字から得られる情報を手がかりに、文脈というものを駆使してさまざまな推論をおこないながら理解しています。
エ　接続詞もまた言語の一部であり、「そして」には「そして」の、「しかし」には「しかし」の固有の論理があります。

1　ア→イ→エ→ウ　　2　ア→ウ→エ→イ　　3　イ→ウ→ア→エ
4　エ→ウ→ア→イ　　5　エ→イ→ア→ウ

並び替え

順序として適当なものはエ→イ→ア→ウである。

　まず、言語に論理が存在するという文と、人間が言語を主観的に捉えているということを述べている文に分けると、前者の文がイとエ、後者の文がアとウとなる。

　次にそれぞれの前後を判断すると、イの「その論理」は接続詞の固有の論理を指し、「しかし」は接続詞に論理があるというエを受けて、一般にいう論理とは違うということを補足する内容となっており、エ→イの順序であることがわかる。

　さらにアとウの前後を検討すると、アは否定の形になっており、ウは肯定の形となっている。そこで、「〇〇ではなく、××である」という流れとなり、ア→ウの順序であることがわかる。

　最後にエ→イとア→ウの前後を考えると、空欄の後に「わかりやすくいうと」という言葉が後述する内容と直前にある文の内容が同一のものであるということがわかり、「わかりやすくいうと」以降の文と内容が同一であるア→ウの部分のほうが後になるということが判断できる。

正解　5

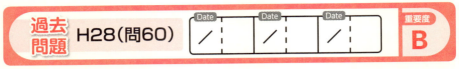

問題7　本文中の空欄_____に入る文章を、あとのア〜オを並べ替えて作る場合、その順序として適当なものはどれか。

　日本には古来より、折りのかたちや、ものを包むかたちとして、西洋ばかりか東洋の中国や朝鮮にも見られない、独自の美学が生きたやり方がある。日本人の美意識によって育まれた和紙を用いた折りのかたちと、工夫を凝らした包みのかたち、現代風に言えばパッケージデザインである。
　こうした伝統的な折りのかたちや包みのかたちに私たちは、時折はっとするような美しさに出会うことがある。折ったり、包んだりする機能に幾何学的抽象の秩序のある美しさが加わり日本人独自の精神性が宿る造形美をつくりあげている。
　日本人のようにこうした折り形と包みのかたちに対して特別の思いを込める民族もめずらしいのではないだろうか。

　　　　　　　　　　　　　　　　　　　　　　　　　　　　　　　　　　　

折りの面白さだけではなく、包み込む全体の形状の美しさが優先されてきたように思う。のりを用いないパッケージとして、筆包みから手紙や色紙、花、薬、ごま塩などの包みまで、数多くの折りのかたちが残っている。

　　　　　　　　　（出典　三井秀樹「かたちの日本美―和のデザイン学」から）

ア　しかもその機能性にとどまらず、日本人は、これをいかに折り目正しく格好よく包みあげるかという造形美に対するひときわ高い願望を持つ。
イ　包みのかたちは本来中身を保護し、持ち運びしやすい包み（パッケージ）という用を満たした機能性に価値がある。
ウ　確かに折り形には包みのかたちのような機能的な側面は少ないかもしれない。
エ　ことに和紙の折り形には日本人独特の神聖視感と、しつらいの気持ちが込められている。
オ　しかし、その中にも伝統的な美しい包みのかたちの側面が残されている。

1　ア→エ→イ→オ→ウ
2　イ→ア→エ→ウ→オ
3　イ→エ→ウ→オ→ア
4　エ→ア→イ→ウ→オ
5　エ→オ→ウ→イ→ア

> # 並び替え

> **順序として適当なものはイ→ア→エ→ウ→オである。**

　まず記述エに着目すると、「ことに……気持ちが込められている」とある。「ことに」とは、とくに、とりわけという意味である。つまり前の文の内容を受けて、「とくに……の気持ちが込められている」と補足しているのである。記述アに着目すると、日本人が包みの折り目に造形美を求めるという趣旨の内容があり、記述エでとくに「和紙の折り形」に顕著に表れるとしていることを考えれば、記述ア→エの順に並ぶことがわかる。また、記述アには「その機能性」ということばがあり、「機能性」の内容を説明している文が前に来ることがわかる。それが記述イであるため、記述イ→ア→エのつながりになることがわかる。

　また、記述オは「しかし」という接続詞から始まる。「しかし」の後に続くことばを見ると、伝統的な美しい包みのかたちの側面が残されている、とあるので、記述オの前に来る文は「包みのかたちの側面が残されている」とは対比的な内容だということになる。記述ウは、包みのかたちのような機能的な側面は少ない、と述べているため、記述オと対比的な内容であり、記述ウ→オの順に並ぶ。

　最後に空欄の前の文を見ると、日本人の折り形や包みに対する特徴的な考え方が述べられている。記述イには包みの本来の役割が述べられており、そこからさらに日本人の特徴的な考え方を掘り下げて論じるという流れになっている。したがって、記述イは空欄の先頭に入ることがわかる。

正解　2

問題8 本文の後に続く文章を、ア～オの記述を並べ替えて作る場合、順序として適当なものはどれか。

　どんな場合でも、根拠は多い方がいいのかというと、そうは問屋が卸さない。一つ一つの根拠が、独立して見れば正しくても、それらが併せあげられることで、根拠間で不両立が生じてしまうからである。（中略）
　例えば、このような議論はどうだろうか。日本の商業捕鯨再開に反対する人が、その根拠としてあげたものである。
a「鯨は高度の知能をもった高等な哺乳類である」
b「欧米の動物愛護団体の反発を招き、大規模な日本製品の不買運動が展開される恐れがある」
　レトリックでは、ａの型の議論を「定義（類）からの議論」、ｂの型の議論を「因果関係からの議論」と呼ぶ。そして、同一の主題について、同一の論者が、同時にこの二つの議論型式を用いるとき、それはしばしばその論者の思想に不統一なものを感じさせる。
　具体的に説明しよう。ａの議論では、何よりも、鯨が人間に近い高等な生き物であるからこそ、捕鯨に反対する。つまり、鯨とはどのような生物かという性格づけをその根拠としている。この場合、捕鯨再開がもたらす結果は、考慮の埒外にある。それが外国の非難を浴びようが、あるいは歓迎されようが、そんなことは関係ない。鯨が高等生物であるがゆえに、食料にする目的で捕獲してはいけないと言っているのである。
　これに対し、ｂの議論は、鯨のことなど問題にしてもいない。それはただ、商業捕鯨再開が招きかねない経済的制裁を憂慮しているにすぎない。だから、もし捕鯨再開に対して何の反発も起きないのであれば、鯨などいくら獲ってもかまわないということになる。
　このように、ａの議論とｂの議論の背後には、それぞれ独自の哲学・思想があり、それがお互いを否定し、また不必要なものとする。
　　　　　　　　（出典　光文社新書　香西秀信「論より詭弁　反論理的思考のすすめ」より）

ア　本質論に立つａからすれば、ｂのようなプラグマティックな考えはむしろ排斥しなければならないからだ。
イ　したがって、説得力を増す目的で、ａの議論にｂの議論を加えることは、かえってａの議論の真摯さに疑いをもたれる結果となろう。
ウ　ｂの議論にとって、捕鯨が正しいかどうかということは何の関係もない。
エ　これにａの議論が加われば、いかにも取って付けたような印象が残るだけである。
オ　逆に、ｂの議論にａの議論を付け加えたとき、それはまったく無関係な、不必要なことをしているのである。

1　アーウーエーオーイ
2　アーオーイーエーウ
3　イーアーオーウーエ
4　イーウーアーエーオ
5　ウーイーアーオーエ

並び替え

順序として適当なものはイーアーオーウーエである。

　まず、導入部分の記述を検討すると、ａの議論とｂの議論がまったく相容れないものであることが判断できる。

　次に各記述について検討すると、「ａの議論にｂの議論を加える」場合に関する記述ア、イと、ｂの議論に関する記述ウと、「ｂの議論にａの議論を付け加え」る場合に関する記述エ、オの３つに大別することができる。

　記述アと記述イの前後については、記述アが理由、記述イが結論の関係となっており、記述アの文末が「～ならないからだ」となっていることから、理由の前に結論がくることになり、イ→アの順番であることがわかる。

　次に、記述ウ～オの前後に関しては、記述エのｂの議論にａの議論を加えると「取って付けたような印象」となるのは、記述ウのｂの議論はａの議論と関係がないことが理由であるため、ウ→エの順番となる。記述オは記述ウ、エをまとめたものであり、「逆に」で始まることから、前に置くべきということになり、オ→ウ→エの順番となる。

　最後に、記述オが「逆に、ｂの議論にａの議論を付け加えたとき」とあるので、前に「ａの議論にｂの議論を加える」場合がくることがわかり、全体としてイ→ア→オ→ウ→エの順番となる。

正解　3

過去問 H27(問59)

問題9 本文中の空欄　　　に入る文章を、あとのア〜エを並べ替えて作る場合、その順序として適当なものはどれか。

　日本で初めてのノーベル賞受賞者である物理学者、湯川秀樹さんは中間子というものの存在を夢の中で思いついたのだそうです。（中略）
　客観世界の、それも目に見えない極微の世界の構造が、湯川さんの頭の中では見えていたのです。しかも、ここがわからない、というところもちゃんとわかっていたのです。ま、もっともわかるといっても理論の世界ですから、わかったぞ！　と思った後は、陽子と中性子の相互関係を数学的に計算して、その力やその大きさがどのくらいでなければならないか、という裏付けをやらなければならず、その結果、その力はどれくらい、その大きさは電子の二〇〇倍くらい、などという具体的な予測に発展するわけですが、核子を結びつけるきずなの、おおよその様子、おおよその仕組みが、夢の中でわかったのだそうです。（中略）
　このようなわかり方はよく「直感的にわかる」、というふうに表現されます。

　　　　　　　　　　　　　　　　　　

飛躍があって答えに到達しているのでは決してなく、心は心なりにある必然的な方法で、疑問を処理し、答えに到達しているのです。ただ、その経過が意識されていないだけです。

　　　　（出典　山鳥重「「わかる」とはどういうことか—認識の脳科学」より）

ア　答えは外にも中にもないのです。ちゃんと自分で作り出すのです。
イ　あるいは答えが頭のどこかにあって、その答えに直達する、ということでもありません。
ウ　直感的にわかる、といっても外の世界から答えが頭の中へ飛び込んでくるわけではありません。
エ　ただ、その作り出す筋道が自発的な心理過程に任されていて、意識的にその過程が追いかけられないとき、われわれはほかに表現のしようがないので、直感的にわかった、という表現を使うのです。

　1　ア→イ→エ→ウ
　2　ア→エ→ウ→イ
　3　イ→ア→エ→ウ
　4　ウ→イ→ア→エ
　5　ウ→エ→イ→ア

並び替え

順序として適当なものはウ→イ→ア→エである。

　まず、記述イの「あるいは」と「ということでもありません」という部分に着目をすると、イの直前は、イと並列できる内容であること、否定の内容であることがわかる。したがって、ウ→イの順序となる。

　また、記述アの部分の最初に「答えは外にも中にもないのです」とあり、これは記述イと記述ウの内容を簡単なことばで繰り返すものとなる。したがって、記述アはウ→イの後にくることがわかる。さらに、その内容を受けて答えを提示する内容となっている記述アは、イの直後にくることがわかる。

　最後に、記述エは、空欄の直後の内容と重複しているため、空欄の最後の部分に当たることがわかる。

正解　4

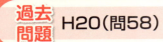

問題10 次の文章は、「公共哲学」について述べているが、ア～オの記述のうち、本文の趣旨と合うものの組合せとして、妥当なものはどれか。

　「広く社会一般に利害や正義を有する性質」（『広辞苑』第五版）という意味での公共性は、政府だけではなく、市民、国民、住民などの総称としての「民（たみ）」も担っているのであり、その解明には、既存の社会科学パラダイム*では不十分で、「政府の公（オフィシャル）」と「民の公共（パブリック）」を区別しつつ、その「相互作用」を明らかにする公共哲学が不可欠となる。
　このような公共哲学は、滅私奉公で国家への忠誠を謳った戦前の「公哲学」とは全く異なるし、また現代のリベラリズムが説くような「公私二元論」にも満足しない。政治や司法などの領域や国家の税金で賄われる組織を「公領域」と考え、個人の幸福追求や家庭はもとより、経済や宗教なども「私的領域」とみなす公私二元論は、経済や宗教や家庭がもつ公共的次元を看過している。
　公哲学に反対し、公私二元論に与（くみ）しないこの公共哲学は、個人が「他者とのコミュニケーション」を通して自分を活かしながら、「民の公共性」を開花させ、「政府の公」をできるだけ開いていくという意味での「活私開公」を志向する。唯我論や利己主義と異なるこの人間像によって、また集団主義と異なるこの社会像によって、「個人の尊厳と公共性」は対立するどころか補完しあうと、公共哲学は考えるのである。
　さらにまた、公共哲学は、「現実主義 vs. 理想主義」「グローバリズム vs. ローカリズム」といった二項対立に風穴をあける。前者についていえば、社会が現実に「ある」姿の考察と、社会の「あるべき」理想と、その理想が「実現できる」可能性の三つを区別しつつも切り離さない方法論によって、公共哲学は、単なる現実主義や理想主義と区別された「理想主義的現実主義」ないし「現実主義的理想主義」をモットーとする。後者についていえば、各自がそれぞれの「現場」や「地域」（ローカリティ）に根ざしながら、平和、環境、福祉などグローバルな問題を追究する「グローカルな視座」を重視する。
　かくして公共哲学は、哲学不在の日本社会の閉塞状態を突破する起爆剤を、人々に提供するのである。

（出典　山脇直司「哲学不在の社会とその突破口」より）

（注）＊　パラダイム：ある分野での、その時代ないし社会で共有している思考の枠組み、学問の方法論。（共通の基準の意でも使われる。）

ア　「民の公共」という表現が「民」であるにもかかわらず「公」であるのは、正義という規律が、個人の行動、意志まで制約する社会基盤であることによる。
イ　公共哲学の使命は、パブリックの立場がオフィシャルと対立する構造を明確にすることで、個人の立場を社会的に意味づけることを保証する点にある。
ウ　公私二元論の限界を打破するには、二項対立的な考え方の限界に対して、民のもつ社会性を認識させ「公」につながる役割を明確にすることが必要である。
エ　二項対立は、「公の中心性」に対して「民の個人性」を考えるので、公共哲学のあるべき理想を考えるとき、経済や宗教等をいかに活用するかがポイントとなる。
オ　「グローカル」という語は、グローバルとローカルのそれぞれの視点を統合しており、既存の二項対立的な社会科学的パラダイムから脱した新たな考え方を示したものである。

　　1　ア・ウ　　2　ア・エ　　3　イ・エ　　4　ウ・オ　　5　エ・オ

趣　旨

ア　本文の趣旨と合わない　本文では、公共哲学は、滅私奉公で国家への忠誠を謳った戦前の「公哲学」とは全く異なり、個人が「他者とのコミュニケーション」を通して自分を活かしながら、「民の公共性」を開花させ、「政府の公」をできるだけ開いていくという意味での「活私開公」を志向すると述べられている。したがって、「民の公共」という表現が「民」であるにもかかわらず「公」であるのは、個人が自分を活かしながら政府の公を開いていくということによるのであって、本記述のような意味ではない。

イ　本文の趣旨と合わない　本文では、「個人の尊厳と公共性」は対立するどころか補完しあうと、公共哲学は考えると述べられている。

ウ　本文の趣旨と合う　本文では、公私二元論に与さない公共哲学は、「民の公共性」を開花させ、「政府の公」をできるだけ開いていくという意味での「活私開公」を志向すると述べられている。

エ　本文の趣旨と合わない　本文では、二項対立は、「公の中心性」に対して「民の個人性」を考えるので、公共哲学のあるべき理想を考えるとき、経済や宗教等をいかに活用するかがポイントとなるとの本記述の内容に関しては述べられていない。

オ　本文の趣旨と合う　本文では、公共哲学は、各自がそれぞれの「現場」や「地域」（ローカリティ）に根ざしながら、平和、環境、福祉などグローバルな問題を追究する「グローカルな視座」を重視し、「グローバリズム vs. ローカリズム」といった二項対立に風穴をあけると述べられている。

正解　4

問題11 次のア～オの各文のうち、本文における筆者の考えと内容的に合致するものの組合せとして、妥当なものはどれか。

「そもそも、天下における議論は、是か非かの両極以外には出ない。一人が正しいと言えば一人が非とし、一人が間違いだと言えば一人が是とするような議論は、「異」と言い、「公」とは呼ばない。一人が正しいと言えば、みなが是とし、一人が間違いだと言えば、みなが非とするような議論は「同」と言い、「公」とは呼ばない。公論は、人心の自然なあり方から発するもので、そうならずにはいられない傾きがあるかのようである。だから、天子でも高官や士大夫から奪い取ることができず、高官や士大夫でも一般民衆〔愚夫愚婦〕から奪い取ることができない。」

これは、明末東林派の繆昌期のことばである。

「公論」ということばは、よく知られた「五箇条の誓文」にいう「万機公論に決すべし」からはじまって、近代日本のある時期までは一般に使われたことばであった。

「パブリック・オピニオン」の訳語としてまさにぴったりのこの「公論」の語が、何時からどういう経緯で、「輿論」ないし「世論」に取って代わられるようになったのかわたくしは知らない。しかし、「ＮＨＫの世論調査」などということばを聞くと、そもそも「パブリック・オピニオン」は数量化できるものなのか（数量化して誘導するなどは論外として）とわたくしはつねづね疑問におもっている。「公論調査」と置き換えてみれば、ことばの不自然さはだれにもあきらかだろう。「公論」は、冒頭に引いた繆昌期のことばにいうように、まさに「人心の自然なあり方から発するもので、そうならずにはいられない傾きがある」もの、すなわち単に数量の多寡ではなくて一定の規範的な意味をもつはずのものだからである。

「公論」ということばの衰退・廃絶というこの一事にも象徴されるように、日本人の「公」・「公共」感覚は、今日ある意味では大正デモクラシー時代より落ちているとわたくしはおもう。

（出典　坂部恵「『公論』ということばの衰退の中で」より）

ア　世間の考えが「同」であれば、世人の一致した考え方が示されているから、「公論」と考える根拠となる。
イ　「公論」とは、自然発生的に人々の間から生まれるものなので、為政者の考えや政治姿勢を統御する力がある。
ウ　数量化された世論調査というもので、社会の考え方の趨勢を理解しようとするのは、その社会の考え方を理解するには不十分である。
エ　社会において「公論」を問題にするのは例えば、この語に依らなければ、多数をしめる考えがわからないからである。
オ　「公論」は、その社会の人々の自ずからの考えが現れたものであり、政治の示している方向とは必ずしも一致しない。

1　ア・ウ
2　ア・エ
3　イ・エ
4　ウ・エ
5　ウ・オ

内容一致

ア 内容的に合致しない
　第1段落は「一人が正しいと言えば、みなが是とし、一人が間違いだと言えば、みなが非とするような議論は『同』と言い、『公』とは呼ばない」という言葉の引用であることから、筆者は、「同」であれば、「公」とは考えていない。
　したがって、世間の考えが「同」であれば、「公論」と考える根拠とはならない。

イ 内容的に合致しない
　第1段落では、「天子でも……高官や士大夫でも……（「公論」を）奪い取ることができない」という言葉が引用されているが、「公論」が為政者の考えや政治姿勢を統御する力があるとまではいっていない。

ウ 内容的に合致する
　第4段落に、「『NHKの世論調査』などということばを聞くと、そもそも『パブリック・オピニオン』は数量化できるものなのか……とわたくしはつねづね疑問におもっている」とあるので、数量化された世論調査というもので、その社会の考え方の趨勢を理解しようとするのは、その社会の考え方を理解するには不十分であるという記述は、筆者の考えと内容的に合致する。

エ 内容的に合致しない
　第4段落に、「公論」は、「単に数量の多寡ではなくて一定の規範的な意味をもつはずのもの」とあるように、筆者は「公論」を「多数をしめる考え」とはしていない。したがって、「公論」に依らなければ、多数をしめる考えがわからないわけではない。

オ 内容的に合致する
　第1段落に、「公論は、人心の自然なあり方から発するもの」であり、「天子でも高官や士大夫から奪い取ることができず、高官や士大夫でも……奪い取ることができない」とあるので、「公論」は、政治の示している方向とは必ずしも一致しないという記述は、筆者の考えと内容的に合致する。

正解　5

問題12 次の文章は、近隣諸国との関係について「日本語」を軸に考えている。1～5のうち、本文の内容・趣旨と最も適合するものはどれか。

　ある言語による表現の流通が、その言語を理解する人々の範囲（言語圏）によって限定されるという事態は、すべての言語において共通である。たとえ、英語圏の人口が実質的に大きいといっても、そのことによって、英語で表現された思考は英語圏においてのみ流通し、享受されうるという限界の本質が変化するわけではない。それでも、日本語の場合に事情が特殊なのは、それが話される地理的範囲が、ほぼそのまま「日本」という国民国家の範囲と一致するからである。

　日本語によって表現されたすべての思考は、ほぼ自動的に日本語圏でしか享受されないものになる。この言語的な限界のもたらす弊害は、今日の日本では特に、国際関係に関する言説において顕著である。近隣諸国の政治的ふるまいや文化に対する批判的言説を表明すること自体は、表現の自由の範囲内のことである。しかし、批判の対象となる相手に趣旨が正しく到達し、反論があればこちらもそれを真摯に受け止めるという双方向性のプロセスがあってこそ、批判はその社会的身体を全うする。国際関係に関する言説の事実上の読者が、批判の対象になっている国の国民ではなく、批判することはあってもされることのない、いわば安全圏にいる「身内」でしかないことは、これらの批判的言説のアクチュアリティを著しくそぐとともに、論者たちの知的モラルを低下させる事態を招いてしまうのである。

　世界の中には、現状で数千種類の言語があるともいわれる。どれほどの言語の天才でも、それらのすべてに通暁することは不可能だろう。聖書の中の「バベルの塔」の寓話は、世界の中にお互いに話が通じない複数の言語が存在するという状況のもたらす絶望を見事にとらえている。グローバル化とはいっても、私たちは、まさに、バベルの塔のまっただ中に住んでいるのだ。これは考えてみると恐ろしい事態のはずである。昨今の日本の論壇における、内輪向けの威勢のいい言説の隆盛は困った現象であるが、複数の言語が存在するという事態が人間精神に及ぼす潜在的に破壊的な影響に比べれば、認識論的にはトリヴィアルな問題とさえいえるかもしれない。

（出典　茂木健一郎「言語の恐ろしさ」より）

1　日本語が日本語圏でのみ通用することは、日本語での言説が内容的に正確で十分な表現力を持たないこととなり、双方向性を阻害してしまう。
2　近隣諸国の日本に対する批判や反論は、日本国内で十分に論議されており、その上で日本語による国際関係にかかわる批判が行われている。
3　他に対する批判は、それが対象に正しく伝わり趣旨が理解されることが前提であり、それによる双方向的プロセスが事態を改善する可能性を生む。
4　「バベルの塔」的言語状況は、話が通じないことによる絶望をもたらすが、その現状を理解することにより、事態改善の展望が開かれねばならない。
5　ある言語による言説の表現到達力の限界は、国という地理的範囲にあり、そのことの理解なしに現実の国際関係に対応することは問題である。

内容・趣旨

1 適合するとはいえない　本文第2段落目には、「日本語によって表現されたすべての思考は、……日本語圏でしか享受されない」とあり、「双方向性のプロセスがあってこそ、批判はその社会的身体を全うする」とあるが、本記述のように「日本語での言説が内容的に正確で十分な表現力を持たないこととな」るとまでは述べていない。

2 適合するとはいえない　本文第2段落目には、今日の日本における「国際関係に関する言説」として、「近隣諸国の政治的ふるまいや文化に対する批判的言説を表明すること」について述べられているが、本記述のように「近隣諸国の日本に対する批判や反論」が十分に論議された上で、このような批判が行われているとは述べていない。

3 最も適合する　本文第2段落目には、「双方向性のプロセスがあってこそ、批判はその社会的身体を全うする」とあるから、「双方向的プロセスが事態を改善する可能性を生む」とする本記述は、本文の内容・趣旨と最も適合するものといえる。

4 適合するとはいえない　本文第3段落には、「聖書の中の『バベルの塔』の寓話は、……お互いに話が通じない……状況のもたらす絶望を見事にとらえている」とあるが、本記述のように「その現状を理解することにより、事態改善の展望が開かれねばならない」とまでは述べていない。

5 適合するとはいえない　本文第1段落には、一般論として「ある言語による表現の流通が、その言語を理解する人々の範囲（言語圏）によって限定される」とあり、本記述のように、ある言語による言説の表現到達力の限界が、「国という地理的範囲」にあるとは述べていない。

正解　3

あとがき

　『うかる！ 行政書士 総合問題集』を『うかる！ 行政書士 総合テキスト』に対応する問題集として初めて出版したのは、2005年のことです。
　行政書士試験の受験を志したものの、諸事情により、伊藤塾などの受験指導校の講座を受けて勉強をすることができない受験生に対して、私たちに何かできることはないだろうか？
　これが本書を出版するに至った当初の想いです。
　それから早15年以上経ちました。おかげさまで、この間、姉妹書籍として『うかる！ 行政書士 入門ゼミ』『うかる！ 行政書士 新・必修項目115』『うかる！ 行政書士 民法・行政法 解法スキル完全マスター』『うかる！ 行政書士 憲法・商法・一般知識等 解法スキル完全マスター』『うかる！ 行政書士 直前模試』も発売することができました。
　時代の変化、及びそれに伴う行政書士試験の難化に対応すべく『うかる！ 行政書士 総合問題集』は、『うかる！ 行政書士 総合テキスト』に併せて、毎年度、版を新しくしています。最新の行政書士試験に対応すべく問題をセレクトしていることはもちろんのこと、赤シートを付属したことにより、一層知識の定着に役立つようになっています。問題を解く際に、大いにご活用ください。
　2018年度版から、配点の高い記述式問題について、本試験レベルのオリジナル問題を追加し、出題数を増やしました。近年の記述式問題では、どの論点が問われているかを問題文から的確に読み取り、それを解答として表現する力が試されています。数多くの問題演習をすることで、自信をもって記述式問題に臨めるようにしてください。また、択一式問題についても、科目間やテーマごとの出題バランスを見直し、より学習効果を高められるように工夫しました。
　なお、民法は、債権法の分野が2020年4月から大きく変わりました。この分野に限り本試験過去問題が少ないため、学習効果を考え、行政書士試験でも出題が予想されるテーマについて司法試験の過去問題を補充しています。
　また、2023年度版では、個人情報保護法の改正が全面的に施行されることに伴い、この分野を見直し、修正しました。
　ところで、問題演習と聞くと、解法を身につけるための手段とだけ考える方もおられるでしょう。
　確かに、解法を身につけるためには問題演習が必要です。しかし、問題演習のメリットは単に解法をマスターすることに留まらず、問題を解き、間違え、復習することによって、確実に記憶することにつながります。テキスト等で知識を押さえてから演習をするという受験生が多いでしょうが、伊藤塾では、問

題演習には早期から取り組まなければならないと指導しています。これは、「覚えるのにも問題演習が役立つ」「解法も記憶の一種。繰り返さなければ身につかない」ということに理由があります。

　本書で学習される受験生には、この問題集で得た情報（知識）を基に、『うかる！　行政書士　総合テキスト』に返り、またそこで得た知識を記入することによって、自分だけのオリジナルテキストを作ってほしいと思います。そうすることで、より一層確実な合格へと向かえることでしょう。

　頑張ってください。

2022年12月吉日

伊藤塾・行政書士試験科

志水　晋介（しみず　しんすけ）専任講師からのメッセージ

　人の幸せは、壊すのは容易だが築くのは容易ではない。だから、幸せを築く途中にある困難を軽減するようなことを自分の生涯の仕事としたい。これが私が講師となるきっかけでした。今、「本」という形で私の講義が多くの人の目に触れ、皆さんの幸せ作りの手助けになるであろうことを嬉しく思います。合格に向けて一緒に頑張っていきましょう。

令和4年度

行政書士試験

令和4年11月13日実施

本試験問題
解答・解説

解答は、本書の制作時に伊藤塾が出している見解です。
正解は、合格発表後に(一財)行政書士試験研究センターのホームページに発表されますので、発表後に必ずご確認ください。

法　令　等　[問題1～問題40は択一式（5肢択一式）]

問題1　次の文章の空欄 ア ～ エ に当てはまる語句の組合せとして、妥当なものはどれか。

　　ヨーロッパ大陸において、伝統的に ア 制に対して消極的な態度がとられていることは知られるが、これはそこでの裁判観につながると考えられる。それによれば、裁判官の意見が区々に分かれていることを外部に明らかにすることは、裁判所の権威を害するとされる。 ア 制は、その先例としての力を弱めるのみではなく、裁判所全体の威信を減退すると考えられているようである。裁判所内部にいかに意見の分裂があっても、 イ として力をもつ ウ のみが一枚岩のように示されることが、裁判への信頼を生むとされるのであろう。しかし、果たして外観上つねに エ の裁判の形をとり、異なる意見の表明を抑えることが、裁判所の威信を高めることになるであろうか。英米的な考え方からすると、各裁判官に自らの意見を独自に述べる機会を与える方が、外部からみても裁判官の独立を保障し、司法の威信を増すともいえよう。ここには、大陸的な裁判観と英米的な裁判観のちがいがあるように思われる。

（出典　伊藤正己「裁判官と学者の間」1993年から）

	ア	イ	ウ	エ
1	少数意見	判決理由	主文	多数決
2	合議	判例	多数意見	全員一致
3	少数意見	判例	多数意見	全員一致
4	合議	判決理由	主文	多数決
5	少数意見	判例	主文	多数決

問題2 法律用語に関する次のア〜オの記述のうち、妥当でないものの組合せはどれか。

ア 「法律要件」とは、法律効果を生じさせる原因となる客観的な事実のことであり、意思表示などの主観的な要素は、これには含まれない。
イ 「法律効果」とは、法律上の権利義務関係の変動（発生、変更または消滅）のことをいう。
ウ 「構成要件」とは、犯罪行為を特徴付ける定型的な外形的事実のことであり、故意などの主観的な要素は、これには含まれない。
エ 「立法事実」とは、法律を制定する場合において、当該立法の合理性を根拠付ける社会的、経済的、政治的または科学的事実のことをいう。
オ 「要件事実」とは、法律要件に該当する具体的な事実のことをいう。

1　ア・ウ
2　ア・エ
3　イ・エ
4　イ・オ
5　ウ・オ

問題3　表現の自由に関する次の判断基準が想定している事例として、妥当なものはどれか。

　公共の利害に関する事項について自由に批判、論評を行うことは、もとより表現の自由の行使として尊重されるべきものであり、その対象が公務員の地位における行動である場合には、右批判等により当該公務員の社会的評価が低下することがあっても、その目的が専ら公益を図るものであり、かつ、その前提としている事実が主要な点において真実であることの証明があったときは、人身攻撃に及ぶなど論評としての域を逸脱したものでない限り、名誉侵害の不法行為の違法性を欠くものというべきである。

（最一小判平成元年12月21日民集43巻12号2252頁）

1　XはA駅の構内で、駅員の許諾を受けず、また退去要求を無視して、乗降客や通行人に対してB市の施策を批判する演説を行ったところ、不退去などを理由に起訴された。
2　Yは雑誌上で、宗教法人X1の会長X2に関する事実を批判的に報道したところ、X1・X2の名誉を毀損したとして訴訟になった。
3　作家Yは自らが執筆した小説にXをモデルとした人物を登場させ、この際にXが不特定多数への公開を望まない私生活上の事実を描いたため、Xが出版差止めを求めて出訴した。
4　新聞記者Xは取材の過程で公務員Aに接近して親密になり、外交交渉に関する国の機密情報を聞き出したところ、機密漏洩をそそのかしたとして起訴された。
5　A市の公立小学校で成績の評価方法をめぐる対立が生じ、市民Yが教員Xを厳しく批判するビラを配布したところ、XがYに対して損害賠償と謝罪広告を求めて出訴した。

問題4　薬局を営むXは、インターネットを介した医薬品の通信販売を始めたが、法律は一定の種類の医薬品の販売については、薬剤師が対面で情報の提供および薬学的知見に基づく指導を行うことを求めている。そこでXは、この法律の規定が違憲であり、この種の医薬品についてもネットで販売する権利が自らにあることを主張して出訴した。この問題に関する最高裁判所の判決の趣旨として、妥当なものはどれか。

1　憲法22条1項が保障するのは職業選択の自由のみであるが、職業活動の内容や態様に関する自由もまた、この規定の精神に照らして十分尊重に値する。後者に対する制約は、公共の福祉のために必要かつ合理的なものであることを要する。
2　規制の合憲性を判断する際に問題となる種々の考慮要素を比較考量するのは、第一次的には立法府の権限と責務であり、規制措置の内容や必要性・合理性については、立法府の判断が合理的裁量の範囲にとどまる限り、裁判所はこれを尊重する。
3　本件規制は、専らインターネットを介して販売を行う事業者にとっては職業選択の自由そのものに対する制限を意味するため、許可制の場合と同様にその必要性・合理性が厳格に審査されなければならない。
4　本件規制は、国民の生命および健康に対する危険の防止という消極目的ないし警察目的のための規制措置であり、この場合は積極目的の場合と異なり、基本的人権への制約がより小さい他の手段では立法目的を達成できないことを要する。
5　本件規制は、積極的な社会経済政策の一環として、社会経済の調和的発展を目的に設けられたものであり、この種の規制措置については、裁判所は立法府の政策的、技術的な裁量を尊重することを原則とする。

問題5　適正手続に関する次の記述のうち、最高裁判所の判例に照らし、妥当なものはどれか。

1　告知、弁解、防御の機会を与えることなく所有物を没収することは許されないが、貨物の密輸出で有罪となった被告人が、そうした手続的保障がないままに第三者の所有物が没収されたことを理由に、手続の違憲性を主張することはできない。
2　憲法は被疑者に対して弁護人に依頼する権利を保障するが、被疑者が弁護人と接見する機会の保障は捜査権の行使との間で合理的な調整に服さざるを得ないので、憲法は接見交通の機会までも実質的に保障するものとは言えない。
3　審理の著しい遅延の結果、迅速な裁判を受ける被告人の権利が害されたと認められる異常な事態が生じた場合であっても、法令上これに対処すべき具体的規定が存在しなければ、迅速な裁判を受ける権利を根拠に救済手段をとることはできない。
4　不利益供述の強要の禁止に関する憲法の保障は、純然たる刑事手続においてばかりだけでなく、それ以外にも、実質上、刑事責任追及のための資料の取得収集に直接結びつく作用を一般的に有する手続には、等しく及ぶ。
5　不正な方法で課税を免れた行為について、これを犯罪として刑罰を科すだけでなく、追徴税（加算税）を併科することは、刑罰と追徴税の目的の違いを考慮したとしても、実質的な二重処罰にあたり許されない。

問題6　内閣の権限に関する次の記述のうち、憲法の規定に照らし、妥当なものはどれか。

1　内閣は、事前に、時宜によっては事後に、国会の承認を経て条約を締結するが、やむを得ない事情があれば、事前または事後の国会の承認なく条約を締結できる。
2　内閣は、国会が閉会中で法律の制定が困難な場合には、事後に国会の承認を得ることを条件に、法律にかわる政令を制定することができる。
3　参議院の緊急集会は、衆議院の解散により国会が閉会している期間に、参議院の総議員の4分の1以上の要求があった場合、内閣によりその召集が決定される。
4　内閣総理大臣が欠けたとき、内閣は総辞職をしなければならないが、この場合の内閣は、あらたに内閣総理大臣が任命されるまで引き続きその職務を行う。
5　新年度開始までに予算が成立せず、しかも暫定予算も成立しない場合、内閣は、新年度予算成立までの間、自らの判断で予備費を設け予算を執行することができる。

問題7　裁判の公開に関する次の記述のうち、最高裁判所の判例に照らし、妥当なものはどれか。

1　裁判は、公開法廷における対審および判決によらなければならないので、カメラ取材を裁判所の許可の下に置き、開廷中のカメラ取材を制限することは、原則として許されない。
2　裁判所が過料を科する場合は、それが純然たる訴訟事件である刑事制裁を科す作用と同質であることに鑑み、公開法廷における対審および判決によらなければならない。
3　証人尋問の際に、傍聴人と証人との間で遮へい措置が採られても、審理が公開されていることに変わりはないから、裁判の公開に関する憲法の規定には違反しない。
4　傍聴人は法廷で裁判を見聞できるので、傍聴人が法廷でメモを取る行為は、権利として保障されている。
5　裁判官の懲戒の裁判は行政処分の性質を有するが、裁判官の身分に関わる手続であるから、裁判の公開の原則が適用され、審問は公開されなければならない。

問題8　公法上の権利の一身専属性に関する次の文章の空欄 A ～ C に当てはまる文章の組合せとして、妥当なものはどれか。

　最高裁判所昭和42年5月24日判決（いわゆる朝日訴訟判決）においては、生活保護を受給する地位は、一身専属のものであって相続の対象とはなりえず、その結果、原告の死亡と同時に当該訴訟は終了して、同人の相続人らが当該訴訟を承継し得る余地はないとされた。そして、この判決は、その前提として、 A 。
　その後も公法上の権利の一身専属性が問題となる事例が散見されたが、労働者等のじん肺に係る労災保険給付を請求する権利については最高裁判所平成29年4月6日判決が、原子爆弾被爆者に対する援護に関する法律に基づく認定の申請がされた健康管理手当の受給権については最高裁判所平成29年12月18日判決が、それぞれ判断をしており、 B 。
　なお、この健康管理手当の受給権の一身専属性について、最高裁判所平成29年12月18日判決では、受給権の性質が C 。

空欄 A
　ア　生活保護法の規定に基づき、要保護者等が国から生活保護を受けるのは、法的利益であって、保護受給権とも称すべきものであるとしている
　イ　生活保護法の規定に基づき、要保護者等が国から生活保護を受けるのは、国の恩恵ないし社会政策の実施に伴う反射的利益であるとしている
空欄 B
　ウ　両判決ともに、権利の一身専属性を認めて、相続人による訴訟承継を認めなかった
　エ　両判決ともに、権利の一身専属性を認めず、相続人による訴訟承継を認めた
空欄 C
　オ　社会保障的性質を有することが、一身専属性が認められない根拠の一つになるとの考え方が示されている
　カ　国家補償的性質を有することが、一身専属性が認められない根拠の一つになるとの考え方が示されている

	A	B	C
1	ア	ウ	オ
2	ア	エ	カ
3	イ	ウ	オ
4	イ	ウ	カ
5	イ	エ	カ

問題9　行政契約に関する次のア〜オの記述のうち、法令または最高裁判所の判例に照らし、妥当なものの組合せはどれか。

　ア　行政手続法は、行政契約につき定義規定を置いており、国は、それに該当する行政契約の締結及び履行にあたっては、行政契約に関して同法の定める手続に従わなければならない。
　イ　地方公共団体が必要な物品を売買契約により調達する場合、当該契約は民法上の契約であり、専ら民法が適用されるため、地方自治法には契約の締結に関して特別な手続は規定されていない。
　ウ　水道事業者たる地方公共団体は、給水契約の申込みが、適正かつ合理的な供給計画によっては対応することができないものである場合には、水道法の定める「正当の理由」があるものとして、給水契約を拒むことができる。
　エ　公害防止協定など、地方公共団体が締結する規制行政にかかる契約は、法律に根拠のない権利制限として法律による行政の原理に抵触するため、法的拘束力を有しない。
　オ　法令上、随意契約によることができない契約を地方公共団体が随意契約で行った場合であっても、当該契約の効力を無効としなければ法令の規定の趣旨を没却する結果となる特別の事情が存在しない限り、当該契約は私法上有効なものとされる。

　　1　ア・イ
　　2　ア・エ
　　3　イ・ウ
　　4　ウ・オ
　　5　エ・オ

問題10　行政調査に関する次の記述のうち、法令または最高裁判所の判例に照らし、妥当なものはどれか。

1　警察官職務執行法には、警察官は、職務質問に付随して所持品検査を行うことができると規定されており、この場合には、挙動が異常であることに加えて、所持品を確認する緊急の必要性を要するとされている。
2　交通の取締を目的として、警察官が自動車の検問を行う場合には、任意の手段により、走行の外観上不審な車両に限ってこれを停止させることができる。
3　行政手続法においては、行政調査を行う場合、調査の適正な遂行に支障を及ぼすと認められない限り、調査の日時、場所、目的等の項目を事前に通知しなければならないとされている。
4　国税通則法には、同法による質問検査権が犯罪捜査のために認められたものと解してはならないと定められていることから、当該調査において取得した資料をその後に犯則事件の証拠として利用することは認められない。
5　行政調査の実効性を確保するため、調査に応じなかった者に刑罰を科す場合、調査自体の根拠規定とは別に、刑罰を科すことにつき法律に明文の根拠規定を要する。

問題11　申請に対する処分について定める行政手続法の規定に関する次の記述のうち、妥当なものはどれか。

1　行政庁は、申請がその事務所に到達してから当該申請に対する処分をするまでに通常要すべき標準的な期間を定めるよう努め、これを定めたときは、行政手続法所定の方法により公にしておかなければならない。
2　行政庁は、法令に定められた申請の形式上の要件に適合しない申請について、それを理由として申請を拒否することはできず、申請者に対し速やかにその補正を求めなければならない。
3　行政庁は、申請により求められた許認可等の処分をする場合は、申請者に対し、同時に、当該処分の理由を示すよう努めなければならない。
4　行政庁は、定められた標準処理期間を経過してもなお申請に対し諾否の応答ができないときは、申請者に対し、当該申請に係る審査の進行状況および処分の時期の見込みを書面で通知しなければならない。
5　行政庁は、申請に対する処分であって、申請者以外の者の利益を考慮すべきことが当該法令において許認可等の要件とされているものを行う場合には、当該申請者以外の者および申請者本人の意見を聴く機会を設けなければならない。

問題12 行政手続法（以下、本問において「法」という。）が定める不利益処分の手続に関する次の記述のうち、妥当なものはどれか。

1 申請拒否処分は、申請により求められた許認可等を拒否するものとして、法の定義上、不利益処分に該当するので、それを行うにあたっては、申請者に対して意見陳述の機会を与えなければならない。
2 行政庁は、不利益処分がされないことにより権利を害されるおそれがある第三者がいると認めるときは、必要に応じ、その意見を聴く機会を設けるよう努めなければならない。
3 弁明の機会の付与は、処分を行うため意見陳述を要する場合で、聴聞によるべきものとして法が列挙している場合のいずれにも該当しないときに行われ、弁明は、行政庁が口頭ですることを認めたときを除き、弁明書の提出により行われる。
4 法が定める「聴聞」の節の規定に基づく処分またはその不作為に不服がある場合は、それについて行政不服審査法に基づく審査請求をすることができる。
5 聴聞は、行政庁が指名する職員その他政令で定める者が主宰するが、聴聞を主宰することができない者について、法はその定めを政令に委任している。

問題13 行政手続法(以下、本問において「法」という。)が定める届出に関する次の記述のうち、妥当なものはどれか。

1 届出は、法の定めによれば、「行政庁に対し一定の事項の通知をする行為」であるが、「申請に該当するものを除く」という限定が付されている。
2 届出は、法の定めによれば、「行政庁に対し一定の事項の通知をする行為」であるが、「事前になされるものに限る」という限定が付されている。
3 届出は、法の定めによれば、「法令により直接に当該通知が義務付けられているもの」であるが、「自己の期待する一定の法律上の効果を発生させるためには当該通知をすべきこととされているものを除く」という限定が付されている。
4 法令に定められた届出書の記載事項に不備があるか否かにかかわらず、届出が法令によりその提出先とされている機関の事務所に到達したときに、当該届出をすべき手続上の義務が履行されたものとされる。
5 届出書に法令上必要とされる書類が添付されていない場合、事後に補正が求められることにはなるものの、当該届出が法令によりその提出先とされている機関の事務所に到達したときに、当該届出をすべき手続上の義務自体は履行されたものとされる。

問題14 行政不服審査法の規定に関する次の記述のうち、妥当なものはどれか。

1 行政庁の処分につき処分庁以外の行政庁に審査請求をすることができる場合には、行政不服審査法の定める例外を除き、処分庁に対して再調査の請求をすることができる。
2 行政不服審査法に基づく審査請求を審理した審理員は、審理手続を終結したときは、遅滞なく、審査庁がすべき裁決に関する意見書を作成し、速やかに、これを事件記録とともに、審査庁に提出しなければならない。
3 法令に違反する事実がある場合において、その是正のためにされるべき処分がされていないと思料する者は、行政不服審査法に基づく審査請求によって、当該処分をすることを求めることができる。
4 法令に違反する行為の是正を求める行政指導の相手方は、当該行政指導が違法なものであると思料するときは、行政不服審査法に基づく審査請求によって、当該行政指導の中止を求めることができる。
5 地方公共団体の機関がする処分であってその根拠となる規定が条例に置かれているものにも行政不服審査法が適用されるため、そのような処分についての審査請求がされた行政庁は、原則として総務省に置かれた行政不服審査会に諮問をしなければならない。

問題15 審理員に関する行政不服審査法の規定に関する次の記述のうち、妥当なものはどれか。

1 審理員は、審査請求がされた行政庁が、審査請求の対象とされた処分の処分庁または不作為庁に所属する職員から指名する。
2 審理員は、職権により、物件の所持人に対し物件の提出を求めた上で、提出された当該物件を留め置くことができる。
3 審理員は、審査請求人または参加人の申立てがなければ、必要な場所についての検証をすることはできない。
4 審理員は、審査請求人または参加人の申立てがなければ、審査請求に係る事件に関し、審理関係人に質問することはできない。
5 審理員は、数個の審査請求に係る審理手続を併合することはできるが、ひとたび併合された審査請求に係る審理手続を分離することはできない。

問題16　行政不服審査法が定める教示に関する次の記述のうち、妥当でないものはどれか。

1　処分庁が審査請求をすることができる処分をなす場合においては、それを書面でするか、口頭でするかにかかわらず、当該処分につき不服申立てをすることができる旨その他所定の事項を書面で教示をしなければならない。
2　処分庁が審査請求をすることができる処分をなす場合において、処分の相手方に対し、当該処分の執行停止の申立てをすることができる旨を教示する必要はない。
3　処分庁は、利害関係人から、当該処分が審査請求をすることができる処分であるかどうかにつき書面による教示を求められたときは、書面で教示をしなければならない。
4　処分をなすに際し、処分庁が行政不服審査法において必要とされる教示をしなかった場合、当該処分に不服がある者は、当該処分庁に不服申立書を提出することができる。
5　審査庁は、再審査請求をすることができる裁決をなす場合には、裁決書に、再審査請求をすることができる旨並びに再審査請求をすべき行政庁および再審査請求期間を記載してこれらを教示しなければならない。

問題17　行政事件訴訟法の定めに関する次の記述のうち、妥当なものはどれか。

1　行政庁の公権力の行使に関する不服の訴訟である抗告訴訟として適法に提起できる訴訟は、行政事件訴訟法に列挙されているものに限られる。
2　不作為の違法確認の訴えに対し、請求を認容する判決が確定した場合、当該訴えに係る申請を審査する行政庁は、当該申請により求められた処分をしなければならない。
3　不作為の違法確認の訴えは、処分または裁決についての申請をした者に限り提起することができるが、この申請が法令に基づくものであることは求められていない。
4　「行政庁の処分その他公権力の行使に当たる行為」に該当しない行為については、民事保全法に規定する仮処分をする余地がある。
5　当事者訴訟については、具体的な出訴期間が行政事件訴訟法において定められているが、正当な理由があるときは、その期間を経過した後であっても、これを提起することができる。

問題18　抗告訴訟の対象に関する次の記述のうち、最高裁判所の判例に照らし、妥当でないものはどれか。

1　都市計画法に基づいて、公共施設の管理者である行政機関等が行う開発行為への同意は、これが不同意であった場合には、開発行為を行おうとする者は後続の開発許可申請を行うことができなくなるため、開発を行おうとする者の権利ないし法的地位に影響を及ぼすものとして、抗告訴訟の対象となる行政処分に該当する。
2　都市計画区域内において用途地域を指定する決定は、地域内の土地所有者等に建築基準法上新たな制約を課すものではあるが、その効果は、新たにそのような制約を課する法令が制定された場合と同様の当該地域内の不特定多数の者に対する一般的抽象的なものにすぎず、当該地域内の個人の具体的な権利を侵害するものではないから、抗告訴訟の対象となる行政処分に該当しない。
3　市町村の施行に係る土地区画整理事業計画の決定により、事業施行地区内の宅地所有者等は、所有権等に対する規制を伴う土地区画整理事業の手続に従って換地処分を受けるべき地位に立たされるため、当該計画の決定は、その法的地位に直接的な影響を及ぼし、抗告訴訟の対象となる行政処分に該当する。
4　地方公共団体が営む水道事業に係る条例所定の水道料金を改定する条例の制定行為は、同条例が上記水道料金を一般的に改定するものであって、限られた特定の者に対してのみ適用されるものではなく、同条例の制定行為をもって行政庁が法の執行として行う処分と実質的に同視することはできないから、抗告訴訟の対象となる行政処分に該当しない。
5　特定の保育所の廃止のみを内容とする条例は、他に行政庁の処分を待つことなく、その施行により各保育所廃止の効果を発生させ、当該保育所に現に入所中の児童およびその保護者という限られた特定の者らに対して、直接、当該保育所において保育を受けることを期待し得る法的地位を奪う結果を生じさせるものであるから、その制定行為は、行政庁の処分と実質的に同視し得るものということができ、抗告訴訟の対象となる行政処分に該当する。

問題19　行政事件訴訟法が定める処分無効確認訴訟（以下「無効確認訴訟」という。）に関する次の記述のうち、妥当なものはどれか。

1　無効確認訴訟は、処分が無効であることを主張して提起する訴訟であるから、当該処分に無効原因となる瑕疵が存在しない場合、当該訴えは不適法なものとして却下される。
2　無効確認訴訟には、取消訴訟の原告適格を定める規定が準用されておらず、原告適格に関する制約はない。
3　無効確認訴訟は、処分の取消訴訟につき審査請求の前置が要件とされている場合においても、審査請求に対する裁決を経ずにこれを提起することができる。
4　無効確認訴訟においては、訴訟の対象となる処分は当初から無効であるのが前提であるから、当該処分の執行停止を申し立てることはできない。
5　無効確認訴訟は、処分が無効であることを前提とする現在の法律関係に関する訴えによって目的を達することができる場合にも、提起することができる。

問題20　国家賠償法1条1項に基づく国家賠償責任に関する次の記述のうち、最高裁判所の判例に照らし、妥当なものはどれか。

1　検察官が公訴を提起したものの、裁判で無罪が確定した場合、当該公訴提起は、国家賠償法1条1項の適用上、当然に違法の評価を受けることとなる。
2　指定確認検査機関による建築確認事務は、当該確認に係る建築物について確認権限を有する建築主事が置かれた地方公共団体の事務であり、当該地方公共団体が、当該事務について国家賠償法1条1項に基づく損害賠償責任を負う。
3　公立学校における教職員の教育活動は、私立学校の教育活動と変わるところはないため、原則として、国家賠償法1条1項にいう「公権力の行使」に当たらない。
4　税務署長のする所得税の更正が所得金額を過大に認定していた場合、当該更正は、国家賠償法1条1項の適用上、当然に違法の評価を受けることとなる。
5　警察官が交通法規に違反して逃走する車両をパトカーで追跡する職務執行中に、逃走車両の走行によって第三者が負傷した場合、当該追跡行為は、当該第三者との関係において、国家賠償法1条1項の適用上、当然に違法の評価を受けることとなる。

問題21 国家賠償法2条1項に基づく国家賠償責任に関する次のア～エの記述のうち、最高裁判所の判例に照らし、妥当なものの組合せはどれか。

ア 営造物の設置または管理の瑕疵には、当該営造物が供用目的に沿って利用されることとの関連においてその利用者以外の第三者に対して危害を生ぜしめる危険性がある場合を含むものと解されるが、具体的に道路の設置または管理につきそのような瑕疵があったと判断するにあたっては、当該第三者の被害について、道路管理者において回避可能性があったことが積極的要件とされる。

イ 営造物の供用が第三者に対する関係において違法な権利侵害ないし法益侵害となり、当該営造物の設置・管理者が賠償義務を負うかどうかを判断するにあたっては、侵害行為の開始とその後の継続の経過および状況、その間に採られた被害の防止に関する措置の有無およびその内容、効果等の事情も含めた諸要素の総合的な考察によりこれを決すべきである。

ウ 道路等の施設の周辺住民からその供用の差止めが求められた場合に差止請求を認容すべき違法性があるかどうかを判断するにあたって考慮すべき要素は、周辺住民から損害の賠償が求められた場合に賠償請求を認容すべき違法性があるかどうかを判断するにあたって考慮すべき要素とほぼ共通するが、双方の場合の違法性の有無の判断に差異が生じることがあっても不合理とはいえない。

エ 営造物の設置または管理の瑕疵には、当該営造物が供用目的に沿って利用されることとの関連においてその利用者以外の第三者に対して危害を生ぜしめる危険性がある場合を含むものと解すべきであるが、国営空港の設置管理は、営造物管理権のみならず、航空行政権の行使としても行われるものであるから、事理の当然として、この法理は、国営空港の設置管理の瑕疵には適用されない。

1 ア・ウ
2 ア・エ
3 イ・ウ
4 イ・エ
5 ウ・エ

問題22　A市議会においては、屋外での受動喫煙を防ぐために、繁華街での路上喫煙を禁止し、違反者に罰金もしくは過料のいずれかを科することを定める条例を制定しようとしている。この場合に関する次の記述のうち、妥当なものはどれか。

1　この条例に基づく過料は、行政上の秩序罰に当たるものであり、非訟事件手続法に基づき裁判所が科する。
2　条例の効力は属人的なものであるので、A市の住民以外の者については、この条例に基づき処罰することはできない。
3　この条例で過料を定める場合については、その上限が地方自治法によって制限されている。
4　地方自治法の定める上限の範囲内であれば、この条例によらず、A市長の定める規則で罰金を定めることもできる。
5　この条例において罰金を定める場合には、A市長は、あらかじめ総務大臣に協議しなければならない。

問題23　住民監査請求および住民訴訟に関する次の記述のうち、妥当なものはどれか。

1　住民訴訟は、普通地方公共団体の住民にのみ出訴が認められた客観訴訟であるが、訴訟提起の時点で当該地方公共団体の住民であれば足り、その後他に転出しても当該訴訟が不適法となることはない。
2　普通地方公共団体における違法な財務会計行為について住民訴訟を提起しようとする者は、当該財務会計行為が行われた時点において当該地方公共団体の住民であったことが必要となる。
3　普通地方公共団体における違法な財務会計行為について住民訴訟を提起しようとする者は、当該財務会計行為について、その者以外の住民が既に提起した住民監査請求の監査結果が出ている場合は、自ら別個に住民監査請求を行う必要はない。
4　普通地方公共団体において違法な財務会計行為があると認めるときは、当該財務会計行為と法律上の利害関係のある者は、当該地方公共団体の住民でなくとも住民監査請求をすることができる。
5　違法に公金の賦課や徴収を怠る事実に関し、住民が住民監査請求をした場合において、それに対する監査委員の監査の結果または勧告に不服があるとき、当該住民は、地方自治法に定められた出訴期間内に住民訴訟を提起することができる。

問題24　都道府県の事務にかかる地方自治法の規定に関する次の記述のうち、妥当なものはどれか。

1　都道府県は、都道府県知事の権限に属する事務の一部について、条例の定めるところにより、市町村が処理するものとすることができるとされている。
2　都道府県の事務の根拠となる法律が、当該事務について都道府県の自治事務とする旨を定めているときに限り、当該事務は自治事務となるとされている。
3　都道府県知事がする処分のうち、法定受託事務にかかるものについての審査請求は、すべて総務大臣に対してするものとするとされている。
4　都道府県は、その法定受託事務の処理に対しては、法令の規定によらずに、国の関与を受けることがあるとされている。
5　都道府県は、その自治事務について、独自の条例によって、法律が定める処分の基準に上乗せした基準を定めることができるとされている。

問題25 次に掲げる国家行政組織法の条文の空欄 ア ～ オ に当てはまる語句の組合せとして、妥当なものはどれか。

第1条 この法律は、内閣の統轄の下における行政機関で ア 及びデジタル庁以外のもの（以下「国の行政機関」という。）の組織の基準を定め、もって国の行政事務の能率的な遂行のために必要な国家行政組織を整えることを目的とする。

第3条第1項 国の行政機関の組織は、この法律でこれを定めるものとする。

同第2項 行政組織のため置かれる国の行政機関は、省、 イ 及び庁とし、その設置及び廃止は、別に ウ の定めるところによる。

同第3項 省は、内閣の統轄の下に第5条第1項の規定により各省大臣の エ する行政事務及び同条第2項の規定により当該大臣が掌理する行政事務をつかさどる機関として置かれるものとし、 イ 及び庁は、省に、その外局として置かれるものとする。

第5条第1項 各省の長は、それぞれ各省大臣とし、内閣法にいう主任の大臣として、それぞれ行政事務を エ する。

同第2項 各省大臣は、前項の規定により行政事務を エ するほか、それぞれ、その エ する行政事務に係る各省の任務に関連する特定の内閣の重要政策について、当該重要政策に関して閣議において決定された基本的な方針に基づいて、行政各部の施策の統一を図るために必要となる企画及び立案並びに総合調整に関する事務を掌理する。

同第3項 各省大臣は、国務大臣のうちから、 オ が命ずる。（以下略）

	ア	イ	ウ	エ	オ
1	自衛隊	委員会	内閣府令	分担管理	内閣
2	防衛省	独立行政法人	政令	所轄	天皇
3	内閣府	内部部局	政令	所掌	内閣
4	自衛隊	内部部局	法律	統轄	天皇
5	内閣府	委員会	法律	分担管理	内閣総理大臣

問題26　国籍と住民としての地位に関する次の記述のうち、法令に照らし、妥当なものはどれか。

1　事務監査請求をする権利は、日本国籍を有しない住民にも認められている。
2　住民監査請求をする権利は、日本国籍を有する住民にのみ認められている。
3　公の施設の利用関係については、日本国籍を有しない住民についても、不当な差別的な取り扱いをしてはならない。
4　日本国籍を有しない住民のうち、一定の期間、同一地方公共団体の区域内に居住したものは、当該地方公共団体の長や議会の議員の選挙権を有する。
5　日本国籍を有しない住民は、住民基本台帳法に基づく住民登録をすることができない。

問題27　虚偽表示の無効を対抗できない善意の第三者に関する次の記述のうち、民法の規定および判例に照らし、妥当でないものはどれか。

1　AはBと通謀してA所有の土地をBに仮装譲渡したところ、Bは当該土地上に建物を建築し、これを善意のCに賃貸した。この場合、Aは、虚偽表示の無効をCに対抗できない。
2　AはBと通謀してA所有の土地をBに仮装譲渡したところ、Bが当該土地を悪意のCに譲渡し、さらにCが善意のDに譲渡した。この場合、Aは、虚偽表示の無効をDに対抗できない。
3　AはBと通謀してA所有の土地をBに仮装譲渡したところ、Bは善意の債権者Cのために当該土地に抵当権を設定した。この場合、Aは、虚偽表示の無効をCに対抗できない。
4　AはBと通謀してA所有の土地をBに仮装譲渡したところ、Bの債権者である善意のCが、当該土地に対して差押えを行った。この場合、Aは、虚偽表示の無効をCに対抗できない。
5　AはBと通謀してAのCに対する指名債権をBに仮装譲渡したところ、Bは当該債権を善意のDに譲渡した。この場合、Aは、虚偽表示の無効をDに対抗できない。

問題28　占有権に関する次の記述のうち、民法の規定および判例に照らし、妥当でないものはどれか。

1　Aが所有する動産甲（以下「甲」という。）の保管をAから委ねられ占有しているBが、甲を自己の物と称してCに売却した場合、甲に対するCの即時取得の成立要件について、占有開始におけるCの平穏、公然、善意および無過失は推定される。
2　Aが所有する乙土地（以下「乙」という。）をBが20年以上にわたって占有し、所有権の取得時効の成否が問われる場合、Aが、Bによる乙の占有が他主占有権原に基づくものであることを証明しない限り、Bについての他主占有事情が証明されても、Bの所有の意思が認められる。
3　Aが所有する丙土地（以下「丙」という。）を無権利者であるBがCに売却し、Cが所有権を取得したものと信じて丙の占有を開始した場合、Aから本権の訴えがないときは、Cは、丙を耕作することによって得た収穫物を取得することができる。
4　Aが所有する動産丁（以下「丁」という。）を保管することをBに寄託し、これに基づいてBが丁を占有していたところ、丁をCに盗取された場合、Bは、占有回収の訴えにより、Cに対して丁の返還を請求することができる。
5　Aが所有する動産戊（以下「戊」という。）を保管することをBに寄託し、これをBに引き渡した後、Aは戊をCに譲渡した場合、Aが、Bに対して以後Cの所有物として戊を占有するよう指示し、Cが、これを承諾したときは、戊についてAからCへの引渡しが認められる。

問題29 機械部品の製造販売を行うAは、材料供給者Bと継続的取引関係を結ぶにあたり、A所有の甲土地に、極度額5,000万円、被担保債権の範囲を「BのAに対する材料供給にかかる継続的取引関係から生じる債権」とする第1順位の根抵当権(以下「本件根抵当権」という。)をBのために設定してその旨の登記をした。その後、AはCから事業資金の融資を受け、その債務の担保として甲土地に第2順位の普通抵当権をCのために設定した。この場合に関する次の記述のうち、民法の規定に照らし、明らかに誤っているものはどれか。

1 本件根抵当権について元本確定期日が定められていない場合、Aは、根抵当権の設定から3年が経過したときに元本確定を請求することができ、Bは、いつでも元本確定を請求することができる。
2 本件根抵当権について元本確定前に被担保債権の範囲を変更する場合、Cの承諾は不要であるが、その変更について元本確定前に登記をしなかったときは、その変更をしなかったものとみなす。
3 本件根抵当権について元本が確定した後、当該確定した元本の額が極度額に満たない場合には、Aは、Bに対して、極度額を法の定める額に減額することを請求することができる。
4 本件根抵当権について元本が確定した後、当該確定した元本の額が極度額に満たない場合には、Bは、当該確定した元本に係る最後の2年分の利息、損害金については、極度額を超えても、本件根抵当権を行使して優先弁済を受けることができる。
5 本件根抵当権について元本が確定する前に、BがAに対して有する材料供給にかかる債権の一部をDに譲渡した場合、当該債権譲渡の対抗要件を具備していても、Dは、当該譲渡された債権について根抵当権を行使することはできない。

問題30　Aは、BにCから贈与を受けた動産甲を売却する旨の契約（以下「本件契約」という。）をBと締結したが、引渡し期日が過ぎても動産甲の引渡しは行われていない。この場合についての次の記述のうち、民法の規定に照らし、正しいものはどれか。

1　本件契約に「Cが亡くなった後に引き渡す」旨が定められていた場合、Cの死亡後にBから履行請求があったとしても、Aが実際にCの死亡を知るまではAの履行遅滞の責任は生じない。
2　動産甲が、契約締結前に生じた自然災害により滅失していたために引渡しが不能である場合、本件契約は、その成立の時に不能であるから、Aは、Bに履行の不能によって生じた損害を賠償する責任を負わない。
3　動産甲の引渡しについて、Aが履行補助者であるDを用いた場合、Dの過失により甲が滅失し引渡しができないときには、Aに当然に債務不履行責任が認められる。
4　動産甲が本件契約締結後引渡しまでの間にA・B双方の責めに帰すことができない事由によって滅失したときは、Aの引渡し債務は不能により消滅するが、Bの代金債務は消滅しないから、Bは、Aからの代金支払請求に応じなければならない。
5　Aが本件契約に基づき動産甲をBのもとに持参して引き渡そうとしたが、Bがその受領を拒んだ場合、その後にA・B双方の責めに帰すことができない事由によって甲が滅失したときは、Bは、本件契約の解除をすることも、Aからの代金支払請求を拒絶することもできない。

問題31 債務不履行を理由とする契約の解除に関する次の記述のうち、民法の規定および判例に照らし、妥当なものはどれか。

1 債務者が債務の全部について履行を拒絶する意思を明確に示したとしても、債権者は、相当の期間を定めて履行の催告をし、その期間内に履行がない場合でなければ、契約を解除することができない。
2 特定物の売買契約において、契約締結後に目的物が不可抗力によって滅失した場合、買主は、履行不能を理由として契約を解除することができない。
3 建物賃貸借契約において、賃借人の用法違反が著しい背信行為にあたり、契約関係の継続が困難となるに至った場合であっても、賃貸人は相当の期間を定めて賃借人に利用態様を改めるよう催告をし、その期間が経過しても賃借人が態度を改めようとしない場合でなければ、賃貸人は、当該契約を解除することができない。
4 売買契約に基づいて目的物が引き渡された後に契約が解除された場合、買主が売主に対して負うべき原状回復義務には、目的物の返還に加えて、それまでに生じた目的物に関する使用利益の返還も含まれるが、当該契約が他人物売買であったときは、買主は売主に対して使用利益の返還義務を負わない。
5 売買契約において、買主が代金の一部の支払を遅滞した場合、売主が相当の期間を定めてその支払の催告をし、その期間内に買主が代金を完済しなかったとしても、その時点における代金額の不足が軽微であるときは、売主の売買契約の解除が制限されることがある。

問題32　Aは、Bとの間でA所有の甲建物の賃貸借契約を締結し、甲建物を引き渡したが、その後、Aは、同建物をCに譲渡した。Aは、同賃貸借契約締結時にBから敷金を提供され、それを受け取っていた。この場合についての次の記述のうち、民法の規定に照らし、誤っているものはどれか。

1　甲建物についてのAのBに対する賃貸人たる地位は、Bの承諾を要しないで、AとCとの合意により、Cに移転させることができる。
2　甲建物の譲渡によるCへの賃貸人たる地位の移転は、甲建物についてAからCへの所有権移転登記をしなければ、Bに対抗することができない。
3　AとCが甲建物の賃貸人たる地位をAに留保する旨の合意および甲建物をCがAに賃貸する旨の合意をしたときは、賃貸人たる地位はCに移転しない。
4　賃貸人たる地位がCに移転した場合、Bは、Cの承諾を得なければ、甲建物の賃借権を譲り渡すことはできないが、甲建物を転貸するときは、Cの承諾を要しない。
5　賃貸人たる地位がCに移転した場合、敷金の返還に係る債務はCに承継され、Cが、Bに対し、その債務を負う。

問題33　法定利率に関する次の記述のうち、民法の規定および判例に照らし、妥当でないものはどれか。

1　利息付金銭消費貸借契約において、利息について利率の定めがなかったときは、利息の利率は借主が金銭を受け取った日の法定利率による。
2　利息付金銭消費貸借契約において、当初適用された法定利率が変動したときは、当該消費貸借の利息に適用される法定利率も一緒に変動する。
3　利息付金銭消費貸借契約において、利息について利率の定めがあったが遅延損害の額の定めがなかった場合に、当該利息の約定利率が法定利率より低かったときは、遅延損害の額は法定利率によって定める。
4　不法行為に基づく損害賠償において、遅延損害金は、原則として不法行為時の法定利率によって定める。
5　将来において取得すべき利益についての損害賠償の額を定める場合において、その利益を取得すべき時までの利息相当額を控除するときは、その損害賠償の請求権が生じた時点における法定利率により、これをする。

問題34 不法行為に関する次の記述のうち、民法の規定および判例に照らし、妥当なものはどれか。

1 未成年者が他人に損害を加えた場合、道徳上の是非善悪を判断できるだけの能力があるときは、当該未成年者は、損害賠償の責任を負う。
2 精神上の障害により自己の行為の責任を弁識する能力を欠く状態にある間に他人に損害を加えた者は、過失によって一時的にその状態を招いたとしても、損害賠償の責任を負わない。
3 野生の熊が襲ってきたので自己の身を守るために他人の宅地に飛び込み板塀を壊した者には、正当防衛が成立する。
4 路上でナイフを振り回して襲ってきた暴漢から自己の身を守るために他人の家の窓を割って逃げ込んだ者には、緊急避難が成立する。
5 路上でナイフを持った暴漢に襲われた者が自己の身を守るために他人の家の窓を割って逃げ込んだ場合、窓を壊された被害者は、窓を割った者に対して損害賠償を請求できないが、当該暴漢に対しては損害賠償を請求できる。

問題35　相続に関する次の記述のうち、民法の規定および判例に照らし、妥当なものはどれか。

1　系譜、祭具及び墳墓の所有権は、被相続人の指定に従って祖先の祭祀を主宰すべき者があるときを除き、慣習に従って祖先の祭祀を主宰すべき者が承継する。
2　相続人は、相続開始の時から、一身専属的な性質を有するものを除き、被相続人の財産に属した一切の権利義務を承継するが、不法行為による慰謝料請求権は、被害者自身の精神的損害を填補するためのものであるから相続財産には含まれない。
3　相続財産中の預金債権は、分割債権であるから、相続開始時に共同相続人に対してその相続分に応じて当然に帰属し、遺産分割の対象とはならない。
4　相続開始後、遺産分割前に共同相続人の1人が、相続財産に属する財産を処分した場合、当該財産は遺産分割の対象となる相続財産ではなくなるため、残余の相続財産について遺産分割を行い、共同相続人間の不公平が生じたときには、別途訴訟等により回復する必要がある。
5　共同相続人は、相続の開始後3か月を経過した場合、いつでもその協議で遺産の全部または一部の分割をすることができる。

問題36 営業譲渡に関する次の記述のうち、商法の規定に照らし、正しいものはどれか。なお、営業を譲渡した商人を甲、営業を譲り受けた商人を乙とし、甲および乙は小商人ではないものとする。

1 甲が営業とともにその商号を乙に譲渡する場合には、乙が商号の登記をしなければその効力は生じない。
2 乙が甲の商号を引き続き使用する場合には、乙は、甲の営業によって生じた債務を弁済する責任を負う。ただし、営業譲渡後、遅滞なく、乙が第三者である丙に対して、甲の債務を弁済する責任を負わない旨の通知をした場合には、乙は、丙に対して弁済責任を負わない。
3 乙が甲の商号を引き続き使用する場合に、甲の営業によって生じた債権について、債務者である丙が乙に対して行った弁済は、丙の過失の有無を問わず、丙が善意であるときに、その効力を有する。
4 乙が甲の商号を引き続き使用しない場合において、乙が甲の営業によって生じた債務を引き受ける旨の広告をしたときは、甲の弁済責任が消滅するため、甲の債権者である丙は、乙に対して弁済の請求をしなければならない。
5 甲および乙が、乙に承継されない債務の債権者（残存債権者）である丙を害することを知りながら、無償で営業を譲渡した場合には、丙は、乙に対して、甲から承継した財産の価額を限度として、当該債務の履行を請求することができる。

問題37　株式会社の設立における発行可能株式総数の定め等に関する次のア～オの記述のうち、会社法の規定に照らし、誤っているものの組合せはどれか。

ア　発起設立において、発行可能株式総数を定款で定めていない場合には、発起人は、株式会社の成立の時までに、その全員の同意によって、定款を変更して発行可能株式総数の定めを設けなければならない。

イ　発起設立においては、発行可能株式総数を定款で定めている場合であっても、発起人は、株式会社の成立の時までに、その過半数の同意によって、発行可能株式総数についての定款を変更することができる。

ウ　募集設立において、発行可能株式総数を定款で定めていない場合には、発起人は、株式会社の成立の時までに、その全員の同意によって、定款を変更して発行可能株式総数の定めを設けなければならない。

エ　募集設立においては、発行可能株式総数を定款で定めている場合であっても、株式会社の成立の時までに、創立総会の決議によって、発行可能株式総数についての定款を変更することができる。

オ　設立時発行株式の総数は、設立しようとする株式会社が公開会社でない場合を除いて、発行可能株式総数の4分の1を下ることができない。

1　ア・ウ
2　ア・エ
3　イ・ウ
4　イ・オ
5　エ・オ

問題38 特別支配株主の株式売渡請求に関する次の記述のうち、会社法の規定に照らし、誤っているものはどれか。

1 特別支配株主は、株式売渡請求に係る株式を発行している対象会社の他の株主（当該対象会社を除く。）の全員に対し、その有する当該対象会社の株式の全部を当該特別支配株主に売り渡すことを請求することができる。
2 株式売渡請求をしようとする特別支配株主は、株式売渡請求に係る株式を発行している対象会社に対し、株式売渡請求をする旨および対価として交付する金銭の額や売渡株式を取得する日等の一定の事項について通知し、当該対象会社の株主総会の承認を受けなければならない。
3 株式売渡請求をした特別支配株主は、株式売渡請求において定めた取得日に、株式売渡請求に係る株式を発行している対象会社の株主が有する売渡株式の全部を取得する。
4 売渡株主は、株式売渡請求が法令に違反する場合であって、売渡株主が不利益を受けるおそれがあるときは、特別支配株主に対し、売渡株式の全部の取得をやめることを請求することができる。
5 株式売渡請求において定めた取得日において公開会社の売渡株主であった者は、当該取得日から6か月以内に、訴えをもってのみ当該株式売渡請求に係る売渡株式の全部の取得の無効を主張することができる。

問題39 公開会社における株主総会に関する次の記述のうち、会社法の規定に照らし、誤っているものはどれか。なお、定款に別段の定めはなく、かつ、株主総会の目的である事項の全部または一部について議決権を有しない株主はいないものとする。

1 総株主の議決権の100分の3以上の議決権を6か月前から引き続き有する株主は、取締役に対し、株主総会の目的である事項および招集の理由を示して、株主総会の招集を請求することができる。
2 総株主の議決権の100分の1以上の議決権または300個以上の議決権を6か月前から引き続き有する株主は、取締役に対し、株主総会の日の8週間前までに、一定の事項を株主総会の目的とすることを請求することができる。
3 株主は、株主総会において、当該株主総会の目的である事項につき議案を提出することができる。ただし、当該議案が法令もしくは定款に違反する場合または実質的に同一の議案につき株主総会において総株主の議決権の10分の1以上の賛成を得られなかった日から3年を経過していない場合は、この限りでない。
4 総株主の議決権の100分の1以上の議決権を6か月前から引き続き有する株主は、株主総会に係る招集の手続および決議の方法を調査させるため、当該株主総会に先立ち、取締役に対し、検査役を選任すべきことを請求することができる。
5 取締役、会計参与、監査役および執行役は、株主総会において、株主から特定の事項について説明を求められた場合には、当該事項について必要な説明をしなければならない。ただし、当該事項が株主総会の目的である事項に関しないものである場合、その説明をすることにより株主の共同の利益を著しく害する場合その他正当な理由があるとして法務省令で定める場合は、この限りでない。

問題40　会計参与に関する次のア～オの記述のうち、会社法の規定に照らし、正しいものの組合せはどれか。

ア　公開会社である大会社は、会計参与を置いてはならない。
イ　公開会社ではない大会社は、会計監査人に代えて、会計参与を置くことができる。
ウ　会計参与は、株主総会の決議によって選任する。
エ　会計参与は、公認会計士もしくは監査法人または税理士もしくは税理士法人でなければならない。
オ　会計参与は、すべての取締役会に出席し、必要があると認めるときは、意見を述べなければならない。

　　1　ア・イ
　　2　ア・エ
　　3　イ・オ
　　4　ウ・エ
　　5　ウ・オ

[問題41～問題43は択一式（多肢選択式）]

問題41　次の文章の空欄 ア ～ エ に当てはまる語句を、枠内の選択肢（1～20）から選びなさい。

　 ア の争訟は、①当事者間の具体的な権利義務ないし法律関係の存否に関する紛争であって、かつ、②それが法令の適用により終局的に解決することができるものに限られるとする当審の判例（引用略）に照らし、地方議会議員に対する出席停止の懲罰の取消しを求める訴えが、①②の要件を満たす以上、 ア の争訟に当たることは明らかであると思われる。
　 ア の争訟については、憲法32条により国民に裁判を受ける権利が保障されており、また、 ア の争訟について裁判を行うことは、憲法76条1項により司法権に課せられた義務であるから、本来、司法権を行使しないことは許されないはずであり、司法権に対する イ 制約があるとして司法審査の対象外とするのは、かかる例外を正当化する ウ の根拠がある場合に厳格に限定される必要がある。
　国会については、国権の最高機関（憲法41条）としての エ を憲法が尊重していることは明確であり、憲法自身が議員の資格争訟の裁判権を議院に付与し（憲法55条）、議員が議院で行った演説、討論又は表決についての院外での免責規定を設けている（憲法51条）。しかし、地方議会については、憲法55条や51条のような規定は設けられておらず、憲法は、 エ の点において、国会と地方議会を同視していないことは明らかである。

（最大判令和2年11月25日民集74巻8号2229頁、宇賀克也裁判官補足意見）

1	法令上	2	一般的	3	公法上	4	地位
5	自律性	6	訴訟法上	7	外在的	8	必然的
9	公益上	10	法律上	11	独立性	12	社会的
13	慣習法上	14	権能	15	私法上	16	公共性
17	偶然的	18	実体法上	19	判例法上	20	憲法上

問題42　次の文章の空欄　ア　～　エ　に当てはまる語句を、枠内の選択肢（1～20）から選びなさい。

　　行政機関の保有する情報の公開に関する法律（行政機関情報公開法）に基づき、行政機関の長に対して、当該行政機関が保有する　ア　の開示が請求された場合、当該行政機関の長は、当該　ア　の開示又は不開示の決定（開示決定等）をしなければならない。
　　開示決定等は、行政手続法上の　イ　であるから、同法の定めによれば、当該行政機関の長は、不開示決定（部分開示決定を含む。）をする場合、原則として、開示請求者に対し、同時に、当該決定の　ウ　を示さなければならない。
　　開示決定等に不服がある者は、行政不服審査法に基づく審査請求をすることができる。審査請求に対する裁決をすべき行政機関の長は、原則として、　エ　に諮問しなければならない（当該行政機関の長が会計検査院長である場合を除く）。　エ　は、必要があると認めるときは、諮問をした行政機関の長（諮問庁）に対し、　ア　の提示を求めることができ、諮問庁は、これを拒むことができない。この審査請求においては、処分庁は、当初に示された　ウ　と異なる　ウ　を主張することもできる。

1	届出に対する処分	2	個人情報保護委員会		
3	情報公開・個人情報保護審査会				
4	裁量処分	5	公文書	6	理由
7	行政情報	8	行政不服審査会	9	解釈基準
10	不利益処分	11	申請に対する処分	12	裁量基準
13	国地方係争処理委員会	14	行政文書ファイル	15	審査基準
16	公情報	17	授益的処分	18	処分基準
19	行政文書	20	情報公開委員会		

問題43 次の文章の空欄 ア ～ エ に当てはまる語句を、枠内の選択肢（1～20）から選びなさい。

　国家補償制度は、国家賠償と損失補償によって構成されるが、両者のいずれによっても救済されない問題が存在する。公務員の ア の違法行為による被害は、国家賠償法の救済の対象とはならず、他方、憲法29条3項によって求められる損失補償は、 イ 以外の権利利益についての被害には及ばないと考えられるからである。この救済の空白地帯は「国家補償の谷間」と呼ばれている。
　「国家補償の谷間」の典型事例は予防接種による副反応被害である。この事例を損失補償により救済するアプローチは、 イ よりも重要な利益である生命・身体の利益は、当然に憲法29条3項に規定する損失補償の対象となるとする ウ 解釈によって、救済を図ろうとする。
　これに対して、国家賠償による救済のアプローチをとる場合、予防接種の性質上、予診を尽くしたとしても、接種を受けることが適切でない者（禁忌者）を完全に見分けることが困難であり、医師による予診を初めとする公務員の行為は ア とされる可能性が残る。この点について、最高裁判所昭和51年9月30日判決は、予防接種により重篤な副反応が発生した場合に、担当医師がこうした結果を予見しえたのに、過誤により予見しなかったものと エ することで、実質的に、自らが ア であることの立証責任を国側に負わせることで救済を図った。

1	自由裁量	2	合憲限定	3	生存権	4	無過失
5	正当な補償	6	文理	7	証明	8	緊急避難
9	重過失	10	特別の犠牲	11	推定	12	職務外
13	決定	14	事実行為	15	財産権	16	確定
17	反対	18	憲法上の権利	19	償うことのできない損害	20	勿論

[問題44〜問題46は記述式] （解答は、必ず答案用紙裏面の解答欄（マス目）に記述すること。なお、字数には、句読点も含む。）

問題44 開発事業者であるAは、建築基準法に基づき、B市建築主事から建築確認を受けて、マンションの建築工事を行い、工事完成後、Aは当該マンションの建物につき、検査の上、検査済証の交付を受けた。これに対して、当該マンションの隣地に居住するXらは、当該マンションの建築計画は建築基準法令に適合せず、建築確認は違法であり、当該マンションも、そのような建築計画に沿って建てられたものであるから違法であって、当該マンションの建物に火災その他の災害が発生した場合、建物が倒壊、炎上することにより、Xらの身体の安全や家屋に甚大な被害が生ずるおそれがあるとして、建築基準法に基づき違反建築物の是正命令を発出するよう、特定行政庁であるB市長に申し入れた。しかしながら、B市長は、当該建築確認および当該マンションの建物に違法な点はないとして、これを拒否することとし、その旨を通知した。

このようなB市長の対応を受け、Xらは、行政事件訴訟法の定める抗告訴訟を提起することにした。この場合において、①誰を被告として、②前記のような被害を受けるおそれがあることにつき、同法の定める訴訟要件として、当該是正命令がなされないことにより、どのような影響を生ずるおそれがあるものと主張し（同法の条文の表現を踏まえて記すこと。）、③どのような訴訟を起こすことが適切か。40字程度で記述しなさい。

（参照条文）
建築基準法
（違反建築物に対する措置）
第9条 特定行政庁は、建築基準法令の規定又はこの法律の規定に基づく許可に付した条件に違反した建築物又は建築物の敷地については、当該建築物の建築主、当該建築物に関する工事の請負人（請負工事の下請人を含む。）若しくは現場管理者又は当該建築物若しくは建築物の敷地の所有者、管理者若しくは占有者に対して、当該工事の施工の停止を命じ、又は、相当の猶予期限を付けて、当該建築物の除却、移転、改築、増築、修繕、模様替、使用禁止、使用制限その他これらの規定又は条件に対する違反を是正するために必要な措置をとることを命ずることができる。

問題45　Aが所有する甲不動産について、Aの配偶者であるBが、Aから何ら代理権を与えられていないにもかかわらず、Aの代理人と称して甲不動産をCに売却する旨の本件売買契約を締結した後、Bが死亡してAが単独で相続するに至った。CがAに対して、売主として本件売買契約を履行するよう求めた場合に、Aは、これを拒みたいと考えているが、認められるか。民法の規定および判例に照らし、その許否につき理由を付して40字程度で記述しなさい。

（下書用）

問題46　Aは、工場を建設するために、Bから、Bが所有する甲土地（更地）を、賃貸借契約締結の日から賃借期間30年と定めて賃借した。ただし、甲土地の賃借権の登記は、現在に至るまでされていない。ところが、甲土地がBからAに引き渡される前に、甲土地に何らの権利も有しないCが、AおよびBに無断で、甲土地に塀を設置したため、Aは、甲土地に立ち入って工場の建設工事を開始することができなくなった。そこで、Aは、Bに対応を求めたが、Bは何らの対応もしないまま現在に至っている。Aが甲土地に工場の建設工事を開始するために、Aは、Cに対し、どのような請求をすることができるか。民法の規定および判例に照らし、40字程度で記述しなさい。

（下書用）
Aは、Cに対し、

一 般 知 識 等 [問題47〜問題60は択一式（5肢択一式）]

問題47 ロシア・旧ソ連の外交・軍事に関する次の記述のうち、妥当なものはどれか。

1 1853年にロシアはオスマン朝トルコとウクライナ戦争を起こし、イギリス・フランスがトルコ側に参戦して、ウィーン体制に基づくヨーロッパの平和は崩壊した。
2 第一次世界大戦の末期の1917年に、ロシアでいわゆる名誉革命が生じ、革命政権は「平和に関する布告」を出し、社会主義インターナショナルの原則による和平を求めた。
3 独ソ不可侵条約・日ソ中立条約を締結してから、ソ連は1939年にポーランドに侵攻して東半分を占領し、さらにフィンランドとバルト三国とスウェーデンも占領した。
4 1962年にキューバにソ連のミサイル基地が建設されていることが分かり、アメリカがこれを空爆したため、キューバ戦争が起こった。
5 1980年代前半は新冷戦が進行したが、ソ連の最高指導者ゴルバチョフは新思考外交を展開し、1989年の米ソ両首脳のマルタ会談において、東西冷戦の終結が宣言された。

問題48 ヨーロッパの国際組織に関する次のア〜オの記述のうち、妥当なものの組合せはどれか。

ア　1960年にイギリスが中心となって設立されたヨーロッパの経済統合を目指す国際機関を欧州経済共同体（EEC）という。
イ　国際連合の下部組織としてヨーロッパの一部の国際連合加盟国が参加して形成された国際機関を欧州連合（EU）という。
ウ　ヨーロッパにおける人権保障、民主主義、法の支配の実現を目的とした国際機関を欧州評議会（Council of Europe）という。
エ　ヨーロッパがヨーロッパ外部からの攻撃に対して防衛するためアメリカとヨーロッパ各国が結んだ西欧条約に基づいて設立された集団防衛システムを西欧同盟（WEU）という。
オ　欧州自由貿易連合（EFTA）加盟国が欧州連合（EU）に加盟せずにヨーロッパの市場に参入することができるよう作られた仕組みを欧州経済領域（EEA）という。

1　ア・ウ
2　ア・エ
3　イ・エ
4　イ・オ
5　ウ・オ

問題49 軍備縮小（軍縮）に関する次のア～オの記述のうち、妥当でないものの組合せはどれか。

ア　コスタリカは軍隊を持たないことを憲法に明記し、フィリピンは非核政策を憲法に明記している。
イ　対人地雷禁止条約＊では、対人地雷の使用や開発が全面的に禁止されている。
ウ　核拡散防止条約（NPT）では、すべての国の核兵器保有が禁止されているが、アメリカ、ロシア、イギリス、フランス、中国の5か国は批准していない。
エ　佐藤栄作は、生物・化学兵器禁止に尽力したことが評価され、2004年にノーベル平和賞を受賞した。
オ　中距離核戦力（INF）全廃条約は、アメリカとソ連との間に結ばれた条約で、2019年に失効した。

（注）　＊　対人地雷の使用、貯蔵、生産及び移譲の禁止並びに廃棄に関する条約

1　ア・イ
2　ア・オ
3　イ・ウ
4　ウ・エ
5　エ・オ

問題50　郵便局に関する次のア～オの記述のうち、妥当でないものの組合せはどれか。

ア　郵便局は全国で2万か所以上あり、その数は全国のコンビニエンスストアの店舗数より多い。
イ　郵便局は郵便葉書などの信書の送達を全国一般で行っているが、一般信書便事業について許可を受けた民間事業者はいない。
ウ　郵便局では、農産物や地元特産品などの販売を行うことは、認められていない。
エ　郵便局では、簡易保険のほか、民間他社の保険も取り扱っている。
オ　郵便局内にあるゆうちょ銀行の現金自動預払機（ATM）では、硬貨による預金の預入れ・引出しの際に手数料を徴収している。

1　ア・ウ
2　ア・オ
3　イ・エ
4　イ・オ
5　ウ・エ

問題51　次の文章の空欄 ア 〜 カ に当てはまる国名の組合せとして、正しいものはどれか。

「国内総生産（GDP）」は、国の経済規模を表す指標である。GDP は一国内で一定期間に生産された付加価値の合計であり、その国の経済力を表す。それに対し、その国の人々の生活水準を知るためには、GDP の値を人口で割った「1 人当たり GDP」が用いられる。

2022 年 4 月段階での国際通貨基金（IMF）の推計資料によれば、世界のなかで GDP の水準が高い上位 6 か国をあげると、 ア 、 イ 、 ウ 、 エ 、 オ 、 カ の順となる。ところが、これら 6 か国を「1 人当たり GDP」の高い順に並びかえると、アメリカ、ドイツ、イギリス、日本、中国、インドの順となる。

	ア	イ	ウ	エ	オ	カ
1	アメリカ	日本	中国	インド	イギリス	ドイツ
2	中国	アメリカ	日本	イギリス	インド	ドイツ
3	アメリカ	中国	日本	ドイツ	インド	イギリス
4	中国	アメリカ	ドイツ	イギリス	ドイツ	日本
5	アメリカ	中国	インド	日本	ドイツ	イギリス

問題52　日本の森林・林業に関する次のア～オの記述のうち、妥当なものの組合せはどれか。

ア　日本の森林率は中国の森林率より高い。
イ　日本の森林には、国が所有する国有林と、それ以外の民有林があるが、国有林面積は森林面積全体の半分以上を占めている。
ウ　日本では、21世紀に入ってから、環境破壊に伴って木材価格の上昇が続き、2020年代に入ってもさらに急上昇している。
エ　荒廃する森林の保全のための財源確保に向けて、新たに森林環境税が国税として導入されることが決まった。
オ　日本は木材の多くを輸入に依存しており、木材自給率は年々低下する傾向にある。

1　ア・イ
2　ア・エ
3　イ・オ
4　ウ・エ
5　ウ・オ

問題53　アメリカ合衆国における平等と差別に関する次の記述のうち、妥当でないものはどれか。

1　黒人差別に抗議する公民権運動において中心的な役割を担ったキング牧師は、1963年に20万人以上の支持者による「ワシントン大行進」を指導した。
2　2017年に、ヒラリー・クリントンは、女性として初めてアメリカ合衆国大統領に就任した。
3　2020年にミネアポリスで黒人男性が警察官によって殺害された後、人種差別に対する抗議運動が各地に広がった。
4　人種差別に基づくリンチを連邦法の憎悪犯罪とする反リンチ法が、2022年に成立した。
5　2022年に、ケタンジ・ブラウン・ジャクソンは、黒人女性として初めて連邦最高裁判所判事に就任した。

問題54 次の文章の空欄 ア ～ オ に当てはまる語句の組合せとして、妥当なものはどれか。

　地球環境問題を解決するためには、国際的な協力体制が不可欠である。1971年には特に水鳥の生息地として国際的に重要な湿地に関して、 ア が採択された。1972年に国連人間環境会議がスウェーデンのストックホルムで開催され、国際的に環境問題に取り組むための イ が決定された。しかし、石油危機後の世界経済の落ち込みにより、環境対策より経済政策が各国で優先され、解決に向けた歩みは進まなかった。
　それでも、1992年にブラジルのリオデジャネイロで国連環境開発会議（地球サミット）が開催され、「持続可能な開発」をスローガンに掲げたリオ宣言が採択された。同時に、環境保全に向けての行動計画であるアジェンダ21、地球温暖化対策に関する ウ や、生物多様性条約なども採択された。その後、1997年の第3回 ウ 締約国会議（COP3）で エ が採択され、さらに、2015年の第21回 ウ 締約国会議（COP21）で オ が採択されるなど、取組が続けられている。

	ア	イ	ウ	エ	オ
1	国連環境計画	パリ協定	京都議定書	ラムサール条約	気候変動枠組条約
2	国連環境計画	京都議定書	パリ協定	気候変動枠組条約	ラムサール条約
3	ラムサール条約	パリ協定	国連環境計画	京都議定書	気候変動枠組条約
4	ラムサール条約	国連環境計画	気候変動枠組条約	京都議定書	パリ協定
5	京都議定書	気候変動枠組条約	ラムサール条約	国連環境計画	パリ協定

問題55　次の文章の空欄　I　～　V　には、それぞれあとのア～コのいずれかの語句が入る。その組合せとして妥当なものはどれか。

　人工知能（AI）という言葉は定義が難しく、定まった見解はない。しかしながら、人間が従来担ってきた知的生産作業を代替する機能を有するコンピュータを指していると考えたい。例えば、　I　や　II　、翻訳や文章生成、さまざまなゲームのプレイ、各種の予測作業において AI が利用されていることはよく知られている。すでに、社会生活のさまざまな場面で AI 技術の応用が見られており、　I　技術を用いた例として文字起こしサービスが、　II　技術を用いた例として生体認証がある。
　AI の発展の第一の背景として、コンピュータが予測を行うために利用する　III　が収集できるようになってきたことが挙げられる。第二に、コンピュータの高速処理を可能にする中央処理装置（CPU）の開発がある。第三に、新しいテクノロジーである　IV　の登場がある。従来の学習機能とは異なって、コンピュータ自身が膨大なデータを読み解いて、その中からルールや相関関係などの特徴を発見する技術である。これは人間と同じ　V　をコンピュータが行うことに特徴がある。さらに、この　IV　が優れているのは、コンピュータ自身が何度もデータを読み解く作業を継続して学習を続け、進化できる点にある。

ア　音声認識　　　　　　イ　声紋鑑定　　　　　　ウ　画像認識
エ　DNA 鑑定　　　　　　オ　ビッグデータ　　　　カ　デバイス
キ　ディープラーニング　ク　スマートラーニング　ケ　帰納的推論
コ　演繹的推論

	I	II	III	IV	V
1	ア	ウ	オ	キ	ケ
2	ア	ウ	カ	ク	ケ
3	ア	エ	オ	キ	コ
4	イ	ウ	カ	ク	コ
5	イ	エ	オ	キ	ケ

問題56　情報通信に関する用語を説明した次のア～オの記述のうち、妥当なものの組合せはどれか。

ア　自らに関する情報が利用される際に、ユーザ本人の許可を事前に得ておくシステム上の手続を「オプトイン」という。
イ　インターネット上で情報発信したりサービスを提供したりするための基盤を提供する事業者を「プラットフォーム事業者」という。
ウ　情報技術を用いて業務の電子化を進めるために政治体制を専制主義化することを「デジタルトランスフォーメーション」という。
エ　テレビ電話を使って離れた話者を繋ぐ情報システムのことを「テレワーク」という。
オ　ユーザが自身の好みのウェブページをブラウザに登録することを「ベース・レジストリ」という。

1　ア・イ
2　ア・ウ
3　イ・エ
4　ウ・オ
5　エ・オ

問題57　個人情報保護制度に関する次の記述のうち、正しいものはどれか。

1　個人情報保護に関しては、一部の地方公共団体が先行して制度を整備した情報公開とは異なり、国の制度がすべての地方公共団体に先行して整備された。
2　個人情報保護委員会は、個人情報保護条例を制定していない地方公共団体に対して、個人情報保護法違反を理由とした是正命令を発出しなければならない。
3　個人番号カードは、個人情報保護法に基づいて、各都道府県が交付している。
4　個人情報保護委員会は、内閣総理大臣に対して、地方公共団体への指揮監督権限の行使を求める意見を具申することができる。
5　個人情報保護委員会は、認定個人情報保護団体に関する事務をつかさどる。

問題58 本文中の空欄　　　　に入る文章を、あとのア～オを並べ替えて作る場合、その順序として妥当なものはどれか。

　教育を他人からあたえられるもの、とかんがえる立場はとりもなおさず情報に使われる立場の原型である。あたえられた教科書を暗記し、先生からあたえられた宿題はする。しかし、指示のなかったことはなにもしない。そとからの入力がなくなったら、うごきをとめてしまう——そうした若ものたちにこそわたしはまず情報を使うことをおぼえてほしいと思う。ほんとうの教育とは、自発性にもとづいてみずからの力で情報を使うことだ。学校だの教師だのというのは、そういう主体的な努力を手つだう補助的な装置だ、とわたしはかんがえている。（中略）
　わたしは、学生たちに、どんなことでもよいから、「なぜ」ではじまる具体的な問いを毎日ひとつつくり、それを何日もつづけることを課題としてあたえてみたことがあった。
　ずいぶんふしぎな「なぜ」がたくさんあつまった。

なにが必要なのかをはっきりさせること——それが問題発見ということであり、問題意識をもつということなのだ。

（出典　加藤秀俊「取材学」から）

ア　じぶんはなにを知りたいのか、なにを知ろうとしているのか、それがわかったときにはじめてどんな情報をじぶんが必要としているのかがはっきりしてくるのだ。
イ　やみくもに、いろんな情報と行きあたりばったりに接触するのでなく、必要な情報だけをじょうずに手にいれるためには、なにをじぶんが必要としているのかを知らねばならぬ。
ウ　しかし、そのさまざまな「なぜ」をつぎつぎに提出しながら、この学生たちは問題発見ということへの第一歩をふみ出したのである。
エ　みんなで持ちよって読みあわせてみると、珍妙な「なぜ」が続出して大笑いになったりもした。
オ　情報を使うというのは、べつなことばでいえば、必要な情報だけをえらび出す、ということである。

1　ア　→　イ　→　ウ　→　オ　→　エ
2　イ　→　ア　→　エ　→　ウ　→　オ
3　イ　→　エ　→　ア　→　オ　→　ウ
4　エ　→　ウ　→　ア　→　イ　→　オ
5　エ　→　オ　→　ア　→　ウ　→　イ

問題59　本文中の空欄　　　　　に入る文章として、妥当なものはどれか。

　戦後、日本軍の組織的特性は、まったく消滅してしまったのであろうか。それは連続的に今日の日本の組織のなかに生きているのか、それとも非連続的に進化された形で生きているのだろうか。この問いに明確に答えるためには、新たなプロジェクトを起こし、実証研究を積み上げなければなるまい。しかしながらわれわれは、現段階では、日本軍の特性は、連続的に今日の組織に生きている面と非連続的に革新している面との両面があると考えている。
　日本の政治組織についていえば、日本軍の戦略性の欠如はそのまま継承されているようである。　　原則に固執しなかったことが、環境変化の激しい国際環境下では、逆にフレキシブルな微調整的適応を意図せざる結果としてもたらしてきたのである。しかし、経済大国に成長してきた今日、日本がこれまでのような無原則性でこれからの国際環境を乗り切れる保証はなく、近年とみに国家としての戦略性を持つことが要請されるようになってきていると思われる。
（出典　戸部良一・寺本義也・鎌田伸一・杉之尾孝生・村井友秀・野中郁次郎「失敗の本質」から）

1　しかしながら、日本政府の無原則性は、逆説的ではあるが、少なくともこれまでは国際社会において臨機応変な対応を可能にしてきた。
2　このようにして、日本政府の無原則性は、普遍的ではあるが、少なくともこれまでは国際社会において当意即妙な対応を可能にしてきた。
3　しかしながら、日本政府の無原則性は、自虐的ではあるが、少なくともこれまでは国際社会において優柔不断な対応を可能にしてきた。
4　このようにして、日本政府の無原則性は、抜本的ではあるが、少なくともこれまでは国際社会において融通無碍な対応を可能にしてきた。
5　しかしながら、日本政府の無原則性は、真説的ではあるが、少なくともこれまでは国際社会において孤立無援な対応を可能にしてきた。

問題60 本文中の空欄 ア ～ オ に入る語句の組合せとして、妥当なものはどれか。

　一九九五年のNHK国民生活調査によれば、日本人が一日にテレビを見る時間は平均三時間二八分。仮に七五年間このペースで過ごせば、人生のまる一〇年間以上をテレビだけ見て過ごす計算になる。それに加えて、新聞・雑誌、映画、ラジオはもちろん、インターネットのホームページをチェックする時間などを加えれば、私たちは人生の大半をメディアとともに過ごしている、と言っても過言ではない。情報社会への移行が加速するなか、私たちは、時間や空間を軽々と飛び越えて、地球の裏側で起こっていることを見聞したり、数世紀前の歴史上の出来事や人物についてさえ知ることができる。 ア たっぷりのライブ中継を目にすることは、それがテレビカメラを通したものであることを忘れさせ、あたかも自分がその場に立ち会っているかのような イ を覚えさせるほどだ。実際に経験したことよりも、メディアが伝えるリアリティの方が、現実味を帯びていると感じることも少なくない。メディアが ウ する情報は、世の中を理解する上での中心的な役割を果たし、私たちの考え方や価値観の形成、ものごとを選択する上でもますます大きな影響力を発揮するようになっている。

　ところが、メディアが送り出す情報は、現実そのものではなく、送り手の観点からとらえられたものの見方のひとつにしかすぎない。事実を切り取るためにはつねに主観が必要であり、また、何かを伝えるということは、裏返せば何かを伝えないということでもある。メディアが伝える情報は、 エ の連続によって現実を再構成した オ なものであり、特別な意図がなくても、制作者の思惑や価値判断が入り込まざるを得ないのだ。

（出典　菅谷明子「メディア・リテラシー」から）

	ア	イ	ウ	エ	オ
1	緊迫感	錯覚	斡旋	取捨選択	作為的
2	切迫感	錯綜	斡旋	換骨奪胎	虚偽的
3	切迫感	錯綜	仲介	実事求是	作為的
4	臨場感	幻滅	仲介	換骨奪胎	恣意的
5	臨場感	錯覚	媒介	取捨選択	恣意的

解答・解説

各問題の右端にあるランクは、本試験直後の伊藤塾解答調査による正答率を示しています。(高) A─B─C (低)

法　令　等

基礎法学

問題1　**正解** 3　　　裁判（少数意見制）　　ランク C

　本文は、裁判における「少数意見制」に関する論述の一節である。
　少数意見とは、合議体の評決で多数を占めなかった意見をいい、裁判においては、慣行上、「補足意見」、「反対意見」、「意見」の3つがあるとされている。
　なお、日本の裁判制度においては、裁判の評議は公開しない建前がとられている（裁判所法75条1項本文）ため、原則として、少数意見は外部には公表されない。ただし、最高裁判所の裁判においては、各裁判官の意見を裁判書に表示することとされている（11条）ことから、少数意見も外部に公表されることとなる。

ア　少数意見　　本文では、（裁判が合議制であることを前提に、）裁判官の意見が分かれていること（多数意見とは異なる意見があること）を外部に公表することの適否について論じている。すなわち、「合議」制ではなく、「少数意見」制をテーマとしている。したがって、空欄アには「少数意見」が当てはまる。

イ　判例　　ウ　多数意見
　空欄ウには、「少数意見」と対比され、また、（大陸的な裁判観では）意見の分裂があっても、それのみが示されることが裁判への信頼を生むと考えられているものが妥当する。したがって、空欄ウには、「多数意見」が当てはまる。
　また、判決は多数意見によるため、その意見が判例となることから、空欄イには「判例」が当てはまる。

エ　全員一致　　空欄エには、「一枚岩のように示される」「異なる意見の表明を抑える」と評されるものが妥当することから、「全員一致」が当てはまる。

基礎法学

問題2　**正解** 1　　　法律用語　　ランク B

ア　妥当でない　　法律要件とは、権利義務関係の発生原因となるものとして定められた一定の社会関係をいう。そして、法律要件の一つとして、「法律行為」があるが、この法律行為は、「意思表示」を要素とする。したがって、「主観的な要素は、これには含まれない」という部分が妥当でない。

| **イ　妥当である** | 法律効果とは、法律要件から生じる権利義務関係をいう。
| **ウ　妥当でない** | 構成要件とは、罪刑法定主義の要請から、あらかじめ当罰的行為を類型化し、刑罰法規に犯罪の要件を明確に規定したものをいい、客観的構成要件と主観的構成要件がある。したがって、「主観的な要素は、これには含まれない」という部分が妥当でない。
| **エ　妥当である** | 立法事実とは、法律を制定する場合の基礎を形成し、かつその合理性を支える社会的・経済的・政治的・科学的事実のことをいう。
| **オ　妥当である** | 要件事実とは、実体法に規定された法律効果の発生要件（構成要件）に該当する具体的事実をいう。

憲　法

問題3　正解 5　　表現の自由　　ランク B

本問の題材となった判例は、「本件配布行為は、被上告人らの社会的評価を低下させることがあっても、……むしろ右行為の当時長崎市内の教育関係者のみならず一般市民の間でも大きな関心事になっていた小学校における通知表の交付をめぐる混乱という公共の利害に関する事項についての批判、論評を主題とする意見表明というべきである。本件ビラの末尾一覧表に被上告人らの氏名・住所・電話番号等が個別的に記載された部分も、……別途の不法行為責任を問う余地のあるのは格別、それ自体としては、被上告人らの社会的評価に直接かかわるものではなく、また、本件ビラを全体として考察すると、主題を離れて被上告人らの人身攻撃に及ぶなど論評としての域を逸脱しているということもできない」とし、「上告人の本件配布行為の主観的な意図及び本件ビラの作成名義人が前記のようなものであっても、そのことから直ちに本件配布行為が専ら公益を図る目的に出たものに当たらないということはできず、更に、本件ビラの主題が前提としている客観的事実については、その主要な点において真実であることの証明があったものとみて差し支えないから、本件配布行為は、名誉侵害の不法行為の違法性を欠くものというべきである」としている（最判平元.12.21）。

1　妥当でない　本判例は、本記述のようなことは述べていない。「吉祥寺駅構内ビラ配布事件」（最判昭 59.12.18）についての記述である。
2　妥当でない　本判例は、本記述のようなことは述べていない。「月刊ペン事件」（最判昭 56.4.16）についての記述である。
3　妥当でない　本判例は、本記述のようなことは述べていない。「石に泳ぐ魚事件」（最判平 14.9.24）に関する記述である。

| 4 | 妥当でない | 本判例は、本記述のようなことは述べていない。「外務省秘密漏洩事件（西山記者事件）」（最決昭53.5.31）についての記述である。

| 5 | 妥当である | 上記のとおり、本判例は、本記述と同趣旨のことを述べている。したがって、本問の判断基準が想定している事例として、妥当である。なお、公務員を対象とした批判が問題となっていることがわかれば、本問は解くことが可能である。

憲　法

| 問題4 | 正解 2 | 職業選択の自由 | ランク C |

本問の題材となった判例は、「憲法22条1項は、狭義における職業選択の自由のみならず、職業活動の自由も保障しているところ、職業の自由に対する規制措置は事情に応じて各種各様の形をとるため、その同項適合性を一律に論ずることはできず、その適合性は、具体的な規制措置について、規制の目的、必要性、内容、これによって制限される職業の自由の性質、内容及び制限の程度を検討し、これらを比較考量した上で慎重に決定されなければならない。この場合、上記のような検討と考量をするのは、第一次的には立法府の権限と責務であり、裁判所としては、規制の目的が公共の福祉に合致するものと認められる以上、そのための規制措置の具体的内容及び必要性と合理性については、立法府の判断がその合理的裁量の範囲にとどまる限り、立法政策上の問題としてこれを尊重すべきものであるところ、その合理的裁量の範囲については事の性質上おのずから広狭があり得る」としている（最判令3.3.18）。

| 1 | 妥当でない | 上記のとおり、本判例は、「憲法22条1項は、狭義における職業選択の自由のみならず、職業活動の自由も保障している」としている。したがって、憲法22条1項が保障するのは職業選択の自由のみではない。

| 2 | 妥当である | 上記のとおり、本判例は、本記述と同趣旨のことを述べている。

| 3 | 妥当でない | 本判例は、「要指導医薬品について薬剤師の対面による販売又は授与を義務付ける本件各規定は、職業選択の自由そのものに制限を加えるものであるとはいえ」ないとしている。したがって、本件規制は、職業選択の自由そのものに対する制限を意味するわけではない。

| 4 | 妥当でない | 本判例は、本記述のようなことは述べていない。本記述のような考え方は、「薬局距離制限事件」（最大判昭50.4.30）において、裁判所が示したものである。

| 5 | 妥当でない | 本判例は、本記述のようなことは述べていない。本記述のよう

な考え方は、「小売市場距離制限事件」（最大判昭47.11.22）において、裁判所が示したものである。

憲　法

問題5　**正解** 4　　　　　　適正手続　　　　　　ランク A

1　妥当でない　判例は、「第三者の所有物を没収する場合において、その没収に関して当該所有者に対し、何ら告知、弁解、防禦の機会を与えることなく、その所有権を奪うことは、著しく不合理であつて、憲法の容認しないところであるといわなければならない」としている（第三者所有物没収事件　最大判昭37.11.28）。

2　妥当でない　判例は、「憲法34条前段は、何人も直ちに弁護人に依頼する権利を与えられなければ抑留・拘禁されることがないことを規定し、刑訴法39条1項は、この趣旨にのつとり、身体の拘束を受けている被疑者・被告人は、弁護人又は弁護人となろうとする者（以下『弁護人等』という。）と立会人なしに接見し、書類や物の授受をすることができると規定する。この弁護人等との接見交通権は、身体を拘束された被疑者が弁護人の援助を受けることができるための刑事手続上最も重要な基本的権利に属するものであるとともに、弁護人からいえばその固有権の最も重要なものの一つであることはいうまでもない。……弁護人等の接見交通権が前記のように憲法の保障に由来するものであることにかんがみれば、……被疑者が防禦の準備をする権利を不当に制限することは許されるべきではない」としている。したがって、憲法は、接見交通の機会までも実質的に保障するものといえる（杉山事件　最判昭53.7.10）。

3　妥当でない　判例は、「憲法37条1項の保障する迅速な裁判をうける権利は、憲法の保障する基本的な人権の一つであり、右条項は、単に迅速な裁判を一般的に保障するために必要な立法上および司法行政上の措置をとるべきことを要請するにとどまらず、さらに個々の刑事事件について、現実に右の保障に明らかに反し、審理の著しい遅延の結果、迅速な裁判をうける被告人の権利が害せられたと認められる異常な事態が生じた場合には、これに対処すべき具体的規定がなくても、もはや当該被告人に対する手続の続行を許さず、その審理を打ち切るという非常救済手段がとられるべきことをも認めている趣旨の規定である」としている（高田事件　最大判昭47.12.20）。

4　妥当である　判例は、「憲法38条1項の法意が、何人も自己の刑事上の責任を問われるおそれのある事項について供述を強要されないことを保障したものであると解すべき……であるが、右規定による保障は、純然たる刑事手続においてばか

りではなく、それ以外の手続においても、実質上、刑事責任追及のための資料の取得収集に直接結びつく作用を一般的に有する手続には、ひとしく及ぶ」としている（川崎民商事件　最大判昭47.11.22）。

5　妥当でない　判例は、「法が追徴税を行政機関の行政手続により租税の形式により課すべきものとしたことは追徴税を課せらるべき納税義務違反者の行為を犯罪とし、これに対する刑罰として、これを課する趣旨でないこと明らかである。追徴税のかような性質にかんがみれば、憲法39条の規定は刑罰たる罰金と追徴税とを併科することを禁止する趣旨を含むものでない」としている（法人税額更正決定取消等請求事件　最大判昭33.4.30）。

憲　法

問題6　正解 4　内閣の権限　ランク A

1　妥当でない　憲法73条柱書は、「内閣は、他の一般行政事務の外、左の事務を行ふ。」と規定しており、同条3号は、「条約を締結すること。但し、事前に、時宜によつては事後に、国会の承認を経ることを必要とする。」と規定している。したがって、やむを得ない事情があったとしても、事前又は事後の国会の承認なく条約を締結することはできない。

2　妥当でない　73条柱書は、「内閣は、他の一般行政事務の外、左の事務を行ふ。」と規定しており、同条6号本文は、「この憲法及び法律の規定を実施するために、政令を制定すること。」と規定している。法律の制定が困難な場合に、法律にかわる政令を制定することができる旨の規定はない。

3　妥当でない　54条2項は、「衆議院が解散されたときは、参議院は、同時に閉会となる。但し、内閣は、国に緊急の必要があるときは、参議院の緊急集会を求めることができる。」と規定している。したがって、参議院の総議員の4分の1以上の要求があった場合に、その召集が決定されるわけではない。

4　妥当である　70条は、「内閣総理大臣が欠けたとき、又は衆議院議員総選挙の後に初めて国会の召集があつたときは、内閣は、総辞職をしなければならない。」と規定しており、71条は、「前2条の場合には、内閣は、あらたに内閣総理大臣が任命されるまで引き続きその職務を行ふ。」と規定している。

5　妥当でない　87条1項は、「予見し難い予算の不足に充てるため、国会の議決に基いて予備費を設け、内閣の責任でこれを支出することができる。」と規定しており、同条2項は、「すべて予備費の支出については、内閣は、事後に国会の承諾を得なければならない。」と規定している。したがって、内閣が自らの判断で予

備費を設けることはできない。

問題7　正解 3　　裁判の公開　　ランク A

憲法

1 妥当でない　判例は、「憲法が裁判の対審及び判決を公開法廷で行うことを規定しているのは、手続を一般に公開してその審判が公正に行われることを保障する趣旨にほかならないのであるから、たとい公判廷の状況を一般に報道するための取材活動であつても、その活動が公判廷における審判の秩序を乱し被告人その他訴訟関係人の正当な利益を不当に害するがごときものは、もとより許されないところであるといわなければならない」としている（北海タイムス事件　最大決昭33.2.17）。したがって、開廷中のカメラ取材を制限することは、原則として許されないわけではない。

2 妥当でない　判例は、「民事上の秩序罰としての過料を科する作用は、……その実質においては、一種の行政処分としての性質を有するものであるから、必ずしも裁判所がこれを科することを憲法上の要件とするものではなく、行政庁がこれを科する……ことにしても、なんら違憲とすべき理由はない。従つて、法律上、裁判所がこれを科することにしている場合でも、過料を科する作用は、もともと純然たる訴訟事件としての性質の認められる刑事制裁を科する作用とは異なるのであるから、憲法82条、32条の定めるところにより、公開の法廷における対審及び判決によつて行なわれなければならないものではない」としている（最大決昭41.12.27）。したがって、裁判所が過料を科する場合には、公開法廷における対審及び判決は必要ない。

3 妥当である　判例は、「証人尋問が公判期日において行われる場合、傍聴人と証人との間で遮へい措置が採られ、あるいはビデオリンク方式によることとされ、さらには、ビデオリンク方式による上で傍聴人と証人との間で遮へい措置が採られても、審理が公開されていることに変わりはないから、これらの規定〔現刑事訴訟法157条の5第2項等〕は、憲法82条1項、37条1項に違反するものではない」としている（最判平17.4.14）。

4 妥当でない　裁判の公開の原則は、国民一般に対して、裁判を自由に傍聴することを認めている。もっとも、判例は、裁判の公開の原則は、法廷で傍聴人がメモを取る行為を権利として保障したものではないという判断を示している（レペタ事件　最大判平元.3.8）。

5 妥当でない　判例は、「憲法82条1項は、裁判の対審及び判決は公開の法廷

で行わなければならない旨を規定しているが、右規定にいう『裁判』とは、現行法が裁判所の権限に属するものとしている事件について裁判所が裁判という形式をもってする判断作用ないし法律行為のすべてを指すのではなく、……裁判所が当事者の意思いかんにかかわらず終局的に事実を確定し当事者の主張する実体的権利義務の存否を確定することを目的とする純然たる訴訟事件についての裁判のみを指すものと解すべきである」とし、「裁判官に対する懲戒は、裁判所が裁判という形式をもってすることとされているが、一般の公務員に対する懲戒と同様、その実質においては裁判官に対する行政処分の性質を有するものである。したがって、……懲戒の裁判は、純然たる訴訟事件についての裁判には当たらないことが明らかである」としている（寺西判事補事件　最大決平10.12.1）。

したがって、裁判官の懲戒の裁判は、裁判の公開の原則は適用されない。

問題8　正解 2　一般的法理論（公法上の権利の一身専属性）　行政法　ランク C

A　ア　判例は、「生活保護法の規定に基づき要保護者または被保護者が国から生活保護を受けるのは、単なる国の恩恵ないし社会政策の実施に伴う反射的利益ではなく、法的権利であつて、保護受給権とも称すべきもの」としている（最大判昭42.5.24）。

B　エ　労働者等のじん肺に係る労災保険給付を請求する権利について、判例は、「〔じん肺管理区分が〕管理1に該当する旨の決定を受けた労働者等が当該決定の取消しを求める訴訟の係属中に死亡した場合には、当該訴訟は、当該労働者等の死亡によって当然に終了するものではなく、当該労働者等のじん肺に係る未支給の労災保険給付を請求することができる労災保険法11条1項所定の遺族においてこれを承継すべきものと解するのが相当である」としている（最判平29.4.6）。

原子爆弾被爆者に対する援護に関する法律に基づく認定の申請がされた健康管理手当の受給権について、判例は、「被爆者健康手帳交付申請及び健康管理手当認定申請の各却下処分の取消しを求める訴訟並びに同取消しに加えて被爆者健康手帳の交付の義務付けを求める訴訟について、訴訟の係属中に申請者が死亡した場合には、当該訴訟は当該申請者の死亡により当然に終了するものではなく、その相続人がこれを承継するものと解するのが相当である」としている（最判平29.12.18）。

したがって、両判決ともに、権利の一身専属性を認めず、相続人による訴訟承継を認めている。

なお、空欄Cの記述オ及びカがいずれも「一身専属性が認められない」として

いることから、空欄Bには、エが当てはまると判断することが可能である。

C カ 判例は、「被爆者援護法〔原子爆弾被爆者に対する援護に関する法律〕は、……原子爆弾の投下の結果として生じた放射能に起因する健康被害が他の戦争被害とは異なる特殊の被害であることに鑑みて制定されたものであることからすれば、被爆者援護法は、このような特殊の戦争被害について戦争遂行主体であった国が自らの責任によりその救済を図るという一面をも有するものであり、その点では実質的に国家補償的配慮が制度の根底にあることは否定することができない」としている（最判平29.12.18）。

行政法

問題9　正解 4　一般的法理論（行政契約）

ア 妥当でない 行政手続法1条1項は、「この法律は、処分、行政指導及び届出に関する手続並びに命令等を定める手続に関し、共通する事項を定めることによって、行政運営における公正の確保と透明性（行政上の意思決定について、その内容及び過程が国民にとって明らかであることをいう。……）の向上を図り、もって国民の権利利益の保護に資することを目的とする。」と規定している。したがって、行政手続法は、行政契約に関する規定を置いていない（2条各号参照）。

イ 妥当でない 地方自治法234条1項は、「売買、貸借、請負その他の契約は、一般競争入札、指名競争入札、随意契約又はせり売りの方法により締結するものとする。」と規定している。したがって、本記述は妥当ではない。

ウ 妥当である 水道法15条1項は、「水道事業者は、事業計画に定める給水区域内の需要者から給水契約の申込みを受けたときは、正当の理由がなければ、これを拒んではならない。」と規定している。この点、判例は、水が限られた資源であることを考慮すれば、市町村が正常な企業努力を尽くしてもなお水の供給に一定の限界があり得ることも否定することはできないのであって、給水義務は絶対的なものということはできず、給水契約の申込みが適正かつ合理的な供給計画によっては対応することができないものである場合には、同条項にいう「正当の理由」があるものとして、これを拒むことが許されるとしている（最判平11.1.21）。

エ 妥当でない 判例は、企業が地方公共団体との間で締結した公害防止協定に違反し、操業を停止しない場合に、当該地方公共団体が当該企業を被告として操業の差止めを求める訴訟について法律上の争訟であることを前提に、公害防止協定の法的拘束力を認めた（最判平21.7.10）。

オ 妥当である 判例は、随意契約の制限に関する法令に違反して締結された

契約の私法上の効力については、このような違法な契約であっても私法上当然に無効になるものではないとしている（最判昭 62.5.19）。

行政法

問題10　正解 5　一般的法理論（行政調査）　ランク B

1　妥当でない　警察官職務執行法（警職法）には所持品検査を行うことができるとする規定はない。なお、判例は、「警職法 2 条 1 項に基づく職務質問に附随して行う所持品検査は、任意手段として許容されるものであるから、所持人の承諾を得てその限度でこれを行うのが原則であるが、職務質問ないし所持品検査の目的、性格及びその作用等にかんがみると、所持人の承諾のない限り所持品検査は一切許容されないと解するのは相当でなく、捜索に至らない程度の行為は、強制にわたらない限り、たとえ所持人の承諾がなくても、所持品検査の必要性、緊急性、これによって侵害される個人の法益と保護されるべき公共の利益との権衡などを考慮し、具体的状況のもとで相当と認められる限度において許容される場合がある」としている（最判昭 53.9.7）。

2　妥当でない　判例は、自動車検問の適否について、「警察官が、交通取締の一環として交通違反の多発する地域等の適当な場所において、交通違反の予防、検挙のための自動車検問を実施し、同所を通過する自動車に対して走行の外観上の不審な点の有無にかかわりなく短時分の停止を求めて、運転者などに対し必要な事項についての質問などをすることは、それが相手方の任意の協力を求める形で行われ、自動車の利用者の自由を不当に制約することにならない方法、態様で行われる限り、適法なものと解すべきである」としている（最決昭 55.9.22）。

3　妥当でない　行政手続法上、本記述のような規定はない。

4　妥当でない　国税通則法 74 条の 8 は、職員の質問検査権等は、犯罪捜査のために認められたものと解してはならないと規定しているが、判例は、（国税通則法の質問検査規定の前身である）法人税法の質問検査権について、「取得収集される証拠資料が後に犯則事件の証拠として利用されることが想定できたとしても、そのことによって直ちに、上記質問又は検査の権限が犯則事件の調査あるいは捜査のための手段として行使されたことにはならない」として、質問検査権の行使により取得収集した資料について犯則手続における証拠能力を肯定している（最決平 16.1.20）。

5　妥当である　罰則を担保とした調査（間接強制調査）は、法律の根拠を要する（国税通則法 74 条の 2 及び 128 条 2 号参照）。

行政法

問題11 **正解** 1　行政手続法（申請に対する処分） ランクA

1　妥当である　行政手続法6条は、「行政庁は、申請がその事務所に到達してから当該申請に対する処分をするまでに通常要すべき標準的な期間（法令により当該行政庁と異なる機関が当該申請の提出先とされている場合は、併せて、当該申請が当該提出先とされている機関の事務所に到達してから当該行政庁の事務所に到達するまでに通常要すべき標準的な期間）を定めるよう努めるとともに、これを定めたときは、これらの当該申請の提出先とされている機関の事務所における備付けその他の適当な方法により公にしておかなければならない。」と規定している。

2　妥当でない　7条は、「行政庁は、申請がその事務所に到達したときは遅滞なく当該申請の審査を開始しなければならず、かつ、申請書の記載事項に不備がないこと、申請書に必要な書類が添付されていること、申請をすることができる期間内にされたものであることその他の法令に定められた申請の形式上の要件に適合しない申請については、速やかに、申請をした者（以下『申請者』という。）に対し相当の期間を定めて当該申請の補正を求め、又は当該申請により求められた許認可等を拒否しなければならない。」と規定している。

3　妥当でない　8条1項本文は、「行政庁は、申請により求められた許認可等を拒否する処分をする場合は、申請者に対し、同時に、当該処分の理由を示さなければならない。」と規定している。

4　妥当でない　行政手続法上、本記述のような規定はない。なお、9条1項は、「行政庁は、申請者の求めに応じ、当該申請に係る審査の進行状況及び当該申請に対する処分の時期の見通しを示すよう努めなければならない。」と規定している。

5　妥当でない　10条は、「行政庁は、申請に対する処分であって、申請者以外の者の利害を考慮すべきことが当該法令において許認可等の要件とされているものを行う場合には、必要に応じ、公聴会の開催その他の適当な方法により当該申請者以外の者の意見を聴く機会を設けるよう努めなければならない。」と規定している。

行政法

問題12 **正解** 3　行政手続法（不利益処分） ランクA

1　妥当でない　申請により求められた許認可等を拒否する処分は不利益処分に該当しない（行政手続法2条4号ロ）。

2　妥当でない　行政手続法上、本記述のような規定はない。

3 妥当である　弁明の機会の付与は、処分を行うため意見陳述を要する場合で、聴聞によるべきものとして法が列挙している場合のいずれにも該当しないときに行われる（13条1項2号）。また、行政手続法29条1項は、「弁明は、行政庁が口頭ですることを認めたときを除き、弁明を記載した書面（……「弁明書」という。）を提出してするものとする。」と規定している。

4 妥当でない　行政手続法第3章第2節（聴聞）の規定に基づく処分又はその不作為については、審査請求をすることができない（27条）。

5 妥当でない　19条2項各号において、聴聞を主宰することができない者を規定している。

問題13　正解 1　行政手続法（届出）　ランク A　行政法

1 妥当である　行政手続法2条7号は、届出の定義について、「行政庁に対し一定の事項の通知をする行為（申請に該当するものを除く。）であって、法令により直接に当該通知が義務付けられているもの（自己の期待する一定の法律上の効果を発生させるためには当該通知をすべきこととされているものを含む。）をいう。」を掲げている。

2 妥当でない　本記述のような限定は付されていない（2条7号参照）。

3 妥当でない　本記述のような限定は付されていない（2条7号参照）。

4 妥当でない　37条は、「届出が届出書の記載事項に不備がないこと、届出書に必要な書類が添付されていることその他の法令に定められた届出の形式上の要件に適合している場合は、当該届出が法令により当該届出の提出先とされている機関の事務所に到達したときに、当該届出をすべき手続上の義務が履行されたものとする。」と規定している。

5 妥当でない　法令上必要とされる書類が添付されていない場合には、届出をすべき手続上の義務が履行されたものとはされない（37条）。

問題14　正解 2　行政不服審査法（総合）　ランク A　行政法

1 妥当でない　行政不服審査法5条1項本文は、「行政庁の処分につき処分庁以外の行政庁に対して審査請求をすることができる場合において、法律に再調査の請求をすることができる旨の定めがあるときは、当該処分に不服がある者は、処分

庁に対して再調査の請求をすることができる。」と規定している。

2 妥当である 42条1項は、「審理員は、審理手続を終結したときは、遅滞なく、審査庁がすべき裁決に関する意見書（以下『審理員意見書』という。）を作成しなければならない。」と規定しており、同条2項は、「審理員は、審理員意見書を作成したときは、速やかに、これを事件記録とともに、審査庁に提出しなければならない。」と規定している。

3 妥当でない 行政不服審査法上、本記述のような規定はない。なお、行政手続法36条の3第1項は、「何人も、法令に違反する事実がある場合において、その是正のためにされるべき処分又は行政指導（その根拠となる規定が法律に置かれているものに限る。）がされていないと思料するときは、当該処分をする権限を有する行政庁又は当該行政指導をする権限を有する行政機関に対し、その旨を申し出て、当該処分又は行政指導をすることを求めることができる。」と規定している。

4 妥当でない 行政不服審査法上、本記述のような規定はない。なお、行政手続法36条の2第1項本文は、「法令に違反する行為の是正を求める行政指導（その根拠となる規定が法律に置かれているものに限る。）の相手方は、当該行政指導が当該法律に規定する要件に適合しないと思料するときは、当該行政指導をした行政機関に対し、その旨を申し出て、当該行政指導の中止その他必要な措置をとることを求めることができる。」と規定している。

5 妥当でない 行政不服審査法43条1項柱書は、「……審査庁が地方公共団体の長（地方公共団体の組合にあっては、長、管理者又は理事会）である場合にあっては第81条第1項又は第2項の機関〔地方公共団体に置かれる執行機関の附属機関〕に、それぞれ諮問しなければならない。」と規定している。

行政法

問題15 **正解 2** **行政不服審査法（審理員）**

1 妥当でない 審理員は、審査庁に所属する職員のうちから指名する（行政不服審査法9条1項柱書）。なお、「審査請求に係る処分若しくは当該処分に係る再調査の請求についての決定に関与した者又は審査請求に係る不作為に係る処分に関与し、若しくは関与することとなる者」は、審理員となることはできない（同条2項1号）。

2 妥当である 行政不服審査法33条は、「審理員は、審査請求人若しくは参加人の申立てにより又は職権で、書類その他の物件の所持人に対し、相当の期間を定めて、その物件の提出を求めることができる。この場合において、審理員は、その

提出された物件を留め置くことができる。」と規定している。

3 妥当でない　35条1項は、「審理員は、審査請求人若しくは参加人の申立てにより又は職権で、必要な場所につき、検証をすることができる。」と規定している。

4 妥当でない　36条は、「審理員は、審査請求人若しくは参加人の申立てにより又は職権で、審査請求に係る事件に関し、審理関係人に質問することができる。」と規定している。

5 妥当でない　39条は、「審理員は、必要があると認める場合には、数個の審査請求に係る審理手続を併合し、又は併合された数個の審査請求に係る審理手続を分離することができる。」と規定している。

行政法

問題16　正解 1　行政不服審査法（教示）　ランク B

1 妥当でない　行政不服審査法82条1項は、「行政庁は、審査請求若しくは再調査の請求又は他の法令に基づく不服申立て（以下この条において『不服申立て』と総称する。）をすることができる処分をする場合には、処分の相手方に対し、当該処分につき不服申立てをすることができる旨並びに不服申立てをすべき行政庁及び不服申立てをすることができる期間を書面で教示しなければならない。ただし、当該処分を口頭でする場合は、この限りでない。」と規定している。

2 妥当である　教示義務が求められる事項は、「当該処分につき不服申立てをすることができる旨並びに不服申立てをすべき行政庁及び不服申立てをすることができる期間」である。執行停止の申立てをすることができる旨を教示する必要はない（82条1項参照）。

3 妥当である　82条2項は、「行政庁は、利害関係人から、当該処分が不服申立てをすることができる処分であるかどうか並びに当該処分が不服申立てをすることができるものである場合における不服申立てをすべき行政庁及び不服申立てをすることができる期間につき教示を求められたときは、当該事項を教示しなければならない。」と規定しており、同条3項は、「前項の場合において、教示を求めた者が書面による教示を求めたときは、当該教示は、書面でしなければならない。」と規定している。

4 妥当である　83条1項は、「行政庁が前条の規定による教示をしなかった場合には、当該処分について不服がある者は、当該処分庁に不服申立書を提出することができる。」と規定している。

5 妥当である 50条3項は、「審査庁は、再審査請求をすることができる裁決をする場合には、裁決書に再審査請求をすることができる旨並びに再審査請求をすべき行政庁及び再審査請求期間（第62条に規定する期間をいう。）を記載して、これらを教示しなければならない。」と規定している。

問題17　正解 4　行政事件訴訟法（総合）　行政法　ランク B

1 妥当でない 行政事件訴訟法3条1項では、「この法律において『抗告訴訟』とは、行政庁の公権力の行使に関する不服の訴訟をいう。」と規定され、同条2項以下で列記されている訴訟類型以外にも認められる（これを法定外抗告訴訟や、無名抗告訴訟という）。

2 妥当でない 不作為の違法確認判決は、判決の拘束力（38条1項・33条）により行政庁は何らかの処分をすることを義務付けられるが、申請を認容することを義務付けられるわけではない。

3 妥当でない 3条5項は、「この法律において『不作為の違法確認の訴え』とは、行政庁が法令に基づく申請に対し、相当の期間内に何らかの処分又は裁決をすべきであるにかかわらず、これをしないことについての違法の確認を求める訴訟をいう。」と規定している。したがって、申請が法令に基づくものであることが必要である。

4 妥当である 44条は、「行政庁の処分その他公権力の行使に当たる行為については、民事保全法（平成元年法律第91号）に規定する仮処分をすることができない。」と規定している。もっとも、「行政庁の処分その他公権力の行使に当たる行為」に該当しない行為については、民事保全法に基づいて仮処分をする余地がある。

5 妥当でない 行政事件訴訟法には、当事者訴訟の具体的な出訴期間を定めた規定は存在しない。

問題18　正解 1　行政事件訴訟法（抗告訴訟の対象）　行政法　ランク A

1 妥当でない 判例は、「開発行為を行おうとする者が、……同意を得ることができず、開発行為を行うことができなくなったとしても、その権利ないし法的地位が侵害されたものとはいえないから、……同意を拒否する行為が、国民の権利ない

し法律上の地位に直接影響を及ぼすものであると解することはできない」とした上で、「公共施設の管理者である行政機関等が法〔都市計画法〕32条所定の同意を拒否する行為は、抗告訴訟の対象となる処分には当たらない」とした（最判平7.3.23）。

2 妥当である　判例は、都市計画法8条1項に基づき用途地域を指定する決定が告示されて効力を生ずると、当該地域内においては、建築物の高さ等につき従前と異なる基準が適用され、これらの基準に適合しない建築物については、建築確認を受けることができず、ひいてその建築等をすることができないこととなるが、このような効果は、新たにこのような制約を課する法令が制定された場合と同様の当該地域内の不特定多数の者に対する一般的抽象的な効果にすぎないから、行政処分に該当しないとした（最判昭57.4.22）。

3 妥当である　判例は、「市町村の施行に係る土地区画整理事業の事業計画の決定は、施行地区内の宅地所有者等の法的地位に変動をもたらすものであって、抗告訴訟の対象とするに足りる法的効果を有するものということができ、実効的な権利救済を図るという観点から見ても、これを対象とした抗告訴訟の提起を認めるのが合理的である」とし、処分性を肯定した（最大判平20.9.10）。

4 妥当である　判例は、地方公共団体が営む簡易水道事業につき、水道料金の改定を内容とする条例の制定行為は、当該水道料金を一般的に改定するものであって、限られた特定の者に対してのみ適用されるものではなく、本件改正条例の制定行為をもって行政庁が法の執行として行う処分と実質的に同視することはできないから、行政処分に該当しないとした（最判平18.7.14）。

5 妥当である　判例は、地方公共団体の設置する特定の保育所を廃止する条例の制定行為は、他に行政庁の処分を待つことなく、条例施行により保育所廃止の効果を発生させ、保育所に現に入所中の児童及びその保護者という限られた特定の者に対し、直接、法的地位を奪う結果を生じさせるものであるから、行政処分に該当するとした（最判平21.11.26）。

行政法

問題19　正解 3　行政事件訴訟法（処分無効確認訴訟）　ランク B

1 妥当でない　無効確認訴訟において、当該処分に無効原因となる瑕疵が存在しない場合に、当該訴えは棄却される。

2 妥当でない　行政事件訴訟法は、36条で、無効等確認の訴えの原告適格について規定している。

3 妥当である　無効等確認訴訟においては、審査請求前置主義について定める行政事件訴訟法8条は準用されていない（38条参照）。したがって、審査請求前置主義が採られている場合であっても、審査請求に対する裁決を経ずに無効等確認訴訟を提起することができる。

4 妥当でない　無効等確認訴訟においては、執行停止に関する規定（25条～29条、32条2項）が準用されている（38条3項）。したがって、無効等確認訴訟において執行停止を申し立てることはできる。

5 妥当でない　36条は、「無効等確認の訴えは、当該処分又は裁決に続く処分により損害を受けるおそれのある者その他当該処分又は裁決の無効等の確認を求めるにつき法律上の利益を有する者で、当該処分若しくは裁決の存否又はその効力の有無を前提とする現在の法律関係に関する訴えによつて目的を達することができないものに限り、提起することができる。」と規定している。

行政法

問題20　**正解 2**　**国家賠償法（1条1項）**　ランク A

1 妥当でない　判例は、「刑事事件において無罪の判決が確定したというだけで直ちに起訴前の逮捕・勾留、公訴の提起・追行、起訴後の勾留が違法となるということはない。……逮捕・勾留はその時点において犯罪の嫌疑について相当な理由があり、かつ、必要性が認められるかぎりは適法であり、公訴の提起は、検察官が裁判所に対して犯罪の成否、刑罰権の存否につき審判を求める意思表示にほかならないのであるから、起訴時あるいは公訴追行時における検察官の心証は、その性質上、判決時における裁判官の心証と異なり、起訴時あるいは公訴追行時における各種の証拠資料を総合勘案して合理的な判断過程により有罪と認められる嫌疑があれば足りるものと解するのが相当である」としている（最判昭53.10.20）。

2 妥当である　判例は、指定確認検査機関に対する建築確認の取消しを求めた訴訟について、「指定確認検査機関による確認に関する事務は、建築主事による確認に関する事務の場合と同様に、地方公共団体の事務であり、その事務の帰属する行政主体は、当該確認に係る建築物について確認をする権限を有する建築主事が置かれた地方公共団体であると解するのが相当である。……指定確認検査機関の確認に係る建築物について確認をする権限を有する建築主事が置かれた地方公共団体は、指定確認検査機関の当該確認につき行政事件訴訟法21条1項所定の『当該処分又は裁決に係る事務の帰属する国又は公共団体』に当たるというべき」であるとして、地方公共団体に対する国家賠償請求訴訟への変更を認めた（最決平

17.6.24）。

3　妥当でない　判例は、「学校の教師は、学校における教育活動により生ずるおそれのある危険から生徒を保護すべき義務を負つており、危険を伴う技術を指導する場合には、事故の発生を防止するために十分な措置を講じるべき注意義務がある」として、国家賠償法1条1項にいう「公権力の行使」には、公立学校における教師の教育活動も含まれるものと解するのが相当としている（最判昭62.2.6）。

4　妥当でない　判例は、「税務署長のする所得税の更正は、所得金額を過大に認定していたとしても、そのことから直ちに国家賠償法1条1項にいう違法があったとの評価を受けるものではなく、税務署長が資料を収集し、これに基づき課税要件事実を認定、判断する上において、職務上通常尽くすべき注意義務を尽くすことなく漫然と更正をしたと認め得るような事情がある場合に限り、右の評価を受けるものと解するのが相当である」としている（最判平5.3.11）。

5　妥当でない　判例は、「警察官は、異常な挙動その他周囲の事情から合理的に判断してなんらかの犯罪を犯したと疑うに足りる相当な理由のある者を停止させて質問し、また、現行犯人を現認した場合には速やかにその検挙又は逮捕に当たる職責を負うものであつて……、右職責を遂行する目的のために被疑者を追跡することはもとよりなしうるところであるから、警察官がかかる目的のために交通法規等に違反して車両で逃走する者をパトカーで追跡する職務の執行中に、逃走車両の走行により第三者が損害を被つた場合において、右追跡行為が違法であるというためには、右追跡が当該職務目的を遂行する上で不必要であるか、又は逃走車両の逃走の態様及び道路交通状況等から予測される被害発生の具体的危険性の有無及び内容に照らし、追跡の開始・継続若しくは追跡の方法が不相当であることを要する」としている（最判昭61.2.27）。

行政法

問題21　正解 3　国家賠償法（2条1項）　ランク B

ア　妥当でない　判例は、「国家賠償法2条1項は、危険責任の法理に基づき被害者の救済を図ることを目的として、国又は公共団体の責任発生の要件につき、公の営造物の設置又は管理に瑕疵があったために他人に損害を生じたときと規定しているところ、所論の回避可能性があったことが本件道路の設置又は管理に瑕疵を認めるための積極的要件になるものではないと解すべき」としている（最判平7.7.7）。

イ　妥当である　判例は、「営造物の供用が第三者に対する関係において違法な

権利侵害ないし法益侵害となり、営造物の設置・管理者において賠償義務を負うかどうかを判断するに当たっては、侵害行為の態様と侵害の程度、被侵害利益の性質と内容、侵害行為の持つ公共性ないし公益上の必要性の内容と程度等を比較検討するほか、侵害行為の開始とその後の継続の経過及び状況、その間に採られた被害の防止に関する措置の有無及びその内容、効果等の事情をも考慮し、これらを総合的に考察してこれを決すべきものである」としている（最判平 7.7.7）。

ウ 妥当である 判例は、「道路等の施設の周辺住民からその供用の差止めが求められた場合に差止請求を認容すべき違法性があるかどうかを判断するにつき考慮すべき要素は、周辺住民から損害の賠償が求められた場合に賠償請求を認容すべき違法性があるかどうかを判断するにつき考慮すべき要素とほぼ共通するのであるが、施設の供用の差止めと金銭による賠償という請求内容の相違に対応して、違法性の判断において各要素の重要性をどの程度のものとして考慮するかにはおのずから相違があるから、右両場合の違法性の有無の判断に差異が生じることがあっても不合理とはいえない」としている（最判平 7.7.7）。

エ 妥当でない 判例は、「空港における航空機の離着陸の規制等は、これを法律的にみると、単に本件空港についての営造物管理権の行使という立場のみにおいてされるべきもの、そして現にされているものとみるべきではなく、航空行政権の行使という立場をも加えた、複合的観点に立つた総合的判断に基づいてされるべきもの」として差止めを求める請求にかかる部分は不適法としているものの、「営造物の設置・管理者において、かかる危険性があるにもかかわらず、これにつき特段の措置を講ずることなく、また、適切な制限を加えないままこれを利用に供し、その結果利用者又は第三者に対して現実に危害を生ぜしめたときは、それが右設置・管理者の予測しえない事由によるものでない限り、国家賠償法2条1項の規定による責任を免れることができない」としている（最大判昭 56.12.16）。

行政法

問題22 **正解 3** **地方自治法（条例）** ランク

1 妥当でない 本問の過料は、行政法学上の秩序罰に当たり、長が弁明の機会を与えた上で科す（地方自治法 149 条 3 号、255 条の 3）。
2 妥当でない 条例は、原則として属地的に適用される（最大判昭 29.11.24）。したがって、A市域内の繁華街で路上喫煙をした者は、A市の住民であるか否かにかかわらず、本条例に基づき処罰されることになる。
3 妥当である 条例により、2年以下の懲役若しくは禁錮、100万円以下の罰

金、拘留、科料若しくは没収の刑又は5万円以下の過料を科する旨の規定を設けることができる（14条3項）。

4 妥当でない 長の定める規則により科することができるのは、5万円以下の過料のみであり、罰金を科すことはできない（15条2項）。

5 妥当でない 地方自治法14条3項は、「普通地方公共団体は、法令に特別の定めがあるものを除くほか、その条例中に、条例に違反した者に対し、2年以下の懲役若しくは禁錮、100万円以下の罰金、拘留、科料若しくは没収の刑又は5万円以下の過料を科する旨の規定を設けることができる。」と規定しており、本記述のように、あらかじめ総務大臣と協議しなければならない旨の規定を置いていない。

行政法

問題23　正解 5　地方自治法（住民監査請求及び住民訴訟） ランク B

1 妥当でない 住民訴訟の出訴権者は、普通地方公共団体の「住民」である（地方自治法242条の2第1項）。そして、事実審の口頭弁論終結時までに当該地方公共団体から転出した者の訴えは、不適法として却下される（大阪高判昭59.1.25参照）。

2 妥当でない 地方自治法242条の2第1項は、普通地方公共団体の住民は、住民監査請求をした場合において、監査委員の監査の結果等に不服があるとき、裁判所に対し、住民訴訟を提起できる旨を規定しており、本記述のように、当該財務会計行為が行われた時点において当該地方公共団体の住民であることを必要とはしていない。

3 妥当でない 住民監査請求を行った住民でなければ、住民訴訟を提起することはできない（242条の2第1項、242条1項）。

4 妥当でない 住民監査請求は、当該普通地方公共団体の住民でなければ行うことができない（242条1項）。

5 妥当である 2の解説のとおり、住民監査請求の結果に不服がある住民は、住民訴訟を提起できる。また、242条の2第2項には、出訴期間に関する定めが置かれている。

行政法

問題24　正解 1　地方自治法（都道府県の事務） ランク C

1 妥当である 地方自治法252条の17の2第1項は、「都道府県は、都道府県

知事の権限に属する事務の一部を、条例の定めるところにより、市町村が処理することとすることができる。この場合においては、当該市町村が処理することとされた事務は、当該市町村の長が管理し及び執行するものとする。」と規定している。

2 妥当でない 2条8項は、「……『自治事務』とは、地方公共団体が処理する事務のうち、法定受託事務以外のものをいう。」と規定しており、本記述のような定義づけはなされていない。

3 妥当でない 都道府県知事がする処分のうち、法定受託事務にかかるものについての審査請求は、他の法律に特別の定めがある場合を除くほか、当該処分に係る事務を規定する法律又はこれに基づく政令を所管する各大臣に対してするものとされている（255条の2第1項1号）。

4 妥当でない 245条の2は、「普通地方公共団体は、その事務の処理に関し、法律又はこれに基づく政令によらなければ、普通地方公共団体に対する国又は都道府県の関与を受け、又は要することとされることはない。」と規定しており、法定受託事務に関する普通地方公共団体に対する国又は都道府県の関与についても、法律に基づかないでなすことは認められない（関与の法定主義）。

5 妥当でない 14条1項は、「普通地方公共団体は、法令に違反しない限りにおいて第2条第2項の事務に関し、条例を制定することができる。」と規定している。しかし、都道府県がその自治事務について、独自の条例によって、法律が定める処分の基準に上乗せした基準を定めることができるとする規定は、地方自治法上存在しない。

行政法

問題25 **正解 5** 国家行政組織法 ランク A

ア 「内閣府」　イ 「委員会」　ウ 「法律」
エ 「分担管理」　オ 「内閣総理大臣」

本問の各条文は、以下のとおりである。

国家行政組織法1条は、「この法律は、内閣の統轄の下における行政機関で内閣府及びデジタル庁以外のもの（以下『国の行政機関』という。）の組織の基準を定め、もつて国の行政事務の能率的な遂行のために必要な国家行政組織を整えることを目的とする。」と規定している。

3条2項は、「行政組織のため置かれる国の行政機関は、省、委員会及び庁とし、その設置及び廃止は、別に法律の定めるところによる。」と規定している。

同条3項は、「省は、内閣の統轄の下に第5条第1項の規定により各省大臣の分

担管理する行政事務及び同条第2項の規定により当該大臣が掌理する行政事務をつかさどる機関として置かれるものとし、委員会及び庁は、省に、その外局として置かれるものとする。」と規定している。

5条1項は、「各省の長は、それぞれ各省大臣とし、内閣法（昭和22年法律第5号）にいう主任の大臣として、それぞれ行政事務を分担管理する。」と規定している。

同条2項は、「各省大臣は、前項の規定により行政事務を分担管理するほか、それぞれ、その分担管理する行政事務に係る各省の任務に関連する特定の内閣の重要政策について、当該重要政策に関して閣議において決定された基本的な方針に基づいて、行政各部の施策の統一を図るために必要となる企画及び立案並びに総合調整に関する事務を掌理する。」と規定している。

同条3項は、「各省大臣は、国務大臣のうちから、内閣総理大臣が命ずる。ただし、内閣総理大臣が自ら当たることを妨げない。」と規定している。

行政法

問題26　正解 3　　国籍と住民　　ランク A

1 妥当でない　事務監査請求ができるのは選挙権を有する者であり、その総数の50分の1以上の者の連署をもって行う（地方自治法75条1項）。そして、日本国民たる年齢満18年以上の者で引き続き3か月以上市町村の区域内に住所を有するものは、普通地方公共団体の議会の議員及び長の選挙権を有する（18条）。したがって、日本国籍を有しない者には、事務監査請求をする権利が認められない。

2 妥当でない　住民監査請求ができるのは「普通地方公共団体の住民」である（242条1項）。また、市町村の住民とは、市町村の区域内に住所を有する者をいう（10条1項）。したがって、住民であれば、日本国籍を有しない者でも、住民監査請求をする権利が認められる。

3 妥当である　地方自治法244条3項は、「普通地方公共団体は、住民が公の施設を利用することについて、不当な差別的取扱いをしてはならない。」と規定している。そして、「住民」については国籍が要件とされていないため、日本国籍を有しない住民についても、不当な差別的な取扱いをしてはならない。

4 妥当でない　日本国民たる年齢満18年以上の者で引き続き3か月以上市町村の区域内に住所を有するものは、普通地方公共団体の議会の議員及び長の選挙権を有する（18条）。したがって、日本国籍を有しない者は、選挙権を有しない。

5 妥当でない　外国人住民についても日本人と同様に、住民基本台帳法の適用

対象に加え、外国人住民の利便の増進及び市区町村等の行政の合理化を図るための、「住民基本台帳法の一部を改正する法律」が第 171 回国会で成立し、平成 21 年 7 月 15 日に公布、平成 24 年 7 月 9 日に施行された。本法律の施行により、外国人住民に対して住民票が作成され、翌年平成 25 年 7 月 8 日から、住民基本台帳ネットワーク（住基ネット）及び住民基本台帳カード（住基カード）についても運用が開始された（住民基本台帳カード（住基カード）の発行は平成 27 年 12 月で終了している）。

民 法

問題27 **正解** 1　虚偽表示の無効を対抗できない善意の第三者　ランク A

相手方と通じてした虚偽の意思表示は、無効とする（民法 94 条 1 項）。もっとも、当該意思表示の無効は、善意の第三者に対抗することができない（同条 2 項）。「第三者」とは、虚偽表示の当事者又はその包括承継人以外の者で、虚偽表示の外形を基礎として、新たな独立の法律上の利害関係を有するに至った者をいう。本問では、この「第三者」の該当性が問われている。

1 妥当でない　判例は、「土地の仮装譲受人が……土地上に建物を建築してこれを他人に賃貸した場合、……建物賃借人は、仮装譲渡された土地については法律上の利害関係を有するものとは認められないから、民法 94 条 2 項所定の第三者にはあたらない」としている（最判昭 57.6.8）。C は、仮装譲渡された土地上の建物を借りた者であるため、「第三者」に該当しない。したがって、A は、C に対して、虚偽表示の無効を対抗することができる。

2 妥当である　判例によれば、善意の転得者を保護するべき要請は直接の第三者と異ならないため、転得者も「第三者」に含まれる（最判昭 28.10.1）。したがって、A は、虚偽表示の無効を土地の転得者である善意の D に対して対抗することができない。

3 妥当である　判例によれば、仮装譲渡された土地に抵当権の設定を受けた抵当権者は、虚偽表示の外形を基礎として新たな独立の法律上の利害関係を有するに至ったといえるため「第三者」に当たる（大判大 4.12.17）。したがって、A は、虚偽表示の無効を C に対抗することができない。

4 妥当である　判例によれば、仮装譲渡された土地を差し押さえた譲受人の一般債権者も「第三者」に当たる（大判昭 12.2.9）。したがって、A は、虚偽表示の無効を C に対抗することができない。

5 妥当である　判例によれば、仮装譲渡された債権の譲受人は、独立の経済的

利益を有すると評価できるため「第三者」に当たる（大判昭13.12.17）。したがって、Aは、虚偽表示の無効をDに対抗できない。

なお、仮装譲渡された債権を取立てのために譲り受けた者は、独立の経済的利益を有しないため「第三者」に当たらない。

民 法

問題28　**正解** 2　　　　　　　　　占有権　　　　　　　　ランク B

1 妥当である　民法186条1項は、「占有者は、所有の意思をもって、善意で、平穏に、かつ、公然と占有をするものと推定する。」と規定している。また、188条は、「占有者が占有物について行使する権利は、適法に有するものと推定する。」と規定しているため、即時取得者においては、譲渡人である占有者に権利があると信じるについて無過失であることが推定される（最判昭41.6.9）。

2 妥当でない　「占有」は自主占有である必要があるところ、所有の意思は、186条1項によって推定される。そのため、相手方Aが自主占有でないこと（所有の意思がないこと）を主張・立証（証明）する必要がある。もっとも、その際、Bの占有が他主占有権原に基づくものであることまでをも証明する必要はなく、他主占有事情を証明することにより自主占有であることを否定できればそれで足りる。本記述は、他主占有事情が証明された場合は、Bの所有の意思が否定されるにもかかわらず、Bの所有の意思が認められるとしている点が妥当でない。

3 妥当である　189条1項は、「善意の占有者は、占有物から生ずる果実を取得する。」と規定している。丙を耕作することによって得た収穫物は天然果実であるため（88条1項）、善意で丙の占有を始めたCは、当該収穫物を取得することができる。

4 妥当である　他人のために物を占有する者は、占有回収の訴えにより奪われた物の返還を請求できる（197条後段、200条1項）。したがって、Aのために丁を保管しているBは、占有回収の訴えにより、Cに対して丁の返還を請求することができる。

5 妥当である　184条は、「代理人によって占有をする場合において、本人がその代理人に対して以後第三者のためにその物を占有することを命じ、その第三者がこれを承諾したときは、その第三者は、占有権を取得する。」と規定している（指図による占有移転）。指図による占有移転は、178条の「引渡し」に当たる。本問では、Aが戊の占有者Bに対し、以後Cのために占有することを命じ、Cが承諾しているため、戊について、AからCへの指図による占有移転があったといえ

る。したがって、戊について A から C への引渡しが認められる。

民 法

問題29 　**正解 4**　　　　　　　　**根抵当権**　　　　　　　　ランク **B**

1　正しい　民法398条の19第1項前段は、「根抵当権設定者は、根抵当権の設定の時から3年を経過したときは、担保すべき元本の確定を請求することができる。」と規定している。また、同条2項前段は、「根抵当権者は、いつでも、担保すべき元本の確定を請求することができる。」と規定している。したがって、本記述は正しい。なお、同条3項は、「前2項の規定は、担保すべき元本の確定すべき期日の定めがあるときは、適用しない。」と規定しているが、本記述の場合、本件根抵当権について元本確定期日が定められていないため、同条1項及び2項の規定が適用される。

2　正しい　398条の4第1項前段は、「元本の確定前においては、根抵当権の担保すべき債権の範囲の変更をすることができる。」と規定し、同条2項は、「前項の変更をするには、後順位の抵当権者その他の第三者の承諾を得ることを要しない。」と規定している。また、同条3項は、「第1項の変更について元本の確定前に登記をしなかったときは、その変更をしなかったものとみなす。」と規定している。

3　正しい　398条の21第1項は、「元本の確定後においては、根抵当権設定者は、その根抵当権の極度額を、現に存する債務の額と以後2年間に生ずべき利息その他の定期金及び債務の不履行による損害賠償の額とを加えた額に減額することを請求することができる。」と規定している。

4　誤り　398条の3第1項は、「根抵当権者は、確定した元本並びに利息その他の定期金及び債務の不履行によって生じた損害の賠償の全部について、極度額を限度として、その根抵当権を行使することができる。」と規定している。したがって、Bは、確定した元本に係る最後の2年分の利息、損害金について、極度額を超えて、本件根抵当権を行使して優先弁済を受けることができない。

5　正しい　398条の7第1項前段は、「元本の確定前に根抵当権者から債権を取得した者は、その債権について根抵当権を行使することができない。」と規定している。元本確定前の根抵当権は、抵当権と異なり、随伴性が否定されているからである。

民　法

問題30　正解 5　債務不履行　ランク B

1 誤り　民法412条2項は、「債務の履行について不確定期限があるときは、債務者は、その期限の到来した後に履行の請求を受けた時又はその期限の到来したことを知った時のいずれか早い時から遅滞の責任を負う。」と規定している。本問では、「Cが亡くなった後に引き渡す」という不確定期限が定められているため、Bから履行の請求があったか、AがCの死亡を知った時のいずれか早い時から遅滞責任が生じる。したがって、Aが実際にCの死亡を知らなかったとしても、Bから履行の請求があったのであれば、Aは履行遅滞の責任を負う。

2 誤り　契約に基づく債務の履行がその契約の成立の時に不能であった場合（原始的不能）でも損害賠償責任を負う（415条1項、412条の2第2項）。もっとも、債務者は、債務不履行について帰責性が認められない場合は、債務不履行責任を負わない（415条1項ただし書）。本記述では、AがBに対し債務不履行に基づく損害賠償責任を負わない理由は、債務の履行が原始的不能であることではなく、債務者に帰責性が認められないことにある。したがって、本問は、「本件契約は、その成立の時に不能であるから」としている点が誤りである。

3 誤り　415条1項は、「債務者がその債務の本旨に従った履行をしないとき又は債務の履行が不能であるときは、債権者は、これによって生じた損害の賠償を請求することができる。ただし、その債務の不履行が契約その他の債務の発生原因及び取引上の社会通念に照らして債務者の責めに帰することができない事由によるものであるときは、この限りでない。」と規定している。債務者が債務不履行責任を負うかどうかは、契約その他の債務の発生原因及び社会通念に照らして判断されるため、履行補助者の過失によって債務不履行に陥った場合であっても、債務者が当然に債務不履行責任を負うわけではない。あくまでも、一つの考慮要素となるにすぎない。

4 誤り　536条1項は、「当事者双方の責めに帰することができない事由によって債務を履行することができなくなったときは、債権者は、反対給付の履行を拒むことができる。」と規定している。したがって、動産甲がA・B双方の責めに帰すことができない事由によって滅失したときは、Bは、Aからの代金支払請求を拒むことができる。

5 正しい　413条の2第2項は、「債権者が債務の履行を受けることを拒み、又は受けることができない場合において、履行の提供があった時以後に当事者双方の責めに帰することができない事由によってその債務の履行が不能となったときは、その履行の不能は、債権者の責めに帰すべき事由によるものとみなす。」と規

定している。債務不履行について債権者の帰責性が認められる場合、債権者は、契約の解除をすることができず（543条）、また、反対給付の履行を拒むこともできない（536条2項前段）。本問では、Bが動産甲の受領を拒んでいることから、履行不能について債権者であるBの責めに帰すべき事由があるとみなされるため、Bは、本件契約を解除することも、Aからの代金支払請求を拒絶することもできない。

民 法

問題31　正解 5　債務不履行を理由とする契約の解除　ランク A

1　妥当でない　債務者がその債務の全部の履行を拒絶する意思を明確に表示したときは、債権者は、相当の期間を定めて履行の催告をすることなく、直ちに契約の解除をすることができる（民法542条1項2号）。

2　妥当でない　債務の全部の履行が不能であるときは、債権者は、相当の期間を定めて履行の催告をすることなく、直ちに契約の解除をすることができる（542条1項1号）。債務者の責めに帰すべき事由があることは、契約を解除するための要件としては掲げられていない。したがって、目的物が不可抗力によって滅失した場合であっても（債務者の責めに帰すべき事由がなかったとしても）、買主（債権者）は、契約を解除することができる。

3　妥当でない　賃貸借の当事者の一方が、当事者相互の信頼関係を破壊し、賃貸借関係の継続を著しく困難にする行為をした場合に、他方は民法541条が規定する相当の期間を定めた履行の催告をしていなかったとしても、契約を解除することができる（最判昭27.4.25等）。

4　妥当でない　民法545条1項本文は、「当事者の一方がその解除権を行使したときは、各当事者は、その相手方を原状に復させる義務を負う。」と規定している。判例は、売買契約が解除された場合に、目的物の引渡しを受けていた買主は、原状回復義務の内容として、解除までの間目的物を使用したことによる利益を売主に返還すべき義務を負うとしており、このことは、他人の権利の売買契約において、売主が目的物の所有権を取得して買主に移転することができず、561条〔平成29年法律第44号による改正前〕の規定により当該契約が解除された場合についても同様であると解すべきであるとしている（最判昭51.2.13）。したがって、売主に対して、他人物売買契約の解除による原状回復義務として金銭以外の目的物を返還するときは、受け取った時からの使用利益を付けて返還する必要がある。

5　妥当である　541条は、「当事者の一方がその債務を履行しない場合において、相手方が相当の期間を定めてその履行の催告をし、その期間内に履行がないと

きは、相手方は、契約の解除をすることができる。ただし、その期間を経過した時における債務の不履行がその契約及び取引上の社会通念に照らして軽微であるときは、この限りでない。」と規定している。したがって、代金額の不足が「軽微」な場合は、契約の解除が制限されることがある。

民　法

問題32　**正解** 4　　　**賃貸人たる地位の移転**　　ランク A

1 正しい　民法605条の2第1項は、「前条〔不動産賃貸借の対抗力〕、借地借家法第10条又は第31条その他の法令の規定による賃貸借の対抗要件を備えた場合において、その不動産が譲渡されたときは、その不動産の賃貸人たる地位は、その譲受人に移転する。」と規定している。そして、借地借家法31条は、「建物の賃貸借は、その登記がなくても、建物の引渡しがあったときは、その後その建物について物権を取得した者に対し、その効力を生ずる。」と規定している。本問では、BはAから甲建物の引渡しを受けているため、Bの賃借権は対抗力を備えているといえる。したがって、甲建物がAからCに譲渡されたときは、賃貸人たる地位はBの承諾を要せず、当然にCに移転する。

なお、本問は対抗力を備えている賃借権であるため、賃貸人たる地位は当然に移転するが、対抗力を備えていない賃借権であったとしても、その賃貸人たる地位は、賃借人の承諾を要しないで、譲渡人と譲受人との合意により、譲受人に移転させることができる（民法605条の3前段）。本問では、「AとCとの合意」の有無は関係なく、AとCが合意していなかった場合でも、賃貸人たる地位は当然に移転するため、「AとCとの合意により」という部分は意味のない記載であることとなる。

2 正しい　賃貸人たる地位の移転は、賃貸物である不動産について所有権の移転の登記をしなければ、賃借人に対抗することができない（605条の2第3項）。したがって、賃貸人たる地位の移転は、甲建物について所有権移転登記をしていなければ、賃借人であるBに対抗することができない。

3 正しい　民法605条の2第2項前段は、「前項の規定〔不動産の賃貸人たる地位の移転〕にかかわらず、不動産の譲渡人及び譲受人が、賃貸人たる地位を譲渡人に留保する旨及びその不動産を譲受人が譲渡人に賃貸する旨の合意をしたときは、賃貸人たる地位は、譲受人に移転しない。」と規定している。したがって、本記述のような合意をしたときは、賃貸人たる地位はAからCに移転しない。

4 誤り　612条1項は、「賃借人は、賃貸人の承諾を得なければ、その賃借

権を譲り渡し、又は賃借物を転貸することができない。」と規定しているため、賃借権の譲渡・転貸のいずれの場合においても、賃貸人の承諾を得る必要がある。したがって、Bは、甲建物を転貸するときであっても、Cの承諾を得る必要がある。

5 正しい　賃貸された不動産が譲渡されたことにより賃貸人たる地位が移転（605条の2第1項）したときは、敷金を巡る権利義務関係も新しい賃貸人に移転する（同条4項）。したがって、Cは、Bに対し、敷金の返還にかかる債務を負う。

民法

問題33　正解 2　法定利率　ランク C

1 妥当である　民法404条1項は、「利息を生ずべき債権について別段の意思表示がないときは、その利率は、その利息が生じた最初の時点における法定利率による。」と規定している。本条の「その利息が生じた最初の時点」とは、「その利息を支払う義務が生じた最初の時点」を意味する。利息付金銭消費貸借の場合には、利息は金銭を貸し渡した時より生じるため、「その利息を支払う義務が生じた時点」とは、借主が金銭を受け取った時点である。

2 妥当でない　404条1項は、「利息を生ずべき債権について別段の意思表示がないときは、その利率は、その利息が生じた最初の時点における法定利率による。」と規定している。したがって、本問のように、当初適用された法定利率が変動したときであっても、当該消費貸借の利息に適用される利率は、その利息が生じた最初の時点における法定利率により定められる。なお、同条2項は、「法定利率は、年3パーセントとする。」と規定しており、同条3項は、「前項の規定にかかわらず、法定利率は、法務省令で定めるところにより、3年を1期とし、1期ごとに、……変動するものとする。」と規定している。

3 妥当である　419条1項は、「金銭の給付を目的とする債務の不履行については、その損害賠償の額は、債務者が遅滞の責任を負った最初の時点における法定利率によって定める。ただし、約定利率が法定利率を超えるときは、約定利率による。」と規定している。したがって、本問のように、約定利率が法定利率より「低かったとき」は、遅延損害の額は、法定利率により定められる。

4 妥当である　上記3の解説のとおり、損害賠償の額は、債務者が遅滞の責任を負った最初の時点における法定利率によって定められる（419条1項本文）。不法行為に基づく損害賠償において、「債務者が遅滞の責任を負った最初の時点」とは、不法行為の時点を指す（最判昭37.9.4）。

5 妥当である　417条の2第1項は、「将来において取得すべき利益について

の損害賠償の額を定める場合において、その利益を取得すべき時までの利息相当額を控除するときは、その損害賠償の請求権が生じた時点における法定利率により、これをする。」と規定している。

問題34　正解 5　不法行為　民法　ランク C

1　妥当でない　民法712条は、「未成年者は、他人に損害を加えた場合において、自己の行為の責任を弁識するに足りる知能を備えていなかったときは、その行為について賠償の責任を負わない。」と規定している。「行為の責任を弁識するに足りる知能」とは、道徳上不正の行為であることを弁識する知能の意味ではなく、加害行為の法律上の責任を弁識するに足るべき知能をいう（大判大6.4.30）。したがって、本記述は「道徳上の」としている点が妥当でない。

2　妥当でない　713条は、「精神上の障害により自己の行為の責任を弁識する能力を欠く状態にある間に他人に損害を加えた者は、その賠償の責任を負わない。ただし、故意又は過失によって一時的にその状態を招いたときは、この限りでない。」と規定している。

3　妥当でない　正当防衛とは、他人の不法行為に対し、自己又は第三者の権利又は法律上保護される利益を防衛するため、やむを得ずにする加害行為のことである（720条1項本文）。本記述の場合、襲ってきた「野生の熊」に対し、自己の身を守るために他人の宅地に飛び込み板塀を壊しているため、正当防衛は成立しない。民法上、「野生の熊」は「人」ではなく「物」と評価されるからである。

4　妥当でない　緊急避難とは、他人の物から生じた急迫の危難を避けるために、その物を損傷することである（720条2項）。本記述の場合、他人の不法行為に対し、自己又は第三者の権利又は法律上保護される利益を防衛するため、やむを得ず加害行為をしているため、緊急避難ではなく、正当防衛が成立し得る。

5　妥当である　720条1項は、「他人の不法行為に対し、自己又は第三者の権利又は法律上保護される利益を防衛するため、やむを得ず加害行為をした者は、損害賠償の責任を負わない。ただし、被害者から不法行為をした者に対する損害賠償の請求を妨げない。」と規定している。したがって、窓を壊された被害者は、自己の身を守るために窓を割った者（やむを得ず加害行為をした者）に対しては、損害賠償を請求することができないが、暴漢（不法行為をした者）に対しては、損害賠償を請求することができる。

民　法

問題35 **正解** 1　　　　　相　続　　　　　ランク B

1　最も妥当である　民法897条1項は、「系譜、祭具及び墳墓の所有権は、前条の規定〔相続の一般的効力〕にかかわらず、慣習に従って祖先の祭祀を主宰すべき者が承継する。ただし、被相続人の指定に従って祖先の祭祀を主宰すべき者があるときは、その者が承継する。」と規定している。

2　妥当でない　896条は、「相続人は、相続開始の時から、被相続人の財産に属した一切の権利義務を承継する。ただし、被相続人の一身に専属したものは、この限りでない。」と規定している。したがって、本記述の前段は妥当である。もっとも、判例は、不法行為による慰謝料請求権は、被害者が生前に請求の意思を表明しなくても、当然に相続の対象となるとしている（最大判昭42.11.1）。したがって、本記述の後段が妥当でない。

3　妥当でない　判例は、「共同相続された普通預金債権、通常貯金債権及び定期貯金債権は、いずれも、相続開始と同時に当然に相続分に応じて分割されることはなく、遺産分割の対象となるものと解するのが相当である」としている（最大決平28.12.19）。

4　妥当でない　906条の2第1項は、「遺産の分割前に遺産に属する財産が処分された場合であっても、共同相続人は、その全員の同意により、当該処分された財産が遺産の分割時に遺産として存在するものとみなすことができる。」と規定している。また、同条第2項は、「前項の規定にかかわらず、共同相続人の1人又は数人により同項の財産が処分されたときは、当該共同相続人については、同項の同意を得ることを要しない。」と規定している。本記述のように、遺産分割前に相続財産に属する財産を処分したとしても、当該財産は必ずしも遺産分割の対象となる相続財産でなくなるわけではない。

5　妥当であるとはいえない　907条1項は、「共同相続人は、次条の規定〔遺産の分割の方法の指定及び遺産の分割の禁止〕により被相続人が遺言で禁じた場合を除き、いつでも、その協議で、遺産の全部又は一部の分割をすることができる。」と規定している。本条によれば、協議による遺産分割をすることができる期間に制限はない。したがって、相続の開始後3か月を経過していなくても、いつでもその協議で遺産の全部又は一部の分割をすることができる。

もっとも、本記述の「相続の開始後3か月を経過した場合」という部分を単なる場面の設定にすぎないものと捉えた場合、「3か月を経過した場合でも、以後いつでも遺産分割をすることができるのか」という問題であると考えることとなり、妥当であると考える余地もある。

解答・解説　715

商 法

問題36　正解 5　営業譲渡　ランク C

1　誤り　商号の譲渡は、登記をしなければ、第三者に対抗することができない（商法15条2項）。登記は対抗要件であり、効力発生要件ではない。

2　誤り　商法17条1項は、「営業を譲り受けた商人（以下この章において『譲受人』という。）が譲渡人の商号を引き続き使用する場合には、その譲受人も、譲渡人の営業によって生じた債務を弁済する責任を負う。」と規定している。したがって、本記述の前段は正しい。もっとも、同条2項後段は、「前項の規定は、……営業を譲渡した後、遅滞なく、譲受人及び譲渡人から第三者に対しその旨の通知をした場合において、その通知を受けた第三者について」は適用しないと規定している。本記述では、甲及び乙から丙への通知が要求されるところ、譲受人である乙からのみ通知がなされており、甲からの通知がなされていない。したがって、本記述は後段が誤りである。

3　誤り　17条4項は、「第1項に規定する場合〔商号続用の場合の譲受人の責任〕において、譲渡人の営業によって生じた債権について、その譲受人にした弁済は、弁済者が善意でかつ重大な過失がないときは、その効力を有する。」と規定している。したがって、丙が善意であったとしても、重過失があった場合には、本記述の弁済は効力を有しない。

4　誤り　18条1項は、「譲受人が譲渡人の商号を引き続き使用しない場合においても、譲渡人の営業によって生じた債務を引き受ける旨の広告をしたときは、譲渡人の債権者は、その譲受人に対して弁済の請求をすることができる。」と規定している。同条2項は、「譲受人が前項の規定により譲渡人の債務を弁済する責任を負う場合には、譲渡人の責任は、同項の広告があった日後2年以内に請求又は請求の予告をしない債権者に対しては、その期間を経過した時に消滅する。」と規定している。したがって、乙が甲の営業によって生じた債務を引き受ける旨の広告をしたときは、甲の債権者である丙は、その広告から2年以内に請求又は請求の予告をする限り、乙に対してのみならず、甲に対しても弁済の請求をすることができる。本記述は、乙に対して弁済の請求をしなければならないとして、甲に対する弁済の請求の可能性を排除しているため誤りである。

5　正しい　18条の2第1項は「譲渡人が譲受人に承継されない債務の債権者（以下この条において『残存債権者』という。）を害することを知って営業を譲渡した場合には、残存債権者は、その譲受人に対して、承継した財産の価額を限度として、当該債務の履行を請求することができる。ただし、その譲受人が営業の譲渡の効力が生じた時において残存債権者を害することを知らなかったときは、この限り

でない。」と規定している。

問題37　正解 3　会社法（発行可能株式総数） 商法 ランク B

ア　正しい　会社法37条1項は、「発起人は、株式会社が発行することができる株式の総数（以下『発行可能株式総数』という。）を定款で定めていない場合には、株式会社の成立の時までに、その全員の同意によって、定款を変更して発行可能株式総数の定めを設けなければならない。」と規定している。

イ　誤り　37条2項は、「発起人は、発行可能株式総数を定款で定めている場合には、株式会社の成立の時までに、その全員の同意によって、発行可能株式総数についての定款の変更をすることができる。」と規定している。

ウ　誤り　98条は、「第57条第1項の募集〔設立時発行株式を引き受ける者の募集〕をする場合において、発行可能株式総数を定款で定めていないときは、株式会社の成立の時までに、創立総会の決議によって、定款を変更して発行可能株式総数の定めを設けなければならない。」と規定している。

　なお、設立時募集株式の払込期日・払込期間の初日が到来する前の場合には、発起人の全員の同意で決定するものとされる（25条1項2号、37条1項）。

エ　正しい　96条は、「第30条第2項〔定款の認証後の定款変更の禁止〕の規定にかかわらず、創立総会においては、その決議によって、定款の変更をすることができる。」と規定している。したがって、募集設立においては、発行可能株式総数を定款で定めている場合であっても、創立総会の決議によって、発行可能株式総数についての定款を変更することができる。

オ　正しい　37条3項は、「設立時発行株式の総数は、発行可能株式総数の4分の1を下ることができない。ただし、設立しようとする株式会社が公開会社でない場合は、この限りでない。」と規定している。

問題38　正解 2　会社法（特別支配株主の売渡請求） 商法 ランク C

1　正しい　会社法179条1項本文は、「株式会社の特別支配株主……は、当該株式会社の株主……の全員に対し、その有する当該株式会社の株式の全部を当該特別支配株主に売り渡すことを請求することができる。」と規定している。

2　誤り　179条の3第3項は、「取締役会設置会社が第1項〔対象会社に対

し通知し、その承認を受けなければならない〕の承認をするか否かの決定をするには、取締役会の決議によらなければならない。」と規定している。他方、取締役会非設置会社の場合には、取締役の過半数で決定する（348条2項参照）。したがって、本記述は「株主総会の承認」としている点が誤りである。

3 正しい 179条の9第1項は、「株式等売渡請求をした特別支配株主は、取得日に、売渡株式等の全部を取得する。」と規定している。

4 正しい 株式売渡請求が法令に違反する場合において、売渡株主が不利益を受けるおそれがあるときは、売渡株主は、特別支配株主に対し、株式等売渡請求に係る売渡株式等の全部の取得をやめることを請求することができる（179条の7第1項1号）。

5 正しい 846条の2第1項は、「株式等売渡請求に係る売渡株式等の全部の取得の無効は、取得日……から6か月以内（対象会社が公開会社でない場合にあっては、当該取得日から1年以内）に、訴えをもってのみ主張することができる。」と規定している。当該訴えを提起できる者として、「取得日において売渡株主……であった者」が掲げられている（同条2項1号）。

商 法

問題39　正解 4　会社法（公開会社における株主総会）

1 正しい 会社法297条1項は、「総株主の議決権の100分の3……以上の議決権を6か月……前から引き続き有する株主は、取締役に対し、株主総会の目的である事項（当該株主が議決権を行使することができる事項に限る。）及び招集の理由を示して、株主総会の招集を請求することができる。」と規定している。本問の会社は公開会社であるから、6か月前の期間は適用される（同条2項）。

2 正しい 303条1項は、「株主は、取締役に対し、一定の事項（当該株主が議決権を行使することができる事項に限る。次項において同じ。）を株主総会の目的とすることを請求することができる。」と規定している。また、同条2項では「前項の規定にかかわらず、取締役会設置会社においては、総株主の議決権の100分の1……以上の議決権又は300個……以上の議決権を6か月……前から引き続き有する株主に限り、取締役に対し、一定の事項を株主総会の目的とすることを請求することができる。この場合において、その請求は、株主総会の日の8週間……前までにしなければならない。」と規定している。本問の会社は公開会社であるため、取締役会設置会社である（327条1項1号）。したがって、303条2項が定める要件を満たす必要がある。

3 正しい 304条は、「株主は、株主総会において、株主総会の目的である事項（当該株主が議決権を行使することができる事項に限る。……）につき議案を提出することができる。ただし、当該議案が法令若しくは定款に違反する場合又は実質的に同一の議案につき株主総会において総株主（当該議案について議決権を行使することができない株主を除く。）の議決権の10分の1……以上の賛成を得られなかった日から3年を経過していない場合は、この限りでない。」と規定している。

4 誤り 306条1項は、「株式会社又は総株主（株主総会において決議をすることができる事項の全部につき議決権を行使することができない株主を除く。）の議決権の100分の1（これを下回る割合を定款で定めた場合にあっては、その割合）以上の議決権を有する株主は、株主総会に係る招集の手続及び決議の方法を調査させるため、当該株主総会に先立ち、裁判所に対し、検査役の選任の申立てをすることができる。」と規定している。したがって、本記述は、「取締役に対し」、検査役の選任をすべきことを請求している点が誤りである。

5 正しい 314条は、「取締役、会計参与、監査役及び執行役は、株主総会において、株主から特定の事項について説明を求められた場合には、当該事項について必要な説明をしなければならない。ただし、当該事項が株主総会の目的である事項に関しないものである場合、その説明をすることにより株主の共同の利益を著しく害する場合その他正当な理由がある場合として法務省令で定める場合は、この限りでない。」と規定している。

商 法

| 問題40 | 正解 4 | 会社法（会計参与） | ランク B |

ア 誤り 会社法上、本記述のような規定はない。

なお、公開会社は、取締役会を置かなければならず（327条1項1号）、公開会社である大会社は、監査等委員会設置会社及び指名委員会等設置会社である場合を除き、監査役会及び会計監査人を置かなければならない（328条1項）。

イ 誤り 会社法上、本記述のような規定はない。

なお、公開会社ではない大会社は、会計監査人を置く必要がある（328条2項）。本記述と類似の規定として、327条2項は、「取締役会設置会社（監査等委員会設置会社及び指名委員会等設置会社を除く。）は、監査役を置かなければならない。ただし、公開会社でない会計参与設置会社については、この限りでない。」と規定している。

ウ 正しい 329条1項は、「役員……及び会計監査人は、株主総会の決議によ

って選任する。」と規定している。「役員」とは、取締役、会計参与及び監査役を指す（同項かっこ書）。

エ　正しい　333条1項は、「会計参与は、公認会計士若しくは監査法人又は税理士若しくは税理士法人でなければならない。」と規定している。

オ　誤り　376条1項は、「取締役会設置会社の会計参与……は、第436条第3項〔計算書類〕、第441条第3項〔臨時計算書類〕又は第444条第5項〔連結計算書類〕の承認をする取締役会に出席しなければならない。この場合において、会計参与は、必要があると認めるときは、意見を述べなければならない。」と規定している。同規定のとおり、すべての取締役会に出席しなければならないわけではない。

憲法

問題41　**正解**　ア10　イ7　ウ20　エ5　**法律上の争訟**　ランク **C**

　本問は、普通地方公共団体の議会の議員に対する出席停止の懲罰と司法審査が問題となった事案における、最高裁判所判決（最大判令2.11.25）の宇賀克也裁判官補足意見を題材としたものである。

　なお、本判例は、普通地方公共団体の議会の議員に対する出席停止の懲罰の適否は、司法審査の対象となる旨を判示し、出席停止の懲罰については裁判所の審査が及ばないとしていた従来の判例（最大判昭35.10.19）を変更した。

ア「10　法律上」	イ「7　外在的」
ウ「20　憲法上」	エ「5　自律性」

　本問の該当箇所の原文（宇賀克也裁判官補足意見）は、以下のとおりである。
1　法律上の争訟

　法律上の争訟は、①当事者間の具体的な権利義務ないし法律関係の存否に関する紛争であって、かつ、②それが法令の適用により終局的に解決することができるものに限られるとする当審の判例〔中略〕に照らし、地方議会議員に対する出席停止の懲罰の取消しを求める訴えが、①②の要件を満たす以上、法律上の争訟に当たることは明らかであると思われる。

　法律上の争訟については、憲法32条により国民に裁判を受ける権利が保障されており、また、法律上の争訟について裁判を行うことは、憲法76条1項により司法権に課せられた義務であるから、本来、司法権を行使しないことは許されないはずであり、司法権に対する外在的制約があるとして司法審査の対象外とするのは、かかる例外を正当化する憲法上の根拠がある場合に厳格に限定される必

要がある。
2　国会との相違
　　国会については、国権の最高機関（憲法41条）としての自律性を憲法が尊重していることは明確であり、憲法自身が議員の資格争訟の裁判権を議院に付与し（憲法55条）、議員が議院で行った演説、討論又は表決についての院外での免責規定を設けている（憲法51条）。しかし、地方議会については、憲法55条や51条のような規定は設けられておらず、憲法は、自律性の点において、国会と地方議会を同視していないことは明らかである。
〔以下略〕

行政法

問題42　**正解**　ア19　イ11　ウ6　エ3　　**情報公開法**　　ランク **B**

　本問は、情報公開法（行政機関の保有する情報の公開に関する法律）を題材としたものである。

ア「19　行政文書」　行政機関の長は、開示請求に係る行政文書の全部又は一部を開示するときは、その旨の決定をし、開示請求に係る行政文書の全部を開示しないときは、開示をしない旨の決定をしなければならない（情報公開法9条1項、2項）。

イ「11　申請に対する処分」　行政庁に対する申請権が認められている場合、その申請に対する拒否決定には処分性が認められる。情報公開法3条は、「何人も、この法律の定めるところにより、行政機関の長……に対し、当該行政機関の保有する行政文書の開示を請求することができる。」と規定している。したがって、開示請求に対する開示決定等は、行政手続法上の申請に対する処分である。

ウ「6　理由」　行政手続法8条1項本文は、「行政庁は、申請により求められた許認可等を拒否する処分をする場合は、申請者に対し、同時に、当該処分の理由を示さなければならない。」と規定している。申請に対する拒否決定である行政文書の開示請求に対する不開示決定は、申請により求められた許認可等を拒否する処分といえるため、行政機関の長は、原則として、当該決定の理由を示さなければならない。

エ「3　情報公開・個人情報保護審査会」　情報公開法19条1項柱書は、「開示決定等又は開示請求に係る不作為について審査請求があったときは、当該審査請求に対する裁決をすべき行政機関の長は、……情報公開・個人情報保護審査会……に諮問しなければならない。」と規定している。

行政法

問題43 正解 ア4 イ15 ウ20 エ11 国家補償制度の谷間 ランク A

本問は、国家補償制度の谷間の問題を問うものである。

ア「4 無過失」 国家賠償法1条1項は、「国又は公共団体の公権力の行使に当る公務員が、その職務を行うについて、故意又は過失によつて違法に他人に損害を加えたときは、国又は公共団体が、これを賠償する責に任ずる。」と規定しており、公務員の無過失の違法行為による被害は、国家賠償法の救済の対象とされていない。

イ「15 財産権」 損失補償の根拠規定である憲法29条3項は、「私有財産は、正当な補償の下に、これを公共のために用ひることができる。」と規定しており、私有財産が損失補償の対象であることを明示している。そのため、損失補償は、財産権以外の権利利益についての被害については及ばないとも考えられている。

ウ「20 勿論」 特定の対象より小さなものが許されているのだから、より大きなものはもちろん許されているという解釈のことを勿論解釈という。損失補償の対象である財産権の重要性は、生命・身体の利益と比較して小さいといえる。したがって、勿論解釈によれば、生命・身体の利益は、損失補償の対象となる。

エ「11 推定」 判例（最判昭51.9.30）は、「適切な問診を尽さなかつたため、接種対象者の症状、疾病その他異常な身体的条件及び体質的素因を認識することができず、禁忌すべき者の識別判断を誤つて予防接種を実施した場合において、予防接種の異常な副反応により接種対象者が死亡又は罹病したときには、担当医師は接種に際し右結果を予見しえたものであるのに過誤により予見しなかつたものと推定するのが相当である」としており、実質的に、自らが無過失であることの立証責任を国側に負わせることで救済を図っている。

行政法

問題44 行政事件訴訟法（義務付けの訴え） ランク A

【解答例】B市を被告として、重大な損害を生ずるおそれがあるものと主張し、義務付けの訴えを起こす。（43字）

本問は、建築基準法令に適合しないマンションが建築された場合に、当該マンションの隣地に住むXらはいかなる抗告訴訟で争うべきか、また、その訴訟要件について問うものである。

1 訴訟類型について

722　令和4年度行政書士試験

まず、Aは、B市建築主事から建築確認を受けて、マンションの建築工事を行い、工事を完成しているため、本問においては、建築確認の取消しを求める訴えの利益は失われるため、建築確認の取消訴訟を提起することはできない（最判昭59.10.26）。

　工事完了により、建築確認の取消しを求める訴えの利益が消滅した場合、第三者が当該建築確認に係る建築物の違法性を争う抗告訴訟の方法としては、①検査済証交付の差止め訴訟、②検査済証交付の取消訴訟、③違反是正命令の義務付け訴訟が考えられるが、既に検査済証はBに交付されているため①の手段を採ることはできない。

　本問では、建築基準法違反のマンションに火災その他の災害が発生した場合、建物が倒壊、炎上することにより、Xらの身体の安全や家屋に甚大な被害が生ずるおそれがあるとして、Xらは、B市長に対して建築基準法9条に基づき違反建築物の是正命令を行うように求めているが、B市長はこれを拒否している。

　したがって、本問においては、B市長が是正権限を行使するように命ずる判決を求めることが、直截的な権利救済手段であるため、②の検査済証交付の取消訴訟ではなく、③の違反是正命令の義務付け訴訟を提起することが適切である。そして、Xらには、是正権限の行使を求める申請権が法令上定められていないことから、非申請型義務付け訴訟（行政事件訴訟法37条の2、3条6項1号）を提起すべきこととなる。

　なお、不作為の違法等確認訴訟についても、法令に基づく申請権がXらには認められず、不作為の違法等確認訴訟も適当ではない。

2　被告について
　非申請型義務付け訴訟の被告は、求められた処分を行う権限をもつ行政庁の所属する行政主体である（38条1項・11条）。
　したがって、建築基準法9条に基づく是正命令を行う権限をもつ特定行政庁たるB市長の所属するB市が被告となる。

3　どのような影響が生ずると主張する必要があるか
　非申請型義務付け訴訟が認められるためには、①「一定の処分がされないことにより重大な損害を生ずるおそれ」があること（37条の2第1項）、②「その損害を避けるため他に適当な方法がないとき」であること（同項）、③「行政庁が一定の処分をすべき旨を命ずることを求めるにつき法律上の利益を有する者」であること（同条3項）を要する。
　問題文では、「前記のような被害を受けるおそれがあることにつき、同法の定める訴訟要件として、当該是正命令がなされないことにより、どのような影響を

生ずるおそれがあるものと主張し」と指示されているため、端的に①の「重大な損害を生ずるおそれ」があることを主張すればよい。

4　結論

　以上より、本問では、Ｂ市を被告として、一定の処分（違反是正命令）がされないことにより、重大な損害を生ずるおそれがあるものと主張し、義務付けの訴えを提起することとなる。

民　法

問題45　　　　　　　無権代理の本人相続　　　　　　ランク

【解答例１】Ａの追認拒絶は信義則に反せず、Ｂの無権代理行為は相続により当然有効とはならないため拒める。（45字）
【解答例２】Ｂの無権代理を理由に追認拒絶をすることは信義則に反しないため、履行を拒むことは認められる。（45字）

　本問では、無権代理行為がなされた後、当該無権代理人が死亡して本人が相続した場合に、本人は無権代理行為であることを理由に、履行を拒むことができるかが問われている。

1　無権代理行為

　夫婦は、日常家事に関する法律行為については、相互に代理権を有する（民法761条、最判昭44.12.18）。日常家事に関する法律行為とは、個々の夫婦がそれぞれの共同生活を営む上において通常必要な法律行為を指し、その範囲内に属するか否かは、単にその法律行為をした夫婦の共同生活の内部的な事情やその行為の個別的な目的のみを重視して判断すべきではなく、さらに客観的に、その法律行為の種類、性質等をも充分に考慮して判断される（同判例）。

　本問では、ＡとＢは夫婦であるが、甲不動産の売買契約は、客観的に観察して、一般的に高額な取引であることが多く、また、日常生活の中で頻繁に行われるような性質を有するものでもない。そこで、甲不動産の売買契約は、ＡＢ夫婦の「日常の家事」に関する法律行為と評価することはできない。

　したがって、Ｂの行為は無権代理（113条１項）である。

　なお、同判例によれば、無権代理行為の相手方である第三者においてその行為が当該夫婦の日常の家事に関する法律行為の範囲内に属すると信ずるにつき正当の理由のある場合に、民法110条の趣旨を類推適用して、その第三者が保護されることがあるが、本問では、特にこのような事情が明らかでないため、検討することを要しない。

2　無権代理と相続

　判例は、本人が無権代理人を相続した事案において、「相続人たる本人が被相続人の無権代理行為の追認を拒絶しても、何ら信義に反するところはないから、被相続人の無権代理行為は一般に本人の相続により当然有効となるものではない」としている（最判昭 37.4.20）。

　本問では、本人 A は、無権代理人 B を相続しているが、無権代理行為をしたわけではないため、追認拒絶をすることは信義則に反しないといえる。また、追認拒絶をすることは信義則に反しないため、無権代理行為は当然には有効にはならない。

　したがって、A は、売買契約の履行を拒むことができる。

3　結論

　以上より、本人 A が無権代理人 B のなした甲不動産の売買契約の追認を拒絶しても、信義則に反することはなく、B の当該行為が A が相続したことにより当然に有効になるものではないため、A は、C に対して、当該売買契約の履行を拒むことができる。

問題46　債権者代位・賃貸借　民法　ランク B

【解答例１】 B の C に対する所有権に基づく妨害排除請求権を代位行使して、塀の撤去を請求できる。（40 字）
【解答例２】 B の C に対する所有権に基づく返還請求権を代位行使して、土地の明渡しを請求できる。（40 字）

1　賃借権に基づく請求

　第三者が賃貸不動産の占有を妨害しているときは、賃借人は、その者に対して、妨害の停止を請求することができる（民法 605 条の 4 第 1 号）。もっとも、当該請求は、賃借権の登記をしているか、または借地借家法等が定める賃貸借の対抗要件を備えていることを要する（605 条、605 条の 2 第 1 項）。借地借家法の定める対抗要件とは、借地の場合における借地上の建物の登記（10 条 1 項）、借家の場合における建物の引渡し（31 条）をいう。

　本問では、甲土地の賃借権は登記がなされていない。また、甲土地上に建物が建築され、その建物の登記がされたという事情もない。そのため、本問の賃借権は、対抗力を備えていない。

　したがって、A は、C に対し、賃借権に基づいて、妨害の停止の請求をするこ

とができない。
2 占有権に基づく請求
　占有者がその占有を妨害されたときは、占有保持の訴えにより、その妨害の停止及び損害の賠償を請求することができる（民法198条）。「占有」とは、物に対する現実の支配（事実上の支配）をしている状態をいう。
　本問では、甲土地がBからAに引き渡される前に、Cは甲土地に塀を設置していることから、Aが甲土地の占有を始めているとはいえない。
　したがって、Aは、Cに対し、占有保持の訴えにより、その妨害の停止等を請求することができない。
3 所有権に基づく物権的請求権の代位行使
　判例によれば、不動産賃借権を被保全債権とし、賃貸人の有する所有権に基づく妨害排除請求権を代位行使することができる（大判昭4.12.16）。
　本問では、Aは、工場を建設するため、Bからその所有する甲土地を賃借している。そのため、Aは、Bに対して、甲土地に工場を設置できるよう同土地を使用させることを請求することができる（601条）。それにもかかわらず、無権利者であるCによって甲土地に塀が設置されたことにより、Aは、甲土地に立ち入って工場の建設工事を開始することができなくなっている。この場合、Bは、甲土地の所有権に基づいて、Cに対し、その侵害を排除することを請求することができるが、AがBに当該対応を求めたところ、Bは、なんらの対応もしていない。
　したがって、Aは、Cに対し、BのCに対する所有権に基づく妨害請求権を代位行使することによって、塀の撤去を請求することができる。
4 結論
　以上より、Aは、Cに対し、甲土地の不動産賃借権を被保全債権として、BのCに対する所有権に基づく妨害排除請求権を代位行使して、塀の撤去を請求することができる。
　なお、本問では、物権的請求権の種類について、返還請求権になるのか、それとも妨害排除請求権になるのかについては判断が分かれるところである。
　一般的には、占有侵奪によって権利が侵害されている場合は返還請求権、占有侵奪以外の方法によって権利が侵害されている場合（例えば、他人の登記がされている場合など）は妨害排除請求権であると考えられている。
　本問では、甲土地に塀が設置されたことにより、甲土地に「立ち入って」工場の建設工事を開始することができないとされているため、甲土地について占有侵奪があったと評価し得る。このように考えると、Aが代位行使するのは、「Bの

Cに対する所有権に基づく返還請求権」ということになる。また、請求の内容について、正確には「塀の撤去及び土地の明渡し」となるが、土地の明渡請求が認められれば、その執行過程において、当然、障害物は収去（撤去）されるのであるから、塀の撤去についての記述がなくとも、甲土地の明渡請求についての記述があれば解答として足りると考えられる。

一般知識等

政治・経済・社会

問題47　正解 5　ロシア・旧ソ連の外交・軍事　ランク B

1　妥当でない　1853年にロシアがオスマン朝トルコを相手に起こした戦争はクリミア戦争である。なお、イギリス・フランスがトルコ側に参戦し、クリミア戦争によってウィーン体制に基づくヨーロッパの平和が崩壊した点は妥当である。

2　妥当でない　1917年にロシアで起こった革命はロシア革命である。また、1919年には、ロシア共産党の指導のもとに共産主義インターナショナル（コミンテルン、第3インターナショナル）が結成され、世界革命の推進を目指した。なお、革命政権が「平和に関する布告」を出したという点は妥当である。

3　妥当でない　ソ連は1939年8月に独ソ不可侵条約を締結した。その後、ドイツが同年9月にポーランドに侵攻してポーランドの西半分を占領し、ソ連も同条約の秘密協定に基づいてポーランドに侵攻して東半分を占領した。ソ連は、さらにフィンランドに侵攻し（冬戦争）、その一部（カレリア地方）の割譲を受け、1940年7月にバルト三国（エストニア・ラトビア・リトアニア）を併合した。しかし、ソ連はスウェーデンを占領したことはない。また、日ソ中立条約が締結されたのは1941年4月であり、ソ連のポーランド侵攻の後であるから、この点でも本記述は妥当でない。

4　妥当でない　1962年のキューバ危機においては、アメリカ大統領ケネディが、キューバにおけるミサイル基地へのソ連のミサイル搬入を阻止しようとしてキューバ海域を封鎖したが、アメリカがキューバの基地を空爆したことはなく、ソ連のフルシチョフ首相はキューバのミサイルを撤去し、アメリカもキューバ侵略をしないことを約束したことで危機は回避された。

5　妥当である　ソ連のアフガニスタン侵攻以降、1970年代末から米ソの対立が激化した（新冷戦）。1985年にソ連でゴルバチョフ政権が誕生し、ゴルバチョフがいわゆる新思考外交を展開して以降、対立は解消に向かい、1989年のブッシュ

大統領とゴルバチョフ書記長のマルタ会談で冷戦の終結が宣言された。

政治・経済・社会

問題48　正解 5　ヨーロッパの国際組織　ランク C

ア　妥当でない　1958年に設立されたEEC（欧州経済共同体）は、フランスが中心となって設立されたものであり、原加盟国は、フランス、（旧）西ドイツ、イタリア、ベルギー、オランダ、ルクセンブルクであった。

イ　妥当でない　1993年のマーストリヒト条約発効によってEC（欧州共同体）はEU（欧州連合）に改組されたが、EUは国際連合の下部組織として形成されたものではない。

ウ　妥当である　欧州評議会（Council of Europe）は、人権、民主主義、法の支配の分野で国際社会の基準策定を主導する汎欧州（欧州全体を一体的に捉え、統合を目指す思想や運動のこと）の国際機関として、1949年にフランスのストラスブールに設立された。欧州評議会は、伝統的に人権、民主主義、法の支配等の分野で活動しており、最近では薬物乱用、サイバー犯罪、人身取引、テロ対策、偽造医薬品対策、女性に対する暴力、子供の権利、AI等の分野にも取り組んでいる（外務省ウェブサイト）。

エ　妥当でない　西欧同盟（WEU）は、NATO（北大西洋条約機構）内の西欧10か国（イギリス、フランス、ベルギー、オランダ、ルクセンブルク、ドイツ、イタリア、スペイン、ポルトガル、ギリシャ）の軍事機構である。1948年、イギリス、フランス、ベルギー、オランダ、ルクセンブルクの5か国の西欧条約（ブリュッセル条約）により、旧ソ連の脅威に対処する集団防衛機構として発足し、1955年に旧西ドイツとイタリアを加えた7か国からなる西欧同盟に改組された。1993年のEU（欧州連合）発足にともない、西欧同盟の使命はEUに引き継がれ、2011年には活動を終了した。また、アメリカ（及びカナダ）が西欧同盟各国等に参加しているヨーロッパ各国と締結した条約は北大西洋条約である。

オ　妥当である　EEA（欧州経済領域）は、EU（欧州連合）にEFTA（欧州自由貿易連合）のノルウェー、アイスランド、リヒテンシュタインを含めた共同市場であり、関税を撤廃し、人・モノ・資本・サービスの流れを自由にしようとするものである。なお、スイスはEFTAに加盟しているが、EEAには参加していない。

政治・経済・社会

問題49　正解 4　軍備縮小（軍縮）　ランク B

ア　妥当である　コスタリカは、1949年に制定された現行憲法において軍隊の保有を禁止している。また、フィリピンは、1987年の憲法改正によって、第2条第8項に「フィリピンは一貫して国益と共にあり、領土内において核兵器から自由となる政策を採用し追求する。」という条文を制定し、非核政策を憲法に明記している。

イ　妥当である　対人地雷禁止条約（オタワ条約）は、基本的に対人地雷の使用、貯蔵、生産、移譲等を全面的に禁止し、貯蔵地雷の4年以内の廃棄、埋設地雷の10年以内の除去等を義務づけるとともに、地雷除去、被害者支援についての国際協力・援助等を規定している。

ウ　妥当でない　核拡散防止条約（核兵器不拡散条約、NPT）は、アメリカ、ロシア、イギリス、フランス、中国の5か国を「核兵器国」と定め、「核兵器国」以外への核兵器の拡散を防止することを規定している（同条約1条、2条、3条）。

エ　妥当でない　佐藤栄作は、「核兵器を持たず、作らず、持ち込ませず」という非核三原則を宣言し、1970年に核兵器不拡散条約（NPT）に署名したことなどを理由に、1974年にノーベル平和賞を受賞した。なお、2004年にノーベル平和賞を受賞したのはケニア出身のワンガリ・マータイ氏である。

オ　妥当である　中距離核戦力（INF）全廃条約は、アメリカのレーガン大統領とソ連のゴルバチョフ書記長の間で結ばれた核軍縮に関する条約であり、射程500〜5500kmの中距離核戦力（INF）を全面的に禁止するものである。1987年の両国首脳会談で署名、翌1988年に発効し、ソ連崩壊後はロシアが継承した。核兵器の削減を決めた初めての条約で、これにより地上配備の中距離核ミサイルが欧州から撤去されたが、2019年2月ロシアの地上発射型巡航ミサイル（GLCM）に反発してアメリカが破棄を通告し、同年8月に失効した。

政治・経済・社会

問題50　正解 1　郵便局　ランク B

ア　妥当でない　2022年9月末時点の全国の郵便局数は、23,681（直営郵便局が20,039、簡易郵便局が3,642）である。2022年9月の全国のコンビニエンスストアの数は、55,872である。したがって、全国のコンビニエンスストアの店舗数の方が、全国の郵便局数よりも多い。

イ　妥当である　そのとおりである。2003年、民間事業者による信書の送達に

関する法律（信書便法）が施行され、信書の送達事業について民間事業者の参入が可能となった。信書便事業には、「一般信書便事業」と「特定信書便事業」の2種類があり、事業の開始には総務大臣の許可が必要である（信書便法6条、29条参照）。2022年6月28日時点で、一般信書便事業者はなく、特定信書便事業者は583者である。

ウ　妥当でない　郵便局で、農産物や地元特産品などの販売を行うことは、認められている。

エ　妥当である　そのとおりである。郵便局では、民間他社のがん保険、変額年金保険、生命保険、自動車保険なども取り扱っている。

オ　妥当である　そのとおりである。ゆうちょ銀行の現金自動預払機（ATM）において、硬貨を伴う預金の預入れの際には、硬貨枚数が1〜25枚について110円（税込）、26〜50枚について220円（税込）、51〜100枚について330円（税込）が、硬貨を伴う払戻し（引出し）の際には、硬貨枚数1枚以上について110円の硬貨預払料金が定められている。

政治・経済・社会

問題51　**正解 3**　　GDP　　ランク B

ア　「アメリカ」　　イ　「中国」　　ウ　「日本」　　エ　「ドイツ」
オ　「インド」　　　カ　「イギリス」

　国際通貨基金（IMF）の資料によれば、国内総生産（GDP）の水準にかかる国別の順位は、以下のとおりである（2022年推計）。

①アメリカ（25.04兆ドル）
②中国（18.32兆ドル）
③日本（4.3兆ドル）
④ドイツ（4.03兆ドル）
⑤インド（3.47兆ドル）
⑥イギリス（3.2兆ドル）

政治・経済・社会

問題52　**正解 2**　　日本の森林・林業　　ランク C

ア　妥当である　日本の森林面積は約2500万ヘクタールであり、これは国土面積の約67%に相当する（農林水産省ウェブサイト・2021年資料参照）。他方、中

国の森林面積は約2億800万ヘクタールであり、これは国土面積の約22%に相当する（林野庁ウェブサイト・2021年資料参照）。したがって、日本の森林率は中国の森林率より高い。

イ　妥当でない　森林は、個人や会社などが所有する「私有林」、自治体等が所有する「公有林」、国が所有する「国有林」に区分される。このうち国有林は、森林面積の約3割を占めている。

ウ　妥当でない　日本の林業は、長期にわたり産出額の減少や木材価格の下落等の厳しい状況が続いている。木材価格については、スギ・ヒノキ・カラマツは、1980（昭和55）年頃をピークに下落し、2000年代に入っても下落傾向が続いた（林野庁「平成26年度　森林及び林業の動向」参照）。他方で、2021年には、新型コロナウイルス感染拡大に伴い、アメリカの住宅需要が急増し、さらに中国の木材消費も拡大したことにより、木材が世界的に品薄の状態となり価格が急騰した（ウッドショック）。

エ　妥当である　森林環境税は、2024（令和6）年度から国内に住所のある個人に対して課税される国税である。市町村において、個人住民税均等割と併せて1人年額1,000円が徴収され、その税収の全額が、国によって森林環境譲与税として都道府県・市町村へ譲与される。日本では、林業の担い手不足や、所有者・境界の不明な土地の存在により、森林の経営管理や整備に支障をきたしており、森林の機能を十分に発揮させるために、各地方団体による間伐などの適切な森林整備が課題となっている。このような現状に加え、パリ協定の枠組みにおける目標達成に必要な地方財源を安定的に確保する必要が生まれたことから、森林環境税及び森林環境譲与税が創設された。

オ　妥当でない　日本の木材自給率は、木材輸入量の増大に伴って低下し、2002（平成14）年には約18%まで落ち込んだが、その後は上昇傾向に転じている。2021（令和3）年の木材自給率は約41%であった（林野庁「令和3年木材需給表」参照）。

政治・経済・社会

問題53　正解 2　アメリカ合衆国における平等と差別　ランク A

1　妥当である　そのとおりである。キング牧師（マーティン・ルーサー・キング・ジュニア）の有名な演説である"I Have a Dream"は、1963年8月に行われたこのワシントン大行進において行われた。

2　妥当でない　2017年に、アメリカ合衆国大統領に就任したのは、ドナル

ド・ジョン・トランプである。
3 妥当である　そのとおりである。この事件を受け、アメリカ合衆国では、黒人差別に対する抗議運動のBLM（Black Lives Matter（ブラック・ライブズ・マター））運動が拡大した。
4 妥当である　そのとおりである。2022年3月に、人種差別に基づくリンチを連邦法の憎悪犯罪と定める「反リンチ法（エメット・ティル反リンチ法）」が成立した。
5 妥当である　そのとおりである。2022年6月に、連邦最高裁判所の判事に、黒人女性初となるケタンジ・ブラウン・ジャクソンが就任した。

政治・経済・社会

問題54　正解 4　地球環境問題に関する国際的協力体制　ランクA

ア　ラムサール条約　1971年に、特に水鳥の生息地として国際的に重要な湿地に関して採択された条約は、ラムサール条約（正式名称：特に水鳥の生息地として国際的に重要な湿地に関する条約）である。

イ　国連環境計画　1972年6月にスウェーデンのストックホルムで開催された国連人間環境会議の提案を受け、同会議で採択された人間環境宣言及び環境国際行動計画を実施に移すための機関として同年の国連総会決議に基づき設立されたのは、国連環境計画である。

ウ　気候変動枠組条約　1992年6月にブラジルのリオデジャネイロで開催された国連環境開発会議（地球サミット）で署名が開始されたのは、気候変動枠組条約と生物多様性条約である。また、環境と開発に関するリオ宣言、同宣言の諸原則を実行するための行動計画であるアジェンダ21及び森林原則声明も採択された。

エ　京都議定書　1997年12月に日本の京都で開催された第3回気候変動枠組条約締約国会議（COP3、京都会議）で採択されたのは、京都議定書である。同議定書では、先進国及び市場経済移行国の温室効果ガス排出の削減目的が定められた。

オ　パリ協定　2015年12月にフランスのパリで開催された第21回気候変動枠組条約締約国会議（COP21）で、2020年以降の温室効果ガス排出削減等のための新たな国際枠組みとして採択されたのは、パリ協定である。

情報通信・個人情報保護

問題55 **正解** 1　　人工知能（AI）　　ランク A

Ⅰ 「ア　音声認識」　音声認識とは、人間が話した声を解析し、文字（テキスト）に変換する技術のことをいう。最近では、音声認識 AI を搭載したツールによって、問合せ電話の内容をその場でテキストに変換して記録したり、録音データから文字起こしをしたりすることが可能となっている。なお、声紋鑑定とは、声を分析した際の波形から人物を同定したり、声の特徴から人物像を割り出したりすることをいう。

Ⅱ 「ウ　画像認識」　画像認識とは、画像データから、オブジェクト（文字、顔など）や、対象物の特徴（形状、寸法、色など）を抽出、分析、識別して認識検出する手法をいう。AI 技術の応用として画像認識技術を用いた例としては、身体的特徴により本人確認をする技術である生体認証がある。なお、DNA 鑑定とは、ヒトの細胞内の DNA（デオキシリボ核酸）に存在する個人的特徴を、個人識別や親子関係の判断に利用することをいう。

Ⅲ 「オ　ビッグデータ」　近年、ビッグデータという言葉に代表される電子的に処理可能なデータの飛躍的増大や、コンピュータの処理能力の向上、人工知能（AI）等の技術革新が進んでいる。ビッグデータについて、平成 29 年度の情報通信白書では、「デジタル化の更なる進展やネットワークの高度化、またスマートフォンやセンサー等 IoT〔あらゆるモノをインターネット（あるいはネットワーク）に接続する技術〕関連機器の小型化・低コスト化による IoT の進展により、スマートフォン等を通じた位置情報や行動履歴、インターネットやテレビでの視聴・消費行動等に関する情報、また小型化したセンサー等から得られる膨大なデータ」とされている。なお、デバイスとは、本来は道具、仕掛け、図案などを意味する英単語であるが、コンピュータ関連では、コンピュータを構成する電子機器やパーツ類、各種周辺機器など、特定の機能をもった装置の総称として用いられている。

Ⅳ 「キ　ディープラーニング」　近時の AI ブームの中心となっているのは、マシーンラーニング（機械学習、ML）である。マシーンラーニングとは、人間の学習に相当する仕組みをコンピュータ等で実現するものであり、一定のアルゴリズムに基づき、入力されたデータからコンピュータがパターンやルールを発見し、そのパターンやルールを新たなデータに当てはめることで、その新たなデータに関する識別や予測等を可能とする手法である。そして、マシーンラーニングの手法の一つに、ディープラーニング（深層学習、DL）がある。ディープラーニングとは、多数の層から成るニューラルネットワークを用いて行う機械学習のことである。ディープラーニングにより、コンピュータがパターンやルールを発見する上で何に着目

するか（「特徴量」という）を自ら抽出することが可能となり、何に着目するかをあらかじめ人が設定していない場合でも識別等が可能になったとされている。なお、スマートラーニングとは、ICT（情報通信技術）を活用した多方向個別学修（学習）システムをいう。

V　「ケ　帰納的推論」　帰納的推論とは、与えられたさまざまな命題からその前提となる一般的な規則を導き出す推論のことである。帰納的推論は、人間に特有な知的情報処理であるといわれていたが、AIによるディープラーニングは、帰納的推論の手法を用いたものである。なお、演繹的推論とは、少ない前提に少数の規則を繰り返し適用して新しい命題を導くことである。

情報通信・個人情報保護

問題56　正解 1　情報通信に関する用語　ランク A

ア　妥当である　「オプトイン（opt-in）」とは、事前に本人へ承諾を得てサービス等を提供することであり、企業などの団体や個人が個人情報を収集、利用、又は第三者への提供を行う場合に、個人情報の主体者である本人への承諾を事前に得ることを意味する。

イ　妥当である　「（デジタル）プラットフォーム事業者」とは、情報通信技術やデータを活用して第三者にオンラインのサービスの「場」を提供し、そこに異なる複数の利用者層が存在する多面市場を形成し、いわゆる間接ネットワーク効果が働くという特徴を有する「（デジタル）プラットフォーム」を提供する事業者のことをいう。

ウ　妥当でない　「デジタルトランスフォーメーション」について、経済産業省は、「企業がビジネス環境の激しい変化に対応し、データとデジタル技術を活用して、顧客や社会のニーズを基に、製品やサービス、ビジネスモデルを変革するとともに、業務そのものや、組織、プロセス、企業文化・風土を変革し、競争上の優位性を確立すること」と定義している。

エ　妥当でない　「テレワーク」とは、総務省では「情報通信技術〔ICT＝Information and Communication Technology〕を活用した時間や場所を有効に活用できる柔軟な働き方」と定義している。Tele（離れて）とWork（仕事）を組み合わせた造語であり、本拠地のオフィスから離れた場所で、ICTを使って仕事をすることを意味する。

オ　妥当でない　「ベース・レジストリ」について、デジタル庁は、「公的機関等で登録・公開され、様々な場面で参照される、人、法人、土地、建物、資格等の

社会の基本データであり、正確性や最新性が確保された社会の基盤となるデータベース」と定義している。

情報通信・個人情報保護

問題57　正解 5　個人情報保護制度　ランク B

1 誤り　国の個人情報保護に関する最初の法律は、昭和63年12月に制定された「行政機関の保有する電子計算機処理に係る個人情報の保護に関する法律」である。これに対して、地方公共団体では、電子計算機処理に係る個人情報の保護に関する条例として、昭和50年3月に全国で初めて東京都国立市で「国立市電子計算組織の運営に関する条例」が制定された。また、昭和59年7月に、電算処理に係るものだけではなく個人情報全般を保護する条例として、全国最初に、福岡県春日市で「春日市個人情報保護条例」が制定された。そのため、個人情報保護に関しては、国の制度がすべての地方公共団体に先行して整備されたわけではない。

2 誤り　個人情報保護制度において、個人情報保護委員会は、個人情報保護条例を制定していない地方公共団体に対して、個人情報保護法違反を理由とした是正命令を発出しなければならないとする規定はない。

3 誤り　個人番号カードは、「行政手続における特定の個人を識別するための番号の利用等に関する法律」(マイナンバー法、番号法)に基づいて、市区町村長が交付している(17条1項前段)。

4 誤り　個人情報保護法において、個人情報保護委員会が、内閣総理大臣に対して、地方公共団体への指揮監督権限の行使を求める意見を具申することができるとする規定はない。

5 正しい　個人情報保護委員会は、認定個人情報保護団体に関する事務をつかさどる(個人情報保護法129条3号、なお、同号は令和5年4月1日施行の法改正により同法132条3号となる)。

文章理解

問題58　正解 4　文章整序　ランク A

「エ→ウ→ア→イ→オ」の順となる

(1)　空欄の直前の記載に「ふしぎな『なぜ』」が「あつまった」とあることから、この「なぜ」に関する記載のある記述ウ、記述エに着目する。

　　記述エでは、「珍妙な『なぜ』が続出」とあるところ、「珍妙」は「ふしぎな」

と、「続出」は「あつまった」と同義であり、空欄の直前の記載を受けている（換言している）といえる。

そして、記述ウでは、冒頭で「しかし」という逆接を用いつつ、学生が問題発見に向けて踏み出せたことについて触れているところ、これは、上記のように珍妙な「なぜ」が続出したが、（しかし、それにより）学生たちが前に進めた、ということを評しているといえる。

したがって、空欄の最初には「エ→ウ」の順で当てはまる。

(2) 残る記述ア、記述イ、記述オについて検討する。

これらの記述に共通しているキーワードは、「必要な情報」である。それぞれの記述において、「必要な情報」を明確にすること（記述ア）、「必要な情報」を手にするための前提として、その明確化は欠かせないこと（記述イ）を示しつつ、必要な情報を明確にし、手に入れること＝えらび出すことは、「情報を使う」ことを意味する（記述オ）、という筆者の主張をみることができる。

したがって、記述ア、記述イ、記述オは、「エ→ウ」に続くひとかたまりの内容として位置づけることができる。

文章理解

問題59 **正解** 1　　　短文挿入　

本文の空欄の前では、日本の現在の政治組織においては、戦時中の「日本軍の戦略性の欠如」が継承されている、としている。

そして、本文の空欄の後では、従来の国際環境下においては、その承継がフレキシブルな微調整的適応を（意図しない結果として）もたらした、と評しつつ、今日においては、これまでのような対応（無原則な対応）では国際環境を乗り切れる保証はない、と指摘している。

本問の空欄には、上記の内容に沿うものが妥当する。

1 妥当である　「臨機応変な対応」という表現は、「フレキシブルな微調整的適応」と同義であるといえる。

また、「逆説的」とは、普通とは反対の方向で考えが進むさまをいう。本文では、「戦略性の欠如」により、意図していない「フレキシブルな微調整的適応」という結果をもたらすことができた、という流れが読み取れるところ、この結果は「逆説的」であると評することができる。

2 妥当でない　「当意即妙」とは、その場に適応した即座の機転を利かせるさまをいう。そうすると、「当意即妙な対応」という表現は、「フレキシブルな微調整

的適応」と同義であるといえる。

しかし、無原則性についての「普遍的」という表現は、今日において無原則な対応では（これまでのように）国際環境を乗り切れる保証はない、とする本文の指摘と適合しない。

3　妥当でない　「優柔不断な対応」という表現は、「フレキシブルな微調整的適応」と同義であるとはいえない。

また、無原則性についての「自虐的」という表現は、本文の内容と適合しない。

4　妥当でない　「融通無碍」（ゆうずうむげ）とは、行動や考えが何の障害もなく自由なさまを意味する。「融通無碍な対応」という表現は、「フレキシブルな微調整的適応」と類似しているとも考えられる。

しかし、無原則性についての「抜本的」という表現は、今日において無原則な対応では（これまでのように）国際環境を乗り切れる保証はない、とする本文の指摘と適合しない。

5　妥当でない　「孤立無援な対応」という表現は、「フレキシブルな微調整的適応」と同義であるとはいえない。

また、「真説的」とは、正しい意見や学説を意味するところ、無原則性についての「真説的」という表現は、「戦略性の欠如」により、意図していない「フレキシブルな微調整的適応」という結果をもたらすことができた、という本文の流れと適合しない。

文章理解

問題60　正解 5　空欄補充　ランク

ア　臨場感　「あたかも自分がその場に立ち会っている」という状況を表現する語句として、「臨場感」が入る。

イ　錯覚　本文では、ライブ中継について、その場に立ち会っていないのに、あたかも（まるで、さながら）立ち会っているかのように感じられることがあると評している。そこで、事実を違うものに知覚することをあらわす語句として、「錯覚」が入る。

ウ　媒介　メディアの役割を表現する言葉として、「媒介」が入る。

エ　取捨選択　本文では、メディアは、情報をすべて伝えるのではなく、伝える情報と伝えない情報があるとしている。その過程をあらわす語句として、「取捨選択」が入る。

なお、「換骨奪胎」（かんこつだったい）とは、他の詩文などの語句や構想を利用

して、その着想や形式を真似しながら自分独自の価値のあるものを作ることを意味する。また、「実事求是」（じつじきゅうぜ）とは、事実の実証に基づいて物事の真理を追求することを意味する。

オ　恣意的　本文では、メディアが「伝える情報」と「伝えない情報」を選択する場合において、制作者の思惑や価値判断が入り込まざるを得ないとしている。このように思惑や価値判断が入り込むことをあらわす語句として、「恣意的」が入る。

解 答 一 覧

分野	科目	問題番号	正解	分野	科目	問題番号	正解
法令等	基礎法学	問題1	3	法令等	民法	問題31	5
		問題2	1			問題32	4
	憲法	問題3	5			問題33	2
		問題4	2			問題34	5
		問題5	4			問題35	1
		問題6	4		商法	問題36	5
		問題7	3			問題37	3
	行政法	問題8	2			問題38	2
		問題9	4			問題39	4
		問題10	5			問題40	4
		問題11	1		憲法（多肢選択式）	問題41	解答・解説参照
		問題12	3		行政法（多肢選択式）	問題42	
		問題13	1			問題43	
		問題14	2		行政法（記述式）	問題44	
		問題15	2		民法（記述式）	問題45	
		問題16	1			問題46	
		問題17	4	一般知識等	政治・経済・社会	問題47	5
		問題18	1			問題48	5
		問題19	3			問題49	4
		問題20	2			問題50	1
		問題21	3			問題51	3
		問題22	3			問題52	2
		問題23	5			問題53	2
		問題24	1			問題54	4
		問題25	5			問題55	1
		問題26	3		情報通信・個人情報保護	問題56	1
	民法	問題27	1			問題57	5
		問題28	2			問題58	4
		問題29	4		文章理解	問題59	1
		問題30	5			問題60	5

■ 編者紹介

伊藤塾（いとうじゅく）

毎年、行政書士、司法書士、司法試験など法律科目のある資格試験や公務員試験の合格者を多数輩出している受験指導校。社会に貢献できる人材育成を目指し、司法試験の合格実績のみならず、合格後を見据えた受験指導には定評がある。1995年5月3日憲法記念日に、法人名を「株式会社 法学館」とし設立。憲法の心と真髄をあまねく伝えること、また、一人一票を実現し、日本を真の民主主義国家にするための活動を行っている。
（一人一票実現国民会議：https://www2.ippyo.org/）

伊藤塾　〒150-0031　東京都渋谷区桜丘町17-5
　　　　https://www.itojuku.co.jp/

■正誤に関するお問い合わせ
　万一誤りと疑われる箇所がございましたら、まずは弊社ウェブサイト［https://bookplus.nikkei.com/catalog/］で本書名を入力・検索いただき、正誤情報をご確認の上、下記までお問い合わせください。
　https://nkbp.jp/booksQA
※正誤のお問い合わせ以外の書籍に関する解説や受験指導は、一切行っておりません。
※電話でのお問い合わせは受け付けておりません。
※回答は、土日祝日を除く平日にさせていただきます。お問い合わせの内容によっては、回答までに数日ないしはそれ以上の期間をいただく場合があります。
※本書は2023年度試験受験用のため、お問い合わせ期限は2023年11月1日（水）までとさせていただきます。

うかる！行政書士 総合問題集 2023年度版

2023年1月20日　1刷

編　者	伊藤塾
	ⓒIto-juku, 2023
発行者	國分 正哉
発　行	株式会社日経BP
	日本経済新聞出版
発　売	株式会社日経BPマーケティング
	〒105-8308　東京都港区虎ノ門4-3-12
装　丁	斉藤 よしのぶ
印刷・製本	シナノ印刷

ISBN978-4-296-11636-2
Printed in Japan

本書の無断複写・複製（コピー等）は著作権法上の例外を除き、禁じられています。購入者以外の第三者による電子データ化および電子書籍化は、私的使用を含め一切認められておりません。

司法書士試験

松本の新教科書 5ヶ月合格法

リアリスティック④

不動産登記法Ⅰ

第4版

辰已専任講師
松本雅典
Masanori Matsumoto

辰已法律研究所

初版はしがき

　不動産登記法は，体系書がほとんどありません。民法は，研究している学者も多く，体系書が多数あるため，体系がほとんど確立しています。しかし，不動産登記法は確立しているとはいえません。1つ確立しているといえるのは，不動産登記法の条文ですが，不動産登記法の知識が相当なければ，条文順で学習するのは困難です。また，不動産登記法に欠かせない先例・通達・登記研究の質疑応答は，必ずしも条文単位で出るわけではなく，見方によってはバラバラに出ます。
　つまり，不動産登記法の説明順序は固まっていないのです。

　そこで，このテキストでは，私が体系を作成しました。不動産登記法を初めて学習する方でも無理なく学習できるような体系にしました。これがどれだけ成功しているかが，このテキストが「受験界で最もわかりやすいテキスト」となれるかの大きな要素となります。不安と期待を併せつつ，私の頭の中にある不動産登記法の体系を「テキスト」という形で受験界に送り出します。

　なお，以下のすべてを実現しようとしたのは，『司法書士試験　リアリスティック民法』と同様です。

多すぎず少なすぎない情報量
体系的な学習
わかりやすい表現
基本的に「結論」→「理由」の順で記載
理由付けを多く記載する
思い出し方を記載する
図を多めに掲載する
表は適宜掲載する

　『司法書士試験 リアリスティック民法Ⅰ［総則］』のはしがきにも記載しましたが，私が辰已法律研究所で担当しているリアリスティック一発合格松本基礎講座を受講していただいたすべての方に改めて感謝の意を表したいと思います。受講生の方が私に寄せてくださった数千件のご質問や本気で人生をかけて合格を目指し闘っている姿を見せてくださるおかげで，私はこれまで講師を続けることができました